Qualitative Data
Analysis

第②版

质性资料的分析：
方法与实践

Matthew B. Miles
A. Michael Huberman 著

张芬芬 译

卢晖临 校

重庆大学出版社

Authorized translation from the English language edition, entitled Qualitative Data Analysis, 2nd edition by Matthew B. Miles, A. Michael Huberman, published by Sage Publications, Inc., Copyright ©1994 by Sage Publications, Inc. All rights reserved, No part of this book may be reproduced or utilized in any form or by any means, electronic or mechanical, including photocopying, recording, or by any information storage and retrieval system, without permission in writing from the publisher. CHINESE SIMPLIFIED language edition published by CHONGQING UNIVERSITY PRESS, Copyright © 2006 by Chongqing University Press.

质性资料的分析:方法与实践。原书英文版由 Sage 出版公司出版。原书版权属 Sage 出版公司。

本书简体中文版专有出版权由 Sage 出版公司授予重庆大学出版社,未经出版者书面许可,不得以任何形式复制。

版贸渝核字(2006)第 103 号

图书在版编目(CIP)数据

质性资料的分析:方法与实践/(美)迈尔斯
(Miles,M.B.),(美)休伯曼(Huberman,M.)著;张
芬芬译.—重庆:重庆大学出版社,2008.2(2023.11 重印)
(万卷方法.质性研究方法译丛)
书名原文:Qualitative Data Analysis
ISBN 978-7-5624-4426-8

Ⅰ.质… Ⅱ.①迈…②休…③张… Ⅲ.社会科学—研究
方法 Ⅳ.C3

中国版本图书馆 CIP 数据核字(2008)第 021268 号

质性资料的分析:方法与实践

Matthew B. Miles   A. Michael Huberman   著

张芬芬   译
卢晖临   校

责任编辑:雷少波 唐启秀 罗 杉   版式设计:雷少波
责任校对:夏 宇   责任印制:张 策

*

重庆大学出版社出版发行
出版人:陈晓阳
社址:重庆市沙坪坝区大学城西路 21 号
邮编:401331
电话:(023)88617190 88617185(中小学)
传真:(023)88617186 88617166
网址:http://www.cqup.com.cn
邮箱:fxk@cqup.com.cn(营销中心)
全国新华书店经销
重庆升光电力印务有限公司印刷

*

开本:787mm×1092mm 1/16 印张:29.75 字数:646 千
2008 年 3 月第 1 版   2023 年 11 月第 9 次印刷
印数:18 501—21 500
ISBN 978-7-5624-4426-8   定价:78.00 元

Matthew B. Miles 是一位社会心理学家,他始终关注着教育改革及其成功之道(Miles,1992)。在质性研究方面,他所进行的第一项全面探究,是研究 6 所新型学校的创建,为期 4 年(Miles,1980;Miles et al.,1978)。他所写的《吸引人的麻烦事》(*Attractive Nuisance*,Miles,1979b)是对质性研究所做的深刻思考,也预示了他此生要献身的学术志趣。

A. Michael Huberman 长期关注的领域是科学知识论——科学理论是怎样被发展与被证明的。另外,他对成人的认知与知识的运用也有兴趣。他首次的质性研究是在一所实验小学的班级里进行的,这所小学实施的是 Piaget 的理论(Huberman,1978,1980)。他将这次研究的反思写成文章,讨论质性研究的"美丽与哀愁"(Huberman,1981b)。

两人的搭挡合作

当他们两人有机会合作进行一项大型田野研究时,便迫不及待地抓住那次合作的机会。他们研究的是 1979—1983 年间美国所执行的各项教育革新,探究其中的传播工作。本书很多实例都来自该研究(本书第 1 版对该研究有较详尽的说明)。

田野工作 他们进行的这项教育革新研究,是一项层层深入的探究(Crandall & Associates,1983),遍及全美的 145 所学校,访谈跟教改执行相关的人员约 4 000 名。

研究团队里的另两位成员是 Beverly Loy Taylor 与 Jo Anne Goldberg。这一团队于 1979—1980 学年对以分层抽样而得的遍及全美 12 个地区的学校进行现场考察。次学年继续追踪各校,以验证主要的研究发现。

他们所搜集的资料包括 440 次访谈,85 次观察,大约 259 份文件,2 713 页札记。访谈与观察札记全部都经过整理誊录。他们发展了一套通用的资料展示格式,12 个地点都用这套展示图表引出结论,每一地点写成 70~140 页的个案报告。再从这些个案报告的相关章节,找出可资比较的资料,完成后续的跨个案分析(Huberman & Miles,1983a,1984)。

文件研究 他们在进行跨个案分析时,获得了美国国家教育研究院的资助,展开了另一项研究(Miles & Huberman,1980)。其任务是将他们分析所用的程序都做成记录,从每一现场札记的初期编码,一直到跨个案的解释性分析,都做成了记录。

他们将每项分析都做成详细的记录(参见第 10 章第 4 节),结果产生了许多实例,也形成了许多基本原则。本书呈现了这些基本原则,也引用了不少这类的实例。

进一步的研究 本书第 1 版提及的分析法,他们后来都继续使用,并且将它们再做修改、精炼与发展——他们也从同行那儿学到许多有趣的方法。

后来他们继续进行第二项多个案的田野研究(Havelock et al. , 1983;Huberman,1981a),将前次进行教育革新研究时,用来搜集、简化与分析资料的各种技术,再一次地运用,结果发现这些技术都发展得相当不错。

后来他们两人又陆续完成 5 项研究,这些实例也都被引用在本书里。第一项研究是访谈 17 名"改革代理人(change agents)"及其委托人与经理人,研究为期 2 年(Miles et al. , 1988);第二项研究为期 4 年,结合两部分的资料,一是针对都市高中所做的全国性调查,二是 5 个成功的教育改革个案(Louis & Miles, 1990);第三项研究为期 4 年,探究孟加拉国、埃塞俄比亚、哥伦比亚等国的教育改革(Dalin et al. , 1992);第四项研究是对教师的生涯阶段所做的研究(Huberman, 1986, 1989, 1993);第五项研究是探究职业教育中科学知识的运用问题,为期 4 年(Huberman & Gather-Thurler,1991)。

本书第 1 版出版后,两位作者在世界各地举办质性资料分析的工作坊,他们从这些教学经验里收获丰硕,这些地区包括美国、加拿大、西欧、澳大利亚。他们从中更清晰地了解到不同研究者所遭遇的问题。也见识到不同文化的质性研究者所遭遇的困难。这使两位作者更为相信:本书所讨论的质性资料分析的基本问题适用于不同文化与不同研究者。

张芬芬 台北市立教育大学教育系、国民教育研究所、课程与教学研究所教授。台湾师范大学教育学博士,英国曼彻斯特大学访问学者。研究领域:质性研究法、师资培训、课程与教学。

卢晖临 北京大学社会学系副教授,香港中文大学社会学博士,哈佛燕京访问学者。近年来,他致力于定性方法的教学和研究,为北京大学社会学系研究生开设"定性研究方法"课程,并发表《迈向叙述的社会学》《如何走出个案》《定性研究的方法论基础》等多篇探索定性方法的文章。

揭开"质性资料分析"的神秘面纱

质性研究是科学与文艺的邂逅处,科学强调理性,文艺着重感性,好的质性研究者必须高理性与高感性并备,才能完成兼具条理性、理论性、可读性与共鸣感的论文。这样的好论文既能增进人们对研究对象的同情式理解,还能对理论的建树有所贡献,甚至为人情事理传达出余韵无穷的弦外之音,有些论文还能让人热血沸腾,激发改革的决心,愿意以行动突破结构的桎梏。

难!难!难!质性研究者想要完善地揉合理性与感性,当然是项高难度的任务,这难度涉及了先天的资质与后天的努力。先天的资质主要关乎质性研究的文艺取向(当然科学层面的抽象思考的能力也与天赋有关),直观、统观、同情式理解、共振、洞见、创意,以及驾驭文字的能力……这些能力人皆有之,只是才情高低各有不同;才情优越者,较容易登入质性研究的殿堂,窥其堂奥,尽得三昧;而无可否认地,这种文艺才情难以言传,只能藉实作中的体验与感悟来培养。但更困难的是,即使你有特高的文艺才情,仍需要具备科学研究的良好素养,才能够借着逻辑组织能力,将庞杂无比的田野资料剪裁成章,由概念化、命题化,走向理论化,写成好的学术论文——脉络分明、纲举目张、举证确凿、立论严谨、结论可靠。简言之,质性资料分析需要良好的逻辑组织能力,独具文艺才情还不足以写就好的学术论文。

其实,资料分析只是研究的基本过程,不是早有不计其数的质性研究者已经通过这一过程,提出他们的论文了吗?但,他们是否能对自己分析资料时所运用的组织方式说个明白呢?换言之,他们能够翔实地说出自己使用的每一个分析步骤吗?研究者对分析的结果有无足够的信心呢?否定的答案恐怕占绝对优势。因此,如果说资料分析是质性研究里最为神秘的部分,应该并不为过。这一情况是全世界质性研究者所面临的共同困境。为了揭开质性资料分析的神秘面纱,M. B. Miles 与 A. M. Huberman累积十余年来几项大型质性研究的功力与思考心得,又广纳同侪智能——针对质性资料分析,藉调查方式获得 126 名欧美学界人士提供观点与实例;同时综合过去有关资料分析的众多著作,梳理出这本实用的好书《质性资料的分析》。本书出版后大受好评,质性研究大师 Norman K. Denzin 建议"每位质性研究者的书架上都应该列有这本书;在质性研究领域里,如果不参考这本书,是不可能完成一篇重要研究的";人类学者 H. Russell Bernard 认为"这本书不仅是为质性研究者而写,它更是担任社会科学研究方法课程的每位教授的必备书籍"。

何以有如此高的评价呢? 简言之,本书努力将质性资料的分析法予以系统化,让研究者可以循序渐进地运用这套方法,完成一本逻辑严谨、证据确凿的论文。所介绍的资料分析法适用于质性研究各个派别及不同的认识论者。全书总计介绍了六十余种方法,每种方法都有详尽的说明,并以实例来解说;且提出可立即上手的实用性建议与习作练习。本书实例几乎涵盖整个社会科学领域,包括教育学、医疗保健、公共卫生、人类学、心理学、社会学、企业研究、政治学、公共行政、方案评估、图书馆学、组织研究、犯罪学、沟通、计算机科学、家庭研究、政策研究等。再者,计算机对质性资料分析的贡献日益显著,本书也反映了这一现状,将计算机运用简要地贯穿于整本书中。作者还添加了一份附录,讨论选用计算机程序应考虑的问题,可供读者选择质性资料分析软件时参考。

本书厘清了质性研究的科学取向,强化了质性研究者的逻辑思考与实作能力,使得研究新手们更容易走进质性研究之门,顺利完成资料分析,进而提高研究者本人与读者对研究成果的信心——这应该是对本书中肯的评价。《大学》有云"物有本末,事有终始,知所先后,则近道已"。科学研究基本上就是想要以简御繁,期盼为我们这个花花世界、芸芸众生寻得根本的法则。本书可以说为质性研究者构筑了一条为学的捷径,它能指引出资料分析的先后之道,从而帮助研究者掌握这个世界的先后之道。

质性研究,一个让你神伤让你爱的领域。它的文艺取向固然不易言传,需要你慢慢揣摩体会,但却具有无法言喻的吸引力。它的科学取向原本也很模糊,好在有这本书,帮我们将此科学取向的薄纱轻巧地揭开。为了让中国的学者一窥这神秘的面容,免除资料分析时漫长的摸索之苦,我选译了这本书。独力译完这样一本砖块般的厚书,需要一股傻劲,支撑我坚持下去的,只是一个心愿——希望为中国的质性研究做一点扎根的工作。

这本译作得以完成要感谢的人实在太多,但以下诸位是不能不提的。感谢黄政杰教授23年前引领我进入质性研究之门,他对我的提携与栽培是我终身难以回报的。感谢瞿锦春医师,21年来他总是极有耐性地听我诉说我研究上的想法、困惑与欣喜,诉说我译作的进展、瓶颈与突破;他的倾听也让我免于真正罹患"自闭症"。还有我一定要感谢的是家母王凤英女士,她总是在我需要协助时,立即补位,让我无后顾之忧地勇往直前。另外,台北市师国民教育研究所游琇雯、徐曼真、林美慧、张子珍、詹蕙玮、林幸谊、徐美琴等同学,在繁重的课业压力下,为此书校稿、整理索引,非常辛劳,必须一谢再谢。当然本译作得以面世,如果少了双叶书廊前主编陈文龙先生,以及邱琼薇、陈慧萍、吴孟纯诸位女士的大力协助,是断然无法成功的,在此也一并谢过。当然,我衷心期盼本书能得到方家们的不吝斧正。

张芬芬
写于台北市师国民教育研究所

目录

绪　论
Introduction

第 *1* 章

　　我们撰写此书,是为了响应一个迫切的需求,这一需求是整个社会科学领域的研究者都面临到的。一言以蔽之,这一需求就是:我们怎样才能从质性资料中,引出有效的意义? 我们可以运用什么样的既实用又能与人沟通,而且不自我欺骗的方法? 简言之,这一方法应该能帮我们获得自己和他人都能信赖的知识。

第1节　质性研究所面临的问题

质性资料的形式通常是文字,而不是数字。长久以来,社会科学的某些领域就是以质性资料为基础,尤其是人类学、历史学,以及政治科学。然而近十年来,越来越多基础学科与应用领域的研究者投入质性研究的范式中,这些应用领域包括心理学、社会学、语言学、公共行政、组织研究、企业研究、医疗保健、城市规划、教育研究、家庭研究、方案评估与政策分析等。正如 L. M. Smith (1992b)所观察到的,以下诸多的词汇实际上都已经变成同义词了,这些词汇包括:民族志(ethnography)、田野法(field methods)、质性研究(qualitative inquiry)、参与观察(participant observation)、个案研究(case study)、自然取向研究(naturalistic methods)、响应式评估(responsive evaluation)。

质性资料是很有魅力的。研究者可以藉它们,对一个可辨识的地方所发生的事件过程,做出有实据的、丰富的描绘与解释。也可藉它们,保留住时间流程,精确地看出哪一事件导致哪一事件,并引出精彩的解释。再者,好的质性资料也更可能导出意外的发现与新的整合;帮助研究者超越第一印象,并产生或修改概念架构。最后,由质性资料导出的发现,会具有一种"不可否定性"。文字具有一种具体的、生动的、有意义的力量,尤其是将文字组成事件或故事之后,更能让读者信服,这名读者可能是一名研究者、决策者,或是实务工作者。这些效果并不是简化的一堆数字所能产生的。

我们于 1984 年出版本书的第 1 版(Miles & Huberman, 1984),从那时起,质性研究已有着惊人的发展。我们为这第 2 版所搜集的书籍、文章与报告,超过第 1 版 3 倍有余。人们对认识论问题的争议继续延续(Guba, 1990);完整的研究手册(Denzin & Lincoln, 1994;LeCompte, Millroy, & Preissle, 1992)也出现了;Sage 出版的质性研究法系列丛书已超过 24 册,新期刊有《教育质性研究》(*Qualitative Studies in Education*)、《保健质性研究》(*Qualitative Health Research*),新闻通讯有《文化人类学方法》(*Cultural Anthropology Methods*),年度论坛有教育民族志研究论坛(Ethnography in Education Research Forum)、教育质性研究研讨会(Qualitative Research in Education Conference),电子公共版有 QUIL,软件会议有计算机与定性方法国际会议(International Conference on Computers and Qualitative Methodology),而主要的专业团体大多也都组成了质性研究的相关团体。

但是,在这些热闹的活动中,我们也应该记得还有一些重要的问题并未解决。这些问题包括:数据搜集费时费力、数据过多、研究者偏失可能很大、数据处理与编码耗费时间、只有少数案例可供处理时其抽样的适切性问题、研究发现的可概括性、研究结论的信度与质量、结论应用于政策与行动的可能性。

若以信度与效度等传统词汇来看,质性研究的发现会受到严重的质疑(Dawson, 1979, 1982;Ginsberg, 1990;Kirk & Miller, 1986;Kvale, 1989a;LeCompte & Goetz, 1982)。虽然也有学者认为判断质性研究发现的好坏,其标准应该和传统研究有明显的差异,Lincoln 与 Guba(1985, 1990),Wolcott(1992)等人都曾强调过,但一般的问题仍然存在,我们将于第 10 章详谈此问题。现在,许多与学位论文奋战的研究生和有经验的研究人员仍是单兵作战,也常常只研究一个个案,纵然如此,质性研究工作实际上已经变得越来越复杂。我们看到"多场地、多方法"的研究(A. G. Smith & Louis, 1982)已经越来越多;这种研究可能结合了量与质的研究(Rossman & Wilson, 1984),它们可能是由一个团队来执行,搜集与分析得到的资料,还要拿来做比较(Herriott & Firestone, 1983;Yin, 1984)。

　　除此之外,质性研究还有一个困难的问题并未解决,正如我们其中一人曾提及的:

> 采用质性资料最严重与最困难的问题,就是我们所用的分析法并未有系统地阐释出来。研究者面对量化资料时,已有一些成规可供使用。但是,面对堆积如山的质性资料时,研究者却没什么指引,可帮助他去避免自我欺骗,让他不致于把不可靠或无效的研究结论提交给科学组织或做决策的读者们。我们怎样才能确认:一个"自然的"、"难以辩驳的"、"偶然发现的"研究结论一定是正确的。

　　我们必须说:1979 年以后质性分析在方法方面已有进步,例如,以图表来呈现资料的做法已经不算稀奇了。虽然有人认为现象学是一种"无技术的方法",不过采用现象学的人士也已经开始阐释使用现象学方法的程序了(Kvale, 1988;Melnick & Beaudry, 1990;Pearsol, 1985)。学者(Strauss & Corbin, 1990)也已将扎根理论(grounded theory methods)说得更清楚了;另外,《文化人类学方法通讯》(*Cultural Anthropology Methods Newsletter*)的格言是:"方法是属于我们全体的。"1976 年时 Sieber 发现:7 本备受推崇的田野研究法教科书之中,谈资料分析的篇幅不到 5% ~ 10%。现在的情况已大大改观了。近年来的教科书已经更为慎重地讨论资料分析的问题了(Bernard, 1988;Bogdan & Biklen 1992;Goetz & LeCompte, 1984;Merriam, 1988;Patton, 1990;Smith & Manning, 1982;Spradley, 1979;Werner & Schoepfle, 1987a, 1987b)。

　　不过人们对于研究发现的信心仍然不足。显而易见地,质性研究界仍缺乏一套清晰的分析法。我们需要继续努力,把分析质性资料的原则找出来,此处所说的原则,是指引出与验证结论时,大家可以共享的基本原则。

　　有些质性研究者仍认为资料分析是一种艺术,坚持用直觉法。他们只告诉我们他们所做的,就是将杂乱的田野资料予以分层与分类,而且还说:所用的方法无法简化,甚至无法沟通。我们并未真正看见他们如何将 3 600 页的田野笔记化为最终的报告——虽然这份报告可能点缀了一些生动的示例。

　　另有一些研究者不想细究资料分析这一问题,因为他们认为想要清晰判定研究发现的效度,是根本不可能的(Becker, 1958;Bruyn, 1966;Lofland, 1971;Wolcott, 1992)。还有些人的理由是更深一层的,例如有些现象学导向的(phenomenologically oriented)、诠释取向的(interpretivist)与建构主义的(constructivist)研究者认为:在认知主体之外,根本没有一个不模糊的、可以供我们报告的实在界存在;因此也就根本不需要发展系统的原则,以便让研究者能好好说明此实在界的规律性(参见 Dreitzel, 1970)。以他们的观点来看,社会过程乃是短暂的,现象是流动的,在社会行动者

(social actors)对此现象的建构与描述方式之外,并无独立自存的实在界。

学者在不同思想学派的争辩上所花的力气似乎太多了。究竟质性研究者要怎样做才适当呢?学者们对此问题花的力气,反而并不够多。我们承认 George Homans(1949)说的是对的:"撰写方法论的人士通常忘了:方法论是一种策略问题,而不是思辨问题。"(p.330)

我们撰写本书的基本信念是:身为质性研究者,我们需要不断与人分享我们的方法,分享一套明确说明的、有系统的方法,我们谨慎地用它来引出与检验结论。若用质性研究的词汇来说,我们需要一套确实的、可靠的、可重复的分析法,而本书正是在响应此一需要。

第 2 节　本书的性质

本书是一本实用的工具书,为所有采用质性资料的研究者而写。目标是分享现有相关的分析技术,有些技术来自我们自己的经验,有些则来自学界——他们设计、检验并且运用质性资料分析法。本书的重点,是放在资料展示(data display)上,包括矩阵表与网状图,而不只是一般的文字叙述。我们对每一种资料展示的方法,都详加说明并举例,再对采用者提出实作方面的建议。

读　者

本书是为正在做研究的人士所写,包括所有学科领域,无论是基础或应用学科,只要你正在为质性资料分析这一问题而努力的人士,都可以是我们的读者。

我们第一类的读者是研究新手们,可能是研究生或是学术研究的新手。另外,我们曾遇到许多初做质性研究的学生,他们觉得毫无头绪,也觉得自己训练不足。我们将这类人士谨记在心,撰写时尽量使用易懂、支持性的语言,而且也为在质性研究法课程中使用本书的人士提出建议。

本书的第三类读者是咨询人员与经理人员,他们的工作任务之一就是依靠质性资料,他们需要实用的方法,才能将质性资料做最佳的运用。

本书的许多实例来自于教育研究,有我们自己的,也有别人的。我们也用了一些其他领域的实例,包括医疗保健、公共卫生、人类学、心理学、社会学、企业研究、政治科学、公共行政、方案评估、图书馆科学、组织研究、犯罪学、沟通、计算机科学、家庭研究、政策研究。这背后的涵义是:方法是通用的,并不受领域限制。

本书为多个个案研究提出了一些分析法,这类研究是由一组研究团队来进行的。但如果你是独自一人做研究,或者你只研究单一个案,或者你只将研究重点放在个人或小团体上,这些类型的读者也不要对本书觉得失望,因为本书也为你们提供了许多相关实例,也针对你们提出了建议。

方　向

这是一本工具书,我们并不想把它变成一本包罗万象的手册。我们试着把一些可用的资源组汇集在一起,鼓励读者运用这套资源组。总之,我们希望这套资源组,能够进一步发展、检验,并且精益求精。

本书所用的资源来自两方面。第一,从过去十年出版的众多著作中撷取与综合而来。第二,我们对质性研究者做了一项滚雪球抽样(snowball sample),寄给他们一份非正式的调查,询问他们曾经使用过的质性资料分析法,并希望他们能将实例、资料展示与建议等寄给我们。总计有 126 位学界人士,为我们提供了资料,我们将其中许多想法都纳入本书了。

本书的主题是做分析,对于研究设计与资料搜集,我们只谈和做分析有关的部分。另外像进入现场、与报告人建立信任关系这类问题,我们只稍稍提及。许多学者对这类问题已有不错的且持续的讨论,我们会在适切处做一引介。

我们尽可能采取具体且直接的方式来说明,希望能够尽量贴近读者,并且能跨越各个领域,做一宽广的引导。我们希望本书的每一章都有一完整的架构,全书都强调要用真实的资料做实时的练习。本书所介绍的每一种方法,都包括具体的实例,并尽量地详尽说明,好让读者看出来分析究竟是怎样进行的,且希望读者能尝试这种方法,而更重要的,是希望读者能在未来的研究里去修改这种方法。

我们希望这是一本实用的书。虽然我们在本章第 4 节陈述了我们的认识论观点,我们可能并不像读者刚接触我们时所知觉到的那样朴素天真,我们相信:任何方法,只要能从一组质性资料中,产生出清晰、可验证且确实的意义,这种方法就是我们所需要的,不论这种方法的哲学观点如何。

本书介绍的方法也都简单易学,不需要很长的学习时间,也不需要先弄懂专门术语。在此顺便一提,我们发展出这些分析法,并且采用或修改他人的方法,这些经验都让我们十分愉快且收获丰富。

本书最重要的目的并不在于要求读者们一丝不苟地去运用这些分析法,而是希望读者们能够不断创造、检验、精炼出简单、实用与有效的分析法,这才是质性研究者的首要任务。

一位欧洲的社会学者(W. Hutmacher,个人沟通,1983)对我们的第 1 版做了一个完善的评论,很能表现我们希望的精神:

> 我想你们为大家必须解决的许多方法问题,找到了一个综合性的答案,我们自己对这些问题处理得很差,当我们向同侪作报告时,结果往往是铩羽而归。不过,你们的答案并不是唯一的,也不是最后的定论。我们必须承认:我们大家都会仔细思考你们的答案。

我们的期望还不只是如此。在我们对质性研究者所做的调查中,我们询问大家一些我们还不太清楚或疑惑的问题。有位研究者的回答如下:"每件事情都不清晰,都让人疑惑……然而,方法经过改良后,可以让人对这个更为有效的平台更有信心,为行动提供了更为坚固的基石,虽然这块基石并不是不容质疑的。"

好的质性分析需要仔细思考、试验、对话与学习。撰写本书就是想要与大家分享我们在这些方面所做的努力。我们始终坚信:具体的、可分享的方法的的确确是"属于我们大家的"。过去十年间，我们发现：根据新研究精炼与发展出分析法，是非常值得的；我们对研究结论的信心增加了，也加强了研究的、实作的确实性，读者也跟着增加。我们希望我们的经验能有益于同侪们，就像同侪们的经验曾经惠及我们一样。

第3节　我们的取向

我们认为请研究者将自己的倾向说清楚是不错的处方。我们想要了解一个研究者如何建构这个社会世界的外观，并了解他怎样努力为读者呈现一个确实可信的报告，之所以做这些努力，其实就像我们想要了解与我们说话的对方一样。如果有3个人想努力争取我们的注意，一个人是批判实在论者（critical realist），一个是批判理论论者（critical theorist），另一个是社会现象论者（social phenomenologist），我们就需要知道他们每个人思想的源头。他们三人会有很不一样的观点——对于何为真实？什么可以被知道？以及要如何如实表达这些社会事实？

我们在本书第1版表示自己是实在论者（Huberman & Miles，1985），现在我们还是。而"实在论"可以意味着很多东西，我们自认属于"超越实在论（transcendental realism）"（Bhaskar，1978，1989；Harre & Secord，1973；Monicas & Secord，1982）。"超越实在论"意味着，社会现象不只是存在于心中，而且存在于客观世界里；而各社会现象之间具有某些规律性与合理的稳定关系，可以让人们去发现。规律性来自于把现象连结在一起的规则与顺序。从这些模式中，我们可以引出一些结构，这些结构乃是潜藏在个人生活与社会生活中的。大多数的结构都不是人眼可见，但这一事实并不会使得看不见的结构就变成非真实的东西，更何况我们实际上都被诸多规律的物理机制（physical mechanisms）所包围着，而我们对此顶多也只有些微的觉察而已。

人际关系与社会是我们想探究的东西，这些东西有其特殊性，而这些特殊性使我们想采用实在论去做探究时，会变得较为复杂，但这种探究并非不可能进行。我们和物理研究者不一样，我们要处理的是机构、结构、实作与惯例，人们会复制且改变这些东西。在这些社会结构的架构里，人所认定的意义（meaning）和持有的意向（intention）会发生作用，我们虽然看不见这些结构，但它们却是真实的。简言之，社会现象是客观存在于这个世界上的，例如语言、决定、冲突与阶层等，都是社会现象；社会现象对于人类行为有强烈的影响，因为人们会以共同的方式，去理解社会现象。被相信的事物，就会变成真的事物，而且是人们可以探究的事物[1]。

我们同意诠释取向者指出的：知识是社会性与历史性的产物，而"事实"来到我们面前时，都是负载着理论的。我们肯定下列三者的存在及其重要性，即主观、现象学与

1　我们颇为赞同 Phillips 对此问题的看法。他指出研究者绝对有能力探究信念以及其他认知的形式。他说：
　　我们有能力探究一个社会里的信念，探究它们怎样来的、它们的影响以及支持这些信念的证据之状况如何。我们可能正确或错误地做这些事情——我们对信念的描述可能正确，也可能错误；对于信念的来源与影响，我们也可能正确得知或是犯下错误。但这并不表示：不可能对社会建构进行科学研究；也并不表示：我们已经变成了实在论者。（p.42）

意义形塑(meaning-making)，它们居于社会生活的核心。我们的目标是要显示并"超越"这些过程，所用的方法是建构理论，以期能说明这一真实世界(real world)，这一世界乃受到形塑的、且是知觉负载的，我们还要以各学科去检验这些理论。

我们对理论的检验，并不是采用"覆盖律(covering laws)"*，也不是运用古典实证主义(positivism)的演绎逻辑(deductive logic)。我们所提的理论，是用来解释事件的因果关系，这种理论可说明不同的结构如何产生出我们所见的事件。我们的目标是要解释事件，而不仅仅是列出事件的顺序。我们想找出个人或社会的一个过程、一个机制、事件核心的一个结构，研究者可以掌握住这些东西，然后藉此对运作中的力量作因果描述。

超越实在论除了要作因果解释外，也要求拿出证据，以显示出每一存在或事件都是该解释的一个示例。因此，我们不仅要找到一个解释架构，而且还要掌握眼前此特定的完形(configuration，或译为结构、轮廓)。这也就是：人们何以称我们的方法较倾向于归纳法(inductive methods)的原因。

正如 Erickson (1977)所指出的，社会事实乃藏于社会行动中，这就像是社会意义乃是人们在日常生活里由做出来的事情所建构出来的一样。而之所以能发现这些意义，绝大多数都是：

> 借着闲逛，细细观察人们，并且询问他们为何去做那些事情……既然这些社会意义都是藏在人们具体的、特定的行为中，如果要抽离社会行动的场景，离开发生的脉络，而去找出人类行为的特征，质性研究者是不愿意去做的(p. 58)。

我们在此是想要表明我们已有的定见，并不是要说服任何人，要别人同意我们这些观点有多优秀，或甚至要让人以为它们是多么妥当。我们就像 Howe(1988)一样，小心翼翼地不做认识论方面的争辩，如果那些争辩和获得知识的实作方法没什么关系的话，我们是不讨论它的。

就实作层次来看，如果以相对主义与后实证主义为两个端点，画上一条线，然后把某些研究者固定在线的一个定点上，这其实很难做到。现在，后实证主义者都在采用自然取向与现象学的方法。同时，诠释取向的民族志学者中，也有越来越多人采取预先设计好的概念架构与工具，尤其是在他们要处理多个个案之时。现在也很少有后实证主义者会去争论主观意义的确实性与重要性等问题了；也很少有现象学者纯粹只采用诠释学。而批判理论学者则会运用象征互动论(symbolic interactionism)，去发掘社会决定论(social determinisms)[1]。讨论认识论问题时，学者常会将学派做对比两端的处理，但实际做经验研究时，我们相信大家——包括实在论者、诠释取向者与批判理论者，都是向中间靠拢，而会有多重交集的。

---

* 　译者注：覆盖律是指严格的普遍规律或是统计形式的定律，参见：冯契. 哲学大辞典[M]. 上海：上海辞书出版社，1992：1418.

[1]　如果这些认识论方面的词汇让你觉得晦涩难懂，建议你去看 Guba(1990)汇集的文章，完整且细致地了解这场论战。

再者,各种认识论之间的界线已经变得模糊了。现在的实用主义与批判理论都已经加入了诠释取向与后实证主义的成分。而我们两人的取向,已经离开了一致理论(correspondence theory)(认为探究所得,是一种直接的、客观的知识),而把现象学的精神包括在内了;如果要为我们定位,并不容易。有些研究者(如 Pitman & Maxwell,1992)也认为:实在论和诠释取向,这两种方法其实都试图建立出统整的论证,以期将理论上的主张,连结到所观测到的独立事实上。另有学者(Lee,1991)也努力说明:其实每一派观点都可以加上一个有意义的层面,而与其他派别并不相矛盾,例如:研究者可以表示自己提出的是一种主观的理解;或表示自己乃是一种诠释取向的理解;当然也可以有人根据形式逻辑的原则,以理论式的命题来提出一种实证取向的理解。

范式间的差异问题似乎已经渐渐没入台下,越来越多学者以更加实用的、通用的眼光去看这个世界。我们认为,我们有必要将自己的方法与更多人分享;我们也认为,为判断研究结论的良莠,找出一套实用的标准,这是可能做到的。虽然我们对于实证主义的规则持怀疑态度,但是我们对于自己这套方法的合理性与值得信赖性,仍然可以详加说明的。

我们将质性研究者采用的分析过程予以分解与再组合,这种将分析法予以定型的做法,可能会冒一些风险,但此风险应该不会很大。因为我们现在所处之地是一生机蓬勃的半开发领域,我们要让它不再是贫瘠的不毛之地。有一个很清楚的道理,读者应该了解:作研究实际上并不是要你墨守一套方法。没有一项研究会完全遵从一套标准方法去作;每项研究都需要研究者自己依据实际状况来调整方法(参见 Mishler,1990)。至少,我们应该去了解一下:当研究者在田野中搜集与分析资料时,他们实际上做了哪些事[1]。

想在这本工具书寻找方法的读者,会发现这是一本层次井然的书,有清楚的步骤可以遵循。有许多质性研究的同侪们,偏好运用直觉的分析方式,悠游在自己的资料探索中,我们希望他们仍能自得其乐。我们两人选择了彻底分析与明白陈述的分析方式,不只是因为这种方式适合我们,也是因为我们认为模糊的说明对其他人而言,并无实用价值。不过,我们也请读者们注意:本书介绍的有些方法,也需要譬喻式思考(metaphorical thinking)、图像式表达(figurative representation),甚至自由联想(free association)。本书的整体结构,也容许读者只采用其中部分方法,而不管其他方法。我们建议你对每种明显拘泥于格式化的东西都先存疑,然后找出对你自己的研究有用的东西来运用。

第 4 节　质性研究的种类

质性研究可以用几十种方式来进行,每种方式背后,都有长远的思想传统。我们

1　对于研究者的角色,Mishler(1990)持非常务实和明确的观点,他认为研究者更像是工匠而不是逻辑学家:"能力建立在学徒式的训练、持续的实践以及对探究现象所用的方法拥有经验本位的、脉络性的了解;这种能力并不是依靠抽象的'发现逻辑'以及形式性'原则'的运用"(p.435)。

不可能在此公平地处理每一派别。就本书主旨来看,我们要思考的问题是:不同派别对于资料分析有何看法? 我们能否找到一些共同的做法与主题?

第一,我们可能需要看看学者们整理出来的整个质性研究的范围。Wolcott (1992)画了一棵树(图1.1),其中包括二十几种策略,他根据的是搜集资料的方法来分类。

图1.1　教育研究中的质性研究策略(Wolcott,1992)

Tesch(1990)的图是计算机画出来的(图1.2),包括27种质性研究,根据的是三项重要的本质问题:语言本身的特征是什么? 我们可否发现人类经验中的规律性? 我们可否理解一段文本或行动中的意义? 这是根据研究目的而划分的宽泛的类别。

Jacob(1987)将质性研究分为五大传统,包括生态心理学(ecological psychology)、整体民族志(holistic ethnography)、沟通民族志(ethnography of communication)、认知人类学(cognitive anthropology)与象征互动论(symbolic interactionism),划分的依据有几个层面,包括"对于人类本质与社会"的不同预设、不同的"焦点"(就不同的社会系统

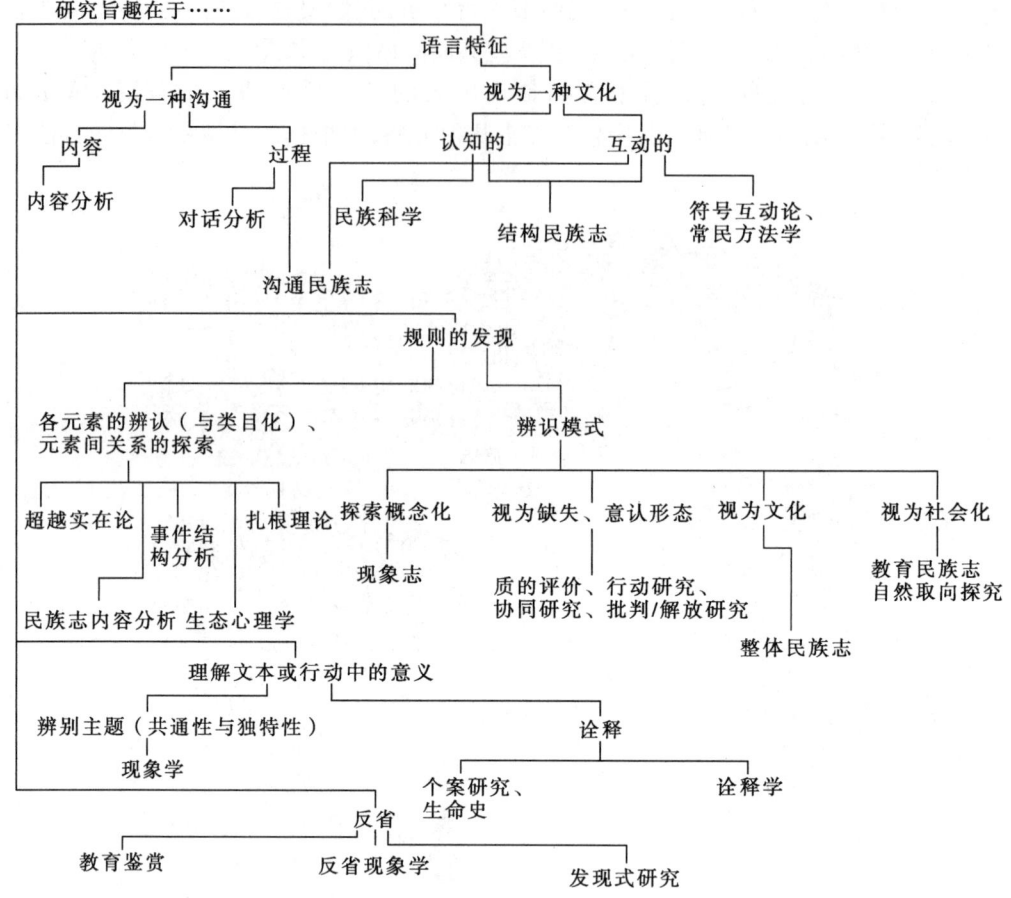

图1.2　质性研究类型总图

层级,来做内容的探究)、不同的"方法论"(指研究设计、资料搜集与质性或量化分析)。

　　对于上述分类研究有兴趣的读者,可以继续享受深究的乐趣。这些分类系统表面上看起来可能是颇有道理而且是切割清楚的,但最后它们可能会让读者发现,这些分类系统之间基本上是并不兼容的,不论是从定义方式或从划分标准来看,都是如此。如果读者想要把这些派别划分得一清二楚,可能会把自己弄得紧张不已。

　　另外,这些分类系统可能很快就会过时,例如:因为"诠释取向"日渐流行,我们正以历史、文学和新闻的方式来开展质性研究;但与此同时,历史学者也开始采用录音、录像、访谈与统计学等方法,去补充传统的资料来源。

质性研究的特征

　　大多数的质性研究是否共有一些特征?让我们尝试列一份清单出来,不过读者还是要了解,可能有些东西还是无法包括在内。我们同意 Wolcott(1982)的观点:大多数的质性研究本质上都是自然取向的,虽然此词的意义现在已经有所改变。我们将 Wolcott 所提的几项特征,再加上几项自己的观点,整理出"自然取向"研究的主要特征：

- 进行质性研究,乃是密集地与长时间地与一个"现场"或生活情境做接触。这些情境基本上是很"平凡的"或普通的,它可以反映日常的生活,包括个人、群体、社会和组织等的日常生活。
- 研究者的角色是要对所研究主题的脉络去获得一种"整体的"了解,包括其逻辑、安排、明显的和隐藏的规则。
- 研究者尝试"由局内"依据当地行动者的知觉,去掌握资料,经历一个过程,包括深度的注意、同情的领会(empathetic understanding, Verstehen)以及把相关的成见都先搁置或"放入括号"中。
- 研究者通读材料后,可能会将某些主旨/主题与表达抽离出来使用,这些主旨与表达可能都是报告人复阅过的,不过研究者在整个研究过程中,仍应该将这部分以原始的形式保存好。
- 研究者主要的任务就是要阐述:人们在特定场合,究竟用哪些方式去理解、解释、行动,以及掌控自己的日常情境。
- 对于所得资料,可能有多种诠释方式,不过会有一些诠释,基于理论因素,或是因为具有内部一致性的缘故,是比较有说服力的。
- 开始时很少使用标准化的工具,研究者基本上是该研究的主要"观测工具"。
- 资料分析多半是处理文字资料,文字可以聚类、分类,切割为文段。研究者可以组织文字,以便于进行对照、比较与分析,并赋予其模式。

这些都是自然取向研究反复出现的特征之"核心部分",不过每一质性研究的传统,会以不同方式去组织或运用它们。现在让我们对于众多传统之中的三种来做一些了解,包括:诠释取向(interpretivism)、社会人类学(social anthropology)与协同式社会研究(collaborative social research)。我们着重说明它们在资料分析方面的差异。

资料分析的三种取向

诠释取向　基本观点来自于 Dilthey(1911/1977),主要认为:人的言行不能用自然和物理科学的方法来分析。此派把人的活动视为"文本",这种文本是诸多象征的集合体,表达的是多层次的意义。

这种文本要如何分析呢？ Dilthey 和现象学者认为:要透过"深层的领会",也就是对于所探究的对象,运用移情式的理解或是感同身受。社会互动论者(social interactionists)则认为:应透过对群体行动与互动的领会。而此两派观点都着重意义的"诠释",包括社会行动者与此研究者所做的诠释。

虽然现象学派也常要处理访谈稿,但他们对简化资料却持保留的态度。例如:他们并不对资料作编码,他们认为:不断细读资料,注意自己的先前假定,那么研究者就可以触及报告人的"生活世界",掌握住一段文字的"本质"——这种本质乃以不同的样子不断出现在一个人的生命中。这一派别,并不强调要找出通则,而着重对意义与行动获得一种"务实的领会"。

　　各种诠释取向学者都强调:研究者并不会比报告人对研究对象有着更超然的关系。研究者有他自己的理解、信念与观念取向;他们也是某历史时刻、某文化中的成员。无可否认,他们也会经常不经意地受到田野见闻的影响。访谈就不再是某方搜集资料而已,而是双方精心合作互动的结果。至于资料分析,此派认为:如果研究者采用一些预定好的工具,来将报告人的语言译码与编码,此时研究者就已经将一些外在的讯息带入其中了,他们其实很难把"外来的"东西,从中抽离出来。

　　此派包括:符号学(semiotics)、解构主义(deconstructivism)、美学批判(aesthetic criticism)、常人方法论(ethnomethodology)与诠释学(hermeneutics)等取向,每一取向都有其特别强调的重点与变化。

　　社会人类学　这一个领域基本上是采用民族志方法(ethnographic methodology),与我们前述的自然取向关系密切,具有以下的特征:与某社群持续接触、关心被视为平常的日常事件、直接或间接参与地方活动、特别关注区域特性的描述;着重个人观点及对其世界的诠释;事前较少预定好研究工具,但较其他研究法更常使用视听器材与结构化的观察。

　　此派在资料分析方面,有几点值得注意。第一,民族志方法多采用描述法。分析工作要跨多重资料来源(纪录、人造物、日记),并且予以浓缩,并稍稍关心一下这些观察在概念上或理论上的意义。当然,分析过程中要不断做决定,要做的决定包括:要留下什么资料? 要着重哪方面资料? 要先或后报告什么? 要连结什么? 哪些观念是重要的?

　　社会人类学者的兴趣是在日常情境中找出行为的规律性,包括的情境有:语言使用、人造物、仪式、人际关系。通常可以在"模式"、"语言"或"规范"的表达中,找到这种规律性,这些规律性为你所研究的这种文化或社会,扮演了推理上的关键。正如Van Maanen(1979)所指出的:基本的分析任务就是去"发现与阐释在某(工作)情境中,人们用来理解、说明、从事,乃至于控制日常情况的各种方法"。通常这种"发现"与"阐释"是以持续的观察与访谈为根据,经过分析性的检阅后,再引导田野中的下一步工作。

　　最后,许多社会人类学者关心理论的建立与修改。他们可能带着一个理论架构进入田野,然后检验、精炼,或证明该架构。有许多关于社会化、父母教养与亲属关系的跨文化研究,都源自于这种田野研究。

　　采取"社会人类学"这一分析途径的研究包括:生活史(life history)、扎根理论(grounded theory)、生态心理学(ecological psychology)、叙事研究(narrative study),以及许许多多的应用研究(教育、健康保健、家庭研究、方案评估)。我们两人本身由此派受惠很多,虽然我们过去与个案分析学者(如Yin,1991)一起工作时,已经为研究问题发展出较为完整的编码系统,为资料搜集发展出较为标准化的程序,以及较为系统化的分析工具。

　　协同式社会研究　这类的协同行动是在社会情境中进行的。倡导者会寻求一组能接纳该行动,且愿意陪同参与该过程的研究人员(参见Schensul & Schensul,1992)。

这种陪同有两种任务,一是"反思",这是指研究还在探寻与提问的阶段中要做的事;二是辩证,这是指研究者与当地行动者之间,对资料有不同的诠释之时完成的任务。

从 1920 年代起,这类的行动研究就有了,当时采用此方法的目的是为了组织的改造。研究者透过当地的协助,设计出一种"现场实验"的纲要(如:把一机构的自助餐厅改变成新的餐饮;或为一艘船只重组运作方式以及安置人员)。研究者为"改革行动者"将资料整理好,并提供出来,两者都会回馈给下一行动,成为下一阶段运作的依据。请注意,此派也有自然取向研究的特征:参与观察、敏锐觉察当事者的关注、初期着重描述性的资料、非标准化的研究工具、整体观点、寻求潜藏的主旨/主题或模式。

这些也都是协同行动研究(collaborative action research)的特点,研究人员从一开始就和当事人紧密联系在一起。目的是透过批判探究的过程,将此社会情境转型,也就是要对该世界采取行动,而不是受该世界的限制。可以在批判民族志(critical ethnography)(Thomas,1993)与行动科学(action science)(Argyris, Putnam, & Smith,1985)里,找到这一取向。此派分析工作的重点,是采用行动相关的结构,以社会改良论的架构去看问题,强调心智的"解放"——方法是打破习以为常的观点,侦测出看不见的压迫性结构[1]。

分析方法的共通处

既然有几种不同的分析取向,我们是否能找出其中的共通处? 表面看来,其中似乎有些不兼容之处,例如:社会人类学想找出规律的关系,现象学则是想找出"本质",也许这一本质并不能超越那个人,而且这一本质也许会造成多种解释都讲得通。

不过,仍然有一些分析方法适用于各种质性研究。以下是一套相当古典的分析步骤:

- 将代码贴在一组札记上,札记乃由观察或访谈而来。
- 在札记边缘写上反思或评注。
- 将这些材料做分类与筛选,以期能找出相似的词组、变量间的关系、模式、主旨/主题、各组间的差异,以及共同的顺序等。
- 把这些模式、过程、共同性、差异性抽离出来,在下一轮资料搜集时,将这些东西带到田野。
- 慢慢思考一小组概述,这组概述能涵括数据库之中的一致性。
- 用一组定型的知识体,去检验那组概述,用一种以概念或理论形式出现的知识去检验那组概述。

虽然我们承认现在人们采用的分析方式有多种,不过我们着重的是这些一再出现

1　读者可能注意到:我们并未提及语言取向的质性研究(如:民间科学(ethnoscience)、谈话分析(discourse analysis)、内容分析(content analysis)),也未提及近年在认识论方面出现的一些跨领域的取向(现象学(phenomenography))。我们将于本书 22 页脚注 1 提供这些取向的读物。

的部分[1]。无论如何,接下来我们必须退一步询问:质性研究里,我们真正要面对的是哪一类的资料?

第 5 节 质性资料的性质

一般性质

以某种意义而言,所有资料都是质性资料。质性资料关系着人们、事物以及情境的本质(Berg,1989)。当我们拥有了一些"原始"经验后,可以将它们化为文字,"他的表情很激动"……"他很生气";有时也可以化为数字,"赞成 6 票、反对 4 票"……"温度计显示是 74 度"。

本书的焦点是文字资料,也就是用详尽的文字形式表现出来的一种语言(质性资料也可能会显露出静态的或动态的两种意象,不过这不是我们要处理的问题)[2]。

这些文字根据的是观察、访谈、文件(或者正如 Wolcott(1992)所说的"看、听、查")。基本上,这些资料的搜集活动,是极为贴近某一现场,且持续了一段时间。

最后,这类资料通常并不是立即可用来做分析的,必须做某些处理。原始的田野札记需要经过校对、编辑与录入;录音带需要誊写为文字,并且校对过。

1　此处说明的分析程序可能最接近民族志方法,类似于扎根理论著作里的步骤。它是由前一个归纳式推论走向下一个归纳式推论;方法是选择性地搜集资料,为找到模式或规律而比较这些资料,为支持或核定所浮现的丛集而去找出更多资料,然后由新资料与累积出的概念组的关联之中,逐渐引出一些推论。

要对此取向有完整且有用的认识,参见 Wolcott(1994),他区分三种主要的工作,包括描述、分析与诠释。描述是指说明"那里发生什么事情",将研究对象的用语涵括进去;分析是指系统性地指出主要因素与关系,以显示出事情是怎样发生的;诠释则是指出脉络里的意义——"是什么构成了这个整体?"这三项研究工作都是必要的,研究者依据该研究而在三者间取得平衡。

本书的取向有时候是比较演绎取向的,也就是以一组关系或结构来引导,由此发展出一套编码系统,然后应用于初期的札记分析;再将浓缩的资料填入系统的图表,用来辅助所引出的结论,再用下一轮新的分析循环来丰富与考验该研究结构。

许多现象学取向的研究只做到概述这一步,比较不会进一步连结到结构组或规律上去。有些现象学方法,如:运用"诠释循环"来诠释文本,重点放在诠释,而不是获取有关社会或自然世界的经验知识。这其中的目标仍然是想要建构一个一贯的、具有内在一致性的论证,这一论证乃是由一系列的"经验事实"找出理论上的指示对象,这些经验事实出现的形式可能是文字、知觉或是社会行动。这类研究过程通常包括多次的阅读与浓缩,以期找出规律与本质;运用的是移情式理解与熟悉性(有时需要进一步与研究对象对话以获得支持),也可能进行更广范围的诠释,通常是根据更多社会事实来提出。

所有质性分析者都要面临一项挑战:可能待研究的个人或社会生活里仍然有许多的断层、不一致与冲突,可是分析者却要在此找出完整的描述与解释。这其中是有风险存在的——所研究的社会生活可能是不对称的,有时可能是随机的,我们却硬是挤出一些逻辑、秩序,或似真性,以此建构出理论。但如果我们没有了理论,我们的描述则可能流于陈腐与模糊不清。

2　有关资料这种东西的意象,我们发现下列的讨论颇为有用。Harper(1989)认为:这类资料的使用方式有如下数种:一是科学的模式,亦即采取说明的模式;二是叙事模式,亦即说故事模式;三是"反思"模式,其中人们对自己的图像及情境的图像做出回应;四是现象学模式,强调该研究者的个人意义。

Ball & Smith(1992)讨论过静态的照片,他提醒我们:照片比起文字,并不会自动地就比较"写实",照片其实非常受到诠释与说明文字的影响,凭借的是脉络,而且可能受到安排或假造。

潜藏的问题

但是问题不是那么简单的。我们将文字赋予田野研究经验,这其中不可避免地会受到我们潜在观念的影响。就如 Counelis(1991)指出的,你看到某人握起拳头,皱起眉头,你写下的文字是"气愤",这样的描述其实是在概念上做一取代的动作,也就是用"气愤"来取代你的直接经验——直接感觉到与知觉到的一种经验。

札记的处理过程本身就是有问题的。Atkinson(1992)指出:事实上札记乃是由田野工作者建构出来的文本,它以观察与参与为基础来建构,"会产生出什么资料,乃受到研究者对何者可写与可读之想法的影响"。同样地,录音带的誊录,也可以用不同方法,产生相当不同的文本。

再者,我们认为某些东西是一种描述的、第一层级的"事实"(first-order "fact")(例如派出所逮捕的人数,此例引自 Van Maanen,1983b),不过这些东西很快地就和另一些东西混在一起了,包括研究对象所做的诠释与解释("那个拍马屁的警官倒下去了");另外,还有研究者的第二层次的观念(second-order conception)——对于"究竟发生了什么"之诠释的诠释(研究者把警官的辖区当作一个主要概念)。而该研究者的价值观所产生的影响,不可谓不大(如:研究者对逮捕的公正性之看法)。

从另一角度来看,质性资料并不像表面以为的那样单纯,例如你以为那是一些与行动有关的资料,但其实不止如此;那些行动还带有意向(intentions)与意义(meanings),而且还导致了一些结果。有些行动相当直接了当,但有些则隐含着"印象管理(impression management)"——人们会操控别人怎样去看他,包括操控研究者在内。

还有,那些行动通常是在一社会历史脉络里的特定情境中发生的,这脉络也会深深地影响局内人和局外人如何去诠释该行动,研究者可能就是一个局外人。

因此,质性资料外表的单纯性,掩饰了许许多多的复杂性,研究者需要极为细心与清晰的自我觉察。

质性资料的优势

完整搜集的质性资料有什么特别的价值吗? 其特色之一就是这种资料乃着重在自然情境里自然地反复出现的那些日常事件,这样的资料才能让我们稳固地掌握到"真实生活"的样貌。

我们对质性资料的信心来自于这类资料具有的所在地的扎根性(local groundedness),因为质性资料乃是贴近某特定地点所得到的,而并不是由邮件或电话得到的。搜集的重点乃是在某特定个案——一个嵌在其脉络里有焦点、有界线的个案。研究者并不会把该脉络的影响去掉,而会将之纳入考虑。如果想要理解潜在的、隐藏或暧昧的问题,质性资料是有更高的可能性的。

质性资料的另一个特征是它具有丰富性与整体性,更有可能展现复杂性;这样的资料提供了"浓厚的描述",生动地嵌入其脉络里,犹如拥有真相的指环,可以让读者产生深刻的影响。

再者,我们还应注意一项事实——质性资料的搜集通常都持续了一段时间,因此这类资料很适合用来研究任何过程(包括历史在内);它不只可以对"什么"或"多少"做一"快照",更可以探究事件究竟如何与为何发生,甚至还可以评估因果关系,显示在某特定情境里因果关系运作的情形。质性研究也具有弹性(资料搜集的时间与方法会随研究过程的发展而有所调整),这让我们更有信心确定自己是真的理解了所发生的事情。

质性资料着重人们"活生生的经验",基本上就很适合探究意义问题,这些意义乃是人们归诸于生活事件、过程与结构里的,这些意义也就是人们的"知觉、预设、先见与前提"(van Manen, 1977);质性资料也很适合将这些意义连结到人们所处的社会世界。

此外,质性资料还有三项功能,这三项功能将在以后各章里提及。第一项功能是发展研究假设,要想发现、探究一个新领域,人们通常认为最合适的策略就是运用质性资料。此外,质性资料适合用来检验研究假设,看看某一预测是否获得支持。最后,质性资料也适合用来辅助量化资料;如果研究者想要对从同一情境搜集到的量化资料,进行补充、证明、解释、阐明或再诠释的话,质性资料很能发挥这些功能。

质性资料所具有的这些优势,其实主要取决于分析者表现出来的能力,究竟我们所谓的分析是什么意思呢?

第6节　我们对质性分析的观点

我们对资料分析的整体想法如图1.3所示。我们认为分析是由三种活动共同组成的,也就是:资料简化(data reduction)、资料展示(data display)与结论引出/验证。随着本书各章的讨论,这些主题会探究得越来越深入。现在,我们只作一些整体的介绍。

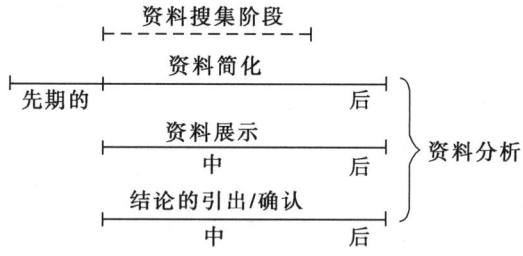

图1.3　资料分析的成分:连贯模式

资料简化

资料简化　是指将清理过的札记或访谈誊录稿之中的资料予以选择、聚焦、单纯化、抽象化与转化的一种过程。资料简化会出现在整个研究的过程中。即使在搜集资料前(参见图1.3),先期性的资料简化工作也已在进行中了——当研究者决定哪一概念架构、哪些个案、哪些问题,以及搜集资料的方式时,其实都是在做简化资料的工作。而进行资料搜集时,则会有更进一步的简化动作,如:写摘要、编码、检验主题、聚类、分解、写备忘录等都是。简化资料的工作一直会延续到田野工作之后,直到最终的报告完成之时。

资料简化并不是独立于资料分析之外的步骤,而是分析之中的一部分。分析者所作的决定,全部都与分析的选择有关系,例如:要对哪些文块编码与引用、要用哪些主旨/主题/模式来综合一些文块、要述说怎样的故事。资料简化是分析的一种形式,它将资料予以凸显、分类、聚焦、抛弃,并组织起来,使研究者得以引出与证明"最终的"结论。正如 Tesch(1990)指出的,你也可以将资料简化视为"资料的浓缩"。

我们所称的"资料简化"并不必然是指量化。质性资料可以藉多种方式简化与转化,方式包括:选取、摘述或改述、纳入更广的主旨/主题/模式里等。有时将资料转化成简单的数量也很不错(如:分析者将所观察的个案在行政的集权情形方面评定为"高"或"中"),但是作这种数量化的处理并非都是明智之举。即使数量化似乎是个适切的方法时,我们仍然建议你除呈现数字外,也要保留下你用来引出数量的文字,将两者一起放在连续出现的分析之中。不要将资料从它所在的脉络中抽离出来,这是很重要的。

资料展示

资料分析的第二项重要流程就是资料展示。基本上,一项展示物就是信息的一个集合体,它是经过组织与压缩过的集合体。日常生活里就有许许多多的展示物,如:油表、报纸、计算机屏幕、因素分析报表。细看展示物,可以帮助我们理解发生了何事,以及要采取什么举动,你可以基于这些理解进行进一步的分析或是其他的行为。

对质性资料来说,过去展示资料最常采用的形式就是延伸式文本(extended text)。以下我们会指出:延伸式文本(例如:3 600 页的田野札记)往往是颇为吓人的大块头。它分散在很长的篇幅上,有一出现的顺序,而不是同时出现在一张页面上,它的结构很差,而且分量吓人。如果研究者仅使用延伸式文本来呈现资料,他很可能会草率地直接跳跃到结论——一个仓猝的、局部的,甚至根本无事实根据的结论。人是一部很强大的数据处理器,我们可以处理大量的信息;我们认知时会很自然地将大量信息简化为选择性的、精简性的完形或是易于理解的轮廓。我们也可能会高估一份生动的讯息,例如:当你读完一份"无聊的"长篇文字后,第 124 页上那段惊险的事件会跃出档案中;第 109 ~ 123 页的文字则突然消失了,而我们却永远不会质疑:究竟估量资料与选择资料的标准何在。延伸式文本可能已经超出人类可以处理的信息负担(Faust,1982),将人类寻求简化主旨的天赋糟蹋掉了。

在我俩探究的过程中,我们越来越深信,要使人们对质性分析具有信心,就应该使用更好的资料展示法。本书讨论的资料展示包括许多形式,有矩阵表、图形、图表与网状图。这些展示物都是用来汇集已组织过的信息,形成一个压缩体,让人可以立即进入现场,使分析者看见究竟发生了什么事情,并且引出证明过的结论或进行下一分析步骤——那是该展示物所提示的一个有用的分析步骤。

资料展示和资料简化有一共同的性质,即它们都无法独立于分析过程之外,创造与运用展示物都属于分析的一部分。设计一个展示物,例如为质性资料设计一张表格的行与列,决定要在表格中填入哪一类资料,这些活动其实都属于分析(请注意,设计展示图表其实也隐涵着资料简化)。

"你吃什么,就是什么"这句谚语可以改为"你展示什么,就得知什么"。本书大力提倡更为系统化的、更强有力的资料展示方式,也鼓励大家对自己制作与采用的东西,要抱更为创新的、自觉的与反复修改的态度。

结果引出与验证

资料分析的第三道流程是引出与验证研究结论。从搜集资料开始,质性分析者就开始做决定,决定事物的意义何在——注意其中的规律、模式、解释、可能的轮廓、前因后果以及命题。干练的研究者可以轻易地掌握住这些结论,他的态度是保持开放与怀疑,开始时研究结论并未成型,是模糊不清的,然后逐渐清晰起来,且显示出扎根于田野的特性(借用 Glaser & Strauss 1967 的经典词汇来说)。资料搜集未完,可能"最终的"结论就不会出现,这取决于札记的数量、所用的方法(资料的编码、贮存与检索)、研究者的娴熟程度以及经费提供者的需求。不过"最终的"结论其实是在研究起步时,就已经被形塑了,即使该研究者声称他采用的方法是归纳取向。

以我们的观点来看,引出结论就好像是双子星座图里的一半,当分析者引出结论之时,其实也在进行验证的工作。验证的工作可简可繁,例如撰稿时一个念头闪过脑海,于是快速地回头在札记中查证一下,这是简短的验证;验证工作也可以做得周到缜密,你可以与同事进行冗长的论辩与复核,以求找出"兼及各方主体性的共识";或者运用另一组资料去复制一项发现。资料里所浮现的意义,必须就其似真性、稳固性与坚定性来进行检验(亦即检验其效度)。否则,我们就仅是知道一些趣闻逸事,并不知道真相与应用性。

我们已经说明了三种活动——资料简化、资料展示、结论的引出与证明,它们其实是同时进行的,在资料搜集的前、中、后阶段,互相纠结在一起,共同构成了一个领域,也就是所谓的"分析"。这三种活动其实也可以用图 1.4 来呈现。图 1.4 里三种活动与资料搜集活动形成了一个穿梭的、循环的过程。资料搜集阶段研究者需要稳定地在四个环节之间移动,接下来的阶段才是在简化、展示、引出与证明结论之间来回穿梭。

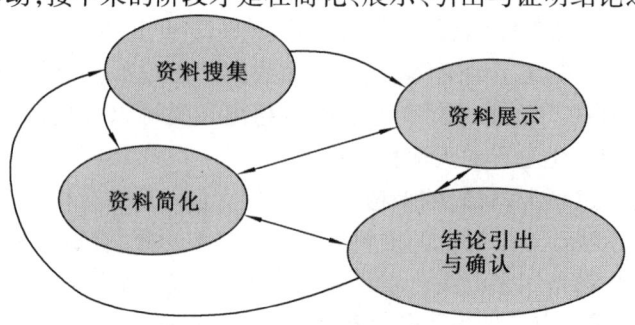

图 1.4 　资料分析的互动模式

例如资料编码时(资料简化)出现了一个新想法,觉得应该在表格里放入某资料(资料展示)。而要填入该资料又需要进一步的资料简化。当表格填满时,就可以引出初步的结论了,而初步结论可能又使得研究者决定要在表格里增加一纵列,以便检验结论。

由此观之,质性资料分析是一种持续的、反复的工作。在一步步分析的发展中,资料简化、展示、结论的引出与证明等活动逐步出现,但每一活动进行时,另外两种活动其实一直都是其基座的一部分。

由概念来看,上述这样的一种过程其实比起量化分析模式并不会更为复杂。量化研究者和质性研究者一样,要全神贯注在资料简化、展示、结论的引出与证明;计算平均数、标准差及各种指数是资料简化的工作;整理列联表、回归系数表等也就是资料展示;而判断显著性、实验上或控制上的差异性,则是引出与证明结论的工作。不过量化研究者进行上述工作时,所用的方法是界定完善的、众人熟知的,通常也是循序渐进的,而不是反复或循环的。相对来看,质性研究者所处的位置是较具变动性的,也是较为先驱的位置。

由此,我们提议有必要将质性研究的过程完善地写清楚,主要是为了帮助我们学习。这样做也便于我们日后的校验查证,此外主要的目的就是让我们更为清晰地知道:自己在分析资料时,确实发生了些什么;并且让我们反思、界定自己的方法,进而使得这些方法更能被他人普遍运用。本书第10章第4节对此有更详尽的说明。

第7节　本书的运用方式

概　览

本书大致依据质性研究的过程予以组织,由初期设计,一直到撰写报告。你可以在第13章对全书做一速览。另外,本书的目录也可帮助你对全书做一快速的认识。

每一方法的介绍格式

我们尽可能将此书设计成一本实用的工具书。每一种分析法都包括以下各部分:

- **方法名称**。
- **问题剖析**:这部分会说明质性分析者会遭遇的问题,或是难以解决的问题。要解决该问题,可运用该方法。
- **简述**:简介该方法以及如何使用。
- **实例说明**:以一个小例子更详细地说明该方法如何发展与使用。通常此部分还会再细分为几个子标题,如:"绘制图表"、"填入资料"与"分析资料"。
- **变体**:说明运用同样的原则,可采用的其他变通方法,也会指出其他学者发展出的类似方法。
- **建议**:梳理出使用该方法的相关评析与秘诀。

● **所需时间**:估计所需时间,依据题材、研究者能力、研究问题、个案数量,等等。

内文里也会包括一些辅助的方法,我们会简要地说明这些方法,你可以用这些方法来辅助或取代基本方法。

给使用者的建议

通常如果写书的人想要告诉读者怎样去使用一本书,那些想法大多是自以为是的、错误的理解,或两者都有。有人指出,一本书基本上只能待价而沽,读者能否从中获益,只能靠他是否正好瞄到这本书。读者合上一本书以后要做什么,作者根本无权过问。无论如何,基于本书第1版的经验,我们仍然要为不同读者提供一些建议。

有经验的研究者　这是一本工具书。我们的同事说他们采取几种方式运用这本书。

1. 随意浏览:因为本书包括内容很广,你随自己兴趣翻阅它也可以获益良多。
2. 解决问题:打开此书的读者,多多少少心中都会有些质性资料分析的问题,本书的索引就是针对解决问题设计的,读者可以由索引中很快地找到相关的章节。读者也可运用目录来找到相关问题的解答。
3. 通读全书:有些读者偏好依序读完一本书。本书的组织方式也很适合采用此方式。这类型的读者告诉我们,可以读完前5章(个案内的描述性分析),然后直接跳到第9章(图表呈现方式)、第10章(介绍技巧),然后再回到第6章(个案内的解释性分析),再去读跨个案的分析(第7、8章),最后再读本书最后几章。
4. 操作手册:如果你正在进行一项质性研究,不论是单独进行,或是团队进行,都可以依据工作任务,选择特定章节来阅读,例如:形成研究问题、编码、依时间排序的图表;然后找同事来讨论;规划研究的下一步;将本书中介绍的方法做一修改或发展出新方法。本书第2、3章对研究设计尤其有用,对研究执行初期,也很有帮助。
5. 研究咨询:本书也可作为整个研究过程中的参考书,发挥咨询的功能。它可以帮你确认出一项好的研究问题,还可以帮你解决问题,并提供直接的训练(参见下一段),完成完善的研究设计,处理初期的问题。

研究方法课的教师　有些同侪任教时将本书列为主要读本,有些老师列为补充读本。无论如何采用,我们都强烈建议学生们要实际进行研究设计、资料搜集与分析。本书在设计时并不是针对"清谈"质性研究的课程——只是概论而不实作。总之,必须要有实际的资料可供运用。

你可参考以下的顺序安排进度:

第2章　　(资料搜集的预备期)(主要着重概念架构、研究问题与抽样)
第3章　　(资料设计的技术与管理问题)
第4章　　(资料搜集阶段的分析工作)
第5、6章　(个案内的资料分析)
第10章　　(结论的引出与证明之方法)

第 7、8 章　　（跨个案的资料分析）
第 9 章　　　（矩阵表的建立与运用）
第 11 章　　　（伦理问题）
第 12 章　　　（撰写报告）
第 13 章　　　（概览、回顾）

有位教授告诉我他用本书上课时，先讨论第 1 章第 6 节（"我们对质性研究的观点"），然后提供学生一组资料（例如可以从我们合著的书《教育革新特写》（*Innovation Up Close*，Huberman & Miles，1984）找些图表来用），要学生由该资料引出结论，其中先应用本书第 5、6 章的点子，然后再运用第 7、8 章的点子。接着，他鼓励学生运用自己的资料做一快速的研究，分析自己产生的资料。

我们发现本书也很适合用在密集的练习活动里。例如 3 天的练习工作坊（最多 25 人），可参考以下进度达到最佳的效果：首先细看第 2 章的前 4 节；接着练习第 4 章的编码；再来较为深入地逐一学习一些图表的展示方式，包括第 5 章到第 8 章的部分图表。你可以选择第 5 章的局部排序图表、时间排序图表与概念排序图表；第 6 章的因果网状图；然后再选择第 7、8 章的中介表以及依个案排序的预测项—结果项之矩阵表。

另外我们建议你可以重复练习第 10 章提出的各项技术，这也是颇有帮助的。依据我们的经验，大家已经具备一些分析的体验之后，再对第 10 章做一概览，会有最佳效果。

我们对于每一主题都采用以下的学习方式，适用于个别学习或两人配对的学习，这些学习者应该全程参与练习活动：

1. 讲述/阅读该单元概要，以厘清重点。

2. 简短的学习活动（如：引出概念架构、规划编码计划的某小节、设计一张矩阵表、画出一张事件—状态图、诠释一张完整的矩阵表、撰写一段分析）。每项练习不超过 30 分钟。

3. 比较个人或每对成员的作品，用投影仪或海报呈现。从中引出通则，并提出建议。

4. 如果第二步骤已经采用了成员目前或即将进行的研究资料，那么就应该再安排一段时间给成员做练习。工作坊或教师可以为他们提供一些研究工作上的建议。

上述原则也可应用于一学期的课程里，不过内容就可以更深入些，节奏也可以较为舒缓。平时习作可运用在学生真正进行的研究里，在课堂上提出评析，这样的习作会最有建设性。如果能撰写个人研究日志，进行主动反思性的记录，这也有很大的帮助(参见本书第 10 章第 4 节)[1]。

研究生或其他研究新手　此处我们要给研究生一些直接的建议,你一定要谨记在心:未来你很可能要一个人单独做研究,通常是研究单一个案,而且你可能一直担心自己的研究质量——无论你是不是在进行学位论文。

1. 本书主旨在帮助你进行资料分析。你应该读些概论性质的书,帮你奠定质性研究的基础(如:Bogdan & Biklen, 1992; Glesne & Peshkin, 1992; LeCompte & Preissle, Tesch, 1993; Lofland & Lofland, 1984)。

2. 不要让自己见"叶"不见林,被扑天盖地而来的各种词汇所淹没,对应之道是去看看本书的大图像,看看本书第 13 章所作的概述(图 13.1);阅读第 1 章第 6 节;扫瞄第 9 章有关表格绘制的基本概念。请记住本书只是大致依时间顺序予以组织。

3. 请概览每章所提的建议。

4. 从做中学。运用你自己的研究为练习工具,将每章的建议应用在你的研究里。阅读本书图表实例时,将你所引出的结论写出来,并且与同学或朋友的结论作一比较。

5. 为了弥补你独自做研究可能出现的问题,去找一个人当你的诤友,在你研究进行中提出意见。

6. 请写一份非正式的工作日志,记下你遇到的问题。这一做法对你的学习会很有帮助,等你要写报告时尤其有用。

7. 请不要为某些图表所用的术语类的词汇而焦虑,你要关心的问题应该是图表究竟能为你做些什么。

8. 本书估计的练习时间是粗略的,如果你实际用的时间有很大的出入,也不要大惊小怪。

9. 过程里最可怕的敌人,是过度的担心,担心自己用的方法不对。写学位论文,很容易让人陷入此种焦虑。不过每一分析性的问题,都可以采取多种方式去处理。较佳的对应之道绝对是由你的研究问题自创方法。你在本书看见的一些有趣的方法,其实都是学生或新手研究者自创出来的。

咨询与经理人员　前述的工作坊其实曾经应用于企业中,这类的企业顾问想要运用质性资料来诊断组织问题。这时你可以采取一种不错的方式,请参与工作坊的人士,以两两一组或多人一组的方式来讨论一个完整的个案资料,分析由业主处搜集到的资料,然后决定行动介入方案。而前述对有经验研究者提出的建议,大部分对咨询或经理人员也同样适用。

1　下列资料可供质性研究法教学之用,Strauss(1988)的讨论颇完善,还有他与同事 1987 年合著的书。《人类学与教育期刊》(*Anthropology and Education Quarterly*)于 1983 年所出版的第 14 卷第 3 期,这是一本专辑,其中包括 Bogdan, Hall, Lofland & Lofland 等人的好文章。Ely, Anzul, Friedman, Garner, & Steinmetz(1991),本书包括学生的许多范例,生动且详尽。也可阅读 Webb & Glesne (1992),他们调查了 75 名质性研究法的教学者,并整理了学生遭遇到的典型问题。

　　这些书里有些主题是一再出现的,包括:质性方法课程应采取现场本位(因为质性分析的唯一学习方式就是直接去做分析);修课学生之间彼此坚定的支持是最重要的,这群上课师生就像是一种协同式的师生关系;修课人数要少,不得多于 15 人;此课程最少应延续一学期;采用学习日志与相互批评的方式来进行自我反思是很重要的。

设定资料搜集的焦点与范围：
实质的开始

第2章

Focusing and Bounding the Collection of Data：The Substantive Start

质性研究的确需要进行设计工作,这可能与你听说的不太一样,有些质性研究者的确比其他人更慎重地考虑设计问题。设计阶段与执行初期有很多决定需要斟酌与定夺,只不过有的决定较为明显而确切,有的决定则是隐而不显的;有些决定并不是有意去做的,有些决定则是依预定进行的。此阶段中,这位质性研究者注意的焦点乃在于:要选择什么研究主题,要研究什么个案以及要用什么方法搜集与分析资料。

本书的主题是分析。讨论资料分析,为何要由研究设计谈起? 图 1.3 显示出:就实质意义来看,研究设计其实是含有分析性质的——研究设计就是你的预期数据要如何简化的一种动作;因为在研究设计中你会排除一些变量与关系,而纳入另一些变量与关系,由此便限定了后来的资料分析。再者,这些设计方面的决定,也容许并支持着后来的分析工作,亦即预先形塑了分析的行动。

研究设计可以包括两类,一类是概念方面的决定,如决定概念架构与研究问题、抽样、个案定义、选择方法以及待搜集资料之性质;另一类设计有点像是资料管理的问题(将于第 3 章讨论),但其实和第一类设计同样与研究焦点和范围等问题有关,第二类设计包括了资料贮存、管理与处理,计算机软件的选择,以及与研究对象签订的合约问题。

本书不可能详谈研究设计,读者欲了解研究设计的细节,请参考 Marshall & Rossman(1989)的作品。本章重点放在研究范围、焦点与组织方面的设计等与资料分析问题较有关系的部分。虽然本章也提供了一些实例,不过我们要强调,本章涉及的每项问题仍然应该根据情况来决定。有些研究者处理这些问题时较为严谨,有些则较为宽松,但无论何者,初期的研究设计,到后来都需要再做修改。质性研究设计不能够照抄,也不只是为了让自己安心而做,事后都需要为资料分析做建构、修改与组织等工作(Preissle,1991)。

严谨设计与松散设计：优劣得失

进入田野前,研究设计究竟要做到何种程度? 要不要先有一个概念架构? 要不要先有一组研究问题? 要不要事先设定一些搜集资料的程序和方法? 事先设定的研究框架会不会遮蔽研究者对个案重要特征的关注,或者导致对报告人内部视角的误解。如果不设定研究范围与焦点,会不会让资料搜集毫无头绪,造成资料泛滥? 这些问题在定性研究中反复出现,并已经引起激烈的争辩。以下先分析一下这些问题,并说明我们的立场。

一个研究者,无论他的研究是多么地非结构式,多么地具有归纳取向,都会带着某些引导性的想法进入现场。例如:社会学家关心的可能是家庭或组织(而不会是岩石形成或蚁丘),因此他会注意与他的概念标签(conceptual tags)(如:角色、关系、例行程序、规范)有关的资料。如果他观察一间密室或餐厅,他不会由建筑师或厨师的眼光去看,而会从房间及其陈设猜测使用该房间的人们共有的模式;心理学家面对同样的现象,则会做不同选择,他会去看使用者的动机、焦虑、沟通与认知等方面。

质性研究过去的形象是尽量少做研究设计,因为许多社会学者与人类学者认为社会过程实在太复杂、太过相对性、太难理解或太过奇特,并不适合采用明确的研究设计。他们偏好采用较宽松的结构,以渐渐浮现的、归纳式的扎根取向方式搜集资料,亦即让概念架构在过程中从田野浮现出来,研究问题渐次清晰;未进入现场前不决定哪个场所与行动者;若要用研究工具,也应该是根据场所及其中行动者的看法之性质再做定夺。

在某种程度上我们同意上述观点。如果你是有经验的研究者,研究时间充裕,研究的是奇特的、未研究过的现象,或极为复杂的社会现象,那么,松散的研究设计是有价值的。但如果你是新手,在一熟悉的文化或亚文化中,想对某现象了解得更为深入,采取松散的研究设计就是在浪费时间。你可能做了好几个月的田野工作,以及沉重的个案研究,却只能写出一些平凡无奇的东西。正如 Wolcott(1982)所说的,以开放与热忱的态度进入研究现场寻觅问题与答案,的确会有贡献;但是"研究者展开研究之时,对于究竟要寻觅什么,心中不可能没有一些想法,而且如果他不把这些想法尽量想清楚,也是愚昧的"(p. 157)。

我们认为,采取较为严谨的研究设计应该是明智的选择。这样可让研究者做研究时,脑中带着描绘清晰的结构。事实上,我们应该记住,质性研究是可以做彻底的"确证"的,亦即可以试着去检验你所做的概念化工作,并阐释清楚。较严谨的设计可以让初学者脑筋较为清晰,不必担心范围过广与资料过多的问题。

因此,你可以将一项研究做成严谨的、预定好的设计,也可以做成松散的、逐渐浮现的设计。而大多数的质性研究设计是居于上述两类之间的,对于待研究的现象略知一二,也大致知道要去哪里搜集资料,知道如何取得这些资料。亦即有一粗略的研究架构与一组基本问题,而对抽样与初步资料搜集设计也略有想法。

我们在研究初期究竟要设计到何种程度,取决于你有多少研究时间、待研究的现象被人了解的程度、有哪些研究工具可用及要做怎样的资料分析。

我们偏好结构化的研究设计,除了先前所述认识论上的原因之外,也有操作上的理由。

第一,因为研究设计越松散,搜集资料时就会越无选择性。如果你正在等待关键概念或规则从该个案中浮现出来,那么研究初期你会觉得所有信息都很重要,这一等待期可能相当漫长。淹没在资料里的研究者,得花费很多时间才能理出个头绪。如果你正在写博士论文,或是得到一段长时期的经费补助,那么你可能拥有充裕的时间可以慢慢摸索,但大多数的研究都会有时间压力,不容你这样做。

第二,有些质性研究乃是探究多个个案,且又由多人去不同现场搜集资料,若是欠缺共同的架构或工具,最后可能会造成资料过多,且无从做跨个案比较。[1]

再者,不要忘了,我们跑到现场去是想要描述与分析出某种关系,而这需要一套分析性的类目(Mishler, 1990)。你可以一开始用演绎方式形成这组类目,也可以用归纳法渐渐形成这组类目。我们在做概念化工作时,演绎与归纳法都会用到——若要运用多名研究者的观察资料,则更需要两种取向——这样才能把一堆事实与发现,放在一组宽广、统整的通则之中。

第四,像我们这种具有背景知识的人,在做观察时,会看出一些细微处、复杂处及微妙处,知道要问什么问题、要参与什么活动,也知道我们的理论兴趣是怎样体现在现场中。如果不运用我们这些概念上的优势,等于是在自我设限。

这里的确要做一些斟酌取舍,例如你们正在进行多个案研究,初期设计越松散,每个研究者就越可能接触到每一个案的特殊性,但是也越难做跨个案的比较,所花的成本和资料的负担也都会比较大。

严谨研究设计的优缺点正好相反。严谨设计的优点是比较经济、可以做跨个案分析、较可能得到可概括的发现;但其缺点是可能忽略单一个案的特殊性,可能为了回答跨个案的问题,结果忽略了个案所处的脉络。解决的方式是要避免选择过于严谨或过于松散的设计。

既然严谨设计有这样的缺点,我们就要仔细探究一下研究设计的问题,尤其是与资料搜集的焦点与范围之决定有关的部分。本章重点就是谈与资料搜集的范围与焦点有关的设计问题,主要讨论概念方面的问题,包括概念架构的建立、形成研究问题、界定个案、抽样与工具选择。下一章再谈资料管理方面的问题。

---

[1]　此处有一不同的观点(R. E. Herriott,个人沟通,1983):当研究者尚未着手探究或未做普遍测量时,研究者可能只不过是"瞄过"所有个案而已,此时如果我们就以为可以找到跨个案的研究发现,这期间表现的信心可能是太过了一些。这一观点认为,研究者当然要有一开放的态度——有可能找到跨个案的研究发现,但并不保证这种发现一定会出现。

第 1 节　建立一个概念架构

理论基础

　　理论建立需要有一些基本的概念,这些基本概念又包括了许多的细项。像"社会风气"、"文化场景"、"角色冲突"等类目,都是贴在心智"桶"(intellectual "bins")上面的标签,桶里纳入了许多零散的事件与行为。任何一个研究者,无论如何归纳推理,都会知道研究中可能牵涉哪些桶,还有桶里面可能有些什么事件与行为。你可以由理论与经验中找到许多桶,或者将一般研究目的稍作修改而找到桶。要建立概念架构,就需要找到桶;为桶取名字,弄清楚桶之间的关系。这些动作就可以引导你形成概念架构了。

　　以上的工作其实就是要你决定:哪些变量是最重要的? 哪种关系最有意义? 以及应该搜集与分析什么资料?

简　述

　　概念架构无论采用图形或文字形式,都是在解释待研究的主要事物——关键因素、概念或变量以及其间假定的关系。这一架构可以是粗略的,也可以是细致的,可以是理论导引的、常识性的、描述性的,或是因果性的。

实例说明

　　图 2.1 引自一份大规模的研究(The Network, Inc., 1979),其研究架构是简略的、描述性的。该研究的目标有三:一是探究几个采取推广示范模式推动改革的教育革新方案;二是了解执行成功的原因;三是提出政策建议。

　　图 2.1 就是一个桶图,图中显示了所要研究的角色(决策者、联络者、实行者),而且对每一角色都要探究其工作的背景、特征与行为。第二方面主要探究改革特征。第三方面要研究改革的成果(改革成功的指标)。

　　这张图对研究者有什么用? 第一,它可以告诉你要研究与不要研究的东西。图2.1 显示,有些人物并不被研究,例如该研究并不研究方案设计人,而特别着重四种成功的表现。第二,图中还用箭头显示了某种逻辑关系,即改革实行者与改革之间是相互影响的;另外,箭头也反映了日常的生活经验。

　　该图显示了概念架构的焦点与界线,换言之,至少在研究开始时,所要研究的并不是所有人,也不是他们所有的活动,而是仅探究一部分关系,测量与分析一部分结果。

　　同样的这项研究,也可以画出图 2.2,这是较为复杂的推理概念图,其中有一部分的变量与图 2.1 相同,但是较强调交互关系。图 2.2 假定决策者会透过技术协助与联络者网络,影响到联络者。

　　另外,图 2.2 双箭头很少,表示研究者会选择性地搜集资料。至少开始时会先测

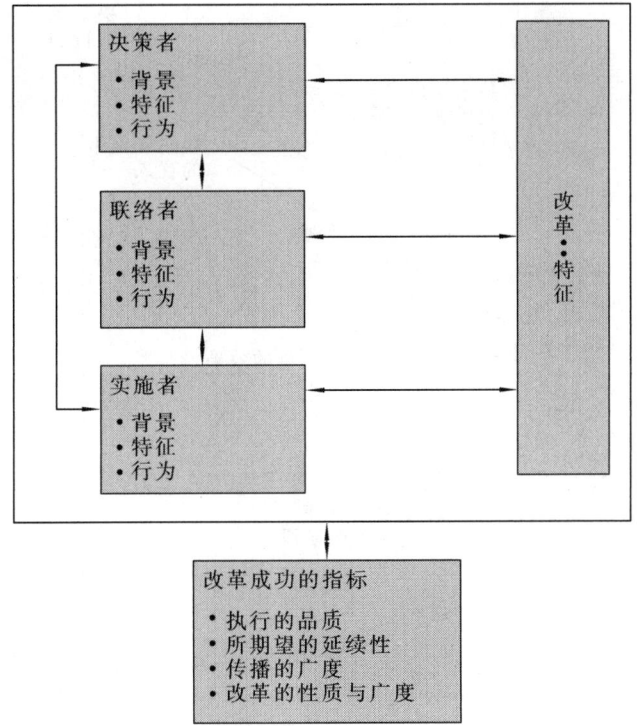

图 2.1 "教育改革案推广研究"概念架构图(The Network, Inc. ,1979)

试某些假定。研究也会较强调"实施者行为"、"联络者行为"、"执行效果"等,这些都是箭头所形成的因果关系链里后来产生的变量。例如联络者观点被假设为"网络置入"的结果,而且是"联络者行为"的预测项。

图 2.1 属于探索式设计(exploratory design),图 2.2 属于确证式设计(confirmatory design)。图 2.3 则介于两者之间,显示了研究者特殊的研究兴趣。本书后面章节引用的许多实例都是来自这项研究(Huberman & Miles, 1983b, 1984)。[1]

图 2.3 也有很多桶,分别标示为事件(如"先前改革史")、情境(如"小区"、"教育局"、"实施的学校"等)、过程(如"协助"、"实施者知觉与操作的改变")、理论上的构念(如"组织的规则")。有些结果是假设性的(如"制度化的程度"),但大多数的结果是开放性的(如"知觉到的得与失")。箭头方向显示了时间流,但仍下了一些赌注,做了些猜测(如多数的协助出现于早期;改革、实施者、组织三者之间会有互动性的改变产生)。

和图 2.1 相比,图 2.3 的内容预定性较低,每一研究者都要在现场找出改革的"特征",还有这些因素会怎样影响"执行效果",此图仍然只是概括性的。

---

1 本章第 4 节的表 2.1 与表 2.2 显示了我们所研究的这些学校的地点及其改革之类型。读者若想阅读 12 个个案的单篇报告可以向该研究主持人咨询(D. P. Crandall, The Network, Inc. ,300 Brickstone Square, Suite 900, Andover, MA 01810)。读者若对综合型改革有兴趣,我们建议你参阅 Carson 与 Masepa 这两个个案报告。若对简化型改革有兴趣可看 Lido。至于跨个案的分析则出现在 Huberman & Miles(1984)。

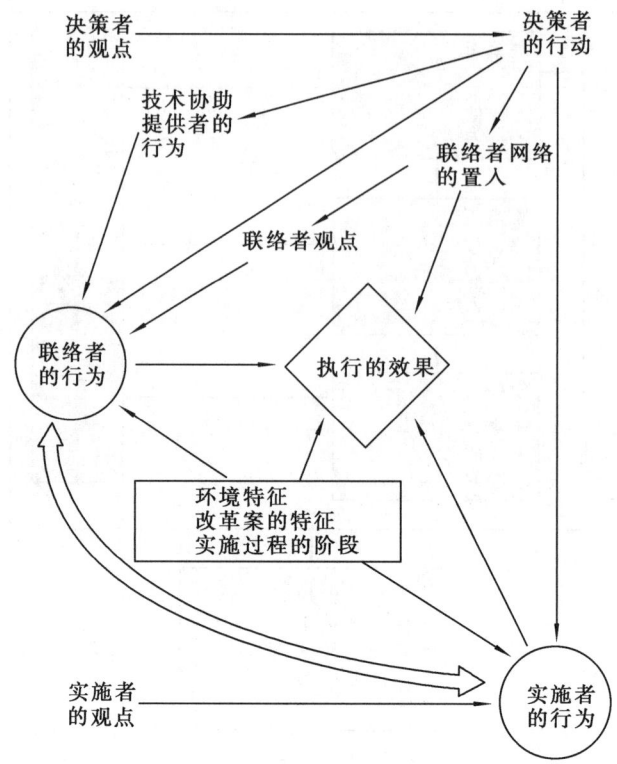

图2.2　教育改革案推广研究(The Network, Inc., 1979)

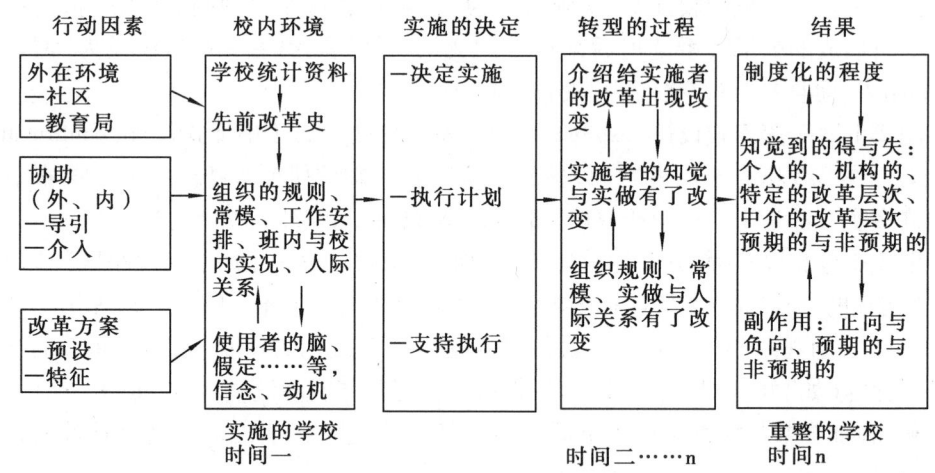

图2.3　学校改革的多个案田野研究之概念框架(Huberman & Miles, 1984)

　　图2.3是一张简图,有可能要做调整,事实上图2.3后来也的确做了调整。等到搜集资料以后,研究者可以修改架构图,让它更为精确,用更有意义的桶取代较无实际意义的桶,并且重组其间的关系。概念架构只是一张当前版本的地图,呈现着待研究的这块领域。当研究者对该领域的认识有所改变时,这张地图就要相对应地作调整,画得更有特色、更具统整性。而多个案研究里的研究人员们,也可以更为密切地协调所负责的资料搜集工作。

变体实例

资料 2.1 是研究少数族裔儿童的学校经验。图中画粗线的长方形是研究的主要部分。箭头上的数字显示的是最早要探究的关系。有些是单向的,有些是双向的。图中有些桶是描述性的(课程、教学或学习风格),有些是较概念取向的(机会结构、"生存"知识与策略)。等到实际研究时,再修改此图。

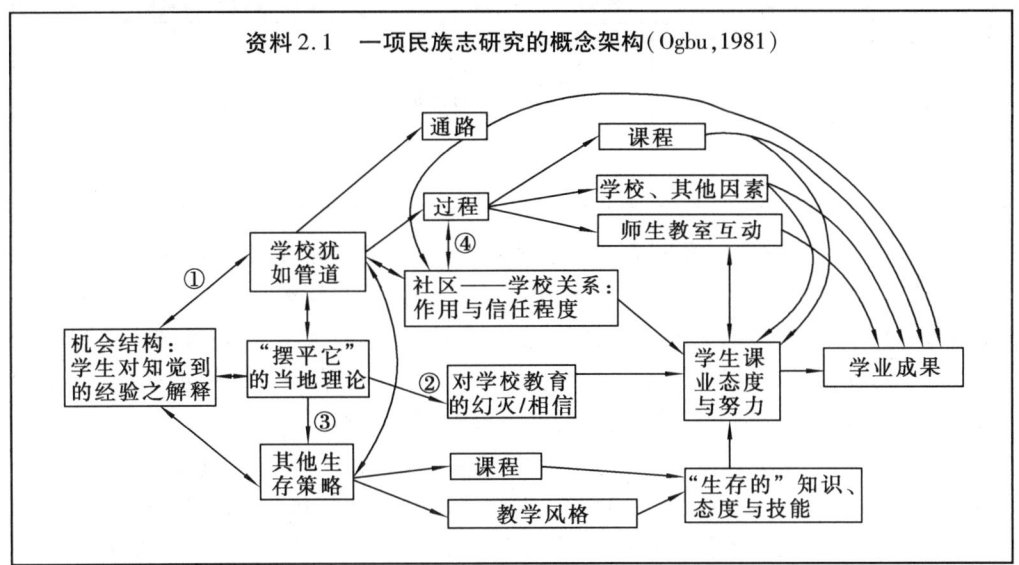

资料 2.1   一项民族志研究的概念架构(Ogbu,1981)

我们也可以在田野工作中渐渐形成概念图。L. M. Smith & Keith (1971)是最早这样运用架构图的学者之一。资料 2.2 显示的是一所新学校创立的例子。研究者在田野中注意到一种现象,他们称之为"掩饰组织活动"——不要让外人看见内部的活动。为什么会发生此事? 结果会怎样? Smith 和 Keith 相信造成"对组织活动的掩饰"的原因有:该校"所订的校训"(学校的哲学与体制)、教师冲突、行政程序中的困难、新方案与小区不契合等,然后"掩饰组织活动"会导致公众对实况的误解以及家长的不满,最后 Kensington 学校便无法形成一股长期支持学校的力量。

虽然"掩饰"的这一想法,是在以前做组织研究时就出现的,不过 Kensington 学校的运作方式以及相关变量,乃是在此研究中归纳而得的。Smith 和 Keith 采用了不少这种浮现的概念图,来说明他们的理解。

建　议

以下是本节的摘要与延伸:

1. 以图形表示概念架构的效果最好(比文字表示好)。在一张纸上画出整个图,可迫使你指出图里桶的名字,这些桶装有零散的现象;画出可能的关系;区分出变量,这些变量可能在概念上或实际运作上很明显;同时要你运用这些信息来运作。现在就请着手绘制概念架构图,假如你是个研究新手的话,更要注重这项工作。

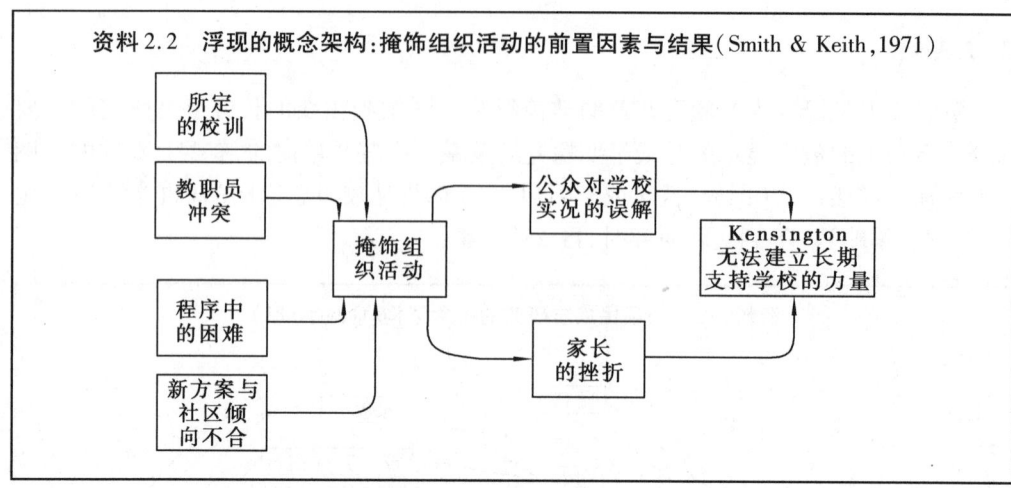

资料2.2　浮现的概念架构:掩饰组织活动的前置因素与结果(Smith & Keith,1971)

2. 一开始就要有心理准备,你可能要重画很多次。可能呈现主要变量的方式有很多种,但是有些方式——一般是较后期画的,会比较精美与简要。

3. 如果你的研究里有多名研究者,请每人都画一张架构图,然后比较各图。此程序可重复地做,以显示每人的想法。通常这可以让大家讨论有争议区域或模糊区域,如果这时不讨论,日后仍会浮现,反而浪费更多时间与资料。

4. 不要企图画出一张无风险的架构图——亦即用包山包海的方式界定变量,而且每个地方都画上双箭头。这样等于是没有界定研究的范围与焦点,这和你直接走入现场,看它说了些什么,并没有什么差异。不过你还是可以先画一张这种总汇式的架构(图2.1类似于这种无风险架构),并以此为起点渐渐画出更具选择性与特定性的架构图。

5. 当然,先前的理论研究与经验研究也很重要,都可以画入图中,它可以帮你设计出你自己的引导架构。你可以把文献中的变量与关系也纳入图中,看看哪里有重迭、矛盾、需要精炼以及获得支持的地方。

所需时间

　　画出一张概念架构图费时并不多。如果你对你的研究已有深入思考,且读过相关文献,那么画出第一张架构图大约费时45分钟到1小时。如果你不敢相信这一估计,也许我们应该告诉你:在我们的工作坊里,有些学员甚至费时不到30分钟。这项工作并不是要你重新画出多伟大的图,只是要你把心中的东西呈现出来,这样可帮你除掉多余的东西,加强你的综合能力与创造能力。

　　后续再修改架构图,费时会较久,约一两个小时,因为你要解决前面的问题,而且要提出你的研究特色。如果你是质性研究的新手,第一次画架构图可能要两小时左右,不过这种工作很有趣。

第 2 节　形成研究问题

理论基础

我们可以由概念图直接引出研究问题。例如图 2.1 有一个桶标示了"决策者",下方有一个"行为",那么本研究就应探究"决策者的行为"。另外,图中"决策者"与"改革"之间有双箭头,那么研究问题就应该有:决策者的行为如何影响改革的引进?各类改革又如何影响决策者的行为?

如果架构有较明显的范围,那么研究问题也会较明确。在图 2.2 中,我对"决策者行动"的兴趣有更明确的重点。我要提的问题是,"决策者的行动如何影响到实施者的行为、联络者的"嵌入"、联络者行为及不同技术性协助的行为? ……"。当然要细细思考其间关系的本质与性质,研究问题才会清晰。

这些问题有什么用呢? 第一,研究问题可以让理论上的预设更为清晰;第二,研究问题可以告诉我们首先或最需要了解的是什么,把力气用在该用力的方向,这样搜集资料的焦点与范围就更清楚了。

实际上,我也开始在作一些隐性的抽样决定了。我只要探究"一些"人物,"一些"环境与"一些"问题。研究问题也会显示我应采用的资料搜集方式——观察、访谈、文件搜集,或者问卷调查。

最后,分析的范围也会大致浮现,至少是初步浮现。如果我想知道:"决策者的行动怎样影响到实行者的行为?"那么我应注意的资料就是:"实行者行为、决策者行为及其相互间的影响",而不是要注意其他影响实行者的因素。也就是说,这项研究问题已经开始让这个概念架构运作了。

以上所用是演绎模式。亦即先用一些导引性的构念开头,再摘出研究问题,然后依照列出的问题去找出样本类型与方法。归纳取向者可能会觉得我们整个概念、问题和方法都走错了方向,在得到一些错误或浅薄的发现后,才知道自己的开头错误。也许是吧。不过归纳取向者仍然是在处理研究问题、概念架构与抽样矩阵表这些东西,只不过他们的选择不是很明确,而架构与过程之间的连结很少直线式。即使这样,他们的选择仍会提供研究的范围与焦点。

举个例子来想想。虽然电视影集对警察工作已有所揭露(或许这反而是部分原因),但警察的工作至今仍相当神秘且模糊,是个值得探究的领域,因此它适用归纳取向的研究设计。不过我们究竟要研究警察工作的哪些方面呢? 我们不可能细究所有东西。我们要去哪里做研究? 我们不可能去每个地方。什么时间去做研究? 你可能"暂时缓议"这一决定,先去郊区的派出所待一阵子再说,但这只是反映出你做了两个隐性的抽样决定。

假定这其中内隐的研究问题是:逮捕与登录案件的工作是怎样进行的? 你的这一决定马上就排除掉许许多多的其他主题,而且会导引到有关抽样与方法设计的各项决定(例如:运用观察法,而不是浏览官方的文件;对于不同类型的嫌疑犯、罪犯做选择;对于逮捕嫌疑犯的方式、各类型的警官做出选择)。这些抽样与方法方面的决定虽然常常都不是很明显的,但同样都限定了待研究的情境、行动者、过程与事件。总之,这显示待研究的问题无论是内隐的或外显的,其实都规范了可能做分析的方式。

研究问题与概念架构之间也会彼此影响,无论你的架构是内隐式或浮现式或者是事前预定好的。

Manning(1977)研究警察工作中的"逮捕"。他发现警察常常进行"任意的逮捕",依自己的意思去解释法令,事后才依情况将逮捕行动自圆其说。结果"犯罪"的意义变得很不清楚了。每次逮捕都包含了潜在的"磋商",磋商中玩弄着正式与非正式的法规。

上述研究发现是依据 Manning 的概念架构得到的。不过 Schutz 和 Goffman 的读者从中会马上认出社会现象学的语言:情境行动(situational action)、磋商法规的意义等。如果几个人在同一地点探究同样的研究问题,马克思主义的分析则可能告诉我们:警察是怎样强化了现存社会体制,而维护了阶级的有关利益。若是主流的社会心理学者,则会着重自主性以及社会影响之研究。

人们(包括研究人员)都有偏好的"桶"与"箭头",当他们在解释社会现象时,他们运用这些"桶"与"箭头",或明或暗地决定:什么研究问题最重要,以及要怎样才能找到答案。因此我们相信,与其向人声称自己绝对是采用归纳取向,不如把自己的研究架构明明白白地表达出来。

简　述

你可以用研究问题导引出概念架构,也可以用概念架构导引出研究问题。研究问题显示:你实际要探索的经验领域究竟在哪儿? 研究问题可以是一般性的,也可以是特定性的;可以是描述性的,也可以是解释性的。提出的时间可以在一开始,也可稍后,以后还可以修改或调整。研究问题的类型是有限的,不超出一些基本的问题格式。资料 2.3 是评估一项特殊儿童运用计算机辅助来进行的阅读学习方案中的各类研究问题。图中呈现了特定的问题,也显示出较基本的问题格式。

实例说明

图 2.3 列出了待研究的主要变量。第三栏写着"实施的决定",桶中列出了组成要素:实施的这一决定、执行计划、对执行的支持。现在的你就得决定要从中找出什么东西。此处我们把特定的研究问题汇集在更一般的问题之下,如图 2.4 所示。

图 2.4 每一主题下面列了一些问题,以前两主题为例,我们主要想知道的就是:该"实施的决定"与谁有关、该决定实际上是怎样做的、该方案对相关事物而言究竟有多重要。这些问题都会实际发生作用,而不是理论性的或说明性的东西。研究者依据这些问题,就必须要去做一些事情。

资料 2.3　研究问题的类型：实例（N. L. Smith, 1987, p. 311）

范例问题	基本格式
因果研究	
此方案是否使孩子的阅读更好？	X 是否引起 Y？
与其他方案相比，接受此方案的孩子是否阅读得更好？	X 对 Y 的成效，是否比 Z 对 Y 的成效更大？
非因果研究	
参与此方案的孩子，日常的经验如何？	X（的情况）是什么？
治疗中心是否位于最需要的地区？	X 是否位于 Y 状况最差的地区？
非因果政策研究	
何谓"特殊教育的儿童"与"治疗"？	何谓 Y？
此方案获得州与地方官员的支持，是因为政治因素，还是教育因素？	为什么 S 支持 X？
非因果评价研究	
所采用的最好的 CAI 教材，具有何种特征？	什么特征使得 W 好？
各少数族裔对此方案的看法与评价如何？	T 是否重视（珍视）X？
非因果管理研究	
此方案与其他方案相比，其成本效益如何？	X 的成本效益是否比 Z 更大？
怎样才能尽量降低行政单位的成本，同时尽量提高班级的表现？	如何尽量降低 V，同时尽量提高 U？

　　从概念上来看，图 2.4 中的研究问题，比图 2.3 架构图中的东西更属于实际进行的事情。图 2.4 中最下面所列的必要条件显示出：研究者已先有些想法——什么因素可以形成最佳的准备度。

　　要把研究问题拿来实际运用时，你可以思考：这些条件在各个现象里是否存在？执行该方案时，那些条件是否真的产生了影响？这个例子很可以说明，研究问题是怎样直接连结到资料分析的（当然此例也有缺点，田野工作者也许会注意其他的事，并不会管什么并未贯穿整个研究的"必要条件"的问题）。

这一实施的决定是如何做的?

　　谁参与此方案(如:校长、方案实施者、教育局人员、学校董事会、校外机构)?

　　这一决定是如何做的(由上而下的、说服的、磋商的、同侪参与的,或代表参与的)?

决定实施时,此新方案的优先性与重要性有多高?

　　行政官员提供的支持与承诺有多少?

　　新方案对老师们来说有多么重要?(从老师的例行工作、日常活动,及与其他正在考量或实施的改革措施和新方案的关系来判断。)

　　实际上,新方案在学校行事历之中,所占比例有多少?

　　新方案是单一的行动,或是一系列的行动?

原本的执行计划里有哪些成分?

　　其中可能包括前置培训、监督、消除非预期的问题,以及持续的支持。

　　此计划有多么精确与详细?

　　此时人们是否满意此计划?

　　此计划是否处理了所有预期到的问题?

执行此方案前,必要的条件是否具备了?

　　其中可能包括承诺、理解、材料与装备、技能、时间分配、组织备用物。

　　是否发现什么条件遗漏了?遗漏最严重的是什么?

图 2.4　有关实施决定(adoption decision)**的基本问题与特定问题**(学校改革研究)

建　议

1. 即使你采用的是高度的归纳模式,预先提出一些基本的研究问题,仍然是个明智之举。这可以让你想清楚:在一般范围里,什么是你最感兴趣的。它帮你把内隐的东西外显出来,但并不会因此僵化或限制了你的视野。

2. 如果你弄不清楚自己的优先级或不知要如何型塑它们,那么就先写一个模糊的研究问题,以后再厘清它。多数的研究问题不会在你第一次拟定时就成型,无论你多有经验或研究领域有多清楚。

3. 如果问题超过十个,就是自找麻烦。你很可能因此见树不见林,且将所得资料弄得很零散。研究问题过多,会让你很难看出各数据库之间浮现的关系,也不易整合出研究发现。

　　图 2.4 是个好范例,列出主要问题,每一主要问题下再列出子问题,以求清晰与具体。这也有助于你想想:你的关键问题是什么,即你真正最想知道的是什么?

4. 有时候列出问题清单以后,比较容易建立概念架构。你可以在清单上寻找共同主题、共同结构、隐藏的或明显的关系等。然后画出被隐藏的架构,加入上述那些零件。

5. 进行多个案研究时,要确定该研究中所有田野工作者都了解每一问题,并了解其重要性。多个案研究的问题应该更明晰,这样搜集田野资料的多名研究者才能密切配合,否则无法做跨个案比较。

6. 建立研究问题清单后,再细想是否每一问题都是可研究的。你可能一直在想一些根本太过尖锐的问题,即你或你的报告人根本没办法回答,你也没办法去测量的问题。

7. 把研究问题放在手边,在田野工作时可以再看看它们,这样有助于资料的聚焦。在你写下报告人午餐的内容,或他们的车子停在哪儿时,你可能会想究竟要不要写下来。除非那些东西对研究问题具有明显的、直接的或可能的重要性,否则不要放在札记中。如果开始忽略的东西,后来变得重要起来,你会有机会知道的。质性研究的优点就在于你几乎都有第二次的机会。

时间花费

形成研究问题是一反复的过程;第 2 版会比第 1 版明确且可靠,第 3 版可以帮忙去除最后的残渣。形成基本问题最为费时,因为它决定了你日后明确的问题范围与质量。

假如你与你研究的主题一接触,就觉得不错(无论实际体验到的还是文献探讨时感觉到的),那么写下六七个基本问题,至少要花两三个小时。不要想一次就把问题搞定,有时你会写下一个看似吸引人的问题,一会儿工夫可能就觉得不再吸引你了。子问题的拟定约花费一两个小时。研究经验的多寡、研究的性质、概念架构的复杂性与明确性,都会影响所需的时间。

第 3 节　界定个案:拟定研究范围

理论基础与简述

质性研究者常有的挣扎是:"我的个案是什么?""我的个案的范围在哪儿?"抽象地看,所谓个案,就是出现在某有限脉络中的一个现象。结果,这个个案也就成为你的分析单位了。你可研究一个或多个个案。

请看图 2.5 的图示:其中有一研究焦点或"心脏",还有一个未确定的界线,界定了这一个案的范围,亦即显示出你不要研究的部分。

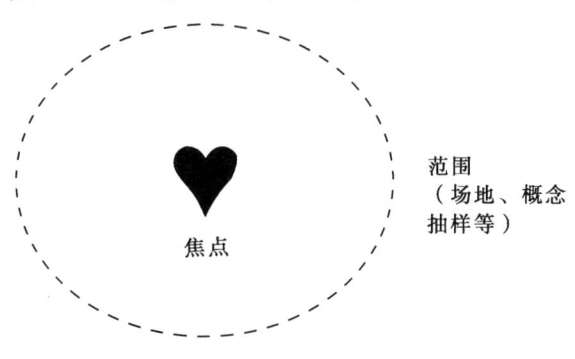

范围
(场地、概念
抽样等)

焦点

图 2.5　作为分析单位的个案

实例说明

个案实际上是指什么? 有时候所谓的"现象"是指在某脉络中的个人:

一个做心脏导管绕道手术的病人,手术前、中、后6个月,在他的家中和医院里的情况(Taylor, MacLean, Pallister, & White, 1988)。

此个案中的"核心"是这个病人,范围是在家庭与医院这些脉络中。亦即研究者不会访谈病人的同事,也不会去他吃午餐的餐厅,治疗6个月以后的资料也就不再搜集了。

接下来要做的,还会进一步以抽样限定研究范围。例如:研究者会访谈病人的配偶,而不访谈孩子,除了生活经验的访谈外,还会抽取他的食谱、运动、血压等资料。以下仍是一些以个人为个案的范例:

本研究中的个案是指,一个年轻人第一份"真正"就业中的工作经验(Borman, 1991)。例如Miriam在城市银行担任簿记员。

本研究中的个案是指,一名非凡的技师,在他的店里,与朋友、邻居、顾客相处的背景(Harper, 1987)。

本研究中的个案是指,研究者的祖父,在家里和工作场所以日记的形式来回顾他的一生(Abramson, 1992)。

个案也可以用角色来界定:

本研究中的个案是指,流浪者的角色,即流浪者与警察和安置所人员之间产生的关系角色(Spradly, 1979)。

本研究中的个案是指,校长的角色,他在其学校或小区里的校长角色(Wolcott, 1973)。

本研究中的个案是指,教学生涯中经过各"生命周期"的一名老师(Huberman, 1993)。

个案也可以是一个小群体:

本研究中的个案是指,城里贫民区一群黑人的非正式族群(Liebow, 1967)。

本研究中的个案是指,建筑一栋新房子时相关的建筑师、建屋工人与顾客(Kidder, 1985)。

个案也可以是一个组织:

本研究中的个案是指,一所以4年时间努力进行改革的市立中学(Louis & Miles, 1990)。

本研究中的个案是指,硅谷一家在快速发展的、波动的市场之中的电子公司(Eisenhardt, 1989)。

本研究中的个案是指,一所因荷兰推动的全国改革方案而将人员与设备予以合并的幼儿园与小学(van der Vegt & Knip, 1990)。

个案也可以是一个小区或移民区:

本研究中的个案是指,Boston 北端的意大利小区(Whyte, 1943)。

个案也可以是一个国家。

本研究中的个案是指玻利维亚(Bolivia),探究其多年的历史,焦点可能在农民暴动的起因(Ragin, 1987)。

这些例子强调的是社会单位的性质与规模,你也可以用其他方式去界定个案。正如 Werner 与 Schoepfle(1987a)所说的,也可以用空间来界定一个个案,例如 Douglas(1976)研究的是一处裸体海滩。

此外,Werner 与 Schoepfle 也指出,你也可以从时间方面来界定个案,即发生于某特定时段的事件或过程。例如以情节或遭遇为个案,如:Giorgi(1975)研究一个父亲在将一套值钱的棋送给小儿子时所发生的事情。也可以事件为个案,如一次校务会议。或以一段时期为个案,如《中西部及其子民》(*Midwest and Its Children*)(Barker & Wright, 1971),其中就包括了"一个男孩的一天",记录了 Raymond 由起床到再度上床期间所做的事情;或者你也可以以过程为个案(例如学区中一所学校对一项改革案的实施、执行与制度化的过程,这是我们所做的一项研究(Huberman & Miles, 1984))。

事实上,Yin(1984)指出,个案中还可细分为好多个次个案,如学校个案里还有好多班级的次个案;一个医院病房个案里还有好多医患关系的次个案。

许多质性研究都是研究单一个案,如果研究者选这个个案是因为它是关键的、极端的或独特的或具启发性的,那么这个个案的确可以是非常生动且吸引人的。Yin(1984)就是这样建议大家的。

本书则一再推荐读者做多个案研究(近来的研究现状也很支持我们的观点)。因为多个案研究可以更深入理解过程与结果,还有机会检验研究假设(不只是发展而已),也便于了解扎根于当地的因果关系。至于究竟要抽取什么样本,以下即将说明。

本书常常用到场所一词(而不只是场地),是在提醒我们"个案"乃是在一个特定的研究场所与物理场所发生的,我们不能像量化研究者那样脱离脉络去研究个体。

建　议

1. 先从直觉开始。想想焦点(或核心)在哪儿,再向外扩建;想想你不要研究什么,以便于确定界线。你必须要了解界线并不是固定不变的。
2. 尽早界定个案。如果你已先拟出概念架构与研究问题,这会有助于你界定个案;界定个案亦能进一步厘清架构与问题。
3. 请记得实际抽样时会进一步界定个案。
4. 要注意个案的几个方面:其概念本质、社会规模、物理位置及其时间范围。

所需时间

如果初拟的概念架构与研究问题够清晰,那么第一次个案界定通常只需几分钟。以后要进一步厘清这个"个案",整个研究小组的讨论可能要花一两个小时。

第4节　抽样:界定资料搜集的范围

理论基础

抽样对资料分析很重要。你不可能研究每个人、每个地方和每件事。你要决定去看谁,和谁说话,何时、何地、谈什么以及为什么——这些都会影响你的研究结论可应用的范围,以及你和他人对研究结论有多大的信心。

大多数的质性研究都只做单一"个案"研究,可是场地中仍有次场地,亦即仍须做抽样,如校中有班,班中有小团体,小团体中有个人。当然多个案研究的抽样就更复杂了。以下是抽样基本原则:

质性抽样的主要特征　质性研究者通常探究小样本,住在当地,深度研究;不像量化研究者,他们的目标是脱离脉络的大样本,寻求统计上的意义。

质性抽样通常都采用立意抽样,而不是随机抽样(Kuzel,1992;Morse, 1989)。这可能部分源于最初界定的范围是较有限定性的(如在一都市郊区所做的逮捕),部分因为社会过程有一逻辑存在,有一种连贯性,若采用随机抽样,可能简化为无法理解的鸡毛蒜皮。此外,因为个案数量少,随机抽样可能会出现明显的偏差。

整个质性研究的抽样无法在一开始时就预先说清楚,而是随着田野工作发展的。初次选的报告人会引导你再去找类似的与不同的报告人;看过一些事件后,会引导你去找另一些事件,以便做比较;了解到某地的一种重要关系,也会让你想去其他地方寻找某些方面,这是一种概念引导的抽样。

质性研究的抽样包括两种动作:一是设定范围,也就是在有限的时间与方法中,界定你可研究的个案之方面,让它直接与你的研究问题连结起来,而且它可能包括了你要研究的例子。第二个动作是建立一个架构,也就是把隐藏在研究背后的基本过程或结构找出、证明,或加以限定。

质性研究的抽样通常都是理论引导取向的,无论是最初的抽样,还是后续的抽样(就像扎根理论模式中所显示的)。假定你正在研究角色示范(role models)如何使孩子社会化,而你只能研究4个幼儿班。首先,这个数量看起来似乎很少。但如果你依据理论去选老师,你可能会依性别、严厉型或养护型、着重社会化或着重学业,去进行取样。而在每一个班里,你还要再对某些过程做一抽样,例如去选取潜在示范,或选取运用惩戒。你真的去看了以后,可能又发现,某些事件(如演说时间或老师读书时间)有好多社会化的活动,于是你就会更小心地再对此做抽样。

上述那种理论引导的抽样,等于是在一般结构及其间关系等骨架上加上血肉。藉此,我们可以看到一般的社会过程;我们要找的概述,并不是要能适用于"所有幼儿园",而是想找到现存理论或新理论——究竟"角色示范"是如何产生的。正如Firestone(1993)指出的,质性研究产生的概述,最大的优点在于它是从实地资料中分析出来的,而不在于它能由样本推及总体。

基本抽样策略　Erickson(1986)建议研究者可用一种漏斗式抽样法,由该地区的外围,渐渐走向核心。例如,要研究学校时,先去小区走走(找找人口普查资料,在小区逛逛),然后再进入学校与班级,在那儿待几天,了解一下各种事件发生的频率与状况。然后再缩小焦点,找到特定事件、时间与关系。然而Erickson还建议定期循着影响线进入四周环境中,测验一下在某教室里发现的典型,并且了解它在诸多外在影响因素中的位置。

图2.6所列的是抽样策略的清单,可用于复杂的单一个案,也可用于跨个案抽样。可以在研究开始设计时采用,也可用于资料搜集早期(请注意图2.6中的"个案"一词,可能是把好几个个案视为一个整体,也可能是指某个案场所中的一些报告人)。这些策略是怎样影响到分析呢?

抽样类型	目　的
最大变异抽样	记录下各种变异,并且辨识出重要的共同模式
同质性抽样	聚焦于、浓缩至、简化为、便利于团体会谈
关键个案抽样	可以做逻辑上的类推,以及将信息在其他个案做最大范围的应用
理论本位抽样	为一个理论上的构念寻找范例,从而深究与检验该观念
验证性或否证性个案抽样	深化最初的分析,寻找例外,探究变异
雪球或链式抽样	研究者藉由一些人找到另一些信息丰富的个案
极端或异常个案抽样	该个案极为特殊,可以反映研究者感兴趣的现象,让研究者有所学习
典型个案抽样	选取的个案可以凸显出何谓正常或平均状况
深度抽样	选取信息丰富的个案(但不是极端的个案),可以充分地显示某现象
政治上重要个案抽样	获得想要的关注,或是避开不想要的关注
随机目的性抽样	当可能成为目的样本的数量过大时,采用此方法可提高可信性
分层目的性抽样	阐释各个次群体,适合比较
效标抽样	所选的个案全部都符合某些标准,这种方法对于质量保证特别有用
机会抽样	跟随着新线索去探究;获得未预期到的好处
综合或混合抽样	三角测量,有弹性,满足多重旨趣与需求
便利抽样	省时、省钱、省力,但会牺牲掉所得的信息,并可能降低可信性

图2.6　质性研究的抽样方法(Kuzel,1990;Patton,1990)

最大变异抽样　最大变异抽样(maximum variation sampling)意味着要去寻找外围的个案,了解它们是否符合主要的模式。至于关键个案(critical case)是指可以"证实"或为主要研究发现提供实例的个案。细心寻找确证个案(confirming cases)与反证个案(disconfirming cases)、极端个案(extreme cases)或变异个案(deviant cases)与典型个案(typical cases),这些都是为了增强研究结论的可信度。另有些抽样策略则有益于归纳取向的分析与理论建立取向的分析,如机会抽样(opportunistic sampling)、滚雪球式抽样(snowball sampling)或链式抽样(chain sampling)以及深度抽样(intensity sampling)。

图2.6中其他抽样法都相当易懂,除了政治上重要个案。这是指有些"显眼的"报告人应该被包含(或排除),因为他们与未来分析时会出现的某些有政治意味的问题有关。

另外,资料搜集之前也有些策略,可用来选择报告人。Goetz和LeCompte提出以下几种策略:整群抽样(comprehensive sampling),探究某群体中的每一个案、情况或元素。配额选取(quota selection),辨识出主要的次群体,然后从每个次群中抽取固定的数量。知名个案选取(reputational case selection),依"专家"或"主要报告人"的推荐去抽个案。可比较个案选取(comparable case selection),随时间发展,选取具有同一特质的个人、场所以及群体(此乃一复制策略)。这些方法大都可以提升样本的代表性,增加人们对分析性发现的信赖。

Guba与Lincoln(1989)建议多采用最大变异抽样(maximum variation sampling),亦即要精心找到反面个案与变异的个案。你可以去询问报告人:"你知道谁常有不同的观点?"或"我去哪里可以找到不约诊的病人?"

Johnson(1990)选择报告人时采用了综合取向,他建议可用向度抽样(dimensional sampling):研究者先列出会造成影响的诸向度,然后再选出有代表性的个案,亦即由每一截然不同的向度选出信息丰富的报告人。目标是要找到见识较广、较为可靠的人,而且他能正确说明一般事件或典型事件(这种策略也有风险,即这类报告人可能会高估事情的一致性)(Pelto & Pelto, 1975; Poggie, 1972)。

以上所谈的各种抽样策略,均可应用于个案内抽样(within-case sampling)与多个案抽样(multiple-case sampling)。现在来看看这两方面的核心问题。

个案内抽样 量化研究者通常都把个案当作是个人,选出一群由个人组成的"样本",然后由每一个人搜集到可以比较的"资料点";相对地,质性研究所谓的"个案"定义则较广,可以从个人到角色、群体、组织、方案与文化。而质性研究的个案即使指的是个人,也还需要作另一些抽样的决定:我究竟要抽取什么活动、过程、事件、时间、地方与角色伙伴呢?

前面我们举的心导管绕道手术的例子里,我们选择的活动包括饮食控制、运动。选择的过程包括理解医疗建议的过程、接受建议的过程与采取建议的过程。选择的事件包括同意门诊与取消门诊。选择的时段包括入院手术前、入院、出院后(每两周一次)。选择的地点包括恢复室、病房、患者家中。选择的角色伴侣包括患者的医生、病房护士、营养师与配偶。

首先,几乎每个个案内的抽样都要层层深入,例如,研究小区学校中教室里的儿童,通常会沿着那个抽样阶梯上下移动。

第二,个案内抽样通常都是理论引导的——不论你是否先说出此理论或者是后来才浮现的理论(Glaser & Strauss(1967))所提出的"理论性抽样"即属于后者)。此时研究者选择报告人、情节与人际互动,并不是关心代表性的问题,而是受到一个概念问题的引导。为了要得到那个概念,研究者必须去不同时间、地点,对不同的人找出这个概念的示例。研究者主要关心的是状况,究竟在何状况下这一概念或理论会起作用;而并不是关心该研究发现要类推到其他地方。

第三,个案内抽样有一种重复的、不断滚动的性质,该研究是在一个不断向前的"波动"中进行着。抽样是一种探索,是一种心智侦探的活动,要把研究问题的答案猎捕到手。我们观察、和人谈话、选出人造物与文件,这些都引导我们去选取新的报告人、观察与文件。沿着证据的足迹,我们的每一脚步,都在作有关抽样的决定,为了厘清主要的模式,看出对比,找出特例或歧异的例子,发现负面示例——即不符合模式的例子。最后,我们所作的分析性的结论,深深受到当初这些个案内抽样的影响。

因此,个案内抽样可帮助我们在某种程度上,看出一种当地的结构。增加个案有何优点? 我们要如何抽出一组个案呢?

多个案抽样　多个案抽样可增加人们对研究发现的信心。我们从类似个案与对比个案的抽样,可理解先前某单一个案的研究发现,进一步说明"如何"与"何处"(如果可能,还可说明"为什么"),进而让这个研究发现更有实务基础。多个案抽样还可以加强这个研究发现的精确性、有效性与稳定性。我们正遵循着复制这一抽样策略(Yin, 1991)。如果某一研究发现在某地方成立(你要知道此地的特征),且在另一用来比较的地方也成立,但是在一相反的地方不成立,此时这一研究发现就更稳固了。扎根理论中采用的"多重比较组",就是扮演这种类似的角色。

至于多个案研究中,可概括性的问题,本质上和前述个案内的情况是一致的。我们都是想将某一个案背后所藏的理论类推到另一个案,而不是推到更广的整体。此时选择个案,通常是概念上的考虑,而不考虑代表性的问题。此时,我们常常所选的个案是排列在一个连续体上(例如由极高天赋到低成就的小学生)。此外,也可另加上一些特质(如从城市和乡村选一些自我肯定的青少年)。如果你细究这些抽样架构中的细格,每一细格本质上都是独特的。个案研究者会细查整个地点,因为他们非常了解,每一个地点都有一些特质是与许多地点共有的;有一些特质是与一些地点共有的;还有一些特质是它自己独有的。无论如何,这种多个案抽样让我们坚信,该研究浮现出的理论是属于一般性的。因为我们已经看见这个理论如所预期的产生作用,或如预期的不产生作用。

虽然多个案抽样可能会反复进行,不过一般都需要通盘考虑好。需要拟出一份明白的抽样架构。无论你采用事先确定式或逐步浮现式,你都可以用研究问题与概念架构,去引导出抽样架构。再说一次,此处并不适合用随机抽样法。

究竟多个案研究需要抽多少样本? 我们当然不能用统计数字来回答这个问题。我们必须先在概念上处理这一问题:以某种抽样架构来看,要有多少个案才能让我们对自己所做的分析性概括(analytic generalization)有信心呢? 答案还要看这个个案内抽样的丰富性与复杂性有多高。如果复杂度高,抽取 15 个左右的个案就可能弄得根本无法下手了。因为资料会多得读不完,其中的曲折也会多得说不清。如果是多名研究人员共事(比如你们是五六个人的团队),其中实作上的协调与心智上的协调,都会非常复杂。不过我们还是看过某些研究选择了二三十个样本,代价通常是所得资料较少。此时你会问:为什么不干脆作个统计调查?

简　述

抽样不只是抽取待观察与待访谈的人物,还包括场所、事件与社会过程的选择。多个案研究还要求你选择个案的类型。质性研究在进行田野工作时,需要对研究的总体不断地聚焦以及再抽样,不过事前仍然需要做一些选择。本书前述的概念架构与研究问题,有助于设定研究的焦点与范围,做出抽样的决定。

实例说明

让我们概略地来看一下质性研究的两个极端:一端是自由探索的单一个案研究,另一端是限制较多、较有焦点的多个案研究。先谈前类研究,假定我们想进行类似于Manning(1977)的"警察工作"那样的研究。他的研究并无引导性的概念架构,他原先只对社会过程有一些概略的想法,主要是关于人们如何"理解"自己生活的情境。他想了解的这种尝试理解的活动,有一部分其实就是在发展与诠释规则——究竟什么才是合法与不合法的行为。

让我们举例说明相关的抽样决定,假定我们在一个城镇里研究逮捕与登记嫌犯的问题,以探究上述的那一观点。你会问:"人们在面对面的情境里,会被迫怎样诠释法律?"然后你选择警官作为这种"人"的样本(你不是选法官或消防警官)。或者你也可以立即由一般领域,跳到抽取"事件"或"过程",然后问:"进行逮捕与登记嫌犯时,警官是怎样诠释法律的?"无论你如何抽样,研究架构与研究问题都会影响你的抽样总体,包括警察工作、法规诠释、逮捕与登记。此研究的每一层面仍有选择的空间,不过大范围已经被限定住了。下图可帮助我们理解在此大范围里,如何在初期做最低限度的抽样,以下是几项选择:

抽样母群	可能的选择
场所:	派出所、巡逻车、犯罪现场、嫌犯的住处或逗留处
行动者:	不同特征的警官(如阶级、年资、经验、种族、宗教、信仰、教育)和不同特征的嫌犯(如年龄、信仰、教育、反抗方式)
事件:	逮捕、登记、对嫌犯可能的追捕、事后向其他人辩解其登记的动作
过程:	进行逮捕、进行登记、与嫌犯产生关系、解释法令、自圆其法令、此区内一般如何磋商适用的法令

研究者为了想完整地回答研究问题,必须触及上述多数或全部的方面。第一个方面通常是场所,例如派出所。由此又有几个选择:

1. 由此派出所开始,跟着某类警官,注意他们在该工作日的所有登记工作,以及与"合法"及"不合法"行为有关的所有社会互动的事例。
2. 由派出所开始,注意所有类型的警官,记下所有与登记有关的事,包括对登记行为所做的自圆其说。
3. 跟随着一位警官,去经历一下他所进行的逮捕、追捕、登记及辩解。
4. 由该派出所的某一登记行为开始,然后再重新建构先前的事件。

你可以做的选择其实很多,不过总是会有一些选择过程。如果某民族志学者一开始是在某区闲逛,接下来他就要做一连串的决定:究竟要看什么、和谁说话、问他什么、写下什么,要留在某房间或其他房间。而这些选择又都取决于研究者所问的问题及其或隐或现的观点,这些观点决定了你为何问这些问题,而不问另一些问题。

我们也要思考可行性的问题,因为时间是有限的,要接触各种行动者与事件的渠道也很多,还有很多后续的问题。田野中出现的困难,不太可能让开头的那个抽样架构完全不变,你势必要修改它的。

你去田野以后,对于资料也要有所选择。我们对此的建议是,值得你选择的有用资料应该是:①能引出重点的新线索,②能扩展信息的领域,③能连结已存在的各元素,④能强化主要的趋势,⑤能说明现有的其他资料,⑥能为一个重要主题,提供实例或更多证据,⑦能证明或反驳现有的信息。

最后,抽样意味着你只要取一个大范围中的一小块。如果开头的概念化做得好,我就可以把焦点放在某派出所以及进行某类登记工作的某类警官;如果我的概念化受到支持,那么我就可以提出有关登记的可以运用在其他警官与派出所的陈述。但为了测验并细分我的这些主张,且为这些主张建立分析性概述,我还要继续走访其他具有相似与相反特质的派出所。再重申一次,此处的主要目标是强化该研究的概念效度(conceptual validity),但这一程序也可帮助研究者了解这些研究发现是在哪些条件下成立的。

让我们再来看一项多个案研究的例子,采用的是较严谨的研究设计,抽取的是学校改革的一些个案(表2.1)。其中有12个个案,8个抽样方面,意味着这12个个案每一个都是一独特的结构,但每一个也都和其他至少一个个案有共同处,例如,其现状(扩展中、延续中、无活动)、寿命、城乡位置及计划类型。

表2.2 显示的是更为细致的比较与对比,这些个案的特质意味着该研究发现将具有适度的代表性——代表全国那些被研究的学校改革方案。同时,表2.2中的那些比较方面与对比方面,也可以检验一下概念架构中的一些想法。这一检验可以让我们提出一些基本陈述,说明有关操作中的核心过程与决定因素。

然而我们并不能站在较低抽象层面上,就以为一定可以把研究发现类推到其他场所。那些较为特定的发现(如在某类地点出现的重要改革转型),可能并不适用于不同的情境,即使该地和我们样本的某些特征是相同的,也不一定能做此类推。

例如,本抽样中的三个乡村地区的"全国推广网络方案(National Diffusion Network Projects,NDN)"(乃是由外部引进来的),是否能适用于所有乡村的NDN?这一问题的答案并不能由这一抽样来直接回答。然而本研究发现却可以界定出一个总体,日后

表 2.1 田野研究样本的特征

地点	计划资助#	地理背景		计划开始年度	开始受评时状态	改革计划的方面		
		美国行政区	城乡别			计划类型	计划名称×	计划内容
ASTORIA	(外)	东南部	小城镇	1978	扩大推广中	附加型	EPSF	儿童前期
BANESTOWN	(外)	东南部	乡村	1979	扩大推广中	抽出型	SCORE-ON	阅读/数学
BURTON	(外)	中西部	次乡村	1979	扩大推广中	附加型	IPLE	法律与政府
CALSTON	(外)	中西部	市中心	1978	持续中	突发型	Matteson4D	阅读
CARSON	(本)	平原区	乡村	1977	扩大推广中	附加型	IPA	个别化的教育计划*
DNU HOLLOW	(本)	东北部	都市边缘	1977	缩小中	附加型	Eskimo Studies	社会研究*
LIDO	(外)	东北部	乡村	1976	缩小中	附加型	KAPE	环境
MASEPA	(外)	平原区	乡村	1978	持续中	突发型	ECRI	语言艺术*
PERRY-PARKDALE	(外)	中西部	次都市	1977	持续中	子计划	EBCE	生涯教育
PLUMMET	(本)	西南部	市中心	1976	持续中	突发型	Bently Center	替代学校
PROVILLE	(本)	西南部	都市边缘	1977	缩小中	抽出型	CEP	职业教育
TINDALE	(本)	中西部	都市边缘	1976	持续中	突发型	Tindale 阅读模式	阅读

#(外) = 校外发展出的改革。

(本) = 本地发展出的改革。

×（I）计划名称是虚构的，以免被认出特定地点。

* 会选此地点进行此方案，是因为此地的学生包括各类型，而不是偏向低成就或边缘位置的学生。

你可以再做追踪调查或对其子群体做系列的个案研究。我们将会在其他地方发现许多核心过程、示例、互动以及结果；如此，我们可以用许许多多的具体实例去支持这一基本的发现。这些具体实例可以对所浮现的概念化的东西赋予更清楚的形状与身体[1]。

附带说明一下，表2.2所谈的那12个个案样本，其实是属于一个更大的样本群的，那一更大的样本是我们的调查对象。至于田野研究的发现，是要用来阐释或确证那一更大的调查中可能显示的趋势。因此有些抽样层面是配合那一更大的调查研究（例如，仅着重NDN与Title IV-C两类方案，这两类都是那一更大研究中的重点；另外依地理行政区与城乡区别来分类，也是配合那一更大的研究）。至于其他的抽样层面（如开始实施年度以及方案现状）则是依循概念架构而来的，在该架构中假定了某些方面的改变会随时间发生；另外还有一些抽样层面（如计划类型、名称、内容）则是从正要进行的改革所具有的性质产生出来的。

表2.2　田野研究的最终抽样架构

	全国传播网络方案（NDN）			Title IV-C 方案		
	1979	1978	更早期	1978	1977	更早期
扩大推广中	SCORE-ON Banestown 乡村 抽出型， 校内	EPSF Astoria 小城/次都市 附加型， 校内			IPA Carson 乡村 附加型， 校内	
持续中	IPLE Burton 郊区 突发型， 校内/外	ECRI Masepa 乡村 突发型， 校内 Matteson4-D Calston 大都会 突发型， 校内	EBCE Perry-Parkdale 次都市 子计划， 校内/外			Tindale 阅读 Tindale 都会边缘 子计划， 校内 Bentley Center Plument 都市 子计划， 校内
缩小中			KARE Lido 乡村 附加型， 校外	Eskimo Curr. Dun Hollow 都市边缘 附加型， 校内	CEP Proville 都会边缘 抽出型， 校内	

1　这一论述乃是 Campbell（1975）提出的有名的"自由度（degrees of freedom）"论证的变体。Campbell 将分析的单位由个案改为构成个案的每一细目，他认为：研究者探究每一细目，都可以成为是对研究假设的一次考验，或是对于要检测之理论的一次考验；这种细目的数量越多，则细目间的重叠也就越多，对于研究发现及其类推的可能性之信心也就会越高。

请注意一下这些例子中有关研究焦点与范围的决定。其中较大的那个调查研究，着重的是整个地理区各类的方案计划；而这一个田野研究则仅注重这 12 个计划中学校改革的过程、两类计划及其间的关系。每一方面都像是一棵决策树，让我们走进一个特定性不断增加的研究领域。所以我们最后提出的有关学校改革过程的认识，可以兼具高普遍性与高特定性。我们可以从检验与修正概念架构中，获得高普遍性；从特定场合的特定方案引出总汇式的研究发现，而获得高特定性。其中跨个案的分析与调查，都有助于本研究的效度。

每一个案都是一个理念类型。比较容易的做法是，你先找一组界限明确但描述清晰的小样本，然后再去找较大的一组样本，并且对可能的发现做一些较有水准的猜测；这样做远比你由单一个案就直接跳到较大组的样本，来得容易。

多个案研究主要的兴趣在概念方面。在学校里执行的方案与措施非常复杂，对此，我们有所了解。现在我们想测验这些想法，看看在不同情境里会有何变化。我们就方案起始年度，抽取不同年度的学校，以便检验变化的过程。再就成长的程度，亦即开始受评时的状态（如"缩小中"、"扩大推广中"），来抽不同地方的不同方案，这可以在概念方面检验一下结构不同的学校实施改革的"成功程度"。

请注意这 12 个个案有其"共同变异"，这可以让我们将某些研究发现拿来做跨个案复制；另外，这些个案间也有些相反的特质，我们可以就有意义的方面来分析个案间的差异。这样做会比经年累月做一系列的个案研究，有效得多。

所以我们用这 12 个个案样本，做了不错的研究，即谨慎的实例阐释、较强的结构效度，为发现的外在效度提出合理的主张，我们还小心地找出场所与行动者的次组别，做了一些复制的研究。这些研究并未采用实验研究法与相关研究法所要求的那些控制组、随机抽样、系统实验处理及其他程序。

请注意，你在多个案研究里，即使采用了像表 2.2 那样的抽样矩阵表去进行抽样，有关个案内的焦点与范围问题，并不会因此就自动被解决。例如，负责某个案的研究者只观察了行政人员，负责另一个案的研究者只观察了老师，那么如果要将这两个个案作一比较，可能就不容易了。为了要作好个案内的这类抽样，通常我们需要运用到概念架构或研究问题。借着这些我们才会对初步田野工作的抽样有些共识——究竟在场所、行动者、事件与过程等方面，其抽样的母群体与可比较的选项有哪些？

如果团队研究并未采用统整的抽样架构，或研究焦点不在同一个社会过程，根本不可能作跨个案分析。这些待研究的社会过程乃是由行动者、事件与情境等互动而形成的，这些社会过程通常居于概念架构的核心，可以把各研究问题整合在一起。你可以在研究一开始就找到关键的社会过程，也可以逐渐找到它，即经过编码、撰写反思评注、备忘录及暂时的摘要等过程后找到它（第 4 章将谈此）。把这一社会过程明白指出来，并且针对这些过程搜集可比较的资料，这样做一方面可避免误入歧途而浪费时间，另一方面也可让你在更深入搜集资料时，比较容易找到潜藏的核心结构。

建　议

1. 如果你是质性研究新手，你要知道，你永远不可能有足够的时间去做研究。不要认为,"我会在某个地方开始做研究,从此一帆风顺"。这样想等于自找麻烦。较明智的做法是先找个可以撤回或调整的报告人或小场所当作样本;只要它们具有当时你认为必须包括的那些东西即可。日后原本的抽样会有所调整,但并不会像你以为的那么大幅度。

2. 首先只要考虑抽样架构,这样做对你的研究质量是有帮助的。如果你正在与某类报告人谈话,你必须想想:为什么这种报告人很重要,我还应该访问或观察谁。这也是控制偏差的好方法。

3. 若你面对的是复杂个案,要记住你抽取人的时候,是想知道场所、事件或过程的特征。在概念层次上,人本身是次要的探究重点。这是说你要小心是否过于注意谈话,或过于注意对报告人的观察,因为此时你可能忽略掉应该对关键事件、不同场所中的互动与情节做抽样(这些东西可能正体现了该研究里浮现的模式)。继续深入研究时,你也要记得把这些抽样的总体和研究问题放在一起来思考,并且自问:为了解各研究问题,我选择的样本真的有代表性吗? 是省时的选择吗? 最初选的样本可能不能让研究者持久地获得丰富的资料,如果能以系统方式去检查,可以把早期和后期的选择予以精炼。

4. 就像调查法的抽样一样,质性研究如果抽样太窄是会有危险的。虽然上述第二、三两点都要你直接去找最丰富的、最有关联的样本,但其实去周围看看也一样重要——去找不在现场中心,而在邻近地方的人谈谈,去找不再主动参与的人,有异议的人士、叛离者、怪人。到邻近村落、学校、邻区或诊所花个一天时间,这都会是很值得的,即使你当时并未看出个所以然来。做一个周围的抽样有不少好处。第一,你可以学到很多。第二,你可获得相反的与可比较的信息,帮你了解眼前的现象,让你离开核心,从其他角度去看事情。众所周知的,国外旅游可以让我们对自己的文化产生深刻的了解。

5. 花些时间想想你的抽样计划是否可行。你应该确定一下:研究时间足够,资料来源明确,你也有渠道接触到人们与场所,各种条件都适合你去进行一件谨慎的工作。计划的规模不妨小一点,而不要超出,这样你才能把额外的时间"存起来",以便在田野里做更广或更深的研究。如果你不采用小规模抽样,那么你就需要有心理准备,你可能得把有限的时间用在一个平凡无奇的研究里,才能让它各方面都四平八稳。

6. 有三种案例会有很大收益。第一种是明显的典型案例或有代表性的案例。如果你能找到这种案例,就再多去找一个这样的案例。第二种是"反面的"或"否证的"案例,它可以显示你研究结论的限制,并指出最大变异的点在哪里。第三是"例外的"或"矛盾的"案例,这种案例可以限定你的研究发现,并指出你观察到的主要模式之中的变异情形或意外事故。如果反面案例或非典型案例本身也适用该研究发现,就需要多斟酌了;你必须厘清你的概念,它可能也告诉你:你抽样的反面或非典型案例范围太窄了(参见本书第10章第2节)。

7. 请应用一些标准去检验你第一份及以后的抽样计划。以下是一检验清单:

- 这个抽样架构对你的概念架构与研究问题而言,都切中要旨吗?

- 你感兴趣的现象可能出现吗?
- 你的抽样计划是否可提高研究发现的概括性? 无论是藉由概念上的力量,或藉助代表性。
- 有可能提出令人相信的描述与解释吗? 亦即对真实生活而言,是真实的描述与解释。
- 从时间、金钱、接近的渠道与你自己的工作间隔来看,这个抽样计划可行吗?
- 就告知后的同意(informed consent)、可能的利益与风险以及与报告人的关系等方面来看(参见第 11 章),这个抽样计划合乎伦理吗?

所需时间

　　要估计抽样所需时间并不容易,个案内抽样是随研究进行逐渐发展的。如果有了一个清晰的概念架构与研究问题,个案内的初步抽样约要花 2~3 小时。在第一次造访现场前,至少要先考虑一轮抽样的问题,如果你的研究倾向于探索型或"扎根型",一两个小时已足够你决定从何地开始,以及要用什么方法搜集资料。

　　多个案研究的抽样很需要经验。通常其中牵涉太多相互冲突的方面以及这些方面的各种组合,研究者可能会被弄昏头,花费了大量的时间,最后宣布投降。你可以采取画表格的方式列出各种可能性,来为抽样起个头。

　　我们的经验显示:如果你要研究十来个样本,约需花费三四小时去做初次的抽样。一般而言,你还需要找同事来讨论两三次。这工作不简单,不能过急。总之,你现在正在对某些定点做某种长期的承诺,你的基本资料必须在这些地方取得。

第 5 节　研究方法

理论基础

　　前面我们一再强调概念架构、研究问题以及抽样计划等,这些都会限定一个研究的焦点与方向。它们为研究者指出了方向,包括田野工作展开之前的方向与进行中的方向,也为你厘清了要探究些什么,去找谁,以及为什么。

　　很自然地,接下来你要思考的是怎样得到这些信息。这个问题也会限制你所能做的分析。如果你想探究嫌犯是怎样被逮捕与登记的,你可能决定去访谈相关人士(警官、嫌犯、律师),观察登记工作,搜集相关文件(如法规、笔录)。你也可以拍几张报案登记的照片,或录音(参见 Van Maanen, 1979)。但是在进入现场前,研究方法应设计到何种程度呢? 以及研究方法应该结构化到何种程度呢?

　　请注意我们所称的"方法(instrumentation)"一词,不只是那种搜集与记录资料的工具,如果最初只考虑工具,往往会太过粗略,等以后发现要做修改时,当初的考虑并不足以作为调整的依据。总之,我们要知道,就算我们预定了要运用开放式访谈或观察,仍然需要再做些技术方面的选择,如是否要记笔记? 哪种笔记? 是否要把这一部分录音? 以后还要再听吗? 是否要转誊? 笔记要怎样写?

再者,正如 Kvale(1988)指出的,开放式访谈里会出现很多诠释,例如,那个描述自己"生活世界"的受访人,会在受访中发现许多新关系与新模式,而那个偶尔"做摘记"与"反思"的研究者,也在访谈中浓缩与诠释这个意义流。Kvale 指出,其实并不是资料被"搜集"到,而是被"共同创造"。即使采用结构化的、有焦点的访谈问题,情况仍是如此。所以我们不要骗自己,以为我们的工具是完全受"控制"与"精确的"。不过,谨慎设计研究方法,仍然可以提高资料的质量[1]。

究竟研究方法要预先决定到何种程度? 结构化到何种程度? 答案因研究性质不同而各异,各有支持的理由。以下来看看它们各自的论点:

赞成少做研究方法设计的论点

1. 预先设计与结构化的工具会遮蔽研究者在田野的视野。如果原先的方法并未涵盖田野里最重要的现象或潜藏的结构,那么研究者会忽略或误解这些东西。
2. 预先设计的方法通常是脱离脉络的;它急切地寻求普遍性、统一性与可比较性。但质性研究透过研究者才可见的脉络,才能生存与呼吸;应该是特殊性产生了普遍性,反过来就不对了。
3. 许多质性研究都是作单一个案研究,牵涉少数的人。它们并不适合采用问卷、观察计划表或测验——这些东西乃是对大样本才能产生经济的、可比较的以及参数分配(parametric distributions)等结果。
4. 田野工作主要是记笔记、记录事件(对话、会面)以及收取对象(文件、产品、人造物),因此,并不适合采用工具一词。在此开头时,你所需要的就是一些导引性问题、一些观察用的题纲、一张简略的和现成的文件分析表格。也许日后你整个研究也就只需要这些东西而已。

赞成多做研究方法设计的论点

1. 如果你知道要面对什么,没有理由不事先计划一下搜集这些信息的方法。
2. 如果不先为访谈大纲与观察大纲聚焦,你会搜集太多信息,从而降低你分析的效能与力量。
3. 跨个案研究一定要用同一方法,否则日后你根本无法比较资料,除非你只作非常概括的比较。跨个案研究需要共同的方法去建构理论、修改解释与预测,并提出实作的建议。
4. 如果研究者有偏差或训练不足,他问的问题可能不完整、笔记不完整、观察不可靠,产生有偏差的信息。这种资料会是无效的、不可信赖的。采用有效的工具则可保证得到可靠的与有意义的研究发现。

1　Leary(1988)曾经设计过一个精采的访谈,他在研究警察工作时进行了一项"认知访谈"。研究者请求一名犯罪目击者重新创造当时场景的气氛(声音、气味、灯光、摆设),然后说明所发生的故事。研究者让受访者讲完故事,中途并不打断他,接着再问他一串问题,先问故事的结局,然后往前回溯问。将这样的受访内容拿来与传统的问答比较,这一访谈设计多引发出 35% 的事实,而且也说出更多"关键的事实"。

赞成依情况而定的理由

1. 如果你正在作的是探索式研究(大多属描述性研究),你根本不知道一个社会场所的总体或动态过程,那么并不适合在初期作封闭式的方法设计。但如果你作确证性研究,已有相当聚焦的研究问题以及范围清晰的样本,此时则颇适合采用结构式的研究方法。另有些研究,同时有探索性与确证性,则各部分需要的结构化程度并不相同;或者说各有适用时机,初期适合探索式的方法,后期适合确证式的方法[1]。

2. 单一个案研究较不适合采用预定的方法设计,多个案研究则较适合。后者因为要做跨个案比较,需要标准化的方法,以便于日后的资料分析。同样地,独立式研究较不需要事前设计方法,但多方法研究(multimethod study)则较需要(例如,田野研究与调查法结合,第 3 章将再讨论)。另外,基础研究较不需要设计方法,反之应用性、评估性或政策研究则较需要。后者的焦点较窄,研究方法也应与有兴趣的变量做较紧密的连结。

3. 设计的多寡决定于个案的定义,以及期望分析的水平。如果研究者探究某小学的班级气氛,他可能在 35 个班级里选 3 个班作密集的观察,那么他可能适合采取较宽松的引导工具。不过如果另一研究者认为班级气氛乃是潜藏在整个学校运行的文化里,此时也许适合采用一种较标准化、有效的工具——一份问卷或一套访谈大纲。

　　图 2.7 是一张摘要,讨论适度采用预定方法所应考虑的主要问题。

少预定研究方法	视情况而定	多预定研究方法
需要丰富的脉络描述		不那么注重脉络性
以归纳方式将概念扎根于当地的意义中		研究者预先界定好概念
探索式的、归纳式的		确认式的、理论引导的
描述性的目的		解释性的目的
强调基础研究单一个案		强调应用的、评价的,或政策研究多个案
不那么注重可比较性		注重可比较性
个案是简单的、可控制的、单一层面的		个案是复杂的、多层面的、高负荷的
不那么关注概括性		注重可概括性/代表性
必须避免研究者的影响		较不在乎研究者的影响
只做质性研究,独立式研究		多重方法的研究:包含量化研究在内

图2.7　预定研究方法:主要的决定因素

　　我们认为三种主张都有道理。第一种主张(少预定研究方法)强调的是某些效度:有的着重结构效度(construct validity),重视该结构是否扎根良好;有的着重描述/脉络效度(descriptive/contextual validity),重视该报告是否完整与透澈;有的着重诠释

1　Freeman,Klein,Riedl,& Musa(1991)提供了一个很好的例子,他们研究电脑程序设计师的策略。第一次访谈由程序设计师讲述一个故事(如:一次除错事件)。第二次访谈由双方共同将该故事编辑。第三次访谈更为概念性,以深究决定点、抉择与规则。第四次强调困难与未来的决定点。后面几次的访谈乃是用来确认逐渐浮现的理论。

效度(interpretive validity),重视该报告是否能与此个案中人们的"生活经验"相连结;有的着重自然效度(natural validity),重视研究者的出现是否严重干扰了此情境[1]。

第二种主张(多预定研究方法)强调的是内在效度(internal validity),着重是否从不同人那儿得到了可比较的观测反应;还有可概括性,亦即这是不是一个好示例,可否显示许多其他的对象? 也重视资料搜集的可掌控性。

第三种立场兼顾条件性与普适性,认为用一绝对的答案去回答相对的状况,是不当的。它认为应该先了解你研究的类型,以及你可能在何种阶段需要何种方法,然后再去设计最初需要的东西。无论是以上何种立场,研究方法设计的程度与类型都决定于你概念上的焦点、研究问题以及抽样的标准。否则,后面的分析工作就很难了。

简　述

研究方法包括搜集资料的特定方式:重点可能是质性资料,也可能是量化资料,研究方法的结构可能松散,可能严谨。

实例说明

以下是一个有关学校改革的研究,其中包括了预定的与开放的研究方法。

读者可再回头看一下图2.3,回忆一下那张概念架构图里的主要变量及其时间的变化。①那是多个案研究(N = 12);②先前对于待研究的现象之认识适中,但仍不很完整。这两点都显示应该先有某种程度预定好的研究方法。

那项研究有一重要的研究问题是:

人们为了要成功地运用这一新方案,他们会怎样修改、再组织、再修订该方案?

由图2.3可以看出上一问题是从第四个桶"转型过程"中的第一群变量引出的("介绍给实行者的改革方案出现改变")衍生出来的。因为过去的经验研究与认知理论、社会心理学理论,都让我们有一想法:人们会在实行改革方案时调整做法。

图2.3中,我们可直接依该概念架构图,决定如何抽样。原研究问题特别提到了老师,为了找到答案,我们应该去观察或访谈他们,或更为理想地是两者都做。我们也应该选择一些事件,如该老师与方案的初遇;也应选些过程,如方案优缺点的评估过程;还有,为了符合当地的实际状况,也对该方案的改变过程做一探究。

让我们来了解一下研究工具中访谈内容的问题,我们创制了一张半结构式的访谈指南(图2.8),但在提问顺序和内容方面仍留有弹性。

这张指南是用于田野工作展开以后,研究者初访该校,对该校环境、行动者以及该校可能的改革过程,略有认识。以此认识为基础,我们可以展开更为深入与广泛的了解。现在让我们仔细看看图2.8,先看研究问题需要从何处开始探索。

访谈之前,先搜集老师最初对学生采用改革方案时的信息,包括发生了什么、谁帮忙、同事有何感受。问题33~36是依时间顺序发展的,先问改革看起来怎样,他们觉

1　这些有关效度类型的区别引自 Warner(1991)。也可参考本书第 10 章第 3 节有关效度的讨论。

得会奏效与不会奏效的部分以及该老师有什么准备工作。问题 40 直接问研究问题:评估对改革方案使用前所做的改变。访问者可以用各种方式,来运用深究技巧,一是为问题添加骨肉;二是提醒报告人是否忽略了一些项目,三是补充主要问题。

33.可能你现在已经对学校改革有了某些想法,你会觉得它颇为_____,不过请你回想一下,当你还没实施这项改革前,你初次接触这个改革的时候,你觉得这个改革如何?

待细究:

——明确有关联、有特色 vs. 无关联、混乱的

——清楚显示如何开始 vs. 害怕开始、很难开始

——复杂的(许多部分)vs. 简单的、直线的

——有指示的且固定的 vs. 可变通的与可掌控的

34.哪些部分是你觉得可采用、会奏效的东西?

35.哪些部分是你觉得不可采用、不会奏效的东西?

36.可否请你描述一下当你开始对学生采用_____之前一周左右,你原来的做法是怎样的?

待细究:

——阅读

——准备材料

——计划

——讨论(和谁、关于什么)

——训练

……

40.你在对学生采用该方案之前,你是否修改了原来的标准模式? 你认为哪些东西不会奏效? 而你做了什么改变? 哪些是你不喜欢的? 哪些是你认为不适合本校的? 而你做了什么改变?

待细究:

——去除的东西

——加上的东西、创新的东西

图 2.8　访谈指引节录:学校改革研究

访谈至后半,当访问者唤起老师对早期与晚近使用状况的回忆后,还会再回到现在的问题("你现在做了哪些改变?")以及未来的问题("你正在考虑做什么改变?")。

所有访谈员都提这些同样的问题,且以同样方式提问(依时间发展提问,以了解渐次修改的过程),虽然每名访谈员的措词与提问顺序不太一样。假如有受访者提到别的话题,访谈员可以进入那一话题,但最后还得言归正传。如果研究者看札记时发现回答不够明确,那么可在下一次造访时再问一次那个问题(措辞可以不同)。

建　议

1.本节所谈是设计适切方法的一般原则,并未谈技术性的细节。要多了解访谈,可参阅 Spradley(1979),Weller & Romney(1988),和 Mishler(1986)。问卷、观察、文件分析可参考 Judd, Smith & Kidder(1991), R. B. Smith & Manning(1982), Werner & Schoepfle(1987a, 1987b), Goetz & LeCompte(1984), Brandt(1981)。另外概论可参考 Marshall & Rossman(1989), Fetterman(1989), Bogdan & Taylor(1975),还有 Denzin(1978)。

2.如果从开始就思考方法设计的问题,就可以加强资料的搜集。假如你不断问:我怎样才能得到答案? 这就可以精炼有关抽样的决定(我必须观察或访谈这群人、这些事件、这些过程),也可以澄清概念,有助于安排资料搜集的优先级。当新问题、新

的次样本、新程序形成以后,你也会学到重新设计方法的方式。如果你不考虑方法的问题,也可能会导致自我错觉。你觉得这个地方"很有意义",但真正访谈时却进行不下去,这样往往就只能得到软绵绵的资料。

3. 田野研究里的人们与地点可以造访一次以上。一次观察或访谈未必能得到关键的东西。好在质性研究常常有第二次的机会。因此预定好的方法可以再改(事实上也应该要改)。你会知道:怎样在这个地方问一个问题,要用新观念去看某东西(初次来访后才浮现的东西)。你可以不断地去修改方法,探索新线索;提出修改过的研究问题,或访谈新的报告人。

4. 质性研究中工具的信度、效度主要取决于研究者的技能。基本上一个人多多少少都会犯错(在观察、访谈与记录时),他每转换一个研究地点,都会持续地修改他的观察、访谈与记录。因此你需要问自己和你的同事:我这个人担任资料搜集的工具,可能有怎样的信效度?

我们认为一个好的质性研究者作为一个工具时,其表现应该是:

- 对所研究的现象与场景有某种程度的熟悉。
- 具有强烈的概念方面的兴趣。
- 多学科取向,而不是只对单一学科具有狭窄的基础与焦点。
- 具有好的"探索"技巧,包括坚韧性、引导人说话的能力、自己不过早下结论的能力。

有些社会学或人类学教科书会认为,对所研究的现象与场景事先不熟悉,单一的学科背景,都是作田野研究的财富。这样虽然可以避免跟着主流跑,但也可能会较为天真,易受误导,易入歧途,而且会搜集到过多的资料。

问题应该是怎样让研究者超越肤浅或只求亮丽醒目,而能真正具备"实务的素养(empirically literate)"。除了你自己发展中的心理地图之外,你还应多做一些理解。一张素朴的、无特色的地图会使诠释与所得资料流于笼统、肤浅,且经常陷于自我导引或报告人导引的偏差之中。你必须对搜集好材料很有心得(Markus,1977)。正如Giorgi(1986)所说的,"有素养的观看(educated looking)"是质性研究者的必要条件。

研究者无经验与焦点集中于单一学科,还有另一种危险,即将现成的解释套在现象上(本来你可以采用多种有趣的方式去建构那一现象的)。因此有些像是以"扎根"建立理论的工作,后来可能在概念上变成过于因循旧理论,甚至连研究者自己都根本没察觉到它(Ginsberg 1990 年甚至认为研究者可能会出现类似心理分析师的表现——"反向迁移(counter-transference)",亦即心理分析师对病人产生一种未公开承认的感情。若研究者搜集资料时,出现这种反向迁移,克服的方法包括:与同侪讨论、谨慎地作回顾分析,以及安排"资料检验者"。要想克服个人偏见与限制并不容易)。

相反地,我们认为:研究者如果博学多闻、有概念上的兴趣、有多学科的观点,他通常会是一个较好的质性研究工具,更能精益求精、更能避免偏见、更能快速抵达终点、整体地掌握个案,并更易于掌握概念的意义[1]。

所需时间

所需时间不易估计,因情况而定。取决于搜集资料的方法、所需工具结构化的程度、研究问题的性质及样本的复杂程度。工具的结构性越高、样本种类越多,并且着重确证研究发现的设计工作,通常会费时较多。

结　语

本章所介绍的步骤,目的是要定出资料搜集的焦点与范围,亦即事先简化资料搜集的工作。这些步骤包括系统性的概念架构,把变量与其间关系组织起来;研究问题,进一步限定探索的目标;样本界定,找出研究的"核心"与疆界;抽样,包括个案内与多个案的抽样;创造方法。这些全都是要限定研究分析,并有益于研究分析。无论你的研究是归纳取向或渐进取向,你都可以先处理上述工作;也都可以在搜集资料前就先完成。设计可严谨、可宽松,取决于你的研究偏好、研究主题与目标、可用的理论以及你对研究场所的熟悉程度。

下一章我们谈研究设计中较为技术性的问题,目的仍在确定研究的焦点与范围。

1　对此问题还可以引用 Freeman(1983)的观点来做补充,Freeman 曾对 Margaret Mead(1928)对 Samoan 文化所做的先驱研究,提出批评。Freeman 认为 Mead 的研究发现并不确切,这是因为 Mead 并不熟悉当地语言;Mead 也并未对 Samoan 社会进行系统的前导研究;而且 Mead 的房东是个移民,并非当地人。例如:她将 Samoan 青少年之间善意的揶揄,写成有关青少年自由恋爱的论文。Freeman 认为因为 Mead 对于当地相当无知,所以只好求助于她所偏好的概念架构(文化决定论)。这也就更加伤害了她的研究发现。

　　另外还有些认识论学者(如:Campbell,1975)也曾强烈建议田野工作者应该是"对于当地有完善认识的一位谨慎的社会学者"。Whyte(1984)也认为社会学者应该要像医生一样"第一,对于事物具有亲近的、惯常的、直观的熟悉度;第二,对于事物具有系统的知识;第三,拥有一种方法,可以有效认识事物"(p. 282)。

设定资料搜集的焦点与范围：研究设计的进阶议题 第**3**章

Focusing and Bounding the Collection of Data: Further Design Issues

　　研究规划时，如果你多多少少还是清晰地看见一些实质的问题，这表示还有设计问题要考虑。这些问题是比较平淡的，但却事关资料分析的成败。本章要讨论如何结合质与量的研究法，以及有关资料管理的各种问题，包括计算机的应用、资料的管理、人力配置或时间规划，以及与研究参与者签订合约。

第1节　连结质性资料与量化资料

理论基础

Fred Kerlinger 是一位杰出的量化研究者,他在晚年曾对我们其中的一人说:"没有什么东西是质的资料,任何东西不是1,就是0。"我们不同意此观点,Berg(1989)也有一句类似的名言:"所有的东西基本上都是质性的,我们可以把原始经验不是归于文字,就是数字。"Campbell(1974)也曾指出,所有的研究追根究底都有其质的基础。

这个问题曾引起激烈的战火。有人认为,量化研究乃与实证主义有关,而且量化研究根本不能和自然取向的及现象学的研究相提并论(即具有不可通约性,incommensurable)(Smith,1983;Smith & Heshusius,1986)。而质性研究者也曾抱怨质性研究被人贬为另类,根本无法与强大的量化研究相抗衡,因为人们已经理所当然地接纳量化研究(Reinharz,1993)。另外,量化研究者被人冠上一个刻板印象,说他们像是"吃数字老虎(number crunchers)"。质性研究者则被人冠上另一个刻板印象,说他们像是"偷窥肚脐者(navelgazers)";Gherardi & Turner(1987)完整地分析过这场论战,还冠上一个有趣的名字:"硬汉不搜集软资料(Real Men Don't Collect Soft Data)"[1]。

不过最终我们还是得面对一个事实,即如果我们想要了解这个世界,数字与文字都是必要的。正如 Kaplan(1964)所言:"数量乃属于性质,而深究一种性质也确有必要采用它的度量单位来表达"(p. 207)。

Gherardi 与 Turner(1987)表示,其实问题是你应该去了解何时计算数量是有用的,以及"何时根本很难或不适合计算数量"。也就是说,如果研究数据未经标准化(non-standardized),且我们也没有明确的原则去判定何者是变异(variation),何者是误差(error),此时就根本不应该去计算数量。

Weinstein 与 Tamur(1978)的观点也颇具说服力。他们认为量化本身并不是目的,而"更像是一种手段,当研究者想要把一组观察中的模式找出来,并描述出来的话,量化的确可提供一些可用的技术,这些技术可增添个人判断的力量与意义……我

1　让我们看看 Gherardi & Turner(1987)的一段文字:

这其中的信息是……量化研究工作是一场充满勇气的、艰辛的与冷酷的硬仗。搜集硬资料(hard data)意味着要做困难的决定,抛开无价值的资料,对微弱不确定的资料要硬起心肠,依据坚实的资料来建构理论,采用冷硬的语词来记述,陈述出辛苦硬仗得来的结果,通常这种结论还会带来一些现款(hard cash)的允诺,供未来研究与生涯发展之用。相对地,软资料(soft data)意味着软弱、不确定、印象、不稳定与纯粹的感觉。感性、易骗、妇人之仁的软脚虾搜集到这种资料,他们为反驳而架式十足地认真地论证,其实是色厉内荏、心虚不已;他们揭露出社会科学研究这一行业里一块松软的脆弱地带,他们似乎是为讨好自己的倾听者而做研究。这群人实在太过心软、可怜,甚至可能太蠢,以致根本无法堪充大任;那么,只有一事是对的,那就是这种人只配拿点儿打杂的软钱(soft money)。(p. 5)

Gherardi & Turner 用这段文字来凸显荒谬。有关这段量与质的论战,欲知完整的讨论参见 Bryman(1988)。

们为什么要丢弃有用的东西呢？"（p. 140）

我们认为，量与质的争议基本上并无建设性。正如 Reichardt 与 Cook（1979）以及 Miller 与 Fredericks（1991）的观点，我们认为在认识论立场上，并无理由一定要选边站。例如 Howe（1985，1988）的分析显示：量化法与质性研究法其实是"无可避免地纠结在一起的"，不只在特定资料组中可看到此现象，即使是研究设计与资料分析之中亦是如此。

就更深层的意义来看，Salomon（1991）指出，问题完全不在于量化与质性的对立，而是在于我们究竟是否想要用一种"分析"取向去了解少数被控制的变量，或者是想用一种"系统"取向去了解复杂情境中变量间的互动 [1]。

于是问题不再是研究设计中可否将两种资料与两种方法连结在一起；而是究竟可否并用，怎么做，以及为了什么目的而做。

为何要连结质性资料与量化资料

为何要连结质性资料与量化资料？Rossman 与 Wilson（1984，1991）提出了三项广泛的理由：（a）经由三角测量法，两种资料可以彼此巩固对方；（b）为了细究或推动资料的分析，获得更丰富的细节；（c）研究者如注意两种资料间出现的歧异与矛盾，就可能开创出新的思考路线，可能会使想法改变，产生新的认识。

Greene，Caracelli，& Graham（1989）复查 57 个质、量兼取的评估研究后，也加入我们的阵营，赞成质、量并用。他们认为，质量并用的研究可有益于后续的研究步骤（亦即第一个方法所得的结果，可有益于第二个方法的抽样与工具设计，以此类推）。我们可以用不同的组合方式，采用各种方法，因而扩展了研究的广度与深度。

同样地，Firestone（1987）也赞成质、量并用，他指出，一方面，量化研究说服读者之处在于它降低对个别判断的注重，而强调采用广泛接受的程序，这样可获得精确度与概括性都较高的结果。另一方面，质性研究说服读者之处是它丰富的描述，以及策略性地进行跨个案比较，因而克服了量化研究抽离脉络的问题。

Sieber（1973）用很多例子细述质、量兼取的理由，以下阐述之。在研究设计时，量的资料可帮助质性研究者寻找有代表性的样本，为歧异个案定位。在资料搜集时，量的资料可提供背景资料，得到大概的信息，避免"菁英偏差（elite bias）"（只与高地位者谈话）。在资料分析时，量化研究可显示某特定观察的普效性（generality），修正"整体论谬误（holistic fallacy）"，避免以偏概全，也可以对质性研究发现予以查证，或提出新的观点。

一项研究里量的部分也可以由质的资料获益，即研究设计时，质的资料可有益于概念发展与工具选择。资料搜集时，质的资料可以使量化研究的资料搜集更为便利。

---

[1] Salomon（1991）所作的"分析/系统"区分与下列学者相似。Ragin（1987）讨论的两种类别是"变量取向研究"与"个案取向研究"；Maxwell & Miller（1992）讨论的是"词类取向研究（paradigmatic studies）"与"语段取向研究（syntagmatic studies）"；Mohr（1982）讨论过"变异理论（variance theories）"与"过程理论（process theories）"，变异理论强调的是变量及其关系，过程理论强调的是事件、过程以及其间的联结（也可参见 Maxwell，1992a）。本书第 7 章对此主题有所探讨。

资料分析时,质的资料可以加强量的发现之有效性,并予以诠释、澄清与阐述,且强化与修改理论。

为了获得上述的好处,Greene et al.(1989)认为研究设计者应考虑一些重要问题,包括各种方法的互补性及采用这些方法的目的何在?待研究的现象为何?潜藏的范式为何?研究进行时,实际的状况会如何——量的部分与质的部分是居于同等地位吗?它们是互动的或独立的?如何排定它们的顺序?

如果你接受我们的这些观点,质、量结合会是个好点子,你可采用图3.1的那些结合方式去设计研究。

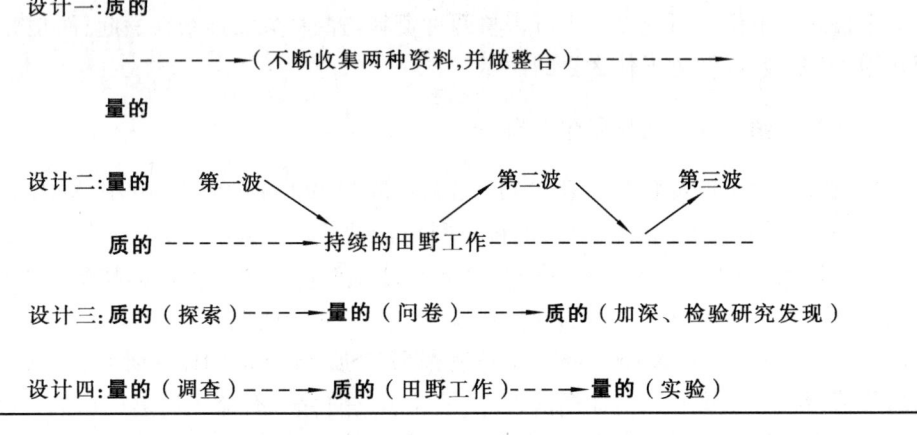

图3.1 质量资料并采的研究设计之说明图

设计一显示田野工作中不断搜集并整合所需的量与质的资料,以了解手边的这一个案。

设计二显示了多波段的调查,同时还有持续进行的田野工作。第一波调查可能会提醒田野工作应注意的东西,而下一阶段的田野发现,则可调整第一波段调查的一些做法,用于第二波段调查,如此不断推进。

设计三则轮流运用两种资料搜集法,先以田野工作做探索,再发展量化工具(例如问卷)。这种问卷所得的发现,可以用下一轮的质性方法作系统性的深入与检验。

图3.1的设计四显示另一种轮流的方式:先用调查指出田野工作应注意的重要现象;然后田野工作者去现场观察,找到一个强有力的概念,以了解事物如何运作,然后再设计一实验,去测验田野研究所得的研究假设(也可能是相对的一些假设)[1]。

这些设计方式都强调一种观点:质与量的资料都有益于描述性、侦察性、探索性、归纳性及开放性的研究目的。而两者也都有益于因果解释的、证明的、考验假设的那种研究目的。我们同意 Madey(1978)的观点:质、量两种方法并不是在所有状况下,都可以互相转换;然而每一方法都可藉另一方法的内在特质,予以增补。

例如,好的量化研究的优点有:谨慎的测量、可概括的样本、实验控制以及统计工

1　这里所提的量化/质性的研究设计都是相当简化的。参见 Patton(1990)很多其他的范例,包括组合了实验的、内容分析的、统计的与自然取向的研究。

具。而好的质性研究的优点是:对复杂真实世界的脉络,有现场观察的、深入的、可靠的理解。若将两者结合,会产生很有力的研究。正如 Jick(1979)指出的,质的方法可以是黏合剂,把各种方法获得的研究发现中的各种诠释都结合在一起(Krathwohl,1991 有完整的比较分析)。

简　述

我们了解到可在三个层次上作质、量的结合,第一种是计量层次(quantizing level),把质的资料直接计算一下(如一名医师访谈病人时打断病人谈话的次数),或是把质的资料转化为等级或尺度(如在此教师的班级里,他对某一新措施的熟悉程度是"中等的")[1]。

第二层次是连结不同形式的资料,亦即把质的资料和数字资料作一比较(如由开放式访谈得到的质性资料以及同一人所填的问卷资料)。

第三层次是整个研究设计的层次,如图 3.1 所示。当然你也可做更复杂的设计,将个案研究、调查、实验以及非介入式测量研究(unobtrusive-measure studies)等,结合在一起[2]。

实例说明

计量层次　以下是几个简单的例子。Morse(1989)运用了一种她所谓的"附带的计算",有一研究探究的是一些十来岁的小妈妈,研究者计算其中 stuff[*] 这个字,被那些女孩运用的次数(例如:We spent a lot of time together and stuff.)。结果 16 次开放式访谈中,此字出现了 100 次以上,显示当要处理成人责任的时候,这些女孩运用了"半儿童式的语言"。

来看看我们所做的那项学校改革的研究,我们在其中渐渐发觉到工作流动的重要性,而且注意到那些转换工作的人(高升、离职、平调、降职)。若能得知某些确切的数值应该是颇有用的,例如究竟有多少人转换工作(12 所学校中有 75 人);有多少人是因为此教育改革的措施而转换工作的(83%);其中又有多少人是高升的(35%)。另外我们也对每一学区的工作或转换状况(参见表 7.16),做了一个整体的评判。

我们也把某些访谈资料转换成等级量尺(rating scales),包括采用新措施时,教师所感受的压力程度;对所得协助的满意程度;执行的粗糙程度与平顺程度。因为我们

---

[1]　其实以计量方式处理质性资料,早有长远且发展完善的传统,那就是所谓的"内容分析法"。它采用的就是计算特定字汇、片语或概念出现的次数与顺序。Carley(1990)对此有深入与完整的讨论。Carley 另外提出范例说明:有些段落虽然含有某特定概念的数量完全一样,但是如果考虑概念与概念间的关系,可能很容易就发现这些段落的涵义是完全不同的。因此,应该还要再做"网络分析"。

　　请注意:人类学的田野工作里也有运用量化资料的传统。参见 Werner & Schoepfle(1987a,1987b)与 Bernard(1988)。

[2]　对于多方法研究所做的讨论,其中最好的是 Fielding & Fielding(1986),Louis(1982),Firestone & Herriott (1983),以及 Brewer & Hunter(1989)。

[*]　译者注:stuff 是儿童常用的俚语,有时是无意义的口头禅,有时可表示材料、废物、废话、毒品、钱等。

的个案是学校,不是个人,这样的转换便包括细究不同人士的谈话、检验其间一致的程度、就整个学校来评定等级。最容易与最可靠的量尺,是三至五点的量尺(如高、中高、中、中低、低;平顺、大部分平顺、混合、粗糙、非常粗糙)。而我们之所以要做这种文字与量尺并呈的图表与分析,其目的是想要让这些数字就像是与那些文字紧密连结在一起的,而我们的判断乃是由那些文字引出来的;另一目的就是要让那些文字能与其脉络相结合。

连结不同类的资料　Kell(1990)研究计算机对课堂教学与学习的影响。研究小组于一学年内多次拜访6个学区内的班级,访谈教师和行政人员,对班级作系统观察。其间也请老师填写3次两种不同的标准化问卷,以了解他们的理论取向,以及他们对改革实行与使用之关注。因此这两类资料被紧密地连结起来,Kell也可藉此探究一整学年以来所产生的改变。

Stringfield与Teddlie(1990,1991)先运用学生成绩资料选择了16所学校,其中8所是低成就的,8所是高成就的。到各校作田野研究的人员和学校人员都不知道自己所在的学校是低或高,所搜集的质性资料包括访谈与"高推论性(high-inference)"的观察;量的方面则包括问卷和课堂行为量尺所得的资料。田野研究者藉两类资料,正确辨识出每校究竟属于高或低成就组,而且预测出4所低分学校日后会有所进步。而该研究辨识出的各主旨,对于学校效能研究,相当有价值[1]。

多方法设计　Wilson & Bolland(1992)研究老人疗养机构,他想测试几种相匹敌的解释模式。他们针对被转介的老人与目标导向的行动,搜集了49所机构的量化资料,然后建立了一份小区准领袖名单(研究人员问:谁为老人家设定了小区问题)。研究者分析了受转介老人与目标导向的行动资料,想找出哪些机构是这些机构网络之中最重要的;也分析了小区领袖的资料,以了解哪些领袖在其网络中是最重要的;他们与小区领袖进行了半结构式访谈。他们将质、量两种分析结果结合起来,发现结果可支持其中一种理论模式;但是如果当初只用其中一种分析方式,是无法得到此发现的。

Maxwell, Bashook, & Sandlow(1986)结合了民族志方法与实验或控制组方法,研究多个同龄人评估组如何影响参与医师的学习。经过现场研究的探索之后,找出高影响组与低影响组,比较两者,然后找出反复出现的几个模式,再就几个原小组与后加入的控制组,找一种"标准方案",他们分析了质与量的资料,然后预测出各小组的差异性(从中等的差异到强烈的差异),这些资料也具体阐述了一些原来未预期到的差异[2]。

---

[1]　此多个案研究和其他多个案研究,都可以运用无母数统计法(Gibbons,1992a,1992b)。

[2]　想要对各类资料的联结和多方法研究设计有更多的了解,可以参考Bryman(1988),他提供了许多特殊的实例。

　　　对于多方法的研究,Caracelli & Greene(1993)对其资料分析策略做了很清晰的解说,这些策略包括:将量化资料化为质性资料或相反;发展出类型系统以便将量化资料转化为质性资料,或反之;对拥有量化与质性资料的极端个案予以细究;将量化与质性资料予以合并形成更具普遍性的资料组。

建　议

1. 不要事前就落入"窠臼(default mode)",以为质的资料是唯一要搜集的东西。和你的同事讨论你的预设,确认你的想法没有盲点与偏见。
2. 想想你的研究是否能从量化方法与资料中受惠。先从研究目的想起,以研究问题和你论文读者的角度来看,质的资料是否已经足够? 某些数字资料是否能补充质的资料?
3. 请记住,在研究设计里,你其实也设定了这个研究的一个社会体系。如果你是单一的研究者,你可能处理质与量的资料吗? 你需要哪些社会支持或技术支持? 建议你去找一个"友善的第三者",请他给你建议,批评研究成果,并提供一个支持但不同的观点。如果你是研究团体中的一员,若将质与量的研究人员予以平分,结果会怎样? 这可能导致不愉快的比较,加强刻板印象以及无聊的争议——"你要相信何种资料?"研究团队若太早停止搜集某类资料,可能会削弱资料的质量与力道。
4. 若要质、量资料兼取,小心计算一下你的成本。Brewer 与 Hunter(1989)提出了有用的建议。
5. 若要为量化部分作抽样,记得要参考那些已经发展完备的量化抽样方法。

第2节　有关资料分析的管理问题

从一开始,质性研究的管理问题就会严重影响日后所能做的分析之类型与难易度。一个质性研究若是管理不善,影响会很大,尤其对独立研究者与研究生新手而言。Kvale(1988)写了一篇 16 页的有趣文章,分析了一个天真的问题:"我要怎样分析我搜集到的 1 000 页访谈稿?"答案是:"永远不要再做让你问出这种问题的访谈。"(p.90)

我们并不想详尽地讨论研究管理的问题,只能指出一些对资料分析有重大意义的相关问题。以下我们主要从自己与同事的经验中,找些简要的实例,并提出一些建议。事实上,专门为质性研究的管理而写的文章是很少的[1]。

以下讨论四个主题:计算机运用、资料管理、人力或时间规划以及跟研究参与者签订合约。提醒你,你也许会像动物学家的儿子那样,你可能会比你原先真想知道的,学到更多有关企鹅的事。你也许需要跳到下面几章有关分析的讨论,然后再回到这些问题上。

计算机运用

本书第 1 版谈到计算机的页数不到半页,不到 10 年间,新的软件开发迅速,现在已经有 20 多种程序可用于质性资料分析。依我们的调查,填答者中有 3/4 表示用计

1　有关质性资料的管理机制,请参考 Werner & Schoepfle(1987b)第 1 章里细致的建议。

算机键人资料、编码、搜寻与检索、呈现资料或建立概念[1]。

时至今日,大多数人已普遍接受:你需要一套好的文字处理软件来进行质性研究。除了录音或影带之外,手写札记或听写笔记,都必须转化为可分析的文字资料,以便于接下来的简化、展示,并应用在结论的引出与证明等工作上。一般用打字机处理文字资料,实在太费时费力了。

如果有人只在研究里用计算机处理文字,而未用来帮忙做其他工作,那么我们可以公平地说,与其他运用计算机做更多处理工作的人相比,这类人是落后的。就像Tesch(1989)指出的,运用计算机辅助资料分析可以节省时间、处理掉大量沉闷的工作、使得工作程序更有系统与更为清晰、保障完整性与细致性,并在分析过程里容许变通与修改。Ragin & Becker(1989)又加上一项优点,他们认为计算机对“个案导向”的研究者尤其有用,这类人的兴趣不在于统计上严格的“变异情形”,乃在于相关联的诸事件之间环环相扣的论证。Ragin & Becker认为计算机可以帮助质性研究脱离“手工”的印象——过去人们认为这就是质性研究的特征。

议题与决定　我们应该思考的基本问题是:在我的研究里用计算机做什么? 图3.2是计算机软件在质性研究中的各种基本功能。这张清单看起来真是洋洋洒洒、势不可挡。你可能会想:我真的要考虑这些所有的功能吗? 简短的答案:“是的”。

---

1. 在田野写札记稿。
2. 写成或转誊札记。
3. 编辑:修正、扩充、校订札记。
4. 编码:将关键词附加在文字段落上,供日后取用。
5. 储存:把文本放在一个有组织的资料档中。
6. 搜寻与检索:找到相关的文字段落,使它们可以被拿来细究。
7. 资料链结:将文字段落链结起来,形成资料的类目、汇集或网络。
8. 备忘:针对资料某部分写反思评注,作为更深层分析的基础。
9. 内容分析:计算字词的次数、顺序或位置。
10. 资料展示:将所选的或简化的资料放入一个浓缩的、有组织的格式中,如:一个表或图中,以供细究。
11. 引出及确认结论:帮助分析者诠释所呈现的资料,而且考验或确认研究发现。
12. 理论建立:对研究发现发展出系统的、概念一致的解释;考验研究假设。
13. 图示:创造图形,以便说明研究发现或结论。
14. 准备暂时报告与期末报告。

图3.2　质性研究中电脑软件的运用

如果要答复得详细一点,就得做下一层次的决定了,我应该要用哪种软件(如果有适用的软件)? 本书附录里我们提出了一些选择合适软件的建议,依据的原则有三:一是你的计算机水平;二是你手边的研究;三是你想要完成的资料分析之类型[2]。

1　Tesch(1989)认为质性研究者未普遍使用电脑,其原因有:对电脑持负面态度、在认识论方面持保守态度、信息不足、相关程序的功能不强。Tesch的观察可能是对的;据我们所知:质性研究者里使用软件做分析的人员中,只有接近一半的人使用Ethnograph这种软件。不过从Tesch的论文发表至今,她所说的那些原因正在式微之中;质性研究者使用电脑的比例正持续增加。

2　读者可以参阅Tesch(1990)完整的讨论。她详细地介绍了6种软件,又讨论了其他二十多种软件的特色。Weitzman & Miles(1994)比较了两种软件的特色,并且提出选用的建议。

现在的问题是:如果我所熟悉的软件(例如文字处理程序)可以妥善地完成图3.2里1,2,3,4,6,8,14等功能(不过如果要处理其他功能,则可能较慢、较难、效果较差),那么我是否还要使用该软件呢? 对大多数的研究来说,较明智的做法是选用其他的软件来完成其他功能,而不要用你的文字处理软件。资料编码想要更快、更好、更精确,可选用 HyperQual, Ethnograph 或 Kwalitan。文块的储存与检索,想要较快速且轻松,可选用 Sonar Professional, Orbis, askSam, Text Collector 或 Metamorph。想要将资料内的联结做得较好,可选用 ATLAS/ti, HyperQual 或是 HyperRESEARCH。资料展示想要做得较为轻松,可选用 AQUAD, ATLAS/ti 与 Orbis。想要将概念作较好的图示,可以运用 Inspiration, MetaDesign, MECA 与 SemNet。如果想要较为轻松地建立与检验理论,可以选用 AQUAD, ATLAS/ti, QCA, NUDIST 或 HyperRESEARCH。详细情形请参阅本书附录。另外还可参阅 Tesch(1990)以及 Weitzman & Miles(1993)。

建 议

1. 哪种软件最好? 这一问题无法得到一个有意义答案(参见 Bernard, 1991)。你必须更为具体一些,才能找到答案。取决于所建立的数据库类型以及你想要作的分析的类型。详情参见附录。

2. 请依据你的计算机水平来选用软件,并请一位计算机水平比你好的朋友来帮忙,让你的水平提升。就像我们在附录里指出的,朋友是极重要的"增能者(enablers)",可以在各方面提供协助,你可以从朋友处获得成长,朋友也可以从你处获得成长。

3. 虽然计算机软件的教学程序可以帮助你学习,不过学习新程序的最好方式,就是在朋友的协助下,运用新程序去完成真实的任务。

4. 在你的研究设计里要预留时间供你学习。大多数情况下,下列时间是相互消长的(Wolfe, 1992):(1)你用在学习该程序上的时间;(2)为了处理资料,你用在组织该程序上的时间;(3)你用该程序处理资料的真实时间。通常(1)与(2)的数值越小,那么(3)的数值就会越大。

5. 没有一种程序可以完整地包办所有的工作。最后你很可能各就所长,选用多种程序,而没办法找到一种通吃的程序。

6. 切记:软件开发是永不停止的。过时的程序会被淘汰;研发者会修订出更好的程序,但有些可能改得过于复杂,有些则改得漂亮;也可能会有全新的程序问世。只要你的研究生涯继续下去,你就得与时俱进、依据你当时的研究需要,做批判性的考虑,选用合适的程序。

资料管理

量化研究者已相当熟悉资料管理的概念,他们会注意系统的资料组、代码簿、资料清理(date cleaning)、界定变量的登记簿、分析记录等。Freedland & Carney(1992)发现有20%或以上的量化研究(包括药物试验)有严重的资料管理瑕疵,根本无法由原研究者精确地重新组织,更别说由其他人来复制研究了。同样地,欠缺谨慎的资料管理计划,资料很容易就被错误地编码、标志、联结与放置(Wolfe, 1992)。

对质性研究者而言,资料管理也一样重要,甚至更为重要。一般而言,大量的质性资料来自于好几个个案或地方,有时包括好多组资料。怎样才能完整地保留住资料的轨迹? 如何才能使资料的运用方便、有弹性又可靠? 怎样才能让研究团队中的多名成员均可取用资料? 如何在整个研究过程的不同时间都能做到这些? 如何才能让其他人验证本研究的发现? 或让人复制它? 正如 Wolfe(1992)与 Levine(1985)指出的,资料管理与资料分析是一体的,其间并无明显的界线。

议题与决定 谈这些主题的目的:(a)保证可获得高质量的资料,并知道可拿到资料的渠道;(b)记录下做过了什么分析;(c)研究完成后,保留资料及相关的分析。其实要处理的问题很多,但最重要的问题是:在资料管理方面,我应该先做什么准备?要做得多么完备?

Levine(1985)从信息和图书馆科学得到一些想法,他列出五项有助于建立一个质性资料的储存系统与检索系统的基本原则。

1. **建立格式**:田野札记要如何呈现? 用什么东西来呈现? 以及如何组织它们? 例如札记起头处可能要有研究者的姓名、地点、参与人员与日期——而且要分段落来写,旁边依序标示数字。

   札记可以写在活页簿或档案夹里,或写在档案卡,打孔的 McBee 卡片或是计算机档案中。

   你也可以依据某人、某事或某主题,把札记分类放入档案中。Levine 建议整个档案结构应像是一张资料地图,供研究者使用。

2. **交互参考**:某档案的一份资料应显示出还可以在哪一个档案找到相关资料。例如某档案的内容是关于某护士的工作,该档案标示出她曾照顾过哪些病人,以及相关的档案位置——这些档案记载了一个个病人与这名护士间的具体互动。Metamorph就是一种"相关资料库的管理员"计算机程序,可以轻易地完成这种任务。

3. **编制索引**:以往称之为"编码",包括的工作有:(a)清晰界定类目,亦即代码;(b)将这些类目组织成一个还算清晰的架构,并将此架构写在"词库"或编码簿中;(c)把这些代码放在数据库适当的位置(下章将予详述)。研究过程里会逐渐发展出这个编码系统,也可能会做些修改,此系统大多是描述性的或分析性的或解释性的,而且应该是相对周延的或综合的,或是精确的、有焦点的(参见 Levine(1985)的讨论)。

4. **摘要**:将较长的内容写出浓缩的摘要(范例:"这是一次完整的课堂观察札记";"这是 10 月 17 日的学校报纸"),这种摘要乃清楚地联结到档案结构上,以便找出较长的那篇资料。

5. **编页码**:运用独特的数字或文字形成位置标识,指出札记中这份内容的位置。如,"市颜张访 1 22"显示是研究员小张去市立师范学院与颜教授做的第一次访谈,其中的第 22 页。

   虽然 Levine(1985)的建议是有关人工的资料处理,不过也适用于计算机化的资料。我们认为用计算机可以更为简便地完成上述所有功能。不过请注意,你仍然需要找一个妥当的地方放置原始的札记、录音带、编好的纸本资料、备忘录,等等。

   到底哪些资料要以上述方式来"管理"呢? 图 3.3 是一份理想的清单。我会不会将这些资料完全整理好、完全使用到、完全保留住呢？不会。如果我在研究设计时，先考虑过这些可能性，及其相对的重要性，我的状况会不会较佳？会的。若用正确的软件来处理这些资料，会不会较为便捷？是的，可省两到三倍的时间。

---

1. 原始资料：田野札记稿、录音带、现场文件。
2. 半成品资料：札记、录音转誊稿、论文初稿、修改稿、被清理稿、加评注稿。
3. 被编码的资料：加上代码的资料。
4. 编码系统或词库：包含历次版本。
5. 备忘录或其他分析性的材料：研究者对资料在概念上的意义，所做的反思。
6. 搜寻与检索之记录：分析时研究者会寻找已编码的文块或段落，这些均应做成记录并保留，包括所检索的资料；为各段落所做链结的纪录。
7. 资料展示：为展示所取用的资料，所使用的各式图表，均应存档；包含其中所写的分析性文字，各次修正版本。
8. 分析的历次纪录：为了绘制出图表，并写出分析文字，你逐步所做的事情，会产生一些相关文件，这些应予保存。
9. 报告：研究者对研究设计、方法与研究发现，历次所写的草稿均应保留。
10. 一般按日记录的工作日志或文件。
11. 上述所有资料的索引。

图 3.3　应保留、备取用的资料

建　议

1. 如果可能，请预先考虑这些问题，且预作一些决定：我的资料文件看起来会像什么样子？我如何能从中得到我需要的信息？
2. 计划初期就先建立第一轮有形的档案系统，而且尽早主动地考虑你会用到的软件。
3. 随着研究的推动，你要如期地修改及扩展这套管理系统。
4. 请记得，"研究资料是很娇贵的财产"（Freedland & Carney，1992）。如果资料遗失、涂销、破坏或受损了，你就倒霉了。千万记得一定要做备份。
5. 以下状况尤应小心处理资料管理的问题，以避免更严重的困扰：

   - 复杂的、多个案的、多研究人员的、多方法的研究方案，如果计划或管理不善，匆忙间会弄得一团糟。
   - 高利害关系的研究方案，其研究结果至为重要，且大家都在等待一个无懈可击的答案。
   - 你相信它是个关键的研究，或者它甚至就是最后那一决定性的研究。
   - 为这个研究，你想找或正在找一个外人当评论者。

人力或时间规划

　　长期以来质性研究都被认为是"劳动密集性工作"，但很少人详述细节。此处我们的说明还是要仰赖自己与同事们的经验。

　　议题与决定　谁要做这项工作？要花多少时间？这些单纯的问题往往比你想象得更复杂。

　　我们已经说过，无论是新手或有经验的人，独立研究者应该找一个重要的朋友、伙伴或同事，请他们提供其他观点、支持与保护，好让研究者避免偏见与自我幻想。而如果这个研究的成员不只一人,其中往往会出现彼此的经验、背景与能力不相一致的问题。

上述的复杂性意味着我们应该注意研究中社会体系的问题(你不要以为会自动发展出一个社会体系)。独立研究者和伙伴之间,以及研究团队之内,建立一个坚实的人际关系是很重要的。例如:我们发现在研究初期花大量时间在某些事情上是很值得的,如:处理核心问题(概念架构、研究问题、抽样),以及思考更基本的"维护"问题(如:对此研究的期望与焦虑;说出"我的生活中现在还发生了哪些事";以及合作共事的基本规则)。

还有一项简单的道理也很重要:要避免依资深、资浅强将人员做划分,如:由资浅者做田野工作,资深者分析资料与撰写报告。其实资深者需要直接参与资料搜集工作,这样他们才会对这个田野现场有一具体的感受。资浅者也不会觉得自己像是"雇工"般,委屈地工作着。其实两类人都需要主动地且有互动地思考研究计划,并思考所浮现的发现有何意义。一个田野研究里,如果没有在田野中花费时间,你根本不可能成为"研究主持人"。

当我们说:"让我们做一做算数"时,表示应该规划一下研究时间。我们可以在白纸上或白板上,计算一下所需时间,包括田野工作的预期工作天数、编码、完成资料展示、进行跨个案分析,以及撰写期中与期末报告等工作天数。另外还要加上第 2 章中提到的各项工作:建立概念架构、研究问题、抽样、选择工具。再加上项目会议时间,这可能颇费时(如:每两周开两小时 4 人的会议,一年就要花 26 人一天的时间)。

接下来要费事地计算一下:如果本案有 X 人/日的预算,而我们想要深入处理这些个案,那么需要的人/日就是:X + 34, X + 12, X + 73(一般是不会用 X 减去一数字的)。这第一次算出的结果,通常会要你接下去重新设计个案内或跨个案的抽样,以及待分析的深度与细节。

究竟还要另加多少,以下是一实例,我们认为在田野工作一天必须搭配以下的工作日:

- 2 ~ 3 日用于处理札记(完稿修正等)。如要将录音誊为文字稿,则要用4 ~ 8 日,依所需详略程度与誊稿者的熟悉程度决定。
- 1 ~ 2 日用于编码(取决于发展出的编码计划之适切性与复杂性)。
- 1 ~ 2 日用于完成资料展示与撰写(取决于图表的数量与类型)。

以上只是一个单一个案研究中要加上的项目,如果是多个案研究,你就要:(a)乘以个案的数目;(b)考虑你要做什么跨个案分析,以及个案内、跨个案的报告要看起来像什么样子;(c)做一个总天数的估计。

图 3.4 是我们做过的一个研究实例。其中包括在一学年对正在努力改革的 3 所学校做每校 6 人、每人 3 次的深度访谈(要画出他们的"认知地图(cognitive mapping)")。(附注:已经完成了先前的概念架构图、工具及两校的探索工作)。

任务	天数
工具修改	2
新工具发展	2
进入一个新地点	2
加上文献摘要	15
现场接触：1.5 日×3 次×3 地	13.5
访谈稿写成与编码（3 倍）	40.5
个案分析：6 人×3 地×1.5 日	27
跨个案分析：3 地×2 日	6
现场稿写成：3×2 日	6
每周会议：2 小时×2 人×35 周	20
报告：	
期中	6
期末	25
期刊文章（2 篇）	20
合计	185

图 3.4　一项研究中的工作日计算

在此研究中，人力时间（staff time）事实上只有 116 天可用。这导致后来我们决定把三校减为两校，还有只能两周会谈一次，将文献摘要减半。我们不想减少田野接触的时间或只做简单的分析，以至于危及本研究的深度。

建　议

1. 花些时间细思你与伙伴间的关系如何建立，或是这个研究团队如何运作。研究团队不是一天之内建立起来的。

2. 开头时，人们很少娴熟地掌握研究所需的所有技巧。预留些学习的时间，例如：学会流畅地运用新计算机软件、稳定地运用一套编码系统，或是由图表中引出研究结论，这些工作都需要你预留时间。

3. 在你对个案内与跨个案抽样作规划之前，就先计算一下工作日总数，等到经过一轮的田野工作、撰写与分析之后，再重新算一次。

4. 目前为止我们所作的估计只是质性资料处理的部分。尚未估计量化的部分，我们只提及量化工具设计一般会较为费时，但量化的分析会较省时。若你的研究还有量的研究，就得再多加上量的发现与质的发现之联结或互动所需的时间。

5. 任何一个复杂的研究，都应该依工作目的类型，将个别研究人员工作量画出一张矩阵表，要确定大家工作的份量，均在合理范围内。

6. 通常乐观的态度会削弱时间的估算。找一个爱挑毛病的人来批评这个时间计划。

和研究参与者订约

通常研究参与者与研究者需要签订一个明确的合约，好让大家对此研究有共同的期待[1]。我们此处乃探究合约中与资料分析有关的部分。

议题与决定　我们要处理的主要问题是:为了要维持并提升研究结论的质量,我们与研究对象要共同建立一个怎样的明确期望?

首先我们可以先想一个"准合约"的样子,例如:我们心目中要做的是类似于叙事研究(narrative inquiry)、协同行动研究(collaborative action research)、传统模式(traditional model)研究。叙事研究模式是强调研究者与参与者*之间的地位平等,双方都叙述着自己的故事(Connelly & Clandinin, 1990)。协同行动研究模式是研究人员花一些精力,和一群面临问题的人在一起,帮助他们作研究并解决问题(Schensul & Schensul, 1992);传统研究模式则是将专家级研究人员与"报告人"**区分开来。前两种模式意味着双方对于研究的设计与执行有更多共享权,最后一种则较少共享。

无论准合约中研究者与参与者的关系是哪一种,有些事情必须在一开始就要对参与者澄清(不过你要记住:直到研究开展以后,这些事情都不见得能让双方完全了解)。图3.5是研究之初就应考虑的一组问题,双方对这些问题应有共同的期待[2]。

1.要投入多少时间与努力?

2.要收集何种资料(如:观察、访谈、日志撰写、生活史)?

3.参与者是自愿的吗?

4.谁会设计与引导研究?

5.得自参与者的材料是否会保密处理?

6.参与者的匿名是否会维持?

7.谁会提出描述性与诠释性作品?

8.参与者可否读到与批评期中和期末报告?

9.参与者会得到什么利益——包括报告人与研究者?

图3.5　与研究参与者订约的问题

其实可以签订的合约有很多种,此处我们只讨论对资料分析有意义的部分。本书第11章将做更完整的说明,该章要解决研究过程中会产生影响的伦理问题。

图3.5第二项是有关资料搜集,可能包括了参与者的主动参与(例如写日志),这

1　有许多"协定"都是心照不宣的。此处我们不讨论以下问题,如:获得进场的机会、建立和谐关系、维持信任感、发展平等的关系、避免被收编、保持批判性的距离、确保信息流畅,等等。有关这些问题的讨论,可参考Lofland & Lofland(1984)与Bogdan & Biklen(1992)。另外Douglas(1976)则有相当不一样的观点。

*　译者注:此处即相当于研究对象。

**　译者注:此处即相当于研究对象。

2　你可以把这些问题和另外一组更为直率的问题做一对照,通常准研究对象会向研究者提出这种直率的问题,例如(Bogdan & Biklen,1992):

　　你究竟要做什么?

　　你会不会打扰我们?

　　你要拿研究发现去做什么?

　　为何要研究我们?

　　我们可以从这个研究里得到什么?

种参与如果是强制性的要求,即使是温和的强制(有关第三项),这样的条款仍会吓倒人。如果有这样的条款,也就可能会有第四项条款:这项研究会朝着和参与者共享设计权与引导权的方向走去。

第五项有关保密性的问题有其模糊性,当一个研究者自愿或非自愿地把某参与者的话传给另一人时,往往会影响后续的资料搜集;人际关系会被破坏,后续的分析也会有所偏差。

第六项有关匿名的问题也会有类似状况。如果某个人、团体或组织不放心以后的研究报告中的保密处理,或者如果他们觉得正确的、可辨识的报告会危及某些利益,他们就可能提供错误的信息(如:自我设限、防卫或美化)。其实在任何情况下,个人的匿名都是困难的,甚至不可能予以保证的(当团体成员读到该部分群体或组织的研究报告时)。(也有合约是在一开始就约定用真名,此时个人只会提供他自认可公开或无害的信息,这样得到的研究结论会较为狭窄。)

一般合约中都会提及研究者将提出研究报告(第七项)。这一条款是基于一项传统预设:受过良好训练的研究者会得到好的资料,而且会找出扎根良好的研究结论。"叙事研究模式"假定的是:参与者的权利与研究者是一样的。"协同行动研究模式"则认为随着研究的进行,研究者提供的便利会促进参与者的成长。这两种模式和传统模式一样,都极为依赖"分析的完善"(参见第 10 章第 3 节)。

有时候研究成果会给参与者看,希望获得他们的反馈,请他们就描述、解释与诠释的正确性,提出"参与者核查"(第八项)。这方面的约定有多种变化。一个参与者能否在别人尚未看到他的故事之前,先看到自己的故事? 一个人或团体可以审查或否决报告内容,甚至阻止出版吗? 或者只能约定好会将错误的事实予以修正,如果对诠释有不同的意见则纳入脚注之中? 这类的约定可以改进资料的质量与研究结论的质量,但是如果把审查权给予了某个人,且实际使用了,也可能会造成切除或扭曲了研究结论。

研究者通常可以经由研究中的顿悟、认知、晋升、新经费补助以及研究成果方面受惠(第九项),这也就是他们继续做研究的原因。至于参与者的获益,开始时通常是很不清楚的:"反思的机会"、"厘清想法"、"知道别人在做什么"。事前在协议里应载明研究者要提供协助(例如在协同研究中)、咨询或训练、联名作者或分得版税,这些都是参与者可获得的好处,这些都有益于资料与研究结论的质量。但如果这些好处没法兑现,则可能会伤害资料与结论的质量。

建 议

1. 你心里要清楚:你和参与者的合约要像什么样子。把它写在纸上,当你与参与者讨论进入现场与选择通路时,拿出来用。等合约清晰了,把研究计划的摘要和基本规则整理在一本小册子上。如果这是一个多参与者的研究,这个小册子会很有用,因为大多数的参与者,并未加入初期的协商。

2. 不要以为你为某现场准备好一份正式的合约,你遇到的每个人就会自动了解它。你要去查证一下他们了解的情况。

3. 把参与者对合约的理解(或误解)都纳入资料搜集的计划里,包括你所见到的任何对资料或研究结论造成威胁的东西,都要搜集起来。

结　语

　　本章所提到的这些设计问题,会使日后的资料分析产生很大的差异,包括:如何将同一场地的质、量资料联结起来及一系列具体的管理问题。你还要谨慎考虑为达成某项目的,应采用何种软件。同样重要的是建立系统化的资料管理计划,即从原始资料到期末报告储存与检索每一项资料。建立良好的同事与伙伴关系也是必要的,时间规划也一样要慎重规划。最后有关设计方面的所有决定,你应该与参与者签订合约,约定有关他们的参与、隐私权、接触研究报告的渠道以及他们的利益等,这些都会大大影响资料的分析质量。

　　我们就这样结束研究设计中设定焦点与范围的讨论,下一章要看研究初期的资料分析活动。

初步的资料分析

Early Steps in Analysis

　　本章要介绍的资料分析法,是用在研究初期的,通常是在搜集资料时。这些分析法有助于日后资料的组织,以及更深度的分析,这些深度分析法将在第5~8章再予以介绍。为何早期的资料分析会无比重要? 有些质性研究者花费数周、数月,甚至数年时间,一头栽进资料搜集的工作里,然后从田野撤退,"开始好好处理札记"。我们认为这样做是有问题的。这样会失去很多可能的机会,让研究者无法再搜集新资料去填补资料间的断层;而且,如果后来分析时出现了新假设,也无法再搜集新资料,去检验新假设。如果早期不做分析工作,也将不利于研究者提出"竞争性假设(rival hypotheses)",原本这些假设可以让田野工作者反思自己的习惯性预设与偏见。再者,它也可能使分析工作变得极为庞大,有时甚至超过负荷,使研究者气馁,并且降低分析的质量。

　　我们强烈建议在搜集资料的同时早早做分析,其优点很多,包括研究者可以反复思考现有资料,并拟定资料搜集的新策略;通常后来所得的新资料之质量也会更好,而且还可能运用较好的方法去修补盲点。它研究初期的分析使得分析成为持续的、实时的活动,这将有益于田野工作生机勃勃的进展。再者,多数的评估研究与政策研究都要求提出中期报告,研究者必须进行初期的资料分析,才有可能提出这种中期报告。因此我们建议研究之初,就应该将资料搜集与分析穿插起来进行。即使你的研究里,资料搜集只做一轮,初期的分析仍然会使你受惠很多。

　　本章将介绍初期分析可用的8种方法,再加上7种辅助分析法,每一主要方法均采用以下架构来呈现:

- 分析法名称。
- 问题剖析:说明一个质性分析者会遭遇的问题、需求或困难;为解决该问题,该方法可能会是个不错的答案。
- 简述:陈述该方法的内涵与步骤。
- 实例说明:举出一个"迷你个案",较为详尽地说明该方法是如何发展出来的,以及如何运用的。通常此节有几个子标题,如:"定出格式"、"聚类或录入资料"、

"引出结论"、"修正与编辑"、"运用结果"。

- 变体:说明运用同样的基本原则,还可以发展出怎样的变体,同时也会引述其他学者的著作。
- 建议:对于完整运用此方法的秘诀,提出简要的建议。
- 所需时间:估计运用此方法所需的时间。时间的差异其实很大,要受研究主题、研究能力、所提研究问题与个案数量等影响。

我们另外也介绍了一些补充用法,附上简要的说明,与其相关的图表均加上了外框(因此以"资料"来为这些图表编号)。我们的用意是希望提供一些简单的方法,可以与已讨论的主要方法搭配使用。介绍这些补充用法的格式不一,但通常都会简要地指出这些用法适合处理的问题,再加上一个简单的实例说明,并以建议做结。

本书对资料的预设

本章及以后各章所谈的方法,均假定读者手边已搜集到一些资料,包括手写的或录入好的田野札记[1]、接触现场后整理的笔记、访谈录音或影带。无论哪种资料,分析的重点都是字词,我们把字词视为是可在资料中找到的基本格式[2]。

现场的札记草稿、口述录音带、访谈录音或影带都只是原始资料,这些资料都应经过处理,才能用于分析中。如:札记草稿应该直接录入好或转誊整理好,才能成为田野工作者及其他人运用的东西,用来阅读、编辑、加评注(眉批)及分析。

原始资料往往很难懂,且含有个人使用的简写符号。原始札记通常也不够完整,访谈期间所做的笔记大约不到实际内容的一半;若是事后补记,分量更为有限。不过,整理札记时,原始资料经常会激发田野工作者想起一些来不及写在札记上的东西[3],让他在原稿上再增添一些被遗漏的内容。当然这类补上的东西,应该特别加上标示,以避免理解偏误。转誊口述资料的过程也应该是这样的。

现场录音或影带也要经过某种方式的处理,例如:田野工作者可以听或看录音或影带,写成文字,也可以选择引文,或做判断、评等级。最常见的处理是将录音或影带

1　有些研究者在访谈或观察时一开始就将札记录入电脑(Fetterman,1989;P. Wasley,个人沟通,1991)。不过这样的札记和手写札记一样,都还是需要再做整理,难易程度取决于记录的系统化程度以及打字与拼字能力、所知觉到的梗概与代号的运用。

2　质性研究早有运用照片资料的传统,本书并不探究此类资料。有关照片资料的收集与分析可参考 Harper (1989),Ball & Smith(1992),Bogdan & Biklen(1992),Templin (1982),Wagner (1979),Becker(1978)。有关影片资料的运用,参见 Erickson & Wilson(1982),以及该书所附的书目。

　　图书也是一种资料,可能是由田野工作者绘制(如:某一房间的配置图),或由报告人绘制(如:一张组织图),有关这类资料的讨论请参阅本书第 4 章第 1 节。

　　另外,还有一类资料就是从现场收集到的文件。有关怎样制作文件摘要,请参见本书资料4.1。

　　有些资料分析技术本书并不讨论,包括论谈分析(Potter & Wetherell,1987;Van Dijk,1985)、符号学(Pecheux,1982)等领域,还有语言学这一广大领域(Akmajian,1990;Rosenberg,1982;Yngve,1986),它们所用的文本分析技术,本书也都予以讨论。

3　Sanjek(1990)举了许多札记的实例,相当丰富且有趣,包括各类的札记:涂鸦式完稿型、由研究对象手写的、研究对象口述的、田野工作者的日志,等等。

内容转化为文字。不过这一转誊的过程往往会随着研究的发展渐渐缩短,情况取决于转录者的学识与技巧。不过读者也请注意:转誊录音或影带的做法,其详略差异也很大。你可以把语气词、停顿、加重语气、口误,以及一个结巴者不完整的句子(包括他的表情、姿势,以及不成语句的发音)都写下,也可以只写出主要意思[1]。

因此我们将重点放在作为基本媒介的字词上,而且我们假定这些字词已经是精炼过的,它是由原始资料、录音或影带转化成的一种文本,这一文本对于读者与分析者来说,意义是相当清晰的。不过请注意,这一文本可能是由原始事件经过相当的浓缩或简化而来的。

现在来看看我们本章要介绍的资料分析方法。大致上,本章的组织方式,是由资料搜集的最初期,谈到较后期;由简单的方法,谈到复杂的方法。最先介绍接触摘要单(contact summary sheet),这是将一短时间内的资料做成一摘要的简单方法,接着我们要说明第一层次的编码、第二层次的编码(或称为模式编码(pattern coding)),然后介绍如何撰写备忘录,它可以产生更具普遍性的主题。等到资料累积更多时,可以举行个案分析会议,或撰写临时性的个案摘要来帮助研究者理出头绪。我们也可以撰写精简短文,这种文章着重显现一段短时间内的一个或多个事件。预建个案纲要法则是一种经济的方式,可以快速地整合个案的资料。

最后,本章讨论整个研究依序做分析的过程,并将举例来说明,如何依次使用上述方法的整个流程。

---

[1]　Kvale(1988)对誊写方法及其问题有完整的讨论。有关誊录的细节,参见 Potter & Wetherell(1987),它们在附录中说明了处理停顿、重点与听不见等状况常用的誊写方式。

第1节 接触摘要单

问题剖析

每次与研究对象接触(可能一天或几天)后,你会写下一些札记,这时需要停下来想想:这次接触我发现了什么主要的概念、主旨、话题与问题? 如果不作此反思,你可能会陷入细节的海洋。如果你参与的是团队研究,找个同事说一下这次接触当中重要的事情是必要的。

简 述

这张接触摘要单上,写着与某次田野接触有关的焦点问题或主要问题。研究者依照写好的田野札记,简要回答每项问题,总结出这次接触中每一要点的完整摘要。

实例说明

确立问题 面对几十页的札记,为了拟定并填完一张接触摘要单,现在最重要的问题是要弄清楚你(或你的同事)对于上次的现场接触,究竟需要知道的东西是什么? 要用哪些问题才能引出那套札记中的精华?

- 此次接触涉及了哪些人、事、地点?
- 此次接触中重要的主题或主旨或话题有哪些?
- 此次接触与初步的概念架构图中哪些研究问题和变量有关?
- 此次接触启发了哪些新假设、思考、预感?
- 下次再接触时的重点应放在哪里? 应搜集哪类信息?

确立格式 请用单面记下相关的问题,空白处留供田野工作者填入答案,也要有接触类型、地点、日期、填表人等各栏。

录入资料 田野札记写好后,就尽快写接触摘要单,因为那时你对该次接触的情况有一个既直接又有反思性的认识。你也可以把自己的反思评注(参见资料4.2),以及下次出访应探究的问题,填写在这张单子里。

若等到把这次的接触全部编好码再写摘要单,可能就太晚了。而且通常编码时会加上许多后来对这次接触的想法,如果将这些想法记录下来,可能会掩盖或扭曲了原来札记中的东西。

接触摘要单上写下的多半是词组或句子,这些是田野工作者在浏览整个札记之后,认为可以回答接触摘要单上的问题的答案。因此,读札记时记个笔记也很好。

图4.1节录自一个实例。其中第二与第四个问题显示出:这个田野工作者是以一组有焦点的"目标问题(target questions)"起头的(如果研究时间有限,此方式是不错的)。

接触类型：	地点：Tindale
会　面：×	接触日期：11/28-29/79
电话访谈：	今天日期：12/28/79
	填表人：BLT

1. 此次接触让你印象最深的主要议题或主题是什么？
   - 自上而下施行的、高度成规划的"不受教师影响的"课程与教师自行研发的课程之间的互动。
   - 行政人员、科组召集人与教师对工作重点看法的分歧。
   - 学区课程协调人（担任决策者）改变了学校对研究关系的接受度。

2. 就每一研究问题来看，简述此次接触你拿到（或未拿到）的资料。

研究问题	资　料
改革发展的历史	由课程协调人、英文召集人及委员会主席先提基本概念；由老师在暑假写出；下一暑期由老师依现场检测资料予以修改。
学校的组织结构	校长及行政人员负责训导；科组召集人担任教务负责人。
统计资料	60 年代后期有种族冲突；60% 黑人学生；强调训导，防止非学区学生由 Chicago 混入。
教师对改革的反应	开始时觉得严格、有结构；现在他们说喜欢/需要探究。
研究通路	很好；并未要求老师必须合作。

3. 此次接触中有什么震动你的东西吗？一突出的、有趣的、示例的或重要的东西？
   - 改革发展与训练之彻底。
   - 将改革置入学区课程中（由学区课程协调人计划并执行）。
   - 实施改革者提到初期对改革的反对，与现在的接受与同意形成对比。

4. 下次拜访此处时，你应考虑哪些新（或旧）问题？
   - 实施改革者究竟如何看待改革？如果他们真的拥抱改革，如何说明初期反对至今日的改变？
   - 实施改革者之间联络网的性质与数量如何？
   - "顽固"的数学老师们，他们的想法开始时没有被听到——他们是谁？有哪些具体实例？解决方式是什么？
   - 追踪英文老师 Reilly（他在召集人职位上落败）。
   - 追踪一个小组一整天。

   注意：未来 4～5 个月每周吃学校食堂两日，这样做的后果……

   结束

图 4.1　接触摘要单：实例（节录）

表中把每一问题所得的资料予以概括，还为下次造访提出新的"目标问题"——有些是属于背景的研究问题（"实行改革者究竟如何看待改革？"），有些则是因拜访而引发的疑问（如："英文老师 Reilly 怎么在召集人职位上落败？"）。

　　使用结果　研究者可由五方面来使用填好的接触摘要单：①为下次接触写出指引计划。②提示出新代码或修正代码（参见本章下面三节）。③如果田野研究者是多人时，此表可产生协调作用。④当你再去看札记时，此表可再次引导你回到拜访中。⑤有益于进一步的资料分析（多次接触所形成的这种摘要表，本身就可以拿来编码与分析）。如果能将摘要表录入计算机，使用时就更方便了。

　　另外,你可以把摘要影印附在原来的札记中,也可以和扮演批评者的朋友讨论此摘要,并将摘要汇集于一个档案里。

变　体

　　我们还可以更有系统地的使用接触摘要单,就是将接触摘要单的内容予以编码,参见图4.2。其中可见到一张代码单(称之为"主题"或"层面"),研究者用它将札记中的要点作了编码,另外也出现了新的代码。

接触摘要

				学校:Westgate
接触类型	会面	校长们	Ken's办公室	4/2/76
		何人? 团体?	地点	日期
	电话访谈			编码者:M. M
		与谁,由谁	地点	日期
	与报告人访谈			编码日期:4/18/76
		与谁,由谁	地点	日期

1. 挑出此次接触中最突出的要点。在此张纸上依顺序编码,并指明出现该要点的页码,为稿子文本中的要点编码。用粗笔将主题或层面写在每一要点之后,以前未用过的主题加上星号 *。可以用双引号纳入研究者评注(【　】)。

页码	要　点	主旨/层面
1	1. 教职员必须在4月30日前作好决定。	教职员
1	2. 如果老师要换工作,也一定要做完目前年级的工作。	教职员/人力管理
2	3. 老师们对将特殊学生纳入班级的意愿有差异——有些老师觉得"如梗在喉"。	* 反抗
2	4. Ken指出从上次会议开始,试办教师名单就出纰漏了(暗中探究此事)。	内部沟通
2	5. Ken说:"老师们表现得好像他们有权决定谁应该换工作"(【会公开抗议】)。	权力分配
2	6. 暗中决定:"这是我们要作的决定"(Ken说,Ed表示同意)。	权力分配/冲突管理
2	7. 校长们与Ken,John,Walter都同意:Ms. Epstein是个泼妇。	* 刻板印象
2	8. Ken决定不要预先(现在)告诉老师有关换工作的事(【因为到时候就变成既成事实了】)。	为规划/时间控制作计划

图4.2　接触摘要单:* 含编码主题的实例(节录)

　　我们曾经作过一个实验,就是在接触之后整理札记之前,写下"第一印象"的接触摘要单,但现在我们不建议你这样做。因为其中有两项风险:①你可能过于注意生动的事例;②你可能延迟整理札记的工作,以至于后来根本记不清楚了。所以我们和Lofland和Lofland(1984)一样,鼓励你在造访当天完成札记后,就写接触摘要单。

建 议

这种接触摘要单看起来是相当简单的东西,我们的用意本来就是如此。基本上接触摘要单是种快速且实用的方法;它是做第一轮的简化工作,不丧失札记里任何基本的信息,掌握完整的印象与反思。经由田野工作者的心灵,它就像是一种"柔性计算机",把资料汇集起来,以便提供进一步的反思与分析,包括田野工作者与其他人均可以运用。

我们应该保持接触摘要单之简明扼要,应该注重基本概念、问题与话题。这样的工具才方便你快速地取用与综合,从整体上知晓这次接触究竟是关于哪些方面的事情。

如果是第一次运用此接触摘要单,可找人帮忙试用一下,请他读你写的札记,再让他独自填一份接触摘要单,如此可帮你发现偏差或选择性。这样你才能信赖自己做出的接触摘要单,并确信它们是对札记的好的概括。

所需时间

要妥善填好接触摘要单,实际上还包括阅读与概览札记,通常看完单行间距的一页稿子,费时约 3 或 4 分钟;另外,填一份接触摘要单费时约 1 小时。如果超过此时间,表示这张表格太复杂或要求太多了。

文件摘要单

田野工作者常会在现场拿到很多文件:会议议程、评估报告、报纸文章、预算、小册子、午餐菜单、开会文件、名册。这类文件需要做澄清与摘要,你应了解这份文件的重要性,以及这个地方一些重要的信息。

你可以影印一张文件摘要单,贴在原文件上。资料 4.1 是一个例子,撰写文件摘要单乃是把这份文件放在脉络中,解释出文件的重要性,且做摘要。另外田野工作者还用(【 】)写出反思评注。

你也可以将文件摘要单的内容予以编码,不只为日后的分析,更可让你在需要时快速地取用,有些软件可以帮你做此工作。

如果读者想要进一步了解文件分析(含内容分析),请参见 Carley(1990), Weber (1990), Bailey(1982)与 Krippendorff(1980b)。

资料 4.1 文件摘要单:实例

<u>文件基本资料</u>

地点:<u>Caron</u>
文件:<u>2</u>
文件获得日期:<u>Feb. 13</u>
今天日期:<u>Feb. 13</u>

● 文件名称或说明:
　The Buffalo(周刊)

- 此文件与何事件或何接触有关:
  Paul 对行政的解释
  团队的运作

- 文件的显著性或重要性:
  为本学区本周的所有活动提供行事历
  便于协调,两校一起运作

- 内容简单摘要:
  每一活动的行事历,从大学一年级女生篮球队到小学"秘密笔友周"都有。

  也有亲师会方案的"你知道吗"等主题(明显纳入了新师会的消息)

  还描述了行政团体如何运作(团队成员有谁、例行会议的内容、工作哲学,如:"我们建立了个人目标及监理进度"……"我们协调各个活动,K-12 年级及所有方案"……"我们同意老师选择")也包括评论:"这是我们人事管理系统"

  也间接提到 26 条运作指引(12 月 16 日)

  (【我猜想:并不是每周都有这类行政解释——需要证】)

  如果某文件对某次接触是很重要的,就复印一份,并与稿件放在一起。
  (如:议程、访谈中讨论的报纸)否则,只要放在文件档中即可。

第 2 节　代码与编码

问题剖析

只要你开始汇集资料,挑战就出现了。其中一个大挑战是源于资料来源与格式的多元化。有些资料来自结构观察,有些是随意观察。访谈资料有开放式的、结构式的、民族志的(Spradley,1979)或"精英访谈式的"(Marshall & Rossman,1989)。[1] 有些测量是低侵入式的(less obtrusive measures)(Webb,Campbell,Schwartz,& Sechrest,1965),如日常或特定文件、档案记录、日记与人造物。有些测量来自问卷和调查、影片、录像带或测验资料。

这些资料会不断积累,更糟的是,研究早期几乎每件东西都好像蛮重要的。如果你看不出哪些东西较为重要,那么每样东西似乎都颇为重要。你可能永远无暇去浓缩与组织它们,更别说去分析与写成报告了,除非你还有好几年时间。

这就是我们为何认为概念架构与研究问题是防止资料过多的最佳武器了。这也是我们早就提出的一个重点:资料搜集无可避免地是一个选择的过程,你不可能也不

1　有关访谈品质的问题,参见 Mishler(1986)。他认为:报告人和访问者共同创造了意义,它们环绕着"事实"产生出一个"故事";双方"读取"下列各种信号,包括片语、停顿、离题、提出一新话题、坚持探究到底、就此项目再问(而非彼项目)、打断讨论等。报告人会"学到"访谈是怎么回事、决定自己要说什么——这个故事会是怎样的,他也将学会用什么方式表达这个故事。

　　因此,访谈所采取的策略越宽松,就会越难进行资料的比较。就如 Mishler 的引证显示:有 1/3 的结构式访谈并未依照原计划去提问。再者,如果对受访者的生活情境未加了解,就依循一个标准程序去访谈,这种一击式的访谈效果是令人生疑的;基本上这类访谈只是"两个陌生人的会面",他们彼此是没办法理解对方受社会影响所形成的意义架构的。

会拿到所有资料,即使你以为可以或做到了。

你拿到的有些誊录稿可能是"翔实的",但也会有很多誊录稿是粗略的。有些誊录稿把情境和一些非语言资料都省略了。[1] 你在誊录稿看见的东西,无可避免地一定是选择性的。批判理论者(critical theorist)和解构主义者(deconstructivist)、符号互动论者(symbolic interactionist),看见的东西会不相同。当然,方法的选择也会影响所搜集到的资料。报告人本身也会有所选择,有时是故意的,有些是无意的。他们可能掩饰自己重要的行为与知觉,而研究者可能无法觉察到。

观察也是选择性的。研究者不断地在做决定——何者要纳入资料中,何者不要。他并不必然会理解到(或为什么):某事件被他注意到,而其他事却没有。

所以资料搜集会有选择性是必然的,但它本身不能解决资料过多的问题。事实上,如果你真的计算一下,用在资料处理与排序的时间,约是资料搜集时间的 2 ~ 5 倍,这其中有两种困难:资料过多与资料检索费时。

资料过多　你可能在研究结束前六个月发现自己已经搜集了一卡车的资料,它可能需要花费你一个星期的时间才能仔细读完它。质性研究之所以费时,主要是因为处理的是文字,而不是数字。文字比数字更为丰富,且常有多重意义,不易处理。而且你常要看上下文才能确定像"这个"、"他们"或其他一语双关的许多文字的意思。例如"The board is on the fence.",句中的 board 究竟是指一片木板,还是指一个做决定的委员会呢?

数字通常较不会模糊不清,较能快速地处理。难怪许多研究者喜欢直接处理数字资料,或是将所得的文字资料尽快地转化为数字资料。

我们认为,虽然文字比数字难以捉摸,但文字也比数字能产生更多意义,也更为依赖完善的资料分析。如果把文字转化为数字,然后丢掉文字,会让研究者损失重大,你等于是承认文字主要的特质就是:其中有些东西比其他东西更为重要。只依靠数字,会把研究者之注意力,由实质转到算数上去,丢掉了整个"性质"或"基本特质"。

再者,如果由文字转成的数字无法产生意义,此时通常也就没有什么可以让人满意的方法——能使更多数字让人产生更多认识了。解决的办法就是将整个分析过程里的文字与其相关的数字,一起保留下来。

一周的田野生活可能整理成二三百页的札记及附加的资料。开始时什么东西似乎都很重要,积累起来的东西可能很快就太复杂了,必须删减。其中的危险是资料过多,超过你能处理的数量。你根本很难取出最有意义的材料,很难把一段段文字放在一块,也很难把大块的东西浓缩,然后变成可分析的单位。

资料检索困难　资料过多会产生检索困难的问题,你可能不知道或未标示出,对你的研究目的而言,最有价值的东西。

所以你应该明确记得自己的研究目的与概念透镜是什么,同时还要保持开放的心

1　有关转誊稿的问题参见 Kvale(1988)(第 p. 97)。他认为:将录音或影带做转誊是一种形式的转换,乃是将一种会话形式或言语形式转化成一种记叙形式。这其中会出现不少危险,包括:肤浅的编码、去除情境、在报告人的说明里遗漏前后的信息,以及见树不见林等。

态,以未启的或未预料的新事物来教育自己。此时还要避免资料过量,但也不可流于肤浅,这当然是知易行难的事。

为了避免眼光狭隘、偏见与自我欺骗,你可以使用一些防范的技术(参见第 10 章第 2 节)。另外,同样重要的技术,就是每一波资料搜集后,都要有资料浓缩与分析的动作。亦即编码及持续的、反复的反思。

简 述

编码就是分析。分析要做的就是检阅一组札记(已转誊的或是已综合的),有意义的切割它们,但要保留部分与部分之间的关系。这意味着你要区分与联结你已取用的资料,以及你所做的相关反思。

代码就是标签,它们是意义的单位,你把这个标签指定给所搜集到的描述性或推理性的资料。通常代码可以指定给长短不一的"文块"——字词、词组、句子或段落(联系或不联系某特定环境均可)。代码可以是平铺直叙的,也可以是较复杂的(例如一个譬喻)。

对我们的目的而言,重要的不是字词本身,而是其意义。[1] Bliss, Monk, & Ogborn (1983)告诉我们:一个字词或词组"含"有意义,并不像桶"含"了水,字词的意义是由人把字词放在给定的脉络中,就其含义(significance)做一选择所产生的。这一选择排除了其他那些本来可能"代表"那一字词或词组的选择;而我们所作的选择乃是嵌在某一逻辑或概念透镜中,不论研究者是否觉察此逻辑或透镜的存在。当然我们认为能觉察到此逻辑或透镜才是最好的。

代码是用来检索与组织文块的。组织工作需要应用某个系统将不同的文块归类,这样研究者就能针对某一特定研究问题、假设、概念或主题,迅速找到,抽出相关的段落,并将其聚集起来。资料的聚集,加上浓缩文块的展示,为引出结论铺平了道路。

直到近年,属于语言学及其次领域(如:话语分析,discourse analysis)的质性研究,其实都不很清楚自己是怎样把意义单位指定给一段段的资料的。传统的方法都是拿一支笔在誊录稿或田野札记上画记号,把同一主题的有关单位标示出来,然后依分析层级把这些单位再放在主题或次主题下(参见 Agar, 1980, p. 104)。一般而言,这些可辨认的主题(或主旨或完形),会规律性地重复出现。研究者会给这些主题命名,然后将属于此主题的示例都标示上一个易记得的标签(亦即一个代码)。研究者运用剪刀、档案卡或计算机,将这些主题做更妥当的区分、聚类,乃至重新命名。

实例说明

代码种类 以下以我们的学校改革研究为实例,该研究的目的是想了解为什么一个新教育措施会被实行。我们假定你也对这一问题感兴趣,你可以先去问问报告人,

---

[1] 由技术层面来看,编码工作与符号学有关系,符号学乃是语言学的次领域,它强调对沟通的"信息"进行分析(如分析艺术、音乐、文学、日常语言)。想对田野工作与符号学的关系做更深入的了解,请参阅 Manning (1987)。

为什么他们或其他人会决定实行此新措施。以下是我们可能会看见的一段田野札记:

> 我问他为什么会实行新方案,他说因为 9 年级学生只有 7 年级的程度,旧课程没有效果。Nelson 阅读测验(the Nelson Reading Test)成绩显示:学生经 10 个月的学习,在课业上只有 5~6 个月的进步。

如果要为这段文字贴上一个标志,你可以用"动机",你可以在此段左页边缘写上"动机",右边缘可用来写评注(资料 4.2 与资料 4.3)。

资料 4.2　反思评注:实例

Milk 开玩笑,"可能我可以去,而且表现得像一个高年级学生"。他说这话时扮了一个愚蠢的猴脸。【这个老师似乎并不是要奚落学生,但他们有时候就是忍不住要开这一类的玩笑——后来出现更多这类笑话】
……

Jim 指出,他们在官方尚未要求时,就已经自行分析了出勤的资料,并且说:"我确信那是有效果的"(亦即,他"在乎"出勤率的提高)。【我觉得这个听起来颇为薄弱与模糊】。
……

John 继续解释:第二学期他还是会这样子,亦即,"一点也不多做"。【我想后来我和 Jim 谈话中无意间了解到 John 否定了他自己的行为。事实上,John 的意思是尽量做得少一点,但是连这个都有点偏离事实。本来人们认为 John 可能会对改革方案的某些议题颇有帮助,但实际上他偷溜出去很长时间】

资料 4.3　眉批:范例

内 环—规 范—中期 因果联结—反复出现的主旨	Jim 看了我一下,然后问 Dawn,那名助理,然后走出去,查看一下在大厅的小孩。我问:你在做什么。他解释:"直到下课钟响,我们不会放孩子走。"而现在虽然还没敲钟,已经有几个学生溜出大厅了。 ……	注意控制问题
因果联结—反复出现的主旨	这个团体经常自由地转换话题。有些主题一再地重现,包括 Mary 向另两人一再保证:这个社区关系工作可以很容易地推进,而她不会对助理们的"专案"工作,固定地提供建议。Mary 试图寻求很多建议。最后,他们似乎并没有对特定程序或事情会怎样发生的细节,做具体的计划或决定。 ……	对助理角色之冲突、再确证 组织的因应主题
因果联结—反复出现的主旨	【我想就是在此处,Mary 第一次表示"我还是有空",后来她又说了好几次,意味着她并不是真的要出去,这并不是不能改变的,别人还是可以来找她的。】 ……	再确证主题
因果联结—反复出现的主旨	……John 提到:女生会比男生多。他还建议:"我们要不要讨论第一天?"也就是讨论这个方案要怎样开始。不过这一提议并未得到很直接的回应。	组织的因应主题

如果你还要把"动机"细分,可以依职务,分为行政人员、老师,成为"行政——动机"与"教师——动机",或再依动机出现的时间段(例如将"采纳"的时间段,标示为"采纳期"),更可将三者结合成为"采纳期或行政——动机"。

代码有三种。第一种是描述性的代码,这种代码是低诠释性的,研究者只是把一类现象归给一个词汇。第二种代码是诠释性的代码。例如你对当地动态更为了解时,便出现了一个更复杂、更"幕后"的动机网,如有些人采取新措施主要想吸引他人的注意,从而获得升迁。于是你就可以把前面那段文字标示为"表面的"动机,后来发现的状况归为私人或幕后的动机。于是便出现"表面——动机"与"私下——动机"。

第三种代码是主题或模式代码,推理性与解释性更高。你可能在当地的事件与关系中渐渐看出了一种主题或模式,而札记中某段编好码的文字很可以说明此主题。这类代码可能被称为主题、模式、主旨、因果关联,通常会包括一个词汇,这个词汇会指出这个被概括的主题或模式,这类主题或主旨类目通常是在搜集资料较后段才用到,因为此时模式会愈来愈清晰。

以下是学校改革案中的一段札记:

> 但是他(Mr. Walt)说,他不是很清楚 SCORE-ON 方案中包括些什么。他知道"它结合了很多东西"。那天早上资源中心主要是给 FACILE 等方案使用,这是 Mr. Walt 比较了解的案子……下午 Mrs. Hampshire 将资源中心用于 SCORE-ON 方案。Mr. Walt 说:"这是不同的案子,因此会有不同的用法。"

研究者写这段札记时,这段文字颇为单纯。于是研究者将它编码为"改革案——突出特点"(即这项改革对于实行者来说有何突出的特点)。后来研究者经过多次访谈与观察,再看这段文字就觉得不一样了。原来教育局里各个"阵营"之间有激烈的权力斗争,人们各有其所属阵营。后来研究者把教育局里的人比拟成"一个篮子里的一堆响尾蛇"。而 Mr. Walt 是 FACILE 阵营的人,不是 SCORE-ON 的人,两个阵营在争取经费与视导职位。因此研究者再将此段文字加上一个代码:"主题——阵营"。

所以等某一代码越来越明显时,研究者有必要重读已编过码的资料,然后再加新码上去。用计算机重编码会更方便(参见附录)。

由上例可知:第一,可由不同分析层面去编码,由描述层面到推论层面均可。第二,可在不同分析阶段去编码,有些代码开始就订出且被采用,有些较后期才发展出来,一般情况是描述性代码较早期出现,推论性代码较晚。

第三,代码具有聚拢资料的功能,因此可让人分析。例:"主题—阵营"这个代码意指一个主题,它能说明很多让人理解的资料,还可以做主题的联结,就像统计中"因素"那样的功能,将分散的东西集中起来,成为更具有包容性与更有意义的整体。

上面所谈的代码都是"分子式的"。其实我们也可以用更大的分子编码。话语分析(conversational anlysis)就是这类的代码(如:反复出现的架构分析(frame analysis),Chenail 1991 年曾用过)。

建立代码　我们喜欢在展开田野工作前就先建立一套初始代码清单。这张清单可以来自概念架构、研究问题单、研究假设、问题领域或研究者带入此研究中的关键变量。例如:在学校改革研究中,我们认为改革过程是"相互改变"的一部分,亦即老师们会改变新措施的特质,这些新措施再回过头来改变老师们,修改班级中工作的安排,这些工作安排再回过头来影响这一措施可实行的程度,如此不断互动。

我们先用一个主要代码"改变"来指我们假设的这个转型过程,另加上几个次代码,如:实行者改变、班级改变、组织改变、改革中的改变——将来要用这些代码,把一段段资料做一标示,然后将此代码清单拿来试用、修改,不过原来的概念方向应该还管用——颇能说明我们所见与所听到的。

初始清单大约可以有十来个至五六十个代码,只要这张清单结构清晰与合理,研究者依靠短期记忆无须对照清单都可以应付自如的。你可以把这些代码写在一张纸上,以方便使用。

表4.1是一个实例,第一栏是标签的说明,包括总类别与个别代码的全称。第二栏是代码。第三栏是把代码和研究问题或次研究问题联结起来(代码是由这些问题发展出来的)。你还要列出一张代码字义单(参见图4.5),这些字义会随着研究的发展越来越清晰。

我们在该研究里乃以人工方式进行编码,因此代码必须简短。如果你用计算机编码,代码可以长一点,你可以用有意义的一个词组当作代码,例如"受欢迎的外来点子"。

我们知道至少有两种有用的方法可以建立代码。第一种比较倾向于归纳的方法,研究者在搜集资料前,并不需要预建代码系统;等拿到资料后,再来看资料在脉络中的作用与位置,以及资料的变异情形。基本上这就是"扎根理论"取向,这一方法最早是由 Glaser & Strauss(1967)提出的,其后又有很多相关的发展。这种方法并不预定任何代码[1],代码是在阅读资料时渐渐出现的,乃是让所搜集到的资料去形塑出代码系统,这样的代码系统乃是更能表征出这些资料的特色的东西。这种分析者的心灵是较为开放的,对情境是较为敏感的。虽然这类分析者最终的目的仍是想把观察到的东西,和一个理论或一组结构配对在一起。它其实并不是那种新手很怕的"完全无结构的过程"。

在这类归纳取向的编码技术里,Strauss(1987)的方法是最有用的方法之一,而说明最清楚的著作则是 Strauss & Corbin(1990)。它的步骤如下:搜集初步资料;写成札记;一行行读札记;在段落旁或下方,写上想到的类目或标签;渐渐累积成代码清单;形成更为抽象的类目(亦即可以包括多个示例或观察类目);把示例写在类目索引卡上面(见图4.3,Turner,1981,研究一个货运公司老板努力帮他的卡车先上货)。

资料检索软件可以快速地帮忙建立这种有联结作用的卡片(具有超文件功能的软件可以做得很好,参见本书附录)——如果我们能够使用正确的关键词,循着该推论代码(如角色或地位),就可以将该代码之下那些更为描述性的示例全部汇集在一起了。

如何由资料中选出临时性的代码? Strauss(1987)建议:以对照团体来重新思考札

1　有关系统化代码(类别)的建立方式,可参阅 Lazarsfeld & Barton(1972),这是一本经典著作。

表4.1　初始的代码清单:范例

改革性质	方案——目标	3.1
改革性质:目标	改性——目标	3.1.1
改革性质:组织	改性——组织/学区,当地学校	3.1.1
改革性质:隐含班级的改变	改性——改变/班级	3.1.4
改革性质:隐含组织的改变	改性——改变/组织	3.1.5
改革性质:实施者突显性	改性——凸显性	3.1.2
改革性质:(初始)实施者评估	改性——评估/前,中	3.1.3,3.4,3.5
改革性质:方案发展(IV-C)	改性——发展	3.1.1,3.3.3,3.3.4
外部环境	外环(前)(中)	3.2,3.3,3.4
外部环境:统计资料	外环——统计	3.2.3,3.3,3.4
外部环境:县、学校人员	外环——县、学校人员	3.2.3,3.3,3.4
外部环境:县外、非学校人员	外环——县外、非学校人员	3.2.3,3.3,3.4
外部环境:认可	外环——认可	3.2.3,3.3,3.4
外部环境:县、学校人员	外环——县、学校人员	3.2.3,3.3,3.4
外部环境:县外、非学校人员	外环——县外、非学校人员	3.2.3,3.3,3.4
外部环境:气氛	外环——气氛	3.2.3,3.3,3.4
外部环境:县、学校人员	外环——县、学校人员	3.2.3,3.3,3.4
外部环境:县外、非学校人员	外环——县外、非学校人员	3.2.3,3.3,3.4
内部环境	内环(前)(中)	3.2,3.3,3.4
内部环境:特质	内环——特质	3.2.2,3.4,3.5
内部环境:规范与权威	内环——规范与权威	3.2.2,3.4.3,3.5
内部环境:改革历史	内环——改革历史	3.2.1
内部环境:组织程序	内环——组织程序	3.1.1,3.24,3.3,3.4
内部环境:改革——组织一致性	内环——改革——组织一致性	3.2.2
实施过程	实施过程	3.2.3,3.3
实施过程:大事纪—官方版	实施过程——大事纪——官方版	3.2.4,3.3.1
实施过程:大事纪—地下版	实施过程——大事纪——地下版	3.2.4,3.3.1
实施过程:内部/外部	实施过程——内部/外部	3.2.5
实施过程:核心程度	实施过程——核心程度	3.2.2
实施过程:动机	实施过程——动机	3.2.2
实施过程:实施者符合的情况	实施过程——实施者符合的情况	3.2.6
实施过程:计划	实施过程——计划	3.2.7
实施过程:准备的情况	实施过程——准备的情况	3.3.4,3.2.1
实施过程:关键事件	实施过程——关键事件	3.3.1
当地动态与改变	改变	3.4
当地动态与改变:大事纪—官方版	改变——大事纪——官方版	3.4.1,3.4.2,3.4.3
当地动态与改变:大事纪—地下版	改变——大事纪——地下版	3.4.1,3.4.2,3.4.3
当地动态与改变:初始实施者的经验	改变——初始实施者的经验	3.4.1,3.4.2,3.4.3
当地动态与改变:改革中的变化	改变——改革中的变化	3.4.1
当地动态与改变:对组织现状的影响	改变——对组织现状的影响	3.4.3
当地动态与改变:对组织气氛的影响	改变——对组织气氛的影响	3.4.3
当地动态与改变:对教室现状的影响	改变——对教室现状的影响	3.4.2
当地动态与改变:对实施者观念的影响	改变——对实施者观念的影响	3.4.2,3.4.3
当地动态与改变:执行的问题	改变——执行的问题	3.4.1
当地动态与改变:关键事件	改变——关键事件	3.4.1,3.4.2,3.4.3
当地动态与改变:外部介入	改变——外部介入	3.4.3
当地动态与改变:对改变的解释	改变——对改变的解释	3.4.1,3.4.2,3.4.3
当地动态与改变:方案问题的解决	改变——方案问题的解决	3.4.1,4.4.2,3.4.3
新结构与终极结果	新结构与终极结果	3.5
新结构与结果:改革稳定化——教室	新结构与结果——改革稳定化/教室	3.5.1
新结构与结果:实施者行为的稳定化	新结构与结果——实施者行为的稳定化	3.5.2
新结构与结果:实施者第一层级的结果	新结构与结果——实施者一级结果	3.5.4

续表

新结构与终极结果	新结构与终极结果	3.5
正面的与负面的	新结构与结果——实施者一级结果/＋,－	
预期的与非预期的	新结构与结果——实施者一级结果/预期,非预期	
复合的(若合理适切)	新结构与结果——实施者一级结果/预期＋,预期－	
	预期＋,非预期－	
新结构与结果:实施者的中间结果	新结构与结果——实施者中间结果	
正面的与负面的	新结构与结果——实施者中间结果/＋,－	
预期的与非预期的	新结构与结果——实施者中间结果/预期,非预期	
复合的(若合理适切)	新结构与结果——实施者中间结果/预期＋,预期－	
	预期＋,非预期－	
新结构与结果:实施者的副作用	新结构与结果——实施者副作用	3.5.5(3.5.2)
正面的与负面的	新结构与结果——实施者副作用/＋,－	
预期的与非预期的	新结构与结果——实施者副作用/预期,非预期	
复合的(若合理适切)	新结构与结果——实施者副作用/预期＋,预期－	
	预期＋,非预期－	
新结构与结果:班级制度化	新结构与结果——制度化/班级	3.5.5
新结构与结果:改革稳定化——组织	新结构与结果——改革稳定化/组织	3.5.6
新结构与结果:组织行为的稳定化	新结构与结果——行为稳定化/组织	3.5.7
新结构与结果:组织制度化	新结构与结果——制度化/组织	3.5.8
新结构与结果:组织第一层级的结果	新结构与结果——组织一级结果	3.5.9
正面的与负面的	新结构与结果——组织一级结果/＋,－	
预期的与非预期的	新结构与结果——组织一级结果/预期,非预期	
复合的(若合理适切)	新结构与结果——组织一级结果/预期＋,预期－	
	预期＋,非预期－	
新结构与结果:组织的中间结果	新结构与结果——组织中间结果	3.5.9
正面的与负面的	新结构与结果——组织中间结果/＋,－	
预期的与非预期的	新结构与结果——组织中间结果/预期,非预期	
复合的(若合理适切)	新结构与结果——组织中间结果/预期＋,预期－	
	预期＋,非预期－	
新结构与结果:组织的副作用	新结构与结果——组织副作用	3.5.9(3.5.7)
正面的与负面的	新结构与结果——组织副作用/＋,－	
预期的与非预期的	新结构与结果——组织副作用/预期,非预期	
复合的(若合理适切)	新结构与结果——组织副作用/预期＋,预期－	
	预期＋,非预期－	
新结构与结果:机构扩展	新结构与结果:机构扩展	3.5.8
新结构与结果:组织简化	新结构与结果:组织简化	3.5.8
外部与内部协助(分为外部的、同侪的与行政的)		
协助:位置	协助:位置	3.6.1
协助:规范、常态	协助:规范、常态	3.6.1
协助:导向	协助:导向	3.6.2
协助:类型	协助:类型	3.6.3
协助:结果	协助:结果	3.6.4
协助:由接受者来评估	协助:由接受者来评估	3.6.5
协助:联结	协助:联结	3.6.6
浮现出的因果联结		
因果联结:网络	因果联结:网络	不适用
因果联结:规范	因果联结:规范	不适用
因果联结:反复的模式	因果联结:反复的模式	不适用
场所内	场所内	不适用
因果联结:解释丛集(研究者)		不适用
(回应者)		不适用
询问		
询问:惊异处	询问—!	不适用
询问:迷惑处	询问—惑	不适用

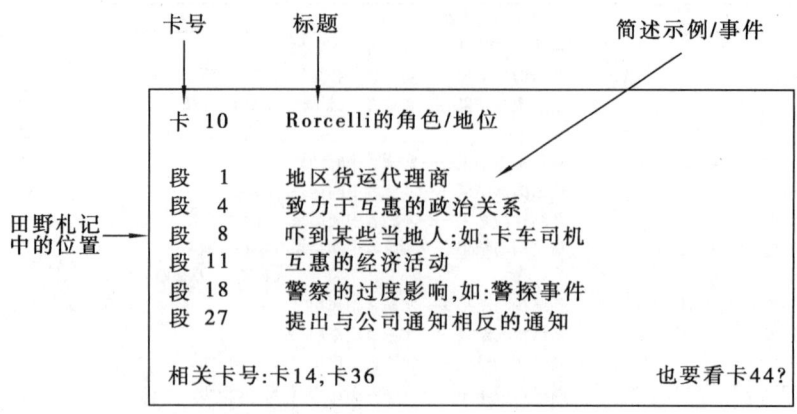

图4.3   类目索引卡:实例(Turner,1981)

记中的问题,藉以感知到它们的差异。将札记复本切割成段落,每一段落包括一个可能重要的主题。把相似的段落堆在一起,产生类目与形成差异,并了解每一类目的频率,找出最常出现的词组。并且,注意找出让人家惊异或与直觉相反的东西,以便日后再予厘清。

Strauss建议开始建立代码时,可以先找出条件、行动者间的互动、策略和技术、结果。例如:为了找到条件,你可以去找"因为"或"既然"。为了找到结果,你可以去找"结果是……"、"所以……"。还有你可以注意报告人一再使用的词组(即"实境代码(in vivo code)"),这可能显示了这个地方的规律。

第二种建立代码的方式乃介于预定式与归纳式之间,这种方法是为代码先提出一个基本的说明系统,它虽然不能满足某特定情境,但它指出了一个基本范围,研究者可以在此范围内归纳式地建立代码。Lofland(1971)认为任何研究中的代码都会处理以下的这些现象,以下将这些现象从宏观到微观做一排列,这也正是研究者可以运用的一种系统:

1. 动作:是指在一短时间内(几秒、分、时)某情境里出现的一个动作。
2. 活动:是指在较长时间内(几日、周、月)某情境出现的一些动作,这些动作构成了人们参与行为的重要元素。
3. 意义:是指界定并主导行动的那些参与者,他们在言词方面的产物。
4. 参与:是指人们完整地投入或融入被研究的那个情境或场所。
5. 人际关系:是指数个人之间同一时间内相互间被认为的关系。
6. 场所:是指那个被研究的整个地方,是研究分析的基本单位。

还有一组中型的系统可供预建代码做参考,它是由Bogdan & Biklen(1992)提出来的。他们将代码分为以下10种:

1. 场所:是指有关于环境的一般信息,这些信息可帮助你将该研究放置在一个更大的脉络里。

2. 情境定义:是指人们如何理解、定义或知觉该场所或所研究的相关主题。

3. 观点:是指诸报告人对其场所共同持有的思考模式("在这里事情是怎么做出来的")。

4. 对人、事物的思考方式:人们在其世界里对于彼此、外人与事物所持的理解(较上项更为细致)。

5. 过程:是指事件、流向、转换、转折点与改变等,在时间上连续出现的情形。

6. 活动:是指会经常出现的某类行为。

7. 事件:是指一种特定的活动,尤其是指极少出现的特定活动。

8. 策略:是指完成事物所用的方式;人们为达成自己的需求,所使用的方式、方法与技术。

9. 人际关系与社会结构:是指那些非官方界定的人际关系,例如:派系、联盟、爱恋、友好、敌对。

10. 方法:是指研究过程方面的问题、趣味与两难——通常与观察者的评注有关。

　　这些系统都是有用的工具,可帮忙建立代码。每个研究可能只着重少数几个类目,你没有必要采用一个流水账式的代码(无所不包),除非这些类目就某一层次而言其间的关系是有意义的。

　　也有研究者用两层次的方案,一个是较普遍性的"文化客位(etic)"层次,如上所介绍的。另一个是较为特定的"文化主位(emic)"层次,较接近参与者所用的类目,但是套在文化客位的代码之下。

　　修改代码　你可以采取预建式、基本架构导引式与后建式进行编码,但不管你用哪种方式建立代码,都需要随着研究的进行修改代码。预建式编码者会明了:代码一定会被改变;一定会有原先架构所未预期到的很多东西出现;田野工作者之中不会有人笨到不去注意这些非预期的东西的。

　　再者,有时有些代码不管用,有些根本用不上。可能根本没有田野资料适用此代码,可能研究者当初切割现象的方式根本不切实际。这表示研究者应该删除那些代码,或是做一定的调整。有时有些代码使用过度,太多资料都属于同一代码,因此便出现资料超载的问题,此时便需要将代码再分为次代码。

　　以人工方式修改代码是颇费事的,你必须把之前编过码的文块全部重新编码。不过,你可以运用文字处理程序中"寻找——取代"功能来帮忙。绝大多数的分析软件都会有修改代码的功能。

　　资料搜集中还会逐渐浮现一些其他的新代码,这样的代码会更切合实际,让研究者觉得满意,读者也会觉得满意,因为研究者对现场的实情持有开放的态度,而不是把资料硬塞进预定的代码中。无论研究者多大程度上是概念取向的,大多数的研究者都会承认有时候先前预定的编码系统建立得不好,有时候反而对立的观点还更好些。

　　对于研究后期的编码过程,Lincoln 和 Guba(1985)提出了几个步骤:

1. "填入":如果出现新认识以及浮现出对资料的新看法,就要加入代码,重建一个新的编码系统。

2.“扩充”:回到先前已编码的材料,用新方式、新主题、新结构、新关系去质疑原材料。

3.“搭桥”:在原有的类目单位之间,去探究出新关系或先前不了解的关系(这一关系本身要有一个名字,而且此关系可能需要对类目进行新的构造)。

4.“浮现”:把新类目确认出来。

　　与 Strauss(1987)一样,Lincoln 和 Guba 表示,等到分析本身呈现出一种自然归类的现象时,表示编码与改码工作就应该停止了。也就是说,此时所有的示例都能妥当地被分类,类目已“饱和”了,而且也已出现足够多“有规律的事物”了。但在此时得特别小心,因为研究者的理解乃来自于分层,我们在该地待得愈久,就会显露出愈多层次,要研究者决定停止田野工作,决定不再增加代码,可能会颇为痛苦。很多研究是迫于时间与预算等因素,必须做此决定。如果并没有时间与经费的限制,究竟何时才是类目饱和的时候,就很难说了。

　　在修正代码的过程中,有 3 种知识源泉值得我们重视的:第一,研究者正在修改原预定的概念架构,或是当他开始采用扎根取向的编码方式后,这时发觉自己已逐渐掌握到一组关系,这组关系是可以说明他所见所听的重要东西的。

　　第二,该现场有一种它自己的生命,当你花时间在那儿与当地人一起生活时,这个生命会越来越有意义,越来越可辨识。

　　第三,该现场显示出一系列的线索、疑团、主题与矛盾,需要研究者去追究,而且这些东西永远不会完美地植入预定好的概念架构中,即使是较扎根取向的代码系统,也不可能完美结合。

　　上述这三种力量间的矛盾张力会不断推动此研究。编码通过以下步骤,迫使你弄明白还有哪里是不清楚的:给事例命名;将事例集中起来;与其他人就共有想法作讨论;试着用下一波观察与对话的资料,检验既定的概念。

　　结构的重要性　代码是否具有某种概念上的顺序与结构上的顺序是更重要的问题。代码之间的关系应具有一致性,且对该研究具有重要性,形成一个控管系统。如果不断修改代码,可能使分析不易成形,零零散散,也使资料的取用和组织变得很难。

　　图 4.4 是一套结构化程度很差的代码的范例(Miles et al.,1978)。那项研究探究的是新学校的创立,采用归纳方式建立代码,两年后代码的数量暴增。其中唯一的架构就是把 175 个不同的代码分为四大类(即正式与非正式行动者、过程与该新校的层面),研究者只依字母将代码排列在每大类下。结果造成研究者越来越难记与使用该系统,最后弄出了 28 个组,终于导致系统瓦解。

　　图 4.4 可参考表 4.1 的概念架构作修改,表 4.1 环绕着几个变量群,较易记忆与使用,且能直接用于分析中。

　　表 4.1 与图 4.5 是类目架构良好的例子。表 4.1 是一套初始代码单,它与研究问题、概念变量紧密结合。图 4.5 则界定明确,诸研究者可以获得一套通用的语言,切实搞清楚一段资料是否适合以及如何放入一个类目中。研究者编码好的文段就可以成为该类目的示例,研究者写的眉批或评注,也可以把不同的代码和更大的整体连接起来(参见本章第 3 节)。

行动者	计划/执行过程	新学校的主题
正式	201 承诺	301 校区维持
101 行政人员	202 复杂性管理	359 预算(学区)
127 顾问群	203 冲突管理	302 预算(学校)
128 设计者	204 选区发展	303 集体情绪
102 委员会(中央)	205 增选	360 社区控制
129 委员会(地区)	253 做决定	304 沟通(控制)
130 创立人	207 计划	305 沟通(非正式)
131 主席	208 能量用尽	306 冲突管理
103 公民	209 能量动员	307 课程
132 社区联络	210 能量过度投资	308 资料收集/反馈
⋯⋯	211 未来愿景	309 训导
118 校长(焦点的)	212 目标厘清(学生成果)	310 划分系组
119 校长(其他的)	213 目标厘清(系统性质)	311 设备
130 研究员(其他的)	214 目标厘清(利益)	312 评价(学校的)
120 研究员(SA)	215 目标系列	313 课外活动
131 业务员	254 群体建立	314 食品供应
121 专家(中央办公室)	⋯⋯	315 友好表现的分类
122 专家(学校)	227 规划	316 目标厘清(学生成果)
123 视导(中央)	231 规划的范围	317 目标厘清(系统性质)
135 视导(学区)	228 规划/执行连结	318 目标厘清(利益)
124 学生	229 规划的模式	319 管理
125 老师	232 做决策	320 组群定义
136 教学团队	233 建立权力基础	321 影响(非正常)
126 联盟代表	234 权力斗争	361 组织内的连结
112 义工组织	237 征召	⋯⋯
	238 再设计	341 角色定义
非正式 *	239 反射	342 规范
151 缓冲者	240 演练	343 薪资
106 核心小组	257 研究关系	365 学校—社区的连结
107 核心成员	242 资源取得	366 保障
152 评价者	241 资源分配	344 空间运用
113 执行者	243 资源确认	345 人事安排
153 领导者(社交—情绪上的)	258 角色累积	346 师资特征
154 领导者(工作上的)	235 角色混淆	347 师资选择
155 联络人	236 角色紧张	367 师资连用
156 大众媒体	246 开头	353 地位/声望
157 意见领袖	260 任务行为	368 学生特征
117 计划者	247 完整性	369 学生成绩水平
		⋯⋯
		357 交通
		372 区域划分

编码过后,检查一下过程与主题清单,然后为最重要的关键词加上 *,最多选出六个词。

* 如果行动者真的出现在那次接触中,就把数字圈起来;如果行动者并未真的出现,而只是在那次接触中被讨论到,那么就在关键词上加上圆括弧。

图4.4　代码清单:结构化较差的实例(节录)

◎当地动态与改变——改变

大事纪—官方版	改革初期与执行期间出现的大事,按时间排列。由改革实施者、行政人员,或其他应答者重新清点过。
大事纪—地下版	改革初期与执行期间出现的大事,按时间排列。由改革实施者、行政人员,或其他应答者重新清点过。而且显示出(a)不同于官方版本,但具有相当共识的事件;或者是(b)与官方版本的事件相同,但说法不同。
改革中的变化	人们认为:改革初期与执行期间,在教师与行政人员方面,出现在新措施或方案的成分之中的改变。
对组织现状的影响	新措施或新方案对下列方面所产生的各项影响:(a)组织内的规划、监控、日常安排(如:人事、行事历、资源运用、同事间沟通)。(b)组织之间的实作(如:和教育局、学校委员会、社区、家长团体之间的关系)。
对教室现状的影响	新措施或新方案对班级事务之常规所产生的各项影响,如:教学计划与经营。
对实施者观念的影响	新措施或新方案对下列方面所产生的各项影响:教师与行政人员对于教、学、管理等的知觉、态度、动机、预设或理论(如:专业的自我形象;有关何者决定成绩与效能的革新观念;对于学生、同事、其他同事的其他态度,以及对其他改革措施的立场)。

图4.5　代码定义单:由表4.1选出的代码(节录)

修改代码后所形成的架构,会包括一些较大的代码(即在概念上包涵的东西较多)以及较小的代码(可显示出具有较明显差异的示例),但此时也就需要研究者把这一架构中的关系建立起来。一组能用的编码系统并不是一些零散的指示物,也不只是一套在逻辑上有关系的单位与次单位;它应该是一个概念网(conceptual web),包括较宽广的意义,以及其构造上的特征。为了要展示出编码系统的结构,你可以运用某些软件,有些是绘制出层级式结构(如:NUDIST, Kwalitan),有些是绘制出网络式结构(如:ATLAS/ti, SemNet)。参见本书附录。

代码的定义　无论采用预建式或是归纳式建立代码,为代码拟定清晰的操作定义都是非常重要的,这样做才能使单一的研究者可沿用此定义一直分析下去,而且多位研究者编码时也才可以沿用此定义去思考同一现象。第一层次的代码通常只是一个单词——一些刺激物、制度化、连结物,这样的词汇对于不同的分析者,可能会有不同的意义。因为代码会推动日后的资料取用与组织,所以代码必须精确,各分析者应对意义有一些共识。清晰的定义代码,对各方都有好处。

图4.5是表4.1中代码的部分定义,这些定义可以再修改。无论如何,这些定义背后要有一个概念架构——可以是预定好的或逐步成型的。

为代码命名　给代码一个名字,以便贴切地显示这一概念。你可以用"动机"作为代码的名字,不要用数字,如162,29或29A。要让分析者从这个名字很快地想到它代表的概念,也能便于其他人做同样的使用。

编码信度的检验　如果2名研究者为同样的资料编码,且讨论初步遭遇的困难,那么代码的定义会越来越清楚。两人若有不一致的看法,则显示原来的定义应该扩大或修改。并不是要你们费时诡辩,而是要得到有明确共识性的定义,知道代码的意义,以及哪段资料最适合哪个代码[1]。

检验代码不只是增加定义的清晰度,也可以检验信度的好坏。两名编码者各自单独编码,他们对某段文字要多长,是否意见一致? 大体来看,他们会用同一代码去编同一段资料吗? 如果不是,他们就会产生不同的分析;或者如果由不同研究者为札记做出不同的编码,另由一人做跨个案分析,那么情况很快就会一团糟了。

最佳方法就是请一名以上的人各自为同样一份 5 ~ 10 页的札记编码,然后再来看这些人的分析结果。开始时,通常编码员之间的信度不会高于70% ,公式如下:

$$信度 = \frac{相互同意的数量}{相互同意的数量 + 相互不同意的数量}$$

每个编码员都会有偏好——社会学家会把某段资料编为组织层次的代码;心理学家会编为个人内在的层次;社会心理学家则会编为人际关系的层次。厘清这其间的差异是有用的,当初看来只有一种方式编码,后来如果你能把其他同事相异的编码观点融入自己的看法中,那么每一个分析者的编码都会越来越走向普遍性。

同样地,我们也建议每个编码员做自己内部一致性的检验。先为十来页的札记编码,然后把它丢开,过几天再重新为这份札记做一次编码。算一算内部一致性,内部一致性应该要求高一些(接近80%),比编码员之间的一致性要更高些才好。到后来,编码员之内与之间的相互同意度应达到90% (此数值会因编码系统的规模与范围不同而有差异)。

最后你可以在研究过程的 2/3 处再做一次编码信度检验。你可能会由新的观点(通常是未与人分享的认识)去看代码(修正的或原来的)的意义,而产生一种很不一样的理解。这时你对文本的理解会由字义层次,提升到诠释层次,如果不止一位的研究员在分析这些资料,这其间的不稳定性也就越大。

分析的详略程度　编码要详细到什么程度? 视研究而定。有些语言学家要求逐行,甚至逐字编码。一般情况,是对较大的单位做编码,如札记中的句子、句子中单一主题的“文块”或段落。

研究者要相当了解究竟什么构成一个分析的单位。以前未用计算机来编码,通常我们把分析的单位定义为一句或多句的文块,然后运用最简单的方法——把和某一研究问题有关的多个代码中最合适的一个代码,指定给一个文块。

每一文块(短语、句子,或段落)通常都可归给多个代码,但如果你用人工方式去编码,那么每一段文块的边上,就会挤满了代码。如果你要跨场地分析,再读这些札记时,就可能会感到很费劲。

1　Mishler(1986)指出:编好码的资料本身并无意义;这些资料乃是研究团队逐渐建立起的理解所产生的结果,这些资料本身是抽样出来的,乃是从报告人所赋予的原始意义中抽样出来的。这一过程是秘密进行的:所有使用同样语言的各方人士,直觉上就相信他们藉同样的语汇了解同样的事物。唯有逐渐经过训练与定期的、持续的信度检验,才有可能建立起编码员次文化(coder's subcalture)。

不过用计算机处理,上述问题就不严重了(Becker, Gordon, & LeBailly, 1984)。尤其在探索性研究中,多重编码的确很管用。有些程序在设计各文块之间的界线时不是固定不变的,乃是浮动方式的,各文块可以层层套叠,也可以部分重叠,Ethnograph 就是这类的程序。另外像 ATLAS/ti 这类的程序,则可以对大小不同的文块进行编码并强调某些文块。

一份好的个案会兼取描述性与推论性代码,为同一段文块编码。这是两个必要的分析层级。不过你要记得推论性编码工作是做不完的,你只是为推论性代码寻找好的解说范例,而不是为它找到所有的实例。

我们也不能建立过于复杂的代码。以前我们曾实验过多层面编码,例如用"行政人员或问题解决——教师或 + "表示:行政人员为老师提供问题解决的协助,而这是老师们认为有用的协助。结果最后很难应用,也很难将资料汇集起来,不过现在有计算机可用,如:NUDIST, ATLAS/ti, Orbis, Sonar Professional 等软件都能轻松地将这些编码过的文块,予以分门别类(如果你的代码有层级的话,这些软件可以帮你把代码的层级结构予以厘清)。

最后,并非每段资料都要予以编码。如果谨慎去做,研究后期的材料可用于编码的比例会较高。不过一定还是会有垃圾,也就是一些与研究问题无关的资料,无论你的研究问题是预先决定的或是后来才浮现的,都会有垃圾资料,另外也会有些琐碎的资料。你的目标是尽量减少这种无用资料所占的比例,但永远不可能降低至零。再者,有句话也颇符合实情——有时候某些垃圾到后来会成为宝物。

编码的时机　编码的时间是个重要的问题。有些分析者等到资料搜集后期才做编码,我们认为这是严重的错误,因为过晚编码会降低分析的质量。编码不仅仅是为分析做准备,编码更可以引导未来的资料搜集工作,这一作用是我们一提再提的。编码是早期(且持续下去)分析所用的一种形式。编码通常可以使得你的研究视角和方法在下一阶段中有所改观。同时,持续的编码还可以帮你发现偏见,克服模糊的、不完整的资料,以便下次搜集资料时想办法厘清它们。

再者,编码是件苦差事,它不像在现场搜集资料那么有趣。如果堆到最后再编码,会让研究者懒散、抱怨、疲倦,而且有所偏颇。这样的态度会危害资料的可靠性,进而降低分析的质量。

请谨记一项基本原则:下次去现场之前,一定要把前一次的札记编好码。一定不能违反这一底线,无论你有多漂亮的借口。你可能想,之前已经有很多编码好的资料了,现在可以缓缓了吧! 你可能想,还是先去把札记整理好,先暂停编码工作吧! 不过我们的忠告是:不断编码才是正途。

更重要的一点,田野研究最强的力量在于渐渐浮现在研究者心中的图像,它告诉你究竟是怎么一回事,以及为什么。所以任何有助于让这张图像更为具体与更为完整的方法,都应该好好运用。而编码正可以帮你达成此目标,因为编码运用了归纳与演绎的反复循环,使分析产生了力量。

建　议

总之,代码是有效的工具,可用于标示资料,并便于资料检索。

你可以在田野工作前先建立一张初始代码清单,它可以让分析者把研究问题或概念架构和资料直接连结在一起。不过这张清单日后如果无法应用、过度扩张、不切实际或过于抽象之时,则要做修改。

你也可以采取归纳取向建立代码,亦即由札记中逐渐累积代码,以实证性的卷标来推动编码的过程。不管怎么做,你都不能拖延太久才去建立代码,也不要不断改换编码系统。

请确认所有的代码都能纳入一个结构中,这些代码是以有意义的方式(对该研究具有重要性的方式)彼此相关或相异。不要随意增加、移动、改换代码。

让代码与其代表的词汇在语意上尽量接近。不要用号码当作代码。

把所有代码写在一张纸上(或计算机的一个画面上),以方便查用。

请用操作定义界定代码。要让所有分析者都了解此定义,且能快速、容易地辨认一段文字是否符合此定义。编码者再测信度要达 90% 以后,才能继续下去,多名编码员之间也要计算一下相互同意值。研究后期还要再计算一次,不能假设已有共识了。

初学者为一段文字找一个代码即可。如果某段文字同时具描述性与推理性意义,也可运用多重编码。如果你有合适的软件,也会很有帮助。

不可到资料搜集后期才做编码。质性研究十分依赖持续的分析工作,而编码则是支持这种分析工作的幕后功臣。

请记得:代码只是类目的一个标签,不是一个档案系统。每项研究都需要以一种系统的方式去贮存编好码的资料,并且能在分析时很方便地取用到这些资料。因此,笔记本、档案夹、索引卡都是省时的好工具。不过就像我们在第 3 章所谈的,现在计算机在管理资料方面,比这些东西好用得多。要选择计算机软件,请参考本书附录。

所需时间

想要建立初始代码及其定义,所需的时间取决于代码的数量以及概念架构与研究问题的清晰程度。像表 4.1 那种初始代码清单的建立约费时一天,图 4.5 那种定义单也费时一天。修正及完稿另需时 2 天。

编码时间差异很大,取决于代码所用的概念架构及其复杂程度,还有札记的质量与编码者的技能。以下是依据我们的经验,提出的一个时间计算的范例。

整理好的札记若采用单行间距打印在纸张上,一页英文约有 50 行,可能包括 5 ~ 10 个代码。如果研究者训练有素的话,两天的田野工作通常会整理出 40 ~ 80 页的札记。如果编码者已够熟练,编码一页资料约花 5 ~ 10 分钟;开始时则可能需费时 10 ~ 15 分钟。因此,新手整理 2 日田野接触的资料,约费时 3 日,熟练后约 1.5 日左右。若超过这一数值,则表示应该修改,可能是分析单位过细,或是多层次编码的分量太多,或是代码过多,也可能是概念架构不良。

编码很累人,中间可穿插写眉批(参见资料 4.3),让自己做些主动思考的工作,而不仅是闷着头做苦力而已。另外也可以做些其他相关的工作,例如与其他编码者讨论、撰写备忘录(见第4节),或者写写笔记,计划下次现场访查要做些什么事,这些都是挺管用的方法。

反思评注

你在观察与访谈时,所做的涂鸦与临时备忘录,构成的原始纪录,一定要清缮整理成札记,让任何一个读者都能看得懂。

把原始资料整理成具有连贯性的说明,需要研究者一路埋头苦干,这期间会出现很多思考。例如:田野工作者的反思与评注,这些宝贵的资料都应该记录下来。

在整理札记的过程里,以下几种反思应该注意记录下来:

- 现在你不在现场了,你觉得与报告人的关系如何。
- 再想一想某主要报告人"真正"谈话的意义何在(那次谈话似乎有某种程度的重要性)。
- 对某些资料质量的怀疑;再想一下某些谈话问题与观察草案。
- 想想有没有一种新的假设,可以解释所看到的某些奇怪的事情。
- 想想下次接触应探究的问题是什么。
- 这份资料其他部分的弦外之音。
- 对某些报告人的评论或动作,田野工作者个人的反应。
- 对先前的一件事情的细思或澄清(现在看来那件事情可能是重要的)。

当上述这些东西出现时,就可以直接写入札记;你也可以把这些想法写成更为深入的反思(参见资料4.3),或更为详尽地写成备忘录(本章第4节)。你可以将这些文字加上双括号,参见资料4.2,这可以让田野工作者自己更了解稿中的意义,而不只是为了给其他读者看。另外,这些内容也有助于编码,因为它指出了更深层或隐藏着的问题,提醒分析时应予以注意。

写原始田野札记时,即记下上述的反思评注,这一做法可以大大提高札记的质量。你同时在觉察该地的事件、你自己的感受、反应、认识与诠释(参 Patton, 1990)。Bogdan & Biklen(1992)将这些反思札记分为几类:分析的、方法的、伦理两难的、自己心情的、重点澄清的。也有研究者用 O. C. (observer comment,观察者评注)来取代(【 】)。

眉   批

如果你在编码时觉得乏味,这可能表示你停止了思考。为了要让自己专心,可以用写眉批的方式改善,这很类似反思评注。

进行编码时,如果你对自己的思考保持警觉,你的脑中会很稳定地涌现一些想法与反应,这些想法与反应是针对你正在看的东西的。这些想法非常重要,它们提示了新的诠释、线索与各部分的关联,指出了下次资料搜集待深究的问题与话题,可能也指

Lois M. Easterday

观察于 10/20/74　8:00 a. m.　11:15 a. m.

记录于 1:00 p. m.

一次重要的接触

为何验尸对你有重要性?验尸对观场人员也一样重要吗?验尸是每天工作的重点吗?

上次观察时,我决定早上要早一点打电话过去,了解一下那里是不是正在验尸或做其他什么事情。我决定八点打电话过去。

"健康检查中心?"

"嘿!请问是 Bill 吗?"

"是的!我是。"

"嗨! Bill! 我是 Lois"

"嗨!"

—这个单位名称与简介

—告诉你他们的工作内容是什么?

典型工作日的日常表是怎样的?

这个词汇对该处人员有特殊意义吗?精确的意义究竟指什么?

"今天你们那里有什么事情吗?"

"有呀!再过几分钟他们要做 标本 。"

"如果我去你们那里,可以吗?"

"当然!你过来呀!"

"好!我马上过去。"

"OK! 再见!"

"那里有什么事情"对该处人员意味什么意思?

等我到达健康中心时,Bill 坐在接待区。

"嗨! Bill! 你好吗?现在有没有觉得好一点了?"

"什么?(他笑了笑)好点儿了!"

"他们刚开始做。请进去吧!"

"是的!他们刚开始。请进去吧!"

"我的外套放在这里好吗?"

"当然!你可以放在隔壁房间的外套架上"

该地其他工作人员是不是和你一样对医师另眼相看?

" 医师 知道我要来吗?"

"知道!我告诉他了。"

"可以吗?"

"当然!他说可以,请进去吧!"

"好!我想我待会会再进去。待会见!"

"再见!"

他们会和医师商量什么事情?他们为何不和医师商量责任的定义?

我走进验尸室,马上注意到他们已经开始了,因为他们已经切开胸腔,拉开皮层。Chuck、George、和 Dr. Ostman 三个人都在,他们都说:"嗨"。

你们为何不描述一下尸体的状况?

7

札记#10

医师："让我们抽一些血，把心脏提高一点。"他拿了一支针筒，抽出一些血。他把针筒放在 George 拿着的桶子里。

医师重复做了一次。这次针筒裂了，血沾到 George 的围裙和手套上。

医师："对不起，我弄脏你了。"

Geoger："没关系。"

医师："不！如果血液透过你的手套，你最好脱掉手套，擦一点东西在手上。"

Chuck："你最好擦一点甲醛在手上。"

（观察者评注:这让我想起不久前的一次谈话:他已经有一点发烧了。我想:"天呀！我希望我们所做验尸的有时被验尸的人员，可能会被传染给验尸的人员。我还不会被传染到什么，都不会这样死掉。
这实在太严重了吧。严重的程度实在在超过去上的人体解剖课了。"）

医师又在四处摸摸，试着抽出更多血。他们把装了血的有些针筒放在桶子里，另一些针筒放在另一桶里，直到再也抽不到血了。

医师："好吧！让我们把血管绑起来，再来看看主动脉。"

他们照做了，医师检查主动脉，拿出一大块凝结物。

Chuck："就是它，就是这块血块就是肥油。"

医师："不是，不是这东西。那只是一块肥油。"

Chuck："我还以为我们找到答案了，是吗？"

医师继续查看，同时间 Chuck 走到我旁边，低声说："好家伙！上礼拜你应该在这里？我们弄到一个帅哥那——

"对呀！你可能听说了我们的一个朋友送来的。一个快活的绿巨人。他从河里把他捞出来。

"是？我听人说了。就是那个你们没办法辨识的人，是不是？他现在是不是还放在这里？"

"我们当然把他放在这里。"

医师把胸腔打开，切下一叶肺，交给 George 去秤。"这是右肺"，医师又交给他另一叶："这是左肺"。

图4.6　亻同事所做的眉批：节录（Bogdan & Easterday，年代不详）

眉批（左）：

他们是不是认为这工作是危险的？若是，他们如何管控此危险？所谓的危险是指什么？

手术时护士也会有这种"我们"的感觉吗？

在何种情况下他们会取择的名字？

眉批（右）：

请注意这分工情形。

医师的声调怎样？他是不是在卖弄术语？

在他们的语汇里，何谓"帅哥"？

验尸工作的重点之一？

误"与"未辨识"吗？

页3

9

引了细思这些新想法的方向(参见下一节)。

如果你原来的代码写在左侧,那么预做分析所写的其他各类眉批可写在右侧。资料4.3是一项实例。眉批与反思评注类似,都是为札记增添意义性与清晰度。它们也都会点出一些重要话题,这可能是原有的代码遗漏或模糊的话题;另外,眉批也可能是为代码系统提出修改。

也可以请有批判力的友人或同侪来写眉批,目的在提出新线索、更深广的分析与新观点。图4.6是这位同侪提出的一串问题,大多是关于地方意义与分类系统的。

图4.6中有些眉批显示了新的或更为分化的代码,如:责任的定义、"危险"、死尸的分类系统。请一位博学的批评者来对你的札记提出外人的看法,是挺不错的。

这种眉批法可以运用在研究较后期的编码阶段,例如有些代码已经累积了不少文块(可以是原始的或浓缩的),这时可以再加上新的眉批或标记。Chesler(1987)研究自助团体的危险,即运用了此法。他们累积了一些文块(与可能的"危险"有关的),然后在重要句子下画线,并进一步在眉批栏写下(参见图4.15所提示的眉批法之步骤)。

眉批另外还有一种用法,Chesler并未使用,但你可以试用看看。你可以运用在眉批中的词组去发展或测验子类目。你也可以拿这些眉批词组去检验一下尚未检查过的资料组,看看在同一报告人或其他报告人的谈话中是否一再出现这些词组。而且下一波资料搜集时,可以用这张清单作为探索方向。

你也可以运用计算机软件来帮忙,Metamorph 与 ATLAS/ti 可以帮你撰写"评注"(其实也就相当于眉批),并将它附在特定的文块上。

第 3 节　模式编码

问题剖析

现在我们手中已有一组代码,可用来描述札记所记录的那些现象;我们怎样才能跨入第二层次——更具普遍性或更具解释性的层面？ 单单为出现的东西命名或分类还不够,我们需要了解主旨、一再出现的东西以及可能的原因。Kaplan(1964)说过,探索的根基就在于研究者要寻找"可重复的规则"。

简　述

模式代码是一种解释性或推论性的代码,显示了浮现的主旨、结构、解释,这类模式编码可以把大量的材料汇集在更有意义、更为精炼的分析单位中。模式代码是一种后设代码(meta-codes)。第一层次的编码是用来精简文段的,模式编码则是把精炼的文段汇集在少数的几个群组、主题或结构下。这类似于统计分析中的"聚类分析法(cluster-analytic device)"与"因素分析法(factor-analytic device)"。量化研究者是处理一组变量,将人们放入不同的群组中(他们可能是由研究者依据人们的言行来分类(所谓的 Q 分析(Q analysis)));或者是由报告人来区分、汇集各种行为与知觉(所谓的 R 分析(R analysis))[1]。

对质性研究者而言,模式编码有 4 种功能:

1. 模式编码将大量资料简化为较少的分析单位。

2. 模式编码要研究者在搜集资料时即进行分析,可使后来的田野工作更为集中。

3. 模式编码要帮助研究者精心构造一张认知图,这张图是逐渐成型、更为完整的一个基模,可用来理解当地的事件与互动。

4. 在多个案研究中,模式编码可为跨个案分析打下基础,让共有主题与有方向的过程突显出来。

实例说明

以下说明模式编码如何产生;看似什么;在资料搜集时,研究者用它做什么,从而展现以上 4 种功能。

产生模式代码　就像在日常生活里一样,研究者需要把资料简化且纳入少数的概念中,这些概念是我们在心理上可以编码、储存以及备妥待用的。

研究者在初次的田野工作里就会去寻找线索,以便把片段的资料贯穿起来。例如我们听到有两三名报告人分别抱怨老板所作的一个决定,我们可能会思考几种不同的现象———一种冲突、一种组织气氛,或是一个不满的员工小团体。不管你做哪一种解释,都伴随着将资料切割与分类(上述的功能 1)。研究者会问:这些报告人还有没有其他的共同点? 或是除了抱怨那个决定外,还有没有抱怨其他什么? 那些不抱怨的报告人之间,是否出现不一样,或相反的、满意的表示?

以上的东西即是一些线索,提示出一些重要的变量,这些因素可以说明当地的其他知觉与行为,有待进一步去查看(上述的功能2)。我们用上述任何一种可能的解释来看那些"抱怨"的资料,都可以帮助理解那一令人疑惑或令人惊讶的观察。这些点集合起来便可形成第一张所在地认知图(功能3)。最后,如果这是一个多个案研究,另一位同事也搜集到抱怨的资料,或者完全不同于那些抱怨的个案,根本没有一点点的抱怨,此时我们便可以做跨个案分析了(功能4)。

此处的危险是你可能太快为一个模式命名,你以为已了解它,然后强将名字套在资料上,实则并不很契合。对于过早下的判断,研究者常常不愿把它丢掉,部分缘于分析者并不了解真的发生了什么事,也可能因为检验那个模式所用的新资料乃是来自于选择性的知觉。不过一个较老练的分析者通常会通读札记,然后从中拾取模式。为什

1　Q 分析与 R 分析是由 Stephenson(1953)首先提出的。举个例子来帮助读者了解,假如你对一个群体作数种态度测量,比如说测量大学生的政治态度与啤酒饮用的态度,你可能发现保守的政治态度和饮用啤酒的态度呈正相关,这就是一种 R 分析。

如果研究者继续运用这组资料,还可以看出学生里是否有群组存在。最后结果可能是:学生可分为 4 个群组:(1)啤酒饮用的保守者;(2)啤酒饮用的激进者;(3)完全禁酒者;(4)居中者。这就是 Q 分析。Q 分析与 R 分析都可以采用质性研究里的模式代码。

么模式会那么快出现？因为这就是我们生活中处理资料的惯用方式[1]。

此时可以运用某些技巧,对文块的意义保持弹性的把握,不要太快认定;我们应该随时准备再认识那些朝反方向发展的资料;让最具说服力的模式,接受严格的交叉检验;把较贫乏的主旨或主题搁置一旁,直到其他报告人与观察为这些模式提供了较好的经验证据作为基础。

然而有时候资料就是未显露出任何较基本的模式;每个代码似乎都是独立的。此时,最好是回到研究问题上,提醒自己:究竟什么才是重要的,然后再去检查编好代码的那些文块。

若是采用较归纳取向的研究,你可以去找报告人谈话中一再出现的词组或共同线索,或去找你或报告人已注意到的内部差异。一般而言,这些差异性会带你找到一个更高层次的共通性。例如:Heritage(1988)研究人们对受邀的反应,他检查人们接受和拒绝的理由,然后想找到一个能包括接受与拒绝这两种状况的代码。这种代码当然在本质上是概念性的(如:人们接受或拒绝邀约是因为地位、个人知觉、近水楼台),也才会更具解释力。

模式编码是什么样的　模式编码通常有 4 类,彼此可能有所重叠,包括:主旨、原因或解释、人际关系、更理论性的结构。以下是些实例。

主旨类:

主旨:所有上级长官谈及员工时,似乎都用仁慈的、父亲式的语词(如:"我的"职员、"我的"人、"我的"年轻伙伴),但是员工大多使用科层化的规范式语词("长官……上层"、"管理")。

规范:你在教职员联谊厅不会很热烈地谈自己的问题或成功。

主旨或其他地方(其他地方出现的主旨,以及此地的问题):如果你的计划是要用于低阶层学生或职校,似乎较容易拿到经费补助。

原因或解释类:

解释:这位"指导老师",他的多重角色似乎是其成功的要素。

报告人的解释:最棒的方案就是把执行者的最佳秘方都汇集起来的那种方案。

譬喻:生涯"轨道"的观念——人们会运用这些方案由某个工作与职位转换到另一个。

1　请参阅 Ross & Lepper(1980),他们精彩讨论了:人们面对反例是怎样墨守自己的信念。另外,Nisbett & Ross(1980)对此问题也有完整的整理。在这一点上,即使是研究人员也同样有此倾向,就如 McEwan & Bull(1991)所说的:

即使是最让人尊敬的科学家——如 Galileo,Newton,Priestley,Einstein——当他们看见明显相反的证据时,也拒绝放弃自己的理论;这类的例子在科学史上不胜枚举……科学家明明知道某一现象和他主张的理论不合,他也几乎不会放弃那个理论。最常有的反应,是忽略那个明显反例的存在,尤其是当时若没有其他理论可用来解释该反例时……(或者)为了让该反例能符合理论,这些科学家会对该理论的非关键部分做一特殊的判断。(p. 322)

人际关系类:

社会网络:金脉与人脉俱乐部(The money-and-support club):A. Becker, P. Harrison., V. Wales。

浮现的结构类:

协商:私下的协调或商议,是做决定的一种方式;用冲突模式说明决定是如何做的,可能比理性—技术模式(rational-technological model)更为合理。

这类的主旨或结构是多方面的:它可以是观察到一再重复的行为、规范、关系;也可以是当地人意识到的意义与解释;可以是常识性的解释与较为概念性的解释;也可以是"推论性的丛集"、"譬喻性的丛集";可以是单一个案,也可以是跨个案的。几乎任何东西都可有益于某一模式编码。

运用模式编码　运用模式编码的方式有3:第一,把模式编码加在一份试用的代码清单里面,整理出下一份札记或文件时,就可以试用一下,了解它们是否适用(Lincoln and Guba, 1985;称为"区别抽样(dicscriminant sampling)")。第二,模式编码也可帮你形成一张图,画出一张网状图,让你从视觉上了解各成分间的关系(参见Bliss et al., 1983),这是一张新的概念架构图。

用人工方式画出上述的图形,并不算难,不过计算机仍可帮忙不少。ATLAS/ti 在这方面的功能不错,以下所举的实例(Carley, 1993),就是运用 MECA 程序分析出的图标,这种程序可以撷取出诸概念及其间的关系,还可以判断关系的强度、正负向以及箭头的方向。图4.7 是有关 Joe 这个个案,乃是从一大群人的陈述里找到的信息,陈述中显示了 Joe 的几个层面:

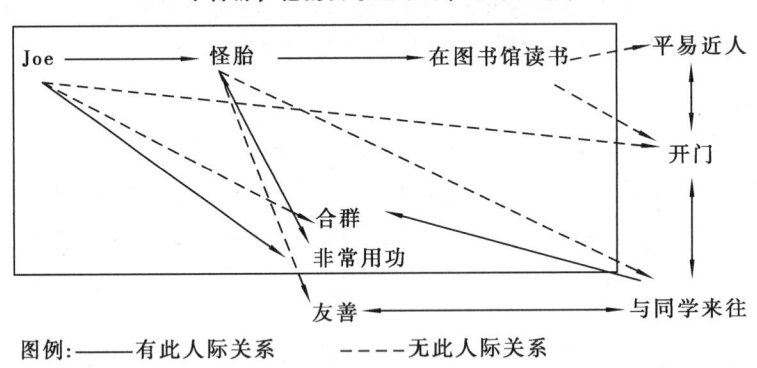

图2:Joe是一个怪胎,他总是在图书馆里读书,不合群,他的门永远不开,非常用功。

图例:——有此人际关系　　————无此人际关系

图4.7　概念图像化:实例(Carley,1993)

大家把 Joe 说成是一个怪胎,因为他在图书馆读书,不合群(负面人际关系),不友善,很用功,不平易近人,不与同学往来。

下一步,可以把图4.7 中最突出的一些代码写入备忘录中(参见下一节),以深究这些代码的意义。这样可以帮助研究者厘清这个主旨或概念;还可帮助其他的研究者对共同的资料有重点地思考;有益于跨个案分析。

第三种运用方式,是在下次资料搜集时由研究者查验模式编码。这主要是要研究者作一种推理活动,亦即研究者与新报告人谈话时,或去同一地点再做观察时,可以试用此主旨,运用"**如果—那么**"的技术(参见第 10 章,如果此主旨成立,则另一些事会或不会发生),或者查验一下,看看**竞争性的解释**(rival explanation)是否成立。

(上段的中黑体词汇是指一些特殊技巧,可引出结论或证明结论,详见第 10 章。以下凡出现中黑体,就是指特殊技巧。)

通常不会舍弃一个模式代码,而是要限定它的适用条件;亦即指出在何种条件下,它是成立的,如:"不在教师交谊厅里热切谈话"这个规范并不适用于出现冲突、危机、与新成员进行社交活动时。研究者做这样的厘清,目的是以更精确的方式去查证这个模式,且加强它的外在效度。此时所作的工作包括概括化与具体化,即当研究者更为完整地界定这个母群时(亦即这一解释适用的条件),其解释力也会越强。

如果编码结构渐渐浮现时,你可以把核心代码和次代码画在一张纸上,这样会颇有用。以下是引自 Huberman & Gather-Thurler(1991)的研究。该研究是探究:把有关职业训练与咨询的研究知识传递给学校、小工厂与大工厂(22 个案例),这种研究知识传送的流程究竟是怎样的,其中一项话题是理解程度——人们对研究发现理解的程度。什么因素会影响理解? 这些研究者有了一组第一层级的代码,还有一些逐渐浮现出来的模式编码,如:"对研究发现的曲解"与"实行者之间的意见不一"。

为了要分析,该研究中的 4 名研究者,每人都检查一个个案,然后把其中的模式编码画成网状图,如图 4.8。

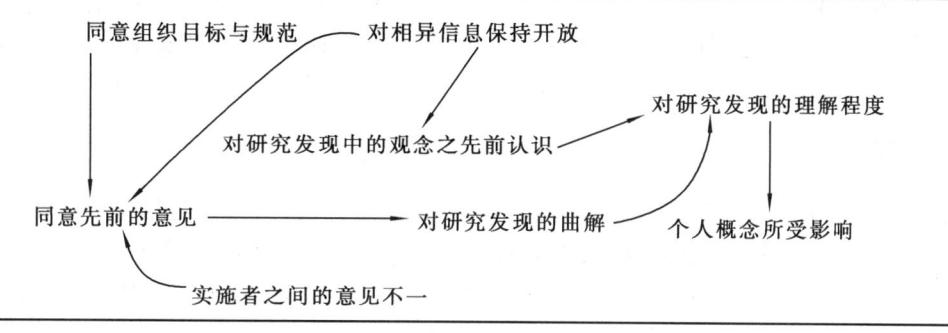

图 4.8 模式代码之间的连结(Huberman & Gather-Thurler, 1991)

图中的主线是"组织压力"(同意组织目标与规范、实行者之间的意见不一)对于"个人对研究发现之反应"的影响。而这些又影响到"理解的程度",以及"研究发现对受访者知识库与概念之影响"。

此图示不能就此定案,还要做进一步分析:

- 每名研究者都去查一份个案札记,评估一下这个推论是否成立。如果成立,有哪些支持性的资料?
- 然后研究者写一份简要的备忘录,讨论他手边这一个案里的每一个变量及其影响,并指出各代码间的连结——可以用原图来看此连结,也可离开此图去看。
- 研究者可以为每一个案画一张类似图 4.8 的图。然后把所有图放在一起,了解一下何处相同,何处不同。

- 把各图拿去现场做检验与修正,然后再写第二份备忘录。

等研究者的田野工作接近尾声时,每一主要研究问题要处理的模式编码就不会太多了。这种筛选的过程,对于最后作个案内与跨个案分析报告撰写,是很有帮助的。最后你的研究也就接近完成了。

变 体

如果你保证某一基本模式编码(如:"规范")成立,你还可以再建立一些次代码,用次代码解释内容,且方便你取用资料:

规范——报告人　有关报告人行为的规定。

规范——公开　有关公开场合中行为的规定。

规范——工作　这些规定是说明正式工作是怎样进行的。

分析者应保持开放性,容许随时加入新的模式编码,例如我们可以发展出一个新模式编码:"询问——惊异处",表示对该个案发生的某些惊人的事进行探询。因为田野工作中感到惊讶是很重要的事,我们在札记里要予以追踪。

最后,研究者还可以用模式编码为早期的资料重新编码或是做多重编码。当我们找到一个新的模式编码(如:前述的"冲突模式中的协商")时,需要回头找出衍生出此模式编码的文段,予以编码。随着研究不断深入,我们要让整个编码系统保持概念上的一贯性,你可以用软件中的"寻找与取代"指令去重新编码,或做多重编码。有些计算机程序可以让你复制一个数据库,你可以同时采用两种编码系统,等你看得更清楚以后再确定其中一种系统。如:Hyper-RESEARCH, The Ethnograph, NUDIST 等就是这类的程序。

建 议

要想从案例事件的表象达至更高(或更深)的层次,模式编码是很重要的,当你运用初始的那一套第一层级代码来编码时,就应规律性地去发展模式编码了。

不要强用模式编码;也不要以为它天生就在那里,因为模式编码是一种后设层次的代码(meta-level code)。基本上模式编码可被应用在每一段已经标上第一层级代码的资料上。

要建立多少个模式编码? 何时建立? 这主要取决于分析的风格。有些人坚守自己建立的模式编码;有些人则较为谨慎。有些人早早就建立了模式编码,然后再去核实它,找出它适用的条件;有些人坚守归纳取向,等到有足够资料提供支持时,才建立模式编码。最重要的是,模式编码是一种预感,有些得到验证,有些则未获验证。

建立模式编码是一种心智上颇为愉快的过程。经得起严格考验的模式编码,通常会成为最精彩的研究发现,它就像是概念上的钩子,研究者可以把分析中最鲜嫩的肉挂在上面。

所需时间

建立与应用模式编码和第一层次的编码是一起做的,初期模式编码部分约占总编码时间的 5% ~ 10%,后期会占更多一些,因为要更为注意资料的理解。

第 4 节　写备忘录

问题剖析

田野工作引人入胜,而编码工作则很累人,因此研究者可能太沉溺在田野工作里——其中有很多动人、有趣、诱人、八卦的东西。你可能发现自己几乎没办法回头去静思:究竟所发生的事情在概念上有何更深层、更具一贯性的意义?此时撰写反思评注、眉批,或进行主旨或主题编码,都是使我们暂离现场、迈向更为普遍思考的一个步骤。但是这一步究竟要怎么走呢?

简　述

Glaser(1978)对备忘录的定义:"备忘录是试图将一些想法形成理论,所写下来的东西。当分析者编码时,被某些代码及其关系撞击时,就可以把这些想法写成备忘录……备忘录可能是一个句子、段落或几页文字……分析者竭力把有关资料的瞬时的构思写下来,这可能是带有一些概念方面的阐述。"(pp.83-84)

建立备忘录首先是有概念方面的意图,而不只是说出些资料而已;备忘录把不同的资料片段纳入一个可让人了解的整体中,通常可显示出这些资料乃是某一基本概念的示例。备忘录也可以不谈代码及其关系,而谈研究的某些方面——个人的、方法的与实质的。备忘录是形塑意义最有力的工具之一。

备忘录是写给自己看的,同事则是次要的读者。

实例说明

以下的实例均取自学校教育改革,是一些不同类型的备忘录。备忘录 A 乃回应先前一位同事的备忘录(那份备忘录提到"迎宾结构(welcoming structure)"的概念,这是认知心理学的一个概念)。请注意备忘录 A 的目的:(a)澄清这个概念;(b)把这概念和某个案的资料连结起来;(c)分辨此概念与其他已有代码间的差异。

备忘录 A:有关"迎宾结构"(3月6日)

你想要找出组织层次上一个持久的结构,这个结构会促使该组织实行改革。我想,你的这个想法是很不错的,我们应该去找出这个东西。

在 Perry-Parkdale 学区进行了很多政府方案,所以很明显地"迎宾结构"这个概念是存在的,至少为了获得补助,在学区这个层次上是这样的。至于学校层次,它们先前也有一些做项目研究的经验。

改革与组织性质之间的结合并不是"迎宾结构",它只是指某种和谐性。我们此处所说的这个"迎宾结构"是一种更为主动的表示。我觉得我们应该找到一个标签,它能够显示出我们正在思考的这个东西,而不只是一个结构或机制,而是一种有效的程序、流程,且结合了技巧与方法。你想找到这个东西,就得注意它的线索,如果最后有人告诉你说:"我们知道怎样处理这些事情。"这就是这个东西可能存在的线索了。

备忘录 B:比较的过程(3 月 19 日)

引介一项新方案不可避免地会导致一种比较的过程,尤其是对可选择的诸方案作一比较(参见 FACILE 与 SCORE-ON 的几个个案)。我要为这个想法找到适用的时机,找更多例子。

备忘录 C 是一种较完整的讨论,它是把几个个案的资料汇集在一起,把它们全部放在生涯类型这个话题底下。备忘录 C 是经过资料搜集后出现的,可附加在该研究的结论中。该作者在最后一段,谈到有关生涯类型资料的搜集方式。

备忘录 C:生涯类型(2 月 22 日)

一般而言,正值转换期的人们,可以借着这些教育改革上路,他们可以藉改革方案,由此处转到彼处……,他们究竟去哪儿? 他们可以走的方向有……

往上走:由班级老师成为督学或行政人员,甚至行政主管。藉改革往上爬还比较快一点,总比等着别人调动或自己回去修学位,来得快一些。改革方案会让你有能见度,让你有一个好位置。假如这个方案变成正式制度,你就可以在此制度里占到一个新位置。而且这样往上走,也比较不突兀,不需要由你的上级来提拔你升迁;也比较方便,不需要调出以后再往上爬。

转出:由原本教学工作转换成兼职或较具弹性的工作。这类方案较属于边缘性、控制较松(虽然 Tindale 是个反例)、改变较缓和的方案。这些方案也可以让你再做变更,例如在 Plummet 学区里有人就是"往上后再转出"。

转入:治疗型方案对于工作人员要求的资格较不严格,这可以让一些学历背景不完整的人也能进入教育体系,于是原来的助理可以成为合格老师;企业界或文艺界的人可以先进入边缘或实验区域,然后渐渐纳入正式体系中……

当我们听到或编码到这些人过去、现在与未来的职务时,这些尤其值得继续追踪。

我建议我们去问每个报告人:

以较直接方式去问他或她现在为什么会参与此改革方案(有关其角色与角色改变方面)。

未来两三年他或她想做什么。

他或她是否意识到自己正值转换期。

备忘录 D 与 E 是讨论"气压计事件",它们显示了你可以用已有的概念去澄清一个想法。研究者用备忘录把基本想法和个别事件以及编码系统连结起来,另外你也可看出研究小组成员用备忘录来做对话。

备忘录 D"气压计事件"(3 月 19 日)

　　有时我们会在这个系统的气氛里看到一个明显的或可辨识的变化。这让我想到 Lewin 所谓的"不确定区域"或 Redl 所谓的"焦点事件的动因",这一事件会影响到未来。尔后,事情就此改观了……或者导致新阶段的发展。这类事件是序幕中的前奏曲,在时间上具有连结(转型)的功能。

　　这种事件中的主要行动者提供了一条线索:这一事件究竟影响到什么范围或次系统? 例如:Banestown 学区的 Ms. Spiess 参加讨论会,就是一种有关界线的活动,是一个重要事件,它把学校系统与外界的专业信息来源连结起来,更别提它是多么"鼓舞人心"的事件了。

备忘录 E:再谈气压计事件(4 月 4 日)

　　我想这个想法是颇好的。真的,在此次系统的几个部门里,从此出现了重大的变化。"实行过程——关键事件"和"改变——关键事件"这两个代码可以帮忙突显这一点。即使进行跨部门比较时,我们还是可以采取这两个向度。

你要把备忘录标上时间,加上标题——用你讨论的主要概念命名,并且把主要概念和札记中的某段落连结起来,或连结到前面的个案分析讨论中,也可以连结到个案摘要上。有些计算机软件可以将文本连结起来(例如:HyperQual, MetaDesign, HyperRESEARCH, ATLAS/ti),帮你快速地完成工作,你可以几乎在瞬间进出数个备忘录。

你要依据备忘录所谈的概念做编码,并与札记资料文件区分开来。随着研究的发展,尤其是采用归纳取向的研究,你会积累起一些备忘录,你可把它们分类,建立出更为综合性的类目(参见 Glaser, 1978, p. 87)。

备忘录对分析者有以下的帮助:帮助研究者从经验资料层次,走向概念层次的思考;更进一步精炼与扩展代码;发展关键类目;显示关键类目间的关系;更为完整地去理解此个案的诸事件、过程与互动。

备忘录对归纳取向的研究尤其重要,不过对预建架构的研究也同样重要,当然原因不太一样。如果没有备忘录,你几乎没有机会去思考原初架构的适切性,可能也无从了解何处需要做修改。

在归纳取向的研究中,备忘录具有"聚类"的功能;它可以把具有共通性的各个示例集中起来。以下是 Martin 与 Turner(1986)的一段备忘录:

　　依据 3,4,5,7 等示例……成人健康服务员觉得自己被误解了,没有得到尊重,或者不像其他领域的服务人员那样受尊重。成人健康服务员觉得:心理健康从业者好像将成人健康服务员视为"出租车司机",似乎应该被心理健康从业者掌控的那种人员。这意味着,成人健康服务员知觉到:自己受到的尊重不如应得的那么多。(p. 152)

变　体

备忘录中也可以写:(a)让你非常疑惑或惊讶的事;(b)提出其他的研究假设,回应其他研究员的备忘录;(c)找出一个具体的新主旨或主题编码;(d)将已写好的眉批或反思札记统整起来;(e)写出你心中一直想厘清的一个尚不清晰的想法;(f)找出一个基本主旨或譬喻,以汇集一些具体的观察(参见第10章第1节)。

其他研究阶段也可以写其他类型的备忘录。例:Lee,Kessling 与 Melaragno(1981,p.B43)写一种"顿悟日志(insight journals)",这可用于研究后期,当你做跨个案比较时。你可以写入跨个案的主旨或主题编码、"灵感"、"政策涵意"及有关下一步的综合想法。你也可以将"顿悟日志"的内容编码。

建　议

以下把我们和 Glaser & Strauss & Corbin 的建议综合起来。

1. 要把写备忘录当做优先事情来处理。当一个想法涌现,立刻停止手边任何事,把想法写下来。这是为你自己写的。不要担心措辞、文法。包括各类别的沉思,甚至不清晰的东西。给你自己思考的自由,不要画地为牢。

2. 写备忘录要从进入田野就开始,一直写到报告出炉之时。代码大约会在资料搜集到1/2 或 2/3 之时稳定下来,备忘录出现的想法大约在稍后也会安定下来(亦即 Glaser 所称的"饱和",没有重要的新解释再出现了)。备忘录对于编码系统的建立或修订很有帮助。

3. 要让备忘录可以分类编码。用基本概念为备忘录下标题,备忘录内文中出现其他概念时,要标示出来或画底线。就像编码好的资料一样,你也可以用各式方法来储存及检索备忘录。当你写备忘录时,把代码清单放在手边,尤其要注意主旨或主题编码;因为有些有意义的关系可能随时会被你发现。

4. 备忘录是要写想法的,只把资料中的实例再叙述一次是不够的。备忘录主要写的也不是人、事或互动;研究者要用这些东西当做分析时的指示物,而这个分析乃是放在一个概念架构中的。

5. 不要把备忘录的格式或风格标准化,尤其是在团队研究中。

6. 写备忘录是很有趣的。备忘录可以产生认识与澄清,有点像是概念上的圣神降临时刻,灵光乍现,福至心灵。

所需时间

完成一篇备忘录通常都只需要几分钟的时间,即使是综合许多资料的那种备忘录(如备忘录 C),也不会费时超过半小时。备忘录通常是快速抓住想法的一种方法,它可能出现在研究的任何阶段,包括资料搜集、资料简化、资料展示、结论引出、结论考验以及撰写报告等阶段。

无论如何,后期备忘录得花费较长的时间。因为这时的备忘录会用来汇集资料或用多方法检验一个结构。Denzin(1978)称此为"检阅",这是要试验一个研究发现,由不同角度去接近它;询问关于它的各种问题;将它抽离脉络,用文献去检验它;将它放回脉络,看它哪里还不完善,哪儿很精彩。Denzin 认为这样的处理,其实很像在处理一个陌生的对象。

发展命题

备忘录抓住分析者飞扬的思绪。研究过程中还有一件更重要的事,就是要把研究者的想法定型化与系统化,提出一套具有一致性的解释。而方式之一就是提出命题,或提出一组相关的陈述,以反应出本研究的发现与结论。

Stearns 等人(1980)研究 22 所学校,这些学校正在施行一种新的特殊教育法案,5 名田野工作者要为每所学校准备个案研究报告,但要怎样才能说明这些学校的相同与相异处,并做跨个案的解释?

他们认为最好的东西其实在田野工作者的脑中,要用一种好方法去引出这些东西、澄清它、综合它并验证它。以下是 7 个步骤,由 3 名拜访过所有学校的田野工作者去完成:

1. 请每名田野工作者,写下他"希望在期末报告中看见的"陈述,用无结构方式写下来,例如:

    虽然老师们花了很多时间为特教学生做个别化的教育计划,可是在每日活动中老师们并不觉得所有的计划都有用。

另外再从文件和同侪讨论会议笔记中取出一些陈述,一共累积了 1 500 个,每句陈述写在一张卡上。

2. 将 1 500 句减少为 1 000 句,使用的方法是分类以及去除相同的部分。

3. 再抽出较为普遍与抽象的陈述 250 句。具体的示例则放在旁边,以备它用。

4. 将 250 张卡片分为"预设"、"发现"与"结论",全部归为 30 组。3 人把这 30 组卡片贴在墙上,以便看出其中的关系。想想读者想知道些什么,3 人发展出一个报告纲要,准备用来呈现研究报告。

5. 为核实、证实工作做准备。这 3 位分析者再用 250 句的命题草稿清单去发展命题,以便让 5 位田野工作者检查。例:

    学校层级的人对此法案印象最深的是:旧的不去、新的又来。

3 人共列出 21 个标题,在每一标题下将这些命题依序排好。

6. 5 名田野工作者检查此命题清单,评论每一命题的效度,以及所需说明的条件,或者在适当处,一一记录下"不知道"或"不适合"。

7. 这 3 名分析员为这 21 个标题逐一撰写"研究发现报告",只引用相关的学校与有效的资料。他们再回头用先前写好的学校特色清单,拿来核对,以找到更深入的解释,并加上此阶段新出现的解释。

这项研究是由归纳到命题的好实例,其中防止了过早下定论的毛病。这个方法可用于跨个案和个案内的资料分析。

另外还有一个简短的例子:Kell(1990)做了一个多个案的研究,他探讨的是计算机对班级教学的影响。第一次分析会议时,田野工作者们就把每一个案有关的具体命题写在索引卡上,并与研究问题连结在一起。然后,依主题将命题汇集起来,并且附上证据。

Kell 的研究里每一命题都采用了新的研究假设的形式。以下是两个例子:

> 老师们对计算机软件的偏好,大大受到他们阅读方面理论取向的影响,如:自然拼读教学法或全语言教学理论。

> 透过计算机应用,促进了个别化学习、自我引导、合作教学与同侪教学等活动,也可能使得这些学习风格转化为其他的班级活动。

然后,分析者为每一命题写出各个案支持的程度:"非常支持"、"尚可"、"中立"或"反对"。

经过下一轮资料搜集(为遗漏与模糊的资料补充)之后,修正原来的命题。然后为上述每一命题作出一个矩阵表,"列"写上每校、每位老师,"栏"填入支持与反对此命题的资料。结果发现上述第二项命题没有获得支持。

最后,再用其他资料来源(尤其是调查与观察),来进一步测验这些命题,对那些不适用标准模式的个案,都要很谨慎地再检验。

虽然上例是在研究后期才进行"发展命题"的活动,但是你也可以早一点运用,甚至第一轮访查现场后就可进行。一卡写一命题,把卡片贴在墙上,把所有卡片分类聚合,请研究人员思考他们初步的理解是怎样的,以便指引下一步的分析与资料搜集。

第 5 节　个案分析会议

问题剖析

进行多个案研究时,研究者沉浸在田野工作、整理札记、编码与各种初期分析的活动里,究竟每一个案所发生的事情具有什么意义? 在繁杂的研究工作里,这些意义似乎越来越模糊了。Reynolds & Wineburg(1990)在研究所开设一学年的质性研究课程,以下是一段学生撰写的方法日志,颇具代表性:

> 等到学期末要分析资料时,我才发现我得付出的代价有多大,因为从那次访谈后我就没有去管那些资料了。现在我面对的工作包括聆听所有录音带(大约有 12 小时),而且还要补做在第一现场阶段就该做的事情——整理与每次访谈有关的资料摘要。(A. Reynolds,个人沟通,1991 年 11 月 29 日)

一个独立的研究者或是一名研究成员,要怎样才能有效率地理解一个个案里发生的事情? 而且还要能跟得上研究进度,且能进一步发展出有条理的结构,以便据此进行下一轮的资料分析?

简　述

个案分析会议乃是由最了解内情的一名田野工作者,与一个评论的朋友或一名同侪、一名协同研究者会面,向他陈述目前个案的现状。会议中要答复一连串的问题,另有一人负责记录下答案。

实例说明

我们研究的是 6 所新学校的创办。每所新学校在计划与执行中发生的事件,我们都要尽可能实时掌握。我们还要寻找解释与假设,我们强烈感受到,资料很多,编码系统太复杂,需要修改。

组织此会议 我们决定为 6 校轮流举行个案分析会议。先设计好一张会议记录格式(如图 4.9,实际上空白处很大),用 3 或 4 页写成一份记录。本实例谈的是一个复杂的个案,它是我们已追踪一段时间的一所学校。如果你研究的个案是个人或小团体,这张表格只要略做调整就可以用了。

个案分析会议表　　　　　　　　　　日 期:_____　　校名:_____
记录人:_____　　　　　　　　　　　出席人:_____

1. **主旨、印象、摘要陈述**(记录此校概况,有哪些事情在进行,并评论此计划/执行系统)
2. **解释、深思、假设**(关于此校的哪些事在进行)
3. **其他可能的诠释或解释**(对于此校有哪些事在进行,想想还有哪些其他不同的意见)
4. **下一步的资料收集**(待追踪的问题、特定行动、田野工作应实施的基本方向)
5. **对编码系统之修订、更新之启示**

图 4.9 个案分析会议表格

汇集资料 怎样运用此表格呢?会议先由第一个问题"主旨"开始,由参与最深的田野工作者回答问题,其他人问问题,以帮助澄清。记录者随堂记录,若不清楚时,即发问请求澄清。

接着应该讨论下面的各项问题(如:提议做一诠释),记录者应逐项编号、记录。

如果大家并未循序讨论后面的问题,记录者应该提醒大家。

记录者应随时摘出重点(并口述之),以确认摘要正确。

结果的运用 会议结束前,影印数份给与会者,决定下一步的计划(如何修改代码,如何搜集新资料),虽然这些修改与规划也可以稍后再做。

我们做过一项新学校的研究,图 4.10 是摘自该研究填好的一份个案分析表。那位田野工作者已经观察过一所开放空间的新小学。表中显示了一项主题,那是该研究者努力想描述的东西(项目 1),他还想理解(项目 2),即使前期的准备工作相当差劲,为何该校开放空间的教学在执行初期却仍是如此顺利。项目 2(如:"反悔"的观念、校长与教师关系、教师社会化)所潜藏的假设与灵感,导致项目 4 里出现额外的资料搜集计划,也引出了项目 3——可考虑另外相竞争的研究假设。

这种个案分析会议也可让大家好好想想相对立的观点(例如项目 4 规划要在暑假时进行补救访谈,此乃源于大家想到:也许该校的前期计划与准备工作,其实比田野

1. 主旨/主题、印象、摘要陈述(有关该校有哪些事情在进行)

　①Ed 校长是位有效的"技术"管理者,他不触碰社交体系;不思考社交体系的问题。当 Ken(助理局长)指出
　　Ed 应该帮帮 Janet(一个发牢骚的老师;Ed 该对她好一点,应该用"永保安康"车票祝她好运),Ed 说:"她
　　马上就会成为那个获得好运的人。"

　　校长非常不具支持性:一名老师希望研究者能帮助她;研究者建议她去找校长帮忙,她不愿意去找校长。

　②有了最基本的职前准备与培训,这种开放空间方案的执行非常顺利。虽然仍然有一种"如履薄冰"的
　　感觉。

　③老师们似乎颇为谨慎地想要了解:改革究竟要怎样才会奏效;态度上并不是直接表示乐观。不确定,感觉
　　尚未准备好。"如果改革不奏效,我希望我们能够反悔",这显示老师的低承诺,可以称这为"反悔"。

　④孩子轻松了。

　⑤老师们觉得校长并不知道开始时究竟要做些什么。

　　……

2. 解释、深思、假设(有关于此校有哪些事在进行)

　①Ed 对于"效能"的注重,有助于顺利推进改革。

　②大家知道谁该去提供协助。

　③许多老师是助理局长的学生,而且信任他。

　④事情并非外来者强加的。

　⑤老师的态度与"反悔"观念有关。

　⑥校长知道:师资够好,可以组成有效的团队去执行开放空间这一概念。同时会将抱怨的老师们送到他
　　校去。

　⑦校长是尊重老师的——虽然在行政规划期间,校长好像把老师当成牛。

　　……

3. 其他可能的解释(对于此校有哪些事在进行,想想还有哪些其他不同的意见)

　①也许是老师过去的良好经验与培训以及专业性,使得执行顺利。

　②校长的助理已经加倍了,那里出现了一些陌生人。这可能会增加不安定感,以及准备不足的感觉。

　　……

4. 下一步的资料收集(待追踪的问题、特定行动、田野工作应采取的基本方向)

　①下次去问 Ed 有关 Janet 的事,她调适的情形。想办法去认识她。

　②需要找时间去和老师谈天,不能只观察开始阶段。老师们可能比表现出来的"专业"行为,更为烦恼。

　③Ken 会不会/有没有能力给老师们技术协助?

　④昨天的教职员会议发生了什么事?

　⑤我们应该小心地去和 Ken 与 Ed 补做一次会谈,谈谈有关改革开展之前暑期工作与规划决定等事情。

　⑥去问问关键人物:你希望学校在圣诞节前会实施哪些措施? 6 个月前呢? 他们会运用哪些指标来看所谓
　　好的教师协作? 教学人性化?

　　……

5. 对编码系统之修订、更新之启示

　①考虑用协助作为代码。

　②可考虑此改革里教师承诺或拥有权所具有的意义。

　③可以为"反悔"这一观念找一主旨代码,这似乎颇为关键。

　④我们原有的代码"计划—执行的连结"太过复杂,需要做一简化。

　　……

图 4.10　个案分析会议记录

工作者以为的要多很多）。

变　体

个案分析会议也可以加上以下讨论项目：

- 最近有何迷惑的、怪异的、非预期的事情？
- 与各主要人员建立的关系如何？
- 对现有资料是否需要额外的分析，以便了解得更深入？
- 此时有关此个案哪些部分一定"不是"真的？
- 此个案未来几天或几周可能会发生什么事？

以上是通用的项目，当然你在记录表上也可加上特定的问题（如：最近改革的成效如何？ 此方案政治上的稳定性如何？ 父母参与的程度如何？ 信息传递的主要渠道如何？）

下一轮或两轮搜集到的资料可用来证明或否证个案分析会议的内容。我们的实例里，后来显示：Ed 校长关注"技术"问题与明显的不支持，其实被老师认为是件好事；老师认为校长信任老师的专业，赋予他们自主性；而且教师们也为此高兴。

个案分析会议也可以专门谈单一主题，如："改革的稳定性"，或进行跨个案的讨论。参见 Stiegelbauer，Goldstein & Huling（1982）。

建　议

个案分析会议是件好工具，它可以快速引出印象与"评注"，形成初步归纳，包括描述性的与推理性的两种概述。会议中同事间来来回回的互动，也可保证田野工作者诚实。即使如此，仍要注意不要在个案分析会议中太早做概括式的判断。个案分析会议里提出的主旨与提议，通常都要用个案里的事件实际去校验。就像札记编码时所指出的，都是一样要谨慎为之。

田野工作者的归纳与印象要接受质疑，并应以实例说明。要作友善的批评，达成合理的共识，但也应提出不同的对立假设，以供检验。时常作一摘要，以检验理解。

如果研究小组有三四人以上，可找一人当主席，一人做记录。

就像接触摘要单一样，个案分析会议的摘要本身也可以编码，并引出结论，以供分析之用。图 4.11 说明了摘要工作可以怎样发挥功能。

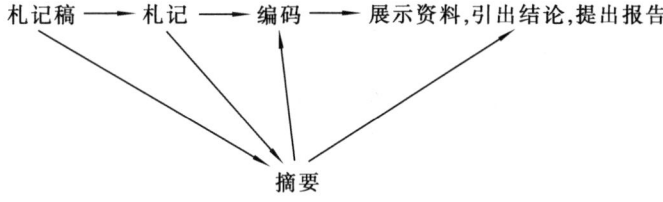

图 4.11　辅助分析的摘要法

所需时间

一次个案分析会议约费时一个半小时,如果超过这一长度,就会开始失去焦点了。这种会议开会的频率要依参与人数、个案接触次数、个案数量来决定。前述实例里,我们每周访一地一次,每3周就为一地开一次个案分析会议;因为有6地,也就是平均每周开2次个案会议;每次会议大约要处理2次接触的资料。基本原则是:不能累积太多资料以后才召开个案分析会议。在我们所做的学校改革研究案里,我们发现:每访查一地就开一次短短的分析会议,是一种颇有用的做法。

第6节　暂时的个案摘要

问题剖析

资料分析有四大梦魇:第一,资料不好,不足以说明。第二,重要资料出现系统性的偏差(多半是受访者的反应出现偏误)。第三,讨论琐细、平庸("你花了75 000元美金,就告诉我们这些东西呀?")。第四,资料难解、莫测高深,理不出头绪。

传统的调查研究里,这类梦魇可能出现得很晚(通常是资料搜集尾声时)。因此,这类研究的预防之道是在较早期就注意抽样问题、研究工具的信、效度问题,以及搜集资料的技术问题。质性研究中这些梦魇通常会早早出现,分析者在进一步的资料搜集时,致力于消除这种梦魇。但是如果你不分析资料,这些梦魇也不会自动出现的。

以上这些都是方法方面的焦虑,通常你还会担心一些本质上的问题。到目前为止,这个个案实际上发生了什么事? 这个个案的大图像是怎样的? 现在浮现了哪些模式与主旨?

通常资料检查的工作是不断进行的,或者也可能是只采用某资料组、搁置其他资料组,来做暂时资料检查,例如:建立主旨或主题代码(本章第3节)或写备忘录(本章第4节)等都具有此功能。不过你仍然有必要做一统整的工作,目的是逼自己检验究竟知道了什么,以及了解的完整程度;整理目前为止的主要发现;对这些发现做一信心估计;列出漏洞处、迷惑处、待增补处。一份暂时的个案摘要正可达成这些目的。

简　述

暂时个案摘要约长10~25页,包括研究者所知道的,以及待发掘的。内容包括:(a)研究发现总览。(b)对支持研究发现的资料质量,予以细究。(c)下波资料搜集的重点。这份摘要是你的首次尝试,对整个个案做一条理清晰的说明。

实　例

本实例取自我们的学校改革研究,图4.12是暂时个案摘要的一个章节大纲,每一小组成员依此写暂时个案摘要。请注意:有了这一共同的格式,才使得跨个案比较成为可能;其他分析者在下次去现场探访时,也才有了很好的方向,当然也就可以采集到存在于多个案里的主旨与概念了。

这种暂时摘要将你对个案的了解组合起来。如果进行的是多个案研究,这种摘要是为跨个案分析所做的第一个规格化的处理,它的好处很多,它可以让逐渐浮现的解释性变量显现出来,让研究者去检验这些变量,而不是让它自然浮现就算了。

目录

A. 研究现场

　1. 地理位置

　2. 社区与学区人口统计

　3. 组织图(显示主要行动者及其关系)

B. 简要大事纪

　1. 采纳(含改革方案简述)

　2. 计划(决定采纳后与实际实施前对孩子的相关计划)

　3. 执行至今

C. 研究问题的目前情况

　1. 这一改革概况(摘要出目前已知或未知的,模糊的所有子问题)(未确定/迷惑处可罗列)

　2. 执行此改革前,这所学校作为一个社会组织的概况

　3. 所做的采纳决定

　4. 执行/转型期间该校的动态过程

　5. 新面貌/成果

　6. 内部协助与外部协助的角色

D. 因果网络

　1. 画出变量网(当地被认为会影响成果的那些变量)

　2. 网状图讨论(包含宣传该改革方案时提出的重要概念/经验架构和此网状图之关系)

　E. 简述方法方面的问题(资料分析是怎么做的,问题怎样处理的;对结果的信心,对下次摘要的建议等)

图 4.12　暂时个案摘要大纲:实例

组织摘要　无论代码是直接来自研究问题,或由初期分析里衍生出,再做较远距离的连结,研究者都有必要去阅读札记、访谈稿,寻找你有兴趣的初步代码,随时写下心得,然后写下摘要。(这一过程可以相当快捷,如果你是用计算机建文件,而不是写在纸上的话;你可以寻找编好码的文块,看它们在脉络里的情形,然后切换到另一档案写下你看见的题材。)

若是直接在纸本资料上以人工方式来整理摘要,速度会较慢,但是这一过程似乎也是一种最为简单的方式,它可以让你将到当时为止的研究发现综合起来;还可以察觉尚未回答的问题与回答不清楚的问题。有些分析者偏好细读札记,然后整体地看研究问题。接着,运用主旨代码把材料汇集起来,写成摘要。

整理暂时摘要之时,也正是相当合适的时机,可以顺便把资料清点单整理出来(参见资料 4.4)。

结果的应用　写暂时个案摘要可强迫研究者消化资料,形成较清晰的看法,由自己来评判资料的正确性,为下次资料搜集做准备。通常还可以重整代码,并规划进一

步的分析计划。

研究问题 \ 资料来源	背景资料			第一组报告人					第二组报告人			
	1	2	3	1	2	3	4	5	1	2	3	4
问题1.1	√	√	√		不合		不合	不合	不合	不合	√	
问题1.2	√		√	√	√	√				√		√
问题1.3		不合	√		√		√	√	√		√	√
问题2.1,etc	不合	不合	不合	√	√							√

资料4.4 资料清点单:实例节录

图例: 空白表示资料遗漏　　√表示资料完整

√表示资料不完整　　不合表示该研究问题于此不适用

即使研究者是单独一人,偶尔也可以运用暂时个案摘要向一位同事作说明,请其提建议。研究团体更可从暂时个案摘要中受益,同事间可以交换着看暂时个案摘要,让大家都跟上脚步,还可请人批评你认为浮现的结构或一再出现的主旨,找到自己的盲点。交换阅读暂时摘要并进行讨论,也可以有益于跨个案分析:方便比较各方观点,依据大家都看过的实例来讨论,并解决模糊或晦涩的问题,这些问题的厘清将有助于整个研究的推动。

变　体

暂时个案摘要的形式与分量不限,好的暂时个案摘要应该大约 15~20 页。上述实例兼顾了个别研究问题以及综括性的主题,你也可以先写个别研究问题的暂时个案摘要,一个月左右再写较大主题的暂时个案摘要,因为此时才会较清晰。

Kell(1990)研究班级的计算机运用,他写了多份暂时个案摘要,每次写至当时为止与两大研究主题有关的整体发现。

另有方法可以只写出极简短的摘要,Stiegelbauer et al. (1982)称为个案研究访谈。它是由一位田野工作者访谈另一田野工作者一小时,问他一组标准化的问题,如:"你认为这位校长与人互动的特色是什么?""当有人说到××学校时,你立即出现的想法是什么?"

该受访者事先要看过所有资料,但受访时把资料搁在一旁,由受访者整理访谈稿,需要时可参考原有资料。这一方法的优点是:帮田野工作者把成型中的印象与核心主题整合起来,并说出来。也可以防止"一概而论的谬误",过去笼统地去描述你的个案("她是传统的老师"、"这是一所可以完全放手改革的学校"),而忽略了相反的例子与例外的情形。

建　议

写暂时个案摘要时间不定,因为通常是利用资料搜集时抽空完成的。从策略角度

资料 4.5　资料清点单：实例（Corbett & Wilson, 1991）

<u>资料摘要表</u>
资料来源 × 资料类目

运用访谈纲要项目，指出哪些资料已取得，在空白处填入该题目已和几人谈过。并在第一行合计你在该地与多少人谈过该题目。

项目	局长	助理局长	其他官员	学校行政人员	教师	其他专家	学生	????
总受访人数	1	1	10	3	8	3	12	1
一计划				1				
一执行								
一制度化								
全州的测验方案								
一水平标准	†		††	†	†††	†	††† †††††††	
一能力							†††	†
一结果	†		†††	†	†	††	†	
学区内环境								
一教学一前	†				†			
一影响		†	††††	†††	†††††	†	†	†
一组织一前								
一影响		†	†††††	††	††††	††		
一文化一前	†	†	†		†			†
环境背景								
一SEA	†	†	†††	†				
一社区			†	†††	††††	†		†
一媒体				†				
测验分数/其他替代								
性的标准								

来说,最佳时段是田野工作进行 1/3 时,此时研究者已有资料可供报告,或已发现研究中有漏洞,且仍有时间可填补此漏洞。

在多个案研究中,切记要预留时间,让每个人都写暂时个案摘要,并彼此交换讨论。它们通常是源自共同活动的有焦点、有见识的互动,与逻辑严谨的职员会议相比,它们的智识色彩更深,因此更有益于扩充心智。讨论临时性个案摘要的优点很多:每一研究者都说出自己对怎样汇集这些资料之理解(包括对自己的资料与他人的资料),有益于分析的火花就从中迸发出来。

所需时间

写暂时个案摘要约费时两天:一天读资料,一天写草稿。另外请人阅读与讨论,约费时 2 ~ 3 小时。不要想把它写得很完整而花去一周时间,这是不值得的,因为暂时个案摘要毕竟只是暂时的摘要——暂时的东西本来就比较不完整、撰写仓促,并且较为零碎。

资料清点单

写暂时个案摘要时,可同时填资料清点单。资料 4.4 显示,单子上列的是每一研究问题 × 每一(或一组)报告人,分析者依手中的资料填每一细格,最后目标是把格子填满。

举个实例来看怎样运用此单。Corbett & Wilson(1991)探究某一州的测验方案。资料 4.5 清楚显示了每一组报告人在每一研究问题上搜集资料的情形。此工作也许无聊,不过值得。田野研究里你会很快就迷失掉,不知道自己究竟从各个报告人那里得到多少或哪些资料。因为这些资料是要用来证实研究解释或测验浮现的主题的,如果你欠缺这些资料,其严重性远远超过你的资料中出现"遗漏值(missing data)"——类似量化调查里出现遗漏值的情况。质性研究者要搜集的这些资料都是证据,分析者要用这些东西做砖块,砌起研究的成果。

资料清点单何时写? 可以在为每份资料编码时,填入资料清点单。为接触摘要单编码时,也可以填资料清点单。可影印资料说明单,贴在接触摘要单上(参见本章第 1节)。

第 7 节　精简短文

问题剖析

每个质性研究者一不小心就会提供过多的资料,让别人无法在短时间内消化理解,更别提要人家花很多时间去读这样的东西了。无论如何,并非所有资料都同等重要,田野工作者会渐渐知道有些资料是宝藏——这些资料具有代表性、有意义,可以用精要的方式整理出来,可有益于暂时的理解。这些可称为资料子集,如:一名加护病房护士的一天,一次典型的教职员会议,一项重要的管理决定是怎样在几周内形成的,一名学生解一道数学题目的过程。

有时候你在短时间内就可搜集到宝物,但有时宝物散布在很长、很广的范围内,不易直接观察,此时撰写精简短文很有用,它可以帮你轻松地挖掘出这些宝藏。

你也可以用精简短文来建立个案中的核心主题,也就是对所发生之事提出理论。撰写此短文,可能是为你自己或同事,也可能是有人要求你提出中期报告为那些读者们而写。你也可以在很长的个案报告里放进这种精简短文,从而产生相当的效果。

最后,精简短文可以促使研究成员主动产生资料、反思资料,在资料中学习。

简　述

精简短文是一种有焦点的描述,其中一系列的事件,是你所研究的个案之代表、典型、标志。精简短文的结构是记叙式的、故事式的,亦即:依时间顺序呈现;限于某段时间内,限于一名或少数行动者,在有限的空间里,或兼具上述 3 个条件。Erickson(1986)的定义是:精简短文"是对日常生活的一项事件所作的生动描绘,其中有人们谈话与行为的声音与影像,以真实发生的自然顺序来描述。"(pp. 149-150)[1]

实例说明

我们研究过专业的"师傅老师"如何帮助个别老师改善自己的表现(Miles, Saxl, James, & Lieberman, 1986; Miles, Saxl, & Robinson, 1987; Saxl, Miles, & Lieberman, 1985)。我们曾经想探究"连续的介入"———一名"师傅老师"怎样在几周内多次与一名受辅教师工作,以解决某一问题。例如:你从海地来,能说的英语有限,你要怎样在体育课上维持秩序。因为我们不可能看到"指导老师"与受辅老师所有的接触(包括所有体育课),所以我们采用协同合作方式,以便研究对象更主动地投入研究中。

拟出大纲　确定精简短文的大纲很重要。以下是我们的范例,我们希望用此精简短文,了解一个效果不错(师傅老师的工作颇为成功)的地方。先提出一份撰写大纲:

- 背景
- 你的希望(指研究参与者之希望,这里的研究参与者相当于研究对象)
- 相关人员
- 你做了什么
- 结果发生了什么
- 影响如何
- 为何会发生这些
- 其他评注,如对未来的期望、预测、学到了什么,等等

1　"故事式"或叙事式思考(story/narrative mode of thought),可以与抽象的"命题式"思考(propositional thought)相比较来看,这方面的精彩讨论请参阅 Vitz(1990)与 Howard(1991);也可参阅 Mishler(1990)与 Polkinghorne(1988)。

产生资料 找几位研究参与者碰面,解释一下"精简短文"这个想法,这样做会颇有帮助;然后每人选一个情境来描述、写些笔记;依大纲写一份报告。要对参与者强调这份报告不会受到批评,不要担心文辞,只要尽力如实描述情境即可。假如写精简短文时,又出现其他想法,就直接插入精简短文,不必太迁就大纲。精简短文一般是 6 ~ 15 页。

修改或编辑 由研究者阅读参与者写的精简短文,做些眉批与提问,并将精简短文再还给作者,请他再看。接着,用电话与作者讨论眉批与问题;由研究者修改原精简短文,并添加资料。然后,将修订版精简短文交给参与者再读,再讨论。由研究者最后定稿,换上化名。最后,交给其他同事阅读,帮助他们多了解该研究——这是希望从同事的理解与可能的学习里,再看看还能获得些什么额外的东西。

变 体

如果该研究的资料库处理得不错的话,也可以由研究者自己写精简短文(此方式更常见)。Erickson(1986)对此方法的讨论是最精彩的。

Seidman(1991)发展出一种"轮廓概述",这是用报告人自己的话写成一份故事式的摘要,用来描述某段时间内的经验。

Merryfield(1990)另发展一种"建构式的""故事的一幕"。这是一种在研究尾声时写的合成式的记叙文,此时主要的研究发现已经出炉了;邀请参与者证实精简短文内容,并请第三者作校验。资料 4.6 是 Merryfield 在肯尼亚做社会研究的一个实例节录。

资料 4.6 故事一幕:节录(Merryfield,1990)

吃完午餐回来,Washington Ombok 擦把脸,俯视这座山,再看看地平线那端蓝天与碧湖闪闪耀眼,他想找到一点云,希望云朵很快能为这里带来一些雨水。去年的干旱,他们湖区的农人与渔夫都苦不堪言,那是肯尼亚较贫瘠的农业区。

……

一名信差问候 Mr. Ombok,把两个大纸箱放在他桌上,然后走了。Ombok 问:"那是什么?"

"从总部寄来的。"Mr. Charles Obonyo 回答,他是学区的教育官员,他正走进这间办公室,"我想我们的 PEP 有新教材了。"

Ombok 打开最上面的那只箱子,拿出一叠学生手册,用浅绿色封面装订起来的油印习作。"对呀! 我们的 PEP 一定不会再为教材抱怨了。我真希望我们其他的学校也都有这么多书。吉普车回来了吗? 我还要把这些书送到 Jalo 去呢。"

你可以把精简短文拿去发表,其中应解释此文章写作的基本原则,如果想对此个案中的重要现象,重新作出建构和传达,并解释该现象,这是一种不错的工具。

请注意:即使运用了前述的一些防范错误的方法,这种精简短文仍有犯错的危险,虽然精简短文的文字生动,内容也有说服力,但现状却不一定完全如此。如上例中,Ombok 和 Obonyo 都说了一些话,田野工作者也的确听过类似的话。这段文字具有教导性质,想教导读者有关 PEP 的事情,可是在肯尼亚真正的督学与教育官员真的像这样说话吗？Merryfield（1990）提醒我们，"在建构场景与对话时，研究者要写人们口中说出的话，这些话不只要根据原始资料，而且也要根据该研究的重要发现。"（p. 23）

建　议

若要写协同精简短文，研究者与参与者要有互相信赖的关系，研究者不能批评参与者，但参与者要能忍受偶尔会有工作的压力。为你自己写一小时的东西，和写一小时待讨论的东西，是完全不同的事。

撰写协同精简短文还有其他可能的偏差：一篇"成功"的精简短文，可能是参与者自我防卫或自夸的产物。参与者也可能利用精简短文诱引研究者，对参与者做正面的评价——这是一种"正在进行中的故事"。

因为精简短文是一种有焦点的故事，所以每一种精简短文一定都是生动的、具有说服力的。如果这篇精简短文不具代表性，你和读者都可能会误解此精简短文指涉的东西。多写几篇精简短文，是有帮助的，不过你还是要一直问"这真的是典型的吗？"P. Wasley（个人沟通，1991）告诉我，当她看过一周的札记，寻找研究问题的答案以及关键主题时，她选择"生命的一天"。但接着，她会浏览整个札记，确定自己并没有挑选最煽情的示例或一些独特的示例。

Erickson（1986）指出："即使是最详实的精美短文，仍然是简化了的文章，比生活要更为清晰……，它并不能再现原始"事件本身"，因为这根本是不可能的……（精简短文）是一种萃取物，一种分析性的夸张模拟，像是善意的一种漫画……精简短文强调的是作者的诠释观"（p. 150）。

因此，Erickson 认为"精简短文可能是一种危险的工具，精简短文可以传递信息，但也可能误导人。精简短文本身不可能显示出诠释性效度。"因此，你需要多写几篇精简短文，并请人评论。

Erickson 承认，通读田野札记以后，再写精简短文，应该是个好方法，这样做可以让你的观点得到浮现与厘清，即究竟是怎么一回事。

如果你在对资料作编号、展示、沉思时，觉得其中似乎缺乏意义，缺乏脉络的丰富性，此时精简短文可能是改善用的好工具（实例参见 Maxwell & Miller，1992，如何运用"叙事摘述"。）

所需时间

撰写上述协同式精简短文，一名参与者费时约 2 或 3 小时，另花 4 小时一起讨论，转誊讨论内容另加 3 或 4 小时。

研究者自写精简短文，所需时间差异很大。

第8节　预建个案纲要法

问题剖析

我们经常提到质性研究资料的超载问题,再加上处理田野札记和编码需要大量的时间,这使得情况更加恶化。如果研究时间有限,研究问题明确,是否有简明的资料搜集与分析法,并且此法还应该能产生可信的研究结果? 此时就可以运用所谓的预建个案纲要法,此种方法对多个案研究尤其重要。

简　述

假如这个研究者已经有一明确的概念架构,一组相当清晰的研究问题、界定完善的抽样方案,那么在尚未搜集任何资料之前,就可以先提一个个案纲要。个案纲要包括详尽的资料展示架构与相关的说明文字。然后这个个案纲要就像是一个壳子,可以让资料进来。研究者拜访现场几轮以后,就把历次资料填入,逐步修改个案纲要,那么最后一次拜访现场之后,很快就可让报告出炉了。

实例说明

我们有一研究是探究 6 所都市高中的改革过程,有 5 名研究人员(Louis & Miles,1990),我们先提出了 14 项详尽的研究问题,例:

　　障碍、问题及两难困境有哪些? 这项学校改革方案在计划或倡导与执行时,遭遇到了什么? 这些东西可能是这所学校与改革过程中原来就有的,也可能是因当地环境造成的。

　　用来处理上述问题的管理策略与应对策略有哪些? 这些策略在本质上哪些是技术性的? 哪些是文化性的? 哪些是政治性的?

预建纲要　把上述那种详尽的研究问题放在手边,你可以整理出一个明确清晰的纲要。图 4.13 是上述研究的纲要(节录),这张纲要可帮我们一眼就看出 40 页的个案资料。另有一份更详尽的版本,是供所有研究成员用的,目的是依照这张预定的东西把资料找到(Miles,1990)。亦即要让田野工作者知道这个个案应该是什么样的,此时他再找出所需的资料,去填装这个空壳。事前,先把具体的资料展示的格式设计好,如:表格、组织图等。

资料搜集的计划　通常如果时间有限则会采用此法。若事先设计好个案内的抽样,会颇有帮助。例:以上述两研究问题而言,我们要做的抽样包括:

关键行动者:担任协调工作的人
关键事件:会出现问题解决以及协调等方面的情况
核心过程:倡导期、执行初期与晚期所遭遇的问题;各职位的人认为所采取的应对

策略(含老师、学校主管、教育局人员)

因时间有限,排出资料搜集的顺序也不错,即历次的拜访应着重哪些研究问题?

A. 前言:个案法与资料
 Ⅰ 背景
  a. 学校简介
  b. 社区背景
  c. 学区
  d. 州背景(SEA 及立法)
  e. 学校图像(较细的描绘)
  f. 改革前的状况
 Ⅱ 已计划的改革方案:概览
 Ⅲ 为何有此方案
 Ⅳ 计划与执行的故事
  a. 大事纪
  b. 计划与执行的过程
  c. 问题
  d. 被提供的协助
   1. 来源、类型、适切性
   2. 为何是这些协助
 Ⅴ 此方案执行项目
  a. 概述方案的范围与性质
  b. 未来展望
  c. 何以会这样执行
 Ⅵ 结果
  a. 暂时结果
  b. 长期结果
 Ⅶ 为何有这些结果?
 Ⅷ 改革城市中学应面对的课题

图 4.13　预建的个案纲要:简略版

资料搜集与分析　研究者先把清楚的局部资料纲要记在心里,开始第一轮的资料搜集。不要把札记草稿整理成札记,直接将原始札记稿拿来编码。然后读编好码的田野札记草稿,直接将资料纳入预建纲要之中(可用软件编码,此研究中的一个实例说明,请参见资料 5.8)。再写上相关的分析文字。可能会出现资料不全、不清楚的情况,下一轮资料搜集就要以此为目标,把情况弄清楚。

继续重复上述过程,直到找到完整的资料。这整个发展的过程,就已经包括了资料搜集、分析与报告撰写。研究者因为已有些前期的经验,所以他可以有一种随时站在资料上端的感觉,并保持开放,继续检验与扩展研究发现。这一路上可以不断寻求参与者的反馈,用此来查证与修改先前的结论。

图 4.14 是此过程与传统方法之差异。两者都是反复进行的,但预建个案纲要法是依纲要而行的,另外还有浮现的结论以及报告草稿本身。

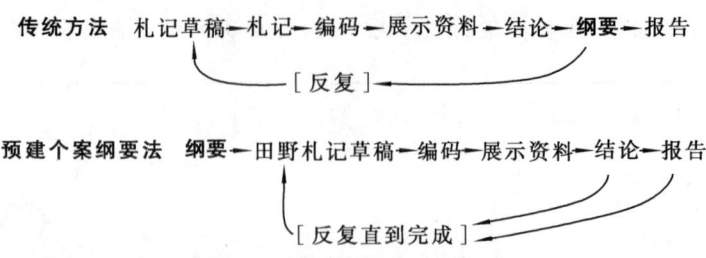

图4.14　传统分析顺序与预建个案纲要法之比较

变　体

可以由两名研究者去完成一份预建个案,以解决下述的困难。若时间允许,全部清缮完稿的札记资料也可采用此方式完成。

建　议

图4.14显示了一个预建式个案纲要法的主要缺点:直接由涂鸦的田野札记草稿来进行编码,而不是由可以供他人看的札记来编码,这样就不容易接受他人批评与修改。所以此法较不适合无经验的田野工作者,或是不熟悉现场的研究者。如果概念架构和研究问题没有完善地提出,也不适合此方法。"简言之,因为你要接触的大多数东西都事关主旨,如果要把预建式个案纲要法运用得当,你必须相当了解自己在做的东西。"(Miles,1990,p. 48)

第二个缺点是此法要求研究者在研究早期就努力引出研究结论——可能太早,这很可能会造成眼光过窄及出现未侦测到的偏见。即使是有经验的、博学的研究者,我们也建议他采用以下改善技巧:由一批报告人在好几个地方抽样,搜集较宽广的资料。另外可采用三角测量法(参见第10章第2节),亦即采用不同的搜集方法、理论或应答者。请一位同事担任批评者,看看他(她)是否会由你的资料简要展示中引出不同的结论。

另外要改进个案纲要,可用的方式是初期写个案纲要时,只做描述,不做推论;鼓励研究者加上"反思评注";可以在报告每章加一节"迷惑与未答的问题"。

所需时间

由札记草稿直接编码可以大幅减少资料处理、分析与撰写的时间。以往这些工作约是现场接触时间的4~7倍,直接编码则可减少为2~4倍。研究初期办公室时间与现场时间的比值约是2:1,后期会增加为3:1或4:1。现场接触的频率越高,办公室与现场时间的比值也会越高。

个案纲要与工具之设计约费时2或3天。

运用此方法时间虽省,但研究质量堪虑,为了避免偏见以及不良的结论,要格外谨慎(例如加入同事批评与讨论,这就要另外加时间了)。

第 9 节　持续分析的整体过程

本章已介绍了初期分析的一般方法,通常它们也适用于整个资料的搜集过程。我们应该强调:研究过程中的分析只做一次是不够的。如果我们仔细倾听,我们的个案会像 Norman Mailer 告诉他的读者那样:"不要这么快地去理解我!"因为你很可能掉进了过早收网的陷阱里。你所出现的"正确"感,其实根据错误——主要因为早期所得资料在某些重要层面上,多半会是局部的、有瑕疵的,以及过度简化的。

第一轮的资料分析不只为了指引以后的资料搜集,也有益于以后更深、更广的分析(再回到一个循环里,也就是从主旨代码建立、写备忘录、再到发展命题),使得资料的质量更为细致与优良;而且你的认知地图也会更为丰富与有用。

Campbell(1979)指出,研究过程中都需要有一个"个人得分表(box score)"。当我们研究的这个个案浮现的理论产生了多重的涵义、预测与期待时,其中究竟有多少个会真正被证明呢? 另外,他也提醒我们要有一种"对打的过程",即"鼓励其他专家去为此理论寻找其他的诸多涵义,并寻找其他事实去反驳或支持这个理论"。(p.61)。

好的暂时分析应该是为我们的观念再定方向。每次暂时分析都应该被当作是第一次分析。第一次分析之优点是它具有探索性、摘要性,并能形塑意义。但缺点是肤浅、过早下判断、资料错误。改善之道是去找同事批评,把反馈用于下一轮资料搜集中。

实例说明

迄今为止,我们介绍了各式的分析技术,由资料搜集开始,一直到写出暂时摘要,以上各节的排列顺序,也是依照整个分析过程的顺序——经过一波资料搜集以后,下一波就进行更大单位的资料聚类与分析。其中选用了各个不同的研究,来做实例说明。

现在我们来看看几项研究,了解究竟怎样运用本章所谈的初期分析技术先处理单一的一组研究问题,然后由单一个案走向跨个案分析。

Schillemans et al.(年代不详)研究比利时的基层保健中心,重点在如何处理乱伦受害者。开始时,10~15 人的医务人员每周聚会,称为"探索小组",为期 2 年,步骤如下:

- 综览第一位病患的资料(录像带、文件、笔记)。
- 建立第一批代码,由上一步骤产生,如"怕黑"、"语言障碍"、"对性嫌恶"。
- 再加上更多临床的代码,由专门文献中找出,如"男女界线"、"暴力"。
- 探索更多个案(N=32,另有 32 名个案作为控制组),以分析式的归纳法发展出更多代码。
- 找出主要研究假设(如乱伦受害者虚弱地建立起男女界线)。
- 访谈原样本中的一些患者,以验证研究假设。

- 统合出研究发现：由现有实证资料与概念方面的文献（如讨论人格分裂的概念）中整理。
- 将研究发现扩及新样本（探讨新个案，找出乱伦实例）与新的分析过程。

以上每一步骤都是一个漏斗，搜集更多资料，得出更少但更精确的代码。Giorgi（1975）研究的是现象心理学，他的研究是个很不一样的范例。他不直接编码，而采取整体的取向，依赖的是他所撰写出的一连串深层理解的摘要。

Fischer & Wertz(in Giorgi, 1975)访问了刑案犯罪（如施暴、抢劫、夜盗、破坏公物）的 50 名受害人，要他们说明：受害前有什么事在进行；受害当时的状况；事后还有哪些事发生。然后以五个步骤分析此访谈稿：(a)再读此资料，加强熟悉度；(b)将资料划分出分析单位，然后在分析单位上加上编号；(c)暂时排列分析单位的顺序；(d)将单位汇集成数个丛集，然后将丛集纳入场景之中；(e)把这些组织好的单位浓缩成故事或叙事，省略不重要的事实。

上述过程中，资料的分析性转化，共有 4 种：

1. **提出每个个案的梗概**　此阶段是要揭露每个人经验的本质，约减少原始稿件的1/3，他们采用几近受害人本人的用语：Mr. R 觉得警察的调查根本是假的，因为警察洒了粉末搜集指纹，且似乎不很用心。Mr. R 觉得自己受忽略了，原因是他们本来希望警察能坐下来，写一份遗失物品的清单，可是警察说他们太忙了。

2. **阐释典型的故事**　这一步是要写出跨个案的故事，方式是采用跨个案方式把所有可能的序列都列举出来；选出一些可以作为典型的序列；开始另一轮挑选，直到找到一个基本序列；例如列出的序列有：(a)平静生活；(b)被打断时；(c)被侵犯时；(d)重新统整；(e)继续下去。而"被打断时"的故事核心如下：

> 即使这个受害者当时对于该威胁或该罪行妥善应对，他或她还是会想象或感知一个更坏的结果。

这一序列的每一部分都附上一系列节录下来的实例阐释（"当它发生时，你假定这是最糟的情况……我只是继续在想我的孩子在楼上，我可能永远见不到她了。"）

让我们在此停一下，请注意一直到此该研究者都还没有作明显的编码，他们似乎在寻找关键词、主旨与结果，以寻得最具特征性的说明。他们这个例子还可以解释当研究者在找到核心主旨之前出现些什么，以及之后又出现了什么。

如果研究者此时改用传统编码与主旨编码去处理资料，只把含有某一主旨的段落选出并作汇集，此时我们虽然较能鸟瞰某一或多个个案中的一个资料组。但我们也可能会遗失掉可以告诉我们这一主旨为何以及如何出现的脉络信息。我们还可能犯下另一个错误——将代码不当地连接在一起，本来这个代码所在的脉络可以告诉我们这几个代码并不属于同一主旨或概念群。比较理想的是，暂时的分析应该既保有脉络的时间维度，又有更典型的或变量取向的视角，我们将在以后说明这两种取向的差异。

3. **撰写通用的摘要**　研究者在此步骤是以两页的篇幅作扎实的描述，写出访谈稿的共同特征。作者们并不清楚他们要怎样处理才能"涵括所有个案"，但是写出的摘要的确像是一份基本摘要。以下是一段文字摘录：

> 成为刑案受害者会将日常生活搅乱。之所以说是搅乱，是因为它会逼你把你的同伴当作是掠食者去面对，而把自己当作是猎物，虽然你个人不愿如此想；即使你预料过结果、计划、行动且期望别人来帮忙（Fischer & Wertz, 1975, p. 149）。

4. **萃取基本心理架构**　此部分的分析是根据一个更为概念性的架构，亦即把分析联系到一个知识体上，这是一个位于该资料组之外的东西。该作者群以几种方式反复地工作：分析访谈稿；萃取出一个基本心理架构；将该架构应用在另一组访谈稿的分析里。同时，前述的梗概、摘要、故事，也都是跨个案检验的工具。假如这些片段无法整合起来，且不具有这同样的受害的成分，那么就要把这个概念架构移开。以下是这个基本心理架构的节录：

> 想要完全恢复，有 3 种方式可以克服痛苦：受害者主动的努力；世界不断重申社会和谐；他人的主动协助。这 3 种方式是相互纠缠的……例如：受害者与一位关心的朋友谈话，谈话使他变得主动克服问题（因此克服了热情丧失的问题），把这次受害弄清楚了（克服震撼与困惑），同时这名朋友也愿意提供协助。（p. 154）

以下再用 Chesler(1987) 的研究来说明另一种持续分析，他是用归纳式编码以及扎根取向去引出理论，他研究的是 63 名专业人士（医生、社工人员、心理学家）所察觉到的自助团体之危险。访谈三项直接的问题，例如"当专业人士谈到自助团体的危险时，他们是什么意思呢？"他的分析过程如下：

步骤一：在文章的关键词下画线。

步骤二：重抄关键词组。图 4.15 显示了实例。此一想法是要尽量保持描述性与逐字照录。然而请注意，Chesler 常常采用改述的方式。

步骤三：简化词组并形成丛集。Chesler 表示此步骤重复了多次，因为他尝试了多种形成丛集的方式。当一名编码员完成丛集后，另一名编码者单独再做一次。然后比较两者。结果产生了 40 种明显不同的丛集（实在太多，无法分析，Chesler 这样描写）。以下是两个丛集：

> 控制权将被夺走
>   　专属权的控制
>   　关注尚存的控制权
>   　害怕失去控制权
> 产生误解或误导的信息
>   　产生错误的信息
>   　重复错误的信息
>   　传播错误的信息
>   　交换错误的信息
>   　不了解发生了什么

步骤一:在文字的关键词汇下画线	步骤二:重抄关键语句
社工人员,组3:专业人员很担心人们会<u>重复错误的信息</u>,人们会将<u>自己的治疗方式和其他人做比较</u>,然后跑回来说:"我们为什么不是做治疗?"专业人士会担心:自己会碰到<u>被疾病纠缠却又不好好接受治疗的病人</u>;而且<u>完全被道听途说弄得鬼迷心窍</u>。老实说,我的确看过几个这样的病人。	重复错误信息 比较治疗方式 被疾病纠缠 不好好接受治疗 被道听途说迷惑
社工人员,组7:专业人员会担心一个小组<u>离开掌控,取得力量</u>或仅是以某种方式<u>造成危害</u>。	离开掌控 取得力量 造成危害

图 4.15　眉批实例:辅助编码(Chesler,1987)

此处请注意 Fischer 与 Wertz(1975)与 Chelser 的差异,Fischer 与 Wertz 并没有放弃记叙或故事的形式。Chelser 则采取较为零碎的方式,他的资料是脱离脉络的,不过他也可将脉络随时加上去。其实<u>丛集</u>的名称就是代码。

步骤四:简化<u>丛集</u>,并贴标签,也就是主旨或主题编码的过程。他用数字来简称丛集,再合并丛集形成"后设丛集(meta-clusters)"。此时也比较各丛集,形成每一丛集的范围。这种比较包含隐涵的意义与明显的意义,因此能走向更高的推论层次。以下是一些"后设<u>丛集</u>"的例子,显示了自助团体的危险,括号里的数字代表相关示例的编号:

1. 挑战专业人员的权威(17)
2. 造成家长的情绪困扰(15)
3. 家长学习或了解太多(11)
4. 传播错误信息(8)
5. 接管专业人员的工作(社会工作)(6)
6. 换医生或是增加医生的竞争(6)
7. 质问医学上的权威或判断(6)

步骤五:将每一<u>丛集</u>的词组概括化为命题。这就是本章第四节所谈到的建立"命题"。如果你已经找到一个形成丛集的方法,并且找出主旨或主题,现在这一概括化的步骤,自然是合理的下一步。以下是"家长学习或了解太多"这一"后设<u>丛集</u>"的一些相关命题:

专业人员对家长分享或比较信息,产生了忧虑。
医生担心家长会过度被教导。
专业人员害怕家长会比较笔记,比较草稿,得知专业人员在做实验。

步骤六:产生小理论:撰写备忘录,提出解释。如第四节所谈的备忘录。Chesler(1987)指出:当主旨代码与命题被建立与界定以后,就可以彼此对照,研究者就已妥善地进入产生理论的过程了。以下实例是备忘录中的一段,它清楚地由一个<u>丛集</u>导向一个更为概念性的解释:

太多信息为何是危险呢? 我本来以为专业人员会告诉我:家长错误的信息或

信息不足是一种危险,但何以太多信息会是一种危险呢? 此处牵涉什么呢? 我记得多年前曾读过一篇文章,作者 Rieff 提到:知识是专业实作的基础……因此,或许对专业人员来说,所谓的危险,乃在于家长的消息灵通,因为这样,专业人员也就失去了专门技术的优势,甚至是地位与掌控权的丧失。

步骤七:把理论统合到一个解释架构中。Chesler 此时转而去看专业人员的意识形态与角色的文献。他把文献当作是一个引导性的架构,把它应用到原初的丛集、模式代码、命题与备忘录等资料中,于是核心主旨变成"专业人士实施操控的图景,以及他们对独立自主的家长自助活动(还有团体)会威胁到专业控制的认识",再加上对保健知识、服务提供及价值宣传的垄断意图。

结　语

　　本章介绍的是分析初期最有用的一些方法。他们会帮你把资料组织起来,以便于日后更深入的分析;同时也帮你厘清你对资料意义的想法,并且提供线索,以利下一步的资料搜集。

　　本章介绍的方法包括四类:第一类是摘要资料的方法,包括接触摘要单、个案分析会议、暂时个案摘要;第二类是编码方式,把有意义的标签贴在文块上,包括描述性标签以及推论性、普遍性的标签;第三类是通过评注及备忘录思考你的资料方法;第四类是提出焦点报告或延伸性报告,如精简短文、预建纲要的个案报告。最后再举例显示如何在研究初期运用这一系列的方法。

　　下一章将谈更深层的描述性分析,包括如何作系统的资料呈现,以便引出与证明结论。本章的初步分析乃支持着后续的工作,包括资料的搜集与继续执行的各式工作。

第 5 章 个案内的资料展示:探究与描述

Within-Case Displays: Exploring and Describing

本章将介绍资料展示(data display)的各种方式,藉以引出描述性结论,并予以验证。范围限定在单一个案之内;个案可能指一个地方的一个人、一个小团体,或是一个较大的单位,如一个部门、组织或社群。

本章介绍的分析法乃应用于资料搜集中或后。以第 4 章所谈的各种方法为基础,尤其是编码。本章的方法可以让我们产生一个初步的结论——究竟这个个案发生了什么,以及如何发生的;并提出搜集新资料的线索。之后,当更加完备的描述形成了,资料展示还可以为进一步的解释提供基本的材料,亦即找到可能的理由,说明事物何以会如此。至于怎样运用图表达到解释的目的,这一部分将在下一章里探究。

以下我们会先说明整个资料分析的进程,这一进程开始于分析什么、如何分析和为什么;然后我们将说明资料展示的基本概念。最后,介绍单一个案内各种资料展示的类型,以实例说明如何设计该展示,以及如何引出与证实结论。

描述与解释

任何研究者看到一个情境,都想清楚地知道究竟发生了什么,以及是如何发生的(通常也想去清楚地理解并解释事情为什么是这样发生的)。这一简单的道理,可以用更精致的话语去做冗长的阐释,不过我们不想这么做。不过,我们可以界定一些相关语汇,并作出一些有用的分辨。

Bernard(1988)认为描述指"将复杂事物简化为基本成分,使人能理解",其基本的问题就是要对手边的现象,做一清晰的说明;而解释的意思比较不确定,Bernard 认为解释是"为了帮助人们的理解,而指出复杂的事物如何依据某些原则,使各成分彼此相称协调";这些原则就是所谓的理论。

质性研究经常想探索某一新领域,且建立起一个新理论或"浮现"一个新理论;但也可以去证明或检验一个现有的理论。就证明模式而言,正如 Gherardi 与 Turner (1987)指出的:此类研究所得的资料,就是要把一个拼图中的缺口填补起来。而在"探索模式(exploratory mode)"中,我们是想解决一个未明言或模糊的问题,并在研究过程中将其框定和再框定。Wolcott(1992)称此二取向分别是"先有理论取向(theory first approach)"与"后有理论取向(theory after approach)"。

何谓理论？可分为隐性理论(implicit theory)与显性理论(explicit theory)。先谈隐性理论,例如:成见、偏见、价值观、架构,以及措辞习惯,都会让我们或我们的研究对象把某一情况称为"单亲家庭"或"破碎家庭"(Rein & Schon, 1977),这两个名词背后的隐性理论是有偏见的。"单亲家庭"是把人的某种群体放在一个被称为"家庭"的类别中,而且潜在地承认家庭存在的权利。"破碎家庭"一词则把某情况归类为不完整或受伤害的,还意味着:"一个家庭必须有一名以上的家长。"

何谓显性理论？它是指一组概念,这组概念可能是概念清单中的一部分,也可以是概念层级图或命题陈述网中的一部分。Wolcott(1992)认为这组概念可能属于大型理论(grand theory)(如符号互动论)的层次,但更多情况是属于中型规模的概念,如:文化、承诺或实行改革。第 2 章所谈的概念架构,就是要研究者试着把理论性陈述,首次明白地表现出来。

另外,研究者想做的描述与解释,可能是属于"词类取向(paradigmatic approach)"(Maxwell, 1992a;Maxwell Miller, 1992)或者属于"语段取向(syntagmatic approach)"。词类取向也就是变量取向(variable-oriented approach)(Ragin, 1987),基本上是处理概念间的关系(这些概念是已被界定好的)。如:你可以研究青少年有关进大学的决定,探究社会的经济地位、家长期望、学校成绩与同侪支持等变量间的关系。

另外,语段取向是一种过程取向(process-oriented),是某一个案脉络里一段时间中发生的一些事件(Maxwell, 1992a; Mohr, 1982)。如:你研究某少女 Nynke,你花几个月时间去追踪一些事件与状况(如:访问 Nynke 的母亲 Jane,提起她为何从未外出工作的伤心往事;Nynke 曾解剖青蛙的经验),这些都与 Nynke 决定去读兽医有关(有关两种取向的差异,详见本书第 7 章第 1 节)。

我们赞同上述学者的观点,认为要达至谨慎的描述与解释,需要将两者结合在一起,本章所谈适用于两种取向。

由描述到解释:分析的进程。除非你知道某件事是怎么一回事,否则你的解释很难让人满意。Rein & Schon(1977)认为,一个自然的进程就是先说出某情境(发生什么,接着又……)的一手"故事"。然后建构一张"图"(把故事的元素抽出定型,将关键变量予以定位),再来建立一个理论或模式(显示变量如何关联,如何彼此影响)。这样,我们就已经建构好一个更有深度的故事,兼具变量取向与过程取向。

上述分析的进程,就是一种"抽象化的阶梯(ladder of abstraction)"(Carney, 1990;见图 5.1)。先准备一份文本;然后为文本编上类目;再找出主旨与趋势;然后检测出你的灵感与研究发现;接着勾勒出"深层结构";最后把资料整合,放入一个解释架构中。因此资料转化就是依序将资料压缩、聚类、分类与连接(Gherardi & Turner, 1987)。

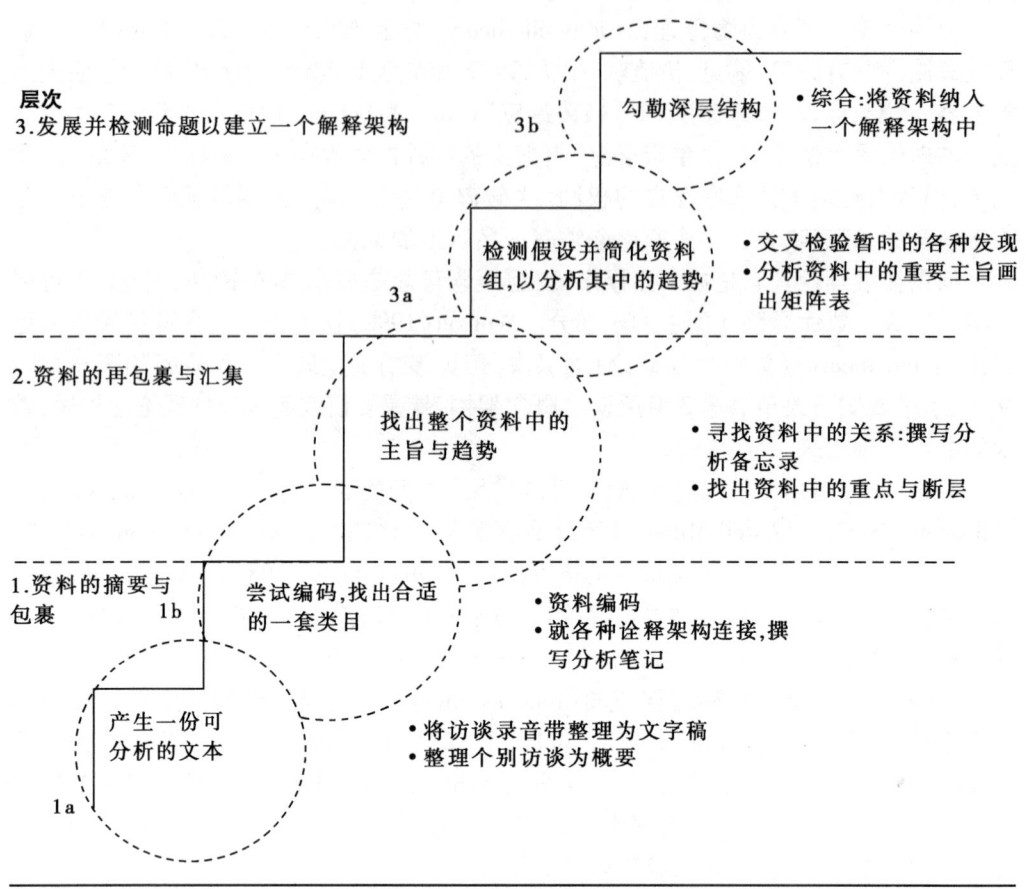

层次
3.发展并检测命题以建立一个解释架构   3b   勾勒深层结构   • 综合:将资料纳入
一个解释架构中

检测假设并简化资料
组,以分析其中的趋势
3a   • 交叉检验暂时的各种发现
• 分析资料中的重要主旨画
出矩阵表

2.资料的再包裹与汇集

找出整个资料中的
主旨与趋势   • 寻找资料中的关系:撰写分
析备忘录
• 找出资料中的重点与断层

1.资料的摘要与
包裹   1b   尝试编码,找出合适
的一套类目   • 资料编码
• 就各种诠释架构连接,撰
写分析笔记

产生一份可
分析的文本   • 将访谈录音带整理为文字稿
• 整理个别访谈为概要

1a

图5.1　分析性抽象化的阶梯（Carney,1990）

　　描述与解释之间本来并无清晰的界线;一般而言,研究者会经过一连串的分析阶段,把越来越多的资料浓缩,放入越来越一致的理解中,由此知道什么、如何与为什么。本章重点在描述,下章将谈更多解释的方法。

第 1 节 如何进行资料展示

本书核心即是资料展示。所谓展示,是一种以视觉方式有系统地呈现资料,让使用者可藉此引出有效的结论,并采取必要的步骤。

过去一般质性研究展现的资料,是一些详述的、未简化的文章(通常采用札记整理稿的面貌),即分析者总览资料后,贴上代码;然后截取编好码的段落,再引出结论。然后分析者再写出第二份详述的文本,亦即一份个案研究报告。

我们的经验告诉我们:详述的、未简化的文本是一种笨拙的资料展示方式。研究者很难据以分析,因为它分散在很多页面上,不易看到一个整体。它一页接一页,不是同时呈现的,研究者不易从中立即看到两三个变量。而且它的顺序性通常不好,且相当庞杂,要想小心地比较几份详述式文本是颇困难的。

报告最终的读者,对上述问题会有更深的感触。已有人表示(Mulhauser,1975),长篇的个案报告对决策者而言几乎是无用的,他们根本没时间去理解一份长篇大论,更别提为了做决策,要他们从报告中引出自己的结论了[1]。

我们认为应该知道自己在展示什么。有效的分析需要资料展示,而且要以资料展示来引出有效的分析。资料展示有清晰的焦点,可以让你一眼在一个页面上看到一组完整的资料;研究者整理出来的资料展示可以有系统地回答手边的研究问题。当然,所谓“完整的资料组”并非意味着完整的札记。我们由所研究的人、事、过程的整个范围里,引出浓缩的、经蒸馏过的资料。即使是出于善意的,详述的文本也容易被人批评是选择性的堆砌资料。但组织过的资料展示,反倒不会有此问题。

处理资料展示有时可能很费时,但绝不会让你觉得无聊。更重要的,你一定会想要引出与证明有效的研究结论,对此,资料展示比起详述式文本能提供你更好的机会,因为资料展示是借着整理好的一个具有条理的东西,让你小心地比较,找出差异,指出类型与主旨或主题,看出趋势等。

SPSS 与 BMD 这类统计软件包,可以帮助我们了解资料条理性的重要。这些软件与资料展示有同样的一种功能,它们以下列方式展示资料:(a)在同一页面展现出资料与分析;(b)让研究者看出何处需进一步分析;(c)易于比较不同的资料组;(d)可以直接把资料展示所得的图表等成果放在报告中,改善所引出的研究结论之可靠性。

调查研究者对于资料展示尤其深得其中三昧,他们只想看到计算好的资料,而资

---

[1] 故事式的文本保留脉络,以语段来呈现,这是一种好方式,它可以帮助读者有意义地重新体验随时间相连的各个事件,就像故事、小说、戏剧或传记等给人们带来的那种经验(Josselson & Lieblich,1993)。不过这种故事式文本仍然是经过分析——简化、排列与聚焦——所产生的。这种详述的、非聚焦的文本,人们很难由当中引出结论。有些分析者的目标是想从文本里产生现象学的理解(Melnick & Beaudry,1990;Polkinghorne,1988),他们非常需要阅读与再读一份详述式文本,以便体验其中较深的信息与意义。但是这类的分析者仍然会将详述式文本整理为聚焦式的资料呈现,例如:本书第 4 章第 9 节所提及的“梗概”。读者也可以参考 Smith & Robbins(1982)有用的建议,他们认为如果你要向大忙人提交研究报告,报告中可以运用矩阵表、精美短文、摘要及发现取向的标题。

料是放在长条图、关系矩阵表、分布图、因素图以及方块与网状图里。好的资料展示可以让研究者快速吸取大量资料(Cleveland,1985)。不过质性研究必须以人工方式画出资料展示。好在质性研究圈内已经有一些大家熟知且认可的资料展示法,所以每个人都可以采用现有的这些图表形式,或自创一些。本书主旨在鼓励与传播新创的且可靠的资料展示。

前章已介绍一些资料展示,如接触摘要单、个案分析会议报告。这些都是在一张页面上呈现简化的、有焦点的、有组织的资料,而不是详述的文本。本章将介绍更为细致的资料展示,以有益于结论的引出。

以下我们讨论如何采用资料展示,讨论的顺序是:建立格式;录入资料;引出结论;写分析性文字;继续循环做修改,或提出新的图表。

建立图表格式

建立资料展示格式是相当容易且有趣的,可以随着分析者的想象,去设计各种资料展示。资料展示有两大类,一是矩阵表,二是网状图,矩阵表是有行与列的,网状图则有一系列的"连接点"。

录入图表的东西也可以有多种:短的文块、引述、词组、评分等级、缩写、符号图形、贴上标签的线与箭头,等等。

资料展示的格式与录入条目的格式,取决于你想知道什么,例如:一般概况、详细的大事纪、不同角色的行为或概念性变量之间的互动。

另外展示的格式也取决于你的研究阶段及你的当务之急。你的研究需要可能有如下数种:以探索方式鸟瞰你的资料;展开细致的分析;把资料放入另一种更易辨识的图表中;将单一个案中的类似资料合并起来;将多个个案的资料合并起来;报告你的研究发现。好的资料展示的格式可以某种程度地发挥上述功能,但当然有些格式较佳,有些较差。

本章重点在单一个案可用的资料展示,而多个案也同样可以采用资料展示(7、8两章再谈)。如果多个案资料展示所用的格式是可比较的,那么要进行跨个案的分析也就简单多了。

以下先就建立适当资料展示的过程提出几项重点:第一,资料展示是件有趣的事。第二,一张好的资料展示通常要反复修改(有时是因搜集到新的资料)。第三,格式要跟着功能走——你提出的研究问题和形成的概念一直会引导着你的格式,形成的概念通常由你用的代码显示。

资料展示之格式一:矩阵表　一张矩阵表基本上是两种清单交叉而成,以列与行的形式出现。以下先看一些格式。

表5.1是要帮助我们理解一份大事纪,它是依时间顺序排列的。资料取自我们的学校改革研究,列出了 Banestown 学区在 4 年间实行与执行一项名为 SCORE-ON 的阅读方案,其间发生的大事。我们先以概念定出了几个阶段,又依据真实事件做了调整。另外,事件也依发生地点予以分类:包括 Smithson 这所学校、其他当地学校、该学区以及该州或宏观层级。有些事件具有决定性的影响力,就被加上一个星号(称之为"气压计事件")。分析者为了找到事件,他去找编好码的札记(找出"实行过程——大事

表 5.1 事件一览表，Banestown 学区

层级	环境压力 1976—1978	问题浮现 1978.10	解决方法的觉察与提出 1978.11	批准与准备 1979.1/2	培训与运作开始 1979.3/4	推广开始 1979.9	预算缩减的干扰 1980.5
州/微观	州内学校引入最低能力测验			州层级讨论与认可的计划	Smithson 中学老师、两名行政人员在学区受训(4天,三月初)		Title I 分配款减少
学区	阅读与数学引入朴强技能方案	—不及格率达到警戒线 —内部提出解决方案,发现不被接受	*官员在"通气会"上了解 SCORE-ON 改革方案 —Title IV-C 计划快速被提出	*Smithson 学校学生档案审查 —约定与 Smithson 实验老师及助理会面	—挑选 4 年级学生 30 名参加 Smithson 学校实验 —Smithson 实验计划增加教材与技术人员	—教职员主动参与在 Smithson 的推广,展开新实验方案 *Title I 补助 Smithson 学校所有参与实验的教职员	*Title I 预算在郡里减少 —提议裁减人员,小学校同做人员调换
学区内名校	受压,开始提出最低标准			*为两所中学五年级学生规划追踪年;指名各学校教师	—为中学设置教室与人员 —秋天授权另两所小学去执行	Carrington 的实验开始,位于 Banestown 的中区。Banestown 中区修改版则在西南角 Smith Camp 展开	—裁减案不影响中学 —Banestown 学校受到终断实验的威胁(冲突)
Smithson 学校	大量低成就学生被安置在 FAC-ILE 教室	*4 年级老师报告有 40 名学生只有 1~3 年级的水准 —教师们不喜欢教育局的计划	—老师们同意扩大推广实验方案	—安排实验方案的老师及助理有些不愉快 —建立实验班最低设施	—Smithson 实验方案的开始(三月底) —不适当的准备,教材未到,进度困难	Smithson 推广为 3、4 年级 45 人 —新老师协助晨间时段	*向老师宣布实验人员的重要改变,着重 1~3 年级,员额 1.5 人

*气压计事件

纪"代码,参见第 4 章),然后想出一个概括性的名字,把它填入矩阵表。这张表浓缩了 10 ~ 20 页的资料。

这张表尤其有助于了解事件的流程、发生地以及关联。这可让你做探索性的鸟瞰,以后可藉此做更具因果性的解释。本研究中其他个案也可画出类似的矩阵表,然后互做比较。等到再加上分析与评注,这张矩阵表就是一份很好的梗概,说明了改变的过程,可供期末报告使用。表 5.1 是说明一个复杂的个案,你也可以用这种表说明一个人(见表 7.1)。

表 5.2 是一张部分排好顺序的矩阵表(它说明了一系列未完全排好顺序的"状

表 5.2 检验表:Smithson 学校为改革所做的支持性准备,Banestown 学区

准备的项目	准备 的 情 形	
	就采用者而言	就行政人员而言
承诺	强力一 要让它产生作用	在学校层级行政人员承诺很弱。教育局只有各主事者承诺投入;其他人无
理解	就老师来看,具有基本理解(觉得我可以做,可是不确定怎么做) 助理缺乏了解(不了解要怎么弄到所有这些东西)	学校层级行政人员与其他教师缺乏了解。 教育局2位主事者有基本认识(由方案设计者处得到我们所需的所有协助)。 教育局其他人员缺乏了解。
教材	不恰当:订购太晚,迷惑(和以前用过的都不一样),弃置。	(不需填)
任前培训	老师培训不完整:(整个发生得太快);没有示范班级。 助理未培训:(完全未准备,我必须和小孩一起学)	教育局各主事者在发展中心有受训经历;其他人则无
技能	教师一技能弱。 助理一技能无。	教育局一名主事者(Robeson)具有有相当技能;其他人则无技能。
持续提供协助	无,除每月的委员会以外;无实质补助经费	无
计划协助时间	无;两名采用者白天都有其他工作;实验时段很紧凑,无弹性时间	无
调试准备	无系统化;暑假由采用者自动去做	无
学校行政支援	适切	(不需填)
教育局行政支援	发起人一方非常强力	学校行政人员仅依据教育局的委托行事。
相关的过去经验	两个案过去的经验都强力有用:已进行过个别化教学,协助低成就学生。只有助理无参与治疗方案的经验。	教育局有此经验,且颇管用,尤其是Robeson(专家)。

况"——执行某改革时的各项支持性准备工作,乃采用检验清单的形式,依角色将资料分类)。这张表花费了分析者颇多力气去转化资料。分析者做了很多浓缩与标准化的工作,然后将资料填入表格中。其中混合了直接的引述,以及概括性的词组。此外,研究者还把报告人的反应精细地分了等级(由无到强)。你看直行时,可总括"准备度"的各成分;看横列时,也可以比较不同角色在各方面的准备度。

例如,令人惊讶的是教育局的人,他们了解且投入此新的阅读实验方案,但很明显地并未提供适切的资源、任前培训,或持续地给采用方案的人提供协助;自然这些采用者会非常为难(以下将再谈)。

如果你有多个个案,你可以为一个个案画一张表,然后比较每一支持面的情况,和(或)比较整个准备度的细项(第7、8章将再谈)。

你可以花更多力气画矩阵表。表5.3是要显示 Masepa 这一学区由各来源所获协助而产生的结果。研究者讨论了五个变量;根据时间分为短期与长期的影响;汇集各种反应;依一评估量尺把一些反应罗列出来;解释每一协助来源的反应类型。此一矩阵表浓缩了 20~30 页的札记。

表5.3 中的文字是更为抽象的,其中已没有引述,最后两栏里已出现了概述以及其他推论性的批注。

表5.3 中的最后两栏——"结果"与"解释",并不是直接从报告人的谈话和研究者的观察之中浓缩而成的。请看一下其中一个"结果",如"采用者在行政与实质方面受到协助,感觉要有最低限度的调整,才能实施 ECRI",这是研究者已经看过前三栏的资料,试着找出某一类型,而这正是前三栏的共同变化所采用的类型,然后研究者再导引出第 2 级的概述。在第一列中,你看看这些主题:"减轻压力"、"减缓进度"、"感觉受支持"、"控制精确度"以及采用者正向的评估,全部显示了他们接受了协助,以及采用者感受到有义务要相当忠实地去执行此改革。

再由"研究者的解释"栏,也可以看到类似的归纳性的推论。我们在此也看到,这张表把资料汇集起来,让你很容易在一张表中看到全貌,作细致的分析,也为以后的跨个案分析奠定基础。

资料展示之格式二:网状图 所谓网状图就是一些"点"或"结"的汇集,这些"点"是由线(连结线)连在一起的。如果你要同时强调多个变量时,这种网状图会很有用。你可以很容易地画出网状图,把许多准备用来分析的资料放在网状图中(参见 Bliss et al. , 1983)。

图5.2 是一张简单的网状图,显示了 Masepa 学区采用了一个改革案,其中的"成长梯度图",你初看它,可能觉得不太像网状图,不过它确实是网状图,其中的"节点"是事件,"连结线"则有隐含的意义,即"一件事跟着另一件事"。此网状图是排好顺序的,垂直线显示采用该改革案的规模,水平线则显示时间。每一个"节点"都标示了名称,你可以清楚的知道扩展的速度,看出哪一件事特别重要(例如 1977 年 8 月第一次工作坊)。更根本的是,你可以看出:历次的工作坊是深化改革的主要机制。

我们在该研究中还很想知道:如何标示出执行改革者所接受(与所要求)的协助之各项来源。因为协助是在一种组织脉络中出现的,所以我们决定画一张准组织图

表 5.3　结果矩阵表:协助的来源与类型（Masepa 学区）

来源	协助的类型（采用者的观点）	采用者的评量	短期影响	较长期的结果	研究者的解释
学校行政人员	1. 授权的改变 2. 放慢进度 3. 控制精确度 4. 咨询,提供解决方法	++ ++ － +	1. 减轻压力,鼓励 2. 有助于初期执行 3. 感觉受监控 4. 感觉受支持,实质受惠	· 采用者在行政协助方面受到协助,感觉要有最低限度的调整,才能实施 ECRI	· 行政,权威,服务,可接近性与弹性形成了持久,忠实的执行模式
教育局行政人员	1. 推动 ECRI 2. 回应学校行政人员,培训人员的要求	+ ++	1. 担心找不到采用者与行政支持 2. 学校行政人员获得物资支持	· 人们知觉到改革方案是由教育局支持,协助与保护的	· 教育局能推动计划且回应要求,但并未被采用者知觉到
师傅老师	1. 提供物资 2. 示范 3. 回应要求 4. 鼓励 5. 传播,控制	++ ++ ++ ++ +－	1. 减少辛苦,增加总作品量 2. 培训,促进作用 3. 快速解决问题 4. 维持努力的程度 5. 矛盾:有益但是受强制的	· 新老师,有经验者知觉到系统性的教学,追际,物资 · 愿继续参与改革方案,并且会谨慎地进行改革	· 个别化的服务与协助部分,都有助于培训与协助;受助于 ECRI "忠诚模式"的精熟与传播
采用者—师傅老师会议	1. 与其他学校比较做法 2. 调试,抱怨 3. 学习新东西 4. 鼓励	++ ++ + +	1. 鼓励,管控 2. 解决眼前问题 3. 推广成果 4. 度过困难时刻	· 产生参照团体;给采用者发言机会,解决眼前问题,降低焦虑感	· 多目标的会谈,可以巩固改革采用者;改革方案之采用与消除对立
他校的教师—采用者:目标学校	1. 共享资源 2. 交换心得,改革方案 3. 比较,鼓励	+ + +	1. 增加物资 2. 新点子,做法;解决问题 3. 推动力,刺激	· 增加承诺,规范采用（降低差异性）	· 额外的协助来源,随采用人数增加,协助更为扩大
目标学校,他校的培训人员	1. 提出心得 2. 眼前问题的解决 3. 鼓励 4. 提供成功模式	++ ++ + +	1. 提出心得 2. 协助超越核心模式 3. 维持努力 4. 刺激	· 由中学校提供可靠助的支持	· 细致而有效的横向网络:将培训者视为同行

〈符号说明〉++:非常有效;
+:有效的;
+－:混合效果;
－:无效的

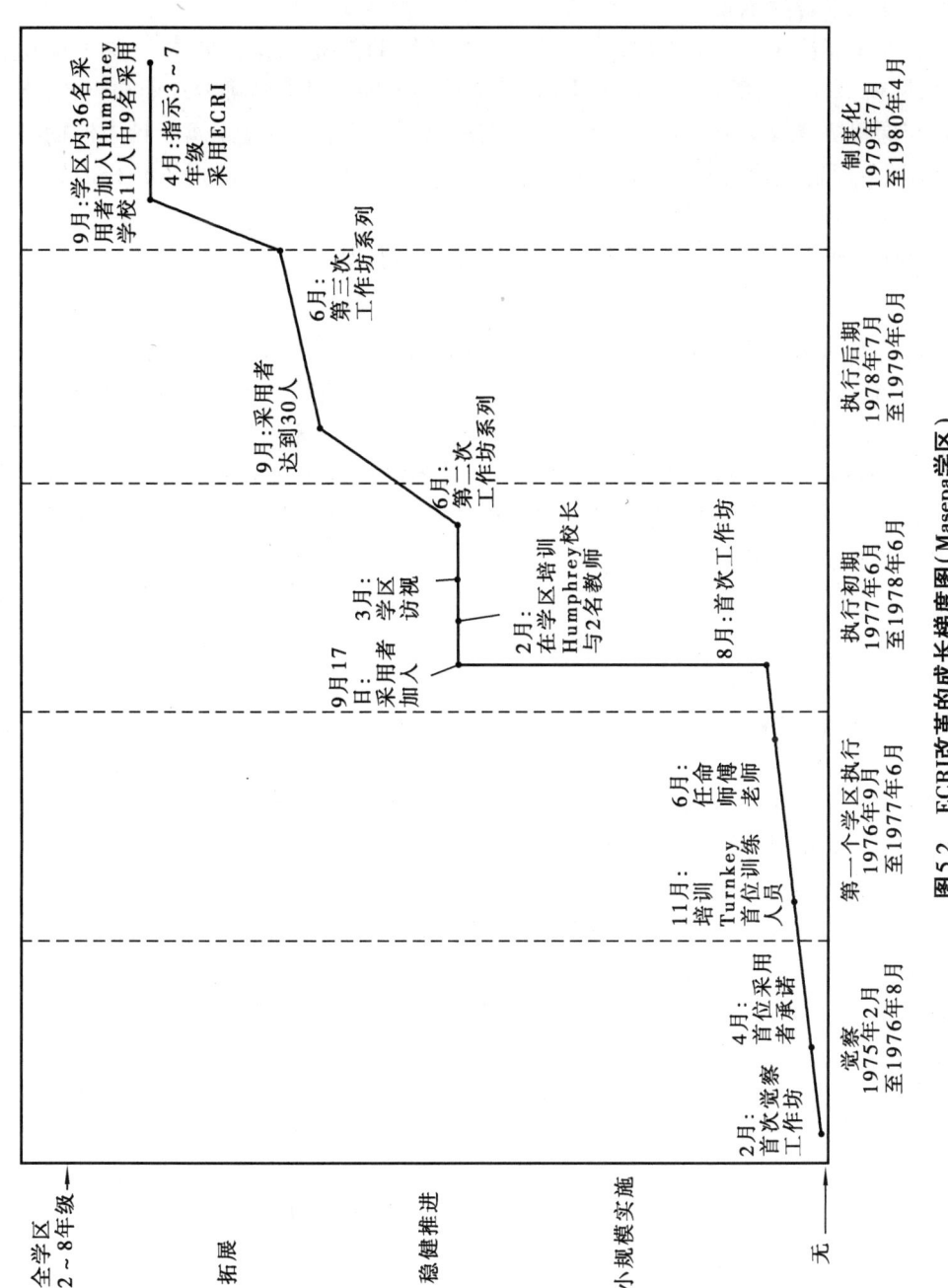

图5.2 ECRI改革的成长梯度图(Masepa学区)

(quasi-organizational chart),用箭头表示协助的来源与接受协助的对象(图5.3)。

图5.3纳入大量的资料(见符号说明),它显示了协助的提供者与接受者在组织上的位置;指出该协助是否属于被要求的,是否为相互协助;标示了接受协助的类型;并指明该接受者的感受。

图5.3还让我们立即看出一些主旨:所有的协助都被积极的接受了;除了推动进程之外,所接受的协助包括了所有类型;大多数的协助都是应教师要求而响应的;指导老师与课程协调者形成一互动小组;校长也提供了协助,只不过是属于较为模糊的那一种(较多管制、倡议、资源提供,配合着支持的提供与解决方法的提供);校内教师也提供了支持与解决方法。

这张图整理了24页的札记稿。分析者藉代码取得相关的文块,并把它们浓缩为类目、等级与有方向性的影响力。

何时要画出图表 何时要画出图表?如果资料搜集时,手边就有现成的表格,这样你会知道研究的焦点在哪,要搜集些什么因此可省掉很多力气。不过仍要小心:第一,质性资料是不断演进的;如果后来的报告提了出来,被证明是合适的,融入观点中,那么前面的报告就会被否决掉。质性分析者是不能像调查研究者那样在搜集资料中勇往直前的;分析者必须四处查看、侦察,再看第二眼、第三眼。所以如果你太早把资料填入图表中,可能会有风险。

第二,对任何一个研究问题或主题来说,你可以为同一组变量,生成许多不同的图表(比方数十种)。每张图表会提出一些不同的预设,每张图表在取与舍之间也都会有些得失。下节我们会提供一个实例。

第三,图表的格式也常常需要与时俱进。当事物越来越清晰时,后来的图表会较佳。例如,表5.2表头的各"支持情况"乃依据观察所得;这张图表可以让你更严谨地测试这些关系。你当然也可以从概念架构中直接画出这样的一张格式,不过当你搜集的资料渐渐成型时,才会真正地出现清晰性。

建立表格形式是重要的工作,它取决于你要用何方式去分析何资料。如果表中没有某变量,你就不可能就此变量与其他变量做比较。图表可让你将个案内或跨个案的发现摘出与比较,但是图表也可能是一双小鞋子,它霸道地把资料强压成型,让你表面上似乎在做跨个案比较,其实可能并不是那么一回事,你所比较的东西,到后来才显示出它只是些枝微末节。

所以我们的基本建议是:资料搜集初期只要建立粗略的图表格式即可,资料搜集近尾声时,当你的图表更能落实在脉络中、更有经验性的时候,你再去把原图表修改成为较固定的样子。你要有心理准备,一张图表被流畅地运用之前,要经过好几轮的修改。若要测试一张图表,就把资料录入其中。你会很快发现格式可能不恰当或不够清晰,无法纳入所有相关的资料。

录入资料

通常只要几分钟就可画一张表格,当你录入了最初的几项资料,要修改表格也颇为容易,尤其当你的文字处理软件可以让你轻松增加与转换行列之时。就像有些探索

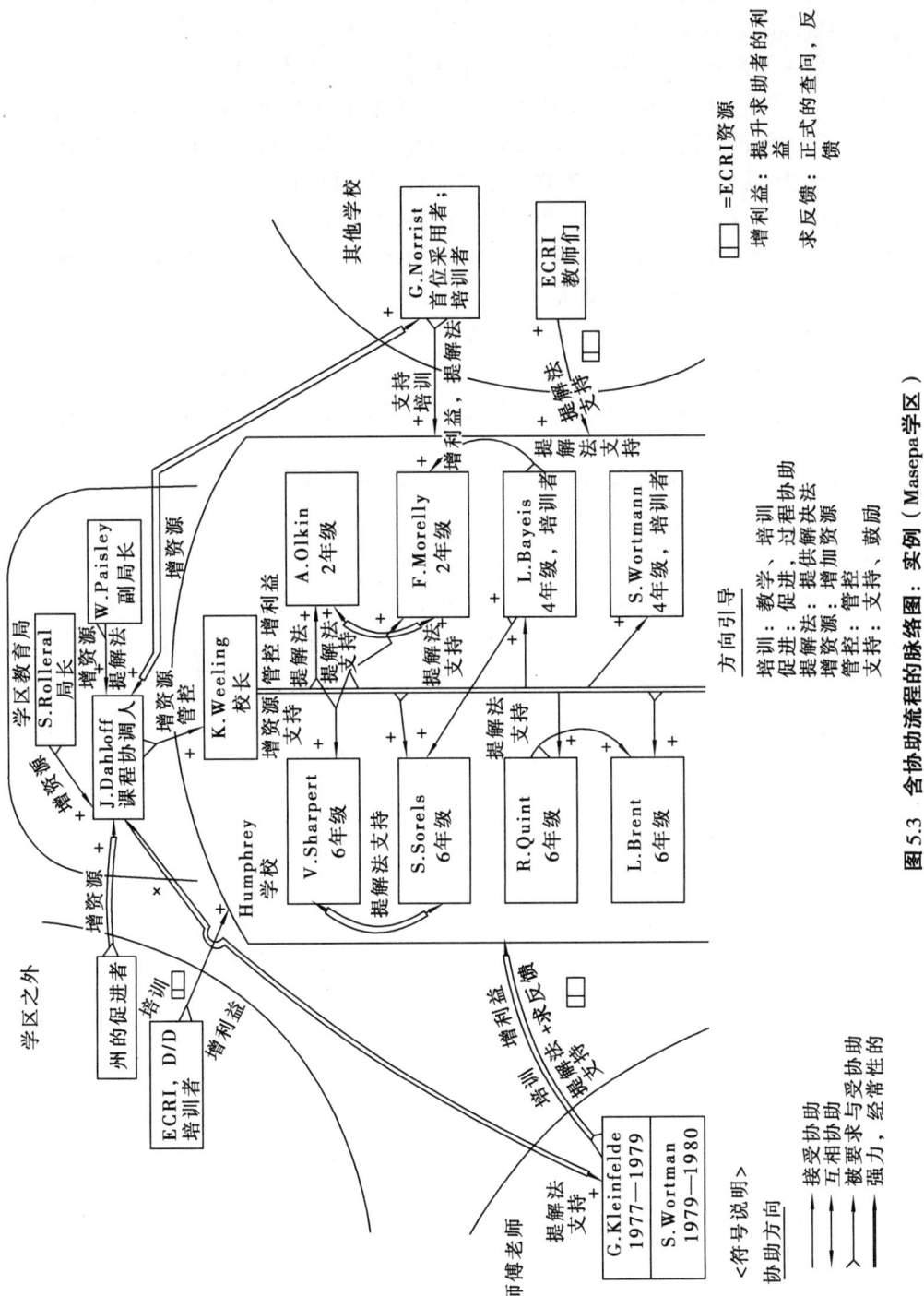

图 5.3 含协助流程的脉络图:实例(Masepa学区)

性的量化分析软件,当进行资料转化时,软件可以顺应量化资料,"雕塑"分析,且呈现出一些架构,以适应资料的格式;好的质性资料分析软件也是如此,当你录入资料时,也会自动帮你调整图表格式。

真正费时的是要选用哪些资料录入。你要在札记稿中找到编好码的段落,必须要将它们萃取、浓缩与摘要出来。另外还需要一些资料转化与选择的功夫,如:依资料评出等级;下判断;挑出代表性的文句。你录入的资料,其速度与质量取决于你用的储存技术与检索技术(参见第3章第2节)。一般而言,计算机是个好帮手。

录入资料的时间也取决于以下因素:(a)图表中变量的数量或向度的数量;(b)回应者的数量;(c)所做资料转化的种类与数量;像5.3这样的表,资料已先编好码,访问了12名人士,若是有经验的研究者约要费时一天才能完成该表。相对地,像表5.1只处理较少报告人与较少的文件,完成该表约费时数小时。如果选用适当的计算机软件,约可省去40%左右的时间,因为你可以较为快速地找出编好码的文块,且能产生浓缩的或转化过的词汇,并能建立好行与列或是网络结构,供分析者轻松地录入资料。

大多数人仍采用传统的方式,即采用详述式文本取向,但我们猜他们处理同样的资料,也不会比我们更快。我们用的这种图示法,可以提高研究结果之分析性的力度,以及可读性。

这篇概论中,我们并没有详细解说究竟要怎样由札记中选择或简化资料,填入图表中。Tufte(1990)(图表绘制大师)告诉我们一个简单的规则:"要清晰,再加些细节"。换言之,过度简化资料可能会遮蔽了理解。

以下谈及特定图示法时,会谈此问题。一般而言,要录入矩阵表中的资料,是由行与列的标题来决定的,或是取决于你的网络中"节点"与"连结线"的定义。填图表时,要把你使用的规则与做决定的原则,清楚记录下来(每一图表的规则与原则都会不一样)。一般做决定的原则应包括:你的等级和判断是怎样提出的;选择某引述的根据何在;你如何平衡不同人提供的信息。

有人问你分析时所藉用的图表,是否应该是写最后报告所用的图表?这个问题还有待确定。通常最佳的答案是"是的"(就像量化研究报告一般都会包括资料图表,以及分析性文字);应该让读者自己看看研究结论究竟是如何引出来的,而不是让他直接拿到一份研究结论,仅凭信心去接受这种结论。Wainer另有理由(1992,p.18),他说:"表格是用来沟通的,不是储存资料用的。"当然有时候你是为暂时的目的采用一张表格,这时就不必放在最终报告里给读者看了。

引出研究结论

你要小心探究录入图表中的资料,而研究结论是要牵引才会出来的。一般而言,结论会在所谓"分析性文字(analytic text)"中出现。以下是看过表5.1的分析者写出的文字:

> 州政府由1971年开始提出一系列文件,1976～1978年再不断强化,目的在提升学生学习成绩的水平。开始时,这些文件被称为教育中的"质量标准",然后

各主科均纳入此标准。后来宣布了能力测验，开始时对 K-3 年级施测，然后是4～6 年级……经过一些延误，1979 年将全州 4 年级的阅读与数学测验纳入进程，1980～1981 年又加上 5～6 年级。

学区的反映是要提出"补偿能力方案"，希望能藉此强化阅读与数学两科的改进工作，至少能达到最低能力水平。

上述措施有一种涵义：教师们要为全州能力测验的高失败率负责，究竟是否应该如此，其实尚无定论，但是这一压力仍然在各学校内部扩散开来。老师们仍然如往常一样，把学生的较差表现归因于低能与家庭环境。

1978 年秋天出现了一股推动力量，那是因为 Smithson 学校有 6 名 4 年级的老师注意到：班上为数不少的学生，他们的阅读成绩大约只有 3 年级程度，甚至更差……没人知道为什么有这么多这种程度的学生升入 4 年级，但是也没人对此觉得奇怪。该校副校长说："他们的年级太高，程度太低。"

这群老师们很担心，不知道究竟应该让这群学生读 4 年级，还是要他们留级，无论采取哪一方式，因为学生为数甚多，都会造成问题。老师们倾向于要学生留级，但又担心家长会强力反对。都对外宣称老师为了自保，基本上：问题并非他们造成的，而是前人留给他们的。

以上文字显示：分析性文字可以让分析者注意到图表资料中的特征，并为他们"形塑意义"，将它们贯串起来，引出结论，再加上诠释。图表也让分析者想到要再回头查查札记，找到图表中没有的资料，再将它放在文本中，以便进一步厘清。简言之，图表不能"自己发言"，而分析性文字也不可能不参考图表，自己独撑局面。

研究结论事实上是如何引出来的呢？本例中，分析者用了几种技术，一个是注意模式（"教师们事先把自己藏起来"这个想法），另一技术是建立合理的证据链（由州的行动到当地学校，一路追踪其影响）。第 10 章将再细谈此类技术。

细究图表资料，再写出分析性文字，费时比录入图表文字稍少，约少 20%。但如果你未以图表整理资料，现在要从数百页的札记，写出分析性文字，会是极痛苦的事情。反之，好的图表以及你深具信心的资料，可以让你撰写分析文字时较为轻松、快速、愉悦，而且也会更具生产性（这都是我们过去的经验告诉我们的）。

迈向下一轮的分析

写分析性文字会促使你做下一轮的分析。Lofland & Lofland（1984，p. 142-143）：

除非你把自己的想法与资料写成一句句文字，否则你并未真正做思考……当你真正开始撰写，你才开始出现新想法，看见新联结，想起曾经遗忘的事……这其中有好处，也有坏处……除非你面对这一困难的工作，向其他人解释你的研究，否则你永远不会置身于资料之中（或之上）……（因此，"写段文字"比"思考一段文字"或许是一个更好的想法。）

Mills（1959）在《论心智技巧》（*On intellectual Craftsmanship*）中谈到，书写开始时是一发现之旅，然后才是一呈现之旅。这一工作通常又会再次把我们带回发现之旅。简言之,书写不应该是分析之后才出现的,书写本身就是分析;它并不是在作者通盘思考图表意义时才出现的。书写就是思考,书写并不是思考的一种报告。

图5.4,我们把资料展示与逐渐定型的分析性文字两者间的互动显示出来。[1] 你可看出,资料展示可帮你做摘要,并开始看出主旨或主题、模式与丛集。分析性文字的撰写,可以将研究发现厘清并定型,为图表资料形塑出意义,可能也提示你还可以做其他的比较。

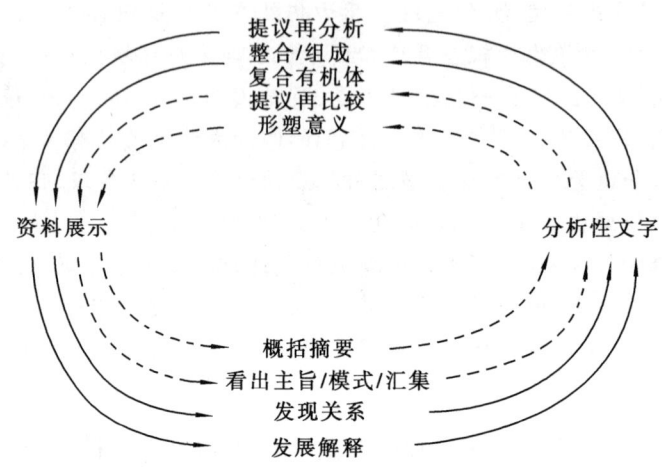

图5.4 资料展示与分析性文字之间的互动

这些新比较还会回过头来帮你发现新关系,进而提出新解释。你所写出来的分析文字可能提醒你还需要斟酌、整合,或调整旧图表,从而再进行新分析,而这种再分析能深化原初的解释。

选择图表的类型

上述有关资料展示的讨论是本章的导论。以下将告诉你如果要分析单一个案的资料,且要完成描述性的资料展示,可以运用哪些图表,现在我们将说明具体的做法。

以下将介绍八种主要方法与十种次要方法(我们将以资料的形式来处理这些次方法)。如果你想完善地描述一个个案,你要怎样选择一种适当的图表呢?

如果你的研究在探索阶段、开放阶段,你可以建立一个部分排序图表(partially ordered display),这种图表不需要详述变量。这一节我们会讨论脉络图(context chart)与检验表(checklist matrix)。

时间可能也是你研究中的关键。如果你要仔细说明事件与过程的流程,此时就要画时间取向图表(time-oriented display)。第3节我们将解释事件清单、事件—状态网(event-state network)及其他。

有时你描述一个地方时,要大家注意其间人们角色的互动,可运用第4节的角色

---

1   有关资料分析与分析性文字之间的互动关系,怎样去看其间的关系,是早乃是由 Eleanor Farrar & Mary Ann Millsap 提出了一个概要。

排序表(role-ordered matrices)。

如果你的研究较不属于探索性,而已经有一组界定清晰的关键变量时,那么就可以画概念取向图表(conceptually oriented display)。第 5 节介绍这类图表:概念汇集表(conceptually clustered matrix)、认知图(cognitive map)、结果矩阵表(effects matrix)[1]。

这是四种典型的图表,另有些图表是混合型的(如角色时间矩阵表)。现在你还听不懂这些图表名称,没有关系。本章重点是要让图表有用,能帮助你作分析。依你的研究调整这些图表,不要让它太过复杂,请选用有用的东西。

另外第 9 章也谈到图表建立与使用的基本原则,你也可以参考一下。第 13 章谈到如何对整个研究流程保持一种统观与远见。

第 2 节 部分排序图表

有一类图表,它已有一些内部顺序,但不是完全地井然有序;其目的是发掘并描述某地发生的事情,无论这些事是多么混乱或多么惊人。这类图表中的资料潜藏了最低程度的概念架构。以下的脉络图就属于这类的部分排序图表。

脉络图

问题剖析

多数的质性研究者相信:一个人的行为必须置于一特定脉络中才能被理解,我们不能忽略脉络,或把它当作是一个常数般固定的东西。很多东西都是脉络,它可以是某情境的即刻相关方面(如:这个人以物理方面来说位于何处,还有哪些相关人士,这次接触之前的历史等),脉络也可以是这个人所处社会体系的相关方面(如:一个班级、学校、部门、公司、家庭、病房、小区都是社会体系)。如果不参考脉络,而单独看重个人的行为,会有误解的风险。请见下段文字:

> Bill 拿起电话,听了一会儿说:"不! Charlie,我不认为我们应该这样做,明天见了,Bye!"

没有脉络供参考,你对上段文字的诠释必定受限,只能诠释出:个性果断、说话精简之类的东西。所以如果你读到这种文字,可能会建构一个脉络来帮你作诠释;想想那一脉络,然后决定那一事件的意义。现在想想可能的几种脉络:

> Charlie 是 Bill 的律师,他们明天要去法院。(电话中谈的是明天要运用的策

---

1 此处提及的描述性图表的类别系统和 Wainer(1992)的观点类似,Wainer 认为:图表可以回答以下三类问题,(a)"资料摘要"类问题(事物的情况如何);(b)"随时间发展的趋势"类问题;(c)"理解更深的结构"类问题,同时看见趋势的模式。

略，但显然 Bill 并不是一个被动的案主。）

Charlie 是 Bill 的老板。（老板是不是请 Bill 提一些建议，或者是不是 Bill 拒绝某事？）

Charlie 是 Bill 的属下，Charlie 正提议某一新人应该受邀去开会。（似乎立即被驳回了。）

Charlie 是 Bill 的太太，她由城外打电话提议明天晚餐前去美术馆看看。（这意味着他们的婚姻属于哪一类型？若即若离，例行公事，独立尊重？）

了解脉络通常是很重要的。Mishler（1979）曾写到："脉络中的意义：还有没有其他意义呢？"他指出，脉络引导我们理解事件意义的方向，意义通常是在脉络之中，而脉络也结合了意义在内。

一个质性研究者要面对的问题是：如何简要且正确地画出个人行为所在的社会脉络（不要过于详细）。为此，你可以画一张脉络图。

简　述

脉络图是一种网状图，如果合适的话，把各角色、各群体以及各组织体之间的关系画出，这些角色与群体也就构成了一个人行为的脉络。

实例说明

多数人都是在组织里进行日常工作。他们有长辈、同辈、晚辈；我们是用某一特定的角色去界定他的工作；他在其他的社会组织中，会以其他角色与不同人形成不同关系（你也可以画出某人的家庭或非正式群体或社群的脉络图）[1]。

如果你和我们一样也对学校与学区这种组织有兴趣，而且要探究这种组织是如何引进与执行改革。你可以运用什么简单的图示，帮助自己理解这些脉络呢？

画出图表格式　这种脉络图应该要反映出这一组织的重要特质，包括工作的权力或阶层与分工。所以应该显示谁对谁拥有正式的权力，以及角色的名称是什么。但这些东西能表达的仍不够多，我们还要知道不同角色人们之间的"关系"（正在产生作用的关系）。

因为我们正在讨论一项教育改革的引进，所以脉络图应显示谁提倡、谁采用此改革，以及人们对改革的态度（无论是否实行此改革）。此图示还应告诉我们这所被研究的学校在学区组织中的位置。总之，这张脉络图的信息不能太庞杂，而要告诉我们这一社会情境中简明扼要的信息。

图 5.5 是一名田野工作者一次拜访 Tindale East 高中以后，画出符合上述目标的一张图。这所学校正在执行一项阅读改革方案，图中显示了角色与群体，这些是了解此一脉络最重要的部分。教育局人员在图的上方，学校人员在下方。因此这张图的一部分是依角色排顺序，一部分是依权力层级排顺序的。

1　当然脉络还有其他类型。如果你想绘制有形的脉络及其相关脉络，可以参考 Crane & Angrosino（1974）与 Schusky（1983）所提的想法。

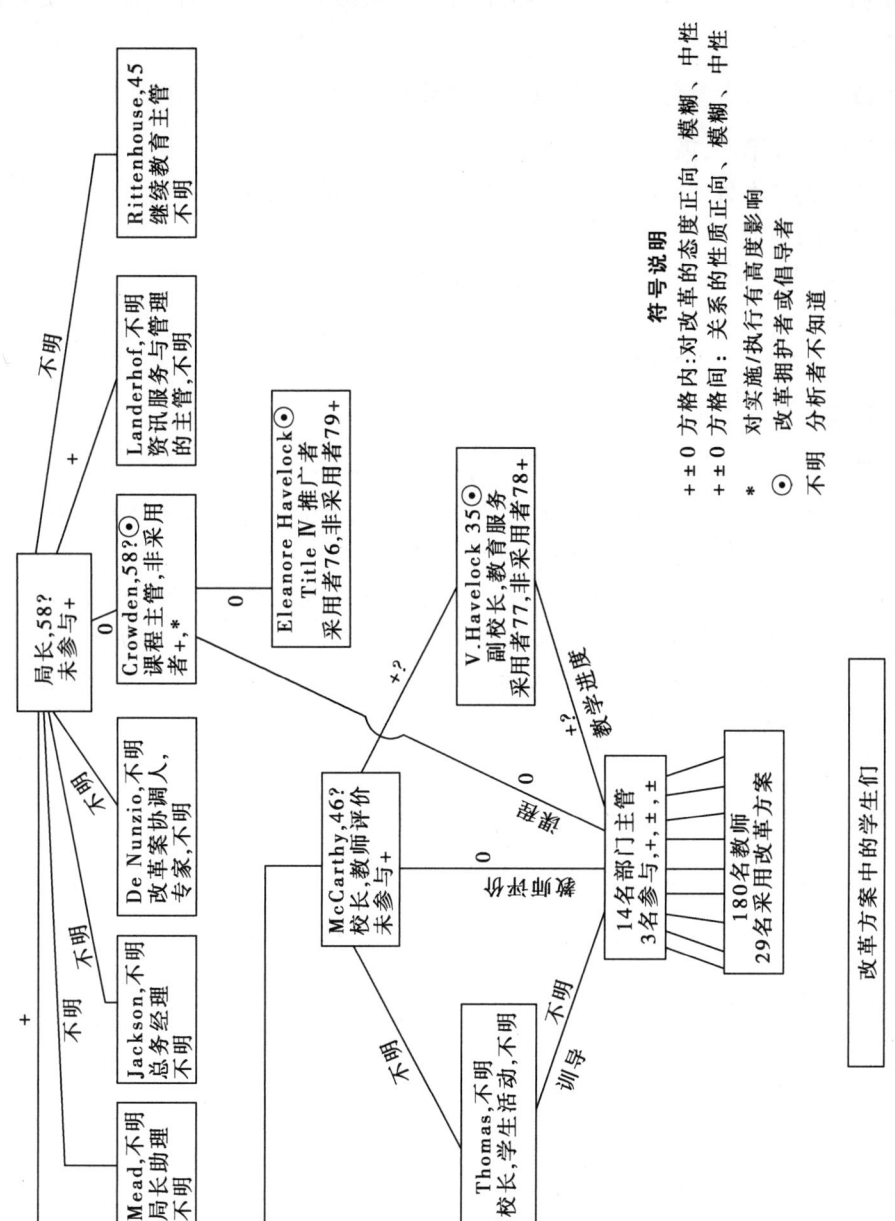

图5.5　Tindale East高中与学区的脉络图

图中每一个人都有名字、年龄（分析者认为年龄是了解工作关系与生涯期望的重要特征）、职称、是否采用此改革、对此改革的态度（正向、不明、中立）。还用特殊符号标示了改革方案的提倡者与影响执行的重要人士。个人之间的关系也标示出来了（正向、不明、中立）。图的下方，老师的资料并未提供细节（另外还有一张个别老师们的脉络图，并未显示在此处）。

录入资料　分析者参考了札记、原有的组织图与文件，依据以下原则填写资料：

1. 如果信息模糊或不明，就填"不明"。
2. X 与 Y 之间的关系评定，不应与此关系的其他部分相抵触，虽然我们也不需要藉后者来做直接的确证。
3. 要被评定为"改革倡导者"与"高影响力"，必须至少有一项资料证实它，且没有任何资料否证它。
4. 如职称、人数等资料，如果此时已确知就填入。

引出结论　图5.5 的分析性文字如下：

> 由权力角度来看，只有一名教育局人员 Crowden 有权力管辖学校各部门主管，Crowden 不仅是倡导者，且对执行有高度影响，他似乎有来自局长的授权。
>
> 图中显示了部门主管以及3名其他重要的人士——3人分别负责训导、教师评估、教学进度，因此而参与此案。此案的确事关教学进度，不过有趣的是 V. Havelock 不仅是倡导者，且实际采用此改革案，对此案的态度是正向的。我们可以这样推论：Crowden 是总推动者，运用的是教育局的权力；而 V. Havelock 直接负责执行业务；札记资料也如此显示。
>
> 图中可见校长 McCarthy：(a)在课程方面并不对局长负责，(b)与 V. Havelock 关系良好。McCarthy 可能由 V. Havelock 处了解此改革的状况，他对此改革的评价是正向的。
>
> 参与的三名主管对此案的态度有不明、有正向，我们应对此再多做了解。下一张详图应该画这三名主管的脉络图，再加上29名采用者及其态度。

图5.5 帮我们在一清楚的脉络中将个人行为定位（如：Crowden, V. Havelock），并了解其意义。例如，Crowden 讨论改革时说："大家并未反对此改革，执行时也不是靠一位老师某时的突发奇想，改革的成功也不是靠一群有吸引力的老师。"图5.5 帮助我们了解他之所以这样表示，是因为他直接掌握部门主管有关课程的问题——人们是以中性态度接受他的这一权威。亦即分析者已运用找出主旨或主题的技术以及把特殊纳入概括的技术（参见第10章第1节）。

这样你就不会觉得惊讶了，当某部门主管说她告诉老师们："如果你想不依照教学指引，请先来问一下我，并且告诉我为什么，以及你要怎样达到这份教学指引的目标。"而她也对研究者承认："当老师们要求做点儿改变时，Tindale West 的部门主管和我，多半会说'不'。"

变　体

你也可以在图5.5各角色间的关系之中看出行为的类型(参见图5.3,着重的则是不同的协助类型(如:教学或训练;促进):谁对谁提供何种协助)。

另外你可以用虚线表示非正式的影响。非正式的团体可另用圆圈圈起。我们曾研究一所乡村高中,我们请教职员把他们所见的教职员画出一张图来,然后问他们图中的意思。最后我们找到这群人之中的6个非正式团体。包括:"卫道人士"(已经存在多时的一群进步主义的老师);"男教头"(世界上最后的严格纪律者);"女教头";"新来者";"结构主义者"(一类20世纪50年代的老师);"行将就木者"(你可能只在下午三点半在教师工会看见的一群人)。另外还有一个自成一组的人——James Colley,多位响应者都这么表示。

你也可以画出多组织间的关联。如果组织脉络在短时间内改变了,你也应画出前后不同的脉络图。图5.5强调的是该脉络的社会系统,有时可画出有形的物理环境(如:一间教室里有老师的桌椅、资源文件、学生桌椅、入口),以帮助了解此情境中事件的始末。

建　议

如果你是质性研究新手,可以画个简单的脉络图,以后再加修饰。当你研究的只是一个人时,脉络图会很好用——显示一个人生活情境中真实的丰富性。

尽早画出脉络图,摘出初步的理解,为下次资料搜集明确问题。

把研究的主要问题放在心中,设计脉络图时,把与之关系最密切的信息呈现出来。

记得你要画的并不是标准的组织图,只是把这个脉络中最明显的特质突显出来而已。还有,你的画也不可能穷尽所有的东西,它只不过是把一些片段或局部汇集起来(图5.5中的教育局人员就没有包括警卫、秘书、科员,等等)。

所需时间

如果你在做田野工作时,已经注意到绘制脉络图的相关信息,那么要绘制出上述5.5这样的图其实可以很迅速,费时1小时左右。其实未画出脉络图之前,每当你与现场各种人士谈话时,你的脑中已在绘制这张图了。现在请将这张图真正画出来,从编好码的札记里找出相关资料填入表中,这样做可以帮你把脑中的想法表达出来,并且作一检验。

检验表

问题剖析

让我们来看看一些刻板印象。人们常以为调查研究者是一个有目的、有效能的工作者——他设计研究工具,依抽样施测、离开现场、编码、处理资料、分析结果。相对地,人们以为田野研究者是较无目的的,他像是乱枪打鸟,在现场晃个几天,把各种资料搜走,带着工作闲逛,和某些人多说些话,没有订出一个观察时间表,累积了一页页的文字记录,花了好多时间编码,再把资料填入手工制作的图表中来做分析,而这所有工作只不过是为了研究一两个个案。

我们当然可以扭转以上的刻板印象,说明调查法的僵化与盲点;而田野工作则敏于觉察当地的现状,具有"扎根性"。但刻板印象也有其道理,不论这个印象是倾向哪一方向[1]。

其实有时候田野工作者也会像调查者一样,会向所有关键报告人搜集一些可比较的资料,然后将资料填入预建好的图表中。此适用情况包括:

- 这是概念上的一个重要变量;
- 这个变量可以很容易地化为清晰的指标或成分;
- 你非常需要这个变量(如:它很适合做为该研究中一个测量结果);
- 此研究有多个个案,需要作比较;
- 你想把田野资料与调查结果做一连结。

简 述

检验表是一种分析田野资料的表格,针对的是主要变量或研究者感兴趣的基本领域。基本原则是:这个表格中包括了单一连贯变量的数种成分,虽然这个表不一定会将各成分依序排列。

实例说明

表 5.2 是执行一项新措施之前,对"准备度"的评估。我们所做的学校改革研究,符合上述运用检验表的大多数条件。在我们的概念架构中,准备度与执行成败是紧扣在一起的,而文献也是如此显示,"行前定则不困"也是一般的常识。其他的实证资料把"准备度"分成几种成分,这些成分均与执行成败密切相关。简言之,此变量的确重要。另外该研究有 12 个个案,需要做相同的观测。我们还想把此结果,和另一大规模的准备度问卷调查结果做一联系。

我们当时的确对"准备度"一变量有所怀疑,认为田野工作是为我们释疑的好方法,我们怀疑"准备度"→"良好执行"这一逻辑是否太过机械性。我们也怀疑可能还有其他变量和准备度结合在一起产生作用。一个有丰富经验的采用者可能被人觉得准备良好,虽然所受的技术训练并不足够。我们相信,学校层面有许多非预期的因素,会大大影响方案的执行。所以,单单一项主要的个人因素与技术因素(如准备度)本身,仍然难以解说该新措施何以会导致各种不同程度的成功。而这些正是现场观察与访谈可以发挥功能之处,一张检验表正可帮助我们厘清这些事情。

我们要回答的两个主要问题如下:

---

1 有关调查法和现场访谈之间的异同,请参考 Mishler(1986)与 Schuman(1982)精彩的讨论。

- **原本的执行计划中有哪些成分**？　这些成分包括了任前训练、监视、对非预期问题纠错,还有持续的支持。这一计划的精确性与细致性如何？当时大家对该计划满意吗？该计划是否处理了所有预期的问题？

- **计划展开前,是否向大家保证执行的必要条件都齐备了**？　这些条件包括承诺、理解、材料与设备、技能、时间分配与组织的支持。有没有遗漏什么重要条件？被遗漏最多的是什么？

建立格式　再借用表 5.2 一次。表中最左栏引自该执行计划的各成分,以及研究问题中提及的各支持条件。田野工作初期,我们了解到"先前的相关经验"是准备度的一个重要的成分,所以我们也将它列为一项。

此时我们没有花力气去分类或排序。我们相信使用者(即老师们)和行政人员的准备度是不同的,所以我们将之列为两栏来填写。因此表 5.2 就角色来看,是已分出层次了。

本案中的改革是对阅读进行改善实验,这是这群老师与助手第一次运用。细格中填了摘述词组、直接引述,还有分析者所做的概括的适切性判断,由"无"到"不完整"、"基本的"、"适当的"、"有"与"强力的"。表中也采用了引述,它是有用的工具,有助于判断与说明评分等级。

录入资料　分析者重看相关的札记稿,依代码找到文块,对于每一成分的准备度,形成一个基本判断或评出等级,并找到相关引述的位置。

表 5.2 细格中同时保留了引述与等级,其中的想法是:等级只能告诉你某样东西的程度,无法显示其中的"意义"。简要的引述已足以沟通,且有助于另一分析者的判断,他可以再去翻札记稿,判断此等级是否合理。

录入资料的依循原则如下:

- 因为此处涉及的采用者只有两名,且分属于不同角色(教师与助理),所以不要强做一般性判断(同理适用于行政人员)。

- 如果采用者与行政人员提出了他们的判断,就用他们的判断(用引述方式呈现)。

- 接受直接的报告,但不要求由另一个人来证实这项直接报告。

引出结论　现在细看表 5.2 各细格,再对准备度各成分提出一个基本想法。此分析者写下如下文字:

> 基本的图景是:承诺与行政支持颇为坚实(除校长外),但教师的技能与对现场的了解,只具有最低程度的适切性,另外未见到有前瞻性的机制,如培训、纠错或计划。

分析者用的技术包括:注意主旨或主题(参见第 10 章)。分析者并不是只注意到栏中加入的简单判断。

表 5.2 也提示了新问题:那儿究竟发生了什么事？教育局人员的承诺与理解都比采用者好(技术:进行比较)。为什么教育局的关键人士不帮忙呢？分析者回到札记

中,并注意到:

> 教育局的 Mrs. Baeurs 是关键人士,她是行政取向的、技巧不够。她认为所有实验老师要求的,就是提供材料与初始训练……她的推理是:老师们已经做过个别化教学工作了,"所以他们真的不需要再做什么心态上的改变"……因此,她认为:"我不晓得,或许我们太快开始了。"教育局里另一位重要主事者 Mrs. Robeson(她是一位专家),承认老师们"并不认为自己准备好了",但想不出什么办法,可以使初始准备工作做得更好一些。她也降低了老师需要改变的程度。

因此分析者发现了更多信息:因为距离较远的教育局人员低估了新采用者的需求,所以提供的支持与训练很薄弱且仓促。

分析者再去查查调查资料,发现所有响应者对这一串条件的判断都局限于"某一部分",行政人员强调的是经费与材料;教师较怀疑的是,是否有足够动机实现方案目标?

最后,以上结果帮助分析者了解到,此表中最主要的遗漏是"其他班级教师的支持度",这些同事对于此实验案缺乏承诺与理解,导致协调不良、怀疑与不快——这种不快只能依靠他们与实验教师以及助理的个人关系,而消解掉一部分。

变　体

每一研究问题与一套变量都可以画出许多不同的图表,每种图表各有优缺点。以上述的问题为例:计划展开前,是否向大家保证了执行的各项必要条件都齐备了? 其中包括了一组"条件"资料(分为采用者与行政人员两方面)。表 5.2 只是其中一种呈现方式。另外再看 3 种。

第一,表 5.4 把表 5.2 的行列对调,这样可以很快看出每一个人在各条件上的情形,尤其是表 5.4 还把校长单独列出。另外还可看出更详尽的各种条件,不只是一般性的判断(如表 5.2 只是就某一条件,大致地评定为"适当")。

第二,表 5.4 已经把条件汇集为两类,一是社会心理方面,二是执行计划方面。汇为丛集后,将更便于比较。

表 5.4 的细格中填入的是等级:"强"、"中"、"弱"、"不知道",另有一简短的解释,显示该条件的组成,例如响应者对此的反应。(例如,在"材料"项目下,某一使用者可能说:"基本的笔记本,加上档案卡和准备单。")

表 5.5 是另一种形式的检验表。细格内填入的是各项条件,以及被使用者或行政人员提及的次数。第一行的条件项目旁,可能会有一个星号(＊),表示是最严重遗漏的部分,还有一个数字符号(#),表示响应者认为是成功的关键。

表 5.5 依角色来显示各条件,依据的是各条件"呈现"的状况,并让我们看见何者是重要的。但是请注意表 5.4 的各人的资料已经不见了,因此也就更难去追踪每一特定条件的状况了。建立矩阵表时,会出现很多这种得失损益的情形。

表 5.6 是第三种变通,重点已不在区分采用者与行政人员,而是要了解各条件的动态——各条件是如何重要与为何重要。表中也带入了研究者的观点。表中留有具

表 5.4　准备程度检验表（变通表格 1）

	心理—社会条件						执行计划				
	以前相关经验	承诺	理解	技能	学校行政支援	教育局行政支援	材料	任前训练	持续提供协助	规划协调时间	其他
使用者　1											
2											
学校行政人员（校长）　1											
2											
教育局行政人员　1											
2											
其他教育局人员											

体实例,但是看不出是哪一个人的,也不做采用者与行政人员之间的比较。

总之每种图表各有得失,原则是不要太快固定一张图表的格式,多试画几次,去问问同侪的想法与意见。

检验表开始时,可能未分层次,不过有时也可能会采取一个有意义的层次架构。如表5.5所示,你可以区分出几个层次,甚至于由外而内或由弱而强排出顺序。

另外也可以依地点来分层(如:教室、学校、学区)。

如果你要做探索性研究,你可以加上一栏"备注",你可以填入相关的评注,帮助自己理解。

表5.5　准备程度检验表(变通格式2)

条件	使用者	行政人员
遗漏		
弱		
适中		
强		

表5.6　准备程度检验表(变通格式3)

条件	示例[a]	重要程度[b]	重要的原因[c]
承诺			
理解			
材料			
训练			
其他			

a.具体示例,以 A 与 U 代表行政人员或使用者。

b.等级——非常重要、相当重要、略为重要或不重要。

c.由回应者(A 或 U)或研究者(R)解释重要的原因。

建　议

如果你在探索一个新领域,检验表是很有用的。如果你对某主要变量有些粗略的想法,或是对它的初步成分有些想法,你都可以画出一张检验表,等知道更多时,再充实这张表。

事实上,检验表可以发挥很多功能:更有系统地搜集资料;证实某状况;鼓励比较;可做简单量化,只要是你觉得需要且合适之时。

你要常常考虑各种可能的表格,问问同事有无点子。看看不同表格给了你什么东西以及让你损失了什么。

把你做决定依循的原则写下来,包括:(a)如何选择文段成为引述;(b)判断或评定等级的标准何在。否则别人可能会对你的结论半信半疑,检验表中请保留引述与等级,这样你和读者才能评估两者间的适切性。

所需时间

如果文稿编好码了,可以让分析者轻松地找到相关的文块填入检验表里,报告人若有十来人,那么你大约花 1～3 小时就可以完成一张检验表,并快速分析好。修改检验表的各部分最为辛苦,不过这些大多会在规划研究方法与资料搜集早期,就已完成了。

以我们的经验来看,绘制检验表所费时间差异可能很大,取决于所用的计算机软件、研究者的功力、潜藏于研究后面的理论、所研究的问题、资料的完善程度、报告人的数量,以及个案的数量,等等。

转 写 为 诗 作

前面那些资料展示都比较复杂、费力。现在让我们喘口气,看看资料5.1 这种让人耳目一新很不一样的资料展示方式。Richardson(1992)访问 Louisa May 这位未婚妈妈,Richardson 将 36 页的访谈稿,整理成有焦点、有顺序的一首诗作,共三页,五小节。此处节录其中的第一小节。Richardson 表示,此诗采用的都是 Louisa May 的"词汇、语气、措词,只不过是借用诗的形式,包括反复、离韵、节奏与停顿等,来传达 Louisa May 的故事。"(p.126)

诗这种展示方式是相当具有震撼性的,它带领读者更近距离地亲近一组浓缩的资料。这种诗有着清晰的流畅性,它不容许分析者只关注肤浅的表面。你必须非常严肃地对待这组资料以及资料的提供者,因为诗是一种你与它做深层接触的东西。采用诗来展示资料,并不只是转换了一种格式,诗更是一种需要你用情感去表达的东西。

Richardson(1992)认为这种表现方式"打破了社会学的规范",不用注意已界定好的变量;强调"活生生的经验";照亮此案例的"核心"部分;以情感带领读者与研究者;改变写作活动的概念。

采用诗作来展示资料是很费时的,Richardson 的诗花了四星期,改写九次,请人批评四次。(a)这种呈现方式中,资料的选择、组织与呈现,是影响后续分析的关键;本例中,你需要用周详与清晰的方式去完成它。(b)所写诗歌中有其艺术性、技巧性,正像它也有科学性。

以我们的标准看来,Richardson 的"分析性文字"写得太少;当然也没人规定不可以这样做。

资料 5.1　一首改写出来的诗作(节录)

(Richardson,1992)

露伊莎·梅的生命故事

I

最重要的事

我要说的是

我在南方长大。

一副标准的南方长相

想法会塑造出

你认为自己现在的样子

还有你认为自己未来的样子。

　(当我听见自己的声音,

　　听见录音带里我那小瓢虫般的声音,

　　我想,老天爷呀!

　　你来自田纳西。)

没有人曾经告诉过我

哪些事情

会是我生命中的可能。

我在一间租来的房子里贫穷地长大

以一种最普通的方式

在一条最普通的街上

和一群友善的中产阶级朋友们。

　(有些友谊持续至今哩)

而我一直以为自己会有一大群小孩。

后来我离家外宿。

一个不快乐的家。但算是个稳定的家,

直到它破碎之时。

第一次的离婚在密尔法朗特郡。

所以啦! 就造成了这样的结局。

第3节　时间排序图表

第二类呈现描述性资料的图表,是依时间及顺序来排列的,保留了历史沿革的发展顺序,可让读者清楚看见何事引出何事,以及何时。

事件清单

问题剖析

生活是依时间排序发展的,我们活在事件流(flow of events)之中,有些事情先发生,有些后发生。我们通常相信事件之间的关联是存在的(例如:决定改装浴室,导致去贷款,工人到达,敲掉天花板与尘土侵入其他房间)。

虽然我们可以把自己想象成身在事件的河流中,不过这个譬喻并不很合适,因为事件流这条河的流向并不是单向的。有些事件乃在生活领域发生,而另外还有一些事件则在别处发生(当某人正在修改一本新书的最后一章时,尘土侵入也发生了)。有些事件离我们比较近,有些则比较远(当你去贷款时,美国联邦 1984 年的预算赤字达到 191 百万美元)。有些事件可以联系到其他事件(天花板移走和粉尘四散),而有些事件则是偶发的(一只可爱的老猫死了)。

生活是一直往前的,数年后,粉尘早已不在了,书也写好了,1992 年的联邦赤字是 334 百万。多年前的事件会在现在产生影响(现在有一只猫,长得很像那只死去的猫)。远方的事件可能对我们眼前的事件产生影响(有人写信给 Times 杂志,谴责他们常常对"此"赤字有错误的暗示,而不是对"今年"的赤字)。

质性研究通常会对事件有兴趣:是哪些事件、何时发生,以及与其他现在的(或过去的)事件有何关联——其目的是保存时间记录,并阐释所发生的过程。总之,所谓"过程",就是本质上一串相关联的事件。通常质性研究的这种兴趣便产生了一些详细的故事,这是以一合适的时间排序(通常不采用倒叙或快速向前方式)来安排这些事件。不过,详述的、未简化的文本,会有几个前面提到的缺点(如篇幅、传播及缺乏结构)。详述的文本对于多维性、事件间的影响、各事件不同的显著程度等问题帮助不大。

然而,如果我们想要对一件复杂的事件有完整的理解,故事是不可缺少的还是不够用。问题在于你由札记稿写成一篇详细的故事,可能冒了一个很大的风险:即使你的故事对读者而言,看似生动、一致且合理,但其实根本上是一片面的、有偏见的或完全错误的故事。此时你可以运用事件清单来预防错误的纪实故事。

所以我们在理解事件流时,要处理的事情是:选出诸事件(这些事件均有其不同的时段)、保留顺序、为下面的事件指出前导事件的显著性或重要性。将这些工作全部以视觉方式轻松展现来完成,这种图表可以让我们建构出一份有用的纪实故事。

简　述

事件一览表是一种矩阵表,依照时段安排了一系列的具体事件,将这些事件分为几个类别。

实例说明

我们曾研究学校改革,想把学校层面采用与执行一项改革案时所发生的事件予以图示,依这一过程的各阶段或时期来呈现这些事件。可以怎样做呢?

建立格式　一般图表在习惯上将时间的流向安排成由左至右,我们可以依照这一顺序画出各栏。时段的区分方面,你可以较为死板地划分(如第一年、第二年),也可以较具弹性的划分(例如:依据实地搜集到的经验资料,将时间划分为采纳期、执行期)。

事件的类别如何决定? 一种简单的划分是依事件的地点来区分事件——学校层面、学区层面、州、区域或联邦。这些可列于矩阵中的最左行。

有些事件可能较为重要,它引起新事件,或将过程推至一个新阶段。你可以将这类事件加上特殊符号。再借用一次表5.1。该研究将正规班级中的一些孩子"拉出",施以 SCORE-ON 实验,加强他们的数字与阅读能力,表5.1显示了进行此改革所采用的各种技术。首先由"一般的采用—执行模式"中借用了时间阶段的几个概念(如:"环境压力"、"问题浮现"等),不过每一细格中填入的资料乃来自该时期真实的核心活动。如果出现了一个重要的活动转换,就是另一个新阶段。

分析者将重点放在 Smithson School,所以将它放在最后一列,不过学区内其他学校也进行了该项改革,就将其他学校放在倒数第二行。另外再列出"学区"与"州或宏观"层面,这些层面发生的事件都会影响到其下的各层。

然后,分析者用星号标示出"气压计事件"(指某一类事件,它能将过程往下一阶段推动)。

填写资料　该研究已提了一个探索性的访谈问题:"你能告诉我 SCORE-ON 在本校是怎么展开的吗?"请人们描述一下该改革的历史。然后将问题重点转到"采纳":究竟关键决定是如何以及由谁做的、原因为何、另外再问些校外机构与事件——当时发生的重要事件。最后对执行过程也提出类似问题。

分析者去找编好码的札记(寻找有关大事纪这一代码"大事纪"),再把特定事件的说明摘取出来,如"4年级老师说有40名学生只有1~3年级的程度"或"官员们在知觉展示会(awareness fair)看到 SCORE-ON 改革案"。

怎样才算是一个要列入表中的特定行动呢? 分析者采用的原则是:有回应者提到,而没有回应者否认或反证它。如果有2人以上认为该事件重要、关键或"产生重大差异",分析者就加上一个星号。

引出结论　快速看过表5.1,可知发展过程很快。1978年秋天有一所小学的四年级老师发现问题,明显地导致 SCORE-ON 改革案的发现与引进,那是第二年秋天该学区 5 所学校发生的事。

表中的星号也可解释速度问题:教育局在"知觉展示会"看到该改革案时,即主动介入,进行确证行动,如:察看学生档案、学校层面特定的计划规划、指定特定老师去负责矫治实验(指 SCORE-ON)。另外,我们还可看出,全州层面对学生基本阅读能力所做的规定也是背景之一,而老师们的问题报告可能是一种警示或扣扳机的动作——这些便触发了一些行动,这些行动是:学区层面关心"是否符合全州规定"所引发的行动。

等到下一学年时,校外出现预算危机,我们可推论:Title I 基金原来是各校可拿到的,这在最初的改革中扮演了一个重要角色。

表 5.1 也有一些似乎合理的预感。为了检验这些预感,现在可以写一篇有焦点的故事,把不同的线索汇集在一篇有意义的报告中,如果不藉此表,这些东西散落在札记中,根本很难汇集与了解。

以下节录自分析者所写的有焦点的故事,你可以参考表 5.1 来读。

> 州政府由 1971 年开始提出一系列文件,1976—1978 年再不断强化,目的在提升学生学习成就的水平。开始时,这些文件被称为教育中的"质量标准",然后各主科均纳入此标准。后来宣布了能力测验,开始时对 K-3 年级施测,然后是 4~6 年级……经过一些延误,1979 年将全州 4 年级的阅读与数学测验纳入进程,1980—1981 又加上 5~6 年级。

> 学区的反应是要提出"补偿能力方案",藉此强化阅读与数学两科的改进工作,希望至少能达到最低能力水平。

> 上述措施有一种涵义:教师们要为全州能力测验的高失败率负责,究竟是否应该如此,其实尚无定论;但是这一压力仍然在各学校内部扩散开来。老师们仍然如往常一样,把学生的低表现归因于低能与家庭环境。

> 1978 年秋天出现了一股推动力量,那是因为 Smithson 学校有 6 名 4 年级的老师注意到:班上为数不少的学生,他们的阅读成绩大约只有 3 年级程度,甚至更差……没人知道为什么有这么多这种程度的学生升入 4 年级,但是也没人对此觉得奇怪。该校副校长说:"他们的年级太高,程度太低。"

> 这群老师们很担心,不知道究竟应该让这群学生读 4 年级,还是要他们留级,无论采取哪一种方式,因为学生为数甚多,都会造成问题;老师们倾向于要学生留级,但又担心家长会强力反对。老师为了自保,基本上都对外宣称:问题并非他们造成的,问题是前人留给他们的。

> 这些老师和 Robeson 女士联络,她是阅读教学委员会的主席,她又带他们会晤 Bauers 女士——该校的学区督学。

> 这时传来一份通知,提到联邦补助从州教育厅长那里转拨到教育局了。而 Smithson 学校附近举办了一项知觉研讨会,会中展示了一系列的改革方案,其中有不少都是针对能力的补救而设计的。Bauers 女士提议大家去研讨会看看,教育局里有 3 人参加,包括 Bauers 女士、Robeson 女士与 Rivers 先生。他们在研讨会上被 SCORE-ON 方案吸引了。这个方案似乎颇有弹性,可以采用在校内逐渐扩

大的方式被引入 Smithson 学校。它尤其针对阅读与数学后四分之一的学生而设计……

首先由 Walt 先生拟订计划，申请 $5 600 元的经费补助，包括培训与材料费用。州教育厅核准了这项申请。通过之前，Bauers 女士与 Robeson 女士，由 Smithson 学校副校长 Alan Simens 陪同，去教育厅做了一次拜访。

上述文章显示：（a）这篇文章是采用顺叙方式描述，也有分析在其中，它将表中各个层次上的事件编排起来，并充实到故事中；（b）分析者加上了解释性的情况，以显示出某事件如何引出另一事件；（c）回头去札记中寻找，经常可以再翻出一些其他的重要事件，或原表中没有的正向证据；（d）若配合表一起读上述文字，更易于了解，反之亦然。

事件一览表有助于分析者对复杂事件流的理解，增加信心去说明经连结的纪实故事；它也奠定了基础，可以开始去作因果分析：什么事件导致下面的事件，这样的联结背后潜藏了什么机制。第 6 章将再详述因果网络图。

变　体

你也可以把事件一览表只限定在"关键事件"（参见资料 5.3），亦即只列出具重要性、关键性和（或）限定对眼前情境有影响的一些事件。

你也可以把事件一览表画得更为细致，例如：在细格中标示事件的时间，或将阶段定得更细，或以更短的时段（如某教室中每一小时）来列出事件。还可以由微观层面去记录"活动记录"，然后画出网状事件流（资料 5.5）。

事件一览表也可以采用网状事件流（networklike flow）的方式来呈现，图中除了列出事件之外，还可包括一般"状况"或"条件"，例如："缺乏兴趣"（请参考下小节对"事件—状态图"与资料 5.4 的说明）。

画事件一览表还有更多的选择，例如只把主要事件串成网状，每一事件都包括对此连结或因果推力的简要解释（该因果推力将过程由一事件推往另一事件）。资料 5.2 由 M. Pillet（个人沟通，1983）提供，他曾访谈有过中辍大学学业的学生，追踪他们一连串的经验。

资料 5.2 是说明一名学生个案，左栏是一连串的"经验"，右栏是研究者对主要动因的摘述（这些主要动因将该学生推向下一经验）；其中的加号是对各动因强度的评估；减号是该学生对该经验不满之强度的评估。

建　议

事件一览表是很容易做的，它很能帮你了解详尽的过程。详尽的程度也可以有很多种，首先你要想想你究竟要做得多么"微观"。你可以由档案卡（或计算机次文件）中选出候选事件，这样可加强此图表的完整性。

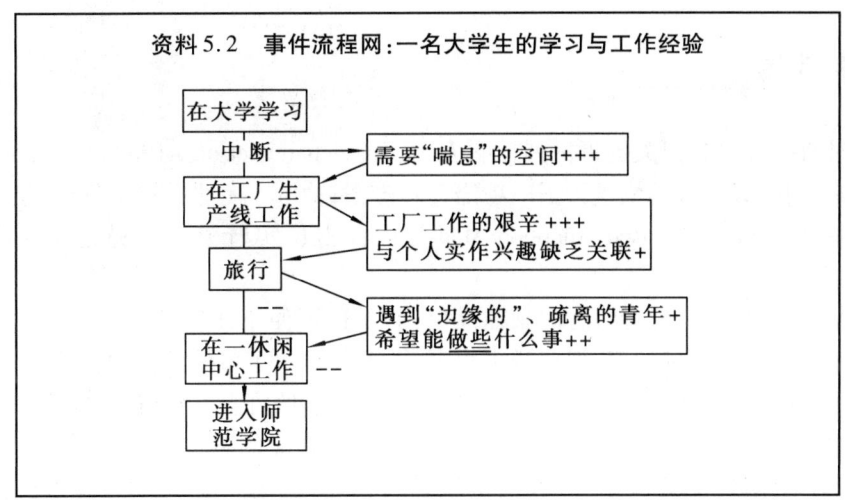

资料5.2 事件流程网:一名大学生的学习与工作经验

画出表格时,横向不要超过4或5列,而且每一列一定要有意义地代表一组分化的类目。不要比研究问题还要更细微的分析(例如表5.1中,就不需要采用教室中的事件)。

如果你事前就知道自己要写一段大事纪的故事,编码时就必须采用"大事纪"这一代码,这样可让你后来不至于为了处理一大堆特定事件而弄得超负荷。如果你要画的事件一览表是正在进行中的(而不是已发生过的),这可能会比较耗费时间,除非你这一路上都能用清楚的代码(如"关键事件")去标示各类主要事件。

还是一样地,你要把作决定依循的原则清晰写下来。当你填入一个词组或资料片段时,标上资料出处是很有用的(即札记中的位置)(如2-31表示是第二次访谈第31页)。你在做全局摘要概览之前,一定要确定已经看完全部编好码的文块。

当你完成事件一览表的初版时,就开始写一份有焦点的故事,这一步需要你再回到札记。请保持开放状态,你可以在事件一览表再加、减事件。也可想想如何对事件及其顺序作些量化的分析[1]。

所需时间

一如以往,所需时间视情况而定,取决于资料编码的质量、事件清单横跨的时间长度、细节的完善程度,以及情境的广度与复杂度。完成表5.1这种1地点、8报告人、编码良好的图表,约费时半天。资料5.2乃是由熟悉资料的研究者,运用一人一次的访谈资料来画该图,约费时15分钟。

若想写出有焦点的故事费时较多,也比写其他图表的分析性文字要费时。若要以10页故事来说明表5.1,费时约5小时,但这很值得。这代表你已初步掌握发生之事,且提示了以后更深度描述、分析与诠释的方向。

---

1 若想采用统计法探究事件史的发展趋势与重要程度,请参考 Tuma(1982)与 Allison(1984)。想要分析事件的"顺序",请参见 Abbott(1990,1992),他所作的讨论是我们所知最为清晰的。如果要探究某段时间内几个变量如何同时发生,若想以简单的方法进行资料展示与分析,请参阅 Frick(1990)。

关键事件图

有时研究者只想把关键事件列在图表中,Stiegelbauer et al. (1982)发展出一种不错的方式,例如有一所学校进行了一项语言新方案,他画了一张关键事件图,这一方案属于 CBAM(Concerns-Based Adoption Model,关怀本位实行模式),邀请了专家参与协助。

资料 5.3 之中,分析者将时间画在纵坐标上,这可便于比较某一阶段所发生的各事件。横向各栏并未排顺序,但要排也很容易,因为标示了事件发生的日期。

每月只选 2~4 件重要事件,在具有催化效果的事件打上方框,包括决定需要此改革之事件、影响校长的执行策略、影响写作技能的子方案的事件。作者所写的分析性评注如下:"各事件间的关系,一方面是依时间排序的,另一方面是与信息交换有关的。对改革案发展有重大影响的包括:教师对方案困惑、教师关注问题的讨论、资源老师所提供的方案的新信息。"(p.17)

事件—状态网

机警的读者可能发现表 5.1 中的某些项其实只显示出一般"状态",例如:"失败率出现警讯"并不算是有时间范围的真正事件,只是事件间的媒介物或连结物。

你可以另外绘制事件—状态网(event-state network),用方块显示事件(方形表示具有特定性且较狭窄的时间范围),用椭圆表示状态(它是较为扩散、较不具体的,为时较久)。方块与椭圆之间用线连结。资料 5.4 即是由表 5.1 转化来的。

事件—状态网是理解一串事件的简单方法。你一旦列出一张事件一览表后,要画出网状图就很快了。你可以先在一张卡片上写下一事件及其状态,如此可累积出一迭"状态"卡;然后在一张大纸上画出所浮现的网状图,再在网状图上加上箭头。第 6 章第 4 节里,我们解释了这种网状图,这在评估某一个案中的因果发展过程方面,特别有用。要建立状态卡时:(a)要再核对一下札记,作为证据,以显示出某事件的结果和(或)前置因素;(b)随着分析的进行,你会对发生的各事件渐渐理解,并让这些概括性的理解浮现出来。等到你整理出一张事件一览表之时,通常你心中已经有了一组大致的通则。画出事件—状态网是个好方法,它可以让你把心中的想法明白表露出来,并变成可以验证的东西。Inspiration 和 MetaDesign 等软件(参见附录)可以帮你轻松地画出这种事件—状态网,还可以随着你的理解作转换与改变。

等你完成事件一览表之后,画事件—状态网就会很有趣而且快速了,如资料 5.4 那样的图表约费时 1 小时。通常不需加上 1 篇长篇大论来说明这种网状图(这种图本身就很简明了),但是可以写 1 篇简短的评析文字。

资料 5.3　关键事件图与时间线

（**摘自** Hawthorn School）　（Stiegelbauer,Goldsteun & Huling,1982）

1980.8		CBAM 为校长办工作坊		学区为资源教师办工作坊讨论
1980.9		9/4;9/24~29 校长会谈教师讨论教师年度目标	9/9;9/16 校长会谈资源教师讨论年度目标	9/3 学区为教师办理作文/资源手册工作坊
1980.10	10/12~15 CBAM 会访教师 *	10/14 校长召开教职员会议讨论作文批改 教师对方案计划委员会会谈感到困惑	10/23 校长会访资源教师讨论作文批改	10/22 6 年级教师告诉校长其他教师对改革的关注
1980.11		11/10 * 校长与资源教师会谈规划作文与委员会 资源教师告诉校长学区的想法,对改革予以澄清	11/10 校长与资源教师会谈委员会(包括 6 年级教师) 11/25 资源教师会访中高年级的委员	校长鼓励各科教师进行作文相关活动 11/25 委员会教师会访同年级的其他教师
1980.12		12/1;12/15 校长与资源教师会谈,规划作文委员会议 12/1 教职员会议中讨论作文	12/10 资源教师与各年段委员会谈整个范围与顺序 12/18 资源教师会访各年段委员,讨论规划事宜 *	12/16 资源教师将检查范围与顺序分配给教师们

符号说明: * 显示关键事件,他们引进一种作文教学方案,将写作教学由原来的语文统整课程中抽离出来。这些事件后来发展出 HAWTHORN 写作方案,主要依据教师的需求,以及资源手册纲要。

加上□的事件表示具有催化的作用,有助于方案的聚集,或是发展出校长的执行计划。

活动记录图

有时候需要你描述的活动,是具体的、反复的、在有限时空中发生的,如:外科手术、教室单元教学、卖汽车、一项逮捕登记、支票兑现、整理花园等。这些活动的模式是反复出现的、可预测的与连续的,而这些活动也正是组成日常生活的材料。

资料 5.5 是 Werner(1992)与 Werner & Schoepfle(1987b)所绘制的活动记录图。图中展示了一些特定的动作,每一动作都标示在一条连结线(带有箭头的线)上。此图里的每一"节点",会被解读为"然后……"。因此,你"取出备胎",然后"取出起重

资料 5.4　事件—状态网，Banestown 学区（节录）

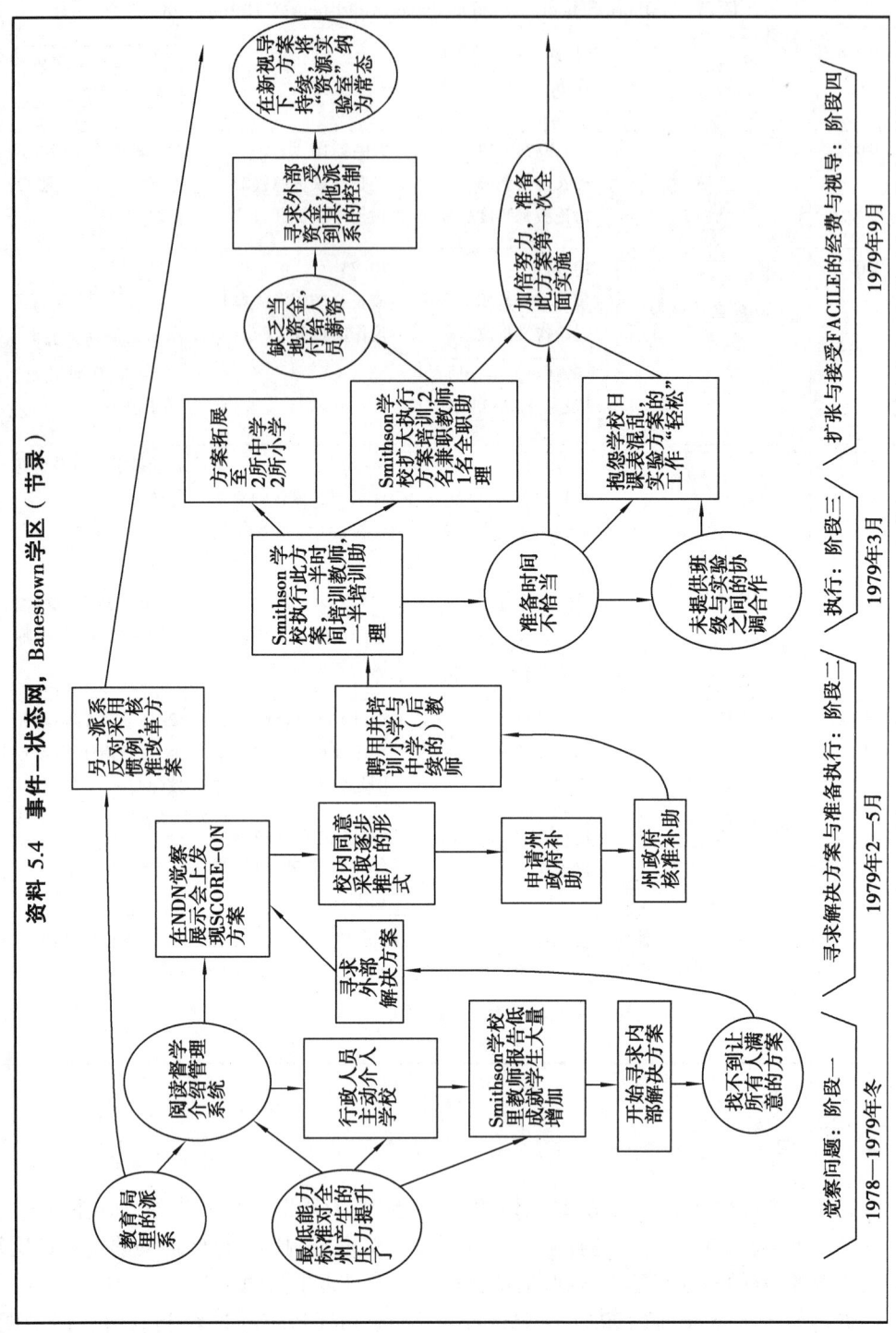

机",接下来"将起重机放在车下",最后"将车举至某高度"。

请注意资料5.5里的较长的那些线段,例如"准备好"是由"取出备胎"与"取出起重机"所组成。同理也适用于"换轮胎":每一个"换轮胎"的动作都包括了"换轮胎"那条线段下方的那些动作。正如Werner所指出的,字面上"换轮胎"这个动作只出现在最尾端;然而,前面标示出的那些动作却是下一步动作在脉络上的重要前提(如果不把车身抬起,你是无法换轮胎的)。

Werner指出,这种活动记录图使活动非常清晰,可显出时间范围、顺序或层级结构;也可以让报告人很方便地检验活动的正确性。

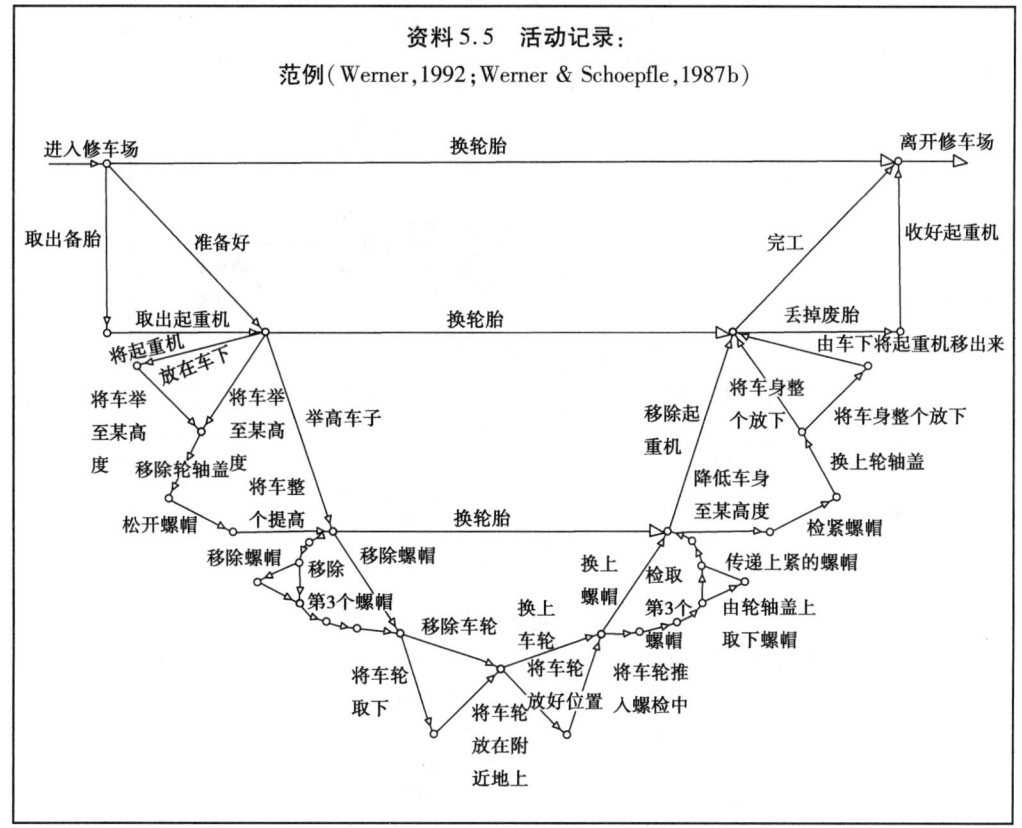

资料5.5 活动记录:
范例(Werner,1992;Werner & Schoepfle,1987b)

决定模式树状图

活动记录图只适合画出类型化的行为,无法从中显示当事人的思考与计划,这些可能隐藏在所作出的各种决定之中。Werner 和 Schoepfle(1987b)另画出一种决定模式图,这种图把内在事件与外显事件结合起来呈现。

此例中,Werner 和 Schoepfle 先引述食谱(Jaffrey, 1975)中的一段文字:

去超市买调味品,可能会出现一些问题。没有很快销掉的调味品,放在架上可能会发霉,比如香气走掉了一些,颜色也会褪了一些,可能有些会有油耗味。因此你可以尝试买整颗的香料,然后自己磨出所需的份量。你可以用咖啡研磨器去磨,也可以先把香料稍稍炒过,再放在蜡纸上,用滚筒碾碎。如果需要的量很大,你可以用电动果菜机碾碎。如果这些工具都没有,你也可以用臼和槌,虽然那有点像是敲碎,而不是碾碎。整颗的香料可以长期保存它的香味。请确定你是把它们保存在密封良好的罐子里,远离潮湿与阳光。需要小茴香和香菜时,可以去印度店买少量的(Werner & Schoepfle, 1987b, pp. 130-131)。

资料5.6是一张流程图,显示出如何将 Jaffrey 的指示系统地表现出来。图中可以

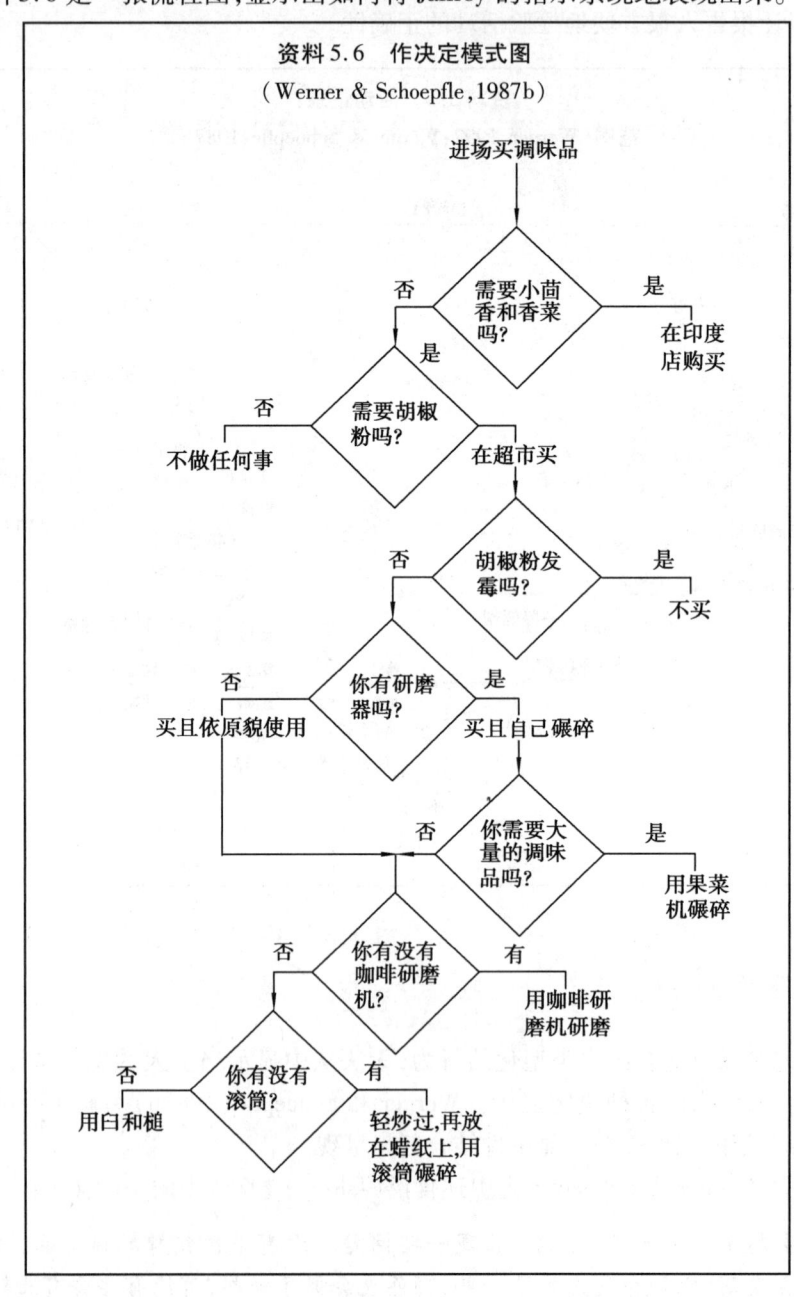

资料 5.6　作决定模式图
(Werner & Schoepfle, 1987b)

省略掉非必要的信息(如各种腐坏的形式、储存的方法),而保留下主要的条件,并陈述可能做的各项决定。

Werner 与 Schoepfle 解释了要如何建立这样的流程图,你可以先逐句分析文字,再把关键的条件、相关联的行动以及预设的位置找到,通常还会找主要报告人检验一下这些资料。为了精确,下一步可以先把这些资料放进一张“决定表格”中,有系统地把多余的部分删掉,得到一张简化的表格,再用此简化的表画出流程图。(许多软件都可以画出这种图,最好的之一是 MetaDesign,它可以把详细的解释文字“藏”在每一节点后面。)

这种决定模式图很有用,可以使隐藏的东西显现出来,而且是清晰的。另有些决定会反复出现,它牵涉许多人与复杂情境,此时也很适合画出流程图(如耕作方式、加护病房的病患照顾、一家餐厅为宴会提供餐饮、处理顾客的抱怨、提出一份签约性的研究计划)。这类研究需要重复访谈多名报告人,希望藉反馈与检验来修改这个模型,再请一群未访谈过的新样本来检验它。

成长梯度图

有时候,我们也可以把各事件想成是某一潜在的变量随着时间在发展,此时可绘制成长梯度图。这是相当抽象的,不过我们回头看看图5.2,就立刻会明白的。

图5.2里分析者最感兴趣的变量,是一项改革的内部扩散情形,也就是指采用改革的教师在数量上的增加。不过这位分析者在梯度图里还加了各种关键事件,例如关键职位的任命、训练等。这些都有助于我们理解那一主要变量的发展(如突然出现在1977 年8 月的工作坊之后)。

时间排序表

问题剖析

对于质性资料,你可以找出其中的顺序、过程与流程,而不只是留下一张“快照”。但如果你要研究的是比特定事件更大范围的现象时,要怎样展示出与时间有关的资料,以便于理解究竟发生了什么? 或让研究者日后能根据这类图表来解释所发生的事?

简　述

时间排序表与我们前述的事件一览表相比,是更为常见的表格。它的横栏乃依时间排序,即罗列出各阶段,你可由其中看出某事件是何时发生的,其基本原则就是依时间排列。至于纵行,就决定于你的研究主题了。

实例说明

在我们那项学校改革的研究中,我们关心的是新制度执行时所做的改变和转化。

我们预测，如果改革想要顺应采用者的需求和当时情境的压力，那么大多数的改革应该都会出现一些类似的改变。

建立表格 我们先把改革划分成几个具体成分或方面，把这些列在表格的纵行中。表格的横栏是阶段，从执行早期到后期。这段时期如果有这些方面的改变发生，我们就做一摘要填入细格中。空白的细格就表示没有发生改变——这是一个好的特征，能让我们看出稳定性与变化性。

表5.7就是填入的结果。这项改革案CARED，是一项提供给高中的工作经验方案。该改革案在官方的资料上，就已经由原设计者列出了几项构成要素，但他们列的要素未必包括了改革的所有重要方面，所以我们另加了"其他方面"这一项，例如：时间与学分和对学生的选择等。这样的方面通常是在田野工作后出现，或是已直接使用过该表格，并对改革的意义有所思考过后才会出现的。

横栏显示阶段，从最初计划时期开始，后面接着三学年。

录入资料 分析者要找出改革带来的改变，必须一个个要素去寻找。这些改变可以在编过码的札记中发现，因为研究者已经问过改革采用者：是否对改革的标准形式做过修改？也深究过哪些部分经过了增添、停用、修正、合并或选择使用。研究者也查阅了某些文件资料，例如评估报告。

这一个案中，有六七名采用者提到改革中有几项明确的改变，这些改变需要教学群密切的配合，教师们每天相互提醒与讨论。所以我们填入资料时确定的原则是：有人提及该项改变，至少需要得到另一人的认可，而且没有其他成员否定。如果符合此原则，就应填入表格中。

引出结论 现在并不是要看最后怎样写出分析文字，而是要看分析者是怎样渐渐引出结论的。你在表5.7中可看见缓慢的趋向或基本的转变，在各具体改变的背后，隐藏着一种渐渐累积而成的趋势。例如横列的"方案的规定或课程"栏呈现出渐增的趋势，亦即对学生成绩的要求越来越严格（技术：注意主旨或主题，详见第10章对此技术的说明）。

在"学生责任与时间使用"这一栏，显示对学生的行为施加越来越多的控制（如使用"绩效责任制"与离开时使用关卡系统）。

有关这些，分析者可以回头参考田野札记中的其他资料，希望能加深理解，尤其可以看看：还有什么人谈到这些改变，以及改变的原因。举例来说，一个成员曾提到："你的头在断头台上……学生的成败会直接报应到你身上……意外事件的可能性很高。"

田野札记还显示出：一些家长曾抱怨学生不能掌握自由；教师会担心学生把分派的工作弄糟。所以加强控制可能是因为教师感到威胁，以及对学生的不信任（技术：注意变量间的关系）。

你会注意到第三项改变：增加常规化，减少个别化，这主要出现在第二年（包括将学生成批处理、减少独特的计划，外加各种标准格式）。田野札记显示全体人员全力投入方案的要求中，经过一年的锻炼，他们已经可以常规化和简化个别方案的规定；减

表 5.7 时间排序表：CARED 改革的改变(一项工作经验方案)

改革方案发展者所提出的要素		计划期间 (1977.1—6)	第一年 (1977—1978)	第二年 (1978—1979)	第三年 (1979—1980)
个别化	学生责任感与时间运用	增加日志/时间表	增加纪律方面的绩效责任计划	对学生的处理出现整批处理的趋势，鼓励标准方案等	拒绝接受迟交的作业；学生会不及格
	直接接触工作经验			增加有关学生离开工作室的关卡系统	出现一些趋势——减少个化/探索；更长期的安置；工作地点的便利
	方案的规定/课程		增加基本能力的直接教学与工作区分开来	更多胜任能力方面的规定	更多胜任能力和方案方面的规定
	学习策略	并未包括雇主研习；将"胜任能力"的经验予以强化	撰写新的"胜任能力"；摒弃学习风格的工具；新基本能力的教材	学生学习计划只有一学期；更强调基本能力	日志中有更多例行性的沟通；较少强调协商
	家长参与		家长的咨询会议加入	咨询性会议减少并停止	减少对家长报告时的详细程度
	时间和学分	减少为 4 小时的时段；学生必须上另一课程			
其他方面	对学生的选择			从完全随机的选择，转变为学生自己选择，加上一点随机	社经地位较低的学生
	方案规模		32 个学生	64 个学生	70 个学生；第二学期减少到 50 个名额；下一学年减少到 25 个名额(限于高一参加)

少家长的涉入可能也是一个相关的问题。

其他还发生了哪些事? 在表中归类为"其他方面"的部分,提供了一些额外的线索。田野札记显示出,在计划阶段时间与学分方面的改变,是一些校长协商的结果,他们非常反对学生离开学校一整天。分析者推论:根本的问题是校长们反对这个方案,因此建议增加对学生成绩的重视,这样校长们才愿意为此改革签字。

我们也同时看到第二年在计划结构方面有重要的改变:原来是随机选择学生,后来改成学生自选。田野札记显示这样的决定是由校长们和指导老师们所促成的,他们反对让要进大学的学生加入,希望这个方案成为表现不好和边缘学生的安全阀。因此这个方案变成是这类学生的一种垃圾堆积场或绿洲(这是譬喻技术),这样校长们的支持才变得比较高。前面两年附加的夏季方案,也是一种获得校长签字的策略。

再来看"方案规模"这一列。虽然方案在第二年翻了一番,但是第三年大大地削减。很明显地,赞同不够,此个案中严峻的资金问题此时开始出现(发现中介因素技术)。

我们可以看到:表5.7帮助我们了解随着时间出现的几种变化,并指引我们回到原来的田野札记中寻求解释。然后再反过来,去看表格中其他的改变,检验一下由札记产生的解释,是否符合研究者所提的那些改变趋势(技术:检验如果—那么关系)。

所以分析者可以在这里结束。写报告时,我们可以把拉出的线索都汇集在分析性文字中,或者也可以把表和分析性文字一起呈现,但可能还需要我们再多做些处理。例如,趋势看起来似乎有理(技术:找出看似合理的东西),但是我们或许在证明它们时太凭印象了。表5.7对于读者或许太"杂乱"和没有焦点——它比较像是暂时分析的展示,而不是最后发现的呈现。

解决这些问题的一种方法是浓缩矩阵表,以便能检验最初分析所观察到的趋势,并且替读者和研究者摘出关键信息。

表5.7可以用许多方式浓缩。一种方式是用"命名"的方式把许多变化"标准化"——就是找出动名词。例如控制、抓紧,以便指出改革推动时,究竟发生什么事情?(技术:聚类)然后试着把那项转变放在当地的脉络中,推论出那项转变对这个个案的意义。结果就会形成摘要表5.8。

阅读表5.8"趋势"这一栏,清点每一个主题所提到的数量,以证明最初分析的正确性。核心主题确实是更严格地要求成绩("注重课业")、更多控制、增加常规化和减少个别化("标准化")。你或许可以试着用一个总括式的标签来代表这组资料,例如"自保性的精简"。这样就将特殊纳入概括之中,这样的贴标签方式可以引出最后的分析性文字,对于研究发现的提出会很有帮助。

再看"重要性"这一栏,有助于精炼出潜藏的话题,例如精疲力尽、缺乏支持,还有改革的需求与组织程序、当前环境规范之间的不一致等。

变　体

为了要提出报告,在表5.7的每一个阶段之后增加一栏或许是有帮助的。这样可以帮助研究者推测潜藏的,或可能导致变化的事件(如:寻求支持、常规化等)。

表5.8 时间排序表摘要:供检验与解释 CARED 革新案里的改变

构成要素	趋 势	对现场意义的重要性
个别化	标准化	减少个别化,为回应方案的要求,显示出日趋有效率的标准化
学生责任感	控制,抓紧	对于学生的不信任,反应出老师的脆弱
直接接触工作经验	简化,标准化	回应方案的需求:减少方案的创新
方案的规定	注重课业	显示方案的脆弱;在两所高中里此方案居于边缘——再一次减少 CARED 的创新
学习策略	注重课业,反个别化,简化,标准化	更多全面性的例行化
家长参与	减少,简化	回应方案的规定
时间和学分	减少,注重课业	低年级实施:反映校长对于方案的反对
选择学生的方式	学生自己选择	方案变成"垃圾场",但同时才能获得来自辅导人员和校长们较强的支持
方案规模	成长,然后缩小	显示预算问题,可能支持也不够

表5.7 中的阶段是相当长的一整学年,如果依据研究的现象来划分,你可以把时程分得更细些(如:学期、月、周、天、小时)。

表5.7 的细格是填入明确的改变。而你也可以填入特殊事件,例如决定、行动、关键会议或危机。

表5.8 纵行是改革的方面或是构成要素。还有许多其他类型可以放入纵行中,例如角色(校长、老师、学生、家长)、事件类型(已规划的或尚未规划的、关键性的行动)、场所(班级一、班级二、操场、校长办公室、教育局),或是活动类型(教学、咨询、正式会议)。

建 议

当你的原始资料已经相当完备的时候,可以使用这种描述性的时间排序表,回到原来已编码的田野札记,开始着手发展可能的解释。

你要确定所选的阶段适合你所研究的对象。好的阶段应该是可以把你想要按先后顺序处理的事件分解开来,而不是将它们混成一大锅。

分析时要特别注意,这种矩阵表能带给你有关事件发生的时间和顺序——最早发生什么? 之后? 后来? 并且显示出顺序。这种时间图表也可以显示出稳定性(在这一种表格里,空白的格子就表示稳定)。

经过一些初步的分析,请想想纵行的安排方式是否有意义。你或许需要用"趋势"或"方面"重新组合它们。请想想是否要画出下一个浓缩的表格,以便增进你的了解或是读者的了解。

所需时间

如果田野资料已经编好码,能让你轻松取用,类似上面的一张时间排序图表通常编制的时间是 2~3 小时;分析和撰写还需要另 1 个小时。但如果你想用一张吸尘器式的表格,以呈现大量的原始资料,而且其中的概念焦点较不清晰,那么你就得花比较多时间。

第 4 节　角色排序图表

第三类的图表是依据角色来排列资料,包括正式或非正式情境中的角色。

角色排序表

问题剖析

我们绝大多数的人都生活在团体与组织中,而许多学者研究的就是团体与组织,如:社会学者、保健研究者、人类学者以及企业理论学家等。我们这些人都知道:你如何看待生活,取决于你的角色。而角色是由期望与行为组成的复杂物,它决定了你要做什么,应该做什么;角色就像在某情境下,某种类型的演员,而家庭、教室、委员会、医院、派出所或跨国公司等,都是情境。妻子看世界的方式和丈夫不尽相同;而母亲的观点和父亲、女儿的也不尽相同。医生眼中看见的往往是疾病,而不是人,但是病患多半不是如此。老板大多看不到员工遭遇到的挫折,部分缘于老板与员工距离遥远,部分缘于部属在向上级报告时,才能侦测到坏消息。教师每天要与数百名学生,进行高速的互动;校长则是与家长、书商、秘书、教育局官员及教师接触,两者的互动性质不尽相同(参见 Huberman,1983)。

你要怎样有系统地呈现资料——就某项有趣的主题,来比较各种角色的差异? 或是同一种角色的一些人,他们会以怎样类似方式看事情? 答案是:你可以使用角色排序表(role-ordered matrix)。

简　述

角色排序表即是将资料依据角色填入行、列,而资料可能来自这些角色负载者,也可能是别人对他们的看法,总之,这些资料反映了这些角色的观点。

实例说明

我们还是以那项学校改革研究案为例。我们想知道:人们第一次面对改革时,如何反应? 这一基本问题可以延伸出以下的子问题:

- 改革的哪方面特征,会在人们心中凸显出来?

- 人们如何根据改革的最终施行来作出评估？
- 人们认为改革在教室或组织阶层需要做哪些改变？
- 该改革和先前的班级风格或组织的工作安排，匹配的程度如何？

建立表格　你要谨记在心的是：我们要看的是不同角色对这些问题的答案。要考虑哪些角色呢？这些角色应该是参与了改革，而且可以提供有意义的反应。例如老师、校长、教育局人员、部门主管。这张表格的纵行可以排入这些角色，但如果你想做角色内的比较，纵行则可以放置个人，但这些个人必须属于同一种角色。你也可以依据各角色实际上距离改革的远近来排序。横栏填入的则是研究的子问题。

表 5.9 就是这样的一张表格。该改革是在高中实施一项密集的补救阅读教学方案，包括英文、数学、科学等 3 科。

填入资料　研究者先从已编码的札记中，找出相关的资料。要选哪些人纳入表格中呢？是仅选直接参与改革案的人？还是把有利害关系、但较间接的人士都纳入呢？表 5.9 囊括了 3 类人士，第一类是所有和改革直接相关的采用者，第二类是未直接采用改革，但有利害关系的学科召集人，第三类是主要的行政人员，虽然他们并未密切地与采用者接触。

表 5.9 每一细格填入的是编码后的札记里每一相关资料的简短摘要。做决定依循的规则是：该相关人士对改革的回应，在札记中并无其他与之相矛盾的回应，便可摘录并填之。"不明"（"DK"）是表示资料缺失，可能因为还没有问到那个人那项问题，或是问了并没有回答，或是答案含糊不清。

引出结论　现在我们来看表 5.9 的内容，可以看看角色内及各角色之间，究竟发生了什么事。头两栏最明显的是：很多老师，特别是英语科老师，把补救计划视为是规定，认为可调整的空间很小（技术：清点和比较）。而这类老师也是使用该方案时间最长的一批人。这显示：在引介该方案初期，最被强调的特质就是规定性（技术：注意变量间的关系）。也有几位老师提到了复杂性（但请注意第一年的使用者比较倾向于把计划看做是简单的、易使用的，这显示出该方案具有相当的稳定性）。

再来看看表中的学科召集人和教育局人员，情形就不太一样了。他们倾向于采取"大图像"的观点，强调"课程"等。虽然他们也强调规定性（"照做就可以了……决定于是否能如实采用"）；他们对复杂性的问题，没有作清楚的回应（例如课程主管的态度，他是该方案的主要倡议者）或是说："任何老师都能成功地使用这个方案。"然而当面对这项一开始就有所要求的、严格的方案时，教师们似乎不像他这样笃定。（技术：作比较）

再来看第三栏，我们会看到角色—观点上的差异。有两位老师提到教学群是可预期到的改变，亦即个人会减少自由，且每个人要为团队的计划与工作风格来负责。行政人员则认为教学群对于执行计划的几个方面来说是必须的，团队还可以协助较弱的老师向较强的老师学习，而做得更好。但即使如此，行政人员并不认为组成教学群是明显的改变，他们说：组织不需要做任何改变（"这个方案是依据我们学校结构来设计的"），他们也曾表示不知道组织是否要预做调整。

表 5.9 角色排序表:对改革的初步反应

		认为方案的特征	对改革的评估	预期班级/组织的改变@	与先前风格/组织情境的搭配@@
教师	+ REILLY 第 4 年采用	高度结构化	少自由	不明-1	不明-3
	+ Kennedy 第 4 年采用	吓人的表格 过多目标 大量讲义	困难、复杂 没有自由	要组织教学团队(失去独立)没有 Scope Magazin 可用	很差;采用者觉得她被锁在结构中和别人的计划里
	+ Farr 第 1 年采用	技能导向,规划良好的活动	简单,清楚 容易使用与理解	改变方向的自由变小了	相当良好;采用者觉得自己是个有条有理的人
	+ Rogers 第 2 年采用	规定的 呆板的	令人困惑的 过简的内容	第一次教低成就学生	作文习作搭配不错;文法太简单
	+ Fleming 第 4 年采用	规定的 运用媒体的 团队的 严格监督的	许多材料 极复杂 不够清晰	会和其他全才型老师一起工作	不明-2
	* Bemming 第 1 年采用	目标太广泛 内容佳	类似先前的课程易于使用	会调降目标 会增加游戏与活动 目标提供给学生	密切搭配;当预期到会做的改变时
	* Thatcher 第 2 年采用	(撰写科学课程) 技能导向的 着重阅读	太琐碎	不明-1	尚可;阅读新颖;实验较少
	#Wojick 第 1 年采用	多种模式(习作簿、习作单、电脑终端机)	易于使用 水准与格式正确	不明-1	不明-2
	#Muskue 第 2 年采用	电脑终端机 简短的习作单	前半有瑕疵 后半命中目标 变化良好	不明-1	不明-1
学科召集人	Van Runkel 科学召集人	科学教材修改,加强阅读活动,有弹性	质疑重组后的内容统整性是否良好	无改变——同样的老师在教学,只不过采用的是新课程	搭配不错;方案取代了旧课程
	Mannhoeller 英语召集人	课程的横向与纵向组织均良好,加强 3 部分	观念正确 端视是否能忠实地照计划实施	不明-1	搭配不错;部分方案填补了基础课程的缝隙
校长	McCarthy Tindale East 高中	不明-2	不明-2	不明-2	搭配不错;维持原有秩序,没有特别要求
教育局官员	Crowden 课程主管	低年级的 3 部分 循序的 综合性的 加强	照做就会见效 任何老师都能使用成功		密切搭配;同样的人员与教师撰写课程,同样的权力结构
	Mann 局长	不明-2	不明-2	不明-1	搭配不错;该方案是本学区所做之成功的课程修订

+ = 英文老师   不明 = 不知道
* = 科学老师   不明-1 = 没有提问
# = 数学老师   不明-2 = 问了,但没有答案(回应者迷失在问题里,不知道答案)
                       不明-3 = 含糊的答案

@ = 问老师教室改变的问题;问其他人组织改变的问题   @@ = 问老师有关个人风格的搭配问题;问其他人有关组织的搭配问题

我们继续运用比较法来看第四栏,其中显现了不同教师的"个人搭配情形"不尽相同,取决于他们对方案内容的观点、他们自己的风格,还包括相关的组织问题。然而,行政人员却一致强调组织阶层的搭配情形良好、课程适切,且与学校现存结构相合。课程主管也提到一个事实:新方案课程是老师写的。

总而言之,这种矩阵表让我们看到角色间及角色内的差异。在这个例子里,一开始就加入此计划的英语老师比后来的使用者,以及数学科、科学科使用者都来得更为困难。表5.9也隐藏着不同观点后面的问题(例如,方案采用者担心教学群的问题,但这似乎被行政人员忽略了,虽然他们知道教学群是成功的关键)。

就各角色内的状况来看,正如预期地,局长对于改革知道的很少。让人惊讶的是,校长也是如此。我们就此问题再回头查验了田野札记(技术:追踪惊异处),田野工作者提到:官方在描述这个区域高中的校长角色时,事实上禁止他们做课程决定,而规定那是教育局课程主管和学校学科召集人的职权。

我们也可使用如果—那么检测。如果教育局的课程主管和学校学科召集人共负课程决定之责,则他们对改革的观点,会比他们与教师的观点更相似。我们再看看表的纵向,可看出学校学科召集人的观点的确比较接近教育局行政人员,而与教师观点差异较大。

变　体

表5.9着重的是不同角色,表中的角色是资料与认知的来源。你也可以另画一张角色排序表,但把角色当成是其他人行为与认知的标准。例如部门主管、校长、教育局人员如何看待老师? 当你经过初步分析,找出主要趋势后,你可能还想更仔细地看看细节,例如研究发现似乎是初次执行时间(分为第一二年后期采用与第四年早期采用两种不同的时间)以及角色间差异(采用者 vs. 行政人员)的函数。因此我们可以将表5.9再作精简,根据前述两方面,来重新安排资料(参见表5.10)。

表5.10　角色排序表:分析初期发现后绘制的下一矩阵表实例(对改革的初步反应)

角　色	认为方案的特征	对改革的评估	预期的改变	搭配度
第四年的早期使用者(N=3)	结构、规定性	复杂、低自由度	教学群	不好*
第一、二年的后期使用者(N=5)	内容的聚焦多种模式	容易使用	——#	良好
行政人员(N=5)(全部合计)	增强、有顺序、整合	关键是忠实地使用	很好	良好

*教师回答不知道,此细格的资料乃由第四年使用者对这类问题的其他回答来推断的

#独特使用者的回答

表5.10做了更进一步的浓缩,可以呼应分析性文字的内容,确认并聚焦那些内容。表5.10使得方案中的对比显得更明显,包括后来与早期采用者之间的差异(反映在他们对于除错与放松的做法上),以及采用者与行政人员角色上的差异(反映在他们的观点与优先级的差异上)。

画出表5.10所依循的决定原则如下:(a)"标准化"每一细格内容,填入更为一般性的描述词。(b)填入典型回应(modal response)。正如符号说明所示,这些原则不容易执行,也会有些问题出现,如:响应人数少、响应人数不相等、不同类行政人员被混为一类,或是资料漏失。这些问题应该在正文或符号说明中厘清。

如果要由表5.9这种有缺漏的、分歧的资料中,引出什么有用的结论,一定会让人颇为惊异。如果资料单薄或质量堪虑,就不能再画进一步的图表,因为这会产生误导。Dawson(个人沟通,1983)提醒此处有一种风险:用系统性的方法展示资料,比起不用系统法,可以让研究者得到更为强劲但却有误的研究发现。因此,现在又多了一项理由——质性研究者更应该详述研究程序,且留一条清晰"可查证的痕迹",以便让其他人来查证。

建　议

如果你的个案是单个人,角色排序表很能帮你显示角色伙伴们如何看该个案,或是该个案与他人的互动情形,画这种表会比上述范例更为简单。

厘清你认为最有关联的角色清单,不要让明明是边缘的角色加入表格中,造成表格超载。如果需要的话,你还可以用次角色来细分表格(例如数学或科学老师)。如果你想分析同一角色的各个人之间的相似性或相异性,那么你可以把个人资料填入表中。

要注意每栏所探究的问题,对于不同角色而言,这些问题都应具有其意义才行。

当资料有缺失、不清楚,或在第一现场未询问到该资料时,要明确标示出来。

回到田野札记去测验浮现的结论,尤其是当那一结论涉及资料登录的原则之时,更需要去查看札记;就像上例中做了诸多简化的决定,此时更应该回头去看札记。

请一位同事帮忙看看你的分析与结论。因为我们这些研究人员先前可能对角色差异有一些亲身经验,这可能导致我们对角色排序表太快下结论。例如表5.9中,分析者原本强调:"教师们不想做协同教学",他原本把这当成主要结论;这是因为他想起有关教师孤立的著作(Lortie,1975),另外还有几位老师的生动评注。但一个同事帮忙指出,协同教学的议题只显现在两位英文科早期的采用者身上,虽然另一位英文老师也提出有关"自由"的议题,但似乎比较与该改革具有的规定性有关,而不是因为受到同侪的压力,以致让这位英文老师觉得自由度减少了。初期的资料分析,就像上等白兰地,需要经过两道蒸馏的手续,才会被沥取出来。

所需时间

上例采用的是一个相当清晰的半结构式访谈,访谈问题也都直接与表格各栏相关,而且每种角色的资料都已编好码,如果是像这类研究,要建立角色排序表,并填入资料,可以相当快捷,大约 2 小时。分析与撰写也很快——1 小时或更少。

角色—时间表

从之前的例子可以看出:角色排序表(Role-by-Time Matrix)最后通常会包含时间。事情何时被做,还有以某种角色、对某种角色而做,这常常是很重要的议题。资料 5.7 显示了随着时间发展,不同角色提供了何种协助给改革使用者。那位分析者发展出一张协助类型的清单,并想知道哪种角色(局长或其他什么人)何时提供何种协助。

当你注意到提供协助这一问题时,你很快就会发现:局长没有提供协助;相对地,校长和教师同侪则在初期提供了从中等到重要的协助。他们都提供了支持(支持),而校长还强调增进求助者的利益(增利益),同侪则是提供直接的帮助(促进)。

这项改革案的创发者提供很多训练(培训)、解决方法(提解法)、增加资源(增资源),以及在训练过程中提供支持(支持)。第二年时有一些协助延续下来,但到第三四年时就没有了。改革的运作只依靠着从同侪得到的少许帮助与支持。

资料 5.7 也告诉了我们欠缺哪种协助:没有人直接管控(管控),或追究或反馈资料(求反馈)。

资料5.7　角色×时间矩阵:以阶段来区分角色所提供的协助

局长	无	无	无	无
校长	重要的增利益、一般的支持	重要的增利益、重要的支持	一般的增利益、一般的支持	无
方案开发者	一般的培训、增资源、提解法、支持	少许的提解法、支持	少许的支持	无
使用者的同侪	一般的促进、支持	一般的促进、重要的支持	少许的促进、一般的支持	少许的促进、支持
	训练期 1976 春天	第一年 1976—1977	第二年 1977—1978	第三、四年 1978—1980

管控 = 控制　　　　　　　提解法 = 提供解决方法
增利益 = 维护求助者的利益　求反馈 = 正式查问反馈
培训 = 教学/培训　　　　　增资源 = 增加资源
促进 = 促进　　　　　　　支持 = 支持

这八种协助的类型,是从先前学者所做的研究(Nash & Culbertson, 1977)得来的,并且是依指导性由高而低排列的。我们可下结论:所提供的协助大部分是采用者中心的,并且指导性较低。

运用这种浓缩式的表格,意味着:(a)填入的资料背后,要有一个良好的概念基模做基础;(b)你必须非常清楚填入资料的决定规则。要写分析性文字时,应该回头参考田野札记,以供举例与澄清之用。

第5节　概念排序图表

本节将介绍以概念或变量排列资料的图表。其实,就某种意义而言,任何一种图表都必然是以概念来排序的,不过其中有些图表更是以概念为核心来排列资料。

概念汇集表

问题剖析

有些研究处理一大串问题,呈现研究结果时,如果依研究问题或研究个案一一呈现,结果会让研究者与读者都昏了头,此时最适合将多个研究问题汇集起来,如此才能容易产生意义。

简　述

概念聚类表(conceptually clustered matrix)的行与列,是把"属于同一挂"的项目集中起来。你可以依两种方式来做,一是依概念来整理,一是依经验资料来整理。依概念来整理,是指研究者在相关理论与主题中,先前已经得到一些与该类项目有关的想法。依经验资料来整理,是指资料分析初期,你可能发现,虽然报告人是在回答不同问题,但他们却会把那些问题关联在一起,或是给你相似的反应。无论采取哪种方式,整理这些资料的原则就是,将一些概念上有关的东西集中在一张表格里。

实　例

例如,我们的那项学校改革研究,想探究采用者与行政人员对实行新措施的动机,另外一项更具体的问题是:这些动机是不是与生涯发展有关(如:报告人是否关注自己能因此改革案而升级或换工作)。所以我们原本就认为这两个问题是可能有关系的。等聚类资料时,我们看见这两个原本的动机问题和另两个问题是相关的;第一个问题是核心性:这项改革是不是比其他日常工作更成为采用改革者的重心;第二个问题是态度:这个报告人第一次得知此新措施时,是否喜欢。我们想知道,人们的动机和他最初的态度之间是否有某种关系存在。

想回答上一个问题,最好的方法就是把所有相关问题的答案都汇集起来,此处不仅有一个待深究的关系,还有一个一般性问题(亦即"初始态度"),以及一个可能性;因此此处可以一次处理三个研究问题。

建立表格　我们需要的表格应该满足以下要求:(a)在一张图表里呈现各主要报告人所有的相关反应。(b)可以对各反应作初步比较,也可以对各报告人作初步比较。(c)让你看出这些资料下一步可以怎样去分析(如:是否要将单一问题回归到原来的位置去处理,或是将多项问题汇集起来去处理)。(d)如果你是做多个案研究,这张表格可以让你轻松地做跨个案分析。(e)多个案研究中,此表预先做了标准化的工作,产生了一组内容分析的主题,所有的个案分析者都可使用此表格。

当你要同时处理几个概念的或经验的相关研究问题时,你可以先画出一个简单的"报告人—变量"矩阵,如表5.11所示。这张单面表格,可以放进所有回应者及其对4项研究问题的回应。所以,这张表是依角色排列的,你可以比较采用者与行政人员,但同时也是依概念排序的,因为横栏各项属于概念排序。此表也可让你对各反应做预先分类或分等:如动机的类型与"生涯关联"有无关系,改革居于核心的程度,以及初始态度的正负倾向。

表5.11 **概念汇集表:动机与态度**(格式)
研 究 问 题

报告人	动机 (类型)	与生涯的关联性 (无/一些)	核心程度 (低/中/高)	初始态度 (正、中、负)
甲采用者				
乙…等				
丙行政人员				
丁…等				

登录资料 现在再去看看与该研究问题有关编好码的文段。把一个个报告人的动机记下,然后为该动机贴上一标签。例如有一个报告人回答了好几个动机:她听说这个新措施有多好(社会影响);她基本上是想"真心相信它"且"愿意采纳它"(压力);大多数老师都已开始或准备开始采用它——"它正流行"(从众);采用新措施是给自己成长的机会(自我成长)。此阶段最好还是采用你最初选用的标签,不要把所有报告人的反应简化为更少的标签;因为如果现在你只为这些资料做初步的塑型,可以让你以后拥有较高的自由度。

研究者现在再来看"生涯关联性"。研究者先把每个报告人实行此措施的生涯关联性摘为一个词组或句子,然后再为其他细格寻找证据,以显示此新措施在人们生活中的核心程度,以及人们最初的态度。研究者对此二问题,都是先评定一个一般性的等级,再将明确的引述文字附在等级后面。填入资料后,就出现表5.12这种表格了。

研究者把编好码的文块,分为四种资料填入细格中:标签(如:"自我成长");引述文字;短摘要语;等级(无或一些,低或高,正向或负向)。标签和等级可以让你比较各报告人,若需要的话,还可以比较各个案。引述文字可以让读者知道那些材料的根本意义;另外在等级与标签中填入一些引述,也可让研究者写分析文字时方便地引用。

另外填入的短摘要语,可以用来解释或证明某一等级(通常该格中,不再填入引述,参见表5.12"生涯关联性"一栏)。一般而言,在标签或量尺旁,加上一短引述或解释性的词组,是不错的点子。研究者可以把各式反应,用一些基本类目汇集起来,但那

表 5.12　概念汇集表：Masepa 学区各代采用者和行政人员的动机与态度

		动　机	生涯关联性	核心程度	对方案初始反应
早期的采用者 1977—	R. Quint	<u>自我提升</u>："为了更好，我必须改变……，也许我目前的教法不是最好的。" <u>压力</u>："他们要我们改革呀！" <u>社会影响</u>："每个人都说 G 做得很棒。"	无关联：只为实作改良	高："这是别人叫我去做的事情里最重大的一件。"	<u>中立</u>："没有任何所求。他们说不错，我就去试试看。"
	L. Bayeis	<u>观察</u>："看到 G. Norrist 做，有了些印象。" <u>适合个人风格</u>："我到处找一种教阅读的不同方式。" <u>实作改良</u>："寻找一种不同的方法去教阅读。" <u>新奇</u>："一直做一样的事，你会厌倦。"	成为培训人员；也成为 Title I 的协调人	高："这是我参与的事情中，最重要的一件。"	<u>喜欢</u>
第二代采用者 1978—1979	F. Morelly	<u>社会影响</u>：听过几位朋友谈此方案。 <u>使努力了有了有力的理由</u>："我要以培训来获得再次通过检定的荣耀。无论如何，我要坚持完成它。" <u>压力</u>："Weeling 先生是我们会去做的理由。他是多么热心这个改革呀！"	无关联：可能有助于她在此校工作的稳固	高："这是自从我毕业以后，唯一一做过的新事情……我一定要这么投入。"	<u>中性的</u> 正负感受都有
	L. Brent	<u>社会意见、影响</u>："我听说它不错。" <u>压力</u>："(Weeling)是要玩真的，他们是当真的。" <u>从众</u>：学校里大部分人都这样做或准备这样做："这就是即将来临的事。" <u>自我提升</u>：有机会让自己"不断成长"。	无关联，可能有点害怕	高："它会是场梦魇。"	<u>不喜欢</u> 培训开始之前
近期采用者 1979—1980	V. Sharpert	<u>义务</u>：是获得教职所必要的条件，"我别无选择。" <u>实作改良</u>：进行职前训练。	在此学区教书必要的门票	高："我的第一份工作。"	<u>中性的</u> 正负感受都有
	A. Olkin	<u>社会影响</u>："听说不错"……"有个好友喜欢它。" <u>压力</u>：受到 Weeling 与 Dahloff"强力地鼓励。" <u>观察、示范</u>：看到 G. Norrist 做，"她真让我印象深刻。"	无关联：觉得受到行政人员的指定	高："这是我真正的一件大事。"	<u>中性的</u> 正负感受都有
	S. Sorels	<u>观察</u>："对我自己的小孩很有好处……在阅读、拼写、工作习惯方面都有很大的转变。"	是获得全时教职的门票	高："这对我真的是一大步——一个大转变……（没有其他任何事）在我的生涯里是这样重要了。"	<u>喜欢</u>："我对它很兴奋。"
非采用者	C. Shindler	<u>相对较差</u>："我的教学方案更好。" <u>与我的风格不合</u>："太学术性……太设计性。"	无关联	不适用	<u>不喜欢</u>
行政人员	K. Weeling 校长	<u>符合需要</u>："当时我正在寻找一个高度结构化、技能取向的阅读方案。" <u>新奇、可能改善实况</u>：进行阅读的精熟学习，让人好奇；很想看它实际的运作。	起初没有；后来很赞赏此方案有助于学校的能见度	高："它是我投入最多心力的事情。"	<u>中性的</u> 后来喜欢
	J. Dahloff 课程主管	<u>相对较好</u>，该方案具有表面效度："结构良好"，可用于其他科目。 <u>写作改良</u>：初任教师的阅读教学准备不善。"我们正不知如何帮这些初任教师……他们正好可以学这个方案。"	一系列业务里的另一项业务	中等："这是我所做很多事情中的一件。"	<u>喜欢</u>
	W. Paisly 局长助理	<u>社会影响</u>：Dahloff"帮我了解此方案。"	无关联	低："它没什么重要。"	<u>中性的</u>

些反应可能实际上指不同的东西(参见表5.12"核心程度"栏下各个"高"反应项)。如果后来你觉得汇集在一起的东西太笼统了,或觉得其中某部分让人困惑,那么这些短摘要语立刻就可以提供参考、厘清观念了。

引出结论 由表5.12的各横列来看,可看出每名报告人的一张省略图,还可以将此人对不同问题的反应,其间的关系作一初步检验(技术:注意变量间的关系)。如L. Bayeis的确有生涯关联的动机,他把此改革者看得非常重要,因而开始就喜欢此改革。但R. Quint就不属此类,甚至是相反的一类。我们必须再多看几列。

用比较方式继续看各横列,并比较各群组。另外,还可以就"生涯关联性"、"核心程度"与"初始反应"来作比较。

表5.12包含的东西很多,分析者依据执行改革案的时间(早期采用者、第二代、近期采用者)及其角色(采用者与行政人员),将报告人排列出来,另包括一名未采用者,这样你可以将采用动机与拒绝动机作一对照。你可以练习一下由表5.12可引出什么结论,然后再来看看我们的答案。

沿着表5.12各栏看下来,你可以看到下一步要分析的信息与线索。第一栏中,很明显地,"社会影响"的出现频率很高,而"压力"的人次也值得进一步注意(技术:清点)。

如果你用对比或比较的技术,还可以得到更多结论。例如采用者中有好几人是有"生涯关联性"的考虑,不过没有一个行政人员是这样的。采用者"核心程度"很高,但行政人员则不然。初期,采用者较行政人员少持正向态度。由横列来看,你可以运用注意变量间关系的技术,3名具有"生涯关联"的采用者,其中2名显示了变量间的关系是存在的,亦即高核心程度与正向态度同时出现。不过并没有出现相反的情况(并未出现低生涯关联性、低核心程度与中性或负面态度)。这似乎显示:如果某人初期的态度是中立的,只要他不要太过担心是否会做得好,日后他自然都会变得较为喜欢此措施(技术:找出中介变量)。这是个好实例,可看出把"引述"或解释性词组放在细格中的好处。(此例中如果只有"中性的"这类词语,是看不出上述结论的。)

变 体

多个案研究中若要用此概念聚类表,你可能会有些矛盾:究竟只要依此个案画表作分析,还是要顾及后面的跨个案分析,对此我们可以藉表5.12来说明。表5.12显示的是Masepa这一学区的状况,若不看使用的阶段,对所有的采用者而言,主要显示出来的基本模型就是:压力;高核心程度;初期中立偏混杂的态度;人们表示这项措施是他们所做"最重要的事"或"最重大的一步"。这里,我们看到了此表的概念核心,单个案研究者应紧追不舍,就此找一个适当的概念架构(如:"趋避冲突"),(技术:连结到概念或理论),或用一个描述性的动名词,如:"充满矛盾情结的改革",以便把资料聚拢来(技术:把特殊纳于概述中),亦即把不同阶段采用者的情况予以概括说明。

如果你探究的是Masepa这一单一个案,那么下一步你可以围绕着"充满矛盾情节的改革"这一主题,重画这张表,把"生涯关联性"去掉,更仔细检查各动机的矛盾状况;找出有几名对此问题有所响应的报告人。原本的表5.12只是一种依具体个案之分析来安排的方式,我们绘制进一步图表的基本原则,就是依循资料所显示的方向来作整理。

可是如果你有多个个案待研究,你画的图表就应该能让你作比较,由动机、生涯关联……去比较。不过有时也会有棘手状况,例如有些资料不全或很难填入空格中。如果要研究整组的个案,一定要为所有个案找到共同的类目、量尺与等级。

建　议

概念聚类表可用于较不复杂的个案,如:个人或是小群体。如果你已经能说出或发现一些清晰的主旨时,概念聚类表是颇有用的。

概念聚类表处理的问题一次最好不超过三四个,否则资料太多会无法一次处理,且费时太多。

请用一页处理一图表,原来较庞大的表可渐简化,方法是摘出词组,找出短引文、类目标题、等级等。

要把建表所用的资料,放在你方便查用的地方,你要确定所有的资料都是放入一个合理的系统中,而你所做的每一个评定与判断也都很完善。

所需时间

如果你已将编好码的资料分类——你可运用各种方法来做,如:卡片、影印或是计算机软件(像 Text Collector, Kwalitan,或 Metamorph 等程序,参见本书附录),把“动机”有关的文块都集中起来,与“生涯关联性”的文块也集中起来。如此去做,像表5.12这张表约费时 4~6 小时。当然这主要决定于报告人的数量;报告人越多,资料就越多,你所画出的初期表格就会越大,这时你就得花更多时间去深究,才能渐渐厘清主旨。

主题概念表

你也可以用更为基本的概念主题来安排表格(thematic conceptual matrix),资料5.8研究的是一所都市高中的改革(Louis & Miles, 1990;Miles & Rosenblum, 1987)。其研究问题有二:

1. 这一改革案在计划或提倡与执行期间,曾遭遇什么障碍、问题与两难? 这些障碍可能“本来就是”高中的本质问题,或“本来就是”改革过程的本质问题;或者是因为当地的环境使然?

2. 为处理此障碍或问题或两难,曾使用什么管理策略与应对策略? 哪些策略是技术性的、哪些是文化性的或政治性的?

在填资料 5.8 之前,研究者已完成的事情包括参与过问题解决的会议、访问过协调人、问过人们基本的问题以及他们做了些什么事。研究者先用聚类的技术来找出具体的问题,这些问题是要当作表格左边的标题用的。例如:以下是分析者在札记中找资料 5.8 主题概念表：问题与应对策略（摘自 Chester 高中的实例）（Miles & Rosenblum, 1987）

问题	应对		
	技术性	政治性	文化性
脉络问题			
1. 教师对 MES/IPI 的拥有权			
2. 来自教师的怀疑	召开全校教职员的改革说明会	不明	大张旗鼓地宣传改革案（没有效果）
3. 缺乏协调	频繁的会议（校长,副校长,督学）校长发展出 MES 目标的速记单,以供参考	特教与职业教育为 MES 改革,协商出一些空间 与行政团队共享少量的权力	
4. 学校层面薄弱的规划	州教育厅 MES 主任为各高中草拟了三个目标 校长与副校长,督学协调		
5. 执行不顺利	行政会议中讨论 想运用课程基金进行暑假工作,找出执行漏洞（单元教案）	副校长对课程施压；督学们要求采纳副校长的方式	
属于高中普通的问题			
1. 反对受审查		想要督学们齐聚一堂对改革起始时间取得共识（没做）校长鼓励,施压	
2. 高中不适受审查	想制作一卷新录影带（没做）建议督学们应该修改,选择审查方式（没做）督学与校内几个学科举行说明会/研习会	允许延缓审查	
改革案设计的问题			
1. 规划不当			
2. 未让高中充分准备			
3. MES 执行缓慢	补助延后,部分受到商务部门的缓冲（他们颇为宽容）	局长催促 SDE 助理,就补助延后一事进行沟通,采取行动 压力来自教育局协调人,他得提出本年度的计划（SDE 威胁要取消经费）	
4. 规定的工作时间		校长与协调人协商将"课程日"排给 IPI 方案。协调人再度来协商,校长将校务会议时间发给 IPI 方案用	

出来的几段引述:

> 这个改革案真的没什么,没有人会为它觉得兴奋。
>
> 又来了! 什么是 MES/IPI? 只不过是教育局摇晃的一面旗子,这样他们就可以花补助款了。
>
> 每年我们都会有一个新改革案,MES/IPI 只不过是最近从上面交代下来的。
>
> 我很怀疑它有何效用。
>
> 协调人每两周开一次会,不过我们还是没看见什么东西。

分析者从上述谈话中找出两个问题:一是教师对 MES/IPI 的拥有权(MES 是"更有效的学校方案(more effective schools program)"缩写),一是来自教师们的怀疑。另外,研究者也问了:"你对此问题做了些什么?"对他们的答案也试着找出交集(技术:聚类),然后分析者就将他们谈的策略填入。将这些策略分为:技术的、政治的或文化的。基本上填入的是摘出的词组,依循的原则是:至少有两人同意,且无任何人反对此说法。

在此分析者写下的文字如下(节录):

> 首先,遭遇到的许多问题都没怎么处理,结果问题还在。第二,几乎没看到什么文化层次的处理策略。大多数的问题被当作技术或政治问题来处理,即使执行上的确有些困难是文化规范造成的(如:"又来了"……"不要把船打翻了"……"我们可不是好的收摊人")。这可能是我已观察到的"组织里的自我贬抑问题"的一部分,值得我再去注意;有关绩效与责任的问题仍然不明。第三,许多问题的源头都是:MES 与 IPI 基本上是外加给学校的,而且提供的协助很少。像行政人员所说的,"我们被命令去做……每年都有一个新的……无论我们赞成与否,都没什么关系。我们在此的目的,就是要让它能运作。"从某种意义来说,他们最简单的应付方法就是拖延,如果人们不喜欢去做被交付的事情的话。

在此,分析者把几项推论(推理乃是由表中资料而得;亦即由许多具体资料中看出的一些基本变量),以及一些示例的评析(由别处得到的资料)放在一起(技术:看出主旨或主题;找出因素)。

民间分类图(folk faxonomy)

概念并不一定都适合分为列与行来呈现,有时更适合用网状图来呈现。资料 5.9 是 Bernard(1994)显示一名报告人 Jack 对于汽车与卡车的分类,研究者问他一些类似"架构引出(frame elicitation)"的问题,如:"哪些车子会被你称为豪华车?""MG 是一种真正的跑车吗?""表演车是一种跑车吗?"用这些来界定各个类目,并了解在此人心目中各类目间的关联。

资料 5.9 是一张层级树形图,Jack 有一划分颇细的概念,其中有七个层级(虽然他对右半边的汽车与卡车没有给我们具体实例)。我们也许可以推论他是个"车痴"。

Bernard 给此图指出一些重点:此图是典型的特殊表意取向的(如:Jack 所称"一

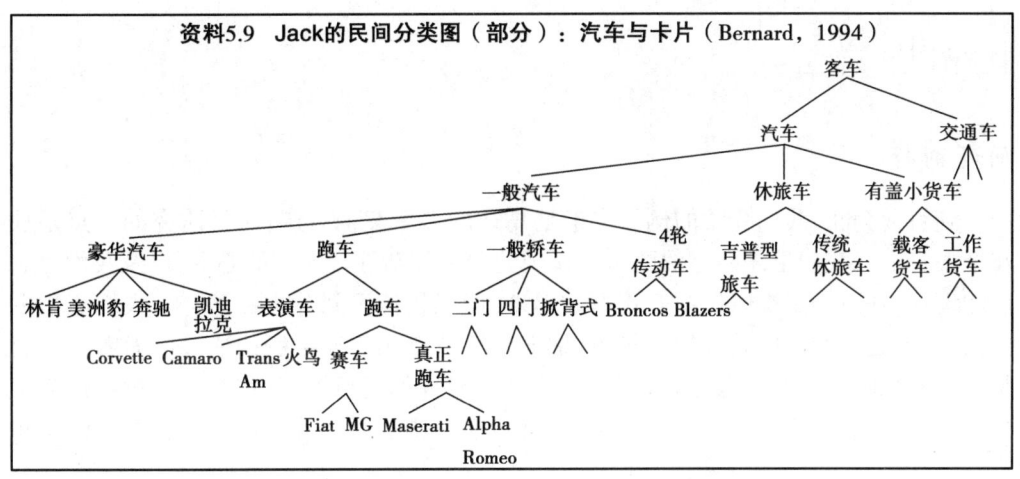

资料5.9 Jack的民间分类图（部分）：汽车与卡片（Bernard，1994）

般汽车"乃是他自己的用法）。并非所有类目都必须要有标签或实例;各类目可能常会重叠或很难归类(Jack 说:吉普车既是休闲车,也是四轮传动车)。

　　Bernard 表示:你也可以先拿一迭卡片,请此人将卡片分类,然后再问他一些"架构引出"的问题,而画出此分类图。

　　Bernard 也提出"成分分析(componential analysis)"的方法,类似语言研究与亲属研究中所采用的方法,这可以厘清某一对象何以会归为某类目。你要把被分类的对象之种类所具有的特征找出来,目的是找出最基本的一套特征,然后画出表5.13。

表 5.13　成分分析:根据 Jack 的七类汽车之实例(Bernard,1994)

	1 昂贵的	2 实用的	3 外国的
Corvette	+	−	−
Firebird	−	−	−
MG	−	−	+
Maserati	+	−	+
Mercedes	+	+	+
Jeep	−	+	−
Dodge Van	+	+	−

　　Bernard 指出:使用此方法的危险,是可能流于肤浅;而使用此方法的重点,是要了解此人真正的用意——他究竟是怎样思考这一现象的。另可参考 Spradley(1979)。

　　请注意:研究者也可以运用此法把自己理论上的想法做一分类,当然此时你要小心,应该称它为"真正"的分类图,而不是民间分类图。可用的软件包括:NUDIST,ATLAS/ti, SemNet, MetaDesign;参见本书附录。

认知图

问题剖析

到目前为止,我们介绍的例子多半是复杂的多个案,不过有时候研究的重点是放在个人身上。我们也需要好的图示来显现此人的复杂性。人们的心灵,以及我们对它们的理论,并不一定都以层级方式组织起来,而比较像民间分类图那样。人们心中的图样,可能是一种非层级式的网状图,是由一组节点相互连结所构成。前面图4.7就是一个概念网——"Joe是个怪胎"。如果我们研究的是思考,这些节点就可以代表概念(例:Jack对"豪华车"的概念),而其间的连结则表示关系(Mercedes是一种豪华车)。

不过你可以画的网状图也很多,我们应该采用此人的概念,还是另一种标准化的概念? 这张网状图的节点,要用单一的字词,还是要用复杂的词组? 要不要把概念分为几个层次,或只用一层? 连结线要不要命名,还是留白(像资料5.9中的Jack之例)。如果要命名,是不是所有连结线都表示同一种关系,或每条连结线显示不同的关系? 连结线是否要有方向性(单向或双向)?

另外还有些问题。人们的概念并不是很容易用系统方式呈现,以便于你引出结论。我们需要具体的方法,来引出个人思考的复杂性。

简　述

认知图(cognitive map)是把一个人对某一特定领域的概念,呈现出来,并显示出概念间的关系。另需要有文字来描述认知图。

实例说明

Khattri & Miles(1993)研究学校重组。研究者想了解个别老师与行政人员如何看待一些问题,如:所谓的"学校"是什么意思? 所谓"重组的学校"是什么? 这种学校要怎样设计、执行与安定下来。

研究者先采用一种绘图前访谈,他们提出一些问题,如:"什么是重组? 怎样的状况就不能被称为重组? 要进行重组,正确的方式是什么? 请举个重组的实例? 什么是错误的方式? 要进行重组,学校要先做些什么决定?"你要从上述访谈稿中找出关键概念,找此人语词中的词组,如:"绩效责任、教师发展、小团体做新事情、得到保守教师的支持以及制度化。"然后将这些概念分为两堆,一是表示重组的"内容"或本质,一是表示过程——重组如何进行的;再将他们写在自黏纸上(一张写一个概念)。

建立图表并填入资料　研究者与此人进行绘图访谈,研究者先把自黏纸的第一堆(三打以下,依字母排列)拿给此人,然后请他把这些概念安排在一张大纸板上,其排列应该要显示出他对这些字词的思考方式。排完后,研究者问:"你为什么这样排列?"然后研究者将他所说属于同一群的概念整个圈起来,并为此群命名,把名字也写

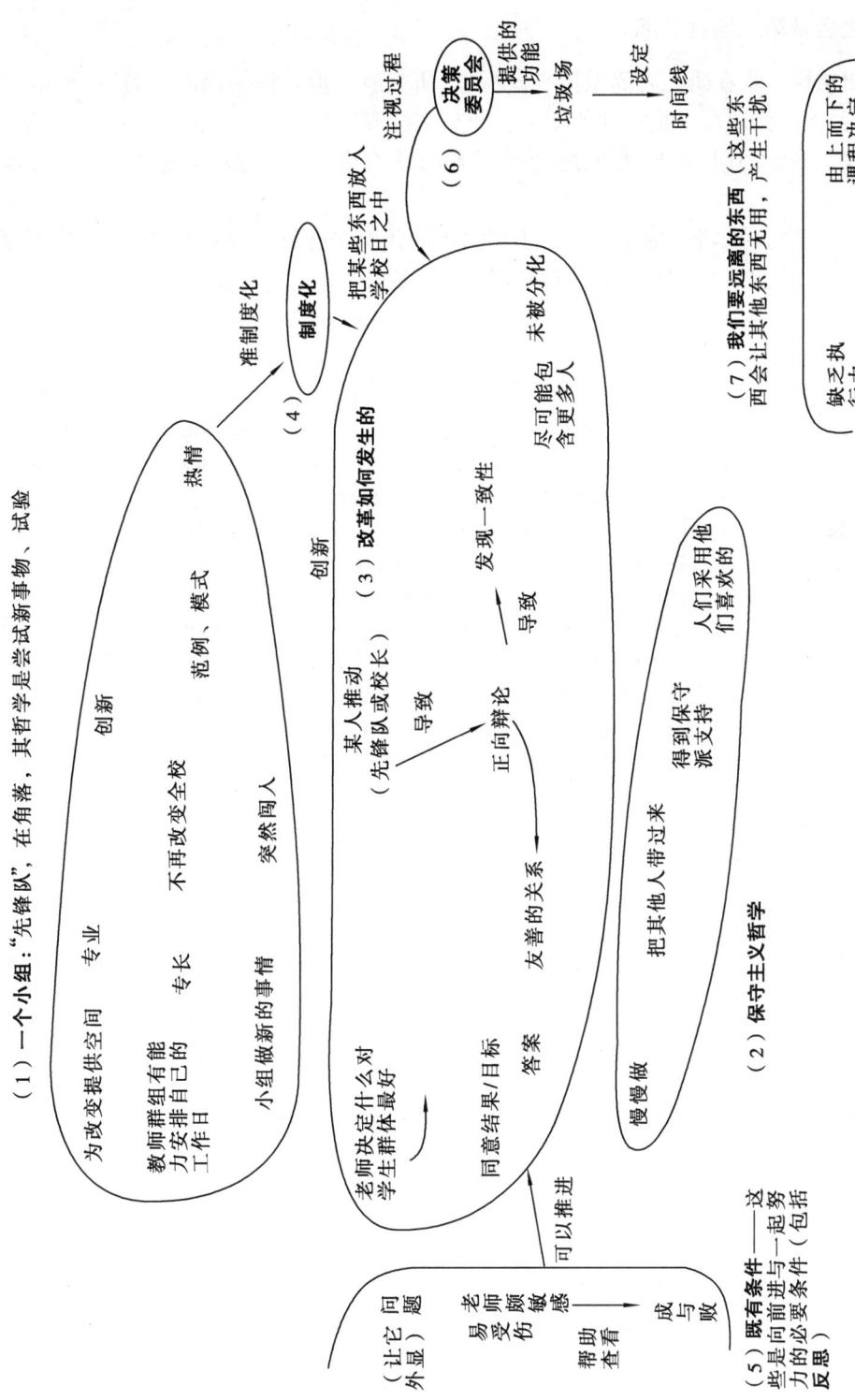

图5.6 认知图:Peter对重组过程的想法(Khattri & Miles,1993)

在图上。再问:"A 与 B 之间有何关系?"以了解此人对关系如何命名,也将它们写在图上。之后是第二堆自黏纸。

引出结论　现在研究者要做初步分析了,研究者读取绘图访谈的录音带,厘清错误处,然后为整张图写下描述性的文字。图与文都要拿给回应者(亦即研究对象)看。

请注意画此图时,研究人员是请回应者与研究者一起工作,一边画图,一边填资料。

图 5.6 是另一实例:Peter 是某一小型高中的代课老师,图中提示了他重组过程中的相关概念(该图用 MacDraw 软件重新画过)。图 5.7 是相应的描述性文字。

重建如何进行:Peter,图 1

在图中的主要区块里,Peter 描述了重建过程的特征,标示了<u>位于角落处的一支"先锋队"</u>(1),这支队伍采用的哲学是试验,以及尝试新事物:留一些结构上的空间给改革、专业与创新。各教师团队有能力去安排其工作日的活动,而这支队伍的形象是:一个小团体在做尝试,并做了激进的突破。目标并不是要去改变整个学校,但要运用专业,发展出一个范例或模式(就是这个新改革),并且激发热情。

图下方标示了<u>保守主义哲学</u>(2),那是一个完全不同导向的区块,目标是"保存事物,让他们不要分崩离析":包括慢慢进行,把其他人带进来,得到保守派教师的支持,以及让人们采用他喜欢的部分。

图中间有一块名为<u>改变如何发生</u>(3)——"真正进行重建所实施的方式",结果,它描述了:为了改革全校所经历的过程。包括一些点子:让老师决定什么是对学生们最好的东西,以及大家对成果/目标有何共识。答案出现了,且是在一友善的关系脉络中出现的正向的辩论,这正是改革过程的"核心"(正向的辩论需要友善的关系)。这种辩论也受到一些人推动的影响(该校校长或一支先锋队),这种辩论让大家发现了一致性,虽然还是有些观点上的差异。上述想法是想尽量纳入较多人来参与,而不要让人员分化。

这个<u>试验性的先锋队</u>也会使得改革变得"准制度化";图中(4)<u>制度化</u>工作,乃是一种"终点产物",这使此改革变成平日学校日之中的一部分。

图的左边,Peter 辨识出<u>一些既有状况</u>(5),这是"向前行"、"一起努力"的必要条件。这包括了将问题明白提出,以及让教师受到的伤害浮现出来,这可帮人们明白看出成与败。另外对于"何者可以重组"的<u>反思</u>,此一观念也被包括在此处。

图的右边(6)<u>决策委员会</u>,审视整个过程,担任垃圾场的角色,并设定时间线。

最后 Peter 在(7)区块,显示出<u>我们要避免的事情</u>,这些事情会让其他过程无法运作,或产生干扰。要避免的事情包括:缺乏执行力,以及由上而下的课程决定。

图 5.7　对 Peter 重建过程的想法图之解说(Khattri & Miles,1993)

图 5.7 是紧贴着 Peter 的想法,所写出的描述性文本。研究者要用它来做进一步分析,且开始寻找核心主旨或隐藏的主旨,他写下的评注是:

这张显示了 HOW 的图,围绕的主题是改革的动态过程。其中的意义在于:有一支主动的改革小组,某种程度上受到其他保守团体的限制,最后实际上出现了全校性的共识,对于改革的过程有所修改。最后,Peter 也指出:有些需要形成常规,作为有效改革的先决条件(如:问题取向、开放性或脆弱易伤性、反思性等)。

……

这两类图(WHAT 图与这张 HOW 图)背后都有一个概念性的主题,就是同侪管控权限(peer-controlled power),亦即只有当某教师群体想要对大家共有的学习情境施展管控之权时,另一教师群体才需要为对方群体的管控行为负起制衡的责任。另外还有一项概念性的主题就是试验,Peter 认为试验不仅是他们团队工作的核心,也是教学的核心。"这其中的哲学是:试验不见得都能带来好结果,但是试验行动本身对每个人都会有好处。"

无论是 WHAT 图与 HOW 图似乎都显示了同样的概念:反思与主动倡议(该改革小组所发起的)。

分析者此处所用的技术是:找出因素、注意主旨或主题(上述评注乃是由另一矩阵表引出来的,该图表为分析者显示了可能的核心主题。)。

变　体

上图是极其复杂的表示方式,尽量显示出特殊性。你也可以画得简单点(Morine-Dershimer, 1991)。可以请回应者就某一主题(如:重建)列出一组概念,然后把该主题放在图的中心,四周环绕着其他的概念,另外由核心画上放射状的连结线(未命名),再由外围概念再连结到另外一些概念。

Leinhardt(1987)另介绍了一种方法,研究者准备好一套写好字词的卡片(每名回应者都用同一套卡片),然后请每名回应者将卡片分堆,为每堆取名字,说明每堆之间的关系。

你也可以用认知图的方式(如:民间分类图)来澄清你对某组资料的意义的想法,这种图真的是逐步发展出的概念架构。有些计算机软件具有"超文本"的功能,可以将任何资料两相连结,并形成更高层级的类目,这类的软件在此尤其有用;例如:HyperRESEARCH, ATLAS/ti, Metamorph 等软件,你可参考本书附录的说明。

另外,认知图也可以由文字资料里引出,如:一份访谈稿、一则故事、一套课程(McKeown & Beck, 1990)。此时的分析者是对一段文字做探寻,而不是探寻一个人。可用软件包括 MECA 与 SemNet。

建　议

请仔细想想特殊性与可比较性的问题:你画出的图是不是要用在跨个案(或场地)的比较中——这是不是一件很重要的事?

如果你想做跨个案的分析,你可以运用其他图表(如:矩阵表),来帮忙浓缩并检查这种认知图。

认知图呈现的也可能是较倾向于组织好的、社会期望的以及系统性的东西,而不见得是此人心目中真正的想法。研究者可以把这些偏差保留下来,等着做分析与诠释。

应该早些决定用什么软件,各式软件所需学习时间差异很大。你应该预留多一些时间,让自己能流畅地使用该软件,日后你会知道这些时间的花费是多么地值得。

所需时间

绘制认知图颇费时。由绘图前访谈摘出概念,约费时 2 小时。修正原图,再写描述文字,约费时 3 ~ 4 小时,接下来的分析约费时 3 ~ 4 小时(如果你要用矩阵表来配合的话;否则,只要用 2 ~ 3 小时)。

结果矩阵表

问题剖析

许多研究中,研究者有兴趣的是结果,因为这一结果含有概念上丰富的弦外之音。如果是一位评估研究者,他可能想知道其方案或实验产生了什么改变。而描述取向的研究者可能也想知道:某过程的终点出现了什么事情(如:一所新学校两年后的稳定性如何)。若是想做因果解释的研究者(下章将详述),在他尚未细究预测变量(predictor variables)之前,可能会想仔细看看他有兴趣的几个因变量(dependent variables)(如:阅读成绩、辍学率、学校的社会气氛)的情况。

以上所举的都是属于"终极"结果的实例,终极这一词听起来有点假,不过我们只是要显示:这些变量乃是在时间序列或因果序列上,最后会被看到的东西。当然研究者有兴趣的也可能是"进行中的结果(preceding outcomes)",而这些通常会标示为"中介"或"中间"变量。

而质性研究者要处理的问题,就是如何选择与呈现资料,才能忠实呈现改变的状况,包括个人的、关系的、团体的或组织的等,这些都可被看作研究者有兴趣的一项或多项结果。处理文字比处理数字困难得多(处理数字的基本原则通常都是:用后测分数减掉前测分数,然后再用你选的统计方式去处理。但想要用质性资料厘清产生了什么结果,可没那么容易,概念的清晰是先决条件)。

简　述

表中所要呈现的"结果"乃因研究而异,我们之所以称它为"结果",乃是要提醒读者,结果通常都是某些东西的结果:可能是一整个方案、一个自变量、一个中介变量的结果。总之,至少有一个隐藏起来的前因在那儿。结果矩阵表的基本原则是把重点放在因变量。

实例 A 说明

如果一个组织执行一项改革,改革的结果可能会以某种方式表现出来。一种是新措施取代原有组织中的部分结构,而被纳入现有结构中;另一种是新措施对此系统产生要求,而出现涟漪效应(ripple effect);此时,组织的反应常常是以一种新的东西显现出来——新态度、新规划、新程序、新结构。在学校改革的那一研究中,我们想研究地区学校所发生的改变,这些改变是可以追溯到他们所执行的改革的。

建立表格 首先应弄清楚所谓的"结果"(本研究中,"组织改变"就是结果)是由什么组成的。

表5.14 显示出分析者是怎么做的。第一,该分析者决定好,组织改变要分为:结构改变、措施改变或运作改变,以及较一般性的关系改变或社会气氛改变。由概念来看,改变的顺序是由硬件到软件。

第二,分析者思考手边这个个案,他相信这种组织改变应该要依阶段区分,分为采用前期(第1、2 年)、采用后期(当学校中的 11 名老师里已有 9 名采用之时)。

第三,分析者想区分"基本改变"与"副产品",基本改变是直接随着执行改革的要求而出现的;而所谓"副产品",是一些当初未完全预期到的次级结果。因为一般图表是由左读到右,所以此分析者把先发生的事放在左边,后发生的放在右边,亦即横向表头是时间,纵向表头是结果。

表5.14 包括的不是两组资料,而是三组资料:结果、时间、改变(基本的与副产品的)。请注意,这样使你可以由表中很方便地比较基本改变或副产品在三种影响方面前、后期的差异。当然我们也可看出,任何一套资料可呈现的方式有十几种,每一种都各有优缺点。

表5.14　结果矩阵表:执行 ECRI 方案后组织的改变

结果层	采用前期 第1,2 年		采用后期 第3 年	
	基本改变	副产品	基本改变	副产品
结构方面	● 排课表:早上 ECRI 重新安排音乐、体育。 ● 给师傅老师的头衔,有双重地位(老师/行政人员)。	● 缩减数学课,成为选择性的活动。 ● 学校有二套管理。 ● 地位与角色的模糊性。	● 课表整合,2～6 年级形成跨年龄组。	● 较少个人自由:班级问题成为组织问题。
措施方面	● 评分不采用等级制,而采用精熟水准评分,没有常模。 ● 经过师傅老师,使协助制度化。	● 家长对一校两制觉得不安。 ● 老师没有把握。 ● 放宽年龄分级制度。 ● 加入在家协助机制(in-house assistance)。	● ECRI 评价单,加强视导。 ● 所有班级中出现更多工作中的一致性。	● 较能看到老师,可以去视导。 ● 问题与解答越来越一般化、公开化。
关系/气氛方面	● 采用改革的老师是少数,他们结成一个小团体。	● 实施者与非实施者之间形成派系、不和。	● 更大的课业压力。 ● 教师知觉到这项改革是一种集体冒险。	● 减少游乐活动(如:圣诞节)。 ● 较多横向协助。 ● 较多"公开的"痛苦。

登录资料 表5.14 的细格填入的是简要的片段,用来描述组织的改变,这些都是在编好码的札记中找到的。最初,研究者乃用以下问题去问老师、校长和几位教育局的人:"这段时间,你的学校或学区出现了什么改变?"接下来又细问了几项特定的问

题,如:特定的结构改变或组织改变、措施改变、气氛或感受改变。

决定是否填入表中的原则是:凡有一份文件或至少另有一名回应者提出且确认某一项改变时,研究者就把它摘为一则词组,纳入表中。

引出结论　读者可以自行练习,由表5.14引出结论。(兹补充相关背景,ECRI这项改革是在一所小学里执行的一项语言技能的方案,采取的是行为主义取向,要求颇多,颇具结构性,教导认知、发音、作文与词汇。)

表5.14左半部分告诉我们:学校主要的结构改变,是把以前分开的语言技能活动整合成整个早上的时段;所以相关的老师(音乐、体育)所授的科目就要重排。再看"副产品"栏,新方案导致两套管理方式,因为第一年时只有2名老师参与ECRI,第2年时有5名;而其他老师则依旧课表作息。

另外,还可以看出前期的改变包括:依据熟练程度来评量,而不是以A、B、C……来评等级;增加了一种"师傅老师"的新人员,来协助采用ECRI的老师。并且可以看出(这也是许多社会心理学研究中的发现),结构改变会导致措施改变,再带来气氛或态度改变(技术:形成概念上或理论上的一致性,也就是以概念或理论,将各事项串连起来,从中显示出意义)。此研究显示:在改革前期,压力、不安全感、特别关注,都导致了"我们是不愉快的少数人"这种气氛上的改变,采用者在其中凝聚为一个小团体。在"气氛"这一行,我们可看到副产品是:派系、不和。

再看表5.14右半部分的改革后期:第三年11名老师中有9名加入了,课表变得较为完整了,可以进行较密切的监督,一致性也较高了。而且老师们也会把较完整版的、较依规定来做的执行,视为是一种集体的冒险。由基本改变到副产品,我们可以看出:老师们似乎更愿意也更能够表达所需的协助,也更能提供与接受这些协助(技术:建立一条合理的证据链)。

表5.14让我们看到:结构改变是怎样导致措施改变与态度转变。还可看出第一层次(亦即基本改变)的改变是如何导致后来的结果("副产品"),还可看出三年之间组织改变的流程与发展。当然,这些结论全部都需要被证明、检测与核实。例如:寻找反面证据或找出相竞争的解释。现在我们已经有一个好的开始,如果我们只用一张内容分析摘要,把所有的组织改变都包裹在一块,那么以上所谈的这些信息,可能都会遗失掉。

实例 B 说明

让我们再来看一个简要的例子。假定你比较喜欢做分类的工作,而不是归纳的工作;假定现在进行了一些实质干预的活动——在我们的研究里,也就是执行了一项改革,最后会出现很多"终极的"结果,你现在要将这所有的结果做一分类。

建立表格　可以依据方向性将结果予以分类。有些结果是"直接影响",就像前述的"基本改变"就属于这类。另有些结果属于比较一般性的,也许可称之为"中间影响"。最后一种可称之为"边缘影响",这些结果距离最初的意图已经相当遥远了。

我们理解到这些各类的影响,都包括正负两方面。通常改革都希望别人重视正面的结果,但是在人类做为的任何领域里都会出现不受欢迎的结果(Sieber, 1981),而我们应该将这些负面结果纳入资料呈现之中。

现在,我们要去何处寻找资料? 这些结果可能是由不同角色者(教师或行政人员)表达出来的,也可能是附属于各种角色身上的结果(学生方面出现的结果或教师方面出现的结果等)。

我们也有需要细看一下意图的结果和真正的结果,所谓意图的结果就是指改革设计者原本相信可以达成的结果。

表5.15 就是所画出的结果矩阵表。此表实际上包括了四方面的清单:结果的直接与否、影响的正负面、改革方案的目标以及对不同人所产生的影响。

表5.15 所填入的资料是一所高中所进行的环境教育新方案,访问了3 名改革案采用者以及2 名行政人员。

登录资料　研究者在表5.15 里填入了摘述的词组,包括前面提及的所有结果。研究者在有些词组下加了底线,其中有些是因为受访者特别强调,有些是因为有一名以上的受访者提及。另外有一个项目被加上了星号,那表示所填入的内容是由研究者推论而来的,并不是直接改自受访者的谈话。

引出结论　我们可以运用清点的方式,计算表5.15 里正面影响与负面影响的总数,我们会立即发现:在三种层面上正面影响的数量,都多过负面影响。我们还可以运用比较或对照的方式,将意图产生的结果与实际的结果做一对照,结果会发现其间有相当的一致性。

但是有些负面的中间影响与正面的边缘影响乃是与意图的结果纠结在一起的。例如有一项边缘影响是将辍学学生留了下来,但实际上这也使得这项走出校园、强调实践的环境教育方案变成了"垃圾场"(技术:做譬喻),因为它收容了低成就且有问题行为的学生。其实这正反映了真实生活里的矛盾现象,质性资料分析也正擅长此道,让完整分析与诠释呈现一并保留下来。

变　体

结果矩阵表也可以依特定的个人来组织,如:几位参与改革的教师在概念、态度与行为方面的改变,以此来作为他们采用改革所产生的结果。此类的表格,填入的资料会更为细腻与"详实",例如:

> 我对孩子的感觉更为敏锐,更能觉察到个别的孩子,还有我怎样影响到他们。
> 现在我知道:当其他老师并未正确地做某些事情之时,我不需要太努力奋战。
> 你应该仔细看看什么是好东西,而不要过于担心孩子在哪方面表现不良。
> 教师里没有出现什么真正的改变,真的没有。

你可以由观察、文件与访谈中,找到有关结果的资料。而且典型的"方案"(指其目的在达成某些结果的一种处置方式),通常都附有一些评估的项目,还有某些已搜集到的资料,这些也都可以供你分析出方案的结果。

表5.15　结果矩阵表:方案的直接影响、中间影响与边缘影响(环境研究,Lido高中)

		直接影响 +	直接影响 −	中间影响 +	中间影响 −	边缘影响 +	边缘影响 −
方案目标	对学生的影响	• 规划与执行环境任务 • 觉察环境问题					
	对教师的影响	• 实际动手的工作 • 与社区一起工作 • 课后工作		• 学科内教学的技能			
	对社区的影响	• 投资在环境教育活动中					
采用者所见	对学生的影响	• <u>环境觉察</u> • <u>实际动手的工作</u>		• 成人在新社区中可以做出好的环境决定		• 价值观改变 • <u>让退学的人参与方案</u> • 维持正面的自我形象	
	对教师的影响	• 接受实际动手的工作 • 较宽松的风格		• <u>完成此地的环境方案</u> • <u>工作场之外的工作坊</u>	• <u>校外方案是垃圾场</u>	• 需要更多校外场地 • 社区中的"专家" • 方案将教师留在教职上	• 因为要求多,方案变成一种包了糖衣的辛苦廉价工作*
	对社区的影响	• 环境觉察 • 获得学校方案的知识					
行政人员所见	对学生的影响	• 校园外的实际动手的工作				• 成功的经验	
	对老师的影响			• 运用其创造力			
	对组织的影响			• 学校不再有纪律问题 • 完成方案	• <u>把14名学生送至现场,不符合成本效益</u>	• 导向社区	
	对社区的影响						

—————　=有一人强烈做此主张,或者有一人以上的受访者如此表示。

＊　=由研究者推论而来。

建　议

如果你研究的是复杂的多个案,最适合采用此种结果矩阵表。

把包裹在一起的结果,谨慎地打开,把它们剖析好并放入一个分门别类的矩阵表中(参见第 7 章第 3 节)。在确认前,多尝试几种不同的表格形式。填入一些资料以后,如果需要,再修改表格。

资料填入后,要想清楚作决定所依循的原则。通常这种结果矩阵表要花费许多心力与体力,比画其他变量的图表更费力;其他变量的图表许多都是取决于结果评估的清晰度与有效性。如果你的矩阵表只有正面而没有负面的结果,你可得要为读者好好说明一番,为这样的情形辩护,自圆其说一下。

所需时间

绘制结果表所需时间取决于表格的分化程度、数据库的大小、编码资料实际上可接近的程度。上面的例 A 访问了 15 个人,整理其结果表约费时数小时,后面的分析会很快。例 B 费时较少。

结　语

质性资料分析非常依赖资料的展示,资料展示可以压缩与排列资料,便于引出具有统整性的结论,同时还能避免分析详述式、未简化的文本,所出现的问题——资料过于庞杂,以及可能的偏见。而资料展示主要运用的形式有矩阵表与网状图,矩阵表是有行有列的,网状图则是以线段连结节点所形成。

本章介绍的图表,乃是将资料采取部分排序的方式呈现,这对探索式研究很有帮助。时间排序的图表可帮我们理解事件与过程的流程与顺序;角色排序图表是依人物所在位置之相关经验,来将人物作一排列;概念排序图表强调的是已界定好的变量及其间的互动关系。

画图表是一种有趣味、有创意的活动,需要你不断做取舍;你必须依据清晰的原则作决定——决定由编好码的文块里引出浓缩的资料,填入图表之中。至于研究结论要怎样引出与证明,你可以运用第 10 章的技术来做。图表应附上分析性的文字说明,结论也就藏在历次修订的这种分析性文字里,而这些分析性文字乃是与图表密切互动的,因此在互动过程里,有可能需要修改图表。

想要对单一个案作探索及描述,其间所能运用的资料展示有哪些? 对此主题,我们就讨论到此。本章前已多次提到,研究者除了探索与描述现象之外,还会想要解释现象,这样才能回应“为什么”的研究问题。现在我们即将进入这一主题的讨论。

第6章　个案内的资料呈现：解释与预测

Within-Case Displays: Explaining and Predicting

　　研究者首先要处理的问题，是去理解究竟发生了什么；一旦解决这一基本问题后，研究者要关注的核心就是：事情为什么会发生？其实这类为什么的问题在日常生活里是非常明显的一类问题；"为什么"、"怎么会这样"，随后便出现"因为……"的答案，这类的对话不断在生活中上演。如果你怀疑我们的说法，待会儿你遇到一个人时，就去问他一个"为什么"的问题（"这场会议为什么结束得这么仓促？""总统为什么要否决这项法案？""下雨时为何气温会降低？""这个支票账户为何会透支？""你为什么会这样说？"），通常对方都会给你一个即刻的解释。

　　当团体要运用方法解决问题时，可运用一种技术，称为"为什么的问题"，它是由一连串问与答所组成的，目的在逐步澄清一个问题，或至少澄清一个预设——人们因为这一预设而面临问题[1]。

　　为什么地铁车厢里画满了涂鸦？

　　　　因为小孩子想要表现他们认同的东西。

　　为什么他们想要表现认同的东西？

　　　　因为他们对社会疏离。

　　为什么他们会对社会疏离？

　　　　因为他们没有工作。

　　为什么他们没有工作？

　　　　因为他们没有工作技能。

请注意，这串问题也可以这样起头：

为什么地铁车厢里画满了涂鸦？

　　　　因为捷运局晚上没有看管好停车场。

为什么捷运局晚上没有看管好停车场？

　　　　因为停车场的看管预算没有被通过。

1　要将"为什么"的问题显示出来，可以绘制"因果树"，请参阅 Werner and Schoepfle(1987b, pp. 188-192)。

为什么……

我们可看出这两串问题里都隐藏了预设，而且这预设具有引导、掌控的功能。第一串问题预设着：应该从个案层次去寻求解释；第二串问题则预设着：引发问题的原因属于经济层次、可能也属于政治层次。而且任何一项"为什么"的问题，其可能的答案也许会多得惊人。

为什么他们没有工作？

　　因为他们没有工作技能。

　　因为他们很懒惰。

　　因为现在的失业是结构性的问题。

　　因为雇主有偏见。

日常生活中我们就不断在回答为什么的问题，但同一问题，你可以由个人层面去回答，也可以由结构层面去回答，而且可能的答案很多。

这些都可以算是一些解释性的声称、主张。但如果你是一个研究者，而你的兴趣就是在预测、控制或提出一些可采取的行动，此时你就不只是提出你的解释性的主张就可以了，你要拿出经验资料作为基础，用来说明你的主张：Y 乃是由 X 所引起的（或是 Y 乃是用 X 来解释的）。

第 1 节　解释与因果关系

以下我们先要说明我们对因果关系的看法,这是本章要谈的图表的基础。

什么叫做"解释某事物"

正如 Draper(1988)所言,"解释"可包括很多种活动:应他人要求提供信息或描述、辩护一项行动或一信念、给予理由、支持一项诉求或做一项因果陈述[1]。"科学上"的解释通常着重的是后两者;而对人类行为提出科学解释,其范围则更为狭窄。

我们赞成 Kaplan(1964)的观点:"解释乃是做一种连结性的描述,把一件事实或准则放入与其他事实或准则的关系之中",然后使此描述变得能让人可以理解。即使如此,每一个解释其实仍像是个中介物,它包含了一些东西,这些东西本身又需要再做解释,就像"为什么"这种问句一样。

我们并不应该自己骗自己,以为科学上的解释是具有高度的、全面的决定性与精确性。Kaplan 对此的观点仍然很高明,他认为解释通常是开放性的;解释取决于某些条件,而且应用于某些特定个案时,解释乃是片面的、近似的、非决定性的;特别局限于某些特定脉络时,解释乃是非结论性的、非确定的(pp. 351-355)[2]。

科学上的解释有哪些类型? Kaplan(1964)区分了"目的性"的解释与"历史性"的解释。"目的性"的解释(purposive explanation)取决于个人的目标、动机,或者是为了提供某种功能;"历史性"的解释则是为一系列的事件形塑意义。相类似地,Kruglanski(1989)说:要解释自愿的行动或其他事件,可以由目的方面来做解释,也可以参考内外状况来说明前因后果。而一项好的解释,必须兼顾个人意义与公开的行动。

再者,好的解释还应该把我们所研究的人们的解释和研究者的解释连结起来,但是这之间的连结便会产生出一些问题。

形塑意义与易错性　日常生活中的解释会有很多错误,而研究者的解释也是如此。Goleman(1992)表示:一项有关模拟陪审团的研究发现人们会搜集证据,把证据纳入一个看似合理的"故事"中,而这个故事却大大地依赖于陪审员个人的假定或他对此案中人们的动机所作的推论(对一项裁决所作的各种解释,其中有 45% 是属于这类的个人假定和推论)。同样是这些公开的证据,就因为加了额外的假定或推论,可能导致极不相同的裁决(如:一级谋杀或无罪)。

同样地,Read,Druian 与 Miller(1989)发现:人们会建构情节,赋予一些事件的顺序或状态以意义。换言之,人们常常把一个因果架构强加到事件上去,这样就可以让事

1　有关社会现象的解释,我们在此并不想处理所有相关的问题。如果想要更深入了解,我们建议读者依照本书参考书目去多做探究,另外还可以参考 Antaki(1988),Garfinkel(1981),Van Parijs(1981),Turner(1980)。

2　事实上"不预先确知结果"是有无比魅力的。就像 Holland(1992)指出的:当人们发现男高音 Pavarotti 在用对口配音时,"人们并不想被欺骗。虽然我们把生活里的每件事情都安排成有因有果,但 Pavarotti 开口的时候,我们坚持不想预知他会唱出什么声音"(p. C13)。

件产生意义。资料6.1 把同样的事件安排成两种顺序,当我们读完这两种顺序所形成的故事后,会如何解释发生了何事? Louie 的动机是什么?

资料6.1　事件的两种顺序
（节录自 Read, Druian, & Miller, 1989）

顺序一	顺序二
那天早上 Bob 接到一个电话,得知仓库的样品室被烧掉了。Bob 非常烦恼。不久,Louie 大力推开仓库的前门,走向 Bob,Louie 对 Bob 说:"我听说你最近一期的仓库保险金没有付呀。我真的很为你遗憾。你永远没办法知道什么坏事会发生。"	Louie 大力推开仓库的前门,走向 Bob,Louie 对 Bob 说:"我听说你最近一期的仓库保险金没有付呀。我真的很为你遗憾。你永远没办法知道什么坏事会发生。"Bob 变得非常烦恼。第二天早上 Bob 接到一个电话,得知仓库的样品室被烧掉了。

根据第一种次序,我们建构的情节表明 Louie 想对 Bob 表现善意与支持。根据第二种次序,我们则会得出这样的结论:Louie 正在就未付保险费一事威胁 Bob,如果他不付保险费的话。请注意:我们在此还需要超越事件之外,运用特殊知识,以了解何谓"保险"。

进一步的,Gilovich(1991) 曾在他的名著《我们如何知道事情不是这样》(*How we know what isn't so*)中表示:人们常会把因果解释放在一些随机事件中,而去"相信有些事是系统的、安排好的,且是'真的',而事实上该事件是随机的、模糊的,而且是假的"(p. 21)。他指出:"人们尤其擅长作随兴的解释;活着,似乎就是要进行解释、辩护并在分歧的结果,特性和原因中间找出一致性"(p. 22)。而 Gilovich 提出了许多证据告诉我们,这样的解释通常都会有所偏差:人们误解了资料,误收了信息,产生太多模糊的资料,最后又用一些有偏差的诠释把它结束掉("看见我们想看见的东西")。

以上所谈的易错性,对质性研究而言是很重要的。除了行动外,我们必须与人沟通资料的意义。我们必须部分地依赖人们对我们所作的解释;也必须明白这一点——因为我们也是人,我们所作的解释一样可能会犯错。

理论与资料　在研究里我们所下的结论,通常是以三样东西支撑起来的:(a)我们已经发展或检验了一种理论;(b)我们已经探究过所有可得到的、相关的资料;(c)以 Ragin(1987) 的词汇来说,在我们的想法(理论)与证据(资料)之间,已经作了一场扎实的"对话"。Glaser(1978) 认为:好的理论,就是其中的类目与经验资料相符(或逐渐发展成相符合)的理论;其切中现象的核心,可以解释、预测与诠释究竟正在发生什么事;而且允许再修正。

现在我们继续来看"理论"。如果我们很自然地,就是会把一些事件讲成一个解释性的故事;我们可以说(依 Rein & Schon, 1977)理论就是一张地图,它试图把手边的故事概括化。Rein 与 Schon 认为,如果这一理论是一个能经得起考验的理论,就可被称为"模式"。模式就是一系列有关的命题,而命题则陈述了一些成分,以及相互间的关系。从另一方面说,理论就是对事件的模式所做的预测(Yin, 1991),我们会把模式与所发生的事并排起来,看看这一模式是否适用。

不过,Van Maanen(1979)提醒我们,其实"理论"与"资料"并不是两个截然二分的东西,应该说一个是初级概念,另一个是二级概念。初级概念是指质性研究中所谓的"事实",它自己无法言明自己;而研究者所运用的观念,则属于二级的概念,我们藉以说明初级概念的模式化。Van Maanen(1988)认为我们必须了解:我们所发现的"事实",其实是已经经过多层诠释后的产物,简言之,事实乃是一些已被赋予意义的事件。

因此,我们的理论或明或暗地影响我们"注意什么"以及"如何解释"它。关于理论的影响,在《人类学与教育季刊》(*Anthropology and Education Quarterly*),Everhart (1985a,1985b)与Cusick(1985a,1985b)曾经做过精彩的辩论,他们就自己所作的研究,讨论学校教育的意义。Noblit(1988)对此有完整的说明与评论。Everhart与Cusick研究的都是高中,但两人的诠释差异很大。Everhart持批判理论的预设,这使他会关注学生,并把学校教育看成一种"无产阶级化"学生和再生产资本主义结构的手段;这种"无产阶级化"和再生产是通过等级制和向"空瓶"一样的学生灌输信息来实现的。Cusick持结构功能论(structural functionalism)的预设,这使他把学校视为是由教职员所创建的,而学校教育是由"平等主义的理想"所推动,在种族敌视方面妥协,传递的是中性的知识,以建立学生之间友善的关系。Everhart与Cusick都认为对方的研究结论是一种"意识形态"。在此争议中,Everhart与Cusick都不试图发展或检验理论;他们都对已存在的"宏大理论"忠心耿耿——这使他们虽研究同一现象,却得到完全不同的结论。

以上所述无关乎"主观性"、"偏见"与"多种诠释"等问题,正如电影《罗生门》或Lawrence Durrell的小说《亚历山大四部曲》(*Alexandria Quartet*),我们不需要为无尽的诠释定调。Everhart与Cusick,因着Noblit的协助明晰了各自的立场,因此理论与结论之间的联结便很清晰了。在此,我们便可以来评估一下解释的力道究竟何在。

我们对因果的一种思考方式

以下谈我们对因果关系的预设,以及如何评估质性研究中的因果关系[1]。

描述与解释之间并无明显的界线,一般的"解释"与"因果解释"之间,也同样没有明显的界线。如果说因果解释是比其他解释方式更有力的一种形式,这一说法并不公允。我们赞同Locke与Hume等哲学家的观点:因果关系很明显地是由时间问题带出来的,人们想找出究竟是什么导致了什么。我们假定先前事件与后续事件之间是有某些关联的(Kim,1981),即使那一联结可能并不简洁也不清晰。

像Lincoln与Guba(1985)这类学者,他们提出:讨论到人类行为时,因果关系是不适用的。因为人不是撞球,人有复杂的意图,在他人意图和行为构成的复杂网络中

1　对于因果关系,我们在此不可能罗列穷尽。如果想了解精彩的讨论,以及更多参考资料,可以参阅 House (1991)、Abbott(1992a)、Davis(1985)、Putnam(1987)、Lincoln & Guba(1985)、Harré & Madden(1975)与Scriven(1966)。

运作。

对社会因果关系的理解持怀疑取向的人,还可找到其他的源头。如:Wittgenstein(其著作《维根斯坦的逻辑哲学论》(*Tractatus Logico-Philosophicus*))之后,还有许许多多观念论取向的认识论者(idealist epistemologist)认为原因也只不过是个迷信。还有人提出社会生活的"胶着性"的观念——认为社会生活的各部分在时空中是如此紧密地连结在一起,以至于很难区分出因果关系(Harrod,1956)。另一种推理强调社会事实是无秩序的;社会事实比起我们的心灵所赋予它们的,更为混沌和无条理。如Hanson(1958)所说的:"因果的确是与事件连结在一起的,不过这是因为我们用理论连结它们了,并不是因为世界本身是由宇宙胶水黏为一体的。"(p.64)

我们应该放弃寻找因果解释吗? 不。应该还是有办法,可以让我们理解人类的事件与意义、行动与意图,是如何在时间层面上相关联的,虽然它们也可能是胶着的、无秩序的。

确定因果关系 我们如何确定某事引发了另一事? 先从 Hume 提出的古典规则谈起:

> 时间上的先后:A 在 B 之前。
>
> 经常性的关连:当 A 出现时,B 总是出现。
>
> 影响的紧邻:存在一个连接 A 和 B 的可能的机制[1]。

让我们来看看诸事件之间常有的、视条件而定的关系。这是极易了解的一种观点,如 House(1990b)所说的:你只要想想教育方案与社会方案的评估,就知道生活并不是那么简单的。一个方案(例:"为你的孩子坚持下去"这一方案)并不等同于一个常量 A,它不一定会像因素 A 那样,必然导致结果因素 B(如:高自尊)。更确切地说,我们要面对当地诸多因素互动下形成的独特综合物。

让我们来看看一个较实际、较不难懂的观点。医学统计学者 Sir Austin Bradford Hill(1965)认为我们可能会思考造成疾病的环境因素,例如扫烟囱工人中间的阴囊癌。其中是什么让我们得出结论说我们所观察到的联系就是一种因果关联呢? 以下是一些相关的条件:

> 关联的强度(B 与 A 关联的强度,超过与其他可能因素的关联)
>
> 一致性(在不同地方许多研究都发现了 A 与 B 之间有关联)
>
> 特定性(A 与 B 之间存在某一特定的关联)
>
> 时序性(A 在 B 之前,而不是 B 在 A 之前)
>
> 生物学上的梯度(如果 A 增加;B 也增加)
>
> 看似合理性(存在一种已知机制,它连结了 A 与 B)

---

[1] 如果我们不想只是从严格的关联性这一条件去看因果关系,那么我们应该要非常注意究竟有没有一个很像是真的"机制"存在。Casti(1992)曾提出一个很不错的例子:英格兰乡间鹳鸟筑巢的数量和当地的婴儿出生率,有高度的相关。嗯……其实后来发现这其中存在的机制并不是像你以为的那样。那些拥有高出生率的村落,是因为新婚夫妻增加,而且盖了更多新房子;而鹳鸟习惯于在没有其他鹳鸟栖息过的烟囱上筑新巢。

一致性(A 与 B 的关系和我们已知的其他 A 与 B 的关系相一致)

实验(改变 A,观察 B 会发生什么改变)

类同(A 与 B 的关系和 C 与 D 之间已确定的模式是相似的)

因此,除了 Hume 的方法之外,还有一些其他的方法可以确定因果关系,我们不能不加思考地运用 Hume 的三项通则,而必须具体情况具体对待。我们还应考虑因果概念的哪些特征呢?

强调当下性　我们认为因果关系基本上是有区域性的,是把时间上相接近的一些特定事件连结在一起。例如当你读到这句话:"请捡起一支笔,并把它丢掉。"于是你照做了这个动作,请问:是什么让笔掉落的? 我们可能会想到遥远而抽象的动力,例如重力与地球和笔的相对质量;你也可能会说是本书作者提议你把笔丢下去(这是作者几个月或几年前写在本书上的建议)。但事实上,我们必须要找出即刻的、当下的原因:

你刚刚读到书上的这项建议

你很认真地考虑这件事

附近有一支笔

你捡起这支笔,让它直立着,不握紧它,只碰到一点表面

你的手指与这支笔之间有一个摩擦系数

你决定松开手指

你手指头向外松开

有人认为你可以用同心圆的方式去探究原因,由近及远,由内到外(Strauss & Corbin,1990)。让我们再来想想 Bartlett(1990)的问题:是什么因素使得学生在教室外会依性别来排队? 是老师的安排? 是历史因素仍残留在小学里吗? 是孩子们先前的社会化吗? 或是学校教育中"秩序"的意义造成的? 或者是历史上过去的性别措施中的差异性造成的? 我们可以思考这么多遥远的因素,但假如它们有影响,其效果就是此时此地的。即刻的因果关联就在我们眼前:某位老师感觉到、说了或做了某事,然后一段时间内有几名学生也感觉到、说了或做了某事。正如 Campbell(1986)所说:我们必须关注研究在特定情境中的有效性,并通过"透彻的了解当下"来实现这一点。

因果的复杂性　某一事件的原因常是多重的(Abbott,1992a),而这句话往往让人没注意到更为复杂的情况(Ragin,1987):各个原因还会"彼此连结"、彼此影响,并影响到最后的"诸结果"。多重原因产生的影响,在不同脉络中不尽相同,而各原因之间的不同连结又可能产生一样的结果。这意味着我们应该在一个网络中去了解原因与结果(Salomon,1991)。我们要把网络想成是一个随着时间而改变的系统,而不能像是在做撞球研究(探究的是简单的 A、B、C 之间的关系,即 A 球而非 C 球撞到 B 球)。

即使是最为聪明的量化方式,追根究底,所处理的也只是相互关性,而不是真正的原因。它们也只不过是发展出一些似乎合理的可能性,这些可能性乃是将许多个人与

情境做平均处理后得到的[1]。

时序性　前述对因果关系所持的观点,显示出时间是一个关键问题。就如 Faulconer 与 Williams(1985)指出的:"人类的事件取决于时间,如果一个活动里,没有出现可能发生的事,也没有表现出由一套可能发生的事到另一套可能发生的事,那么也就没有所谓的人类事件了。"(p. 1183)

想要评估因果关系,就应该了解一下 Abbott(1992a)所谓的"情节"——情节乃是以一种松散的因果顺序来安排诸事件。(请想想 E. M. Forster 所做的有名的区别:"国王去世了,然后皇后也去世了",这只是一段叙述;"国王去世了,接着皇后悲恸而死",这就是一个情节了,因为情节里带出了"为什么"的问题,也就是牵涉因果关系了。)Abbott 指出:情节通常都是多重的,且互相纠缠在一起的:"每一事件会同时出现在许多叙述里;而在叙述里每一事件都有复合的前因,以及复合的结果。"(p. 438)

有些人以变量取向的观点去看因果关系,这一观点无可避免地会显示出:有些杂烩式的结果变量,可能会反过来又影响到原因变量,而产生出新的结果(Eden, Jones & Sims, 1983;Weick, 1979);不过随着时间的发展,这种"情节"仍然会被揭露出来,而且人们必然要以情节展现这一方式去理解该情节(请参见资料 6.1 里 Louie 与 Bob 的碰面)。

回溯性　现在事情越来越清楚了,探究因果关系本质上就是要做回顾。正如 House(1991)所指出的,我们一直都很关心:"某特定情境里,某事件是怎样发生的。"即使我们作经典的实验,也要等做了之后才会知道结果;换言之,除非到了后来,否则我们无法说出结果。就像 Mohr(1982)所说,我们常把关注点盯在终点上,"终点的存在,便意味着曾经出现过某些先前事件。"与其说因果关系是"前推型(push-type)",不如说因果关系是"回拉型(pull-type)":后一事件即意味着另有前导事件。所以,我们必须像史学家一样,学着"在事情发生当时,写下故事"(Lindee, Speaker & Thackray, 1992)。我们采用史学家的这种"尾随"法:"我们的解释乃是在因果过程的后面"(Abbott, 1992b)。或是如 Polkinghorne(1988)所说的:"你所写的报告,乃是回溯性的,而非预测性的……这样才能把相关的事件聚集起来,让结尾合理化,并让人相信……而不只是有一个时间顺序而已……我们就是采取这样的方式,让整个故事的各部分慢慢变得清楚起来。"(p. 171)

Scriven(1974)认为回溯分析类似于"惯技"法(modus operandi approach),运用惯

---

[1]　将多个个案的数量予以"平滑化"的处理,可能会出现一种问题——如果你是在研究开始时就将多个个案做平滑化的处理,那么你可能会忽略或弄迷糊对单一个案的理解。如果你在研究开始时,先逐一理解每一个案的因果关系,那么到研究后期经发展得到的平滑模式,才会更为有力、更具普通性。本书资料 6.5 与图 7.3 就是这类的例子。

　　我们同意 Geertz(1983,p.233)的观点,他强调"所在地知识",把它们当做首应理解的东西;而且他也强调研究后期,还有比所在地知识更为重要的东西应该要予以了解:

　　我们需要将各种看似不相关的资料化为一系列的评论资料,逐一梳理、照亮开来……将原本不可共量的诸观点,化为观念上相近的东西,这样才能使他们看起来比较不那么难理解——如果你将它们分开去思考,可能是让人难以理解的。

技法时,我们想要知道的是:某些先前事件是否发生了,还有这些先前事件与后来的结果之间有无清楚的关联。(警察运用惯技法时,另外还会想确认:跨个案一再出现的那一模式,它在此个案里所出现的位置。)

变量与过程　了解因果关系可以经由两种方式,第一种是找出抽象概念及其互动,这是属于 Mohr(1982)所谓的"变量分析",Maxwell 与 Miller(1992)称之为"类目分析(categorizing analysis)"或"词类分析(paradigmatic analysis)"。Mohr 将第二种称为"过程分析",也就是写出故事,并由语法上分析故事;所谓故事,就是脉络中相连结的事件流;这也就是 Maxwell 与 Miller 所谓的"脉络化分析(contextualizing analysis)"或"语段分析(syntagmatic analysis)"。

"过程分析"比较像在汇集按时间记载的故事,注意时间向度和在这个大图像里寻找各种关联。"变量分析"会将资料编码成小文块,提取并找出相似性或概念上的模式,比较少考虑到情境、顺序和时间。显然这两种方法在研究的不同阶段都是需要的,重点是你要意识到自己分析的预设,在故事与概念的模型中来回往返,以求彼此深化[1]。

质性因果分析的力道

一般认为质的研究系擅长于探索、发展假设;而量化研究才能让人们得到强有力的解释,包括因果关系的归属,特别是实验组—控制组的研究设计才能进行因果解释。就如 Maxwell(1984)所表示的,我们也认为上述观点是错误的。因为虽然我们看见实验组出现了 X 效果,但是该实验控制,并没有告诉我们黑箱中发生什么事;我们并不知道它是如何及为何发生的,只能猜测牵涉的一些机制。

我们认为质的分析对评估因果关系来说是很有力的方法,我们先就前述的因果特征来作一说明。质性分析是一种亲临现场的查看,能辨识出因果的机制,而不只是找到关联性而已。它立于当下,并能处理环境中事件与过程复杂的网络。它也能分出时序,透过直接地观察或回溯,清楚地显现出什么先于什么。它也可以在变量与过程取向之间徘徊,显示出故事并非反复无常的,而是包含潜在的变量,这些变量也不是无血肉的,而是随着时间发展关联在一起的。

当然一个好的理论应可适用于不止一个个案。从一个个案所得的因果关系,需要经过测试,并应用它来解释其他个案,藉此深化原初的因果关系。这一过程称为分析性归纳(Manning, 1982; Miller, 1982),这一过程开始时,先用一暂时的假设去解释某事物(在此处,解释是一个因果联结)。等你细究过某单一个案的资料后,该假设可能被支持或修正;也可能是排除该个案,认定它是一个无法用该假设来解释的个案。用一系列的个案不断地重复这一过程,使得我们对所发展出来的假设越来越有信心[2]。

1　有关"变量取向"与"过程取向"的分析,其间基本的差异并不是至今才出现的新议题。它们相当于 Kaplan(1964)讨论解释时所谓的"模式"(其解释可纳入一个具有条理性的或已知的模式之中)以及"演绎"模式(其解释在逻辑上可能是由另一个已知的真相所推衍出来的)。

2　Miller(1982)指出:质性研究者也可以运用熟知的概率法,例如究竟要检查几个个案才算足够? 这时可以运用"依赖区间(confidence intervals)"去决定。

第 7、8 章我们会深入讨论跨个案的分析。

　　本章以下将说明一些图表,这些图表可以支持一项好的因果解释,亦即具备前述的各项特征。首先,介绍解释性结果矩阵表(explanatory effects matrix),它可让我们看见某一过程的产出或结果;接着介绍个案动因发展表(case dynamics matrix),可让我们看出“什么引出了什么”。

　　然后我们会介绍因果网络图(causal networks),我们可以在一张完整的图中,把各自变量与依变量都放进去,还能显示其间的关系。最后,我们要再讨论一下,如何检验解释有无效力,也就是进行预测以及检验预测。

第 2 节　解释性结果矩阵表

　　就像第 5 章曾讨论过的,看到一个结果矩阵表,我们都会问:为什么会产生这些结果? 是什么因素引发的? 是普遍地或是特定地引发? 为回答此问题,第一步可以先画出一个解释性的结果矩阵表。

　　举个例子来看。在表 5.15 的那个学校改革研究中,研究者问实行者:平日持续的协助是从何而来的? 协助的内容有哪些? 是产生短期或长期的影响? 结果列在资料6.2 中。所填入的是引述与词组,目标是找到访谈材料中的精华,然后放入细格中。研究者在最后一栏,再加上一个一般性的解释。

　　这种表可帮我们在概念上澄清问题,表中列出了初步的因果解释,你可以开始对浮现的因果线索做前溯或后推。这种前溯,在此例中包括:有哪些类型的协助? 有哪些角色提供协助? 对实行者而言,产生哪些类型的影响? 例如:方案发展者和教学材料所提供的技术性协助,似乎使方案产生了清晰度与正当性;另一方面,同侪和行政人员的支持,则增加了采用者对新方案的娴熟度(技术:比较,参见第 10 章)。

　　这种解释性的结果矩阵表,有助于我们由时间层面去了解事情,我们对因果机制有了初步的感觉,因此这张表具有启发的效果。不过最后那一栏“研究者的解释”,只是分析者最为直线式的摘要,其实他并未深究因果的问题。因为你很难由协助类型、角色与影响之间看出有什么关联,只有一些表面的印象而已。再者,每一横列一眼看去似乎都是某一原因的结果,你很难掌握到复杂性,亦即看不出同一列各格之间的互动。若要进一步作完整的因果分析,就需运用个案动因发展表(case dynamics matrices)以及因果网络图(参见本章第 4 节)。

资料 6.2　解释性的结果矩阵表：常态的协助

协助的来源	实施改革的教师所作评价	对方案提供的协助类型	短期影响（采用者的"感受"）	长期结果（能/不能做）	研究者的初步因果解释
教育局长	0	无	"他一直做，只是为了钱"	采用者可以靠自己建立/扩展方案	局长只是一个财物管理者，未参与方案
学校行政人员第1~2年	+	与社群会晤给予鼓励缓冲局长	"我们在这儿有一些援助""我们不是孤单的""我们会打自己的仗"	给采用者更多时间去讨论方案的议题、学生、地点、车子	行政人员为老师提供协助，来支持改革方案
第3~4年	0	无	"我们失去了朋友"	必须自己战斗，因此学到了方法	行政人员的冷漠会增强采用者的团结
方案开发者	+ +	提供想法、协助，提供架构活动设计，积极的展望资源	"他们了解自己的材料""这些材料都有助于理解方案如何运作""嘿！我会做这个了""我们可以得到设备"	由于社群的参与，将科学方案扩展至校外	部门需要钱去实施此方案；采用者需要方向与支持——他们都得到了，而且就此出发
同侪使用者	+	以规划来协助，提供想法、建议，给予鼓励	方案如何运作；填补缝隙；不是孤零零的，会有些协助	出现此校外方案的强力采用者；他们知道如何做	某位采用者体验到这一取向，并带着其他人一起进步
教材（指引）	+	概览、定向并提供详细活动	这真是好材料；产品不错、可尝试、有用	为发展当地自己的方案，奠定基础	教材发挥了其角色功能：为当地方案的发展产生刺激与协助

第 3 节　个案动因矩阵表

问题剖析

研究者搜集完资料，会不断想用解释把资料联结起来，以了解何以某事会这样发生，以及人们是如何解释这些事情的发生。你要怎样初步地把有关某问题的解释展示出来呢？

简　述

个案动因发展表呈现了一组造成改变的力量，且追踪了过程与结果；所作的乃是一种初步的解释。

实例说明

假设你也对学校改革研究有兴趣,要探究如何以及为何一项改革会在该组织的执行之中产生改变。这一"为什么"问题,非同小可,因为历史上太多改革不是无疾而终,就是被例行措施吸纳,消失得无影无踪。在哪些条件下,改革不会发生呢?

　　建立图表　　所谓"动力因素",就是含有推动性质或要求性质的东西。本研究是在一学区中对所有学生施行一种个别化的教育方案,其中的动力因素就是与此改革案相关的"要求"或"规定"或"限制",这些可放在左边第一纵行中。至于各栏之首则可填入与这些动因发展有关的隐藏性议题或预设、组织的应对反应以及最后如何解决问题(由产生的改变之类型来看)。我们画出的表格,即表6.1。

表6.1　个案动因矩阵表:IPA 改革在学区与其学校中作为组织改革的一股力量

所出现的 限制与困难	隐藏的议题 (研究者看见的)	如何应对	如何解决问题: 产生改变的类型
• 各期望的冲突:家长 或老师应否参与活 动	• 工作负荷 • 亲师角色冲突	• 校方解释成:教师不 应为校外活动负主 要责任	• 多采用批量性的活动,许多 都由协调人去安排(措)
• 将那些方式与措施 都视为"额外、过重 的负荷"	• 工作负荷 • 自主性,反抗受控	• 在职协助	• 一再修改与简化那些方式 与措施;完成一份实作手 册。降低期望(取消家访, 减少研讨会)(措)
• 采用者对采用的不 确定与抗拒	• 自主性	• 在职协助 • 管理小组访谈所有 教师	• 参见上项。另成立在职委 员会(构),经由管理小组 来协调(措)
• 要求额外的时间	• 工作负荷	• 开头采取自愿式、高 投入	• 采用替代方式(措)。研讨 日当天学校停课(措)。降 低期望(措)
• 方案好复杂、要求 多、花钱多	• 自主性,协调与绩 效责任	• 早期成立管理小组, 加入小学老师	• 管理小组制度化(构)。提 高教师对上级影响的期望 (气)。当违反期望时,即 降低努力程度(气)
• 热心提倡的老师被 同侪批评	• 自主性	• 经由非正式讨论缓 和冲突 • 非正式的协调与探 询	• 以常规来支持校内的弹性 与同侪影响,以及跨校的互 动(气) • 增加校间联系与更密切的 互动(气) • 嗜好日(措)

(构)结构改变
(措)措施改变
(气)气氛改变

登录资料   分析者通读编好码的札记稿,然后从中把标上相关代码的文块找出来。本例中相关代码如下:

改变—执行的问题:执行的问题

改变—对组织现状的影响:对组织现状的影响

改变—对组织气氛的影响:对组织气氛的影响

改变—对改变的解释:对组织的改变之解释

分析者已决定要把影响分为3类:结构的、措施的与气氛的。这种分类需要把"改变—对组织现状的影响"的各文块分为措施的与结构的。

登录资料的依据原则如下:(a)把资料摘成一或二个词组放入各格中;(b)登录的资料均未被其他报告人反驳过;(c)"隐藏的议题"一栏,要提升抽象的层级(依据你对组织理论的想法,以及当事人提出的解释,去思考),然后把最切中要旨的概念填入。要思考的问题是:这一要求是哪方面的实例?

任何一张表格都会排除某些主题。像表6.1就只纳入了会引起组织改变的那些动因发展,并没有把引起非组织改变的那些动因发展纳入。

引出结论   当研究者将资料填入动因矩阵表各横列时,其实许许多多的分析也就自然涌现了。就在研究者即将填完某横列时,他对相关的动因发展的初步感知就已出现了(技术:注意模式或主旨或主题)。等到要撰写分析文字或摘要文字时,如有需要,就得反复地回头参考札记,以便寻得示例并做厘清。以下是这类分析文字的一篇范例,它是为表6.1第一横列所写的:

> IPA早期采用者很热心,老师们经常为了5名学生中的1名,利用1个周末进行特殊活动。可是等到此改革案扩大后,反而出现了紧张与角色冲突:某种程度上家长希望老师们能带领所有的活动。官方的说明是:家长与学生必须"承担责任",但他们实际上并未做到;最乐观的估计是:大约只有25% ~30%的家长实际上提供了协助;还有一些家长抗拒这类"非学校"的活动。此一缝隙必须由协调人来填补,越来越多的人期望协调人能够带领并执行教学方案(有关恐龙的1个单元,以及走访1位足球明星)。班级里开始采用"批量"式的活动,如:讨论货车运输的单元、海洋学等,以这些批量式的活动来教导有兴趣的学生群体。

研究者可以逐列进行这样的分析。看看最后一栏"产生改变的类型",我们会发现:真正的结构改变比起措施或气氛改变,要来得少(技术:清点)。再来看看"议题"这一栏:工作负荷与自主性的议题一再出现(技术:聚类)。再看"如何应对"这一栏,会发现:为解决工作负荷的困难,主要采取的是例行化与降低努力的方式。然而,如果采用对照与比较的技术,应可看出:为解决自主性的问题,所采用的方式其实是一种颇耐人寻味的非预期方式,他们的方式就是:增加相互的依赖与强化同侪的影响,换言之,也就是产生更紧密的联结。如果研究者获得这样一个结论,便得面对一个难题:究竟要怎样处理一个非预期的发现呢? 此时便需要运用一种追踪惊异处的策略了。

研究者或许也可以看看其他各列,找找有无其他原因。例如:倒数第二行显示,他们成立了管理小组来解决协调的问题,且提高了教师对上级发挥影响的期望。或许成立该小组是一种交易,亦即"以影响力的提高"来换取"自主性的降低"。回头查看札记,将发现确实有些证据是支持这一想法的(技术:进行若—则测试):不同的教师群体都认为该小组显示了"教师拥有权的提升",即使只是推派教师代表参加而已("假如有老师参与该小组,老师们的批评便不会那么快就脱口而出了")。大致上这一现象是支持上述想法的。不过也有其他人提到:成立该小组的主要原因,乃是权力的调整与制度化。因此,研究者有必要再看看札记里的其他部分。

等到研究者再看札记后,其写下的评析如下:

> 资料也显示:该方案纳入了中小学之间的接触与合作,部分源于许多老师本身也是家长,他们曾以家长的身份参与过 IPA 方案(因此了解到,除了优点之外,执行方面也有缺失处)。

> Covington 教练是位让人敬畏的人士,Dorry Hoffman 告诉教练她有几名出色的后卫球员,Dorry 竟然能说服教练和她的几个三年级学生一起活动。

> 还有几名高中老师到小学帮忙,参与"嗜好日"的活动,"嗜好日"是 IPA 方案的延伸活动(另外还有几项可选择的方案)。再者,还有一项运作不错的六年级方案,该方案是引导六年级孩子预知未来中学生活的。

所以,老师们之所以愿意彼此依赖并减少自主性,似乎是源于他们和同侪合作的直接经验,这些经验让他们看见了合作的优点(技术:找出因素)。

这种动因矩阵表,不只是让我们可以进行逐列的分析,还可以让我们看见各列之间是怎样相互影响——虽然在这方面的表现,网络图往往可以比矩阵表呈现出更丰富的意义。

像这类解释性质的矩阵表,其中填入的资料通常都是从实际札记里一次次地找出来的,因此这种表格最合适发挥的功能,是作摘要、厘清与提出疑惑(但通常并不太能解答疑惑)。如果能常常回头查看札记,对于绘制这种动因发展表是颇有帮助的。

变 体

表6.1,这张动因矩阵表乃是从"限制与困难"开始填写,也可以从"两难问题"开始填写;各列也可以依据概念做聚类。表6.2 与表6.1 探究相同的主题,但表6.2 将两难问题区分为大家熟悉的三类:结构、措施与气氛,并且将"回应"那一类目改为"谁做了什么"。表6.2 所探讨的"改变"乃是有限的,它只探究引起摩擦与不安的那些改变。我们可以回头去看看表5.14,那张表显示的是所有类型的改变,其中有一些改变已被普遍接受了。

表6.2 并未将"未改变"的状况纳入表中。我们也可以很轻松地另加一栏,该栏可用来强调稳定性与无改变的资料,尤其可强调原来预期属于应该改变的那些前置因素,原本研究者以为可能会导致那些前置因素出现的初步推动或限制。如果加上这样的一栏,就有必要再加上"解释"栏。

表6.2 还可以再加一栏,即将当地人所提供的解释填入该栏。

表 6.2　个案动因矩阵表：ECRI 方案产生的组织两难问题

	两难问题	议　题	谁做了什么	组织如何解决问题
结构	• 自愿采用新方案 vs. 按旧课表上课、课程混乱	同一学校中有两套管理方式	校长寻找一致性	组织压迫未采用者实施 ECRI 或离职 新职位由 ECRI 采用者取得
措施	• 自愿、弹性使用 vs. 被他人知觉到是正统派	班级被"监视"，老师无法自做调整	校长强制实施评价，方案采用者暗中获得弹性	校长：一年未进行评价，然后加强方案的运作；容许一些回旋空间
	• 方案的复杂性、步伐拖沓	精疲力竭，需要协助、弹性与课余时间	校长建立规划期，对 Title I 助理建立规范，将师傅老师一职引入校内	
	• 早上旧课表的老师"丧失了自己的学生"	在自班的时间占 1/2～2/3	校长试图减少人数	自班时间与方案时间 1:1，老师满意；与新学生接触
	• 协助 vs. 控制	师傅老师也控制执行的忠实程度	由师傅老师负责协助，学校行政人员负责控制	
气氛	• 采用者 vs. 非采用者	采用者形成小团体；被其他人讨厌	咖啡室的对话被 ECRI 占满了	多数教师成为采用者，非采用者自我辩护（ECRI 不适合低年级）

建　议

请复阅（或请一名同事看）画出的第一版动因矩阵表，看看你排出了什么东西，以及你能与不能做的分析有哪些。

因为这种分析表是高推论性的，最好找一位同事，请他对照札记，检阅个案动因发展表，或请他也填一次。也可以请人看你的表，告诉你：表中的预设是什么？是否还有其他预设，而其他的那些预设可能会产生更为丰富的意义？

在个案动因矩阵表与札记之间往返，以便：(a)证明并加深研究结论；(b)如有疑团，请解谜。

要写分析文字时，请把结论和资料片段节录连结起来。这种分析文字是和文本中的趣闻轶事（产生点缀的功能）很不相同的。趣闻轶事是要找一些让读者提高兴致或令他置信的东西，并依需要安插在文章各处。

所需时间

如果当初编码的系统和表中各栏的标题相当匹配的话，要完成表 6.1 这种规模与复杂度的动因发展表费时 2～3 小时。如果编码系统未能匹配，要完成一份让人有信心的进阶概述或解释之表格，可就得大费周折了。这时，你必须大大依赖非正式的摘述、直觉、印象，然后再回头去检验札记，至少要从头到尾完整地看过一次才行；我们预计这一步骤将至少费时 1 天。

第 4 节 因果网络图

问题剖析

田野研究是一逐步聚焦与汇集资料的过程。资料搜集过程中我们会越来越清晰地看见诸因素,这些因素会将地方性事件中表面看似漂流物与废弃物的东西,带到一个有意义的模式里面。这些地方性因素并不像一只只小蜥蜴——原本就躲在石头后面,等待研究者在探究岩层的时候被发现。更贴切地说,这些地方性因素更像是一张心理地图——研究者将逐渐发现的零散资料汇集起来,精心制作出这张心理地图。这张抽象的意义之网,是研究者努力的一个成果,并不是一个既定物。

其实这张心理地图也是当地报告人的一种成果,这是我们在第 5 章第 5 节中讨论过的;报告人带着脑中的这张地图行走,这张地图提供了一个架构,人们依此架构去行动、知觉,并且解释他们的世界里什么东西引发了什么东西。这张心理基模(mental schema)为报告人工作,报告人可以将此地图与他人的相比较,从而得到想寻找的东西(Axelrod,1976)。

因此,大多数的田野研究都必须进行基模合并与再精炼的工作;先四处记录下各个人的心理因果地图,然后汇集起来,再把它们与研究者心中逐渐浮现的心理地图,整个连结起来。

此时会出现一项难题:研究者得加快步伐,因为开始时研究者比报告人的心理地图要来的原始得多。研究者对当地因果地图的初步理解,往往会太过庞杂、模糊,甚至有错误,需要多次尝试以后才会较为清晰。想一蹴而就是很危险的,很多人都是带着一个预定的理论,以最快捷的方式画出一张图,这种东西其实只是自我欺骗而已;这就像只练习过机车跳跃,就直接去参加 40 米的跳台滑雪一样。

Weick(1979)指出了另一个问题。有时候我们知道两件相关的事情,但往往无法分辨何者是"因",何者是"果"。这两个变量在一个循环圈里互相控制着对方。你若要分析其中的顺序,可以先画出一个引发了另一事件的原因,但这另一事件又回过头来改变了你所认定的原初"原因";现在原初的"原因"变成一个"结果"了;资料 6.3 就是这样一种情形。图中显示:一名青少年的粉刺与过胖导致了他在学习社交技巧时的退缩与失败,社交上的笨拙导致了进一步的退缩,甚至被人拒绝;退缩与被拒绝都会降低这名青少年的自尊。

因果律并不是单方面的。你要在此"情节"中,找到合理的把握。所谓的"情节",就是事件的流程,以及在此个案中的状况。不是要你迷失在所有相互影响的东西中。Weick(1979)建议你画一张因果图,即类似我们要介绍的因果网络图。

好的因果图要反映复杂性,且要能貌似合理地把相关的反应连结起来,这是一大挑战。画出这样的图,可以减轻分析者心智上的负担,而产生的结果又是有系统的、可验证的。你可以在写期末报告之前,早早请当地人完整地检验你的因果网络图。

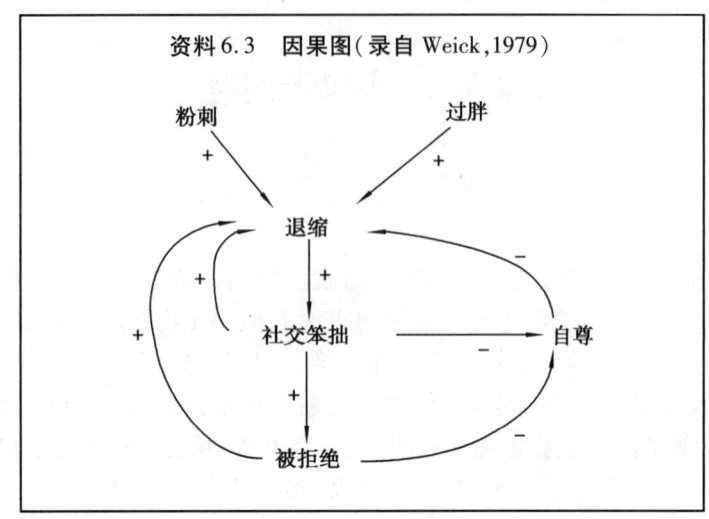

资料6.3　因果图(录自 Weick,1979)

画图时,你要思考的基本问题有:

1. 你要怎样才能画出一张逐渐完整成型的个案图,反映出当地的因果关系?

2. 如果你处理的是多重个案,要如何调整,才能画出跨个案图,显示出更为基本的因果解释?

答案是画出一张因果网络图,它具有抽象性与推理性,把现场资料整合起来。本节我们先看个案间的处理方式,第8章的第5、第6节,再看多重个案。

简　述

因果网络图就是把现场研究中最重要的自变量与依变量,以及其间的关系(以箭头表示)展示在图中。其间的关系是有方向性的,而不只是有关联而已。此图假定了某些因素对另一些因素有影响:X 使 Y 成为现在这样,或者使 Y 变大或变小。因果网络图要有用,一定得配上文字说明,显示各因素间连结线的意义。

实例说明

图6.1 显示的是单一个案的因果网络,初看可能会觉得复杂,但可以从一个角落开始,如:从左上角开始,配合说明文字来了解:

1,2,4 是第一组前导变量,它们是这样运作的——州规定要规划完善的生涯教育方案(2),加上经由评估发现:学区内学校的表现不佳(1),这些导致要寻求新方案(3),有人证明 CARED 方案和学区特色相符合(7),因此得到学区的支持(8),进而该学区采用了此方案(9)。

但是这些都还不是采用新方案的完整原因。这个学区为应对现有方案,经费就已经不够了(4),这导致他们长久以来一直在不断寻求外来资金(6),这几乎已经是这一学区的"生活方式"了。寻求的结果是得到暂时的外部资金(14),为期三年;这些其他层面的因素也构成了采用这项新方案的基本原因(9)。

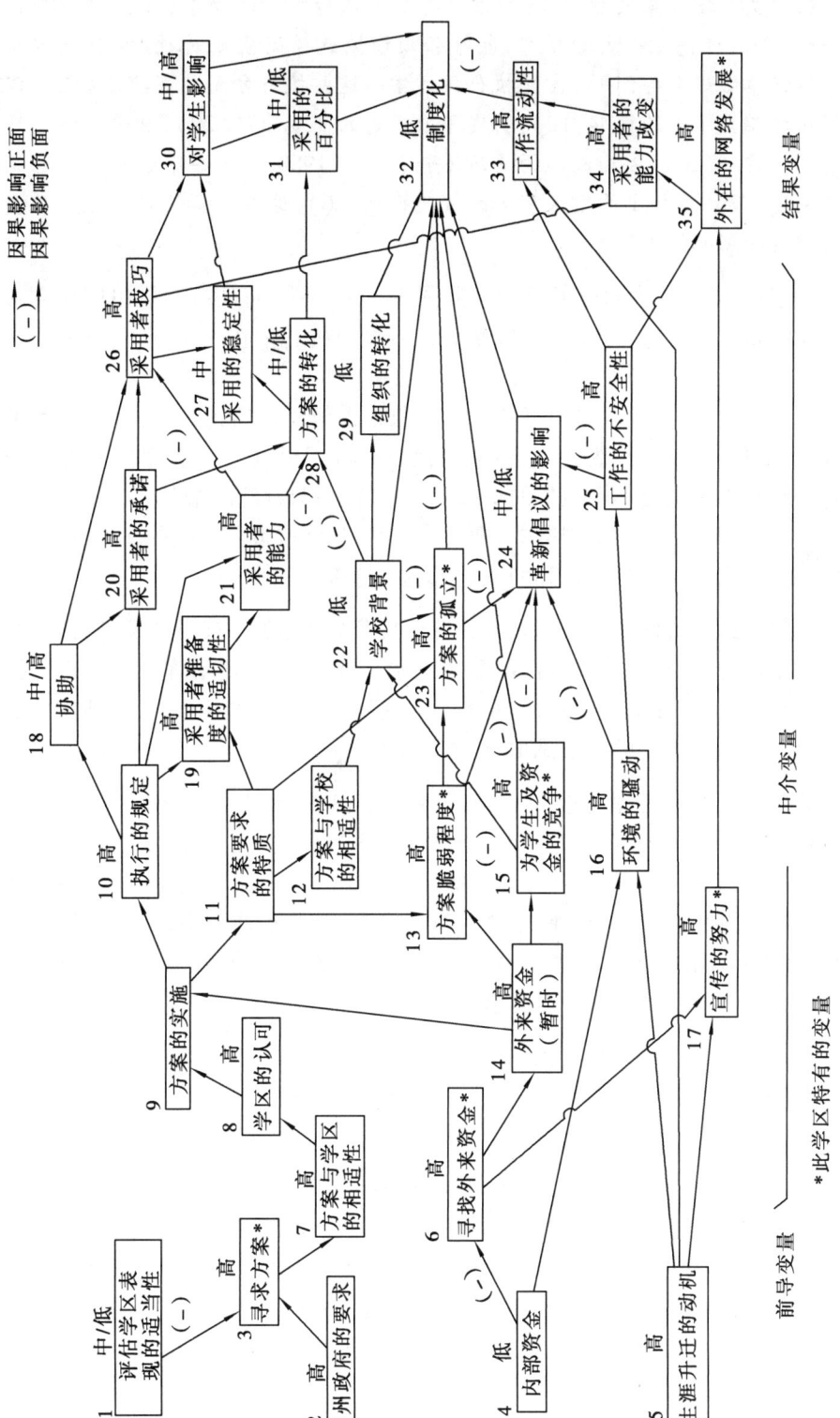

图6.1 **因果网:Perry-Parkdale CARED方案**

决定实行该方案之后,知道该方案有不少执行方面的要求(10),必须提供协助(18),而且还产生很大的压力,包括必须谨慎选择高素质的教师(21),以及教师必须谨慎做好准备(19),方能执行该方案。这些执行方面的高要求(10),以及所提供之相当水平的协助(18),引发了采用者的高度承诺(20),且进一步引发采用者的高技巧(26),因为教师的素质不错(21)。1980年下半年这一方案已经相当稳定了(27),再加上方案采用者的技巧娴熟(26),这些因素使得学生的确受到相当程度的影响(30)。

图文一起读,效果比各自分开为佳。此图不只在描述,而是希望能以因果方式解释Perry-Parkdale学区发生的事。此图将300~400页的札记在一张纸上拆解为34个方块与箭头;简洁地说明了如何与为何。其中兼用了顺序(个案取向)以及变量取向。

像图6.1这种图,你可以请同事和研究对象来做修正或验证。当然,这种验证的最后目标是要符合以各种经验为根基的诠释(Denzin,1989b),而各个诠释并不完全相同。这些经验也正是对不同报告的似真性,再做评估与判断的基础。

把发展中与修改中的因果网络图,做一番证实,是件有趣且好玩的事,其中充满了惊奇。我们是怎么进行的呢? 让我们一起来走一趟这个过程。

建立因果网络的两种方法 基本上一开始搜集资料,就要有心理准备:你要画出一张因果网络图,这样你的整个过程才会朝着这一目标迈进,包括你搜集资料时接连出现的数个往返、资料分析的反复,以及图表的反复修改。大致说来,要完成这样的因果网络图,可采用的途径分为"归纳取向"与"演绎取向"。

归纳取向 也可称为建构取向或是产出取向(Becker,1958;Goetz & LeCompte,1984;Zelditch,1962)。研究者透过当地的经验,发现不断重复的现象,以及诸现象之间的关系。下次去现场时再逐步修改、精炼上次形成的研究假设。当地的因果图乃是渐次地、归纳地浮现的。图里有规则与模式;换言之,某些东西的出现,只有在另外一些东西出现时(或不出现时);这些东西及其间的关联都需要有自己的名字或标签,这些东西及其关联聚类为可能的诸因与诸果,最后研究者就拥有了一个因果图。

演绎取向 也可称为"点数的或列举的"或是"概念的"取向(Kaplan,1964;Popper,1968)。研究者在进入现场之前,就已经有一些引导性的构想与命题,并且想在研究现场加以印证。这些分析单位是被操作化处理好的,并且与田野资料相配合。

演绎取向的研究者以预先准备好的因果网络为起点,而归纳性的研究者则是以因果网络的获得为终点。Wolcott(1992)称呼这两种方法为"先有理论"与"后有理论"。无论采用哪种方法,都会先用经验上的事件与特征去检测第一版的因果网络图,亦即初始版本会被修正。在资料搜集后,两种研究方法都会形成或是证实一个因果图,但是演绎式的"概念取向者"会获得一个由上而下的模式,而归纳式的"建构取向者"会获得一个由下而上的模式。

所以归纳法与演绎法都是辩证发展的,而不是某种方法独占整个研究过程。建构取向者的归纳会受到个人概念领域的影响;而概念取向者的先前架构也已包含了很多经验资料,比我们第一眼看到该架构时的更多。

前面章节中,我们一直建议大家要预先多做些概念化的工作,这一主张源于我们自己的研究经验(Huberman,1981b;Miles,1979b)。过去的经验告诉我们:研究过程中,如果没有清楚的初始概念,就容易淹死在无头绪的资料堆里。通过归纳学习发现:较倾向于演绎取向的研究,有助于资料的简化与聚焦,同时也不会流失精华,并且可以让研究者更快发现因果关系。以下我们介绍因果网的建立时,会采取演绎取向,但也会强调在过程中兼顾归纳取向的优点。我们所建议的技术,可以适用于两种取向的研究者,只要是他们觉得该技术有用,均可采用。但是必须要避免的一个情况是:在概念化的过程中,只选择两种中的一种来使用。

以下,我们将介绍几种建立因果网络的方法:

开始 你在探询时会找到什么,主要决定于你要找的内容,以及你决定在何处寻找。你可以先选择几个少数的想法或问题来起头,然后去展开第一轮的资料搜集,试试看这些东西会怎样组合在一起;就像第 2 章图 2.3 里我们所采取的方式那样,我们在那项学校改革研究里,先搭建起图 2.3 这样的一张概念架构图。这张图其实已经负载了某种因果的东西在里面。图里已经做了一些猜测:在逻辑上哪些因素影响着其他因素;哪些因素会一起出现,哪些不会;哪些因素会先出现,哪些后出现(图中的影响是有方向性的)。

即使预先拥有架构的田野研究者,也不会大胆忽略掉那些可以指出其他东西的资料。无论如何,这种研究者还是会产生研究问题、代码与样本——个人、事件、历程等,以期提供研究架构一个运作的机会。

相对地,归纳取向的研究者,一开始会将焦点放在较为一般性或较宏观的概念上。例如一个田野研究者,可能会在百货公司内闲逛,最后把焦点放在"服务"的历程上。

事实上,没有研究者开始时可以真正做到心如白纸。隐藏其后的问题是:什么导致我开始这份研究,即我为什么在这里? 换言之,我应该多快、多有系统地将我的假设与概念架构纳入意识中? 接下来更尖锐的问题是:对一个"先有理论"的研究者而言,该如何让资料精炼、修改并延伸其观念?

在本书中,我们强调预先概念化,迈向因果分析的第一个步骤是提出概念架构(第 2 章第 1 节)与研究问题(第 2 章第 2 节)。接下来是在田野笔记的转录稿中,撰写反思评注与眉批(参见第 4 章第 2 节)(资料 4.2,资料 4.3 与图 4.6)。这些是典型的、稳健型的资料塑形练习。研究者仔细处理相关联与相对立的变量,这些变量邀请我们更近距离地观察事物,而这些事物中可能潜藏着重要的主旨或主题或模式。

这些步骤都是将不连续的变量,聚集成一丛丛的暂时群组。如果在下几轮的资料搜集与分析的循环里,这些变量还是留在同一群组之中,那么这些变量便是很好的候选者,可以考虑填入因果网络中的方块里,并且标示出朝向其他方块,或加上来自其他方块的箭头。

例如,在 Perry-Parkdale 的研究里(图 6.1),我们注意到,教师用下列词汇来描述他们的革新经验:"最后,我觉得在它的顶端"、"当我知道怎么做的时候,我觉得容易多了"、"现在,它是一项轻松的工作",以及"基本上,我学到如何正确地完成它"。这些评论,基本上会出现在实施的后期。不需要太多的洞察,我们就可以将"使用技巧"归为一个方块。

汇集碎片:主旨代码、备忘录与暂时个案摘要　就像我们早先看到的一样,眉批与反思评注,经常发展成主旨代码(第4章第3节)。他们经常是比较大段的资料,并且经常化为因果网中可能的一部分。在本质上,我们将主旨或主题或模式标示出来,用来显示该地的特征。比方说,我们先用"各团队"来描述在教育局内两个行政小团体的冲突(第4章第2节),稍后再把它转化为因果网络上变量流之中的数个变量,例如:职业升迁动机、教育局内的气氛。这两变量最后影响到重要的结果变量,例如:教育改革的"制度化"。

接下来,代码将会被扩展成备忘录(第4章第4节),并且会试着初步地将已经编码的资料与备忘录聚类在暂时的个案摘要中(第4章第6节)。

当然,你实际整理资料时,并不会如此阶段分明、如此精心规划。不过,在认知层次上,这也就是大致的运作情形了,——将零散的资料整理到一个证据链里,而这条证据链已经具备了初步的因果逻辑。粗略地说,你是认为:"这些变量是或不是一起出现的(它们一起共变);而其他的变量看起来则是随机出现的,或是没有关联的。"这其中所采用的技术,就是建立一条合理的证据链,这是一种"萃取式的归纳(abstracting induction)"(Duncker, 1945)。但是等你了解更多以后,你会思考得更为细致,"这些变量里,有些变量比某些变量先出现,同某些变量一起变化,或是对某些变量产生影响;而当我们将其他变量纳入考虑时,原有的影响似乎又出现了变化"。现在,你的脑中已经有了一张因果图的草稿,这张草稿里包含了诸多的猜测,那是你对各组变量之间的影响之方向性所做的猜测。

不过,你对这些变量关系的想法,仍然只算是预感,在下次田野拜访时,你必须确认研究对象,或是与你的研究同事做讨论。这时,个案分析会议(第4章第5节)是有益处的。在单一个案研究里,个案分析会议可以画出不一样的因果简图;在多个案的研究中,个案分析会议可以让原分析者以其他人的资料,来检验原浮现的因果图(技术:复制一项发现)。

这些工具支持着、甚至强迫你进行分析活动。它们可以聚焦或是整理你的思绪。此时,正是整理逐渐浮现的因果图的最佳时机,其步骤如下:

- 就你已浏览的大量资料,细思某特定个案。
- 将主旨代码转化成为变量,所谓变量就是可以评定出等级的东西(大或小、多或少、高或低)。
- 评定出变量的等级(如:高、中、低),在此个案中其程度如何?
- 以线段连接变量,表示出某一对变量具有共变的特征,亦即此个案中该两项变量会一起产生变化,可能是此消彼长,也可能是共消共长。
- 加上显示方向的箭头,先找出每一个排在前面的变量(时序上的),以及随后受到其影响的变量,然后在它们之间画上箭头。此处所谓的影响,是指某一变量在程度上多多少少决定了另一个变量的等级。如果第一个变量不在此处,那么第二个变量的等级就会有所不同了——这两个变量之间,可能牵涉一合理的"机制"。

- 假如两个变量具有共变关系,但又不是非常明显或直接,我们就必须去讨论两个变量之间的潜在变量(技术:发现中介变量)。浏览代码的清单,说不定可以找出一个适合的中介变量。

图 6.2 呈现了一个因果的局部图。图中各主旨主要是与一个新教育措施的娴熟度有关。此故事简述如下:这个方案有很多执行方面的规定(1);一开始并没有适切的准备(2);用高援助脱困(3);提升了地方的努力(4);提升了对措施的娴熟度(5)。减号指出负面的因果影响:低准备导致本个案的高援助。

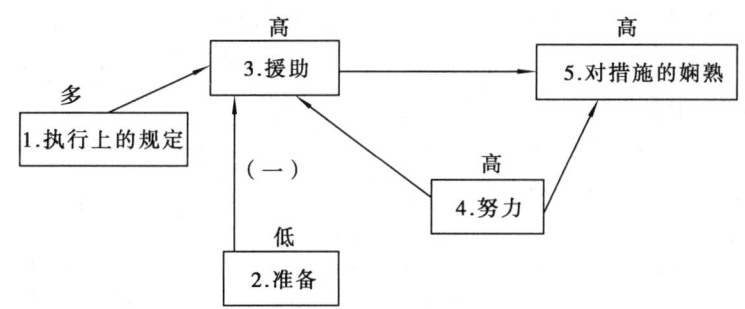

图 6.2 因果架构:对一项新教育措施的娴熟

再一次提醒大家:这个架构是以资料为基础的,并不是一个预先存有的概念架构。绘制这个图可以刺激思考,并不是要就此结束。试着把几个这样的局部图放在一起,不一定要将它们都连结在一起。把这几张局部图以各种方式组合看看,想想其间的因果关系。未经过实证资料支持的变量关系,都不应该在其间画上线段;即使逻辑上似乎"应该"连结在一起。有些变量就像各种血型一样,是无法掺在一起的;为了确定它们是否真的能组合在一起,很可能会使你陷入拜占庭式的推理(Byzantine reasoning),也就是一种循环式的推理[1]。

下一步骤,是将这个架构带到田野,看看它们是否受到支持。这个步骤可用"研究对象查验(member check)"这一手续来进行。呈现一个简略的图表给报告人(技术:获得报告人的反馈),以获得证明。比方说我们可能从中发现,有些准备是空有其表的,有些援助并不会影响到努力的层次,另外有些采用者能力强、经验丰富,即使没有准备与援助,依然对措施相当娴熟。这个结果,让我们思考到:在网络中是不是应该

---

1 就像 Weick(1979)指出的,如果加上一个双向的或逆向的箭头,通常也会显得颇为合理。例如图 6.2,加倍努力也可能会回过头来导致得到更多的协助,因为努力的动作会鼓励协助者。在我们讨论的这类因果图绘制里,我们并不建议你这样画。这种不画反向影响箭头的因果图,可称为"非循环图"。电脑可以帮忙绘制。(理论基础参见 Forrester(1973,1990)。另外,Gaynor 与 Clauset(1985)曾举出一个详尽的实例,例子来自我们对学校改革所做的那项研究发现。)

循环图很容易使人困惑("反正就是一切影响一切")。为了要让图像清晰、心智清晰,我们发现:比较好的做法还是绘制由左到右的流向图,显示出时间的顺序。如果你确信你探究的关系就是清晰的循环图,那么可以参考图 6.12 的处理方式。

有一个新的方框,名为"采用者能力",以便从这里拉出一条箭头,指向④努力与⑤对措施娴熟。

制作一张因果网的变量清单　资料搜集后期,你可以把因果网中已留存下来的各部分集合起来。最有用的第一步,就是整理出一张变量清单,这套变量将用于因果网中。这也是一种有趣的头脑风暴。

这个想法主要是列出所有的"事件"、"因素"、"结果"、"历程"等,并且将它们转化为变量。例如,教师间的数场对立,将会转化成"组织冲突"。你整理的第一份清单应该是完整的,第二张清单则是较为选择性的。图6.3呈现学校改革研究中的核心变量清单(这张表是多个案的,如果是单一个案或是较简单的个案,应该会比较短)。

这样的清单结合了"建构论"与"概念论"两种取向。某些变量直接来自于现场(例如:外部的资金、方案发展),其他的则来自于研究者初始的观念或研究问题(例如:方案与学区的相适性、协助、方案转化)。

前置或起始变量	中介变量	结果变量
内部资金	外部的资金	使用的稳定性
职业升迁动机	方案的实施(外)	使用的百分比
评估学区表现的适当性	方案概念的首创性(内)	对学生的影响
环境的骚动	教育局的认可	使用者的能力改变
	学校认可	制度化
	革新倡议的影响	工作流动性
	执行的规定	
	实施者适当的初始准备	
	方案与学区的相适性	
	方案与学校的相适性	
	方案与实施者的相适性	
	协助	
	实施者承诺	
	实施者技巧	
	方案转化	
	教师与行政人员间的和谐	
	为达到合格的努力(内)	
	方案领导的稳定性	
	方案成员的稳定性	
	组织的转化	

符号说明:
(外):外部发展出的改革
(内):内部发展出的改革

图6.3　前置变量、中介变量、结果变量的清单:以学校改革研究为例

在单一个案研究,制作与修改变量清单是相当直线式的。在多个案研究中,我们就得做一些选择了。因为你要做跨个案的对照,你所选的变量将要用来分析5、10或20个个案。此时,理想上,每一个变量在各个个案中,应该都具有实证上的意义。当然,碰到以下两种情况就得放慢脚步了:(a)也许有些变量是对某一个案特别有意义;(b)另外有些变量或许对大多数个案特别有意义,但并非全部。在(a)情况中,最后的因果网络可能会包含那些对某特定个案特别有意义的变量,且加上这样的标示。在(b)情况中,一些变量会被淘汰,因为它们的贡献比较少,甚至没有贡献;但要对此淘汰做些解释。

假如你是单一的研究者,而从事的是多个案的研究,若你能与一位有批判力的同事在清单建立前,先讨论相关的田野笔记、代码、备忘录、暂时的个案摘要与因果网络架构,清单建立的过程将会比较容易。假如研究者是一个团队,就得花一些时间讨论,如此一来,变量将会具有普遍的意义。

画出因果网络 原则上来说,你可以就此时的资料先画出一个完整的因果网络,然后回到田野做最后的测试与修改。但我们并不建议这样做,因为网络图太早被设定了,此时,你可能会用这个因果图,开始解释所有你有兴趣的现象。你太早就让一幅"和谐的"图像浮现出来,因为事实上你还没有仔细检查这张图的各个部分,也还没有将之组合起来。如果一个调查研究者想要评估一个路径模式(path model),他会先了解各部分分配的情形、交叉列联表与 β 加权值。要找到答案,必须回头去看问题。

比较恰当的做法,应该是最后画整个因果图,并且在研究案的末尾去分析它。这样做并不是要你不请现场人士为你的因果图提意见,不过你不必亲自去现场,可以用邮寄的方式(后面将再谈此)。

前一章介绍的个案内的图表有助于现在的因果网络分析。例如,对概念聚类表作分析(第 5 章第 5 节),让你可以整理出变量群组的关系。结果矩阵表(第 5 章第 5 节、第 6 章第 2 节)是证明因果关系的练习。个案动因发展表则牵涉了变量聚类与因果推论(第 6 章第 3 节)。

换言之,因果分析是逐渐形成的;现在,你会越来越严格地检验个别的路径。同时,逐渐建立一个认知上有意义的、完整的因果图。

最后,也就渐渐浮现出事件—状态网了(第 5 章第 3 节)。图 6.4 是撷取自一个个案的事件—状态网。图 6.5 撷取自最后的因果网络图,包括事件—状态网络中的重要反应变量。事件—状态网的方块与圆块通常会比因果网络图的变量多(此例符合这一特征,如果我们看见的是原来那整张事件—状态图,而且把三页和某特定个案有关的变量,从因果网络图里抽出来的话,应会看出此特征)。

特定事件与状况的示例大多可以转化为一般的网络变量。这些一般变量提供了更有力的解释,可以运用在其他的个案上。例如,几乎大多数的个案会出现经济上的问题("外来资金"),学校教职员对于新冒险会支持或反对("建立支持"),以及改革的提议受到或多或少的影响("改革倡议的影响")。

从特殊的、暂时的、过程取向的图表呈现(事件—状态网络),朝向变量取向的图表呈现(因果网络图),此历程中,分析产生的力量会越来越强,虽然后者仍是暂时性的。

同时,我们所采用的质性研究的程序也符合传统量化方法的要求(Judd & Kenney,1981)。我们会看见:在结果变量上,显示出自变量的显著效果;并且在最重要的中介变量上,看到预测变量的明显效果,另外还看见结果变量与中介变量之间的关系。我们可以看见预测变量如何运作,包括推理上的与时序上的。但是一张因果图的各种成分都有其独特的性质,这和脱离脉络的 β 系数与"净相关(partial

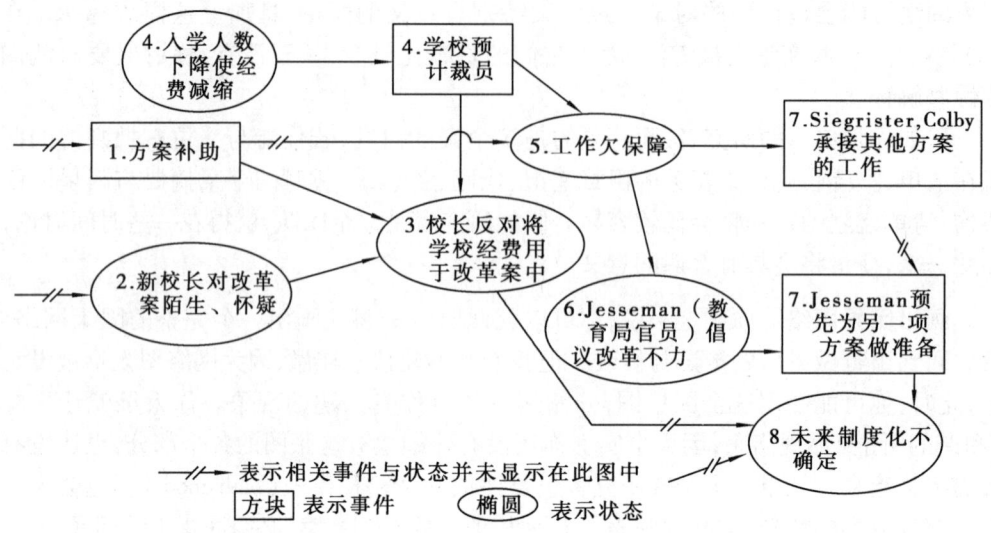

图6.4　事件—状态网(节录):Perry-Parkdale 学校

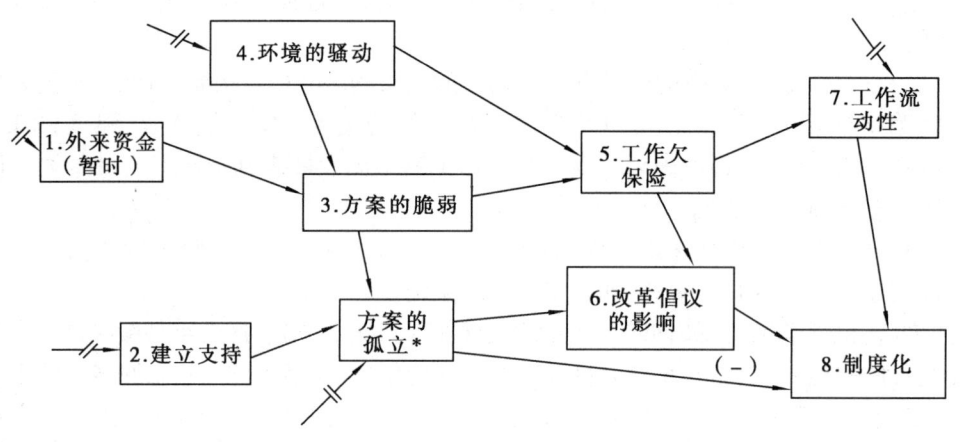

图6.5　因果网(节录):Perry-Parkdale 学校

correlation)"是不一样的;因果图中的各种成分并不是机率取向的,而是特定的、确定的,是扎根于我们对当地具体脉络中随时间发展的事件的理解的——而且这张图还连结到概念层次,是经研究者将每一变量完善地予以概念化而得到的。

让我们再次看图6.1这张完整的因果网络。请注意:(a)时间的流向(标示于该图底部);(b)所有箭头的方向,因果模式已假设出暂时性的关系;换言之,较早的原因造成较晚的结果。

要画出图6.1,最轻松的方式就是依循你当初分析资料时的方向:一个变量流区块做完之后,再做下一个("变量流区块"指不断裂的一组变量链)。某些变量流很长:

看看那个从方块1开始,穿越方块8,9,10到达30,甚至32。其他的变量流就比较短,例如位于底部的那一个变量流,从5到16,35与33。在一条未断裂的变量流里,多重管道经常汇集了多个流向的变量,或是经不同路线最后结束于相同的地方。这些通常也应该被画出来。

要画出变量流区块并不困难——假如你事前运用事件—状态网作练习,从前置变量开始画,这样要画变量流区块就更容易了。你也可以由一个依变量开始画,然后倒回去画,但画完以后,你还是要顺着再看一遍,向前确认线段是否连贯,以及是否有实际证据;这也是很重要的。你无可避免地会遇到跨区块的情况,你可依网络的发展逐一延伸出去。

通常这些变量流区块可能被命名,可以是一个剧本或主题——这个卷标会使得分析与报告变得更为方便。例如,在变量流区块的底部,变量5,17,35与34属于“广布化(cosmopolitanizing)”这一主题:人们走出自己的圈子,跟新方案连结起来,这个经验不但拓展视野,更造成职业的转换。或者,我们可以再一次看看网络的底部,方块4,16,25与33加起来,形成一个“因果关系”变量流区块:较少的资金、高骚动(通常是以经费削减的形式出现)、人员不稳定,以至于最终的人事调配问题。

变量流区块可根据依变量的程度给一个情节名称,例如:高学生影响情节、低制度化情节、高工作流动情节。类似的情节名称内涵可能很不一样,甚至在同一个案内内涵也可能不同。例如,高工作流动情节在某个案中是指高升或转换至所期望的一个工作,在别的个案里却可能是指不期望的调动或是临时被解雇了。

分析者对这些主旨与情况应该不会觉得惊讶,因为前面的主旨代码、备忘录与暂时摘要里,大多已显示出来了,有些甚至已被整理在结果矩阵表或个案动因发展表之中了。

最后,因果网具有预测的功能。两三个变量流形成一个变量流,导致某一个依变量,这让你可提出“当预测变量J,B与L依顺序出现时,效果Z就会非常明显”,或是“为了达到高程度的Z,你可能需要J,B,L的协助,但不一定需要V与Q”。这些陈述在单一个案中并不一定很明显,但是当数个个案内的网络同时呈现此模式时,这些陈述就变得很明显了。以后我们还会对此再作说明(参见第8章第5、6节)。

因果网络的故事　绘制因果网络图的过程,也就一一引出了研究结论。就如同其他与时间有关的图表呈现一般,因果网告诉我们一个故事——事实上是好几个故事。你可以从头写出一个依照时序排列的故事,包括每个主要变量流区块中的故事,图6.6是图6.1因果网络的完整故事。

在故事写作的过程中,通常要注意一些事:第一,你不能写得太机械化,而必须连贯成一体。把网络图化为清晰的文字,必须做到诚实,且清楚知道是什么引起了什么。在图文的互动过程里,校对与修改的功夫是必要的。第5章里我们曾经讨论过图文的互动(图5.4)。

第二,写故事提供了一个扩展的机会:你可以解释为什么那些变量是相关的;为什么它们被评为不同的等级;为什么某些变量排在前面;哪些变量比较重要等。

1,2,4 是第一组前导变量,它们是这样运作的——州规定要规划完善的职业教育方案(2),而且经由评价发现:学区里学校的表现不佳(1),这些导致要寻求新方案(3),有人证明CARED方案和学区特色相符合(7),因此得到学区的支持(8),进而该学区采用了此方案(9)。

但是这些都还不是采用新方案的完整原因。这个学区为应对现有方案,经费就已经不够了(4),这导致他们长久以来一直不断在寻求外来资金(6),这几乎已经是这一学区的"生活方式"了。寻求的结果是得到暂时的外部资金(14),为期三年;这些另一层面的因素也构成了采用这项新方案的基本原因(9)。

等决定实施该方案后,才知道该方案有不少执行方面的要求(10),必须获得协助(18),而且还产生很大的压力,包括必须谨慎选择高素质的教师(21),以及教师必须谨慎做好准备(19),以执行该方案。这些执行方面的高要求(10),以及所提供相当水准的协助(18),引发采用者的高度承诺(20),且进一步引发出使用者的高技能(26),因为教师的素质不错(21)。1980年下半年这一方案已经相当稳定了(27),再加上方案使用者的技能娴熟(26),这些因素使得学生的确受到相当程度的影响(30)。

以上这些因果关系基本上指出了与该方案有关的内部动因发展过程。那么,**学区与学校层级**发生了些什么事情呢?

回头看看方案的要求所具有的特征(11),我们注意到该方案的某些方面(如:它让学生脱离学校的管控、撤除中学的课程与活动),这些取向使得该方案与学校之间的相适性不良(12)。这导致学校人员不太愿意认可此方案(22),包括校长、顾问及教师们。另外,为争取资金与学生的激烈竞争(15),更为降低认可的意愿,而且外部提供的资金(14)又只是暂时性的,这一事实更加打击了学校认可该方案的意愿。

该方案所定的要求(如:要求学生必须被雇主看见,必须有责任感,必须表现得像个"傻瓜")(11),这些特征与暂时的资金这一因素相结合,使得方案相当脆弱(13)。结果,工作人员采取相当隔绝的方式去执行该方案(23),以免因为学校对方案的支持不够(22),而使得方案受到脆弱性的冲击。该方案还有些要求(11)(如:频繁的休息时段),也更为强化了该方案的孤立性(23)。

还有另外一些原因变量也加入互动中。教育局里的主要成员与校长们的升迁动机(5)升高了学区里的骚动(16)。这些骚动降低了倡议改革者的影响力(24);他们的影响力同时也受制于工作欠缺保障性(25)之因素而降低。

为了应对学校的低支持(22),该方案做了某种程度的调整(28),因此采用的百分比暂时有了一点起色(31),而且正如我们所见,此方案对于学生也产生了相当的效果(30);而这种种的因素都不足以使该方案制度化(32)(被纳入系统中)。

再者,学校的支持度低(22)、方案的孤立性(23)、对争取资金与学生的竞争激烈(15)、还有改革倡议者的影响力低落(24),这些都造成了制度化的可能性低(32)。而低制度化也同样受到方案成员离职的影响,成员的异动(33)受到职业升迁动机(5)与工作无保障性(25)影响。另外,采用者能力的改善(34),则是因为方案采用者技巧娴熟(26)所致;而外部沟通网的发展(35)也强化了能力的改善,而沟通网则是藉由传播上的努力(17)所形成的,也应归功于方案成员所作的决定(似乎应该是该主管),才会继续向前。

以上这些解释相当冗长与繁复。但也相当清晰地显示:每一因果关联都如图中显示的运作着。如果有人看出来:那张图乃是由四个基本部分所组成的,这样看起来就不那么复杂了,这四个基本部分包括:图上方的**方案发展流程**、图中段的**学校/学区流程**、图底部的**职业流程**、还有图尾部的**外部传播/网络流程**。由许多方面来看,最终的结果都可以视为是横贯四流程的诸多压力相互冲击所形成的。

图6.6　因果网的故事:Perry-Parkadale CARED方案

第三,"网络呈现"与"故事"可以作为同事反馈与校订的素材。想在第一次就画出"正确"的因果网络图,几乎是不可能的事。你应该找一个了解数据库的人,帮你去检验因果网络图,并且设法加以改善(资料 6.6 告诉我们可以怎样请报告人去做这些事)。

等我们把因果网络图与它的故事修订好,相互连贯完整时,就可以用在多个案分析里,提出更具普遍性的因果解释。有关这一方法,参见本书第 8 章第 5、6 节。

变 体

对于绘制因果网,我们看过一些有趣的实验。例如:Owen 与 Hartley(1987)所做的因果网络,系依照时间的段落加以细分(例如,宣传、方案发展、方案实施等),并且依照系统的层次加以细分(环境、教学、方案)。资料 6.4 显示细分为小单位可以让网络不致超负荷,并且可以清楚地显示出在各系统层次中,哪些阶段是互动的。

还可以运用其他的绘制法,Leithwood,Jantzi 与 Dart(1991)想要详尽描绘一个个案,并将研究发现和调查资料关联起来,然后再导出所研究的 12 所学校的因果网络图。其想法是想要理解"转型领导(transformational leadership)"与"互易领导(transactional leadership)"之间的差异——校方运用这些领导去激发教师的发展活动(资料 6.5)。

请注意:资料 6.5 里的变量比我们和 Owen 与 Hartley 所做的变量都要少,因为分析过程淘汰掉一些相似的情形。例如,图中除了两项变量之外,所有变量在每一个案第一次做检测时都显示出具有影响力。图中的次数累计(参见右下角的符号说明)显示:每一变量在 12 个个案中符合个案的次数大都属于"高"。

要运用田野资料,绘制出概念上具有一贯性的图示(不只是画出漂亮的图而已),可以使用的软件包括 MetaDesign,NUDIST,MECA,ATLAS/ti(参见本书附录)。

建 议

制作因果网络图强迫你将分析的推论层次提高,你必须将资料全部纳入一个浓缩的图示。你必须看过所有的资料,得出结论,并且以一种连贯的方式来绘制。如果你完整地这样做,你会考虑到当地依时序出现的因果关系之复杂性,并且顺利地结合"过程分析"与"变量分析"。

假如你是质性研究的新手,可以从因果的局部图开始。这会是项有趣的工作,你可以提早做,又可以重复做,并且可以拿它做素材来和伙伴讨论。如果你研究的个案是一个人,这种局部图的绘制会很有用——如果你研究的是多个人,那么这种局部图的绘制会极为有用。

我们以上所谈,绘制因果网的程序仍然只是在发展中,事实上这一程序并无严格限定(好在它是如此)。两个独立的研究者就算使用相同的数据组、背景表格与变量清单,也不可能画出相同的网络图(量化研究者绘制路径分析模式时,这个道理也一样成立)。

我们的建议如下:(a)绘制网络图时,你作决定所依循的原则,应该要谨慎地陈述清楚;(b)必须配合图中的流向另撰写说明文字,以达到澄清与摘述的目的;(c)对于绘制的网络图及其说明文字,应该加强其效度,可以请同事或报告人提供批评。

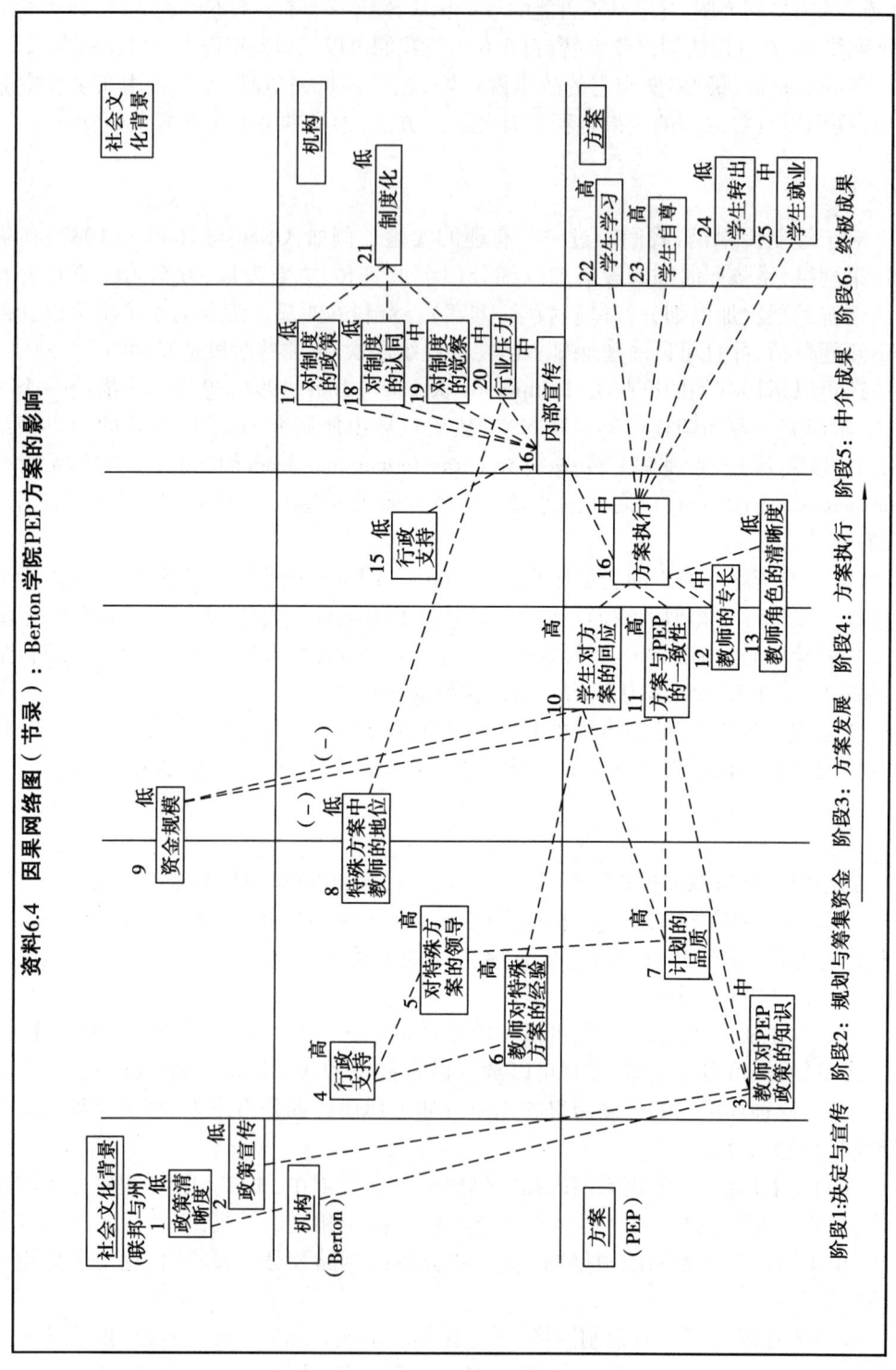

资料6.4　因果网络图（节录）：Berton学院PEP方案的影响

阶段1:决定与宣传　阶段2:规划与筹集资金　阶段3:方案发展　阶段4:方案执行　阶段5:中介成果　阶段6:终极成果

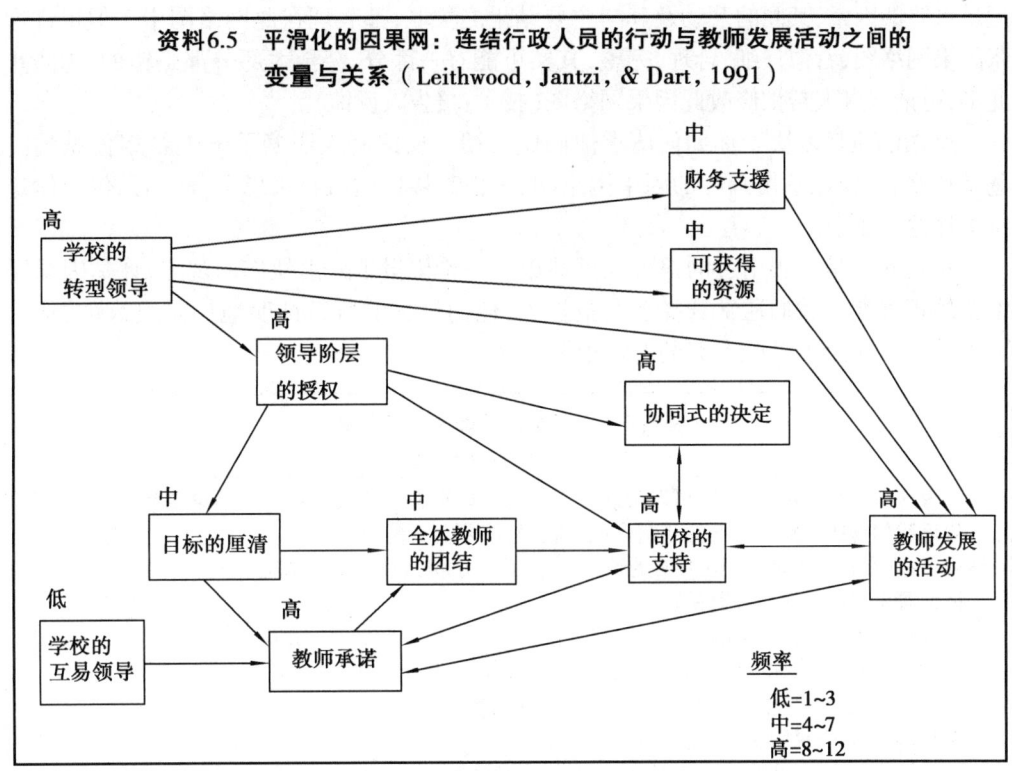

资料6.5 平滑化的因果网:连结行政人员的行动与教师发展活动之间的变量与关系(Leithwood, Jantzi, & Dart, 1991)

请你谨记在心:也许你会把一些并无目的性或非决定性的事件,放入一个太有顺序性与目的性的因果网之中。请找一位同侪提出一些较为模糊的观点,大家来讨论讨论。

绘制因果网的目标是要将特定的一些示例,连结到更具普遍性的原则上。如果你和同事在看你们所画的图示,无法举出示例来说明图中的原则,这就显示你们应该修改这张图了。

请切记:因果网的质量良莠取决于分析者,而分析者根据的是原初的代码、概念群以及表格。如果有信息显示,你应该暂停绘制的工作,那么你就该回头去检查你的资料之质量与范围以及你所用搜集法的可信赖度。这与量化分析的情况是一样的,量化分析所得的模式,其良莠取决于先前做的测量和较简易的分析。进去的是垃圾,出来的也会是垃圾。

所需时间

画因果网络图颇为费时。画出上例中的草图约费时大半天。写第一轮的说明稿约费时二三小时。修改图文再加半天。记得,这种图是在研究后期画的,此时:(a)已经完成完整的先前分析;(b)可立即轻松运用先前的分析成果。

确认因果网络图

分析者最想完成的,就是能对一个案产生完整的理解,然后画出一张因果网络图。

把最重要的因素、其间的互动及其与主要结果之关联，都表现在此网络图中。但也许这张因果网络图，看似仔细、合理、完整，其实可能有一部分、甚至大部分都是错的，为防止此事，可请当事人帮忙修改此因果网络图（技术：报告人反馈）。

反馈的质量取决于你如何请求他们做反馈。反馈者应明确了解你希望他做的究竟是什么，你应该拿出画好的因果网络图，请他直接以此材料来思考，而不是仅要他笼统地评论一下。

资料6.6是一张用过的报告人反馈单——希望报告人由他们的观点，评估因果网络图的正确性。我们通常选择多名报告人，他们过去的言行证明他们是可靠的，他们可以在其位置上思考此个案的"大图像"。

资料6.6　因果网的确认之反馈单

学区＿＿＿＿＿＿＿＿＿＿＿＿＿＿＿　你的名字＿＿＿＿＿＿＿＿＿＿＿＿＿＿＿

你为这份资料提供的反馈，可以帮助我们确认这些资料，让我们对研究结论更有信心，而且可告诉我们哪些解释是片面的或错误的，需要修改才会更精确。

请记住：现在我们请你回想6月时的情况，以及什么事情造成了那些情况。

1. 请细看研究计划摘要（附件A）：
   a. 哪些事实的资料是错的（以6月的情况来看）？
   b. 对事情的诠释，你有何不同的看法？
      （如果你觉得方便，就直接在附件上写下你的想法）
2. 现在，请看看因果网状图（附件B）：
   a. 一般而言，以6月的情况来看，这张图的正确性如何？
      请略予说明你为何如此认为。
   b. 其中是否遗漏了什么重要成分？请罗列出来，并/或直接画在图上。
      请为每一新加上的成分编一个新号码，比我们编的号码清单上的数字更大的数。
   c. 请细看我们运用的各个方块，其中是否有不重要的、琐碎的、没什么影响的？
      请在 ⬦ 上打×，并请在此罗列出号码，简要说明你的观点。
   d. 继续看这些方块，我们所评的等级是否有误（高、低）？若有，请更正，在此列出其号码，并略述你的理由。
   e. 请看方块之间的箭头，你认为正确吗？是否符合你们学校与社区的情况？若否，请在箭头上打叉，或画上新的箭头，并在此写下方块的编号。
      例：
      3 —✕— 8 表示你把方块3与8之间的箭头去除掉。

      3 ——→ 11 表示你在方块3与11之间加上新箭头。

      请简述你修改的理由。
   f. 我们在因果网的最后，所提出的结果，你认为正确吗？你建议如何修改会更为正确。
   g. 如果你愿意画一张修正过的因果网，解释事情何以如此，请在此绘出（或利用反面来画）。
      你的方块可能比我们更少、更多，或者不同。任何改革的过程都是复杂的，不同的人会看到不同的东西。如果你想玩玩这种网络游戏，请尽情享受！
3. 若还有任何评论或建议，请说明之。

　　　　　　　　　　　　　　　　谢谢你的协助！请用回邮信封寄回此表单，
　　　　　　　　　　　　　　　　以及所有材料（如果你愿意，可免费影印存档）。

我们先给报告人一张个案概览,一张因果网络图和因果网络图说明文;请他以这些材料来回答我们的问题。原本给他们的反馈单有 4 页,资料 6.6 将 4 页浓缩为 1 页。

我们发现人们还颇乐意做此种反馈,因为他们可以很快地明了研究者如何把片段汇整起来,而他们可以拿图中的观点与自己的观点作一对照。如果有差异,他们可以很轻易地重画该图,或修改该文。

不过,因果网络图在某种程度上已提出了一种固定答案,它有一特定逻辑——图文均是如此,有时人们无法从中脱身。要人们看这种图,还要他提出自己的修正意见,有些人做不到;有些人会觉得这种图与文有压迫感,如果可能,你可以当面为他解说,改善彼此的沟通,所得可能会更多。

我们也曾发现:要报告人提供反馈,也可能会有些威胁性或伤害性,因为这种因果网络图的图与文是较抽象的东西——这对研究者与报告人来说,可能涉及伦理上的两难(参见第 11 章)。

报告人提供反馈,是一种颇为专业的工作,我们认为应付给他们一些报酬。他们费时 1~2 小时,我们付费 25~50 美元。

第 5 节　进行预测与检验预测

问题剖析

请报告人提供反馈,是提高效度的好方法。不过可能所有行动者(包括该研究者)都同意一个共同的知觉,而另一个未深入此个案的研究者,却不同意这一知觉。常人方法论学者 Garfinkel(1967)不断告诉我们:社会生活依靠的就是"理所当然",以及共识性的成规,这才能使人们对他们所做的事情,个别地与集体地形塑出意义。就很多方面而言,唯有透过"集体思考",社会生活才有可能。Napoleon 曾说过:历史就是人们已取得共识的那些事件。而田野研究者主要依靠的就是当地报告人的知觉,以绘制出当地的描述图与解释图,田野研究者似乎是吸取人们的集体知觉,这种知觉为这些图提供了凝聚性。

所得的资料要避免明显的偏误,有很多方法可用(参见第 10 章第 2 节)。但要如何才能了解全貌,可用的方法并不多。一个称职的研究者应该能够由现场作部分的抽离,由局外人的立场与一个分析性的焦点来看整个动因发展。不过"变成当地人(going native)"并不是变得无知。

另外一个反馈的问题,是诸报告者可能不同意因果网络图的某部分,或彼此意见不一。目击同一事件的人们可能会以完全不同的方式去形塑意义,而提出不同的说明。我们有三项研究,曾拿给报告人看,我们发现各报告人之间的差异颇少,诸报告人和我们之间的差异也很少。但还是有些差异存在,我们必须想出办法去解决这些差异。

我们发现了一个好办法解决上述问题,就是:你可以试着去预测 6 个月或 1 年以后,此个案会发生什么。如果你的研究报告清楚表达了你的分析,其中就藏有一些含意或结果(技术:"若—则"检验)。你其实可以把这些含意或结果说出来,并且实际运用。你可以在 6 个月或 1 年后,去现场问问真实的结果(技巧:报告人反馈)。这一真实结果使得这名质性研究者得到了一份预测效度的完整版本;预测效度系数是统计学者会采用的东西,比方说他们想了解:学校成绩是否能预测日后的工作成功[1],此时就会计算此系数。

简 述

此处的预测就是:一个研究者对于个案的事件或结果,在日后数月或数年可能的发展,所做的推论。研究者在分析阶段草拟此预测,然后持有此想法,等一段时间后再将此预测拿去问报告人(我们是在 6 ~ 12 个月以后去问,你可依情况来决定)。

报告人应该回应的是:(a)此预测之正确性;(b)说明觉得正确的理由。

实例说明

你可以依研究的预算与时间来决定预测的时间点。我们做的学校改革研究是追溯过去 3 或 4 年的改革,而预测的是田野工作结束后一年的情况,以便了解我们的分析是否具有预测效力。

提出预测 请看图 6.1 中的第 32 个变量——"制度化",图中标示了制度化的等级是低度的,显示:此地的此项改革并未成为持续运作的内建式的例行工作。而等级值"低"乃是几项路径所产生的函数,这些路径包括:其他的结果变量(如:变量 30,31),以及更前面的 4 组因果趋势流向中的各变量。这张因果网络图显示:当前导的各个变量结合在一起作用时,产生了低"制度化"的结果。这些变量乃是制度化"果"的"原因"。

你想了解此因果分析是否真实,可以问几个预测效度的问题:(a)未来一年此改革可能会发生什么事? (b)做此预估的基本因素是什么?

你看看图 6.1 与分析文字,再看看制度化检验表(Huberman & Miles, 1984, pp. 207-208)与其分析文字,你会发现此方案是有困难的。检验表显示:这项改革案根本就是一个边缘方案,它产生的好处,比它对老师的要求少得多,还有:支持不够、现状阻力未排除、财源不确定。

图 6.1 还有一些好的信号——此改革案每天都在运作,它在兴趣转变的学生那儿出现一些正面结果——不过另有些悲观的指标已掩盖住它们。这名分析者预测:未来一年此改革案会渐渐消失。

要做出这类的预测并不容易。有些研究者在报告里似乎总想逃避,不为他们的资

---

[1] 对此问题,Kaplan(1964)的见解仍然很高明。他指出:就算没有完整的理解(解释),也有可能做出预测;就算有了相当清晰的解释,也不必然能产生一个预测。不过,他又表示:"如果我们可以依据某个解释,成功地做出一预测;那么我们就得到了一个好理由,或许是一个最好的理由,去接受该解释"(p. 350)。

料做决定,他们的用词是:研究发现"暗示"、"意味"、"蕴含"着,或是用更古典的、畏缩的姿态说:"主张……并非是不合理的。"相对地,提出一个单一的、精确的预测,是一种亮出底线的做法。你的预测不是对,就是错,其间的灰色地带很少[1]。如果后来显示你预测错误,这是一个好机会,可让你知道你的资料与分析不够坚实。

为你的预测辩护　你要怎样提出这样的预测?你必须好好找出理由。再回到上述的例子,前已述及,有关制度化的检验清单(图6.3)与因果网(图6.1)都显示:此改革案制度化的前景堪忧。

明确地说,此改革案在学校层次的相互配合度(12)上,情况不佳,且未得到老师与行政人员的支持(22)。借着组织的转化(29),情况仍未好转。此改革案之所以有弱点,是因为它的要求多、它的孤立性、还有财源不稳(11,13,14,23)。另外学生情况亦差(15);教育局的支持不确定又有多重原因。方案的关键人士要走(33),后几年的学生数比前几年更少(31)。凡此种种都是做悲观预测的原因。

最后,你考虑脉络因素,然后检查一下其中的趋势,如果继续下去,这一趋势可能会对制度化有影响。例如:此学区对于财务方面的纪录很差;虽然此方案正值执行扩张期,但此学区却正值"紧缩"期。

你评估这些指标造成的影响,秤一下这些指标的重量,这样做也可以把因素缩减为四五个,然后请报告人只要对此四五个因素提出反馈,图6.7显示的就是这样五个被确定的因素。

A.	过去的纪律不严:贫穷学区很少将间接资金方案予以制度化
B.	新校长们似乎不支持;顾问不关心;一些选修科老师带有敌意
C.	教育局不热心支持
D.	学区财政紧缩:入学人数下降,教职员裁员,外来资金减少因为单位成本高,方案易受抨击
E.	要求校长"抓紧":方案可能被视为花拳绣腿,因为对学生的控制过松

图6.7　对"无法制度化"之预测的支持因素

细看相反的资料　如果你只看支持某一预测的因素,可能该预测会不稳固。如果要你的猜测够高明,就应该把正、反两面的因素一起考虑(技术:寻找反面证据)。

图6.1里你也可以看到一些相反的指标,如:他们已经将该方案相当稳定地纳入例行工作了,另外学生也表现出一个不错的成效(请看方块30指向32),还有该方案毕竟也得到了教育局的支持(24)。聚类这些指标,然后将整个个案放在脉络里和流向里做分析,可得到4项因素(图6.8),这些因素可能会"破坏"以上偏向悲观的那一预期。

---

[1]　请注意气象预报员的措词(今天下午降雨的机率是70%),这样的措词,无论下雨或不下雨,预报员都不能模棱两可地躲在灰色地带间。

A.	可能获得推广资金,使该方案可继续执行
B.	方案符合部分学生需求(方案是一绿洲、垃圾场、安全阀),对于不想进大学的那些边缘学生,以及未做升学决定的学生而言,该方案符合其需求
C.	方案被安置得不错(申请人数、工作地点、监督与教学),稳定性亦佳
D.	可能会将方案纳入新的职业教育中心,并由该中心提供资金

图 6.8　对"无法制度化"之预测的否决因素

选择报告人　你可以把预测及其理由拿给主要报告人看,请他们依此预测就目前有关的真实情况来看看。一般而言,选报告人的标准如下:(a)他已被证明是可信赖的;(b)他所在的位置可知道现状;(c)他们具有不同角色,并有不同观点。

请报告人看预测之前,要注意一项伦理问题:你给他(们)看的这一信息是否会伤害这些报告人或他们的同事? 通常一般的预测不太会造成伤害,除非是有关特定个人的信息。不过此问题仍要小心。

分析所得的反馈　这一预测做得好吗? 这些支持因素与破坏因素归纳得好吗? 图 6.9 是 3 名报告人之中 1 人所写的反馈。我们把因素 A 到 E 等支持因素列在图上方,图下则列出破坏因素 A 到 D。这名报告人同意:大多数的支持因素对一年后事情的发展会有决定性影响;其他两人的看法类似,但不完全相同(如:其他两人认为教育局的支持会更强,且认为"紧缩财政"是更为重要的指标)。

我们来看看否决该预测的因素,有两项被该名报告人评为具有高关键性,这显示原分析者可能低估了更多外在财源的可能性,另外还低估了此改革案具有垃圾场的功能(另两个人同意,但也觉得 C 与 D 这两项否决因素都具关键性,可促进制度化。因此我们仍落入两难之中,不同报告人的知觉不同——日后你可以用电话做追踪访谈,有时可能解决此两难)。

预测本身做得如何? 你可在另一张纸上做评估。你可能已看出:这一预测可能有问题,因为有一些"否决"因素也颇具关键性与重要性,结果显示,我们的预测太悲观了。此改革案的规模在缩小,但其地位是在转换期——虽然奄奄一息,但它仍然存在。教育局的支持显然比预估来得强,这要归因于成功的垃圾场功能(且仍是必要的功能),另外还有它们拿到新的外来财源去向外宣传。学区教育局已决定再多资助此案一年,但减少此案一半的人员与学生。因此我们这项预测的正确度只能算普通。

像图 6.1 这样一张因果网,要藉此对"日后能否制度化"做预测的确是有困难的——如果我们要从变量流区块的数量去看,这一预测并不容易确定,更何况图中还显示一件事实:并不是所有的变量流区块都全部指向"制度化"这一结论。如果要对图中其他结果变量(位于该网络的结果区域)做预测,可能会比较容易。实际上我们在其他个案所做的"制度化"预测,也的确比较正确:有一个是中度正确,其他是中高度正确。再者,我们所提的解释与现场人士的一致性也相当高(58% 完全同意我们所提的原因)。

请再注意一下:虽然我们对制度化的预测是过度悲观了,不过前面整理的因果网络图与有关制度化的检验单仍然是有效的。这两者都预测出制度化的程度是低度的,

关键程度的等级:

1 = 无关

2 = 有关,但对于现状不具有
关键影响力

3 = 对现状具有关键影响力

我们的预测

此方案在1980—1981年会经历一个过渡期,此时期里该方案会逐渐淡化退出此学区

	对"无法制度化"之 预测的支持因素	关键程度 (依现状 填入数字)	简要解释(你为何这样说)
A.	过去的纪录不良:贫穷学区很少将间接资金方案予以制度化	2	已经很难找到一个比现在的方案领导者,更为积极推广理念的人了
B.	新校长们似乎不支持,顾问不关心;一些选修科老师带有敌意	2	有一位新校长支持;其他新校长并不支持;顾问反映的是校长的态度
C.	教育局不热心支持	3	这是实情。过去4年里局长与副局长从未视察过这里,去年新的助理来看了30分钟
D.	学区财政紧缩;入学人数下降,教职员裁员,外来资金减少。因为单位成本高,方案易受抨击	3	
E.	要求校长"抓紧":方案可能被视为花拳绣腿,因为对学生的控制过松	1	我并不知道有所谓"抓紧"的事。学生行为没问题

	对"无法制度化"之预测 的否决因素	关键程度 (依现状 填入数字)	简要解释
A.	可能获得推广资金,使该方案可继续执行	3	只要能获得州的资金,试用方案就没有问题了
B.	方案符合部分学生需求(方案是一绿洲、垃圾场、安全阀),对于不想进大学的那些边缘学生,以及未做升学决定的学生而言,该方案符合其需求	3	今年比往年有更多学生欠缺学习的动力,有更多人需要此方案
C.	方案被安置得不错(申请人数、工作地点、监督与教学),稳定性亦佳	1	我完全不认为这些事情是决策者会在乎的
D.	可能会将方案纳入新的职业教育中心,并由该中心提供资金	1	我从未听说职业教育中心的事情;虽然我认为可以依照州的法令与雇主订约,将学生做社区安置,这是可能的一项做法

图6.9 个案报告人为"制度化"预测所填写的回应表

而且后来也获得证实;事实上,我们预测制度化会逐步减弱所列出的理由,也全部都很中肯且重要。那张因果图也涵括了反面证据,例如对学生具有高影响,以及教育局提供了中低程度的支持等。不过我们对这些变量之关键程度的预估并不正确,例如事后显示:该方案对学生的影响,其实是比原本预期更为关键的因素,而且教育局的支持实际上是更高的,使用方案的百分比实际上比预期要高,至于该方案的孤立性所产生的影响,其实比分析者预期的要低。

对预测作反馈的机制   让我们整个看一下请报告人看预测的过程。

1. 你可以在分析时先做一预测,依照主要的结果变量来看影响它们的原因。与原因有关的资料很多,主要是在因果网络流程中,以及处理结果变量的各式图表中,以及与此个案发展有关的脉络与历史资料中。

2. 你每做一项预测,就应该找出一组支持它的因素;另一组否定它的因素。

3. 将这些资料(含预测因素在内)保管好。经过一段预定的时期之后(如:半年或一年),把资料拿给至少两名报告人,请他们提供反馈。选好报告人之后,还要看一下预测的资料,要确保这些资料不会伤害到这些报告人及其他人(参见第 11 章)。

4. 给每名报告人两个信封。第一个装了一张表格,界定了变量,提出了预测,请报告人提供真实情况来判断预测的正确性。请报告人把最重要的影响因素列出来,以解释他的想法。图 6.10 是第一个信封所装的表格形式。

学区 _____Dun Hollow_____   姓名 _____

我们的预测(以 1980 年的资料来做的预测)   日期 _____

1.制度化:是指在该学区里 Eskimo 单元成为持续运作中的一项持久的、内含的、例行的一部分。

我们的预测

等 Carr 与 Tortoise Area Schools 完成现场测试以后,该课程将不会纳入学区

请说明从那时起真实出现的状况

真实的情况

可能有很多因素造成此实际的状况,其中最重要的因素是:

A. _____
B. _____
C. _____
D. _____
E. _____
F. _____

请评定上列各因素的重要程度,以 A 至 F 为因素代号,1 表示最重要,2 表示其次重要,以此类推。

图 6.10   预测反馈表,第一部分

5. 请报告人再开第二个信封,里面有研究者所做的预测,另有一张关键程度表,其中列有支持因素与否决因素。请报告人评定每一因素的关键程度,并说明真实情况,解释评定所持的原因。参见图 6.11。

　　这两个信封的设计,是想强化数据库(看看是否有些因素比你预估的更具影响力),而且可以把你的预测因素与报告人的预测因素作一比较,以进行一经验上的验证。另外,这样做还可以使得报告人在思考第一个信封中的预测时,不会受到外来架构的"污染"。

6. 请报告人把两张单子寄给你,外加上相关的意见,以帮助你评估预测的正确性。

---

1. **制度化**:是指在该学区里 Eskimo 单元成为持续运作中的一项持久的、内含的、例行的一部分。

关键程度的等级:
1 = 无关
2 = 有关,但对于现状不具有关键影响
3 = 对现状具有关键影响力

我们的预测

等 Carr & Tortoise Area Schools 完成现场测试以后,该课程将不会纳入学区

对"无法制度化"之预测的支持因素	关键程度 (依现状 填入数字)	简要解释(你为何这样说)
A. 当地共同的看法是现场测试并不成功		
B. Eskimo 单元并未写入 K-3 的社会科		
C. 各校校长并不很支持该单元		
D. 该地欠缺改革"战将";该方案发展者并未大力推动其实施		

对"无法制度化"之预测的否决因素	关键程度 (依现状 填入数字)	简要解释
A. 教育局长在口头上已经答应采用		
B. Eskimo 中心仍保留在该学区,似乎需要保留该方案		
C. 局长想要加强与区域单位的关系,以发展 Eskimo 方案		

图 6.11　预测反馈表,第二部分

变　体

　　可以用两种方式产生预测,一是由原初的分析者提出预测,二是请另一位分析者看过相关资料后提出。如果可能,我们鼓励后者。如果这名分析者,无法用相同的矩阵表与因果网络图来产生精确的与扎根良好的预估,那么这些图表所依据的个案报告,可能就有问题了。可能是分析者在画定因果流区块的界线时,表达得仍不够明晰;或是评估各趋向的相对重要性时,表达不明;或两者皆有。

前已述及如何提出有理由基础的预测之详细步骤,以及如何由报告人处获得严谨的反馈。有时你要处理的资料可能较为简单。Stringfield 与 Teddlie(1991) 曾检验 16 所学校的量化资料,然后评估它们会属于高成就或低成就学校。后来再请几名量化取向的观察者,来检验该预测的正确性(这些人是学校相关人员,研究者并未将原预测结果给他们看)。这些观察者不仅正确地指出高低成就的学校,而且正确地预测了 4 所低成就学校日后会有所进步。

建　议

如果你要试检验预测,就不应该为花费的时间与金钱担心。

做预测是一个不错的经验:你必须努力地检验资料与分析,并清楚地把其中的预兆表达出来。Campbell(1979)认为做预测,就是为你的个案整理出一个普遍的理论,方法是对个案的不同方面,提出多重预测。作预测也可以确认研究的效度,尤其是当报告人的反应含糊不清时。另外,作预测也可产生额外的、合目标的资料,你可将它们附在报告中。最后,当你请报告人提供反馈时,他(们)也会觉得获得了一些回报。多数人都喜欢作批评,且相信可从中学到东西。

不过请报告人反馈仍有其限制,除非你能重回现场,否则只能依靠报告人的自陈报告。预测可能是错的,因为你并未去检验它的内在效度;也可能发生一些意外事件(如:主要行动者突然去逝,或财源中断),这些都可能破坏你苦心作出的分析。虽然你也可以尝试假想会有意外事件发生,把这些也当作是预测的一部分。不过你永远无法完全预测到会有什么意外发生。

你可以把要预测的依变量或结果变量之数量限定一下(如:4 或 5 个)。而每一结果的解释因素也设定成 4 或 5 个(或更少)。请明确界定每一结果变量,否则其他报告人给你的回应会是混淆的。你可以把多个变量的定义,写在同一张纸上。

请报告人验证你的因果网络图,在伦理上你不能不提供某些形式的报酬,却期望他们为你做专业的工作。我们请报告人看两个信封中的 5 项预测,给他们一人 25 ~ 50 美金。

请记得你找主要报告人仔细思考种种现状及其原因,这可能会产生反作用:研究对象可能会对现场产生新观点(也可能是痛苦的),或结果采取了新行动,你永远不可能完全预料到这类效应,不过你还是要试着去做预测。如果你与现场有持续的关系,可透过例行的田野工作去评估这类效应。你可以请人们为你填反馈单,了解这类效应,或用追踪电话去了解(不过你请人填反馈单,这种要求又可能回过头来,鼓励更多的反作用出现)。

所需时间

作预测是挺花时间的。预测前,必须细读个案报告里的相关部分(如:因果网络图),而且还要对照着脉络资料与历史资料阅读。如果你要预测的包括好几部分(如:我们不只预测制度化,还预测改革采用的幅度、革新带来的改变、对学生的影响以及采用者能力的改善情形),此时就需要花费 3 或 4 小时去阅读资料;时间多寡取决于需要检验的资料之详略程度。然后再作一粗略的预测,列出支持预测与推翻预测的诸因素,再提出最后的预测。通常,这一过程需要再花费 4 或 5 小时。假如分析者独自一人负责制作预测单,需费时 2 小时。

如果你要像我们这样处理一个复杂程度类似的个案,完成预测工作约费时 1 或 2 日,时间多寡要看你预测的结果变量之数量。若是请一位对资料不熟悉的外来分析者完成此预测工作,约要多花 50% ~ 100% 的时间。另外,下列工作也需费时,包括:撰拟一封使用预测单的说明函、决定要把预测单寄给哪些报告人,还要预估预测工作对报告人可能产生的影响。

值得花这些时间作预测吗? 如果你想知道自己的分析究竟作得好不好;如果还有很多东西都要倚赖你所作的分析,那么答案是肯定的——为预测花时间是值得的。但如果你研究的主要力气是花在作描述,而不是作预测或解释因果,那么答案就是否定的。

结　语

本章开头讨论了解释与因果关系,认为:对于"为什么"与"如何"的好问题提出答案,乃是要我们超越绝对的因果关联,不要把一个有限范围里真正的影响机制,看成是绝对的关联,那种影响机制通常是多层面的、随时间运作的。我们也强调你兼取两种取向的重要性,一是"变量取向",亦即概念取向;二是"过程取向",亦即说故事取向。

研究初期想要找出随着时间发展何者导出何者,此时运用解释性结果矩阵表与个案动因发展表会很有帮助。如果想要处理因果过程里的复杂性,因果网络图会更有帮助。你可以运用报告人的反馈,去证明你提出的因果关系之正确性;不过对因果关系最严格的考验,就是依据这一因果关系去作预测,事后再去证明该预测是否正确。

到目前为止我们介绍的图表,仍然限于单一个案的分析。下一章将讨论多个案的分析,先介绍为达成描述性的目的,所能采用的资料展示方式。

跨个案资料展示:探索与描述
Cross-Case Displays: Exploring and Describing

到目前为止,本书主要在对单一"个案"或地点内所发生的事情,进行理解与解释。这是传统民族志研究者的任务,目的是了解当地的现状,可能是一个人、一个家庭、一个正式组织、一个社群,乃至整个文化。

不过,多年来也有许多研究者是探究多个个案(如:教师、酗酒者、中层经理、受虐妇女、出租车司机)。而过去一二十年来,有关复杂场所(学校、特殊方案、企业)的研究也的确在增加,他们采用多个案设计,采用多重方法(Herriott & Firestone, 1983; Louis, 1982; Schofield, 1990)。研究多个个案的一项原因,是要提高概括性,让研究者确信:某一描述清晰的场所中出现的事件与过程,并非全是个体独有的。更深一层来看,此目标是想了解跨个案的过程与结果,探究当地的条件是怎样地限定了过程与结果,进而发展出更细致的描述与更有力的解释。

但是跨个案的分析或综合要做得好,并不容易。酗酒者张三,其人格发展过程可能完全不同于酗酒者李四,研究者很难去作比较,Denzin(1989b)对此有精彩的解释。再者,假如你已发展出一个很好的因果网,可解释某一个案的过程。而现在你有 12 个这类的个案,如果你像量化的调查研究那样,将一些个别独立的变量累加在一起,结果可能会摧毁掉原本找到的当地因果网,使得所找到的原则"被平均"掉,以致该原则根本无法运用于这类个案里的任何一个,更别提运用到其他个案了。总之,每一个案都必须以它的条件去作理解,然而我们仍渴望知道:如果进行比较式的分析,究竟会产生什么结果?

本章的重点在于说明跨个案分析中的描述取向,第 8 章则讨论解释取向。研究中通常都会询问什么与如何的问题,而这类的问题与答案都应该不同于为什么的问题与答案。

第 1 节 跨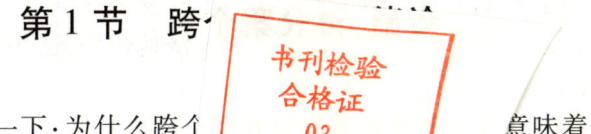

首先,我们要深究一下:为什么跨个意味着哪些具体的工作?

为何要作跨个案分析

作跨个案分析的第一个原因是要提高概括化程度。虽然有人主张质性研究的目的不在追求概括性(Denzin,1983;Guba & Lincoln,1981),但是此问题并未消失。我们还是想知道:对其他相似情境而言,我们所找到的研究发现,其适切性与可应用性究竟如何? 我们希望能超越"极端的特定主义(radical particularism)"(Firestone & Herriott,1983)。但如果只是让个案数量增加,这只算是一种粗率的做法,无补于概括性的提升。然而,如果能谨慎地抽取多个样本(考虑它们是典型样本,还是歧异样本? 它们是有非比寻常的效果或是无效果),再仔细地分析,那么所得到的解答,就可以帮我们答复这个有道理的问题了,本书以下章节将会让我们看见这些。这些研究发现若拿到特定个案之外,是否仍有意义呢? (本书第10章第3节将更深入讨论概括性[1]。)

要作跨个案分析的第二个理由是要加深理解与解释,这是更为根本的一个原因。以前很少有研究者研究一个以上的个案,但是 Glaser 与 Strauss(1967,1970)对此问题有不错的见解。他们主张:要采用"多重比较组群",来探究"究竟在哪些结构条件下,所提的研究假设显著性最大或最小"。该研究者可以"预测某假定事件最可能在何处出现或不出现"。多个案也可帮助研究者发现反面个案,以加强一个理论;也可以检验多个案间的异同,建立起一个理论。Glaser 与 Strauss 认为以多个案建立理论的过程,会比单一个案来得快速与容易。多个案不仅可以确认该研究发现会在哪些特定条件下发生,而且还可帮我们建立起普遍性更高的类目,告诉我们那些特定条件是以怎样的方式,彼此关联起来的。

正如 Sliverstein(1988)指出的:我们面对的是特殊与共通的对立问题,也就是说一方面我们要了解个案的独特性,另一方面又想了解跨个案的通则,这两者应该予以调和。他表示:应该把特殊性保留在该个案的发展史中,但还要把此特殊性融入发展的通则之中。Noblit 与 Hare(1983)讨论跨个案分析时,主张应该有一种解释社会的理论存在,这种理论既保留了个案的特殊性,又作了跨个案的比较。他们在近作中(1988)又强调:跨个案所作的累加或平均,很可能会造成误解与流于肤浅。很明显地,此一问题很需要花费心力去解决,不过要了解本书以下两种取向,倒不必特别花费心力。

一项主要差异:变量 vs. 个案

如果能先厘清两种基本的研究取向(Ragin,1987),可能会对找到跨个案分析的

---

[1] 对于"概括性"讨论得最好的学者之一是 Schofield(1990),她认为概括问题不仅涉及"是什么"(目前状况),而且也涉及"会是什么"(趋势、改变),以及"可能是什么"(理解的、例外的),她由这些方面去讨论概括性的问题。

有用方法颇有帮助。这两种取向在先前我们已约略提及。

为便于说明,我们来看看图7.1这一假想的量化资料组。假设我们对283个"个案",做了6个变量的测量,包括:性别、社会经济地位等,这些可能是与大学就学与否有关的一些变量。

如果我们要作变量取向分析(variable-oriented analysis),可以由垂直方向来看图7.1(例如,家长期望这一列),然后计算这个变量与就读大学这一决定之间的关联。或者,我们也可以运用所有的变量来作回归,或是路径分析(path analysis),然后算出每一变量的相对权重(relative weight),最后得出图7.2这类的结论。我们从中了解到:就读大学的决定主要受到学校成绩的影响,而家长期望会有益于学校成绩,社会经济地位则会增强家长期望;这几个变量又直接影响到读大学的决定。同侪支持也有些许的影响。

影 响 就 读 大 学 的 诸 因 素

编号	性别	社经地位	家长期望	学校成绩	同侪支持	就读大学的决定
001	1	2	4	6.3	12	1
002	1	4	6	5.2	8	0
003	2	4	5	8.9	7	0
004	1	3	8	6.5	9	1
003	2	3	7	7.0	10	1
⋮	⋮	⋮	⋮	⋮	⋮	⋮
282	1	1	5	5.6	7	0
283	1	2	3	8.2	4	0

图7.1　假想量化资料组:影响就读大学的因素

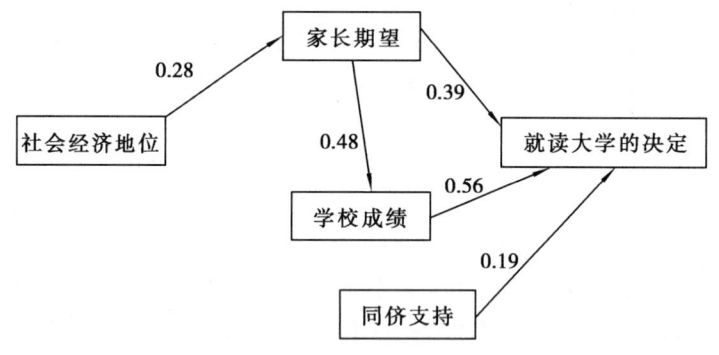

图7.2　假想的路径分析:影响就读大学的诸因素

请注意:上述的变量取向分析,让我们现在拥有的是一张平均后的图像。这种取向的重点放在变量及其关系,而且无法知道这一图像是否符合任何一个特定的个案。

如果我们采用个案取向分析,我们可以读取每一横行的资料,例如:编号005这一个案,她是女性、中产阶级、家长期望高,等等。不过这只算是"单薄"的量化资料。若要进行真正的个案分析,我们需要看看个案005完整的故事:Nynke Van der Molen的母亲学的是社会工作,但从未在外工作过,母亲为此颇为不满。Nynke的父亲要Nynke

在自营的花店工作。我们还应该追溯一下:Nynke 有一挚友 Leonie,她决定于 1989—1990 年的第一学期去读大学;Leonie 去读大学以后,Nynke 在一处马场工作。有一天 Nynke 的母亲拿出一本她在社工学校受训的照片,Nynke 大受影响,接着 Nynke 便决定在下一学期去大学读书。

　　这一故事中的上述资料可以与其他资料一起放在表7.1 这样的矩阵表中。这类矩阵表可帮助我们追溯事件的流程与结构,了解 Nynke 是怎样做出自己的决定的。如果看过多个个案后,我们可能就会看出一些一再出现的模式,或是一些模式群(families of patterns),亦即显示一个年轻人在做一个重要的终生决定时,所出现的模式或模式群。

表7.1　假想的一个个案之质性资料组:影响的行动与回应,个案005 号 Nynke van der Molen

产生影响的行动与回应("决定读大学"之前的)

(填入说明性的资料)

	时间一:1989 暑	时间二:1989—1990 第一学期	时间三:1989—1990 第二学期
家长	行动:父亲再次表示她应该留在花店工作。 回应:Nynke 并未反驳,她说花店工作无聊。	母亲对自己的生活表示遗憾,不过要重返社会工作,现在太迟了。看来有些痛苦。不知道。	母亲拿社工学校的剪贴簿给 Nynke 看。 Nynke 很有兴趣,表示第一次认识到年轻时的母亲。
兄弟姐妹	行动 回应	兄弟提议骑摩托车去普罗旺斯。 Nynke 有兴趣,但不确定:妈妈是否会吓一大跳。	
朋友	行动:和 Leonie 去 Paris 旅行。 回应:Nynke 说她真喜欢旅行,尤其喜欢法国,"Leonie 是我最好的朋友。"	Leonie 宣布要去大学学生物。 Nynke:"那是她的决定,等我准备好,就会宣布我的决定。"	
老师	行动:数学老师告诉 Nynke,她很聪明,有能力做对,偶有迷糊的错误。 回应:耸耸肩。	生物老师要 Leonie 与 Nynke 做青蛙解剖。 Nynke 觉得恶心,但还是从中得到乐趣。 得到 8 分。	
本人	行动 回应	"有时我真希望不要想进大学这件事。" 说出来,似乎有解脱之感。	开始在当地马场打工。 "我真的、真的喜欢这份工作,这样我就可以骑马骑久一点。"

　　就如 Ragin(1987)所强调的:个案取向分析是把个案当作一个整体,去探究此个案内的结构、关联性、原因与结果,之后才会去比较几个(通常是少数的)个案。我们会去寻找潜藏着的相似处,以及不断出现的关联性(例:Nynke, Jaap, Leonie 与 Arjen 这几个个案中,我们会去找有无家长关键性的介入行为),比较不同的结果(就读与不

就读大学),并开始提出更具普遍性的解释。

变量取向分析从一开始,就是概念式的、理论中心的,乃是对许多(通常是很多)个案撒下一张大网(参见:Runkel, 1990)[1]。其基础材料是变量及其间的关系,而不是个案。此时,某特定个案的细节在跨个案的宽泛模式下全部都变模糊了,研究者也不会再做什么跨个案的详尽比较。

正如 Ragin 指出的,两种分析取向都有其优缺点。变量取向分析适合用来寻找大样本在各变量之间可能存在的关系;不过不适合探究实际上复杂的因果关系,也不适合处理多重的子样本;变量取向的研究发现通常是非常一般的,甚至可能是"空洞的"。个案取向分析则适合探究小样本中特定的、具体的、历史性的—扎根式的模式(historically-grounded patterns),不过此种研究发现通常只是特定的,"虽然会假定拥有较大的普遍性"。

我们并不认为质性资料的分析,一定要采用上述哪一种取向会比较优越。我们认为重要的是你应该谨慎地来做选择,随着研究的发展,选择其中之一,并(或)结合(整合)两种取向。

跨个案分析的策略

研究者面对一堆多个案的质性资料,他要怎样进行分析呢?本节我们先概览几种方法,后面还会做完整的说明,并列出更多参考资料。本小节的目的是告诉你:面对跨个案分析时,你可以有哪些选择。

个案取向分析策略(case-oriented strategies)　Yin(1984)提倡一种复制策略,也就是先用一个理论架构深入研究一个个案,然后再探究一系列个案,看看所找到的模式是否与前面的模式相吻合。研究者也可用此方法,探究该模式依据的理论在某些个案身上是否较不明显,甚至不出现。例如:Gilgu(1992)专门探究孩提时代曾经受虐的成人,他先研究这类成人中被指控是儿童性虐待的凶手的已婚男子,然后再研究未婚男凶手,最后研究非凶手的男性。

Denzin(1989b)以多个范例来处理此问题。他认为处理这一问题要用的方法,应该是诠释性的综合,而不是诠释性的分析。你先要对某特定现象的概念(如:"酒鬼的自我"),予以"解构",然后搜集多个实例(亦即个案),再将他们"放入括号",接着仔细从这些个案中找到基本元素或成分。接着用这些元素重建出一个有系统的整体,最后再把元素放回自然的社会脉络中。

有很多研究者进行多个案比较时,是建立类型或组群。你细究某组个案,看看他

1　Runkel(1990)分辨了"清点网络(casting nets)"与"检测样本(testing specimens)"之间的差异,他将"清点网络"称之为"相对次数法":清点个案、进行统计、寻找状态与行动的丛集、"确定各类行为的程度"。"检测样本"则是一种个案取向法,寻找行为的特征,此特征在个案内或个案间乃是不变的,目的是要理解一个有机体如何在其环境里发挥功能。检测样本法要求研究者细究个案内的动因发展过程,例如:反馈回路圈(feedback loops)或"循环式因果(circular causation)"。

　　在此我们提醒读者:Maxwell 与 Miller(1992)所讨论的两种分析模式,"词类模式(paradigmatic mode)"与"语段模式",其实与变量取向、个案取向是类似的。

们是否会形成几个丛集或小组,亦即共同拥有某种模式或构造。例如:Gouldner
(1958)(Lofland & Lofland, 1984)将大学老师分为两类:一是世界派(cosmopolitans),
一是本土派(locals)。世界派又分为两种:一是境外人士,一是"帝国建立者(empire-
builder)";本土派则分为 4 种:一是文人雅士,二是真官僚(true bureaucrat),三是看家
警卫,四是元老。

有时你可以依寻某些方面,将该丛集做一排列或分类。如:Morse 与 Bottorff
(1992)将 61 名喂乳的母亲分为四类:可以挤乳组与不能挤乳组,态度轻松组与困扰
组。对每类母亲而言,喂乳的意义基本上是不一样的。

研究者也可以依据极为复杂的构造,建立出组群或类型,我们可在第 8 章看到实
例,其中我们根据每个个案的因果网络,分出几个组群。

通常研究者会假定:手边的几个个案都具有可比较性,都是以某些类似的方式组
织起来的。Noblit 与 Hare(1988)提出一种策略,称为"后设民族志(meta-
ethnography)",这种方法并不先做这样的预设。它是对多个案进行综合诠释
(synthesizing interpretations),即使这些个案当初是由不同研究者带着不同预设进行探
究。这种"后设民族志"又包括三种次策略,一是"相互解说(reciprocal translations)"
(甲研究的发现可否用来预测乙研究的发现,反之是否亦可);二是"否证综合
(refutational syntheses)"(寻找各个案之间明显矛盾的研究发现);三是"论辩线综合
(lines-of-argument syntheses)"(由各自独立的研究发现中,建立起一个普遍的诠释)[1]。

变量取向分析策略(variable-oriented strategies) 这类研究者通常会寻找跨个案
的主旨或主题,因此便不注重个案本身的动态发展。例如:Pearsol(1985)访问 25 名教
师有关两性平等教育的问题,他仔细地作归纳式的编号(包括描述性代码与诠释性代
码),然后找出重复出现的主旨,如:"关切学生"、"改革的主动观"以及"改革的阻
力"。(然后他也将老师依据这些主旨的结构,区分为六类。)

如果你未作跨个案分析,通常无法很清楚地辨识出主要的变量。此处需要的策略
可以称为模式澄清(pattern clarification)。Eisenhardt(1989a)细看了 10 家电脑公司执
行官行为的资料,想从中找到"权力集中化(power centralization)"这一观念的证据:她
的表格中填入的资料包括:用来描述作决定风格的形容词、量的测量及一些特定的引
述,如:"没有总裁的许可,你不会雇用他"(详见本章第 3 节)。总之,她仔细检验每一
个个案中的证据,而不是简单地把资料汇总。

混合策略 上述的个案取向与变量取向其实是可以结合或整合在一起的,通常人
们也都希望这么做。

本章与下一章我们都会介绍一种策略,称为堆叠可比较的个案(stacking
comparable cases)。你先把每一个案写完,运用一套标准化的变量去写(当个案的独

---

[1] 对于跨个案比较,McPhee(1990)曾经对三种类型做过完整的讨论:(a)所有个案都有共同的资料出现;(b)所
有个案都有相同的因变量,但每个个案对该因变量的解释不尽相同;(c)所有个案的形象差异极大,无论在结
果与解释方面都是相差太远。他对这三类情况,都提出有用的建议,告诉你为了进行有用的比较,可以如何
分析这些个案。

特性出现时,要留些弹性给它们)。然后运用图表,逐一深入地分析个案。等你充分了解每一个案后(此过程中,跨个案的变量会逐渐出现并改变),再整理各个案的表格,画成一张"中介矩阵表(meta-matrix)",这张表可以再浓缩,以便于系统化的比较。Eisenhardt(1989b)曾提出一个这类的例子,她研究电脑公司快速作出的组织决定及其动因的发展;参见第 8 章第 3 节的实例说明。虽然 Eisenhardt 称此为"复制"策略,不过实际上并不是分次来做,而是一次处理所有的个案。

Fischer 与 Wertz(1975)说明了一种现象学的方法,我们称之为交互式综合(interactive synthesis)。他们研究的是身为一个刑案受害人的意义,先把每一个案的概要写好,然后以一些主旨作跨个案分析,接着写"一般节本(general condensation)",再回头去看一篇篇的个案概要,看看那篇节本是否适用,然后再写出一份"基本心理结构",用来描述在时序上成为受害人的过程(详见第 4 章第 9 节)。

Ragin(1987)曾对比较分析(亦即跨个案分析)作过很不错的讨论。他指出:将个案取向与变量取向分析结合或轮流使用,固然很有用,不过综合分析法(synthesized approach)可能会更有用,"这种综合分析法分析部分时,不致于遮掩住整体,且可以就各部分的结构来作整体比较"。他采用的是布尔分析法(Boolean analysis),研究者就多个变量来分析每一个个案,将分析出来的二元资料(binary data)填入一张"真假值表(truth table)"中,然后从中找出可供选择的各种模式,亦即可以解释多重共同发生的因果关系(multiple conjunctural causation)。这种技术并不困难,他提供了多个实例。QCA 与 AQUAD 两种软件(参见本书附录)都可进行此种分析。

Abbott(1992b)也对跨个案分析很有兴趣。他指出:如果完全采用变量取向分析,会使个案失去其复杂性与故事的顺序,肢解了它们,且无法追踪每一个案的"情节"。他认为:跨个案分析要保留住叙事的顺序,"一种以典型叙事来表达的社会科学……我们需要为因果类型与'叙事步骤'找到基本模式"(p. 76)。一般使用的方法是逐渐发展出一种基本叙事模式(generic narrative model),然后去检验此模式,比方说研究者可以为组织的诞生、合并、分裂与死亡等研究主题,发展一模式,并检验之。

循着上述方向发展,Huberman(1986, 1989)与 Gladwin(1989)提出一种分析方法,也许可以称之为复合式顺序分析(composite sequence analysis)。Huberman 研究瑞士老师的生活史,他分析其中 11 名资历在 5~10 年的老师,由图 7.3 中很容易看出他的分析。图中在职业生涯起步阶段属于顺利开始者,共有 5 人,他们全部顺利进入稳定期,但属于痛苦开始者的 6 名老师,则有 3 名经过了"实验新方法"以后,才进入稳定期。而 8 名进入稳定期的老师全都面临了新挑战与关注:包括了"实验"新方法、增加新"责任"、"遭受惊吓"等三类。经过跨个案分析,我们仍然可以追踪每一个案的发展路径,另外也开始看出类似 Abbott 所称的"典型故事"的东西。详情参见本章第 5 节。

Gladwin(1989)采用"决策树形图模式(decision tree modeling)"分析法,探究个人作决定的影响因素(如:大一新生决定要不要签约——在学校餐厅吃早餐)。你可以先把每个人作决定的树形图画出来,然后再画出一张类似图 7.3 的复合图;并依此复合图检验其中隐藏的先在模式(prior model)。严格地说,此例分析的并不是"顺序",而是因果关系中的原因,属于一种逻辑模式(logical model)(详见本章第 3 节)。

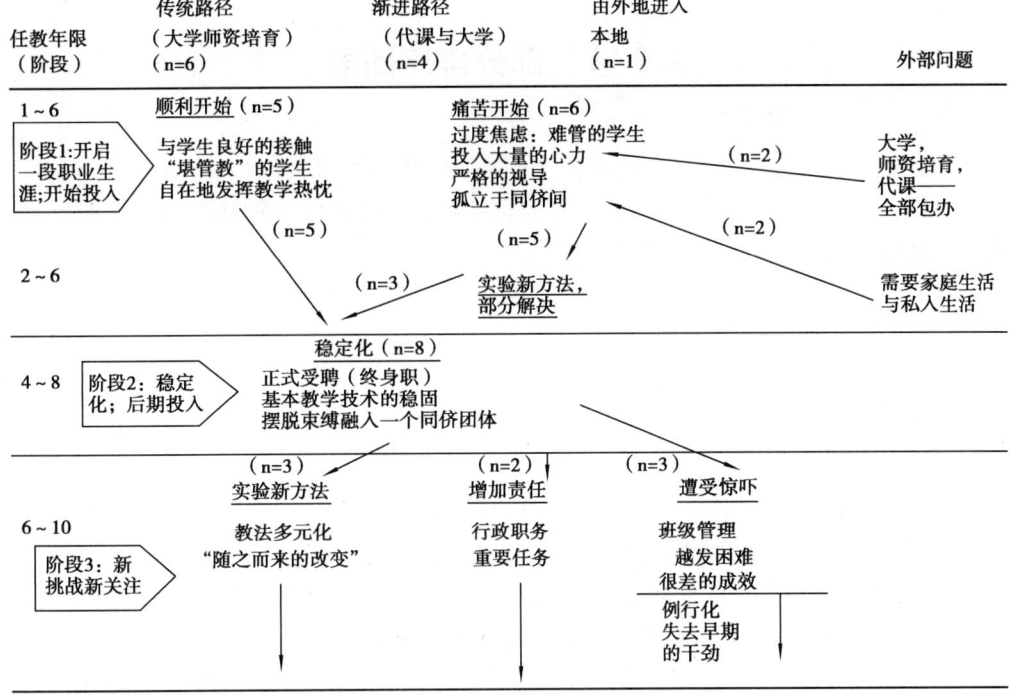

图 7.3　复合式顺序分析:11 个案的生涯轨道资料(Huberman,1989)

现在我们已经粗略说明了主要的分析策略,可能会让你觉得似懂非懂。下面我们会一一详述每种方法,但请记住:任何一种跨个案分析往往都被嵌在更广泛的分析之中。

我们先概述 5 种跨个案分析法,以及 8 种辅助分析法。

我们先介绍部分排序图表,说明未排序的中介矩阵表(unordered meta-matrix),它是将多个案的基本资料一起堆放在一张大表中。然后再来看概念排序图表,包括内容分析摘要表(content-analytic summary tables),以及观念表(construct table),还有一些可厘清变量的图表。我们也可依据某些重要变量,将个案由高而低地排列;在此我们讨论了个案排序中介矩阵表(case-ordered meta-matrix)、点状图(scatterplots)及其他。

最后介绍的是时间排序图表,包括时间排序中介矩阵表(time-ordered meta-matrix),它显示的是多个案的年表资料。另外我们也介绍了复合顺序分析(composite sequence analysis),这种过程取向法,显示的是不同个案采用的不同路径,我们可以透过事件与状况的基本架构流程来了解。

这些图表丰富而复杂,可是如果研究个案数量不多时,我们也可以简单地运用这些图表,并不需要大量的预算,或延长研究时程。请了解这些图表的基本性质,如果你觉得不错,想想看如何用在你的研究中。一方面你要让这些图表尽可能丰富,另一方面也要注意可应用性。

第 2 节　部分排序图表

跨个案分析的第一重目的,往往在于探索,看看整体的面貌是什么样子。和单一个案分析一样,你可以先简单排列一下内部的顺序(不必太严谨的顺序)。此时,不要太快就把概念、时序或其他东西强加上去。

部分排序的中介矩阵表

问题剖析

跨个案分析的资料量是单一个案资料的数倍[1]。如果单一个案的资料有数百页,无论你对此单一个案层次的了解有多深,只要你想由跨个案分析中,引出一些更深层意义的东西,你都会遇到一个庞然怪物,它的体积超大,大得不可捉摸;"不过,个案内分析与个案间分析,两者间还是有些相似处与相异处的⋯⋯"。

或许我们可以"厚脸皮地折中一下",就如 Rossman 与 Wilson(1991)指出的,其实我们可以借用某些量化分析的逻辑。一般来说,量化分析者是指全部资料依据同一尺度来予以标准化,使得资料可以进行比较;然后再把整个资料简化——将资料化为数量更少、能予以区别的数值,如:分数、指数、等级、分布情形、二元值,并赋予它们一个顾名思义的变量名称。这时,你的资料数量减少了、浓缩了、归类了,并且也被标准化了,便可以看看这些资料像什么了——数量多大、形状如何、显著性如何。细究这些方法所得数值的分布情形,可能显示某些数据组需要重新整理。量化分析者完成这一步骤后,就可以探究这些数字数据组之间的关系了,先作两两比较,再作综合。

质性研究者要处理的问题更为复杂。不过上述量化分析中仍有些有用的想法可以借鉴。跨个案分析同样需要藉由共同的代码,让资料变得可以比较;将编好码的资料段落,以共同的图表来呈现;而且每一个案都采用共同的报告格式。代码、图表及报告格式都是用来简化资料的,以便将几百页的文字,浓缩成可以使用的、具有条理的组件,亦即填好的图表,以及相关的分析文字。

假设你已经将每一个案的资料运用前面数章的方式,浓缩为图表,且可以比较了。现在的问题就是怎样将它们和谐地汇集在一起——这是资料展示完善与否的主要标

1　究竟质性分析能够处理好多少个案? 其实要想由个案数量来回答这一问题,可能是找不到简单答案的。我们认为:一旦处理大约 15 个案时,你若想对每一个案的当地动态发展,有一清晰的了解,可能就会出现严重的裂缝了。不过请注意:质性研究曾经成功处理跨个案分析的数量最多高达 57 个(A. G. Smith & Robbins,1982)。你可以采用一种有用的方法,就是在初次分析时,先处理诸个案的部分样本,其后再以剩余的样本进行暂时结论的复制(参见第 10 章第 2 节)。不过我们对于大样本的跨个案分析,其中的可能性与限制,还有待了解。QCA 电脑分析软件里的 Boolean 法,可以处理许多的个案,可以同时探究某特定个案的多个变量的结构,最多能达 12 个变量(参见本书附录)。

准。现在是跨个案分析的第一次深入探究,也是关键的一步,因为经过此步骤,资料组将打散成局部与丛集,以供后续分析之用;它也会形成你对此跨个案分析的第一印象。之后,再作修改工作;而现在,你要全身心投入,找到一种方法去细究:究竟有些什么东西在资料里,形塑出它的意义,然后找出下一步最该作的分析。

简 述

所谓中介矩阵表是一种总表,是将多个案中的每一个案之描述性资料,以一种标准格式汇集起来。最简单的中介矩阵表,就是一张并列表,把所有单一个案都放入一张大表上。基本原则就是纳入所有相关的(浓缩的)资料。我们昵称此表为"巨犬(moster-dogs)"。

然后,你通常还得进一步切割这些资料(以新方式分割),并聚类资料,这样才能让资料组群间,在你有兴趣的变量上,呈现出的对比性更为明显。这样切割过与聚拢成的中介矩阵表,也才会渐趋精致(通常都需要将个案层次的资料转化为短引文、浓缩的词组、等级以及符号等)。

这些听起来都颇抽象,因此需要一个实例。你要谨记在心的就是:一张部分排序的大表,填入了所有个案的所有资料,它可以由切割与聚类逐渐修改、摘要、简化,这样就可以让它的顺序更清晰。以下我们会看到中介矩阵表如何在概念上(根据主要变量)排序,例如依某变量将个案由强到弱排列,或依时间早晚排列。

实例说明

让我们用一个实例逐步说明。

为每一个案建立图表格式　跨个案分析取决于个案内资料的一致性。表7.2 的实例显示:分析者想要回答几个有关实行新措施的教师的经验:(a)实行者认为新措施看似什么?(b)实行者做了什么?(c)最主要的感受与关注是什么?(d)隐约浮现了什么问题?整个工作历经长时间后,运作得如何?表7.2 是一张空表格。

表7.2　部分排序中介矩阵表——个案层次(格式)

实施改革者	感受/关注	改革看似什么	实施者主要做了什么?	问题
1.				
2.				
3.				
4.				
⋮				

填入资料　对这一步骤你应该很熟悉,把简化的个案资料填入 4 个分析类目中,依实行者一个个填入画好格式的矩阵表中,一次填一个个案。

表7.3 是将一个个案某段时间内的真实资料填入。如前面一样,细格内填入的是

编好码的经浓缩过的短句,其中也做了某种选择与聚类的手续。分析者根据一些表述出来的原则,决定选择一些感受、问题等填入表中,而且也将一些具体但类似的项目汇集起来(如:"问题"栏中,"工作超负荷"出现好几次,也就等于"时间有限")。

表7.3   部分排序中介矩阵表——个案层次 Lido 学区实施者执行的第二年

实施改革者	感受/关注	改革看似什么	实施者主要做了什么	问题
Vance	对教学风格颇为满意,也喜欢让孩子在户外	还算有用,可提供好方向、好点子、好活动	依教材行事 提供、参与教育改革工作坊 与社区人士一起工作 校外工作	
Dew	关心森林/生态课堂上低成就生的数量增加	对欠缺生态基础的孩子而言,太过于发现导向;采用讲述法会更恰当	为日渐增加的低成就生调整教材与单元 校外工作	处理增多的低成就生
Carroll	对新活动颇兴奋,扩展科学课程	和第一年相似	与社区人士一起工作 提供参与教育改革工作坊 与校外人士一起工作	投入过度延伸的活动

每一细格包括了数个字汇/词组,这是跨个案分析者的第一项待精简的东西。

建立部分排序的中介表,并填入更精简的资料   现在你面前有 N 张个案层次的、彼此可以比较的表。如果个案数量不超过12,而且图表不会比我们这些范例更复杂,那么可以把全部资料放在一张复合的巨大图表上。但如果数量超过12,或复杂性太高,就需要增加一个步骤,把资料作一浓缩。无论是何者,都要记得:你要写几段分析性文字,以便为填入的每一个案资料,作一澄清与深化。

这种部分排序的中介表只需要把个案层次的几张表堆积起来。例如:这种表的头两栏会是表7.4这样。若把所有个案的所有字段全部放入表中,会形成一张很大的表,也许应该称之为"超巨型表",而不是"巨犬"。要完成这张大表,你需要很大的纸张与空白的墙壁,以便把表张贴起来。

表7.4   部分排序中介矩阵表:实施者、感受/关注与其他变量(表格)

地点/实施者	感受/关注	……
Lido		
1.		
2.		
3.		
Mesepa		
1.		
2.		
⋮		

适当的计算机软件,可以帮你轻松地完成这张大表。有些文书处理系统也可以制作类似表格,另外还有更为专门的程序,例如:AQUAD, Orbis, NUDIST(参见附录)都是极有用的软件。

通常你在发展大表时,需要把个案层次的细格内容,予以精炼。例如:若把 Lido 的资料填入表7.3 时,可能呈现出来的是如表7.5 的内容。我们会把字数再减少,再加上某些符号。感受或关注被化为正、负两种符号,另外再加上中等抽象程度的一种感受或关注(如:"满意",再附带作一描述),还有一个简短的、类目型的词组(如:"更多人被归为低成就者"),这样才能让分析者了解具体的状况。

表7.5　部分排序中介矩阵表:实施者的感受/关注与其他变量(Lido 资料)

地点/实施者	感受/关注	
Lido 　1. Vance	+对新风格、规范表示满意(较少控制)	
2. Drew	−公开的目标转变(更多人被归为低成就生)	
3. Carroll	+新的、延伸的(课程活动)	

如果你在写第一张表时,就把资料更为简化,这等于是自找麻烦。如果最初没有进行描述与扎根的工作,你可能很快就在对不同种类的东西作比较(如:"满意"),而你却无法看出他们其实是不可比较的。而且当你需要提出具有真正代表性的实例说明时,却找不到快捷方式回到一较低层次的分析。这时你得大费周折,才能回到个案层级的资料;这样既费时,又可能导致更大的偏差——你只注意到资料的一部分,而非整组资料(所有个案的所有相关资料)。

中介表已经把多个小表累加且简化为一张大表,一定程度地浓缩了原有的资料,它让你在同一个地方看到了所有的资料。这是用在跨资料分析的初期。分析性的类目之字段中(如:"感受")填入了个案层次的资料,而填入的每项内容(如:"关心参与方案的低成就者的数量增加")也已成为更具普遍性的分析类型("公开的目标转变")的示例了。

现在开始,分析与表格会更为依赖资料所表达的内容,以及研究者最有兴趣的关系之种类。通常此时会自然需要绘制一些新的中介表。

为了绘制这些延伸的表格,让我们简要地了解两种相关的技术,一种是类目内的分类(参见第10 章第1 节,分解变量与聚类),另一种是跨类目的聚类。

类目内的分类　我们假定你对实行者执行计划之后的关注事项,还想细究。为此,你要细看那段时间每张的中介表,比方说第二年、第三年的中介表等。细看时,你要寻找两种东西:(a)关注的趋势,亦即随时间而改变或延续的关注事项;(b)关注的类型。研究者将资料作分解(依据时间与关注来分解),再将资料聚类(成为数种不同的关注类型)。结果就会呈现出表7.6 这样的一张格式。

表7.6　时间排序的中介表(格式)

关注类型	第一年	第二年	第三年	第四年
1.				
2.				
3. ……. etc.				

现在你特别要做的是区分出关注的类型——你要用它们来分类,你还要注意随着时间发展,其关注类型的变化。每一年的细格填入的内容可能不一样(请检查一种关注的出现与否;可以区分为"基本关注"、"次级关注"等)。你可能决定:关注可以区分为机构类与个人类。而你可能想知道:到了执行后期,教师对机构的关注,是否会高于对个人的关注(技术:若—则检验)。

下一步你要画出一张个人与机构关注的摘要表(依据某些预先界定的变量来分解资料),并且看看到了执行后期在哪些地方提及哪些关注项目。此过程中,你可以汇集一些经验资料(如:"方案人员间的人际摩擦问题","动机问题"),放在个人关注与机构关注两大类目中。此时你可能会看到像表7.7这样的表格。

表7.7　摘要表:执行后期的个人关注与机构关注

关注类型/项目	在何处提及此项目
个人关注	
方案人员间的人际摩擦问题	Banestown, Perry-Parkdale
动机问题(对现状的沮丧与讨厌)	Calston Lido, Masepa, Dun Hollow, Proville
磨人、力竭、新方案的要求过多	Tindale Masepa, Carson, Plummot
机构关注	
机构与学区未将此方案列为优先项目(不重视参与者的奖励)	Lido, Plummet
整体功能不佳(方案是一个整体;或只是局部)	Perry-Parkdale, Dun Hollow, Proville
遭到非本案人员的抗拒、阻止、不提供支援	Banestown, Porry-Parkdale, Carson
担心本方案是否会"实践"其诺言或目标	Banestown
以后的延续性	Banestown, Calston, Lido, Perry-Parkdale, Plumment

其中有一些很有用的描述性资料。例:有些个案有多重问题(如:Banetown、Perry-Parkdale)有些只有一项问题(Masepa),12处中2处没有问题(技术:清点)。另外,个人关注类大多是非技术性的,而机构关注强调的是延续性(优先性较低、功能不佳、无法实践诺言)(技术:找出主旨或主题)。

这样的一项发现,会引导我们回头去看这张跨个案表的其他部分,检验一下你心中的预感(技术:"若—则"检验)。此时你出现的预感可能是:无论改革案对技术精熟度的要求是高或低,各学区在组织层级上的关注项目,其数量是一样多的。

其中也提示了下一步的分析:我们可以来检验一下机构关注是否真的导致了下一阶段的退步或不延续。只要简单地将每一个案情形画成 2×2 的表,就可回答此问题,而且还可进一步指出下一步要看什么,亦即可以超越描述分析的层次,走向解释分析的层次。

表7.7 只是探究此资料的一种简单方式。你也可以画出更为细致的表格,例如:画出每一关注的强烈程度、关注的来源或结果,甚至包括以上所有内容。

跨类目的聚类　现在我们再来看一种摘要表,它作了跨类目的聚类,而且也将类目作了分解。此例中,分析者想找出改革后期教师采用的技术之特征。这一分析过程,也就是处理表7.2 中最后的两栏——"实行者主要做了什么",以及"遭遇到什么问题"。

这一过程是直线进行的。分析者先读表7.5 的后两栏(亦即已填好的中介表),细究 12 个个案,找出实行者主要做了什么,以及其间遭遇的问题。基本原则就是把至少两三个个案聚类起来。

为了要找出最主要做的事情,分析者试着列出各类活动,用一些概括性的动名词,来显示正在进行的活动(如:"精炼")。这一步骤会产生 6 种不同的活动,所有示例都可以归属其中,毫不勉强。接着分析者要把"遭遇的问题"和每类活动连结起来,他用的方法是:(a)把问题汇集成数种;(b)找出典型的问题类型,亦即有 1 人以上提及该问题。然后,研究者再摘出一些短句,综合成词组,完成表7.8。

请注意表7.8 所完成的跨类目聚类。它是变量取向的表格,但是我们并不是把每一个案的后期经验零散地提出来(像表7.3 及其后的各表那样),而是有焦点地、完整地作跨个案的描述,它不只给你一些抽象的东西,且仍保留了许多特定个案的味道。

读取表7.8 每一横列,你可以得到很清晰的了解,例如:"竭力达成"是什么,实际的问题是什么。若读取纵行时,你可得到一张汇集而成的图像,显示出"执行后期"在技术方面所有学区的整体状况。

变　　体

由最基本的部分排序中介表,到多种层面的排序中介表,这中间其实可做的选择已经很多。总之,有时候仅仅第一张中介表就可以产生很丰富的重点资料,足够一篇报告使用了。有关这方面,请参考 Smith 和 Robbins(1982)以及 Lee et al.(1981)描述的"分析表",他们依个案来分类呈现了各种要素——支持父母参与各种联邦方案的诸要素。

建　　议

请不要从个案层级的资料,直接画出一张排好序的中介表(如下节将介绍的那种)。你应该先仔细探究这些个案,找出可部分排序的资料。如果你想直接跳到排好序的中介表,就好像直接由总计次数跳到回归,中间完全不经过列联表(cross-tabling)或散点图。请画好最早的那张中介表,这样可以帮你绕开那费时费力而无结果的死胡同。

表7.8　汇集摘要表:执行后期现场主要任务的问题

任务/活动	问题类型	示例说明
竭力达成	在把握较复杂的部分上出现困难	有些部分就是无效,它们比我开始做的部分,要更困难(教师,Masepa) 我还是无法监控孩子们的进度……实在有太多孩子要努力追赶(教师,Calston)
改善调试	解决特定问题,常与方案设计不良有关	书本保管得太差(教师,Banestown) 纸笔作业(Perry-Parkdale,Carson) 时间表问题(Banestown,Calston,Carson and Proville) 学生彼此干扰、打断(Perry-Parkdale) "教材不适合此年龄"(Dun Hollow)
精练	区别、调适	需要调适……时间不够(教师,Lido) 虽多次尝试,让小组成员多做个人练习,但能力不足(实验老师,Banestown)
整合	将新方案与一般课程结合	这会不会打乱了我自己的课程? 我怎样才能把它融入其中?(教师,Burton) 没有时间兼顾新旧(Calston,Dun Hollow,Carson)
调整	为新形势调整方案	现在课程已上轨道……我有几个让人头痛的学生,他们茫然地坐在那儿,很难使他们融入课堂(教师,Lido) 下课时间改变,预算减少(Lido);新的测验规定(Banestown)
扩张	将方案用于他处,重新安排实作、带入其他东西	试着找回先前那种有效的东西(Masepa);感觉无聊,寻找更刺激的材料(Tindale)

如果你的个案比我们的简单,那么你的中介表也会比较简单。事实"堆栈"法会比你想象的要简单一些。

要让我们分解且(或)汇整出的东西真的派上用场,通常要作好几个轮次。有关分解与汇整的技术,详见本书第 10 章第 1 节。

所需时间

要画出一份像我们这个例子的部分排序中介表,可能要花三四个小时;要完成前述的后续工作,每一表约费时一两个小时。撰写相关的分析文字比较快(约一小时或更少一些)。最费时的就是画出基本的中介表,以及聚类资料。当然,主要还是要看个案的数量、变量的数量、各个案资料表是否完全可比较,以及是否方便取用。

文字处理、文字检索、文字本位的管理应用程序(参见附录),对于基本中介表整理、聚类和分解,都可缩短处理的时间。要想节省时间,主要还是要靠你将个案资料以容易检索的方式去储存,另外对资料的聚类与分解,要有一个完整的想法。其中所需的思考时间,是无法偷工减料的。要理解一组跨个案的资料,必须费时思索,一点也急不得。

第 3 节　概念排序图表

第 5 章谈单一个案时,曾介绍概念排序的图表,多个案研究也可以依据变量或概念核心,来绘制图表。

内容分析摘要表

有时候你可能想把整理的焦点放在中介表的内容,这样就可以不再去参阅个案资料的原始出处了。

要从单一个案走向跨个案分析,第一步就是要确认这些个案共同拥有多少相似的特征。前已述及,最简单的格式,就是把单一个案用的表格拿来用,画出一张中介表,把所有(浓缩的)资料填入其中。当一个以上的个案具有这种相似的特质时,你便可以在此中介表上看出来。但等你分析时,经常会出现一种状况——你会发现再画一张图表,可帮你通盘了解所有个案的资料结构。

此时你得努力创造出一种表格——它应该最能掌握住你的兴趣所在,而且能容纳所有相关资料,供你分析。表 7.9 就是一张内容分析摘要表,探究的是学校改革。

表 7.9 细格的括号,写了一些数字,这可以让你一眼就看出来哪些活动是在多重个案中出现的。你也可以看出每一类型的改变,在组织内出现了几项。例如:左上方改革内发生在结构层次的过渡性改变,出现频率不多,不超过一个个案;但在下两格的气氛层次,所出现的改变则较为多元,而且多个个案也出现了相同的改变(技术:作对照、比较;清点)。

看表 7.9 的"持久性改变"这一栏,显现出的图像就不太一样了。由最右上方来看组织内结构上持久改变的情形,显示多所学校并未出现,有些学校即使有持久性改变,也只限于改革本身,或仅调整了时间表而已。然而,所出现的持久性改变,还是比过渡性改变多。

请注意:此表特别把各个案的名称去掉了,目的是想找到更为概念性的东西,看出跨个案的主要趋势。当然,如果你希望还能回头去找到各个案,你也可以在细格中附上个案的缩写。

若想多了解内容分析摘要表,还可参考范例资料 8.1 与资料 8.2。

分解一个变量

当研究者想要厘清一个普通变量,尤其是当你将此变量作为结果变量时,并据此将个案分门别类之时,研究者时常会觉得资料似乎混杂在一起,或是颇为棘手,可能这个变量的维度不止一个;可能这些个案无法作如此简单的归类。此时就有必要做分解了,它可以有系统地帮你找出潜藏的各个维度。

表7.9　内容分析摘要表:组织改变的内容

改变的类型	过度性改变		持久性改变	
	改革之内	组织之内	改革之内	组织之内
结构	方案主持人加入不断发展的部分 指导委员会的成立与中断	管控、资金与视导单位的改变	学生输入的改变(5) 重组:更多部门互相依赖 指导委员会 协同教学	改革本身(5):修改实验课、另类的学校、经验方案、英语课程、绩效责任制 无(5) 行事历(4) 改革扩展至新采用者(3) 提供空间给方案(2) 创造协调人的角色 创设管理委员会 创设在职委员会 为方案加上夏令营版本 增加协同教学 创造协助教师的角色
措施	主动的、强迫的学生招收 提供支持的领导系统（情绪的、物质的） 领袖与教师商议 非采用者帮助采用者作测验 助理、家长协助教学 加强社区接触	改革中断 现场检验教材 教师交换书籍 其他教学被取代	更严格的视导、管控(2) 学生整批处理 格式/措施的例行化 魅力型领袖更为遥远 减少工作会议 减少方案中的学生时间 指派人员 选择性使用教材	改革本身(5):学生筛选、录取、编组、退学等措施 更多书面工作(2) 增加学生交通车(2) 教师负荷减少 时间松绑:代课、提早下课 取消等级评定制 增加教师间的协调 增加教师对个别学生的讨论 减少教师对学生作业布置的控制
气氛	冲突(4):小团体之间,包括采用者、助理与学科部门之间 团体凝聚更强(2),开拓精神、朝气蓬勃 采用者不安(2) 紧张、担心、不信任	采用者与非采用者失和(2) 采用者对修改实验抱怨 对管理委员会不明了 期望对上级影响更大,被拒,士气更低 校长本来反对,后来支持	沮丧、疲累、失去兴趣(3) 协同的、提供协助的气氛(2) 强制性(2) 较低的强制性 负荷过重 友谊/敌意的发展	抱怨书面工作(2) 对改革小心翼翼 对改革更为开放 常规改变:弹性、同事关系、中小学互动 无:气氛仍佳 无:气氛仍差 对此改革产生更多行政方面的觉察

*每一项均代表一地的改变。若一地以上发生同样的改变,则将地点的数量写在括弧内

　　资料7.1显示了一位分析者如何将"组织改变"作分解,探究12个个案。该研究显示:有些学区一开始就没有好好执行改革,这些学区不可能引进什么组织变革。再者,有些学区进行的改革方案本身就属于组织改革性质,当然有些学区并非如此(可能只是一个班级的小规模改革)。因此此分析者画了一张3×2的表格,纳入上述内容,然后再把个案分类。由此角度来分析,各个案的组织改变,其程度可以由第1格到第4格。

资料7.1　分解变量:组织改变的范围

所出现的组织改变是否
超出这项改革方案本身?

		是的	极少或无
	是	Carson Masepa (1)	Plummet Perry-Parkdale Tindale Banestown Astoria　　(2)
是否 好好执行 改革	部分的 或 有限的		Calston Lido Burton　　(3)
	否		Dun Hollow Proville　　(4)

　　"分解"这一观念,最早是 Lazarsfeld(参见 Lazarsfeld, Pasanella & Rosenberg, 1972)发展出来的,后来 Lofland 与 Lofland(1984, pp.93-96)进一步讨论了"分类";另可参考 Strauss 与 Corbin(1990, pp.69-72)对"找出向度"的讨论。

结构表

　　虽然事前你对某些主要变量的性质(如:"改革的稳定性"或"协助"),会有些基本想法,但是可能真要等你对真实的个案资料,作了某种深度的探究,才会真正厘清这些变量。

　　Eisenhardt(1989a)提供了一个好范例。他想厘清权力集中化(power centralization)的概念,表7.10呈现的是八家电子公司的资料,焦点在该公司执行长所发挥的功能。

　　表7.10涵括了各种量化资料:执行长作决定之风格、问卷资料、组织信息,以及具有代表性的、职位归因的(position-attributed)实例。想要澄清"权力集中化"这一概念,并汇集资料,这一过程需要反复进行;所得资料应有助于厘清"权力集中化"这一结构,并提示你再去搜集其他资料,以提供更厚实的根基。表7.10把最终资料作了摘要,并且排出了个案的顺序,可以供进一步的分析(参见表7.15)。

　　附带一提,Eisenhardt 讨论了如何由个案研究(6 项多个案的组织研究)来建立理论,她的讨论非常有用;她的步骤中包括了初期的概念化、个案选择、设计工具、资料搜集、寻找模式以及建立假设。

　　请注意表7.10排列个案顺序时,并不是机械式的或自动化的;请看表中 Cowboy 与 Neutron 两公司的位置。虽然 Neutron 作决定的风格是权威取向,但分析者还是把 Neutron 排在 Cowboy 的下面(Cowboy 的作决定风格乃是权威或共识型),可能因为 Neutron 执行长权力差距的得分较低,而 Cowboy 执行长的决定行为被描述为"强、大老板"。

表7.10　权力集中化观念的表列证据之范例(Eisenhardt,1989a)

公司	执行官决定行为描述	执行官权力分数	执行官权力差距[a]	执行官掌控的职务	相关故事中作决定之风格[b]	实例[c]
First	强 易变的 独断的	9.6	3.5	行销,研发 生产,财务	权威取向	Geoff(执行官)就是作决定的人。他掌控全局(副总,行销部)。
Alpha	没耐性的 家长制的 将你排挤出局	9.6	3.8	行销,研发 生产,财务	权威取向	未经执行官同意,不可以聘人。未经执行官同意,不可以升官。未经执行官同意,不可开发新市场(副总裁,业务)。
Cowboy	强 大老板 大师 决策者	9.1	3.1	行销,研发 财务	权威取向 共识型	会议的基调会不会改变要看执行官是否在场。如果他离开房间,大家就会东拉西扯;等他一回来,大家就会言归正传了(行销部处长)。
Neutron	组织的 分析的	9.1	2.3	行销,生产 财务	权威取向	如果需要作决定,我就会去做(执行官)。
Omicron	好说话 好共事	8.4	1.2	财务	共识型	Bill(前执行官)思想保守,Jim(现任执行官)就开放多了(副总,制造部)。
Promise	人际取向 务实的	8.9	1.3	生产,财务	共识型	(我的哲学是)尽量让更多人参与快速的决策中(执行官)。
Forefront	进取的 团队成员	8.3	1.2	无	共识型	他的领导艺术取决于选材以及让他们发挥(副总、业务部)。
Zap	共识型 人际取向	7.5	0.3	财务	协商型	非常开放,我们在建立共识方面通常都非常成功(副总、工程部)。

a:执行官权力差距是指执行官权力分数跟次决策者的权力分数之间的差距。

b:权威取向的决定:可能是由执行官单独作决定,或是只与一人商量就作决定。

　协商型决定:执行官作决定前会与整个团队或大多数成员商量。

　共识型决定:是由整个团队来作决定。

c:括弧内的个人就是指该引述的来源。

决策树状模式图

有时你会想知道几个个案共通的基本过程,并建立出一个基本模式。

个人作决定及其相关行动,就属于上述的那种基本过程中的一种。高中生究竟如何决定是否要进大学? 人们怎样从使用软毒品(soft drug,不会成瘾的毒品),变成使用硬毒品(hard drug,易成瘾的烈性毒品)? 第三世界的农夫在津贴被取消后,会不会继续使用肥料? 为什么妇女支持团体会解散?

Gladwin(1989)认为所谓决策树状模式图,就是依据真实世界中多个案所作的决定与行动,来作一完整性的描绘。图7.4 是访谈两名大学生"为什么他们会在学校餐厅买或不买早餐合约"之后,据此所画出的决策树状模式图。

图7.4 最上方是可考虑的选项,图的中间部分是决策规则,图下则是决策结果。这张树形图浓缩了当事人真实的谈话内容(例:Lucy 说:她选择不买早餐合约,因为她从五年级起就不吃早餐了。她喜欢早上尽量赖在床上,而且如果付了钱不去吃早饭,她会觉得很浪费)。

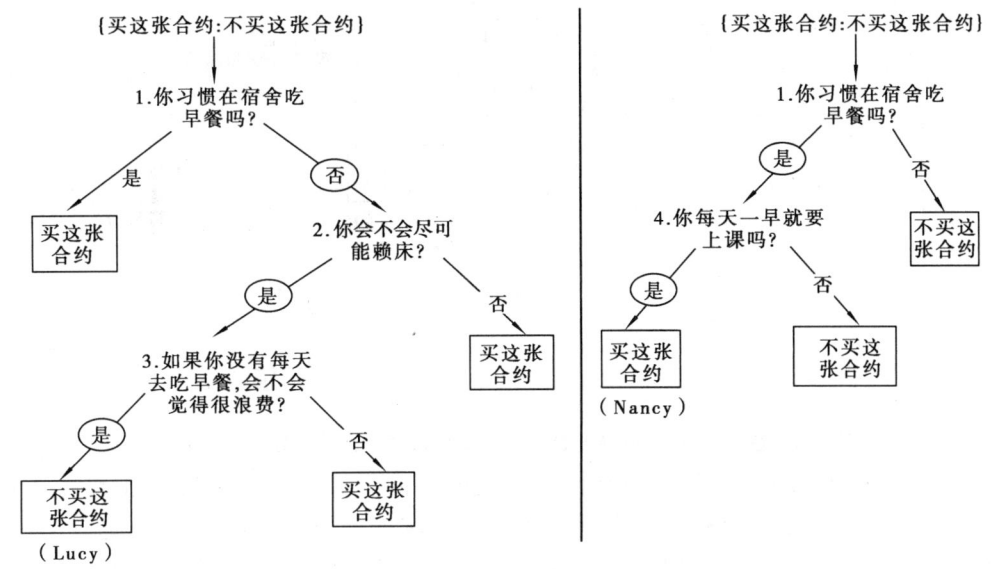

图7.4　个案范例:两名学生对早餐合约的决定(Gladwin,1989)

先访谈再画图的这一过程,可以反复去做:第一人(Lucy)提及的规则,可用来问第二人(Nancy),以此类推,然后逐渐建立起一个综合模式。你也可以先画出每个人的决定树,然后再统合成一个综合体。图7.5 是依10 个个案第一轮画出的综合模式,这是依直觉画出来的;图7.6 则是一张更有逻辑性的延伸版,将限制也纳入其中(即"除非"的选项)。

无论采用上述何种过程画出图来,基本上要保证每一个决策模式的正确性;每个人的路径应该被正确地表达出来,虽然有些较为特殊的"局内观点的"特征(idiosyncratic "emic" features),可能需要概括为较为抽象的"局外版本(etic

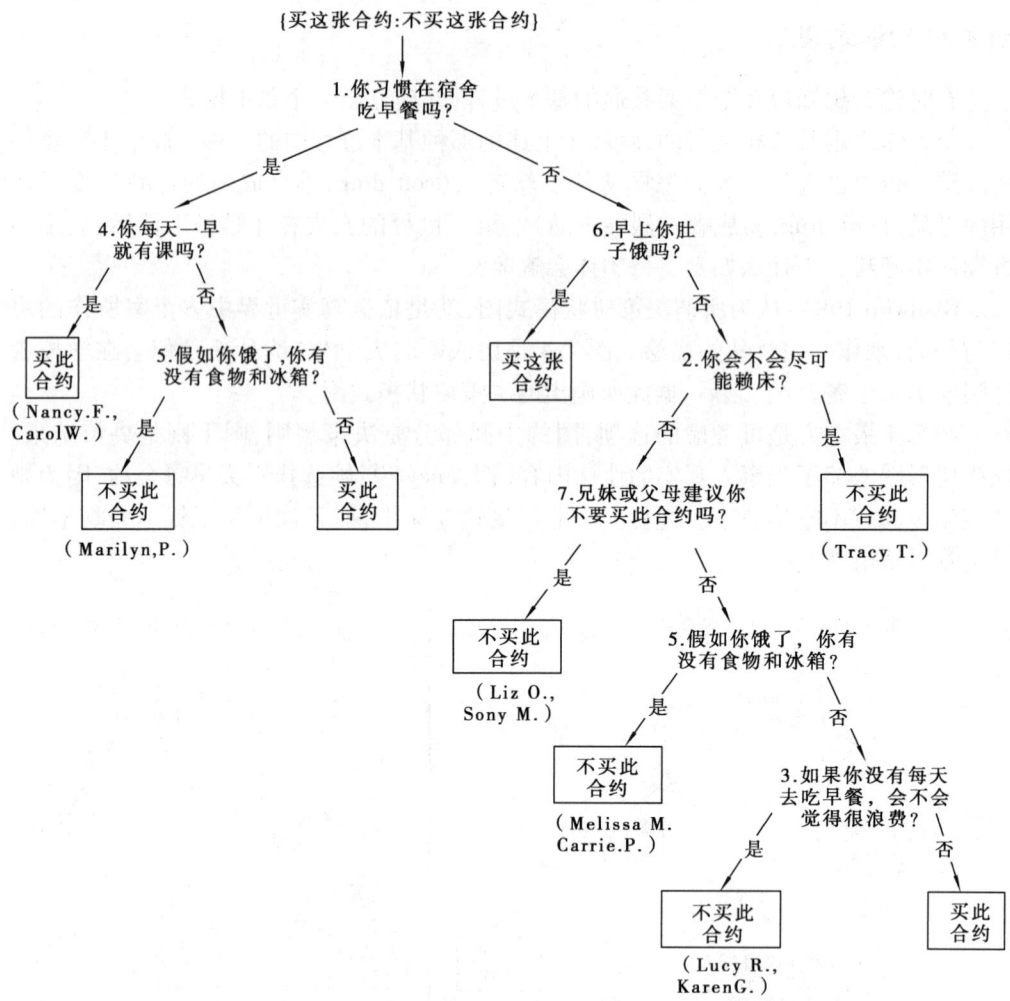

图 7.5　复合模式 1:新鲜人对是否买早餐合约之决定(Gladwin,1989)

version)"。此处强调个别特征的保留,正可说明 Abbott(1992b)的主张:应追踪每一个案的"情节",保留住复杂性与叙事的顺序,并避免采取完全变量取向的"摘述"。但请注意,无论如何,这种决策树形图比较强调的仍是逻辑的顺序,而不是叙事的顺序。

　　下一步是找出一批新样本;然后去询问他们综合模式中所有决策的规则。Gladwin(1989)讨论了访谈与树形图建构的步骤(及问题),并指出如何处理多重决定,值得大家参考。

　　请注意这类图表可以用来改善措施(早餐合约的措施),或是重订政策(大学究竟应否与学生签早餐合约)。

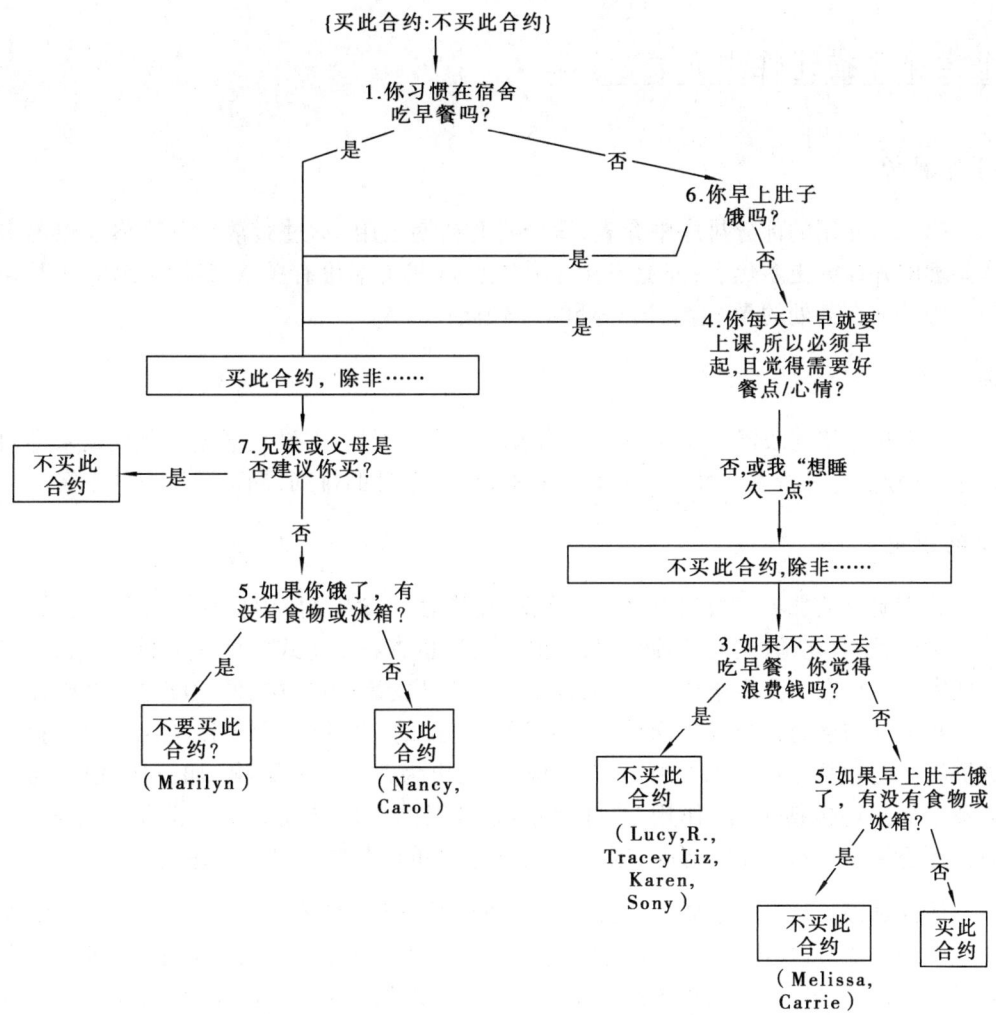

图7.6 复合模式2:新鲜人对是否买早餐合约之决定(Gladwin,1989)

第4节 个案排序图表

个案排序图表一方面依个案排列资料,另一方面依据研究者有兴趣的一些变量来排列,如此你可以方便地看出高、中、低个案间的差异。这是个好方法,可了解个案间的差异。

个案排序描述性中介表

问题剖析

第二节介绍的部分排序中介表,适合研究初期运用,不过通常它会让你很想再多作些理解并探究更多焦点:究竟发生了什么? 这些个案里有关 X 实际大约的状况如何? 为什么在某处的 X 较高,另一处的 X 较低?

简　述

个案排序描述表涵括了所有个案初级的描述性资料,不过是根据主要变量来排列顺序。因此,它是依主要变量,将基本资料作一有条理的排列,涵括了所有的个案。

实例说明

我们研究的那项学校改革案,想了解(改革对)"学生的影响"这一变量。我们访谈了学生,还有老师、父母、行政人员、辅导人员;也查看了正式的评估资料。要怎样把这些资料汇集在一张表格中,并让人理解到学生所受影响高、中、低程度之间的差异?

我们的访谈与资料检索的重点,不只是"直接的"学生学习结果(如:阅读测验分数提高),也包括了所谓的"中间的"影响,以及更为普遍性的影响(如:对学校活动的兴趣增加),还包括了"副作用"(如"对实验方案的热衷导致对日常学业的疏离")。我们还想将改革对学生的影响,区分为正向的(好的、想要的)与负向的。

建立表格　这些个案要怎样排顺序? 现在每一个案的报告已经写好了,你可以细读其中相关章节,找出有关学生受影响的一般维度。先依第一印象把诸个案排列出来,然后,再细看每一个案报告的文字,看看第一印象是否经得起考验,以及顺序是否要重排。

此时,你可能会觉得需要画一张中介表(表 7.11 是可用的一种格式)。你可以细读个案报告中有关学生学习结果的部分,然后在每一细格中,填入一个代码("采"代表采用者;"政"代表行政人员;"评"代表评估者;"生"代表学生;"家"代表家长,等等)。如果人们表示该影响很强,你可以在字词下加线;如果不确定,可加一个问号;如果有矛盾的信息,可加一个 ×。

但是这张图表还不完全正确。它把学习结果笼统地放入一个"成绩"的类目之中,把许多丰富的细节都丢掉了。仔细想想,我们可能会发现:原来表格中填入的东西只显示了学习结果和所希望达到的目标之间的某种关联,但另外还有一些有关细节的东西,也应该纳入表格。

此时,你就应该回头去看个案报告。这些报告实际上看起来像什么? 怎样的表格才更适合这些个案? 读过资料,会让你知道:这些资料是很丰富的,详细的、完整的成绩资料、访谈结果、问卷结果,以至于几乎不支持的意见都有。有一些方案产生的学习结果包括的范围较广,从学生成绩到自我概念,全部都有。而另一些方案则是比较有焦点的,例如:希望改善孩子的阅读技能。

表 7.11   个案排序中介表:填写学生受影响资料的表格(版本一)

		直接影响		中间影响与副作用	
		正向	负向	正向	负向
个案一	成绩				
(受影响	态度				
最大者)	行为				
个案二	成绩				
(次大者)	态度				
	行为				
等等					

如果要另作设计,表 7.12 会更为适用。表 7.12 的重点是要显示方案目标,在适当空格中填入词组或句子,并用代码(如:采、行、评)标示出资料来源。这样,我们就可以保留住更多原始资料,而且可以让我们看出学习结果与方案目标之间的关联。

表 7.12   个案排序中介表:填写学生受影响资料之表格(版本二)

个案	方案目标	直接影响		中间影响与副作用	
		正向	负向	正向	负向
个案一 (受影响 最大者)					
个案二 (次大者)					
等等					

填入资料   现在我们可以回头去看每一个案报告的相关部分,从编好码的资料中找出与直接影响与中间影响有关的东西,用简要的句子或词组作出摘要,以显示出每一项明显的学习结果。我们可以把同性质的"方案目标",以及"直接影响"填入同横列中,便于比较。可以先列出技能与成绩,接下来是情感或态度,以及其他影响。每一短句与词组后面,都标示出资料来源。

等所有资料都纳入表格中以后,再看一遍:是否依照影响力的大小正确地排列这些个案? 此表格排列顺序的规则如下:(1)该方案是否达成大多数的目标? (2)该方案是否还产生了其他的正向中间影响和副作用? (3)这些判断是否够坚实——同一角色者多人次都有同样的反应吗? 或各种角色的人都一致赞同吗? 或其他评估资料也有同样的显示吗? 如果(1)(2)项很弱,就应排在较后面;如果(3)项较弱者,也应特别注意一下该个案的位置。这样检验过后,通常会需要重排一下顺序(如果属于高影响的个案有很多,也应该列出其中的顺序)。

表 7.13 就是填入资料后的样子。横列显示了高影响的两个个案(Perry-Parkdale, Masepa)、中影响的两个个案(Carson, Calston)、1 个中低个案、两个低个案(我们只节录了 12 个个案中的 6 个,以便于读者的阅读)。

再说明一下最后两栏的意思。我们把中间影响界定为:与方案目标一致的一些结果,但反映的是更为基本的学习成果。请看 Calston,它进行的是阅读方案,直接的影响是学生阅读能力提升了,不过因为该方案提供有趣的读物和阅读机会,给各个学生练习,可能因此产生了中间影响:学生自我引导的能力增加了。

至于副作用,是指非计划中的结果。请看 Perry-Parkdale 学生出现疏远原本的常态活动的现象,这些学生喜欢新方案的具体与有用,也因此变得不喜欢学校的常态课程与活动。

引出结论　在读下文前,你可自己试着作分析。表 7.13 第一眼可能让人觉得累赘、复杂。但我们先来作一下"偏向分析(squint analysis)",此表何处太过浓缩或简略?

你朝横向看过去,就可知道:正面影响多于负面影响(技术:作对照,比较)。再者,出现许多负面影响的个案,也正是列出许多方案目标的那些个案。显然,越努力推行方案,就越能达到正面影响,但同时也引出更多负面影响(技术:注意变量间的关系)。

表 7.13 最右两栏显示:几乎每一个案都出现了重要的中间影响与副作用(技术:找出模式、主旨);只有最低影响的那一个案(Burton)完全没有中间影响与副作用。或许这意味着:中影响方案出现的中间影响,可能要存疑。可能正是如此——中影响个案出现的反应较少被多人提及(未画底线),也较少被不同角色的人士认定(技术:运用极端个案)。

你也可以比较外部发展与内部发展的改革案。我们那张完整的中介表显示,出现在高中低三类影响的内外两种方案,其数量是一样的;因此我们可以就此下一结论:方案的经费来源对学习结果的影响,并没有什么差异。

表 7.13 也可以让你对高影响个案评估其影响类型(成绩、技能、态度、行为),方法是细究方案目标与正面结果。我们还可以探究:究竟是谁对"影响"的问题作了说明(是行政人员或采用者,等等);也可以探究在这些方面,高、低影响个案之间是否有差异?

通常像表 7.13 这样的一张大表,并不是第一次画就可以很完整,虽然它是一份非常好的"参考资料",可以把所有相关资料保存在一个方便取用的地方。一般来说,你还需要进一步画出新的图表,如:简化表、浓缩表、重组表,等等。

让我们来看看下一张表可以怎样画。前述的分析显示:我们可以有两种选择,一是根据学习结果的内容,来比较诸个案,如:知识、技能与态度,并且区分出直接影响与

表 7.13　依个案排序的描述性中介表(节录):方案目标与学生影响(直接的,间接的)

个案	方案目标	直接的影响		中间影响与副作用	
		正向的	负向的	正向的	负向的
Perry-Park-dale (外)	基本技能(阅读、数学、沟通等) 生活技能(批判思考、公民素养) 生活能力(信用、健康等) 找工作的技能 工作的入门技能、职业教育 决策技能 自我负责与进取 对工作资讯有兴趣与能力 理解他人 了解社会经济趋势:职业知识 性别角色的觉察 更好的亲子沟通	基本技能分数维持不变或更高,采.更佳的数字(12年级女生),评.家. 特定的工作技能,生.评.圣.采. 职业规划与选择:帮助无目标学生,评. 积极的工作探索之态度,评. 与工作相符的某种兴趣,在工作中探索什么,评:身份认同,答.探索职业的选项,答.政. 体验工作世界,起头,评.职业,职业知识,评. 为真实的工作世界作准备.体验与成人一起工作:家.体验与成人沟通得更好.采.	与学术课程接触较少,答.变少.采.	个人发展,身份认同,采.评.家 与成人更佳的沟通,采.生. 自信采.评.评.生.出席率提高,采. 责任感,动机,采.答.评.家. 留在学校(较低程度学生)答.政.圣. 帮助无目标学生,政 改善同侪关系,采. 得到永久工作,家. 亲子沟通,生	有些学生又迷失了一阵子,采. 耗去一些等候时间,并未落实,采. 方案对女生较有用.采. 与学校常态活动疏远,政.生. 欠缺责任感,无法掌控自由,家.采.
Masepa (外)	全面改善语文技能(参见右项) 更多的任务行为 改善纪律	加强的技能:词汇,采.政.家;拼写,采.禾.发音,采.禾.评.阅读理解,采.禾.评.阅读赏析,采.文法,采.作文表达,采.低成就学生成绩进步	维持原水准,并不太好,采.变化太少学生疲劳,采.	专心,学习技能 较少纪律问题,采.政 较留心错误处,采 课业方面较佳的自我概念,采 较快乐,用功,采.政. 工作时较不需监视,采.较多责任感,政.采.较少浪费时间,较多任务的时间,采.政. 程度佳的学生,进度更快,评.	有些学生未通过精熟测验,采.无聊,采

续表

个案	方案目标	直接的影响		中间影响与副作用	
		正向的	负向的	正向的	负向的
中影响					
Carson（内）	成绩提升 更清晰的职业兴趣 友谊 改善学习者,自我概念改善 更为内控	职业知识,采.政.咨. 为新兴趣而努力,采.		综合性的学习成就(各资源的采纳),评 更佳的教室态度,采 对学校的态度,采.评 身为学习者的自我概念(中学)评 友谊,评 社会学习,评 自我理解	对成绩影响不大,采.
Calston（外）	基本的阅读技能、外加采纳阅读, 作为学习的工具;作品欣赏;为 乐趣而阅读	标准参照测验的成绩进步,政.采. 更多阅读才能,采.矛.		学习自制地独自工作.采.政. 自我的动机,政;孩子喜欢独自工作,采 孩子自豪地来上学,政. 孩子不竞争,政. 减少纪律问题,政.	
中低影响					
Dun Hollow（内）	降低对爱斯基摩人的刻板印象 爱斯基摩人的历史、风格、现状之 知识 建立爱斯基摩文化的正面形象	对文化获得一些学习,减少刻板印 象.采.政. 更多阅读技能,采.矛.	信息过于复 杂,采.		有些学生的语文能力落后,采.
低影响					
Burton（外）	有关政治/政府/立法过程的知识 与实用技能(选民教育、州政 府.个人权利)	以不同角色进行概念学习,采. 体验主动学习法,政.	分辨不出 效果,采.		

资料来源缩写: 采=采行改革方案的教师　身份加底线,表示至少2人提及此影响　(外)外部发展的改革
政=行政人员　矛=表示有不同或相反的意见出现　(内)内部发展的改革
咨=顾问　家=家长
评=评价者
生=学生

其他结果。另一方面是比较各个案达成目标的程度:各方案达成目标的比例如何? 以及是属于哪些方面的目标?

画出下一张摘要表,至少有以下三种优点:(a)对于你怎样评定影响的高中低,做更清楚的检验;(b)可以就学习结果,作更细致的比较;(c)可提供读者更易于消化的摘要表。一般读者可能只会读摘要表,至于表 7.13 这样复杂的表格最好是放在附录中,或为专业人士撰写报告时,才纳入报告,便于他们仔细检验。

表 7.14 是另一种选择,乃是将每一个案达成目标的程度,作一摘要。其格式是参考消费者报告的评比模式,考虑到读者的方便,便于快速地进行个案评估与比较。

表 7.14 已将表 7.13 作了大幅的浓缩,其中运用了一套符号与词组。不过如果表中词组不够清晰,你也可以很方便地回头去参考原来那张较详细的表格。现在读者用表 7.14 综览各方案之内与之间的影响维度。配合表 7.14 所写的分析文字,应该要提供脉络信息,以便为这张表格中的资料之高度标准化与抽象化,作些补充。为了便于阅读,并对跨个案作摘要比较,我们得付出一些代价。

请看表 7.14"结果合计等级"的下一级字段,分析者作了一些不同于表 7.13 的处理;而所谓"方案—实时影响"是指较为具体的、更易达成的以及与方案内容相连的那些项目,如:"精熟阅读技能"、"政府过程的知识"。至于"过渡的影响",也仍然与方案目标相关,不过其普遍性较高,且属于较难达成的那些项目。如:Carson 的方案目标包括:"较清晰的职业兴趣",这就属于"方案—实时结果";而"改善学习者的自我概念"、"更为内控",则属于"过渡性影响"——它超越了方案内容的基本精熟层次,产生一种更为普遍的结果。请注意:在"结果合计等级"栏里,所有个案的"过渡性的"影响,其等级都未超过"方案—实时的"影响之等级,这也是一项指针,再一次显示过渡性的影响是比较难达成的。

在质性分析里,通常当分析者将表 7.13 再予浓缩之后,才能更清晰地看出其中的差异性,并且注意到:这种差异性不只出现在所达成的方案目标之类型方面,而且也出现在目标所属的层次方面;而层次问题乃是任何评估系统都应列入考虑的项目。此一范例说明了:你可以透过后续的反复分析,让下一张中介表产生更为综合性、更为清晰的研究发现。

表 7.14 也弥补了表 7.13 中不太清楚的缺点:如果有一方案的目标众多,所产生的影响正负面都有(例:Perry-Parkdale);另一方案,它的目标较少,而所产生的影响均属正向(如:Masepa),那么分析者应如何排序呢? 加权方式不同,结果就会不同;但是如果你的图表焦点越清晰,越为浓缩,就越需要你把决策原则想清楚。

在资料转化与填入时,决策的原则也要清楚表达出来。我们是怎样将表 7.13 化为表 7.14 的? 决策原则如下,"明显显现":该个案里至少有两人如此表示,或有一名正式评估者如此表示;且没有其他相反或限制的资料。"未显现":即表 7.13 的"影响"细格里,该个案没有一格是与该方案目标相呼应的;或未出现中间与负向等"其他"方面的影响。所评等级是否合理,还需藉表 7.14 的"说明"栏再作一次辩护。

表 7.14　依个案排序的描述性中介表,下一版本(节录):方案目标与学生影响

地点 高影响	所达成目标 的项次等级		说　明	直接影响 方案—实时	直接影响 过渡的	其他影响 中间的	其他影响 负向的
Perry-Parkdale* (外)	1	◎	只有数学				
	2	○	模糊的目标				
	3	○					
	4	●					
	5	●					
	6	●					
	7	◎	女生较差	●	◎	●	◎
	8	●					
	9	○	某些方面有间接证据				
	10	●					
	11	○					
	12	○	只有 1 个回应者				
Masepa*(外)	1	●	一些低度保留				
	2	●	一些疲劳				
	3	●		●	●	●	◎
	4	●					
中影响 Carson*(内)	1	○	1 名回应,有些反向的指数				
	2	●		◎	○	●	○
	3	●					
	4	○	只有高中				
	5	●					
Calston(外)	1	●					
	2	◎	相矛盾的评估	●	○	●	○
	3	○					
中/低影响 Dun Hollow(内)	1	○	降低,未消除				
	2	○	1 名回应者,整体诉求	○/○	○	○	○
	3	○					
低影响 Burton(外)	1	○	降低,未消除	○	不适用	○	○
	2	○	1 名回应者,整体诉求				

*有力的证据(外在评价者和/或标准化测验分数)

●明显显现　◎部分显现　◐微弱显现　○未显现

#采用达成该类学校目标之典型等级

(外)外部发展的改革　(内)内部发展的改革

变　体

　　基本资料的结构决定了表中可以使用的变量,第一轮的个案排序描述表可能会很庞大。有时必须用到 20 栏以上,才能将对此重要"排序"变量的所有影响,作出适当的分类。为了产生好的分析,几乎一定要画进一步的、浓缩的和重组的图表。

不要假定总结报告的读者会自动去看第一张巨型表。他们的确应该看某种图表——不是只与结论在一起的那些表格,而应该是去看那些会帮助理解,以及能让他们评估这篇论文之确实性的那些图表。

前述范例中的图表应该再予以改进,可以把各类的学习结果,再作细分(如:成绩、一般知识、技能、态度与行为)。这可以产生更清晰的结论,并阐释每种学习成果(而且可以产生更多信息,比最早的表7.11更多)。

如果你的原始资料不太复杂,你可以从个案报告中直接引些真实的谈话,放入表中,而不要填入重建的句子或词组。这样可以为分析者与读者提供更为直接的基础。

建　议

要了解跨个案发生的事情,通常可借用个案排序的描述表。如果你手边的资料已经很适合你去排列个案,那么完全依序排出来,会比部分排序更好。排出高中低的个案,更可看出模式;也可以开始进行解释工作了。此时,你可能就会尝到"阿哈(Aha)"这种豁然明了的经验。

这种图表可强迫你根据个案资料去画表,不容许你模糊不清或过早下判断。一旦画出图表后,你就可以据此来检验所排顺序是否正确。

想画出最符合你目的的表格,可能需要画很多遍。当然我们要依据每一个案表来画出跨个案表,画的格式可以有很多种,而每种格式都会有些取舍。

不要太快就画出一个下了简单判断的表,例如:只在细格中写了"适切"、"弱"、"混合"、"广泛"之类的判断。应该要尽可能保留原始资料,但也要兼顾到资料的简洁。

我们在填写此表时,仍要多次检验个案排序是否恰当。可以请一位同事去确认,或与你讨论你的排序。此种表格中正确的顺序,是很关键的(也请参见下述的"合计指数法")。

进行分析时,请先作一整体的扫瞄。这个表格看起来如何——何处资料密集?何处太空?请引出结论,并写下来,再来看局部的字段;由对照或比较中,你觉得高中低个案是怎么回事。另外,一次看一栏以上,可能是有用的,这可让你看出变量之间的关系。

请记住:你需要为所画的第一张图表,再画下一张,尤其是为一张复杂的表画出另一张图表。

所需时间

像前述的范例,处理12个个案,画出一张描述性中介表要花一整天时间。其中阅读个案报告约费时2小时,建立并填入表格费时约4或5小时。引出结论并撰写文字(若有必要,还要修改顺序)比较快,约花1或2小时。如果资料很乱且有分歧(此范例即是),最困难的工作就是为它建立一张有头绪的表格;如果资料简洁、清晰,画表格便容易多了。

一般而言,把时间花在画出一张适切的个案排序描述表是值得的,毕竟后续的分析取决于它。

以合计指数排列个案

你怎么确定表格中个案的排列是恰当的？现在我们介绍一种系统方式,以决定个案的排序。这位分析者想排列 12 个个案,依据的是采用改革者所作改变的程度。他先找出采用者作的各类改变,然后依一个粗略的概念顺序(资料 7.2)把个案排出来,改变的类型从本质上是最基本的或琐碎的或短期的(每日例行活动、全部基本技能),乃至于更实质的项目(学习迁移至其他任务、基本结构与态度)。符号说明已显示了细格中符号的意义。

资料 7.2　合计指数:实施者实作与知觉中陈述的改变因执行引起的改变向度

地点	每日例行活动	全部基本技能	人际关系	理解	自我效能	学习迁移	基本观念态度	改变的规模
Masepa(外)	×	×	×	×	×	×	×	高
Plummet(内)	×	×	×	×	(×)	不适用	×	高
Banestown(外)	×	×	×	×	×	(×)		中
Tindale(内)	×	×		×	×	×		中
Carson(内)	×	(×)	×	×	×	不适用		中
Perry-Parkdale(外)	×	(×)	×	(×)	(×)	不适用	(×)	中
Calston(外)	×	×	(×)	(×)	(×)		(×)	中/低
Lido(外)	×	×		(×)			(×)	中/低
Astoria(外)	×	×	(×)	×				低/无
Burton(外)		×						低/无
Dun Hollow(内)	×-0	×-0					(×)	低/无
Proville(内)	×-0				不适用	不适用		低/无

　(外) = 外部发展的改革
　(内) = 内部发展的改革
　　× = 数名报告人清晰表达产生改变
　(×) = 仅一名报告人清晰表达产生改变
　×-0 = 初步改变后,又回复原状
　空白 = 未清晰提及改变

为了排列个案,分析者先做粗略的排列,再将每一个案的资料填入,然后再重新安排纵列(有时也包括横行),结果直列排出的顺序显现出系统性,Masepa 在最上方(所有指数都经过数名报告人指出并确认),Proville 在最下方(出现一项小型的改变,然后又经修改)。这张表类似于 Guttman 量尺(参见 Robson,1993,p. 261-264)。

最右边列出的是每一个案最后的等级,请注意其中的分界点(如:"中"与"中低"

之间的分界点），亦即分析者选它来区分各等级。

该分析者很自然地想知道：是否采取内部改革的地方（内）会比外部改革（外），出现更多的改变。明显地，答案是"否"（技术："若—则"检测），因为"外"与"内"的分布遍及各处。

此方法颇费时间，但对排列个案颇为彻底且清晰；如果你的研究相当倚重个案排列这一操作的效度，此方法是很有用的。

双变量个案排序表

前已谈过依一个变量画出的个案排序表。如果你是对两个变量有兴趣，只要简单地调整原来的表即可。你可以先依据一个较熟知的变量，更谨慎地把个案排好，那么你就可以在表格的横栏中，列出那个较不熟知的变量各方面。资料 7.3 里，那个人们已经比较熟悉的变量，就是实践稳定性。

资料 7.3 依实践稳定性把 12 个个案排好顺序，分析者想要知道："实践稳定性"与该措施的"当地延续性（local continuation）"的各方面有何关联，如："采用者态度"、"继续实行的可能性"，等等。

资料 7.3 可产生丰富的意义。你可以由资料 7.3 试试看可引出什么结论。下段是我们 5 页分析文字里的一部分：

稳定性高的地方是否比稳定性低的地方，更能延续改革方案？是的，就极端个案看，的确是的，不过在中稳定度地区却不尽然（技术：**注意变量间的关系**）。

第二栏告诉我们：12 个个案中有 7 个个案的实行者大多表示愿意继续下去（技术：**清点**）。但这 7 个个案中只有 5 个可能真的会延续。所以，实行者的正面态度可以增强续办的高可能性，但却不能直接实现这种高可能性（技术：**注意变量间的关系**）。反之，若实行者不喜欢这一改革，此负面态度似乎是一较佳的预测值。尽管如此，教师的偏好并不有决定性的影响，至少它无法保证某处的改革是否延续下去。

最丰富的一栏是第四栏，一些主要的因素大致依某种顺序排列。这些资料直接来自于采用者的反应。请看不确定能否延续的那些地方，似乎如果有以下情况出现时，我们可以预期继续实行的可能性是较低的，一是大多数的实行者不希望延续；二是有其他重要人士不支持；三是出现严重的外在干扰。如果我们要寻找一个运用于所有个案的解释因素，很明显地这一因素应该是：缺乏持续性的行政支持，且透过预算削减这一手段来表达此意向。

在五个高度可能继续施行改革的地方，也都有行政支持的明显证据，如：行政方面的许可与制度化……所以表中显示行政上的委托施行，乃是和适任的采用者和行政支持等一起出现的——这真是最强力的组合。（技术：**运用极端个案、注意变量之间的关系**）。

这些分析也提示下一步骤：需要将稳定性的影响因素予以分解，并应对制度化的

资料7.3　双变量个案排序矩阵表:实施者实作稳定性与当地延续性之关系

实作稳定程度/个案	1. 方案年限	2. 实施者对延续之态度	3. 继续实施的可能性(同水准或更佳)	4. 影响延续性可能性高/低的主要因素
高稳定度				
ASTORIA(外)	1	正向	高	方案委托 当地转型良好,适合应用
TINDALE(内)	3	大多正向	高	委托当地实施良好 措施制度化 实施者满意
中高稳定度				
CALSTON(外)	2	混合 *	低	预算危机——裁员、人员重组
PERRY-PARKDALE(内)	3	大多正向	不确定	人事变动 不确定的经费 较低的行政支援
LIDO(外)	4	混合 +	不定	较低的优先性(目前无新措施) 实施者气馁
中稳定度				
BURTON(外)	1	正向	高	部分方案内容已融入课程中 当地转型良好,实施者适任
BANESTOWN(外)	2	正向	不确定	预算危机 裁员、人员重组
MASEPA(外)	3	混合	高	方案委托 强力后勤支援 学生表现改善
CARSON(内)	3	大多混合	高	措施制度化、例行化 方案委托 广泛的当地支援
PLUMMET(内)	4	正向	不确定	人员可能变动 较低的学区支援
低稳定性				
DUN HOLLOW(内)	3	负向	低	实施者 + 校长不满意 当地倡导不够强
PROVILIE(内)	4	负向	无	另有其他优先项目;欠缺倡导 方案不连续 实施者与校长不满意

* 研究者评估的,主要是根据会谈资料以及个案报告表　　　　（外）= 外部发展的改革
\+ 有些人愿意继续实施,有些则不愿意　　　　　　　　　　（内）= 内部发展的改革

发展过程进行分析(超越出延续改革这一简单的议题)。

要研究有关联的两变量间的关系,绘制双变量个案排序表会颇为管用,但是因果关系的方向究竟如何,仍然并不清楚。

资料7.4是双变量个案排序表的另一范例,引自 Eisenhardt(1989b)。该研究根据作决策的速度,将8间公司予以分类,从最快的 Zap 公司到最慢的 Presidential 公司,她先画出了一张结构表(参见本章第3节)。其中较不清楚的变量,是决策时所考虑的选项之数目。许多研究者相信:所考虑的选项越多,决策速度越慢。果真如此吗?

资料7.4　双变量个案排序矩阵表:作决定的速度与所考虑的选项(Eisenhardt,1989b)				
公司	决定	选项数量	选项	时序
Zap	连盟	4	连盟 上市 银行贷款 以资本冒险投资	同时
Forefront	新产品	3	新产品 现有产品扩充 维持现状	同时
Promise	策略	3	维持现状 主要策略改为投入新市场与新产品 次要策略改为评估廉售的时机	同时
Triumph	策略	4	精炼现行策略 变卖公司技术 清算公司 主要策略调整	同时
	新产品	2	低目标产品 中高目标产品	同时
Omicron	策略	2	主要策略转变 更佳的行销与制造管理	同时
	策略	2	配给方面的主要策略调整 产品与市场方面的主要策略调整	同时
Neutron	连盟	2	内部发展 连盟	先后
Alpha	新产品	2	与 IBM 相容的产品 界面产品	先后
Presidential	新产品	2	与美国伙伴生产 VLSI * 与日本伙伴生产授权的产品	先后
* VLSI = 超大集成电路				

这张双变量表可以让我们了解一些有趣的事:决策快的公司不仅考虑更多的选项,而且是同时作考虑。决策慢的公司不仅考虑的选项较少,而且是依序作考虑,他们是在前一选项不再可行时,才考虑另一新的选项。这张表帮助 Eisenhardt 建立了一个

更好的理论:如果可以同时考虑多个选项,可以作出较快速的决定,因为他们:(a)透过比较,可以建立信心;(b)不会对任何一个选项情有独钟;(c)可以快速地提供后退的管道;(d)鼓励宽广的分析,而不是深度的分析。现在我们就可超越古老的智慧,所谓"慢工出细活"是有问题的。

对比表

当你想探究一个基本变量的意义时——它可能是该研究的一项重要成果变量,而且你还想知道该变量在多个个案的表现情况,那么对比表可能会是一项有用的探索工具。资料 7.5 显示了几个"模板"个案,各个案的改革幅度有高有低,你可以就此基本变量(指"采用者改变")的各属性作一对比。分析者想要"解开"一个想法:采用者想彻底进行一项革新时,究竟会如何作改变。他选了 3 个代表性的个案作为模板,抽出6 个相关方面,例:"精力的投入",这是他读个案报告时注意到的。

资料7.5　对比表:显示实施者不同改变程度之范本个案

实施者改变 的维度	MASEPA 高改变	BURTON 低改变	DUN HOLLOW 负面改变
1. 开头就与平时不一样	高度不同	低度不同	中度不同
2. 改变的广度	大—所有方面	小—仅限基本技能	中低—例行活动与态度
3. 方法的娴熟性	慢慢娴熟	快速	慢,然后快
4. 精力的投入	非常高	低	高,然后低
5. 所报告的负面改变	有些	无	许多
6. 用力过度—超越自愿范围	是的—超过甚多	无	是的—开始时

资料 7.5 可帮助我们进行概念化——"采用者的改变"是由哪些因素构成的,以及究竟怎样产生作用。例如:似乎可以看出,"负面"个案本来更像是高改变个案,但后来就渐趋下坡(技术:跨个案去作比较)。

请注意:当你还不知道个案是"范本"时,必须要通读所有或大多数个案。这一过程也可帮助你找到各属性。

对比表常常可以帮我们找出有用的变量,以便画出预测项—结果矩阵表(参见第8 章第 3 节)。例如:资料 7.5 里"改变的广度"面大时,可能会使得采用者改变的程度也高。最后,这种对比表也很适用于期末论文,可方便读者的阅读。

散点图

问题剖析

到目前为止,我们讨论的跨个案矩阵表,许多都是就共同的维度,把所有个案都展现出来,这样你就可以了解这些个案是怎样排列的。你扫视这种矩阵表中的资料后,就会知道还可以怎样去作了解与聚类。而绘制这种矩阵表的逻辑乃是建立类目或找出切割点,然后再看这些个案落入哪一类目。

所以上述的矩阵表把许多有用的信息丢掉了,例如:在研究者有兴趣的那些方面,这些个案的距离有多远或有多近,它们是如何聚类的,以及各类之间的关系如何。此时我们就需要多运用一些空间来展现某些资料。

其实我们可以在两个或更多的轴线上,看看每个个案的位置,明确了解各个案间的距离。这其中运用的就是散点图的逻辑,类似相关系数(correlation coefficients)产生意义的方法,或是统计上因素分析(factor analysis)所采用的一种"向量"逻辑(vector logic)。要怎样采用类似方式,来呈现质性资料呢?

简　述

散点图是依据你有兴趣的两个或更多维度,来展示所有个案资料的一种图。先将个案资料仔细地测量过,然后以相关的轴线画出一个空间,再为每一个案找出应在的位置,并标示出来。其中的原则是在清晰的坐标空间中进行双变量或多变量分析。

实例说明

在那项学校改革的研究中,我们不清楚:在执行方案期间,有多少采用者会"篡改"改革方案,很少有执行出来的方案看起来像方案设计人的模式。后来我们渐渐看到:大多数的调整,都已或明或暗地得到当地行政人员的许可,他们赋予实行方案者回旋空间,以便作适当改变。

因为大多数个案中,行政人员都得费力说明,以说服老师实行新措施,我们怀疑此时便有某种交易在进行了。可能为了缓和老师觉得自己被迫实行改革的情绪,行政人员便允许采用者局部修改方案。如果此假设成立,那么压力大小与回旋空间之间应该会有明显的关系存在(技术:进行"若—则"检验)。

变量间的这一关系,我们在单一个案中还看不出来,只有跨个案分析才看得出来。因此分析者必须以个案的原始资料中的"压力"与"回旋空间"为根据,对每一个案的整体状况作一判断后再找出方法,排列这些判断,以便测试变量间的关系。

建立图表与填入资料　分析者先就"采用的压力"与"回旋空间"评估每一个案,再来画出两条轴线,并在其中定出每一个案的位置(图7.7)。当该分析者回头去看个案报告时,他注意到:有些个案前后期的压力与回旋空间是不一样的。这一发现,可能会让分析者在图表中为每一个这样的个案标示出两个值,然后在其间划上箭头的连接线,以显示出改变的方向。

引出结论　请先自己做一练习。似乎上述假设并不成立;如果成立的话,大多数的个案应该都集中在上方的象限(高压力,高回旋空间),但是该处现在只有一个个案(Astoria)。实际上似乎显示出的是对立的假设(技术:注意变量间的关系)。那些会强迫老师实行的行政人员,在执行期间仍会持续施压,只给他们小小的回旋空间;而实行压力越小的地方,实行者所获得的回旋空间也越大。

然而请注意图7.7里6个高压力个案中有4个前后有些转变(技术:找出模式、主旨或主题),也就是说:这4个个案在执行后期的压力略微下降了。可能改革一旦展开,行政人员会变温和一些,于是便会出现某种程度的回旋空间,但这种协商比我们以为的,要出现得晚一些。

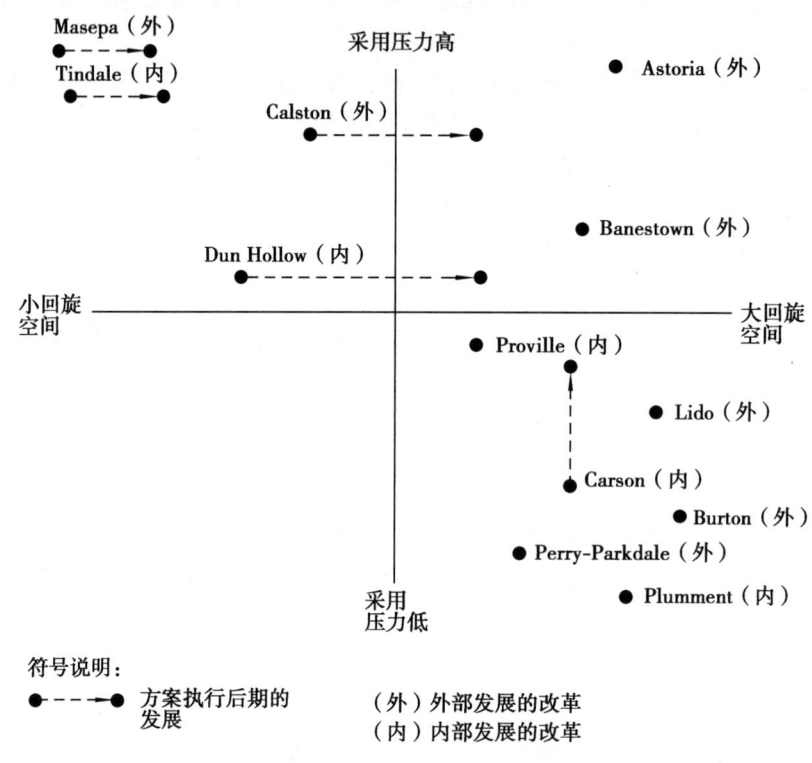

图7.7　散点图:采用压力与规模大小(12个地点之采用者的知觉)

如果再回头去看个案报告,可以让事情更为明朗。例:该分析者发现,只有在Astoria(技术:检验外围者的意义),行政人员与实行者之间早期曾经出现协商。而其他个案里实行者出现的情况大多都是这样:"你即将实行此方案,那么就照着方案设计人员想要的去开头;之后,你就可做些改变了。"

图7.7的Proville受到的压力是中等的,当地的教育局官员曾对校长们提出类似的交易:"我们想试试这项改革,至少你应该表现出象征性的合作意愿。"

变　体

像图 7.7 这种图,还可以加上更多东西,你可以很轻松地就加上更多的个案。另外,个案资料也可以再分化(如:每一个案的行政人员和实行者可采用不同符号来表示)。再仔细些(这样图表所能提供的服务会更好),你也可画出三个维度的散点图,但图表的清晰度还是很重要的;否则你很难作诠释。这种散点图也可以很简单地转化为列联表的格式,参见资料 7.6 的范例。

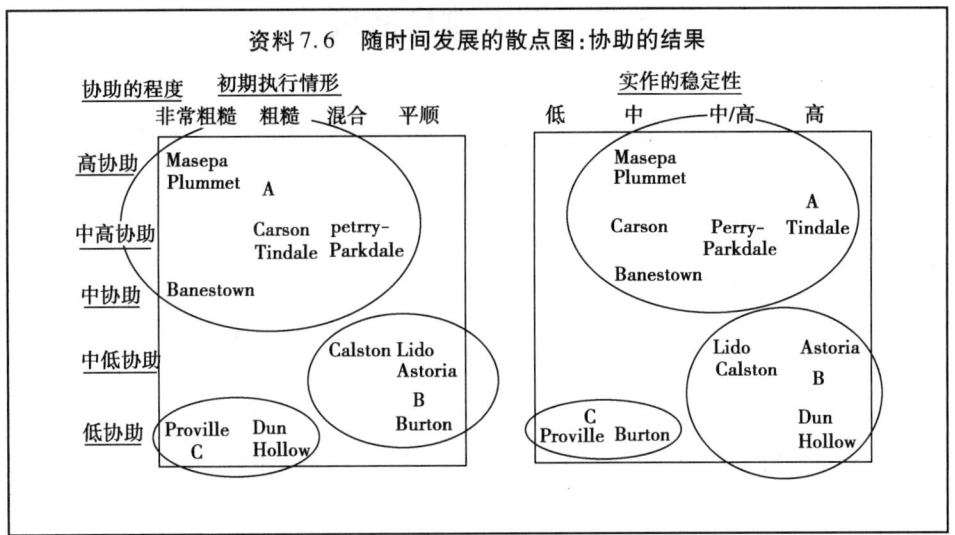

建　议

如果你的研究属于探索取向,散点图是很有用的;如果你想试试某项研究假设,需要有一种方法,能让你在两维空间里"看出"所有个案时,这种散点图也挺管用的。另外,如果你想精确了解哪些个案会聚合成群,这种散点图也很好用。

因为散点图需要细致的"量尺分数(scale score)",而不是凭印象去决定等级,所以你要做的工作便要细致些,要比处理单一个案资料更为小心;你可能需要再看看个案报告中的相关章节。像合计指数这样的技术(如:资料 7.2),便可用到。如果你不可能作精确的计算,而且也不可能就某一变量将各个案作精确的区别,此时可能较适合使用的是列联表。

还是一如往常,你不能单凭图表就引出结论。需要回头参考个案报告,才能厘清且确认该结论(或限定条件)。

最后,得小心不要错置因果关系。可能是变量乙引起变量甲,而不是你以为的甲引起乙。也可能是第三个变量愚弄了你。

所需时间

散点图的建立与资料填入,都相当容易,如果你的资料很容易转化为量尺上的等级,画出 12 个个案的散点图,约费时 1 小时。如果不易转化为量尺等级,硬要将资料转化为等级,则会花费不少时间(如:资料 7.2 所作的处理)。但如果你为了作其他分析,已将你关心的变量化为等级,或分出类别,那么大约只要再花10 ~ 15 分钟,就可以画出散点图了。

另外,引出结论,以及回头去确认个案报告,并写出分析文字,这些工作约费时 1 小时。当然,个案数越多,花费时间也越多。

第 5 节　时间排序图表

如前所述,生命就是依时序所进行的活动。因此,依时序创造跨个案的图表,可以产生丰富的意义。

时间排序中介表

问题剖析

比较多重个案时,你常会想知道某段期间内发生的事件,尤其是当这些事件是一些指示物,它们背后隐藏着某种过程或流程之时。要怎样依时间来展示多个案的资料呢?

简　述

时间排序中介表的横栏是依时序排列的,纵列可能不必排顺序,但也可能依一固定方式(如:依字母顺序)去排列。总之,基本原则是依时间排。

实例说明

在那项学校改革的研究中,我们越来越有兴趣了解工作流动这一问题——改革执行期间,改革相关人士的工作变化的情形如何。之前,我们在采用过程时,已明白:许多人(高达 40%)愿意实行此改革,是因为这"可能"有益于他们的工作前景。此处的问题便是:之后究竟发生了什么事? 我们怀疑(参见第 4 章第 4 节有关"生涯类型"的备忘录):参与改革的人们可能做的事情有四种,第一是在现职上加强其地位;第二是如果原本他们就已外调,那么可藉此机会重回此改革方案;第三留在此方案中,但是换一新工作(同层级的),也可能是晋升或是下调;第四离开此方案(平调、晋升或下调),也可能他们完全离开教育界。而且我们还想知道其中的原因:某个人的工作移动真的是因此改革的经验之刺激或引发吗,还是因其他因素而调动呢?

建立表格　怎样画出一张有用的表格,以回答这些问题? 表 7.15 是一张原型图表。表 7.15 的每一细格中,你要填入在该时该地的工作流动,并以简化的词语描述那项流动(人或出;上或下或平,等等)。由横向看,可看出该地点所出现的所有工作流动的实例;由纵向看,可看出该阶段出现的流动。

表 7.15　时间排序中介表(初期格式)

地点	阶段一(早期)	阶段二(执行期)	阶段三(后期)
地点 A			
地点 B			
等			

不过这张表还是太过简单:第一,它未显示出所出现的工作流动究竟是何许人——是该地点的一般人士,还是仅限于重要人士? 第二,表7.15 并未显示工作发生流动的原因,是否与该改革有关;第三,时间的切割相当模糊。

考虑到这些问题以后,会引导我们再画出表7.16。它着重的是重要人士,以及具体的数量(根据理论,重要人士更能反映出该改革造成的影响,如果的确有影响存在的话),于是我们便可看出重要人士中有多少人有流动。另外,表7.16 也用一个关键词语(如:方案的建立或倡导)来界定各阶段;再加上一栏,用来填入该流动的原因是否与改革有关。最后一栏则用来判定该地整体流动率的等级。

表7.16 并没有把个案排出什么顺序,但是因为我们想要比较两类方案中工作流动率的大小(一类是外部发展的方案,另一类是内部的),所以我们把这两类分开来列。

填入资料　为了将资料填入表7.16,我们先通读个案报告中的相关段落。首先,界定何谓"重要"职位的人士(该方案的倡导者、支持者、方案主持人、校长、主动实施者),因为只有这些职位的人,才有可能借着参与改革而获得工作流动的机会。然后,我们找出所有工作流动的示例(如果有人增加职权或新角色,也将其纳入)。我们把每一示例原有职位名称填入表中,再加上特征(入或出;升或降或平调让位)。依据个案报告资料,我们再判断该流动是否明显与改革有关,或是不尽然如此。

等所有个案的资料都填入后,我们可以横向去看每一个案,再对该地区整体流动的等级作一判断,最简单的方式就是算出百分比(此处作决定的规则是:0~35% =低;36%~70% = 中;71%~100% = 高)。如果有非常核心的"重要人士"出现流动,可另外加权计分。我们先对每一地区作暂时的等级评定,然后再作检验,看看该等级是否正确。

引出结论　第一项简单的步骤就是清点,我们可以看到实际上有63 人流动,其中52 人(或83%)与改革有关。而总共有机会出现流动的人数是123 人,真正发生的是63 人,亦即51% 重要人士出现了工作流动。

如果我们看不同阶段,流动率并不相同(技术:作对比、比较)。在方案建立或倡导期,工作流动率最高,因为当时产生了新角色,且教师可能被晋升为行政人员或督导人员。另外,在执行后期的流动率也较高,那时的行政人员会晋升或调出;而老师会替补他们的位置。

表 7.16   时间排序的中介矩阵表:各学区的工作流动

学区	相关的重要行动者数量 +	期1—方案的建立/倡导	与改革相关?	期2—执行早期(第一年)	与改革相关?	期3—执行后期	与改革相关?	该地整体流动率等级 *
Astoria (外)	5	1 名教育局人员增加新角色	√	1 名学校行政人员晋升 1 名教育局人员调出并让位	√ √	不适用	不适用	中
Banestown (外)	6	1 名助理加入并升为教师 1 名教师回任 1 名教师准备晋升 1 名教育局人员准备晋升	√√ √√ √√ √√			1 名教师调降职务 1 名教师让位调至想要的职位	0 0	高
Burton (外)	9	1 名教育局人员强化角色	√√			不适用	不适用	无
Calston (外)	7	1 名教师准备晋升 1 名教育局人员强化角色 1 名学校行政人员强化职位	√√ √ √			1 名教育局人员调出并降职 1 名教师(图书馆员)调出并让位 1 名教师准备调出	0 √ √	中
Lido (外)	5					1 名学校行政人员调出并晋升	√	低
Masepa (外)	13			1 名教师晋升为视导人员	√√	1 名教师晋升为视导者 1 名教育局人员退休 1 名改革案行政人员调出	√√ 0 0	中/低
Perry-Parkdale (外)	10	3 名教师由较不理想的职位调入 1 名教师调入并晋升至行政职位	√√ √√	1 名教育局人员调出并(准备)晋升	√	1 名教师调出并让位 1 名教师调出并调降 1 名改革案行政人员调出并晋升 2 名学校行政人员调出并晋升	√√ 0 √√ 0	高
Carson(内)	27	2~3 名教师离职 2~3 名教师进用 1 名学校行政人员强化其角色	√√ √√ √√	1 名教师调出 1 名学校行政人员调出	0 0	1 名教师(教学组长)离职 1 名学校行政人员离职并让位 1 名学校行政人员晋升 1 名教师进用并晋升为教学组长,再离职且晋升	0 √ 0 √√	中
Dun Hollow (L)	7	1 名区域行政人员增加职权	√√			不适用	不适用	无
Plumment (内)	6	1 名教师调入并晋升为行政人员 5 名教师进用	√√ √√	4 名教师晋升为视导者	√√	1 名学校行政人员离职 1 名教师离职	√√ √√	中/高
Proville (内)	14	1 名教师调入并晋升为行政人员	√√	1 名教育局人员晋升 1 名教师进用并晋升为行政人员	√√ √√	1 名教育局人员离职且晋升 1 名教师进用且晋升为教学组长	√√ √√	高
Tindale(内)	14			1 名教师晋升为行政人员	√√	1 名学校行政人员退休 1 名教育局人员调出且晋升 3 名学校行政人员晋升	0 √√ √√	高

+ 与改革案有关系,且其工作有可能流动的那些重要人士。

* 研究者的评定乃是由实际的工作流动人次占重要人士的总数量之比率来决定;对于调动后立即对改革案负责或占关键性之职务者,则予以加权。

符号说明:
(外):外部发展的改革
(内):当地发展的改革
√√:是的,很明显
√:可能,部分的
0:不适用

再计算一下流动的方向，我们可以看出：12 名教师晋升，10 名行政人员晋升，其中和改革有关的总计占 35%，因此改革并不是晋升的保险单。

我们还可以探究与改革无关的 11 名人士的流动（技术：运用极端案例）；此时分析者必须回头去看个案报告，了解究竟发生了什么。结果看到：有些人原本就在规划离职或退休；有些人是遇到突然的环境干扰（如：大量削减预算）而被辞退了。

我们还可看出：除了 Dun Hollow 之外，内部发展的改革案出现较为大量的流动（5 个地点中有 37 人流动），而外部发展的改革案，其流动率分布较广，且平均流动率较低（7 地点中有 29 人流动）。回头去查个案报告可以得知：大多数的内部发展案会需要新的协调者和督导者。再者，这 5 个内部发展方案，其中 3 个是大型方案，至于外部发展方案比较倾向于"外加式（add-ons）"或"顺便加入式（drop-ins）"，因此所需要的新人力也较少。

变　体

像表 7.16 这张表，各字段还可再加以细分，例如：不同角色者——教师、改革案行政人员、学校行政人员、教育局人员，如此可让分析变得更容易。

当然，时间排序的中介表也可纳入范围更广的事件，例如：在改革范围更大的组织里（不止在学校中），可以把所提供的协助（如：工作坊、训练）、改革中的修改纳入更多新采用者；学校结构或措施方面的改变，以及有益于执行管理方面所做的介入等，这些事件都可纳入表中。但研究者应该注意：（a）你应该相当清楚地说明，显示这些事情是与你感兴趣的那些变量有所关联的；（b）所得资料应能明确显示该事件发生的时间。

如果可填入该表格的可能事件很少，在进行"事件"界定时，我们就不要太过严格。原则上，你也可以把定义较宽的"状态"也都填入表中，形成一种时间排序的中介表。例如：我们可能想呈现出采用者初接触此改革时，他们的感觉与关注等"状态"（疑惑、负荷过重、焦虑、满意、光荣、投入等），还有实行初期、晚期及更为稳定使用之时的状态等。如果可以找出这些状态出现的精确时间，这样对分析是很有帮助的。

我们已说明了可以依时间来排列的这种图表，这种图表也可以同时排列出个案的顺序。如果你同时也排出个案的顺序，就可以更清晰地看出高流动率个案的类型是什么样子，以及它们与低流动率个案的差异。

建　议

这类的图表很容易画，如果你想探究的是各个案在某些时期所发生的事件或状态，此时这种图表最适合你采用。若要了解的是单一个案中的事件流程，则可采用事件一览表和事件—状态网络图（参见第 5 章第 3 节）。

对于待探究的事件（或状态）一定要表达清晰，这样所作的跨个案比较的质量才会良好。你还要确定：你所选定的时间阶段，应该是有意义的与可比较的；另外，你还要能清晰地找到某时段内所发生的特定事件或状态。

如果你的资料很复杂，或是整行、整列的资料不容易让人一眼看清楚，那么你可以运用内容分析摘要表（表7.9），这样才方便你把资料整个引出来，并在表上看清楚。

所需时间

上述范例里，读个案报告并画出大略的表格，约费时3小时；把资料填入修订的表格中，另花了3小时。引出结论并撰写，费时1小时，当然也有可能花费更多时间（此例中，该分析者急于知道流动的原因，而未做更深的挖掘）。一般而言，如果你已花费了相当时间去说明这些事件，编码也做得够确切（如：升，降，平移，等等），那么分析工作可以进行得很快；但如果事件界定不清，你就要花更多时间去厘清了。

第6节　随时间发展的散点图

若你想呈现两个或更多阶段里各个案的同一变量，散点图也很有用。此范例中，分析者想要知道：为执行改革者提供协助的数量，是否有助于——（a）初期执行的顺利程度；（b）执行后期实作的稳定程度。他找出一种图示方式，可同时就三个方面展现出12个个案的情形。资料7.6就是这样的一张图。之前，分析者已依据类目把个案作了分类，所以可以很快地画出此图。仍如前所述，你可以练习由此图中引出结论，并写下来。

我们可以一眼看到：协助的多寡并不能预测初期的顺利程度或后期的稳定程度。不过这其中形成了个案的几个群组（技术：聚类）。分析者把看似同一组群的个案圈起来，然后思考它们意味什么。

在第一阶段里，A群组的个案是中高协助，以及粗糙的执行；而B群组都是中低协助与平顺的执行情形。何以和预期的如此不同呢？分析者突然领悟到：有第三者在发生作用（技术：寻找中介变量）。A群组全都是大型改革（参见资料8.3），因此，他的推论是：如果改革是大规模的，早期大量的协助也无法使执行平顺；B群组则因为改革是小规模的，所以并不需要协助。C群组的情况又有所不同：他们改革的规模也是大的，但享有的协助不多。分析者称C群组为"不相称的协助组"。

现在再来看第二个阶段，分析者注意到：A群组还是没变，这些大规模的改革在后期仍然是高协助，而且维持中高程度的稳定性；B群组仍然维持几乎一样的成员，它们得到的协助少，但稳定性高；C群组的协助仍然很弱，最后阻碍了它的稳定性。

请注意！你必须常常回头参考个案报告。例：为何Dun Hollow的低协助，却能产生高稳定性（技术：检验外围者的意义）？结果发现：教师们彼此帮助，且改写并调整课程材料。我们在此了解到：歧异个案往往需要你谨慎地追踪个案资料。你一定会找到合理的说明，而且这样做通常可加强结论。（所谓"例外证明了规则"，原本意义是"例外考验了规则"。）

复合式顺序分析

你要怎样做，才能将许多个案所共有的典型"故事"、"情节"撷取出来，但又不至于牵强,也不至于破坏了有意义的顺序?

我们的范例来自 160 名教师的生命周期研究(Huberman,1989,1993),前面也曾提过。Huberman 想了解所谓的教师职业"轨迹",他与一些中学老师进行了 5 小时的谈话,这些老师已将自己的职业生涯分为数阶段,也为这些阶段提供了"名称"或"主旨",而不是只对一串名单作回应而已。

首先,每一个案的材料都浓缩为 25 页的草稿,每篇均采用同一格式。然后画出每人的生涯轨道,并加入每一主旨表现出的特征。例如:许多老师的生涯早期常会出现"淹没(drowning)"这一主旨,它的特征是该教师遭遇到一些困难,如维持纪律、精疲力竭、不可预测感、感觉自己专业上不胜任、过度负荷等困难。

你要怎样依阶段把个案分类,以便看出"轨道"的群组? 第一步就是先在"阶段"内将个案分类。

某阶段内分组的原则如下:(a)该主旨本身在内涵或外延方面,必须是意义相同的;(b)至少有两人提到的"特征"是一样的。例如:某报告人可能提到"稳定期"一词(参见图 7.3),另一报告人则提到"安顿期";但两人都是在生涯顺序的同一时间点提到该阶段,且两人均用了两个同样的特征去说明该阶段(如:得到永久聘约,已获得基本的教学技能了)。

在图表上,这一手续就是为个人轨道"画轮廓",虽然每一生涯在性质上都有其特殊性。但我们仍能找到 Wittgenstein 所谓的"家族相似性(family resemblances)",沿着这些独特性去看,仍有一些共同之处,亦即个案间仍有一些交叉点。

让我们由图 7.3 来看看这些交叉点。它描述了 11 名老师,该小组共有 16 人;这些女老师是在中学低年级教了 5～10 年的一群人。

图的左边是教学年数,以及由研究者界定的一系列基本阶段(阶段 1、2、3),其中标示了报告人为该阶段的命名(如:开启一段生涯)。每一阶段内,列出了几个次组群,例如:11 名女老师中,有 5 名描述他们的第一阶段是"顺利开始"(技术:聚类)。共同的特征被列在该主旨之下。另有 6 名女老师表示是"痛苦开始",下面列了一串特征,且有 4 人提到外部问题(开始要在大学修课,以及接受师资训练;还需要家庭生活与私人生活)。还有 3 名教师提到,经历新教法的尝试与错误。

第二阶段稳定期,几乎每个人都相同。这也就是教学生涯的典型阶段。然而,请注意:11 人中的 3 人并未进入此阶段,而另谋他途了(未显示于此图表中)。就此意义而言,这种顺序分析渐趋于严谨,它在聚类群组时,只把曾经为此阶段作类似命名的教师,归于同一组。

图 7.3 第三阶段是新挑战,其中的分支路径较多,包括:"实验新方法"(3 人)、"增加责任"(2 人)、"遭受惊吓"(3 人)。这些主旨名称仍是报告人提供的。

像这样的一张网络图已经浓缩到了极限。如果你就此打住,也不会因此扭曲或简化了个别个案的文本和顺序(Abbott,1992b)。不过此项研究中,研究者虽采用了变量取向的分析,但也试着保留故事的顺序。他们在整组 160 名报告人中寻找一致性。他们看完 16 张类似 7.3 的图之后,找到了 4 种模式的顺序。以下是第一个模式的顺序,可称之为"重获和谐(recoverd harmony)":

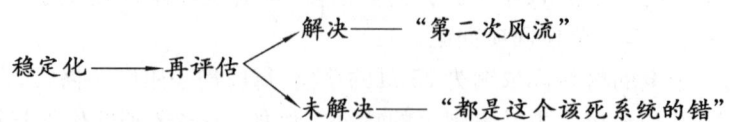

这种模式占了 17%,这也是上述图 7.3 之中的一种顺序。我们可以再看另一个较复杂的顺序,研究者称之为"再评估":

$$稳定化 \longrightarrow 再评估 \begin{cases} 解决 \longrightarrow "第二次风流" \\ 未解决 \longrightarrow "都是这个该死系统的错" \end{cases}$$

这一顺序占了 25%,不算多数,但属于重要的一群:有一群人是这样描述他们的生涯发展的。加起来,有 65% 的人属于这四种顺序。当我们把 25 页的访谈稿浓缩成上述那些只剩骨架的顺序之时许多东西都已遗失了。

当然,你可以在任何一点停止作分析:可以在写完访谈稿之后停止分析,也可以在整理出 25 页的草稿后,或是在画出 16 张生涯顺序图之后。不过我们还是认为,在绘制概念图方面,最后建立顺序的这些动作,让我们获益最多——它告诉我们在图表上这些个案的故事是如何汇集成群的,此实例里,我们知道了:教学生涯是如何将教师分为不同类型。而且我们成功地将个案取向和变量取向连结起来。保留了个案故事的顺序,且以变量贯穿各个案,让我们得到了概念上的力量。

这一方法让我们对网络图有了更多认识:网络图比矩阵表更能轻松掌握故事的复杂性。

结　语

探究跨个案,可加深我们的理解,并提高概括性。不过跨个案分析非常辛苦,你只要就表面作几个主旨或主要变量的摘要工作,就已能体会其中的辛苦了。我们必须小心地寻找每一个案过程中的复杂结构,了解当地的动态发展,之后,才开始跨个案寻找变量的模式。这其中有必要结合"过程"与"变量"。

本章已介绍了部分排序表,它将各个案图表"堆放(stack up)"起来,这种表在探索初期很有用。另外,概念排序图表,可厘清主要变量,并了解主要变量在各个案中如何形成模式。另外,依据主要方面,可以绘制个案排序的图表,这可以增进我们对于变量与过程究竟怎样运作的理解。至于时间排序图表可以产生"基本故事",其中保留了单一故事的"情节线",也显示了跨个案的原则。

下一章我们要再回头探究解释的问题,跨个案图表可以如何来帮忙呢?

跨个案资料展示：排序与解释

第 8 章

Cross-Case Displays：Ordering and Explaining

我们已经讨论过一些方法，可以探究多重个案，对于发生什么与如何发生，作一完整的描述。本章我们要讨论为什么的问题。如果想要产生解释，并对解释作系统性的测试，探究多个案是极为有用的。我们想要建立理论，解释这个世界运作的方式，多个案是最佳的资料来源。

第 1 节　经由比较分析作解释

第 6 章已说明过解释与因果关系,现在无须重复。不过在此还是需要简述一下我们将遭遇到的主要议题,还有,当我们藉跨个案分析,想建立并强化解释时,心中应该谨记的一些重要原则。

主要议题

"解释"一词,包含因果解释在内,意味着人类事务并非各自独立,而牵涉一个由状态与影响所形成的复杂网络,其中关键的问题,就是要如何由多个网络中引出一个奠基良好的结论。就某种意义而言,每一个网络都是独特的,它都说明了一个随时间发展的"故事"。但是我们需要找出"基本的故事模式",这是借用 Abbott(1992b)的词汇来说。我们需要一种理论,能解释发生了什么,但是这一理论并不是要强迫去掉我们眼前诸事务的歧异性,而是想运用此歧异性完整地发展并检测一套扎根良好的解释。

有效的原则

怎样才能作出良好的解释呢? 我们这一领域的人都还在学习。但是我们可以提供一些原则,这些原则乃源于目前一些良好的研究经验。我们相信,在作跨个案解释分析时,大家应该把以下这些原则谨记在心。

了解该个案　在你进行跨个案解释之前,很重要的是要理解每一个案的动因发展过程。否则,你的解释会流于肤浅表面。

避免堆积　你不能直接就把各个案堆在一起,而必须就一些共同变量,摘出各个案间的异同。我们引用 Mishler(1986)的话,当他讨论调查法时,说到:"当你进行跨个案的总计时,……(个案的)每一个响应,其实都是从这个社会和心理的脉络之中取下来的片段……你把这些响应累计在一起……其结果是一个人造物,它并不能直接代表这个真实的社群世界、社会机构、家庭或是个人"(p.26)。

保留个案结构　每一个案中的状况网络(状况包括了原因、影响、结果和其时间顺序),在分析时都应该保留下来。这是 Mishler 的建议。这样的网络可能需要澄清与简化,但是不应该被分解成部分。网络中的多重结果往往有多重原因,而有些结果会进一步成为后来一些结果的原因。我们需要了解整张图像。

结合变量取向与个案取向的分析法　我们在前面也提过,好的解释经常需要在变量取向与个案取向之间来回反复,或作综合;个案取向分析的目的是想了解个案的动因发展过程,而变量取向分析则是想找到关键变量的影响。在此我们提醒读者,Ragin(1987)所提的比较法,就是这样做的:你可以运用多个变量去分析多个个案,其中逐一保留每一个案的结构[1]。"故事"取向必须和"概念"取向结合。

深究歧异个案 有些个案并不适用于你所找到的解释,这些个案可称为歧异个案 (deviant cases)。其实歧异个案正是你的朋友,它们让你惊讶,向你挑战,要求你再思、扩展、并修改你的理论。你不能把它们丢到外围的黑暗中,不可以把它们当作"错误"、"不适用的例外"或"无关紧要者"。

找出分类系统、个案群组 等你把个案内的结构找出来以后,通常会发现:某些"群组"共享某些剧情或"情节"。这些分类系统并不是很单纯的东西,不只是依照某种单一变量来作分类而已,如:地方主义与世界主义;而且它们还会有相似的结构。Ragin(1993)提供了一个范例:这个研究是探究 71 个国家实行国民养老金的状况。他发现实行国民养老金的国家分为两个群组,群组一是多种族国家,至少有 5 年是由左派或中左派执政;群组二是单一种族国家,至少已有 10 年持续的经济成长;另外的群组是未实行此制度的国家。本章第 6 节也提供了一些共享"情节"的范例。

避免牵强 此原则的重点是:不要太快或粗鲁地把个案纳入解释或群组。McPhee(1990)曾指出,你通常会假定:你的所有个案都会有一组标准的自变量(原因)与依变量(结果),而你要做的,就是把每一个案都当作一套完全可比较的数据点(就像图 7.3 的那个范例)。但是,事实上你可能会发现:同一结果,可能会由不同的路径而来(就像前段 Ragin 的那一范例)。你也可能发现:不同个案有不同的路径,导致不同的结果。

我们所有人都会有成见,都会有偏好的理论,用来解释究竟发生了什么。但这其中的危险,就是把它们当作理所当然的东西,不管情况如何,都把你偏好的理论强加上去,遗漏所需的归纳性根基。我们也不需要像 Glaser(1992)那样强烈地摒弃所有的先前概念,以等待"扎根理论(grounded theory)"涌现[2]。如我们前面所说的,如果你将变量取向分析好并且和个案取向分析结合起来运用,变量取向也可以是很有用的。

当然这些原则都是抽象的,如果想知道这些原则如何运作,必须运用具体的方法探究实际的范例。以下我们介绍 5 种主要方法和 4 种辅助方法。首先,先看个案排序的结果矩阵表,再看个案排序的预测项与结果矩阵表,以及一些变体。接着我们会描述变量×变量的矩阵表,最后再来看因果模式图和因果网络图。这些图表的名字,可能会把人搞昏头,但我们在前面也提过,这些命名是为了方便与清晰,并不必硬性使用。我们希望你能由这些图表中,看出上述原则的运用,而不必太在意图表的名字。

---

[1] 对于质性研究所用的比较分析,Ragin(1993)所做的简介是最好的。可完成比较分析的电脑软件包括 QCA 与 AQUAD(参见本书附录)。不过请注意:这种比较分析法并不擅长依据时间排列变量,因此它无法将"概念"连接到"事故"上。

[2] 所谓概念方面导引的"驱动力",请参见 Glaser(1992)完整的讨论。Glaser 犀利地批判 Strauss(1988)与 Strauss & Corbin(1990)所谓的"扎根理论",Glaser 认为他建立的强有力的归纳取向、浮现取向(emergent approach)的分析法,才是真正的扎根理论的进一步发展;他认为 Strauss 后来著作里的观点,应该被称为"全概念描述(full conceptual description)"。

第 2 节　个案排序的结果矩阵表

问题剖析

在我们尚未说明复杂的因果网络图之前,先看一下简单的形式。因果图表可能像下图一样简单,单一个案与多个案都可能如此:

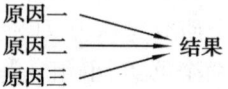

还有一种研究问题,是想理解某一变量的结果,该变量可能被视为刺激、前置因素或是一个可能的原因。我们在第 5 章单一个案中曾看过这类问题。

如果你要探究的是单一原因变量所引起的多重结果时,所建构起来的结果图则大致如下:

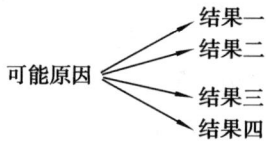

因此,当你要研究几个个案时,如果你预期其中有一个重要或明显的"原因"会产生多种结果,此时,要处理的问题就是:如何展现相关的资料,以便看出这些结果是如何出现的——你要排列出这些个案,它们受到该基本原因的影响或大或小。通常,你可能还需要看看这些结果是否可以分为几种类型。

简　述

个案排序结果矩阵表(cases-ordered effects matrix)是根据你所研究的主要原因,依其强弱程度来排列个案的一种表,而显示出各个案不同的结果。研究者可能会将结果聚类或分类,以帮助理解。再者,重点乃在于结果,亦即依变量。

实例说明

在那项学校改革研究中,我们感兴趣的一个重要变量是协助,亦即提供给改革采用者的协助。我们原已知道:协助有多种类型(如:特殊培训、提供支持、提供情绪支持);我们也知道:有些协助是与事件有关的(如:短期工作坊),有些协助是经常型的(如:校长每日进行疑难协助)。而且我们预期这些协助的影响有短期(如:对改革更熟悉)与长期(如:改善运用能力)之分。此时我们要处理的问题是:如何在一张可控制的表格中,把这些特征分门别类。

建立表格　要把各个案经常型的协助列在表上,你初次画出的表格可能会像表

8.1 这样。你还可以另画一张类似的表格,但整理的是"与事件有关的"协助。这些表格适用吗? 第一步就是去通读个案报告的相关部分,看看那些资料是否能够分门别类地填入上述表格中。(我们并不建议你去查最初那些编过码的札记;那些资料应该都已放进个案报告中了。)

表8.1　个案排序结果矩阵表(预画格式一)

经常型协助的结果

个案		类型	短期结果	长期结果
由	1.			
	2.			
高协助个案	3.			
到	4.			
	5.			
低协助个案	6.			

上述的步骤也可以帮忙找出短期协助(如:"增进了解"、"增加动机"、"减少孤立")与长期协助(如:"得到经费"、"提高方案的合法性"、"使改革例行化")的清单。

你用这一步骤处理了大多数的个案后,有些特定结果的项目就会合并起来,总数量变得较少,类目也可以变得更为普遍化(技术:将特殊整合为普遍)。此例中,无论是短期或长期结果,都可以分为三类:一是对改革及其使用所产生的影响;二是对个人产生的影响;三是对组织产生的影响。因此,你可以把表格修改成表8.2这样。

表8.2　个案排序结果矩阵表(预画格式二)

		短期结果 个 案 高………低			长期结果 个 案 高………低		
结果	改革层面的结果						
	个人层面的结果						
	组织层面的结果						

此处的想法,就是要把特定的结果类型填入适当的细格,通常是填入词组。你可以回头去看个案报告(以及已产生的结果清单),这可以让你知道表格是否适用,其关键是结果的种类有多少。假如种类很少,这张表就不会过于庞大难用。但假如种类很多,我们就还要做得更细心些,尤其当我们还想把"经常型"与"事件型"协助作一番区别时。我们还可以看看如果把短期与长期协助再作区分,是否会变得太混乱。

假如我们预期所出现的结果涵盖的范围很大,那么我们画出的下一张表可能就会像表8.3,这张表似乎更为适用。请记得:这张表的左边表头,可以直接采用已建立起来的类目清单。这张表可将各类结果都显示出来,并在每一细格中填入资料。我们可以逐一填写每一个案的某项结果是否出现,还可以区分它是短期或长期结果。让我们来看看怎么运用表8.3。

表8.3　个案排序结果矩阵表(预画格式三)

个案(依所得协助的大小排序)

改革层面的结果	低			中			高		
1									
2									
3……									
个人层面的结果									
1									
2									
3……									
机构层面的结果									
1									
2									
3									
4……									

填入资料　先来阅读某一个案报告,把所出现的结果找到,然后把它们在左边表头罗列出来。接着我们再扫瞄这篇个案报告,将每一结果在表中适当字段作一记号。但要怎样处理短期与长期结果,以及事件型和经常型协助? 可作的选择有两种,一是为经常型协助填入"常",事件型协助则填入"事";再者,若是短期结果,加上一个1,长期结果则标示为2。这可以让各类别的资料有明显的区分,不至于被平均掉或遗漏了。

表8.4是把所有资料填入后的样子。第一眼看,你会觉得太复杂了,但该资料的确是丰富且复杂的,需要一个复杂的表格。请记住 Tufte(1990,p.37)的忠告,他是图表呈现的高手,"保持清晰,再加些细节"。目标是由这些细节看出核心主旨与模式。

这位分析者细思了类目的问题,他又作了一些修改。他把对于改革的协助所产生的结果大略依时间分为:初期结果,如:"计划、发展"以及"目标感",这些协助被放在前面;另一类是后期结果,如"方案扩充"以及"方案宣传",这些协助可排在较下方的表头内。对于个人的协助所产生的结果,也可作相似的处理。不过该分析者发现:对组织产生的结果并不适合依时间来分类。("解决冲突"、"信任"或"促进问题解决"等结果,究竟是执行早期或后期出现,这方面目前并没什么概念方面的基础。)

自然地,当你把个案资料逐一填入后,会有一些新的类目出现,且应依时间顺序放入适当的位置。例:表8.4之中的"例行化"明显地应该放在个人结果那一部分的较底部,但不必像"延续性"那一项那么远。

表8.4　个案排序结果矩阵表：常态型与事件型协助的结果

协助的结果〔改革及其采用方面〕	提供丰富的协助						初期提供协助,后来很少			几乎没有协助		
	Masepa	Plummet	Carson	Tindale	Perry-Parkdale	Banestown	Lido	Astoria	Calston	Dun Hollow	Proville	Burton
规划、发展		常2事2	常12	常12事2	常1	事1	常12	常1		常1	常2	
确立有效性、确认			常12	常1事1	事12			事2				
目标感、方向、优先性		常12-事12-	常2	常1事2		常2					常1	
增加改革的合法性		事12						事2	事1			
得到经费			常1		常1事2						常2事12	
协助起头、开展	常1	常12	常1		常1	常1事1			常2		常2	
准备/增加材料		常2	常2	事1		常12	常2	常1	常12	常1-2		
提供一般架构/模式				常1		事12	常1					
协助高品质的执行			常2-事1	常2			常2	常1-事2	常2	常1-2	常2-	
维持方案	常12		常12			事2						
方案管理	常12		常12			常12						
保护、保存方案		常12			常1-	事12	常2					
方案调适、转向	常12	事2	常2-事2	事2	事2	事1	常2	常12		事1-2-		常1
方案加强		事1				常12						
方案扩充	常1					事2	常2				常12	
方案延续(学区)		常2		事2				事2				
方案评价			常1	常2	常12事2							
方案宣传			事2			常12						
采用者评估　时间1	++	++	+至±	+	+至±	+	+至++	+至++	0至-	±	+至±	+
时间2	*	+	±	±		+至++	*	0至+	+	±	+至-	*
在个人方面												
降低焦虑、再保证	常2		常12事12	常1事2	常1事12	事1			常2事2			常1
降低模糊、不确定性		常1-事1						事2	常1-		事12	
增进理解、连贯性、概念			常12事2	常12事1	常12事12	事1	常1	常1		事1-	事1	
降低抗拒			常2-事2-	事2-				事2			常1-事12-	常1
降低挫折、不安		常1-事2-		事1-	常1					事1-2-	事1-2-	
增进乐观感、希望		事1										
激发动力、动机	常1			事1						常1		
净化、舒解情绪				常1								
提高兴趣、拥有感	常12	事2	常12事2	事2	常12	常12事2		常12事12	事2	常1-事1	常1-	常12
感觉被支持、被鼓励、被赞助	常12	常12-	常1		常12	常12	常1	常1	常1	事1	常1-	
感觉有压力、被管理	常1			常12事1						常2		
增进自主性		常2	常2	常12-	常2							
增进能量				常2事1		常1				事2		
储存能量、简化任务	常1			常12				常12	常2			
增强基本能力		事2	常1事1-		事2							常1
解决短期问题	常12		常2		常1事12	常12事12			事12	常1-		
增进满意度、愉悦感			常1事2							常1-事1-		
教学/精练技能	常1	常2			常1					常2		
例行化			常1	常2事2	常2							
增进胜任感、精熟感、自信			常12事1	常2事2	常2事12		常1			常2	常2	常2
延续性(个人层次)						常2						
采用者评估　时间1	++	±	+至±	+	+至++	+至++	+至++	+至++	+至±	+至-	+至-	0至+
时间2	*	+	+至±	±至-	+至++	+	*	±至-	+	±至-	±至-	*
在组织方面												
解决冲突		常1	常2								常1	
降低孤立、增进联结			事2	常1事2						常1-		
增进团结、信任	常2	常1事2	事12	常2±事12	常1	常1	常1					
增进合作		常2		事2	常2			事2				
增进革新的气氛		常2										
增进问题的解决		事1			事2							
提高士气			常1									
建立执行"团队"			常12-事2	事2		事12	常1					
建立协助的基层组织			常12事12		事2	事12						
协调、改善组织		常1	事2			常2						
降低对协助者的依赖			常12-									
建立与外在环境的联结		常12事12	常1									
采用者评估　时间1	++	++	+至±	+	+至±	+至	+	+	NA	+至0	±	NA
时间2	*	+	+	+	+至±	++ ++	*	+	NA	NA	NA	*

引出结论　你可以自行练习一下:在表8.4你看见了什么? 第一步的一个不错的做法就是快速地瞄一下,了解一下大图像。

例如:你可以上下看,或左右看,了解所有的个案,甚至那些几乎未得到协助的个案,究竟对改革与个人的协助,产生了哪些影响。除了两处(Calston 与 Burton)之外,组织方面出现的结果是颇贫乏的(技术:作对照、比较)。

快速看过各栏,我们可以得知:(a)高协助个案比低协助个案,所得到的结果要更为宽广些(技术:作对照、比较计数);(b)低协助个案在执行后期出现的结果,比较不属于经验协助类的(如:"方案传播")。

资料8.1　内容分析摘要表

协助的短期与长期影响,依协助类型来分析

结果层面	高协助个案(N=6)				低协助个案(N=6)			
	常态型协助		事件型协助		常态型协助		事件型协助	
	短期	长期	短期	长期	短期	长期	短期	长期
改革及其采用	25 — — —	24 — —	12 —	20 —	11 —	16 —	3 —	5 —
个 人	39 — —	28 — —	17 — —	22 — —	19 — —	10 —	10 —	12 — — —
组 织	12 — —	11 —	9	13	4 —	0	0	0

— = 负面结果或不希望的结果(被包括在总数之中)

因为表8.4很复杂,下一步的分析通常需要我们再画一张内容分析摘要表(参见第7章第3节)。现在让我们很快从表8.4里找出重点,以便对初步的印象作确认或修改,并且对高低协助个案的结果,作内容上的比较,亦即整理出资料8.1这样的表格。

该分析者还要找出负面结果是在何处出现的,并加注上负号,每出现一项,就加上一个负号。他运用此摘要表,得到的结论是:低协助个案出现的负面结果比较多,而且大多出现在个人方面。

每张矩阵表通常都可以产生数张不同的摘要表。一般而言,你并不需要把资料转化为数字。资料8.2是从表8.4产生出来的另一张摘要表。该分析者将协助在个人层面上所产生的某些结果从表8.4里抽取出来,分为高协助与低协助两类个案排列,这些协助至少出现在6个高协助个案之中的4个(或3个低协助个案中的2个)。

资料8.2　　内容分析摘要表:高与低协助个案

高协助个案	低协助个案
降低焦虑	
增加理解	增加所有权
增加所有权	增加理解
感觉被支持	
增强基本能力	
解决问题	
	增进胜任感、信心

看完这些资料,该分析者得到如下的结论:

　　有关理解与所有权的增加方面,这些个案里一再出现的重点,都与 Fullan (1982)的观点颇为一致:当实行者接触一项改革时,**意义**的问题乃是核心的议题。对于高协助个案而言,所出现的结果里另包括了:降低焦虑或再保证、感觉被支持、解决问题以及伴随而来的基本能力之强化,后两项结果和我们稍早的发现是一致的:高协助个案所得到的常态协助是更为基本的一些项目。

　　这位分析者发现到一些有趣的事情(技术:追踪惊异处):为什么低个案显示出胜任感与信心的增加,而不是高个案? 于是他回头再看表8.4,发现4个低个案中所出现的常态型协助,但只限于阶段2或阶段1,而并不是在两阶段都获得该协助。反之,胜任感与信心增加的那3个高个案,则如我们所意料的,它们在阶段1与阶段2都得到了常态型的协助,另外,它们也得到了事件型的协助。这些发现帮助我们了解:事情其实并不是那么奇怪的。但其他那3个高个案情况如何呢? 分析者就需要回到原来的个案报告去作了解了。

　　因此,内容分析摘要表是很有用的,即使只是清点数目的摘要表亦然。它可以帮助我们理解一张复杂的图表,也可以确证一个基本印象。你可以用纸笔很快地画出内容摘要表。对读者而言,这种摘要表放在期末报告中,也很有帮助。

变 体

　　大多数的个案排序结果都比我们的实例简单多了,表8.4不仅包含了依时间排列的三类结果,而且细格中还区分了短期、长期结果,以及事件型与常态型协助。你也可以把结果栏简化一点,例如:把事件型与常态型协助抽取出来,另列一表;或是不要细分结果的类型,只要打勾表示即可;或者将结果的类型区分得粗略一些。当然这样做的风险是类别可能会太趋于抽象性与一般性。

建　议

如果你预期到某项基本原因本身在各个案中的表现各不相同,因而会产生各种不同的结果,此时就很适合采用个案排序结果矩阵表。这种表格介于跨个案描述与解释之间,可提供一些线索,以建立与检测理论。它可以让你不至于把各个案混为一谈,能保留住个案资料的特性,让你探究歧异个案。

如果要呈现的结果种类繁多,画出的结果矩阵表自然会颇复杂。你运用内容分析摘要表所得到的结论,通常还需要用原来的大表作一核对。例:资料8.1里低协助个案似乎对个人有较多负面影响。不过如果用表 8.4 核对,将可发现:那些负面结果只出现于 2 个案里(Proville 与 Dun Hollow),并未出现在后期较少协助的 3 个案中(Lido,Astoria,Calston)。

因为这种表是依个案来排序,所有结论都取决于个案排序的正确性。例:表 8.4 中我们必须相当确定:Masepa 得到最多协助;Tindale 中等,但是也颇为多样;而 Proville"几乎没有协助",但还比 Burton 多一些。如果这些不能确定,那么有关结果的结论也就不稳固了。

任何图表几乎都需要多次的修改,每当你在画图表,甚至将资料填入假定的"最终"格式时,想想看是否还有简单的方式,可以增添其他资料到表格中。例:填入减号,来表示负向结果;这是个简单的方式,并不需要你再多作编码,或改变最终的表格格式。

通常你把各式结果填在纵向的最左边,会比填在横向的表头,更为方便,因为纵向最左边可以继续往下延伸空间,供你填写。如果你的目标是要呈现完整、详细的各种结果,那么就不要把各类目合并起来。

所需时间

为以上实例完成一张基本图表(一边阅读,一边将个案报告的内容予以概念化)费时 4 小时;另外将全部 12 个个案的资料填入表中费时 5 个半小时,然后作分析并写出 6 页分析文字,再费时 2 个半小时。如果你的资料都集中在一起了,分析工作可以非常快速。至于整理出如上例中的摘要表,通常一张表只要几分钟就完成了。

第 3 节　个案排序的预测项—结果矩阵表

问题剖析

正如我们在第 7 章中所见的,中介矩阵表(以下简称中介表)是你跨个案分析的基本素材。中介表把个案层次的资料放在一个相当经济的图表中,让你能同时就一或多个变量处理整组个案。

资料格式化、标准化与简化支撑着描述性分析,研究者可绘制出基本的部分排序跨个案矩阵表(partially ordered cross-case matrices)。这种个案排序描述表还可带我们进一步理解其中的模式。

但我们要怎样才能由描述性走向高推论性的分析层次呢? 例:资料8.1回答了一个描述性的问题:高协助地区是否比低协助地区出现更多且不同的结果? 答案似乎是肯定的。但这其中另有一隐藏的问题:是否较多的协助就会比少协助导致或产生更多的结果(在改革、个人与组织层面上)? 换言之,协助的程度是这些结果的一个好预测项吗?

如前所述,双变量个案排序表(如资料7.3)是一种开始提问的方式——提出有关"预测项—结果项"的疑问。资料7.3 的基本功能是让你探究:改革的稳定程度是否和其继续实行的各项指标有关联? 不过该表并不能完全让我们得到一个良好的解释。

下一步我们要进入多变量预测模式,亦即要把我们有好理由相信有助于结果的那些预测项或前置变量(antecedent variables)全部都列出来,并评估其单独的与合并的影响。究竟要怎么做呢?

简　述

预测项—结果矩阵表(predictor-outcome matrix)依照主要结果或标准变量(criterion variable)来排列个案,并就主要前置变量(antecedent variables)寻找每一个案的资料填入,这个前置变量是你认为可能对该结果有所贡献的因素。这种表格背后的基本原则是解释,而不是只作描述;我们想要了解这些前置变量可否预测或说明那个标准变量。

实例说明

现在让我们来一趟跨个案的探索,包括两类跨个案排序的预测项—结果矩阵表,我们将逐一进行连续的分析步骤。

提出一项预测的问题　在那项学校改革的研究中,我们发现有些个案在执行初期颇为平顺,另一些个案则较为艰苦。

什么东西可说明其间的差异? 换言之,在采用改革之前或初期,有什么前置因素与平顺性是有关联的?

选择预测项　在此研究中,我们主要的兴趣放在所谓的"准备因素"上,将它们当作预测项。例:实行改革时,先前培训是一个重要的准备因素。如果提供了先前培训,该处的准备会较好,也就会出现较为平顺的执行。

个案报告里有关这些现象,显示得并不明确,在某些地点准备度的某些方面,似乎的确会造成差异,但使用初期发生了太多事情,这些事情对当初的准备度可能产生的结果,都将形成更进一步的影响。

所以我们要把所有个案放在一起,看看究竟发生了什么。我们选择先以"准备度"作为预测项,因为我们已有 7 个个案和这方面的资料,有些依角色类型(采用者、校长、教育局人员)作了分类。开始时,要把预测项和数量控制住,这是一项重要的原则。在此你要考虑关系的逻辑，没有什么东西看起来会比妥善的准备对采用初期的平顺度更具影响力。在此，你也要考虑概念上与实际上的状况。我们想要建构出改革的过程，所采用的方式就是把准备度这一概念包括在内；先前研究已显示：准备度是早期采用成功的一个强力因素；在此研究中许多报告人也如此表示。

测量该结果与预测项　现在我们来看一看：把质性资料转化为量化资料，是多么有用！把结果变量（早期使用时的相对平顺程度）依序排出，这是一直线操作的过程。你可以先请报告人去估计它，或是请田野工作者在个案报告里估计它。如果我们原本就比较有远见，可能已经完成了这些工作。不过，就像大多数的质性研究者一样，我们较偏向于不要太早对标准变量的选择与定义作出决定。我们先从个别的个案报告中找出相关资料，且初步地对它们作过测量。

研究者已经先问过应答者一串问题：改革采用初期遭遇到的问题，而田野工作者也都全部对这些问题的严重性作过评论。分析者清点这些问题的数量，并清点当初评估每一问题的严重程度，于是就可依"平顺"到"艰难"的程度，把个案排列出来。这一程序和"合计指数"的技术，颇为类似（参见资料 7.2）。

跨个案分析者通常需要去"丈量（scale）"（否则就要标准化）每一个案的资料。这也就意谓着你要把资料做一转化，由一种名义变量（nominal variable）或类别变量（categorical variable），转化为二元变量（dichotomous variable）或连续变量（continuous variable）。这一程序并不轻松，你必须有一套决策的清楚原则。

资料 7.2 中，该分析者说明了：你可以细究一串指示物，以显示采用者"在实作与知觉方面改变"的幅度是如何受到影响，以及如何决定了每一个案的"低"、"中"、"高"程度。该分析者先不决定切割点，也不为每一个案评等级，他先把所有个案的资料填入。调查研究中这类程序大都已经成为一例行性的动作，但质性研究者则必须确定好作决定的原则，并依此原则处理资料，以便确定所排的顺序并不是有偏见的，并不是依个人偏好或只截取片断的经验资料。

测量"准备度"比较容易。每一个案报告都已包括了一张"准备度"检验清单表（参见表 5.2），你可以直接转化得到一支次序量尺（ordinal scale），由"不适当的因素"到"非常适当的因素"（这张检验清单表已经依据各种判断，做好了排序工作）。现在我们已经为这张个案排序预测项—结果矩阵表，完成准备工作了。

建立表格与填入资料　我们已经有一套清晰的预测项，下一步自然就是建立表格（表 8.5）了。分析者逐一处理个案，他读了个案图表，然后判断每一种预测项的适当程度。我们可能需要看看相关的分析文字，尤其是当我们需要判断此预测项是不是影响早期执行的关键之时（参见表 8.5 对于画底线的符号说明）。这些文字也可帮分析者再多作些判断，例如：该因素是一种助力，或是一种阻力（请注意：该分析者对此并不依循成见，而是去寻找具体证据，以确认其中的因果归因）。第二名分析者应该对这些判断予以验证或否证。

引出初步结论　第一眼可以先看前九栏，亦即到培训这一栏为止，这九栏显示出"准备度"主要的指标。由上往下看这几栏，因为这 12 个个案是依使用早期的平顺程度来排列,因此产生了很多有关的信息(技术:看出模式、主旨或主题;作对照、比较)。例如:大多数地点都只作了部分的准备;而那些外部发展改革的地方,其准备度全都比内部发展改革的地方好,无一例外(唔……奇怪为何如此?……我们可以再细究下去)。我们还可以看出:大多数地点在"投入"因素上都准备得比较好,而在"技能"因素上,就只比较少的地点作了良好的准备。

测试该预测　哪些东西能预测执行的平顺程度?你自己动手分析看看,可以先作一番扫视分析。

如果"准备度"是与"早期平顺程度"呈直线相关,那么表8.5的上面几横列应该出现双勾,中间几列再出现单勾,最下面应该是零。但实际上整体情况并非完全如此,虽然勾画情形呈递减状态。我们的预测失败,部分原因受限于某些预测项(如:教育局人员的投入)的变化程度太少;亦即所有或大多数个案的等级都是一样的,或者这一量尺被扁平化了(根本没有出现零这项等级)。像这类评分矩阵表的有效与否,就取决于量尺的变化程度。如果等级未出现什么变化,这种矩阵表就没什么作用了,只具有描述的功能而已。事实上,只找出什么东西不能作预测,是没什么用处的。

另一种作预测的方法是把勾和零转化成数字。我们已经指出:对质性研究而言,清点这一技术其实是颇有用的。表8.5的第10与11栏,就呈现了清点的结果。表底端的符号说明中也显示了某些证据的加权方式,而在加权之前,应先将助力与阻力予以清楚呈现。

而"准备度分数"和"群组中位数(group medians)"的确显示出一种关系,当然它并不完全是一种直线的关系。例:"顺逆都有"的那群个案似乎比"大致平顺"的那组,其准备度更好。我们也可看出这两组主要的差异是在:大致平顺的 Lido 欠缺教育局人员的理解。再者,我们可看到一些准备尚可、但却"不平顺"的地点(Dun Hollow,Tindale, Plummet)。

这些发现使分析者回头去看报告,并调整个案的排序,再区分出开头"不平顺者"与开头"非常不平顺者"(Banestown, Masepa, Plummet, Proville)。前一群组的中数是13,次一群组是8.5。这样,便在某种程度上强化了准备度和使用早期平顺度之间线性关系(linearity),但是仍然不是很清晰。而分析者继续看最后两栏的变量,去了解一下这两方面在实行早期是否真的出现了(在此请注意惊异处:"不平顺"地点所出现的常态型协助还较多呢!你可能原以为常态型协助会有利于平顺程度。请继续追究下去……)。

因此数字是颇有用的,当你在检验一个假定时,数字可以帮你更容易地处理个案排序表中的资料。你也可借它们更容易地看出表中有些什么东西。最后,数字可让你保持诚实;因为你必须细究该表上的所有资料,并对每一细格采用同一种"计算"的原则。

以上的步骤,把研究者的顿悟、灵感、强烈的愿望与概念上的偏好,都放入一个较严格的检测中。但请注意:表8.5中的数字并不是单独呈现的,研究者还是把导致该数字的那些判断,也都放入表中(适宜与否、助力或阻力、看似关键的因素,等等),如果出现了混淆的结果,你可以轻松地回到原初个案的图表与文字(如需要,也可去查

表 8.5　个案排序的预测项—结果矩阵表:准备度与实施早期顺利程度的关联

	投入			理解						准备度分数	组群中数	常态性协助	学校层级支持
实施早期顺利程度依地点整理[a]　实施早期顺利的[b]	采用者	学校校长	教育局人员	采用者	学校校长	教育局人员	资源/材料	技能	培训				
实施早期顺利													
Astoria(外)	VV_F	VV	VV_F	VV	VV	VV	VV	VV	VV	17	16	V	V
Burton(外)	V	V	VV_F	V	V	VV_F	VV_F	V	VV	15		V	V
大致顺利													
Lido(外)	$\underline{V}V_F$	VV	?	V	V	0	$\underline{V}V_F$	V	VV	12	12	0	$V\underline{V}_F$
顺逆都有													
Calston(外)	VV	VV	$\underline{V}V_F$	VV	VV	VV	0_B	$\underline{V}_F$	VV	14	13.5	$\underline{V}_B$	VV
Peny-Parkdale(外)	$\underline{V}V_F$	0	VV	V	0	VV	VV	$\underline{V}_B$	VV	13		V	V
不顺利													
— Banestown(外)	$\underline{V}V_F$	V	$\underline{V}\underline{V}_F$	V	0	V	$\underline{V}_B$	$\underline{V}_B$	$\underline{V}_B$	9		$\underline{V}_F$	VV
— Masepa(外)	VV	V	$\underline{V}\underline{V}_F$	0_B	0	V	0_B	0_B	V	5	11	$V\underline{V}_F$	VV
Carson(内)	$\underline{V}V_F$	$\underline{V}_B$	VV	$\underline{V}_B$	V	V	$\underline{V}_B$	$\underline{V}\underline{V}_F$	$\underline{V}_B$	11		$V\underline{V}_F$	VV
Dun Hollow(内)	V	$\underline{V}V_F$	V	V	V	VV	$\underline{V}_B$	$\underline{V}_F$	0	13		VV	VV
— Plummet(内)	$\underline{V}V_F$	$\underline{V}_B$	$\underline{V}_F$	$\underline{V}_B$	$\underline{V}_B$	V	$\underline{V}_B$	V	VV	12		VV	V
— Proville(内)	$\underline{V}_B$	$\underline{V}V_F$	VV	V	V	V	$\underline{V}_B$	V	VV	8		V	V
— Tindale(内)	0_B	$V\underline{V}_F$	$V\underline{V}_{F/B}$	V	V	$(VV)_B$	$VV_{F/B}$	V	VV	13		$V\underline{V}_{F/B}$	VV

#计算的公式:
VV = 2点
V = 1点
0 = 0点
F = +1点
B = −1点

(外) 外部发展的改革方案
(内) 内部发展的改革方案
a 田野工作者依采用者的反应或/和观察到的实施状况
b 对某些实施者而言是顺利的,但对其他人是困难的

加下划线表示田野工作者认为该因素是影响早期实施
顺利程度的关键。

F = 能有益于早期实施之因素。
B = 对早期采用的成功是一阻碍。
VV 非常合宜。
V 部分合宜。
0 = 0=大部分缺乏或遗漏。
? 遗漏资料。

编好码的札记)。再者,这些数字与加权也都是初级资料,它可以让你不至于凭想象去处理资料。

我们也正在进行资料分析。例如我们可以了解到:某些准备度的条件比其他条件更为重要。你可以看到:B 与 F 下方加底线的那些项目,显示出:实行者的"投入"比实行者的"理解"更为重要(技术:作对比、比较)。再扫视一次 B 与 F,你会看出:准备良好,不见得能有益于采用初期的平顺程度,但准备不良必会伤害平顺程度。

有些个案,很少或没有一个因素被加了底线。例如:Astoria 的准备度分数最高,但是没有一项加了底线。一定还有其他因素有益于它早期的平顺程度,而且就这些平顺的个案来看,这些因素产生的影响更超过了准备度的影响。你可以由一张个案排序的预测项—结果矩阵表,得到很多东西(包括了解到:我们的解释不太有效)。这其中要运用的技术是:发现中介变量(intervening variables)——这表示另有其他预测项在产生影响。

强化这项预测　分析者现在还要做什么? 去寻找更多预测项,找到"其他某些东西"。你可依据逻辑、概念和(或)经验为基础,来作些选择。质性研究里,试探多半是一种经验方面的游戏。依据报告人的意见,究竟是什么有益于或伤害了早期的实行? 个案分析者在分析个案层级的资料时,对于"所遭遇的问题"又作了什么解释?

因此,我们应回到个案报告。如果个案报告已经格式化了,寻找的工作,大约要费数小时。

此分析者在此以低推论方式找到了 5 个以上的变量。然后他又画了一张新的预测项—结果表(表8.6),这张表也如前表一样,所有预测项都测量过,有的是二元量尺,有些是连续量尺。引出结论的工作仍然一样:在此量表与画底线处以及 F 和 B 之间,寻找共变量(技术:注意变量间的关系)。此处,我们实行的是变量取向,希望同一时间内即可对每一个案的"故事",产生更佳的理解。

表8.6 显示什么呢? 你一一扫瞄后,是不是看出逐列递减的情形,由平顺个案到不平顺个案,其准备程度愈来愈差?

最具影响力的各栏包括了"实作改变的真正程度"(小改变有利,大改变受害),"进行改革的回旋空间"(高回旋空间有利),"改革的真正规模或范围"(较小规模者的平顺程度较佳)。因此,显示的情况似乎是:如果改革的真正规模较小,现状所作调整较少,所得的回旋空间较大,这三者结合起来,就可以部分地说明了采用的相对平顺程度。对了! 并不需要太多的准备度,才能使执行"平顺",因为这些地方的改革规模并不大;但如果不平顺的地方进行了大规模的改变,那么不适切的准备度也就会造成危害了。

请注意此处的重要差异,表8.5 主要采用变量取向分析,但表8.6 改用个案取向的外观。我们在其中寻找变量的结构,这些结构告诉我们个案的群组。

分析者开始拼凑马赛克,方法是寻找可能的解释结构,并再回到个案报告中看看所浮现的图像是否有意义。分析者在此看出由个案与变量形成的一个丛集(现状改变小、回旋空间高与改革规模小),也看出另一个相反的丛集(现状改变大、回旋空间低与改革规模大)。然后他可以回头去看个案报告,了解一下是否真有这种东西存在;还有,由每一个案去看,有关改革规模的假设是不是真的会影响早期的平顺程度(技术:复制一项研究发现)。

表 8.6　个案排序的预测项—结果矩阵表:与执行早期有关的其他因素

早期执行的顺利状况依地点排列	第一代采用者是自愿或强制的	教室/组织实际符合情形	实际真正改变的情形	进行改革时的回旋空间	改革的真正规模/范围 +
早期执行顺利[a]					
Astoria(外)	指定的	佳 F	小 F	大 F	小
Burton(外)	强制的 F	佳 F	小 F	大 F	小 F
大致顺利					
Lido(外)	强制的 F	中 B	中 B	大 F	中小
顺逆皆有[b]					
Calston(外)	强制的	差 B	中 B	中大 B	小
Perry—Parkdale(外)	自愿的	中	中 B	大 F	中
不顺利					
Banestown(外)	强	中	大 B	大	中小
Masepa(外)	自	佳	大 B	小 B	大
Carson(内)	自 F	中	大 B	中大 F	大 B
Dun Hollow(内)	自	差 B	小 F	中	小 F
Plummet(内)	自 F	差 B	中大 B	大	大 B
Proville(内)	强 B	中	小	大	中 B*
Tindale(内)	强 B	中 B	大 B	小 B	中大

符号说明:(外)外部发展的改革方案

(内)内部发展的改革方案

a 田野工作者依采用者的反应或/和观察到的实施状况。

b 对某些实施者而言是顺利的,但对其他人是困难的。

加下划线表示田野工作者认为该因素是影响早期实施顺利程度的关键

F = 能有益于早期实施之因素。

B = 对早期采用的成功是一阻碍。

*重要的角色改变了,但仅限于少部分人。

+这是与执行改革前原有的规模来比较。

变　体

预测项—结果矩阵表就像……可能太像统计上的预测方式。这种表就像是统计上的砝码:它没有零点或回归系数(regression coefficients),没有规则系统供填入或删除预测项之用,也没有误差量。当然,你可以运用非参数分析(nonparametric analysis),去测试一下该表中的趋势。

如果我们把所假定的共变量的"优雅"模式,拿去和我们在个案报告中真正观察到的扎根模式相对照,这样可能会更有用,也能让我们更谦逊。假如没有一个个案的结构符合我们预测出来的那个丛集,那么这个丛集根本就是空的,而预测也是无根据的。

我们还可利用一种方法,就是采用分析性的归纳逻辑(analytic induction logic)(参见第 6 章第 4 节,有关因果网络图;另外本章第 5 节,有关因果模式图)。这样我们就脱离了概率的领域,而是去寻找特定个案的原因或决定因素(为一既有结果提出解释),我们可用后续的复制来检验该因果关系或决定因素。这种归纳会比较简单——既作归纳,又可解释其他个案——如果我们画出的预测项—结果矩阵表能像消费者报告(*Consumer Reports*)(参见表 8.7,引自 Lee et al. , 1981, p. B48),其中细格填入的都是符号或经过拆解的东西。表 8.7 依家长参与程度,排列了 16 个个案。我们可以一眼就看出,家长参与的关键因素在于:"学区咨议会具有法定的权威"、"家长会协调者在学区咨议会中的角色"、"学区咨询委员训练"以及"有影响人士"。你也可以画一张三步骤的表,其中除了前置因素、结果之外,还可加上这些结果所产生的后果,资料 8.3 是一个范例。

建 议

当你想知道数个因素一起会对某一结果产生什么作用,此时就可以画一张个案排序的预测项—结果矩阵表。这张表是变量取向的分析,但仍保留了每一个案的变量结构。

开始时,你可依据感觉、概念上的可能性以及实证经验的基础,来选择数个可能的预测项。如果一次选了 12 个以上的预测项,会超过负荷。不要让预测项急增。如果只是纯粹想试试某些变量是不是预测项,这不会给你带来什么好处。一开头,你可以从概念架构中,或是个案资料里,找到一些有用的线索。

当你要把个案文字转化为跨个案的量尺等级时,要特别小心。此时,你可以运用合计指数的方法(参见第 7 章资料 7.2),它可帮你避免错误。你在计算等级时,所用的决策原则,要记录下来。

要处理变量关系之前,请先处理这张表中的描述部分;亦即先一栏一栏地去看(技术:注意模式与主旨或主题),然后再对各栏作对照或比较。如果表中的变异情形太小,表中的描述部分仍然会有用,或者你也可以把焦点放在的确较有变异情形的变量上。

你可以运用简单的计算找出可能的模式。想想这些田野资料的性质,考虑一下对某些项目加重计分。但是绝对不要把原始资料从表中剔除,整个分析过程中,都要把文字与量尺分数一起考虑。

你可以乐观地预期:第一张表可以引出第二张表,而第二张会比较小而且好。

把你得到的"最后且最好的"预测,拿来与个案报告作对照,以确定该结构真的会实际出现。

所需时间

要绘制个案排序的预测项—结果矩阵表,所花费的时间取决于你有几个个案、几个预测项,还有单一个案报告里相关的等级资料准备的完善程度。如果个案数越多、预测项越多、资料转化程序越麻烦,所耗时间也会越多。当然所用时间也和表格的质量有关,也就是说要看你选择填入的资料具有多少意义。

表 8.7　个案排序的预测项—结果矩阵表：影响家长参与的因素（Lee, Kessling, & Melaragno, 1981, p. B48）

	无学区咨议会	未参与									低参与			高参与		
	Mt. view	Roller	King Edward	Brisbane	Benjamin Co.	Maple	Summer Place	Meadow-lands	Plains	Stadium	Bonnet Co.	Kingstown	Cleteville	Redlands	Compass	Johns Co.
执行州的法规			√					√			√	√		√	√	√
学区咨议会具有法定权威														√	√	√
家长会长的角色	○	○	◐	○	○	○	○	●	●	◐	◐		◐	●	●	●
教师态度：对家长参与的支持	√	√	√	√	√			√			√		√			
家长态度：对于方案/专业决定的满意度	√			√	√	√	√	√				√	√			
保留给高阶行政人员去作的决定		√	√			√			√			√	√			
学区咨议会委员训练		■	■	□	□	■	□	□	■	■	■	□	□	■+	■	■+
有影响人士	△	△	△	△	△	△	△			△	▲	△	△	▲	▲	▲

○ = 无家长会长　　◐ = 家长会长掌控学区咨议会　　● = 家长会长支持学区咨议会

□ = 无　　□ = Title I 计划　　■ = 运用团体过程

△ = 专家　　△ = 家长与专家共治　　▲ = 家长　　+ = 团体过程 + Title I

资料来源：引自 Lee et al.（1981），p. B48

资料8.3 预测项—结果—后果矩阵表:协助的前置因素与后果

地点/协助程度	前置因素							协助	后果	
	改革的真正规模/范围	所要求的现状改变	教室/组织实际符合程度	执行要求度#	经费	教育局对改革的投入	行政的回旋空间	整体情况	执行早期的平顺程度	执行后期现状稳定度
多协助										
Masepa(外)	大	大	中好	12	$30~50K	高	小	高	非常不顺	中
Plummet(内)	大	中大	好/差*	12	$300K	高	大	高	非常不顺	中
Carson(内)	大	大	中好	12	$96K	高	中	中高	不顺利	中
Tindale(内)	中大	大	中	12	$87K	高	小	中高	不顺利	高
Perry-parkdale(外)	中	中大	中	10	$300K@	中	大	中高	顺逆都有	中高
Banestown(外)	中小	大	中	10	$5.6K	高	大	中	非常不顺	中
初期有协助,然后变很少										
Lido(外)	小	中	中	7	$6.1K	低	大	中低	大致顺利	中高
Astoria(外)	小	小	好	3	无	高	大	中低	顺利	高
Calston(外)	小	中	差	9	无	中高	中大	中低	顺逆都有	中高
几乎无协助										
DunHollow(内)	小	小	差	7	无	低	中	低	不顺利	低
Proville(内)	中	小	中	7	$180K	低高	大	低	非常不顺	低
Burton(外)	小	小	好	3	$3.1K	中高	大	低	顺利	中

(外)外部发展的改革　　*学区层级好　　#将左边三项依五点　　@采用内部改革基金+
(内)内部发展的改革　　对学生不好　　量尺计分总计　　外部发展改革案的宣传

表8.5 耗费的时间算是中高程度的;处理12个个案,填入表格费时3小时,另花3小时作分析。表8.6费时稍多,约4小时,因为对选择预测项所采用原则较不清晰,而转化所有预测项所用的资料也较多。至于撰写分析文字,就如以往一样,倒是相当迅速,撰写分析文字本身就是一种澄清与聚焦的方法;为每张表格撰写分析文字费时都在1小时以内。

预测项—结果—后果矩阵表

本章到此为止已经告诉我们:跨个案的表可以用来探究与测试两个或两个以上变量的关系。我们还可用这种表进行更为直接的解释,不只是做可能性预测,而直接作更多因果(决定论的)分析。我们可以先把预测项和某些中间结果(intermediate outcome)的关系确定,然后再显示出该中间结果的后果,亦即结果的结果。其间的阶层是三级,而不是两级。如果你正在寻找一个中间变量或中介变量(在此实例中,协助就是中介变量,它并不是最终的后果),这样的表特别好用。

资料8.3首要目标就是要预测12个学区接受协助的程度,它把12个个案依序排在最左边。为达此目标,该分析者把最可能的预测项聚集起来,这些预测项是从个别的个案,以及先前的跨个案分析中得来的。

分析者先处理资料8.3前3栏,他把3变量加在一起,化为一分数,显示出"要求执行的强度"。

资料8.3第4—6栏是另外3种前置因素(经费、教育局的投入与行政的回旋空间)。第7项的协助水平,只是再一次的重复,以供澄清之用。

资料8.3还可达成一项目标:显示出执行早期与后期的后果。换言之,虽然在分析早期结果时,协助的程度是一个依变量,但是在分析后期结果时,协助的程度则成为一个主要的预测项。

该分析者试图在此作更深一层的预测,他想要知道:最能够说明协助程度的那些预测项,是否能帮助我们理解所导致的执行后期的成果——他把这些预测项和协助的程度,结合在一起看。因此,资料8.3显示了某一因果关系的雏形。如果做得到的话,我们就能超越每一个案中的简单"结构",而且能理解其中真正的因果机制。

前段所述有关预测项—结果矩阵表的一般分析法,也都适用于此表的绘制与使用。不过因为我们现在要做的是三阶层的分析,所以需要花更多时间,我们要有此心理准备。

第4节　变量×变量的矩阵表

问题剖析

有时你仔细分析多个个案后,会发现有一些变量潜藏在某些特定的现象中,而相互作用着。一般来说,你会想知道这些变量之间的关系——但必须超越第7章散点图的简化模式。此处的问题更为深入,乃是要保留该主要变量的丰富指标,这样才能更有深度地看出核心的关系。

简　述

变量×变量的矩阵表中有两个变量,分别放在列和栏的表头位置。每一变量的具体指标依照程度来排列。细格填入的是个案名称,而不是个案资料。这样我们可由表中看出两变量间的某种特定关系,究竟是在哪些个案中出现了。

上段的说明可能听起来有点神秘,不过我们举的实例将会告诉你这种表格并不复杂。Louis & Miles(1990)研究的是都会高中的改革,研究问题之一是:这些学校如何应对改革过程中所遭遇到的那些无法避免的问题。

建立表格　研究者已经把概念性的工作完成了(Miles,1986)。他把个案所提出的问题类型整理出来,从最易于处理的排到最难于处理的。依据先前有关教育改革的研究,最容易处理的问题包括:改革的方案过程、方案内容;而学校的硬件问题和经费问题,则属于较难处理的问题。经过团队讨论后,研究者排列出第一轮的问题顺序。

研究者也依据手边5所高中的资料,列出一份清单,包括23种应对策略:当你面对一个问题时,你会怎么做? 应对策略包括:"拖延"、"逃避"、"搪塞"、"开阔眼界"、"角色重建"、"纹风不动"、"我行我素"、"尽力而为"、"重建体系";然后依据深浅程度,把这些策略排出顺序,一端是"浅、软、非正式、较不彻底";另一端是"深、较结构取向、慎思的以及个人的改变"。当然,这些也得经过同事的反馈与修改。

等你完成概念工作后,表格设计就更容易了。你可以把应对策略填入最左边一行,另外把问题类型放在表头各栏中。细格中要填什么呢? 你可以用缩写来代表5个个案,执行最成功的A,有2个;中等成功的B,有1个;最不成功的C,也有2个。表8.8就是所画出的表。

填入资料 每一个案中有关遭遇的问题与其应对的资料,都已经搜集到了。研究团队开了跨个案会议,大家从个案报告图表、札记和研究者判断中,找出了相关示例,可用来说明问题与应对策略。我们将遭遇的问题作了分类,填入适当的字段中,研究者也藉田野工作与个案分析,找出应对策略。如果一个问题用了一项以上的策略,那么就都填入细格。如果研究者之间的意见不同,那么就进行讨论,或回头去查个案报告。绝大多数的个案所遭遇的问题与应对策略,都是大家熟悉与明了的。如果大家都无法确定,就在细格中填入"?"。总计起来,5个学区共填入了76项问题与策略。

引出结论 这是一种新类型的表格,仔细看看其中有什么模式,并记下你的结论。该分析者看过表头,写下:

采取"浅"应对(无任何动作、实行例行活动)的个案,大多数属于较不成功的地方,Caruso 与 Chester(C1 与 C2)(技术:**找出模式、主旨或主题**)。

其次,再往下面看,十分醒目的是,采取"较深"应对策略(改善个人与体系的能力、调整人力、角色或组织再造)的个案,大多属于A类型(较为成功的)。C1 有一些较为特殊的策略,如:新的和谐结构、监管策略,这些策略在 C 类其他个案中并未出现。B个案(中等成功)运用了一些"深的"策略,不过比 A 类个案少。

然后该分析者看出了另一个模式,这一个比较复杂。他注意 A 类的个案,发现:

A 类个案实际所用的策略很广,但其中**没有**"无"、"逃避或拖延"。让人有种感觉,A 类个案无论遇到什么问题,他们都有全套本事,包括活泼的经营以及在需要处进行提升能力的干预措施……A 类个案显示出:对于更困难的问题,采取"更深的"应对策略。

为了进一步检验这些发现的意义,研究者回头去看个案报告的相关部分,并做成摘要表,如图8.1所示(技术:**复制一项发现**)。

该分析者在个案报告里并未找到与表8.8基本发现不相符的东西。

变 体

你也可以在表格中加上时间维度,以区别出某策略是出现在早期或后期。(这方

表8.8　变量×变量的矩阵表：应对策略与问题，依个案排列

风格	应对策略	方案过程	方案内容	目标突出	缺乏能力	态度	危机	相竞争的要求	低控制	硬件设施	资源
一 什么也不做	无法改变 无	B	A2			C2			C1		
缓和	拖延/逃避	C2				C2			C2		
我行我素	短期应付	C1 C2	C1		C1					C1	C1
	运用现有会议/角色	A2B	C2							C1	C1A2
	略作回应	C1 C2									
	采取行动堵塞	C1	C1?			A1	C1C2				C1
减缓压力	修改改革方案		B	A1BC1	B?	B		B			
尽力而为	象征性支持	A1A2				A1C1C2		A1			
	奖励/津贴					A1A2BC2					
	协商	BC2				BC2					C2
	施压/规定		C1								
建立个人能力	调整人员	A2		A1A2 B?	A1	A1					
建立体系能力	新的和谐结构	A2C1	C1		A2						A2C1
	新的竞争领域			B							
	开阔眼界/分享		A1			A1A2B					
	监管		C1								
	推动规划										
	常态型协助	A1	A1			A2					A1
增加新人员	增加人员					A2B		A1	B?		A1?
重建体系	增权	A1A2B?				A1A2		A1			A1?
	角色重建										A1
	组织再造										A1A2

符号说明:A1 Agassiz[较成功]　A2 Alameda　B Burroughs[中等成功]　C1 Caruso[较不成功]　C2 Chester
? 研究者不易确定的项目

面,很有趣的一件事,C1 在初期采用了少数"较深"的策略,而根据研究者的判断,两年后它升为 B 类。)

这一表格的每一细格,还可以加上一个符号,用来显示所填入的这些个案后来有多么"成功"。(这可以显示出:问题是否再现? 或导致新问题? 或已有效地解决该问题了?)

如果你原本并未依照主要变量来排列个案,这种表格可帮你把个案聚类成类型或模式。

Agassiz(A1) :	大多数问题已经被承认、讨论与解决。
	主要结果是增加个人与团体的自信,包括教师与学生。
	教育局人员对学校更为肯定。
Alameda(A2) :	减少焦虑,建立更具建设性的规范。
	与教师更紧密地配合,满足教师的需求。
	新角色与彰权益能,意味着在不干扰改革方案的情况下,校长可能被替换。
Burroughs(B) :	增加对校长权威的敬重。
	教师分裂:分成极度支持与反对。
	方案中的新教职员投入不多。
	受过训的人员转往他校,新成员不具有改革方案的智能。
Caruso(C1) :	问题稍微舒缓,但又再出现。
Chester(C2) :	将一部分课程调整,以配合改革方案。
	问题仍然存在。

图 8.1 摘要表:应对策略的典型结果,依个案排列

建 议

请享受这种过程! 建立这种表格及其分析工作,会让整个研究团队渐渐体会到豁然开朗的感觉。

绘制这种表格的关键是将两个主要变量在概念层次上排出顺序,否则你的研究结果将会含糊不清。如果想要达到最佳的效果,那么就应该有具体的指针,如以上范例所示;另外还要找出明确的切割点,例如事件类的示例。如果没有这些,你就要冒些风险:经由模糊的判断去勉强找出研究发现。

这种表格也适用于将主要变量与以前的研究连接起来,进行概念化的工作。本范例中,过去对个人应对策略的研究(Roth & Cohen, 1986)能进一步诠释本研究发现。如:A 类个案会用较深的策略去处理较困难的问题。这与过去研究是相符合的——过去研究显示:健康的个人遇到琐碎问题时,会用较浅的应对策略(否认、拖延)去处理,但遇到较严重问题时,则会用较深的策略去处理。

所需时间

因为中期报告里,研究者已经把问题类型与应对策略作了分类,所以要画出变量×变量的矩阵表并不费时。该研究者对于 5 个个案了解甚深,所以要藉整体结果来排定顺序的想法都已经很清楚了。研究人员会议中花几分钟时间,就可以确定表格的格式,然后由每 1 个案的最熟悉人员将资料填入细格,费时也不超过 1 小时。接下来几分钟,就得出了初步结论,再花约 1 小时写出第一版的分析文字。撰写时,对指数的顺序再作一点修改,并略改结论,这些约费时 1 小时。

当然,如果每一变量的指标并不清晰,或排序不良,或者个案排序并不确定,那么一定会花费较多时间的。

第 5 节　因果模型图

问题剖析

预测项—结果矩阵表、时间排序矩阵表、结果矩阵表等,这类排序的中介表,对于究竟什么和什么在一起出现,可以告诉我们不少信息。变量×变量的矩阵表,则可告诉我们 X 是在 Y 之前出现的,X 越强,伴随着 Y 也越强;Q 越弱,伴随着 Y 越弱;J 似乎与 Y 无关联,除非你考虑 K 的各个方面。虽然这些相当于原子论的说法,不过有两个问题仍然存在。

第一个问题是:我们应该要开始超越"相关性"的呈现("相关性"一词是量化研究者所用的含糊词眼),而能进一步作出一些类似以下的判断:X 不仅在 Y 之前,且似乎两者有相当的一致性,也就是说:当 X 因某些因素增强时,则我们可以预测 Y 也会跟着增强或减弱。

第二个问题是:我们要怎样才能不只是做列清单的工作(如:X、Q、J 加上控制住的 K,这些都是 Y 的预测项),而能够对变量间的关系提出一套完整的看法,简而言之,就是能提出一套模型。实际上,这两道问题通常需要一起来解决;而它们需要一张网络图,而不只是矩阵表而已[1]。

评估当地的因果关系,并建立一套合理的、以资料作为根基的因果网络图,其中的

1　运用质性资料建立因果模式,做得最好的一个个案,就是 Maxwell(1984,未出版);另外可以参考 House
　(1991)与 Saloman(1991)。

　　有关量化因果模型建立的相关文献极多,可上溯到 30 年前。许多人都曾提出有用的方法,Blalock
　(1964)是较早期的著作,Asher(1983)与 Blalock(1971)对较为近代的著作作了一番整理;James, Milauk, &
　Brett(1982)讨论了确认分析(confirmatory analysis),强调操作训练的重要;Berry(1984)讨论了非循环模式的
　建立;Fornell(1982)回顾了量化因果模式建立的"第二代"方法(包括 LISREL, PLS, 等等;Bollen & Long
　(1993)将相关文章作了编辑。

　　量化的因果模型建立,对研究者的帮助颇大,它帮助研究者处理与理解多变量的资料,以一种一贯的、不
　自欺的方式去处理。不过这许许多多的文献都是在讨论技术问题——有关测量与资料处理,很少讨论真正
　的模型建立问题;也很少讨论研究者究竟是怎样将一串相关的变量,化为一张完整的、因果和谐的图像
　(Davis,1985)。

　　前已述及"系统化的动因矩阵"取向可以藉电脑建立模型,这一方法尤其有用,因为它可以将反馈回路纳
　入模式,研究一长段时间内模式行为。可参见 Gaynor & Clauset(1985)、Clauset(1989)与 Clauset & Gaynor
　(1992),他们提供了一些教育方面的实例。

实际问题,我们已经在第6章第1节讨论过。现在我们要处理的问题是:如果我们已把多个个案资料整理在排序表格中,也已得到一组变量取向的发现,我们要怎样把这套发现放入一个基本的变量模式,而这套模式仍清楚地包含了那套具体的因果关系?

简 述

所谓的因果模型图(causal model),就是指把跨个案分析所得的资料,用变量网络图的方式呈现,其中显示了变量间的因果关系。虽然此图是以经验资料为基础,但基本上你要进行的是一种较高层级的工作,你必须对这整个变量网络及变量间的关系,提出一套命题,以供检测。其中运用的是一种理论建构的原则。

实例说明

在我们那项学校改革研究中,我们问了一个问题:"当老师已实行改革后,他是怎样去改变原有的做法的? 什么因素决定了改变的幅度?"因为通常寻找因果模式,乃是依据其他图表所进行的一种第二层次的活动,因此我们现在就先从一般图表出发。

预备性表格:结果矩阵表 当你想找出因果模式时,通常必须先厘清基本的因变量。这个因变量究竟是一个整体,还是分为几个部分? 你可不可以运用矩阵表把所有个案的资料展示出来?

你可以这样作分析:先把这个因变量或结果项分为数种成分;依照这个变量整体表现的情形,将个案大致作一排列;然后再看看各成分之间是否呈现各种变化,亦即各成分出现的情况应该是有所不同的。例如:某种成分只在"高"个案群出现,你可以推断这一成分想必是属于比较难达成的;而不像另一成分几乎在高中低个案群里都出现。

资料7.2可帮助我们了解这种分析法。我们可以看到:"采用者做法改变"这一结果并不是一个单一的东西,它的某些成分只出现在高改变个案之中,如:"基本结构、态度"与"学习迁移到新情境"就是这样的一些成分;另有些成分则几乎出现在每一个案,不论该个案改变的幅度大小,如:"每日例行活动"、"全部基本能力"(技术:作对比、比较)。

因此,我们已经把该结果项"拆解"开来,发现:结果的某些方面比其他方面,要更容易改变。这一过程是交互作用的:我们从教师自陈中归纳出执行改革所作改变的各种维度,分析者再试着将各维度依其改变的"深度",作一粗略的排序,同时又依"整体影响"的程度将个案也作粗略的排序。最后,列与栏的顺序都调整了多次才确定下来。

预备性表格:预测项—结果矩阵表 下一步我们要处理的问题是:哪些预测变量可能与该结果有关。为此,我们应建立一张个案排序的预测项—结果矩阵表。

该分析者选择依照结果的整体情形来排列个案(此时,整体的结果之属性尚待确定,各个次结果似乎还比较容易先定出来),然后选出一些预测项,这些预测项对于各个案"采用者做法的改变"似乎具有相当重要的影响(表8.9)。一如往常,我们建议你对表8.9先试作分析,扫视全表,引出一些初步结论,推测一下各预测项的重要性,然后将其写下。

表8.9　预测项—结果矩阵表:采用者做法改变幅度之预测项执行早期的要求

改变幅度依地点排	所要求现状的改变 *	方案规模	班级/组织相符程度	执行早期要求之指数@	执行期间一般的态度	行 政 压 力 直接:强制性	间接:督促、增强
改变幅度大			中好				
Masepa(外)	大	大	好/差	14	+	高	高
Plummet(内)	中大	大	#	12	+	低	高
改变幅度中等							
Banestown(外)	大	中小	中	10	+	中	高
Tindale(内)	大	中小	中	12	+	高	高
Carson(内)	大	大	中	13	+	低	高
Perry-Parkdale(外)	中大	中	中	10	+	低	中低
改变幅度中低							
Calston(外)	中	小	差	9	+	中	中
Lido(外)	中	小	中	7	+	低	中
改变幅度小至无							
Burton(外)	小	小	好	3	+	低	中
Dun Hollow(内)	小	小	差	7	−	中	低
Proville(内)	小	中	中	7	−	中	中
Astoria(外)	小	小	好	3	+	低	低

(外)外部发展的改革
(内)内部发展的改革

* 是指采用者惯用的教学方式与改革初期所要求的做法,两者间的差距。

#是指学区状况好,学生的要求低。

@ 是指前三栏五点量尺的总和。

此范例中,该分析者得到的结论是:"所要求现状改变的幅度"、"方案规模或范围"、"班级或组织相符程度",这些都与采用者做法改变的幅度有关(技术:作对比、比较)。另外,分析者还采用了一种技术:检验外围者的意义。例如:该分析者注意到,Proville进行的中规模改革方案只因受到不满者的破坏,就导致采用者无从改变其原有做法。另外一个外围者就是Calston,它进行的改革对其机构而言,算是小规模的,然而对参与的教师而言,该方案却算是一个颇有野心的改革。

该分析者也注意到:"执行期间的一般态度"并不是一个好的预测项,因为大多数地方的态度都是正向的,只有未延续改革的两个地方(Dun Hollow, Proville)是负面的态度。

最后分析者发现:直接的"行政压力"本身,也并不是一个很好的预测项。但是如果直接的"行政压力"和间接的督促、增强相互结合,结果就很明显了:胡萝卜与棒子跟采用者做法较大幅度的改变,的确是有其关联的(技术:找出中介变量)。

建立因果模型　现在你要好好想想：这两张图表所显示的相关，要怎样整合在一个有意义的解释模型中？目前为止，该分析者用的大多是变量取向分析，现在我们来用一点简单的过程取向分析。

一个简单的方法就是依时间排出这个模型。现在的问题就是：这些变量中哪些是最早发生的？执行时又发生了些什么事？执行早、晚期各出现了哪些结果？

第二项简单的方法是：请思考你的预期。究竟哪些变量可能对其他变量造成影响？这些变量应该比其他变量早出现，且两者似乎应该有直接的关联。此时，也就是要你思考其中可能牵涉的因果机制。

第三项基本方法是：检验报告人的解释。报告人认为出现了什么因果关联？请查阅田野笔记。

第四项原则是去想想：有关的研究与理论中有什么可用来解释其中的因果关联。你可以去找有关改革执行与个人学习的理论，其中可能提示了有关变量的关系。

运用这些原则，你必须再稍加处理。就像制作其他图表一样，你可以把变量写在卡片上，然后试着把它们放在不同的结构中，探究其中看似合理的关联性。你可以选用一些好用的绘图软件，像 McDraw，Inspiration 和 Meta Design。另外也有些画网络图的软件，可以直接运用你的编码来绘图，像 ATLAS／ti；还有软件可帮你测试命题，像 HyperRESEARCH 也都很好用。

这一分析过程是一创造的过程，需要增添一些奇珍异宝，如果你能找位同事帮你看看最初几版的分析结果，这一定会很有帮助的。

图8.2 就是运用上述原则分析而渐渐浮现的模型，让我们来看看这张图。第一，该分析者得到的结论是：在逻辑上改革"执行上的要求"应该是先于执行时所发生的事情。因此他把改革规模或范围、班级或组织相符程度与所要求的现状改变都当作前

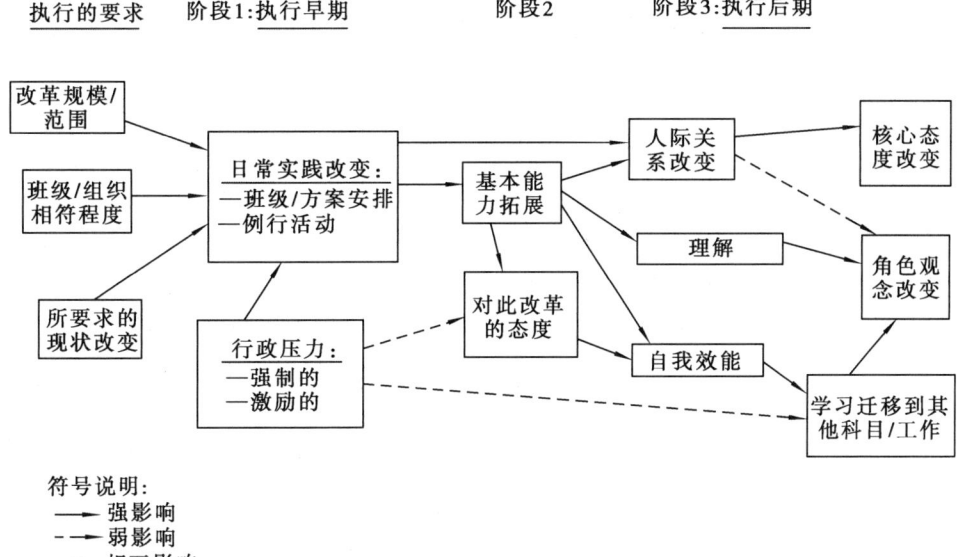

图8.2　追踪采用者实践改变之因果流程图

置因素,当作"采用者做法改变幅度"的某些方面的前置因素。

但是究竟是哪些方面?表8.9显示出:最容易(可能也是最早)改变的事情是班级的例行活动。分析者对此作了一些深究,他去看了个案的资料,也理解到:班级例行活动的改变,并不是透过神奇的魔术,而是透过该改革方案的安排,以及在班级中实施该方案的方式所达到的。因此,我们拉出这一部分,把它们当作是执行早期在"采用者做法"方面所出现的立即改变。

在此模式中行政压力应放于何处?札记显示:它主要出现于执行早期,分析者的推理是:行政压力可能对班级或方案的安排与例行活动有直接的影响力:压力与激励可以维持这种即刻的短期改变,让它表现恰当。而过去有关改革执行的研究,也都支持这样的结论(Fullan, 1982; Fullan & Steigelbauer, 1991)。

该分析者也假定:该压力另外还有较弱、较后期的影响(虚线部分):它会鼓励对改革本身持正向态度(经由增强与激励),而且还更能让采用者将所学迁移至其他科目或工作上。(该研究者假设其中有一个机制存在:行政压力使得采用者的学习更为突显与清晰,以至于更可能迁移至其他科目与工作上。这种预设在研究过程中,(a)应该明白说出来;(b)应该藉资料及同事来作一检验。)

一旦采用者实际上出现早期改变后,下一步的合理模式是什么?这一模式应该会带我们看到图8.2里其他"更深远"的结果。这当然也不是一条直线的链条,而是一个网络。我们必须考虑:接下来教师会出现哪些改变,而这些改变会互相影响与支持。在此又要用到前述四项基本原则。这位分析者运用了资料7.2所排的结果顺序,当作一个实证经验上的开始。

该分析者表示:该改革方案的例行活动提供教师一些经验,使得教师的基本能力得以扩展(教师们面对新事物,且知道如何去应对这些新事物)。扩展基本能力会让教师满足(增进能力通常让人感觉良好),所以我们预期教师对改革的正向态度会增加。如果回头去查个案报告和札记,可以:(a)得到具体示例,支持该因果关联;(b)并没有负面的示例(技术:进行"若—则"检验)。

上述两方面做法的改变,产生了进一步的结果。扩展的基本能力导致人际关系的改变(如:更愿意与其他教师分享新知);该分析者注意到:有些地方,例行的改革活动本身(如:协同教学或工作—经验方案)就带领人们进入新的工作关系。不过基本能力的扩展也加深了教师的理解——对教室动态发展、对自己角色、对学生角色;有些地方的教师还增进了对学校与学区的理解。最后,基本能力扩展与对改革的正向态度,又导致了自我效能增强(简单地说,现在我已经更有能力去做这些好而新的事情,因此在专业上我觉得自己不错)。当然这些构想还是一样要回头用资料7.2、表8.9以及过去的研究结果去作检验。

我们怎样才能得到"最深远"的那些结果呢?第一,分析者假定:经过执行一段时间之后,核心态度改变了(如:"我学会让学生自己去"、"我学得更有弹性"、"当你无法控制学生时,你怎样去信任学生?");这些改变基本上来自于该教师与同事、学生的关系。

第二,该分析者认为:角色观念(role construct)改变了(如:重新认识"结构化"教学,认为它颇有优点,而不再认为是权威取向了),本质上来自于基本的理解,以及成功地迁移至其他科目或工作的经验(这其中的预设是:迁移具有"一体适用"、"概括"以及可能还有"增强"的性质)。在此模型中,学习迁移主要来自自我效能:我觉得自己的能力越高,越可能在工作中去尝试新的想法与做法。

另一位分析者可能会找出一个不太一样的模式。也许他们对基本原则的运用不太一样,或者另找出一些一样有说服力的其他变通的说法。例如:假定没有出现自我效能,就不可能出现核心态度的改变了,因为核心态度的改变不可能单独来自于基本能力的提升与行政压力。不过这部分并不是该模型中的主要改变;总之,各自独立的分析者运用同样的基本原则、同样的资料库以及差异不大的预设,那么他们就会得出类似的因果图像。

你现在的目标应该是把这个最后版本,拿去确认,最轻松的方法,就是请同事来大肆蹂躏一番(如果前面另有人帮忙作分析的话,也把他包括在内),他们会帮你澄清所作的预设,提出不同的观点(技术:找出相竞争的解释)。

如果你已经找到一个相当满意的因果模型,请再一次回到完成的札记,寻找否证或修正所需的证据。

变 体

有时候如果能找出一个完全直线(W→X→Y→Z)的次模式,作为一种简化的策略,也会挺管用的。下面的做法也很有用,你可以逆向来看那个模式,先看最后的结果,然后沿着因果关系倒回去作推理(如果要引出这样的改变,那么什么变量必须先要有所改变)。

这一特定的结果项(采用者做法的改变)包括了很多部分,可以把它们看作是相互影响的项目,似乎也颇合理。假如你主要是对过程有兴趣,而且假如该结果项是单一的项目(如:某校实行改革的教师的比例),那么你所研究的过程所形成的模式,自然就是一个纵横交错的模式了。

建 议

你要预期:画出这种因果模型图,可能需要多种版本。你可以借用简单的工具(卡片或软件),好让你保持弹性,重做安排。请同事给你提建议与讨论。不要太早下定论。

请再回头看札记,作检验、测试并扩展该模型。通常回头看看前面的几张矩阵表,也会很有用,尤其注意外围个案与极端个案。因为如果有一具体且被透彻了解的个案,不适用该模型,你就一定要依该资料,调整该模型。绝对不能试着用解释,把那些"不方便"的资料打发掉。

你也可能会觉得被困住了,无法理解:何以变量 A 会以合乎道理的方式,导致变量 C。如:我们在那项学校改革中,出现了一个模式——"方案资金的规模"导致"组织的改变"(花钱越多的方案,也就是那一批会使学校与学区产生改变的方案)。但是我们想到里根时代一句半真半假的名言:"你不可能用钱砸它,就让它产生改变。"

那么,钱究竟发挥了什么作用呢? 这其中一定有一个或多个其他的变量在产生影响力,然后再影响到结果。最后我们发现:是执行的特质在发挥影响力,如:行政支持(经费多的方案,行政支持就多)。这里运用的技术是发现中介变量。

以往测试模型的方式,是将模型应用在新资料、新个案。如果你手边就有这样的资料,那真是太好了。你也可能已经作了一个勇敢且冒险的决定:在研究设计时,暂时搁置一个或多个个案资料不作分析。现在你就可以直截了当地用这一个案资料来检验一下这个模型了(技术:复制一项发现)。如果你的研究个案数量不多,且太复杂,就像我们所作的学校改革研究那样,那么上述方法就不易采用或根本不可行。这种情况下你其实不可能在资料搜集过程中,搁置一部分资料不作分析,即使你很坚决地决定要这样做。但如果你的个案数量很大,且不复杂(如:个别访问多名学生,有关他们生涯选择的问题),你就比较可能"暂时搁置"一个样本,供你验证模型之用。

所需时间

假如绘制图表前的准备工作都已完成,而且建立模型所需的变量清单也整理得很完善,要绘制出如上那样大小的一张因果模型图,第一版费时并不多,约 1 小时左右。但请记得 Norman Mailer(1959)的名言:"不要那么快速地理解我。"请你与同事讨论一下该因果模型,请反复去看图表与札记,并且修改原版本,这样另外还要费时约 3 ~ 4 小时。

因果关系链

在寻找因果模型的初期,你可以作一些简单的预设:什么导致什么? 请把原因和结果放在一直线链条里。资料 8.4 是一名分析者想要了解:在一项个别化与学生本位的改革案里,实行改革的教师们本身究竟是怎样经历到他们所谓的"让学生去"的这一改变的?

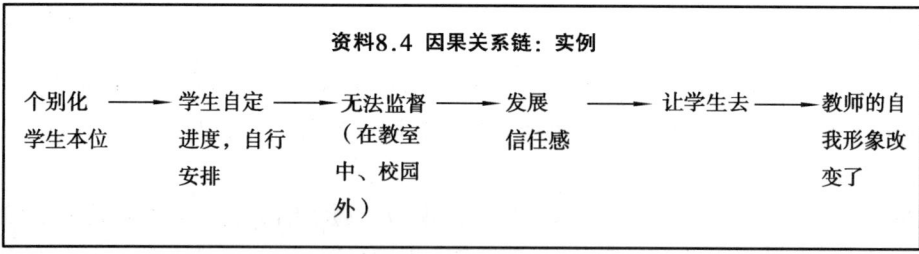

资料8.4 因果关系链: 实例

个别化 → 学生自定 → 无法监督 → 发展 → 让学生去 → 教师的自
学生本位　进度,自行　(在教室　信任感　　　　　　　我形象改
　　　　　安排　　　中、校园　　　　　　　　　　　变了
　　　　　　　　　外)

这样的一条链条,可以帮助分析者把东西明白地摊开来,看看究竟是什么东西可能会引起某现象。虽然这一链条呈现的是一种简化,但也正是这一简化,带来了更完整解释的种子。就像这位分析者在这里所写的:

> 我们省略一些步骤。如:学生本位也导致了师生关系亲近,以及更能掌握学生个人能力与情绪状况。接着,发展出信任感,成为师生之间联结的纽带。在许多地方"违背信任关系"都是一个关键。这就好像两者之间有某种隐藏的契约,

学生不会在校外"背叛"他们的老师,以回报老师的关爱……或是在教室活动中,学生会完成自己的功课,并去做老师规定的练习或精熟测验,以回报老师对他感到困难的观念或方法给以的个别教导。

这种直线链条可用来研究较不属于建构取向的过程。资料8.5 解释的是:何以一项当初雄心勃勃的改革,投入的精力却越来越少,最后并没有延续下去?

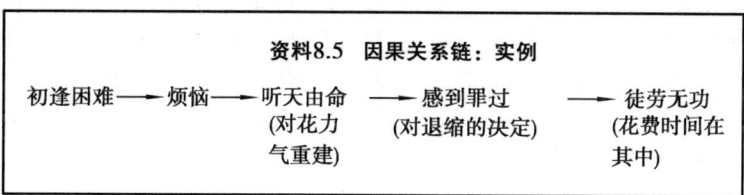

资料8.5　因果关系链:实例

因果关系链不要求太多思考或费口舌的解释,这便使得因果关系链很好用。你可以用它快速且方便地和同事(以及论文的读者)沟通,讨论某过程的意义(潜藏的机制)。但你还是要细细斟酌此一链条,还要把它和其他链条连接起来,形成因果模型(如本节所说),或是建立起个案间的因果网络。

第 6 节　因果网络——跨个案分析

问题剖析

在第6章第4节,我们说明了怎样运用因果网络分析,来对单一个案资料作一结论性、解释性的分析。一般说来,因果分析是研究后期的、推理的且相当有力的一个步骤,前面应完成的基础包括主旨编码、双变量关系检测、概念聚类以及预测项—结果分析。

此时自然会出现两项问题:我们可以把单一个案层级的因果分析放入跨个案分析中,而得到有意义的推论吗? 这是我们做得到的吗? 我们真能拿十来个个案因果网络变戏法吗?——每一个这样的网络可能包含了高达 30 ~ 35 个变量,它们依该个案的情况被组合在一起。而以上这两个问题的答案都是"是的"。

第一,如果我们在多个案中找到一组具有重要性的核心变量,然后以这些变量作跨个案分析——这是一种有力的方法,可以超越具体个案的解释,去寻找一座桥梁,让我们能发现或强化某些结构。在此同时,我们还能找出且说明各个案的实质特性。此时,我们正由局部的因果关系走向个案的群组——这些个案共有一些重要的特征。正如 Maxwell(无日期)有力的主张:"因果解释是质性研究的一个正统目标,也是质性研究具有的特定优势、可以达成的目标。"(p. 1)

至于这种分析的难易问题,我们认为:其基本程序与单一个案的因果网络绘制,是很类似的。跨个案因果网络分析是最后的一个步骤,这在单一个案分析中也是最后一个步骤。而前面应完成的步骤包括:部分排序中介表、个案排序中介表、点状图、多个案结果矩阵表以及预测项—结果矩阵表。一言以蔽之,跨个案因果矩阵表是可以整理出来的。

简　述

　　跨个案因果网络图乃是对你的所有个案作一种比较分析,所选用的变量,是经由你估量,最能说明该结果或该规律的那些变量。你细究每一个案中每一结果的等级,并且研究导致或"决定"该结果的变量流,然后作跨个案比较,把相同的与相异的变量流摘出,并作解释。其中的基本原则,就是要你发展出一个或多个中介网络(meta-networks),这一中介网络能顾及个别的个案网络,这些个案网络也是此中介网络的源头(Huberman & Miles, 1989)。

实例说明

　　因为制作跨个案因果网络,需要同时操作多组方块与箭头,解释起来,很容易弄混。所以我们把整个过程分成数个步骤。先借用我们较为熟悉的例子,并选一个易于作跨个案分析的结果变量来分析。

　　步骤一:聚类因果网络　我们先假定你现在手里已经有了第6章曾讨论过的基本材料:核心变量清单(参见图6.3)、因果网络图(参见图6.1),还有相关的故事(参见图6.6)。例如:那项学校改革研究里,我们已经有了12个因果网络图与其故事,一张35个变量的清单,还有特定个案的6个变量。你可以把这些网络图贴在墙上或展示板上,这样会很好用。

　　步骤二:从每一个案中抽出导致待分析因变量因果流　这是一重要步骤。我们假定:你正在研究人们的角色与生涯转变,你想知道所谓的"工作流动"这一结果是如何导致的? 我们先由一张个案的因果网络图看起(参见图6.1)。图8.3就是一张个案的因果网络图,上面做了一些记号,以方便我们作分析。图中"工作流动"方块在最右边,也就是在那份结果变量清单的中央(33号方块)。工作流动的等级是"高",表示该方案中有许多人员改换工作,有人到学区担任不同角色,有人到其他学区,有人离开教职(想知道Perry-Parkdale是怎样得出等级的,可参考表7.16)。

　　图8.3中有方块25、34与5三个箭头指向"工作流动"方块。另外,这三个方块中又有两块,乃由其他方块沿着我们所谓的"流"而导致的。如果你把方块33和它前面的方块都加上粗线,你就更容易看出这一导致"工作流动"的变量流了。你只要由此结果变量回走两步,就很清楚了。这些方块会以这样的方式延伸出去,你可以把它们想成是该结果的"近"因;而在此因果流的较前面方块,则属于"远"因。

　　请由图8.3的底部开始,让我们来看看这个变量流。第一组变量流从方块5与17开始,经过35与34,最后到方块33(工作流动)。第二组是由方块5直接到33。第三组变量流是方块5、16、25和33。第四组紧邻第三组,包括了方块4(远处)、16、25和33。第五组有一个全新的起点,就在方案实行之后,包括远因10、18、20,到远因26、34,最后再到33。

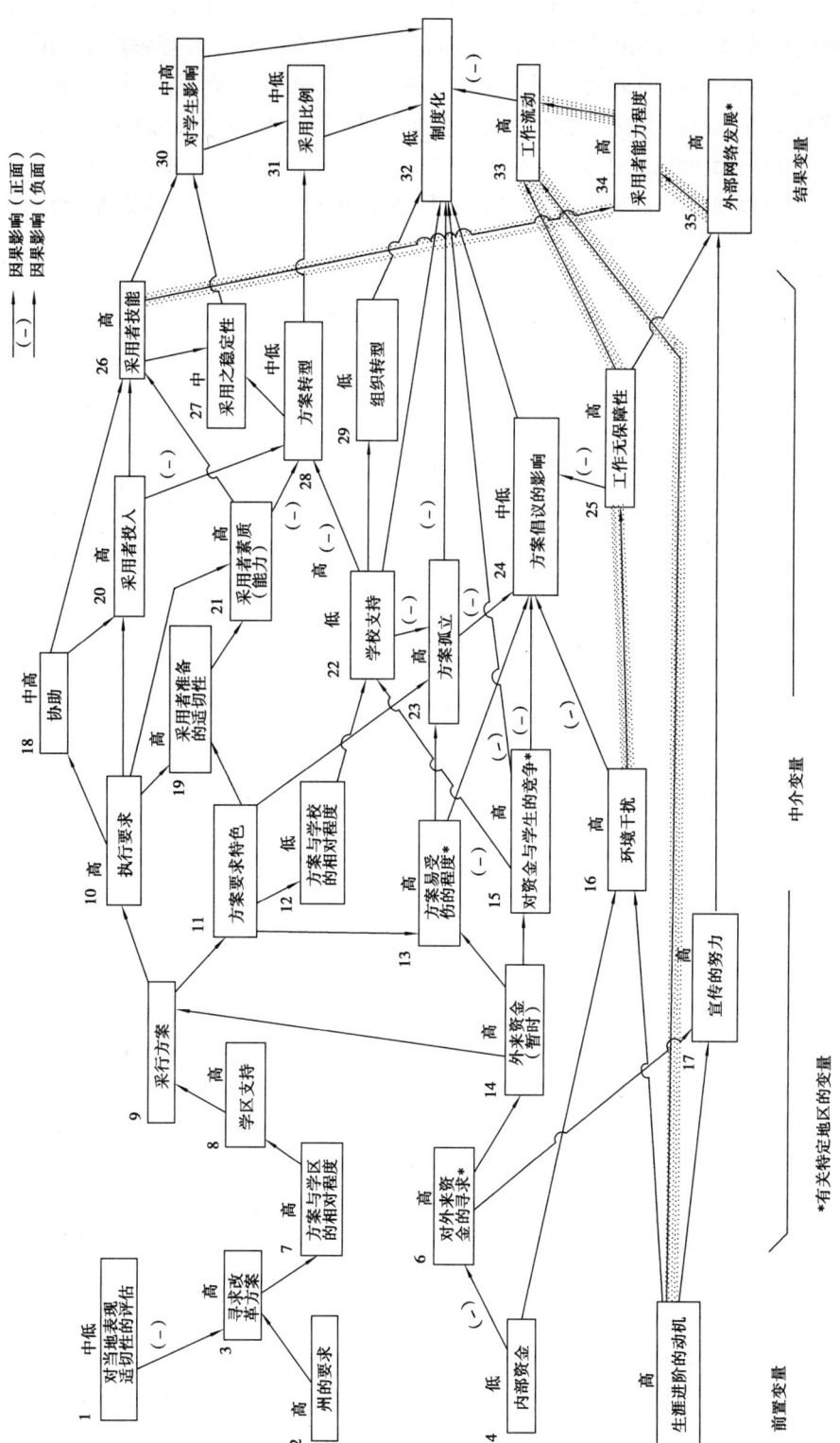

图8.3 Perry Parkda CARED方案的因果网络图（标示出工作流动的近因）

为了更便于阅读,让我们把各变量流由该因果网中节录出来,如图8.4 所示。我们把导致工作流动这一结果的各变量形成的次网络抽离出来。为理解此次网络中的五个变量流,我们可运用两种方式。第一,我们可以概览整个图,了解发生了什么事——究竟主旨或逻辑的顺序如何? 为答复此问题,我们可以看变量的名称与等级。例:请看 5—17—35 形成的子变量流。其中的信息是:此个案中的主要行动者有志于升迁(5),这导致他们努力宣传(17),把他们发展出的改革宣传到学区之外(35),那儿被假定可能有一些吸引人的工作。

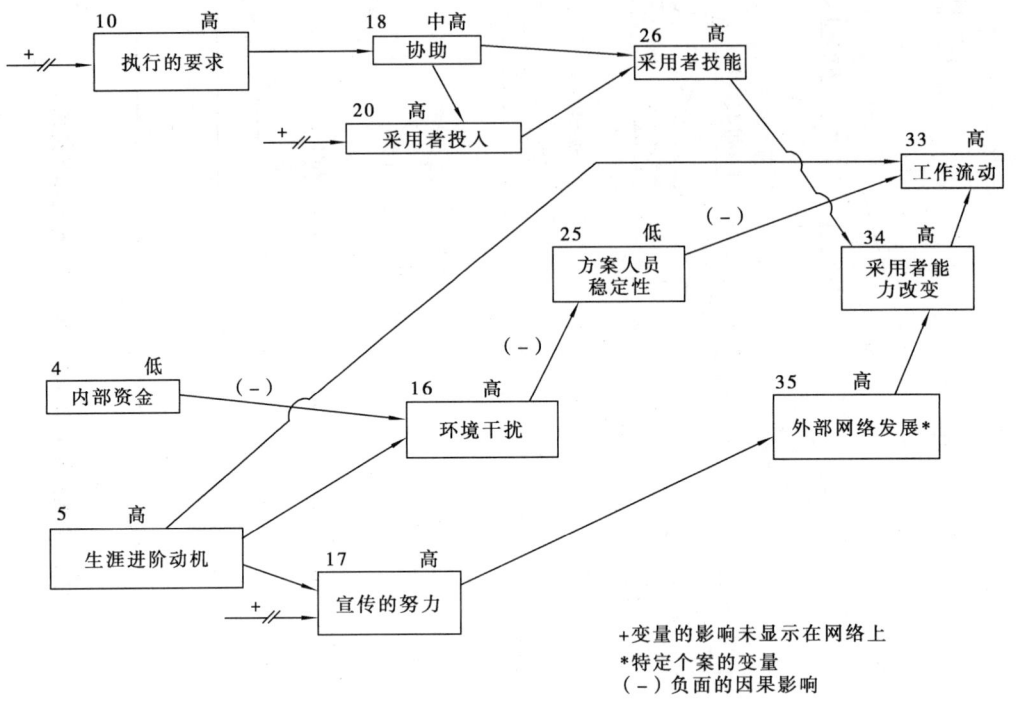

图 8.4　次网络图:导致高工作流动的变量流,Perry-Parkdale 个案

为了确定这一诠释的合理性,我们用了第二种工具:因果网络的故事(参见图6.6)。那段故事显示了个案的脉络,包括此网络中的时间关系与因果关系,并解释了为什么这些变量会像这样连在一起。

再让我们看看图8.4 中的每一组变量流。第四组 4—16—25—33 看起来不太乐观:低资金、高干扰、高工作无保障性、低方案人员稳定性、高工作流动性。读过说明文字,确认了我们的印象——这是一个"事出有因"的剧情:低资金导致地方对续办此方案的不确定感,这又引起方案人员转换至其他工作。我们也可把另一个变量流放入这同一剧情中:5—16—25—33。这一变量流加入了"生涯进阶的动机高"这一变量,因此更加强了"事出有因"的观念:即使人们想要升级,并不会因此就得到升迁,或就此得到一个想要的位置,因为形势比人强。但是在 5—33 这组变量流之中,却让人们的升迁成真:有些人真的经由此方案,得到他们想要的位置。因此,就让我们称此变量流为"机缘成真"。

另有一些人也如愿转换了工作,不过那比较像采用了社会救赎的方式,请看第四组变量流:5—17—35—34—33。职业生涯进阶动机导致了努力宣传,在此宣传的过程中,发展出训练和商议的技术(能力改变),然后再将此能力用于下一工作。读了相关的说明文字,我们更清楚地了解此处发生的事,使得"职业生涯定型(career crystallization)"的主旨出现了:从事宣传工作的人员了解到,他们会继续做宣传的工作,而不会再回到原来的工作。

　　现在来看最后这组变量流:10—18 与 20—26—34—33。首先,我们怎么知道此变量流是由 10 真正开始,而不是 1 或 2 呢?此时我们又要用到前面的两种工具。依逻辑来看,此变量流的主旨应该是与方案熟练有关,因此你选择了安置此熟练过程作为开头,也就是紧接着从"实行方案"开始(图 8.3 的方块 9)。而且图 6.6 那段故事也确认了这个假设是对的。这一变量流本身是提升型的:当地人员承接了一项艰难的方案(执行要求颇高),发展出新能力,而且转换到想要的新工作。我们可称此变量流是"成功制胜"[1]。

　　步骤三:用这些变量流和其他有相同结果的个案作一配对　你可以用两种方式进行此步骤,依你的喜好来作选择。第一种方式是变量取向,这是一种"模式配对(pattern matching)"(Campbell,1966,1975),逐一配对每一个案;以下我们会说明此方式。但如果你想看看特定的变量在所有个案中表现的情形,你就可以选第二种方式,这一方式开始时会比较采取"宏观"角度,会创造出一张前置因素矩阵表(参见资料 8.6),它会显示出整组个案的所有次网络里的近因与远因。

　　"模式配对"法是要探究:某个案中找到的一套模式,是否能在其他个案中复制,显示该模式乃是一共通的剧情?其中是否牵涉了同样的核心变量?其中的等级(高、中、低)是不是相同?让我们再来看一个高"工作流动"的个案,把其中导致结果的变量流截取出来。图 8.5 显示的是 Calston 这一个案,这个图应该比较容易处理。

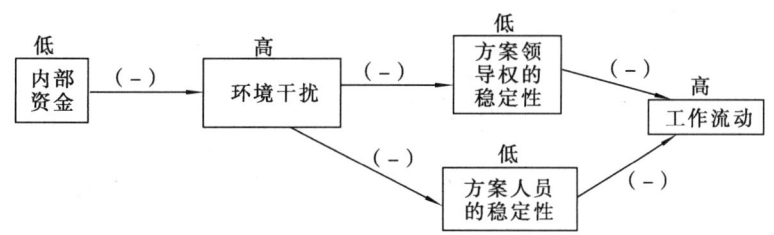

图 8.5　工作流动的次网络,Calston 个案

　　图 8.5 导致工作流动的只有两组变量流,两者都强调相同的剧情。如果你回去查 Perry-Parkdale 那一个案的"事出有因"变量流(图 8.4),会看到图 8.5 出现了三个相同的变量(内部资金、环境干扰、方案人员的稳定性)。更棒的是,这三个变量的顺序也一样,且有相同的等级。

1　请注意,在图 8.3 里为了简化起见,我们省略了一个子变量流:10—19—21—26 然后到 34 与 33。初期使用者的准备与选择,产生了称职的使用者(即使没有协助),这也可以视为一个因素——从采用者能力获得这一层面来看。

让我们再看看另一个案。图 8.6 是 Banestown 个案的一部分。很明显,这是另一种"事出有因"变量流。假如我们把此个案的特殊变量("教育局的气氛")去掉,那么剩下的变量和 Perry-Parkdale 就一样了,连等级都一样;不过变量的顺序不太一样;图8.6 中"内部资金"是在"环境干扰"之后,而非之前。但如果读过个案故事,你会发现同样受挫的生涯剧情。这表示:虽然变量顺序不一样,却未影响大势所趋。

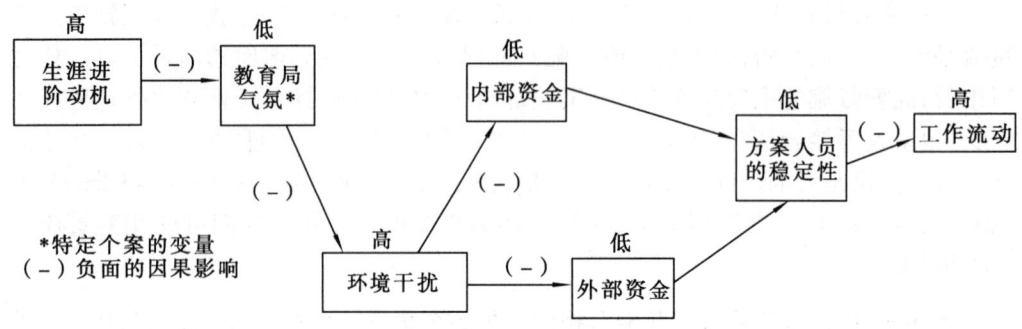

图 8.6　工作流动的次网络,Banestown 个案

再来多看一个例子(图 8.7)。读者此时应该能快速地切割网络了。有三个箭头指向高"工作流动",也同样有五组变量组。第一组——20—18—26—36—37——应该颇为熟悉;这是我们在 Perry-Parkdale 看到的"成功制胜"变量流,至少几个近因变量都一样,也就是最接近标准变量(采用者能力改变)的那几个变量都一样;顺序也是一样的,等级也一样。

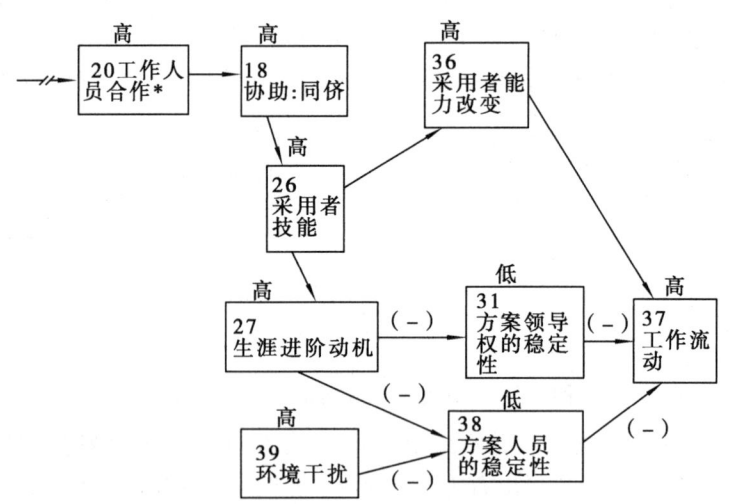

图 8.7　工作流动的次网络,Plumment 个案

再看图 8.7 中的另一变量流,27—31 与 38—37。这很像 Perry-Parkdale 的"机缘成真"那一部分,不过图 8.7 还增添了其他的助力("方案人员的稳定性"在此中介过

程中,发挥了作用)。最后,来看图中的第三组变量流:39—38—37。这与 Calston 的最后三个预测项的顺序相同,和 Perry-Parkdale 的顺序与等级均相同。为了确认,分析者需再读一遍这 3 个个案的因果网络的故事。

最后,这 12 个个案形成的 40 个方块变量流,依照发展的方向落入 4 个群组中,也就是:事出有因剧情、机缘成真剧情、成功制胜剧情以及生涯定型剧情。

再者,研究者还可以再作一点分析,就是把同类个案再作一汇整,而不是把个别的变量流作一汇整。如 Perry-Parkdale 与 Plummet 都有工作流动成功与不成功的剧情;有些人得到想要的工作,有些人没有。其实其他几个个案也都有此情况;我们可将这些个案在个案层级上汇集起来,称之为"或成或败剧情"。

步骤四:就网络图里变量的异同,验证浮现的剧情　现在该来确认一下浮现的剧情了。要确定两张图里的变量流是不是属于同一剧情,或用 Campbell 的词汇来说,就是想看看:各变量流是否找到了"相匹配的"模式。要知道答案,可依循一些原则,我们已用过 7 项这样的原则,其中上述实例运用的 5 项原则如下:

1. 各变量流中主要的预测项全部(或除一、二项外)都是一样的。
2. 各变量流中最近的预测项(即最靠近结果变量的二三个预测项)都是一样的,且顺序也都一样。
3. 各变量流共同的预测项,其等级也都一样(高、中、低)。
4. 各变量所出现的结果主旨(outcome theme)也是一样的(如:"事出有因"剧情、"成功制胜"剧情)。
5. 各变量流所写的网络故事证明了该相似性;或者由网络变量流中,引出的结果主旨,得到网络故事的验证。

这些证明模式相似与否的原则,其实运用了三种技术。第一,简单的清点,你可以拿出预测项—矩阵表(资料 8.6)很快地算出来:相同预测项的数量、相同顺序的数量、相同等级的数量(原则 1—3)。第二,配对结果主旨,亦即两两核对 4 或 5 组变量流的结果主旨,看看主旨是否相似(原则 1—4)。第三,将网络故事和该结果主旨作比较,亦即将这两份不同的资料,作意义上的核对(原则 5)。因此,我们仍然是结合了一些"算术"和较为结构性的或"质性"的分析方式[1]。

最后的两项原则,也就把整个图像牵引出来了:

6. 各个案的结果变量,其等级不同(如:一个是高工作流动,一个是低工作流动),则他们的结果主旨也不相同。

---

[1] 质性研究者在进行个案内与个案间的分析时,所采用的这种颇具推论性的"模式配对"法,大多会运用到原则 1 至原则 3 之中简单的清点与配对技术,也就是注意到:某些事物总是一起出现;有些事物多多少少会出现相似的顺序;会出现若干 X 的示例,而只出现一两个非 X 的示例,等等。大多数的质性研究者或明或暗地会运用这样的估量法,包括对次数、密度与共变量的估量。事实上,如果未采用原则 1 至原则 3 的简单计算与比较,你是不可能得到原则 4 的(比较结果主旨)。因此,质性研究里其实有许许多多的简单计算;就像在量化研究里,也不断在进行归纳性的意义塑造一样,例如:因素分析与聚类分析(cluster analysis)等就是这类的方法。

7. 结果变量之等级不同的个案,其最接近结果变量的预测项也是不同的;即使最近的预测项相同,其等级也会不同。

我们当时运用最后这两项原则,完成并检测我们的分析(未显示于此)。这两项原则告诉我们:在整组个案分析里,我们不只比较结果的高低,还要注意其中因果流的变化。我们除了知道个案的工作流动有中、低之外,我们还必须明确:如果拿中、低流动性个案和高流动性的个案相比,其因果流不是有差异,就是正好相反。理论上来看,低个案和高个案会有一些相同的变量,排列的顺序也相同或相似;但是等级会不一样。例如:高内部资金加上低环境干扰和高人员稳定,会导致低工作流动——这与"事出有因"剧情正好相反,不过两者的变量相同,顺序也相同。这种对立的个案更可强化原分析与原解释的力道。现在我们可以更有信心地主张:工作流动乃是由一组因素结合起来所造成的;这组因素包括资金、环境干扰与人员稳定性;因为无论是高流动或低流动都源于同样变量之间的互动。

前置因素矩阵表

要进行跨个案的变量流配对,有时很容易就把人搞昏头了。若我们能把那些似乎会导致结果的前置变量固定住,这样就比较好处理了。

前置因素矩阵表是将所有可能导致改变的变量,都呈现出来。而排列这些前置因素的顺序时,依据的是结果变量的高低。假定你已经采取前述的步骤二,找出了次网络;现在最简单的方式就是先把该次网络至少前1/3的部分,整个扫瞄过去,寻找所出现的变量。可能需要你再把概念上其他重要的变量,也加上去。资料8.6是将"对学生的影响"这一结果变量的前置因素列出来。请注意,其中把前置因素依概念作了聚类,且将这些因素依基本性质作了分类,再将这些基本性质列于表头,这样可以让人们更容易理解。

所谓"近因",是距离结果变量不超过两步的预测项,而"远因"也是与该结果变量连在一起的变量,但是距离较远。近因与远因都应填入其强度(高、中、低)。有些变量在该个案的直接变量流中未出现,在该个案的整个网络图上也未出现;那么就让那些格子保持空白。

分析时,你可以逐栏去看,摘出其中的发现(请自己试作分析,看看你在资料8.6中发现了什么)。

例:我们可见5个高影响个案中有3个是采用者投入高,且是近因;但在另外2个高影响个案里,采用者投入则是远因;中影响个案中,采用者投入是中高程度,且是一远因,但在中低影响个案里,采用者投入根本就不是原因;而在低影响个案中,采用者投入是低程度的。因此,即使采用者投入通常只是一个远因,但它对学生最终的影响,则是相当实在的。等你看完所有变量,以及相关的分析文字后,你可以写下一个整体的摘要,以下是资料8.6的一段摘要:

图中显示:想要对学生产生影响,似乎要有以下情况出现:采用者投入高,方

资料 8.6 前置因素矩阵表:对学生影响的前置因素

地点	压力	投入		要求 / 相 配 程 度				组织转化	协助		稳 定 性
	行政压力	实施者投入	改革范围	执行要求	方案相配学校程度	方案转化	改革的剧变情化	组织转化	协助	做法的精熟程度	采用的稳定程度
高影响											
Perry-Parkdale(外)	高	高	中	高	低	中	超越		中/高	高	中/高
Plummet(内)	高	高	大	高	高	高	超越	高	高	高	高
Tindale(内)	高	高	中/大	高	高	低	强化	高	高	高	
Masepa(外)	高	高	大	高	低	低	强化		高	高	
Banestown(外)		高	中/小	低			挽救		高	高	高
中影响											
Carson(内)	高	高	大	高	低	高	超越	中/高	中/低	高	中
Calston(外)		中	小	中低	高	中	修改		低(行政) 高(自己)	高	高
Lido(外)			中/小	低	低		修改		高		高
中低影响											
Dun Hollow(内)		低	中		低	低	修改		低	高	
Astoria(外)		低	大	高		高	未示示				
低影响											
Proville(内)	高	低	中	高	低	高	挽救		低	低	低
Burton(外)	低	低	中/小	低	低	高	修改		低	低	低

符号说明:———近因;------->远因;
(外)外在发展的改革;(内)内在发展的改革　　空白格子表示非该个案的原因,或在网络图上未出现该原因。

案转变小或将开始的大企图作一修改,能提供高协助,以及对实作熟练程度高,还有采用的稳定性高,等等。至于行政压力,算是对学生影响的一个远因——但是否产生影响,必须看行政压力是否转化成意愿,愿意将方案转化的规模限定,或提供可能的支持,或两者都做。

上述是一段整体的概述,事实上,你也可用它建构出一个初步的跨个案因果模型(参见第5节)。现在我们已有概念:究竟最有力的前置因素是哪些。但是这一模型只是一个平均状况,把每一个案发生的事情平均起来而已。现在你应该开始寻找群组——具有相同剧情的个案所形成的群组。

因此,你可以跨字段地去逐一比较个案,找出其中相似的模式。你可以先比较有相同结果的各个案(如:高影响的5个个案)。如果你在此表中看出相似的2个个案,就去查查原始的次网络图,看看它们和其相关的变量流是否相似。现在你用的模式比对法,前面已说明过了,此例中我们已找到相同的成果——一套完整的剧情,可解释各个案中发生的事情。如同前面的例子一样,我们还要对这些剧情再作验证(步骤四)。

这种前置因素矩阵表是个简单的方法,它让你看出一张大图像,但却不必横扫无数个变量流,把自己弄得精疲力竭。你要记得的重点就是:这个矩阵表是抽取自因果关系流程图,如果你想找到真正有力的结论,是不可能由此矩阵表得到的。你必须经常回头参考当地的真正因果关系流程图,并将整个网络按先后顺序分成数个群组,而不是只看到单一的变量。虽然画一张前置因素矩阵表要增加分析的时间,但是如果你需要对数个个案逐一作变量流分析,前置因素表反而可以减轻你的负担,并减少其中混乱的情形。

变　体

我们认为跨个案因果网络图这种方法仍然还不太成熟,希望其他学者在试验其他引出结论的技术时,也能把因果网络图这种方法予以改良(参见 Leithwood 等人的作品,1991;资料6.5)。现在仍然还有很多问题未解决。例如:如果五六个个案中有数个个案共有一个因果流程,你是不是还要再用一二个以上的个案去作复制的工作?另外,如果你要分析15~20个以上的个案,那么所花的力气是否值得?如果你要处理大量的个案,QCA 与 AQUAD 等软件会帮很大的忙,虽然它们仍无法处理网络图上的多重路径,而且同时只能处理12个变量。

下一步要进行的,显然是一次处理跨个案的数个结果变量。我们曾经成功地完成过。例如:我们的那项学校改革研究,运用了相同的分析程序与决定原则,从12个个案中引出了多组结果剧情。图8.8是一个因果网络图,其中将4个个案汇集为一种剧情(含有5个结果变量)。这位分析者在此扬弃了特定个案的变量,他为4个个案画出了一套和谐的流程。这4个个案被称为"群组",共享一种剧情——对学生的影响高与采用者能力的改变大,但采用的百分比与制度化程度只有中等。(之所以能画出这张前后衔接的图,部分是因为调整了作决策的原则,亦即把中或低视为一样,而不要求必须完全相同才可以)。此剧情中关键的因素是采用者的高熟练程度,伴随着顶多只能算是中等的采用稳定性。请注意:该分析者也发现此图中采用者与行政人员的因

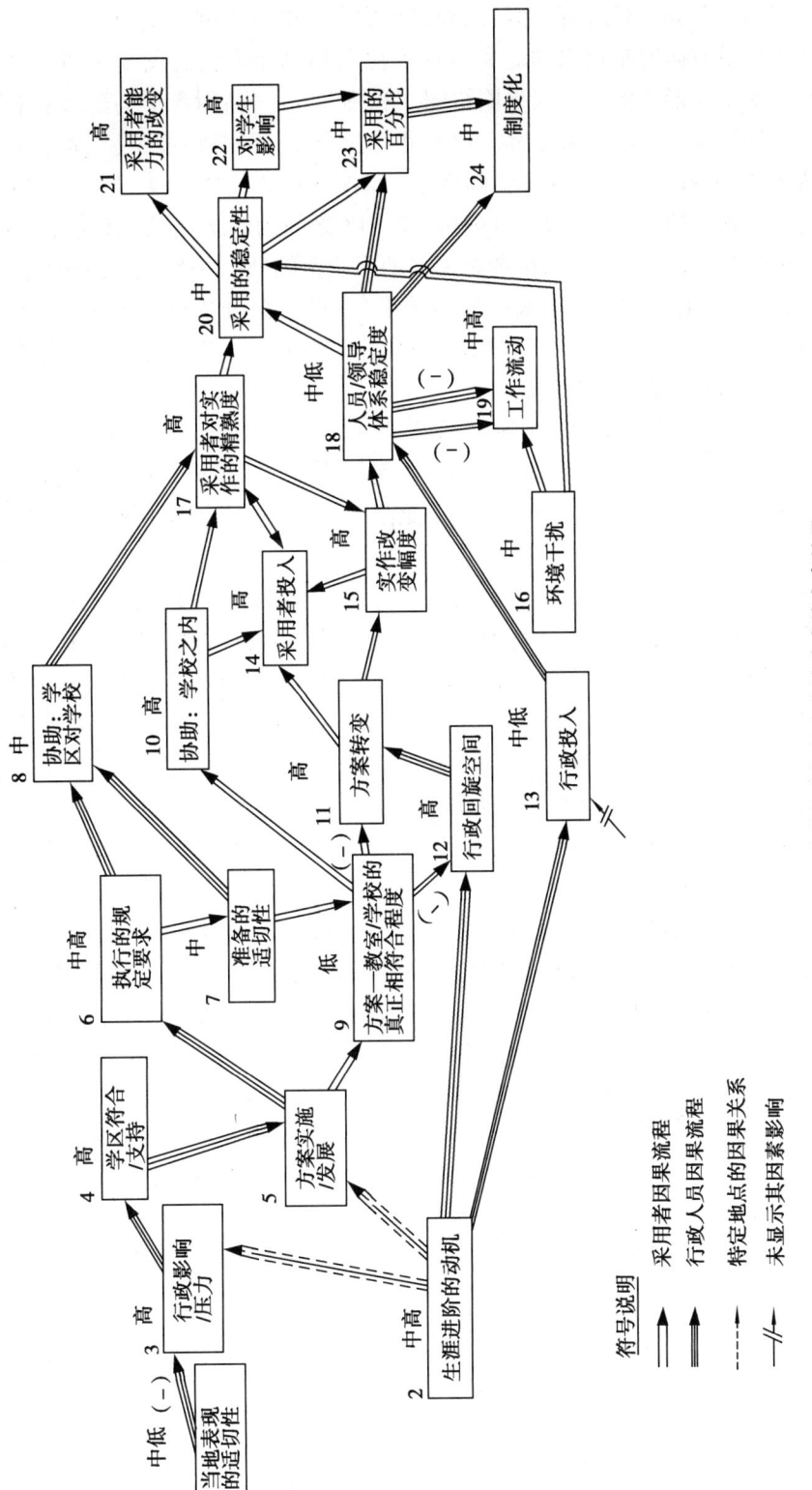

图8.8 剧情2: 由高精熟度与低安定性造成的中高结果

符号说明

⇒ 采用者因果流程

⇒ 行政人员因果流程

----→ 特定地点的因果关系

—/— 未显示其其因素影响

果流程有相当的差异,这显示出你可以画出特定角色的因果网络图。

但并不是所有研究都可以如此完整地引出多重结果剧情。图 8.9 研究的也是 4 个个案 5 个变量所形成的一个因果网络图。和图 8.8 一样,图 8.9 也显示了采用者与行政人员两种不太一样的因果流程。但另外有几个变量的等级或路径,显示 4 个个案的表现情形并不一样。例如:虚线框的变量(如:9、10、11),其等级不一致。另有些路径是特定个案独有的(如:19—22,11—14,17—18 之间的联结)。然而,这整个剧情仍然看似合理(当行政人员容许采用者有很多的回旋空间(8),去转变该改革(12),使改革"更容易实行",此时就可能造成中低的结果)。即使该改革被稳定地实行(16),但"缩小改革规模"使得能力改变不多(20),对学生影响不大(21),还有采用的百分比(19)和制度化程度(22)也都不高。

在这张多重结果网络图中,个案间的差异情况究竟如何呢? 平心而论,个案间的差异性远大于一致性。另外,你可以看出:个案的差异情形可以直接显示在图中,而又不致增加此图的负荷——读者可轻松地据此回头参阅最初的个案网络图,以便理解得更深。

这当然是较具有雄心的做法。如果做法保守一点,最低程度可以怎样运用这种多重结果网络图呢? 至少你可以把这种图当作是一种快刀斩乱麻的技术,让你得知:究竟你对自己的资料了解有多深? 你和你的研究伙伴对于发生作用的那些核心变量,你们理解的一致程度怎样? 你可以在研究进行到 3/4 时做这种练习,亦即在最后分析之前来做,这样对你会很有帮助。

首先,让我们假想自己是独自一人作研究。你先坐下来,然后问自己:我的资料中最主要的因果流程是什么样子? 半小时后,你已经完成一张假设性的流程图。再用大半天,你已经看完相关的个案资料——模式编码、暂时摘要、备忘录、相关图表说明文字——并知道所浮现的模式究竟有多么合理;也晓得可以怎样去验证并加强这一模型。因为通常你在现场时,就已经猜测过这张图的样子,你可以把当初的想法,拿来用经验证据作一测试。如果你在研究设计阶段就画了一张概念架构图,那么现在就更轻松了。现在你在处理的是一个核心"因果流程",包括了预测项、中介变量和结果项,我们要看看:此流程和迄今所得的资料与分析是否相符。我们在第 6 章第 4 节已经讨论过这种因果网络,当时看的是单一个案,现在所讨论的是跨个案的运用。

如果你们有一个团队在作研究,可以参考以下的例子。Huberman 与 Gather-Thurler(1991)探究:把 11 项研究计划的发现传播到 23 个职业训练组织。他们想知道:这些组织是否会接受那些研究发现。研究过程中渐渐浮现一组有关该组织的主要变量:

　　　　对那些研究发现进行理解,所花费的时间
　　　　对该研究所投入的资源(时间、咨询人员)
　　　　对该探究有所了解工作人员,占全体人员的比例
　　　　研究发现和所信奉的组织目标,其间的一致性
　　　　对研究发现的理解

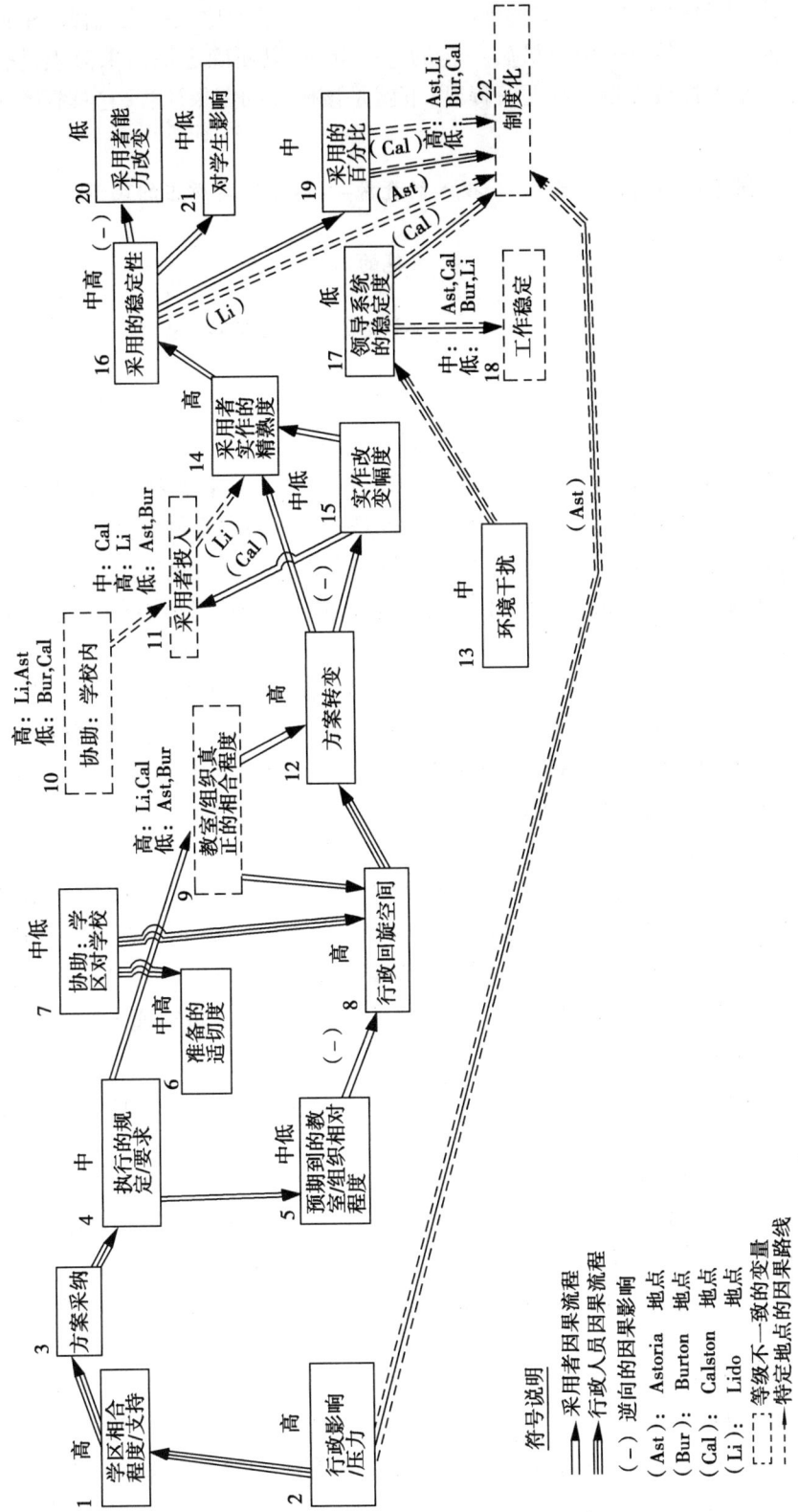

图8.9 剧情3: 由缩小方案规模造成的中低结果

三名研究人员每人用上述变量画出一个因果流程,然后比较每张流程。依此交叉检验,再去搜集下一轮——也是最后一轮的——资料,以便确定该因果流程是否被支持,以及究竟是怎样被支持。顺便一提,以下就是该研究的因果流程,它具有各个案最多的相同点:

同意那些研究发现 ——→ 投入的资源 ——→ 了解者所占的比例

所花的时间

对研究发现的理解

建　议

跨个案因果网络分析运用一套简单的推理方式,产生一套解释,这套解释在概念上与经验意义上均有不错的意义。这种方法也是一个不错的实例,它可显示变量取向分析和过程取向分析是可以连接的。如果你将一个以上的依变量逐步加入此种分析,网络就会趋于庞大,变得并不好用,不过运用这套决定规则,仍可能产生还算不错的发现。

跨个案因果网络之所以可用,主要因为你用心研究过微观层面,如:个别的"路径"或"流程"。能看见大图像,固然重要,不过你由前置因素矩阵表(如资料8.6)得到的那个更具普遍性的洞察,还是需要回头藉特定个案的流程网作为透镜,才能作一确认。你可不能忽略地方性因果网。

无论如何,此处有一必然的重要结论:跨个案因果网络分析取决于先前的跨个案分析。如果这个因果网络的发现和前面的分析(如:个案排序的预测项—结果分析,或个案排序的结果矩阵表)不一致时,就表示有些地方出问题了。按道理来说,变量取向的跨个案分析,应该会得到更具概括性的模式,能够符合跨个案因果网络的分析。当你回头去查证跨个案分析表时,这个因果网络分析必须要能说得通才行。

请参考以下更为具体的建议:

请把该网络的故事放在手边,以便查用。多个案虽然具有顺序相同的同一组核心变量,但其个案说明实际上可能意味着不一样的东西。

试着为一主旨或剧情命名之前,请先细看几个个案。通常每一流程都会有一两个迷途的预测项,你需要等待,直到这些迷途的预测项由这些变量中分离出去,而剩下的这些变量始终一起出现,这些一起出现的变量便为这个变量流程赋予了名字。

对网络里某个变量的重要性私下标注,是要特别谨慎的。我们可能会认为汇集多个箭头于一身的那种变量是比较重要的,不过你如果去进行流程层次的分析(stream-level analysis),就会破解这一想法。事实上,有多个箭头的那种变量反而是个麻烦。我们的网络分析并不像路径分析模式(path-analytic model),并没有回归系数(regression coefficients)可以显示那一个子变量流的重要程度(子变量流就是两个或两个以上相连的变量)。无论如何,我们已写了故事,它通常可告诉读者某些因素有多重要,以及某些因素是特别有意义的。因而,再提醒一次,分析者要把这些故事和图表放在一起,反复去查阅它们。

如果另外有一人能运用同样的网络、故事、核心变量清单,去复制一遍你的分析,这是不错的点子。我们很容易轻信一个想法,以为由两个个案得出的流程就会是“一样的”;此时如果能有一名同事帮忙,他往往可以称职地指出一个我们在第一轮忽略掉的、不易掌握住的漏网变量。

如果你找到的跨个案剧情和该个案的网络故事或个案报告材料不相符,就必须重新分析剧情。剧情是你最后的成品,它取决于你稍早的作品,不要让那个剧情僵化,以致和它原有根源的分析分离了。

如果作跨个案分析的人,先前并没有作个案层次的因果网络分析,那么他应该把写出来的跨个案报告反馈给单一个案的分析者,请他确认一下:该个案是否无误地呈现?

最后,切记! 你所做的是从区域的因果(local casual)走向超区域的因果(translocal casual),目的是要引出一个具有广度与更高概括性的解释。这一解释不仅要有来自地区或脉络的意义,而且还要有理论上的意义。这一解释应该与现有的或正浮现的理论相符——该理论说明这些现象为何会像我们所见的这样,而且似乎在很多个案里都是如我们所见过的那样一起出现的。

所需时间

人们刚接触跨个案因果网络分析时,可能觉得它有点吓人,但是后来应该会觉得相当高兴,而且所费的时间也没有想象中那么多。例如前段提及的“工作流动”这一单一结果的分析,从该分析者开始处理 12 个网络图与其故事开始计算,大约费时 1天。至于步骤 2 与步骤 3(将各个案同样结果的变量流抽出来,再来作跨个案比对)约费时 4 小时。步骤4(就不同结果的个案,来对其作决定所采用的原则作双重检验,并细究各个案)约费时 3 小时。撰写最后的文字说明约费时 1 小时。

如果采用变通方式,绘制前置因素矩阵表,会费时较多。处理12 个案的网络图并绘制矩阵表,约费时 3 或 4 小时;由图里引出结论并撰写分析文字,另费时 1 小时;然后再回头将个案汇集到共同的情节里,再将各个次网络摘取出来,并撰写最后的分析文字,这些工作另外花费约5 或 6 小时。

作跨个案网络分析其实颇为有趣;因为你正在运用一种完整的方式来为事物创造意义,此过程中你绝对会有多次“豁然开朗”的体验。但是这种乐趣要付出的代价,是你必须相当谨慎。你必须在两件事情上花费心思:(a)尽力说明整组个案;(b)要从某些死胡同退出。所谓死胡同是指那些没有意义的变量流,你必须要把这种变量流打发掉。这种变量流虽然看似贯穿各个案,但是它们与个案故事并不搭配。你必须告诉自己:每一有结局的分析过程,都会有这样的一部分的。

整组个案必须依据所采用的若干剧情来作说明,这种说明比起那种机率取向的分析要更困难一些,因为必须依据所采用的剧情为标准来作说明,这一标准显然是较为严格的。让我们这样说吧! 假如有一个案在结果项上是低水平,它和另一个高水平的个案作对比时,其中预测项的等级或网络里的顺序都不符合原则 6 与原则 7(持续作配对),这时你就得搞清楚为什么了。原因通常会在个案故事里找到,但这就需要你花时间去找了。

　　至于绘制多重结果的图表,真的是挺花心思的。像图 8.8 与图 8.9,每张图约费时 2 天。你要把这类工作和劳力的事情穿插起来安排,或者是穿插一些和亲友一块儿处理会严重失去方向的工作。或者你也可以做个梦,假想你正在梦里无止境地排列一大堆的方块与箭头,而它们却永远没有交集……。

结　语

　　本章探究了怎样处理一组个案,希望从中得到更好的解释,产生较好的理论。我们所用的原则是:透彻了解你的个案,不要把他们混为一谈,或将它们平均掉了,要完整保留当地个案的变量结构。变量取向与过程取向都是必要的分析策略,它们两者相辅相成。如果研究焦点乃在变量上,会比较容易画出矩阵表;不过网络图可以让我们更完整地看见整个过程。通常我们可以把个案分成几种解释的"群组",每一群组拥有相同的剧情。不过仔细研究歧异个案是很重要的,不是强把跨个案解释加在歧异个案上。

　　我们这一本书一共介绍了大约 27 种矩阵表。下一章,我们将回头提一些通用的建议,供你在建立与运用矩阵表时参考。

第 9 章

矩阵表:基本原则

Matrix Displays:Some Rules of Thumb

本书包括了许许多多的矩阵表,究竟如何建立与运用它们? 我们想在本章提出一些总结性的建议。并不是所有的人都喜欢表格,也不是所有人都采用视觉式的思考。就像第 5 章第 1 节讨论过的,以系统方式呈现简化的资料,对你的理解很有帮助。它要求你:思考你的研究问题,以及你要用哪部分资料去回答。它也可以帮助你作完整的分析,忽略无关信息。系统化的资料呈现也可以集中资料的焦点,以连贯的方式把资料组织起来。当你把图表放入期末报告时,读者借着你的图表也可以有信心地重演你的心智之旅,而获得上述所有的优点。

本书前已述及,所谓资料展示主要采用两种方式:矩阵表与网络图。矩阵表基本上包括 2 个或 2 个以上的层面或变量(常又分为次变量),二者交叉组成,以了解层面间或变量间的互动。矩阵表的格式很适合变量取向的分析,也可以予以扩充,进行较注重整体性的个案取向的分析。

网络图并不采用分层的方式,而是包括一串相连的结点,网络图很适合用于个案取向或语段取向(syntagmatic approach),网络图可以让随时间发展的各事件形成的"情节"再生,并显示出各变量的复杂互动。网络图提供我们类似故事的东西,你可以再将故事分解,放在矩阵表里[1]。

有关绘制网络图的建议,不易综合。我们建议你看以下章节:

第 5 章第 2 节(脉络图);第 3 节(事件—状况网络图)

第 6 章第 4 节(因果网络图)

第 7 章第 5 节(复合式顺序分析)

第 8 章第 5 节(因果模式);第 6 节(跨个案因果网络图)

本章并不只是简要的重述,而是特别为使用者着想的。有些人的风格不喜欢运用图表,而是把质的资料作整体的处理,本章可以告诉这些人:矩阵表究竟可以为你做什

1　有关资料展示的这两种主要类型,Maxwell & Miller(1992)作了很不错的澄清。

么。至于喜爱用图表的读者,尤其是矩阵表,本章可告诉你如何有效地运用矩阵表。我们会依序说明:建立表格、填入资料、引出结论。本章主要谈基本原则,乃根据我们与同侪们[1]的经验。我们也做了一个小实验,本章纯粹用文字来谈图表问题。

1　"矩阵表思考(matrix thinking)"可以作为概念化与研究设计时的辅助工具,想对此有更多了解者,可以参考 Hage(1972)与 Patton(1990)第 8 章。Carney(1990)也提出了不错的建议,不过他所谈的表格只限于数字表格,数字乃是由文字简化而来的。

第 1 节 建立表格

对于使用图表,我们应该先做一番精神训勉。其实绘制矩阵表,通常都颇为有趣、简单、让人有成就感;并没有什么神秘、禁忌或僵滞。

本书介绍的矩阵表,大多数的格式都是用几分钟构想出来的。真正费时更多的,是在修改表格,并运用表格完成分析。不过在这方面我们有不少的经验,我们运用此书办过不少工作坊,我们请研习者提出研究问题、说明资料的类型,然后请他们绘制出可以回答研究问题的图表。结果显示:完成这项任务,一般人费时 15～20 分钟,而且是以十分愉快的心情完成的;另外还有些许惊异,惊异这一工作竟是如此简单。

再者,我们通常是采用小组方式进行上项练习。结果显示:采用同一组资料去画表,画出的表也会不一样,若有 25 人画,可能画出 20 种表,填入的资料,其形式也各不相同。每一张表都可回答该研究问题,每一张表也各有优缺点(参见第 5 章第 2 节有关清单表的各种变体)。

这显示:绘制表格并无固定的规则。毋宁说,绘制表格是一种创造性(但有其系统性)的工作,它可以深化你的理解——对于你资料中的本质与意义;即使你还未将资料填入表格,你就可以有此收获。所以问题不在于你画的表格是否"正确",而是绘制表格对于你回答研究问题有无帮助,或是否能为找到答案铺路。就较深层的意义来看,本书并不是在教你"如何运用图表",而是"思考资料展示这一问题,并创造对你最有帮助的图表"。

另外本书实例所用的图表名称,并不是固定不变的,你不必照章全收。谁会在乎你绘制的是不是"时间取向的中介表"? 或者是不是"预测项—产出—结果表"? 重点应该是你所绘制的图表,对你理解资料究竟做了些什么。

矩阵表的元素

设计表格期间,你要作的选择有以下数项,作选择时我们思考的重点是:要怎样切割资料。以下是一张简单的检验清单。

1. **描述性目的 vs. 解释性目的**　基本上你是不是想要把资料展示出来,让人明了:"那儿有什么";或者你希望能产生一些解释,让人明了:事情为何会如此出现? 后面这类研究要更为注意排列顺序的各式表格。

2. **局部排序 vs. 完整排序**　基本上你是不是要把资料放在行与列之中(这些行与列代表的是一项项的描述性类目)? 或者,这些类目乃是依照某种方式排列顺序的——可能依照某变量的密度或强度、依照时间、依照参与者的角色或依照个案(这些个案在某些重要变量上,表现程度不同)? 除了初级的描述较不需要排序的表格外,这种排序表基本上是非常有用的。

3. **时间排序与否**　上述排序的表格里有一类是依照时间来排定的。若需要依时间排,则可分析流程、顺序、周期、大事纪,乃至于原因与结果。

4. **变量的类型**　行与列要写入什么类型的项目?类型几乎无限多样。以下介绍两份清单,借用自 Lofland & Lofland(1984)与 Bogdan & Biklen(1992)。为了要说明得具体些,我们以健康中心这一情境为例,列举出清单。此清单指出了被探究的社会单位之规模。

个人	Jane Hughes, Luis Garcia
角色	病人、护士、医生、行政人员
成对的关系	病人—配偶关系、医护关系
群组	加护病房团队、会计人员、手术团队
场所(地点或区位)	手术室、急诊室、餐厅
整个单位	Good Samaritan Hospital, HMO 市中心

下一种清单显示的是某社会单位正在做什么。包括:

特定行动、行为(人们做或说什么)	诊断性提问、回答、倾听、提供信息、眼神接触
事件(可标示出来的发生之事)	核准、手术、撤销
活动(一般发生的事、被连接的一套行为)	巡房、检验、缴费
政策(指向某目标的活动)	复健、营养咨询、放射治疗
意义、观点(人们如何解释事件)	HIV 检查呈阳性、病人与医师的观点、工作的经验
状况(一般情况)	医护士气、病人不稳定、关键情况
过程(进行的流程、阶段、随时间的改变)	会治疗、渐愈、检伤分类、作决定、社会支持、丧亡

　　一旦你已明了填入行与列的变量之类型,通常你必须作进一步的切割决定。如果你决定栏中要填入"角色",那么"护理长"是否要列入"护士",或单独列为一项,或纳入行政人员?你是否要把医生依职位分类(主任、主治、住院医院)?

5. **双向、三向、N 向**　一般矩阵表只分为双向,但你可依需要增加,如:把栏再分为两层,虽然看起来仍是双向,实则是三向了。另外列的部分也可分为两层,分得更细也可以。但若超过四层时,最好干脆分为更多张小表,才会比较清晰。

6. **细目内容**　所填资料的层次与类型,你需要不断地作取舍。你可包括以下内容:

直接引述,由札记中节录	"基本上外科医生是具有男子气概的一群人——我的意思是,最好的那一类。他们必须表现成那样,他们不得不那样。"

总结、改述或梗概	病患的律师似乎越来越不受信任。住院医师时间运用的原则大多未受到重视。
研究者解释	"病患对于治疗的不确定"乃是其"生命受威胁之状况",以及"运用拒绝作为缓冲器"的函数。
等级或总结式判断	心导管绕道手术后降低风险的行为:更差、无变化、改善、明显改善。
以上的组合	治疗结果:改善。饮食控制("我甚至尝试吃花椰花")、一些运动(每天走路 20 ~ 30 分钟);抽烟(减量,正在考虑用烟龄贴片戒掉)

7. **单一个案资料 vs. 多个案资料**　你的重点是不是要描述脉络里的单一个案(一个人、一个家庭、一个群体、一个组织,参见第 2 章第 3 节)? 或要探究若干个案,而你已由其中搜集到一些可比较的资料? 若是后者,行与列的表头里通常可填入各个案的名称(不过各个案也可能填入细格,参见第 8 章第 4 节)。

建立表格的基本原则

研究者知道有这些选择之后,想要绘制出图表,是否有一些又好又轻松的非正式的方法可以参考? 我们列出以下几项建议,请将它们看做是轻松的建议,而不要看作是严格的规定。

1. 先看你的研究问题与主要变量,以及可用的资料有哪些,粗略地画出表格。
2. 请一名同事看看你的表格,帮你找出这张表格背后的预设,并提出其他格式的建议。
3. 如果可能,用计算机文书处理程序画出改好的表格。想办法画在一个页面上,以便让你一目了然。
4. 行与列所处理的变量不要超过 12 个,约五六个最恰当。如果需处理的变量数量很多,就把他们聚类成数群,或分成不同表。
5. 要有心理准备:最早画出的表格等你填入资料时,会修改好几次。你会经常出现一些更好的修改想法,常要到后期表格才会用得很顺。
6. 如果你画的是次序表,各项目的顺序可能需要作调整。多数文字处理软件都可以很方便地来作调整。
7. 保留弹性,永远可能需要加上新的列或行,即使是在分析后期。
8. 努力让列与行填入的项目之措辞精简,能反映资料中有意义的差异,但也不要太求细致,把力气用在无意义的细节上。
9. 心中谨记:任何一项特定的研究问题,可能要用一系列的表格来处理;如:先用一张初步的局部排序描述表,然后是小张的摘要表,再是各式更成型的排序表。事前先作规划,但也必须要有心理准备,可能会突然涌现新的需要。相信我们! 就是这样。

第2节　填入资料

填入资料所牵涉的决定与做法是质性资料分析中的关键。由表中引出的结论,其质量不会比你填入的资料质量更好。一张完成的表,可能看起来颇有连贯性、似乎合理、也很吸引人,但如果原本在第一现场搜集到的资料就不佳,或填入表格时过于匆忙、切割不良或模糊不清,那么在这张表格里列出的研究结论就很可疑了。

填入资料的基本原则

1. 请厘清你要填入的资料之层级。填入的是不是相当"浓厚"的描述("thick" description)(Denzin, 1989b;Geertz, 1973)? 能否完整显示背景? 能否显示意向与意义? 并显示出:事件如何随时间发展[1]? 你要不要填入引述、细部特写? 你要不要作摘要或改述? 你要不要作更普遍性的总结判断或整体的等级?

　　如果你正在犹豫,不知要填入多详细的资料,此时就填入"较丰富"的资料吧! 如果填的"资料密度"较高时,这张表格的用途也才会较高(Tufte, 1983, 1986, 1990;Wainer, 1982)。我们再引 Tufte 的话:"要够清晰,再加些细节。"资料多些总比少好。填入资料太贫乏,你会看不出其中的意义。

2. 无论如何,请切记:再详实的表,所呈现的也只是可用资料的一小部分。这一部分一定比原始资料要"单薄"。你一定要从一大堆的田野笔记里作很多选择与浓缩。你要清楚觉察自己是如何作选择,如何浓缩资料。你不能把札记丢开——你需要经常去查完整的资料——你应该"注意"自己在做什么。

3. 请运用代码找出主要材料的位置。若能用文字处理程序填入这些资料,会轻松许多(或是运用可以开多重窗口的软件);这些软件能让你轻松地到另一窗口或区域取用编好码的文块,然后选取或编辑或简化这一文块,放到另一窗口或区域中(如:AQUAD, NUDIST, 参见附录)。

　　知道所用的文块是由札记何处取出的,这是颇重要的;你应标上资料出处,如此在需要时,你才能轻松地去找出原出处。

4. 前已述及,对于图表中的资料,你绝对不可能保留原资料的完整细节,究竟哪些东西能被保留下来,这完全取决于你的思考,以及他人的思考——你究竟是怎样选择与

---

[1] 有关"浓厚描述"的问题,Denzin(1989b)的讨论尤其具有参考价值;他说明了"浓厚描述"是怎样为"浓厚诠释"奠定基础的。他提到 Geertz 所说的"浓厚"描述(例如:Geertz 对巴里岛的斗鸡之描述)其实有些是颇为单薄的、分析性的,而且是观察者导向的。有时候人们会将"浓厚描述"肤浅地等同于丰富的细节;其实"浓厚描述"意味着更多的东西,就如 Maxwell(1992b)所说的,"浓厚描述"应该是指这些细节在当地文化脉络里所具有的意义性。

浓缩资料的。

　　所以你选择文块填入表格,所依循的原则,要清楚地记录下来(如:应答者之间一致同意的程度,或资料类型之间一致的程度;应答者感觉的强度;研究者对该资料的信心,以及下判断或评分的基础)。你的报告中需要写这些。处理这些问题时,你应该写工作日志,否则你回头再想时,自己也会迷糊了,或忘了自己怎么做的,或改变了原用的原则(参见第 10 章第 4 节)。

5. 以上作决定所用原则,以及该表的其他方面,应清晰地运用符号说明来作解说。

6. 若资料遗漏、不清或未获回答,应清楚标示在表中。

7. 直到资料填入后期,才能确定该表格的格式不用再改了。你可采用填入资料的方式,测试该格式的适切性、实用性与帮助性。若有需要,就再修改它。

8. 虽然质的表格基本的优点在于所填入的文字,不过你仍可填入数字,无论是数量,或是等级、量尺形式的一些判断(后者所持的原则应很清晰)。

　　若你真的填入数字,要把文字与这些数字一起放入表中,以澄清、支持、加深其意义。

9. 如果你要在一张多个案表格中依序排出个案,那么当你要对所依据的变量作观测时,应格外仔细。若你的排序不清楚,会让后续的分析都遭殃。在"预测变量—结果"表中,每一个主要依变量也都应如此小心。如果你未好好观测变量,那么你对预测变量所作的分析都将付诸东流。

10. 早早就去找个同事帮你看看填好的表格,把你的决定原则与札记一起给他看,了解你在程序方面是否适切。如果你依照第四项建议,做了完整的工作日志,那么找人看图表就会产生最好的效果。这是极为费时的工作(约是你原工作时间的一半)。但你可以选择性地使用此方法,此人乃是就你所采用方法是否确实有效,作一重要的检查。

第 3 节　由表中资料引出结论

　　检验一张表格,也就是要看:它帮你理解了什么,以及此理解有多确凿、是否有凭有据。前面各章,我们用粗黑体标示了引出结论并证明它的一些技巧。每一方法各有利弊,第 10 章将再细究,此处只提基本建议。

引出结论的基本原则

1. 先用快速扫瞄方式,将你的第一印象作一提取,看看由行、列中挑出些什么东西。然后对该印象,用更仔细的复阅来验证、修改或推翻它。

2. 任何表格都可运用多重技巧引出结论,最常用来引出初步结论的技巧就是:找出模型、主旨或主题;作对比、比较;聚类以及清点。

3. 你心中出现结论时,就把它写下来,以文字来解释它。把你的结论表达出来,写作的过程无可避免地会让你再组织、再厘清,并出现再分析的想法。书写本身便是一种分析。第 5 章已谈过图表与分析性文本之间的互动(参见图 5.4)。图表本身不会说话,对你或读者皆然,提供相应的文字往往都是必要的。

4. 初步的描述表通常都颇大,颇复杂,因为你想把"所有东西都塞进去",所以你可以采用内容分析摘要表(第 7 章第 3 节),以澄清你的理解。然后再用此较大的表去检查你的理解,确保你没有过度简化或扭曲你的结论。

5. 初步结论都需要回头用札记去作检验。如果就此"基层"来看,发现图表不对劲,就要修改它。有时就是因为有这种表格在,才会引导你去注意研究结论的确切性,注意是否有一种无法自圆其说的感觉。请用原始资料,去处理这种感觉。

6. 每一个初步的结论都需要证明、检验、验证。究竟结论对吗? 最常用的技巧是:追踪惊异处;三角测量;运用"若—则(if-then)"之检测;并运用相竞争的解释去检验。如果你想藉报告人的反馈来做确证工作,那么画一张矩阵表会颇有用。详见第 10 章。

7. 查看排列个案的表格时,就每一个案的资料,作初步扫瞄,一次看一个案。以确认你对该个案所得的描述性理解是清晰的,然后再找出跨个案的类型。

8. 写期末报告草稿时,请解释被你检验过的结论,并把札记中的实例包括在里面。不要选生动有趣的例子,以免把你的故事调了味。最好找真正具有代表性的例子。如果你找不到这样的例子,表示此结论是有问题的,请修改它。

9. 记住:分析通常都应该超越描述层次,到达解释层次。用原始资料来检查结论,只不过是建立意义工作中的一部分。其他要做的工作就是:澄清这些结论在概念上的涵义,这些结论是如何符合你或其他人有关社会行为的理论。如果你作的表格分析,得到的虽然是可验证的结论,但却是无意义的结论;那么对他人而言,也没什么用处。

10. 把你引出结论的过程记录下来(参见第 10 章第 4 节,表 10.2 及图 10.8),特别在早期的工作,应偶尔请同事帮你浏览复阅。此阶段的复阅现在帮助的是你,而未来还可帮助想扩展或复制你的工作的人。至于全范围的审阅者是要帮你看影响重大的研究计划,或是你认为研究中关键的部分。

11. 在发展最后报告的文本时,必须仔细思考读者需要哪些资料。在许多情况中复杂的分析表格必须跟着你的分析性文字一同呈现,如此一来,读者才能检验你的结论。别人不会依据信任,就接受你的研究发现。

　　呈现基本资料的传统早已根深蒂固地扎根于量化资料分析的报告里。对量化研究者来说,他们没有想过可以不用表格来呈现结论,他们至少也会参考包括表格在内的一些文件。我们相信这些规范也应适用于质性研究。报告结论时包含图表,应该是正常的做法。就如同 Carney(1990)所言,标准的期末报告包含了完整的描述文字,也应包括详实的描述、图表与相关的分析文字。

　　Krathwohl(1991)认为,读者可借着图表"重建出分析是如何发展出来的,检验概念在转录方面的忠实度与结论的逻辑效度"。

　　有些研究里,研究者只要做出一些简单的摘要表或是浓缩版就可以了。另有极少数研究,引出结论时只需要含有例证的文本,就已足够,但我们认为这类研究极为罕见。如果你的研究并未呈现基本表格,你就应该为读者清楚解释你的结论文字是怎样得到的,你根据的资料是什么,以及你所用的分析方法。

无论任何情况下,我们都要想到:读者想从图表中得到什么? Tufte(1986)说得很好:"我们希望从图表中,得知复杂事物的清晰轮廓。绘制图表者的任务就是针对细微处或困难处,提供一条视觉上的信道"。[1] (p. 80)

在下一章中,我们将深究引出与证明结论的各种技术,还将探讨优良结论的相关议题,以及如何将分析过程保留在文件里。

1　虽然此处 Tufte(1986)所谈的是量化资料的图表展示,不过他的这一想法是颇具独创性的;Wainer(1982)所写的《如何将资料展示搞砸》(*How to Display Data Badly*)也同样精彩无比。另外,你也可以参考 Tufte(1983, 1990)对资料展示所写的经典作品。

第10章 形塑良好的意义：
引出结论与验证结论

Making Good Sense: Drawing and Verifying Conclusions

本章是本书核心的一章。我们前面介绍的图表，都是分析的工具，但究竟要怎样运用这些图表呢？你可以运用一系列的技术，从图表中引出结论，并验证结论。前面各章，我们已经用了粗黑体来标示这些技术，现在我们要逐一细谈这些技术。然后，我们要讨论有关结论的质量问题。最后，我们要说明怎样在资料分析过程里将做法记录下来的问题。

第 1 节　产生意义的技术

本节将介绍 13 种技术，我们可以藉用这些技术，从图表的某一特定结构中引出意义。以下我们还是先剖析问题，然后再提供一两则实例，通常会借用前面章节已运用该技术的实例（那些章节里，我们已用粗黑体标示出那些技术的名称）；同时也参考其他人的著作[1]。

本节，我们也会将建议尽量聚类并列出来。我们的节奏颇快，介绍怎样运用各技术的同时，也说明怎样检测这些技术。另外，我们也提出一些练习该技术的建议，其中运用了一些前面各章的图表。请注意：通常该图表也会用到其他的技术，而不只是我们所提的那一种而已。

人是意义的寻找者，即使面对最为混乱的事件，也有能力极为快速地形塑出意义。为了要保持平衡，我们采用的方式是：借着组织和诠释，来使这个世界保持一致性与可预测性。这其中的关键问题是：究竟我们在质性资料里所找到的意义，是否有效、可重复与正确呢？本章第 2 节将就此来作讨论，说明怎样运用技术，对所得的意义作一检测与证明；并且能避免错误，确保结论的质量。

首先，请概览一下 13 种产生意义的技术。它们的排列顺序是从描述性到解释性，从具体性到更为概念性与抽象性。

找出模式主旨(1)，**发现似乎合理的东西**(2)，以及**聚类**(3)，这三种技术都可帮忙看出：究竟什么带着什么出现。**做譬喻**(4)和前三种技术一样，可帮我们就各式的资料，找出较为完整的东西。**清点**(5)也是一种找出"那里有些什么"的常见方式。

作对照/比较(6)是一种有说服力的技术，可用来使我们的理解更为清晰。而有时候我们也需要作些区分的工作，**分解变量**(7)的技术就是作这类的处理。

我们也需要有些技巧能够以更抽象的方式去看待事物及其关系。这包括四种技术：**将特殊统整成为普遍**(8)、**找出因素**(9)（这很类似于我们熟悉的量化分析技术）；还有**注意变量间的关系**(10)，以及**发现中介变量**(11)。

最后，我们要怎样才能系统性地积累对资料的一种一致性的理解呢？本章讨论两种技术：**以证据建立一条逻辑链**(12)，以及**创造概念上（理论上）的一致性**(13)。

找出模式主旨

研究者在处理文本或未完全组织好的图表时，通常都会看见反复出现的模式、主旨（主题），或"完形"——它们使得许多零散的东西都组合在一起。就好像某种东西

---

[1]　我们并不认为这份清单是完整的。例如：Martin(1990)曾经提出"解构"质性文本的一套技术，其中只有部分和我们的清单重叠。她的技术包括了**拆解二元对立**(dismantling dichotomies)、**检查沉默处**（"沉默"是指未说出来的或是隐含在内的）、**分析两面话**(double entendres)以及谨慎地经由系统性地取代字词或片语来**重建文本**。

突然"跳到"你面前,霎那间你觉得自己全都明白了! 我们在第 4 章第 3 节"模式编码"中曾经讨论过这个。

我们的学校改革研究里,有几个模式可以作为例子:

"神奇的个案"(一个原本失败的学生,经此改革方案,就有了成功的经验)被多次引用,用此个案来解释或论证该方案的合理性。

"深层回应"指问题解决的一种方式,是一所中学里一个教师团体所采用的。

"行政上的回旋空间"是指有自由空间可以调整一项改革方案,为的是能完整地去尝试该改革。

模式有哪些类型? 就如前面多次提及的分析取向一样,基本上模式也可分为变量类、过程类两种。变量类的模式是在比较各类目间的异同时找到的。过程类的模式则是在某脉络里,时间上与空间上的一些联结所组成的。

如果你的个案数和(或)资料量很大的时候,找出模式是很有用的。例如:Stearns et al.(1980)研究 22 所学校(参见第 4 章第 4 节),田野工作者们从一个以上的学校资料里,先就其研究发现无结构地提出一些"模式";然后再逐渐将这些"模式"简化为数百个"命题",归属于 21 个类别。

究竟要怎样找到模式? 其实,一般人都可以相当迅速且轻易地找到模式,并不需要我们对此特别提出方法上的建议。模式就这么自然地"出现"了,甚至好像太快了。我们自然有能力从一堆资料里,快速地创造出"故事"(Goleman,1992)。但是其间更重要的是(1)要能够就该模式找到更多证据(Guba 称此为"反复出现的规律性",1978),以及(2)当反面证据出现时,我们应对其保持开放性。就像 Ross & Lepper(1980)指出的,人们的信念(此处是指:相信会有某模式的存在)很明显地会想要抗拒新证据。但是我们应了解到:在某模式尚未显示出有用的知识之前,我们应该对该模式保持怀疑,也应接受他人的怀疑;并接受概念上与具体证据的测试(此模式在概念上真的有意义吗? 此模式会在其他该出现的地方出现吗? 是否有其他相反的例证呢)。请参阅 Yin(1980,pp.104-108)的深入讨论——对于先前的预测,研究者可以怎样运用实际证据所发现的模式去作检验。

习作建议 请细究图 5.5,看看什么模式在你眼前跳出来。为你的结论写些分析性文字。尝试一下,你会很高兴。然后再将你的文字和书上的分析比较一下。图 5.1、图 5.2、资料 5.8、表 5.2、表 5.7、表 6.1,也都可以运用此方式做一练习。图 7.7 也可一试。另外,表 8.5、表 8.8 也很适合做练习,表 8.8 尤其会让你觉得很值得做此练习。至于这些图表的位置,请参见本书的图表目录。

提醒一次:当你做练习时,每个图表也都可以且值得运用其他技术做一练习。

找出看似合理的东西

可靠的田野工作者 Boswell(1791)曾经报导,Johnson 博士说"爱国主义是一个流氓的最后避风港",他所持的理由很好:一种高贵的情操可能很容易就被其他目的所利用。"似乎合理性"这一想法，其间蕴含的道理也有些类似，当研究者在引出结论时，它可以提供一个最后的栖身之所。

研究者在资料分析过程中，常会出现以下的情况：结论似乎合理，它"能够产生不错的意义"、"有相称之感"。如果这时有个同事问你：你是怎么得到这个结论的？或你的根据何在？你的第一反应往往是："其实我并不是真的知道……但是感觉上结论就是这样子。"如果我们回顾历史，会知道许多科学发现最早出现时，那名科学家多半就是这种感觉。科学史上充满这种整体的、直观的理解，后来经过努力验证，也的确证实当初的直觉是对的。因此你不能以轻松的态度，去对待你直觉到的一个看似合理的东西，以为它只是个潜藏的偏见。

然而，人是意义的寻找者，即使面对最混乱的信息，我们仍然得努力从中寻找意义。就算在随机的资料里，人们也可以找到模式，这也就是对算命着迷的人所做的事。正因为这样，我们才会表示："似乎合理性"很容易成为人们的避风港，虽然分析者不是流氓，但是对于太急切跳到最终答案的分析者而言，情况就是这样。

等我们检验自己分析过程留下的记录时（参见第 4 节），常会发现自己对所引的结论，赋予了"看似合理"的基础，尤其是研究早期引出的结论，更容易出现此种情况。弄到最后，"看似合理性"其实就是你的第一印象，这种印象必须再用其他技术去检验才行。此时的看似合理性乃是某种线索，它会使分析者去注意一个表面上看似有理与有意义的结论——然而，这其中真正重要的是什么？

在此先举一简单的实例。在我们学校改革的研究中，有位分析者想要依照改革的"采用率"将 12 个学区作一排序，亦即采用改革的学区与学校中，有可能采用某方案（例如：一项阅读方案）的教师之数目，以及真正实行改革之教师数目，两者的比例。表面上看很简单，只是两数字的比值。然后我们可以依据比值将所有个案分成数类：高、中、低采用率。但这位分析者真的去处理资料时，却发现情况复杂多了。他写下的记录评注如下："类目可用，没有问题，但是该类目形成的次序量尺，却不适合直接拿来作比较。关键在于：各地最初想要实行改革的规模或范围，并不相同。"该分析者表示：原先的想法乃是根据"看似合理性……亦即表面上似乎就很清晰的一种道理"。

下一步就比较系统化了。该分析者几次尝试画出矩阵表，最后画出的是表 10.1。他画表 10.1 时，已了解到：采用率在学区和在学校是完全不同的事，于是他依据两者将个案作了分类。

表 10.1 是依据早期看出的"似乎合理性"画出来的，其中也运用了几项下文所介绍的其他技术，包括：聚类（如：了解到 Astoria，Calston 与 Lido 都是将方案应用在一定比率的学生身上，所以把这三所相同的学区聚类）；分解变量（将采用率分为学校层次与学区层次）。

最后，研究者将个案分为 4 类，其中有一顺序存在，且都有确实的根据，这 4 类个案包括：一是学校层级与学区层级都是高采用率；二是学校层级完全采用，但学区采用率较低；三是学校采用率中高，且可算出明确比率，但学区较低；四是学区与学校都清楚显示是低采用率。

表 10.1　个案排序的中介矩阵表：各个案的采用率

采用程度	学区	学校里				学区里				判断可能采用者所持的标准	备注
		采用年数	学校采用者总数	各校可能采用者总数	采用%	采用年数	学校采用者总数	各校可能采用者总数	采用%		
学校与学区均高	Carson(内)	3	20	20	100	3	42	42	100	学区内所有一般教师(1 小学,高中)	1979 年秋天批准该方案
	Masepa(外)	3	9	11	82	4	36	43	84	6 所学校 3～7 年级所有教师	1980 年 4 月批准该方案
	Tindale(内)	4	29	36?	80?	4	48	60?	80?	2 所高中后段组学生的英、数、科学教师中,曾采用改革案最高量=60	学生最高数量不明
学校全部采用,学区低	Plummet(内)	4	25	25	100	4	不适用	不适用	?	改革案实施于全校；所有现任老师都是可能采用者	不知道学校是否处理所有目标学生(青少年犯罪者,11 所高中)
	Perry-Parkdale(外)	3	6	6	100	3	不适用	不适用	?	实施的是内含的改革案,所有教师都是可能采用者	方案能提供 2 所高中一与二 3% 的学生；不知道采用者的总数
	Banestown(外)	1 ½	3	3	100	1 ½	10?	不明	?	改革案是补救实验案；所有实验老师都是可能采用者	应用于大部体系中的 5 所学校
学校中,学区低	Astoria(外)	1	5	5	100	2	不明	不明	100?	所有一年级老师与助理(92 所学校)	1978 年秋天批准该方案；整个学区真正的采用率不明
	Calston(外)	2	2?	2?	100?	4	4	4～50	100～8	采取狭义,对方案有兴趣的校长(N=2),该校所有的中年级老师	全部 25 所学校的采用率是 8%
	Lido(外)	4	3	5	60	4	3	5	60～8	某所高中的科学老师	因为改革案是跨学科的,基本上所有高中的 36 名老师都是可能的采用者；如此采用率就是 8%
学校与学区均低	Burton(外)	1	1	5	20	1	3	20?	15?	4 所高中所有社科老师	所谓采用是指第一年的"实验"
	Dun Hollow(内)	2 ½	2	13?	15?	2 ½	3	84	3?	7 所小学里 1～3 年级所有老师	所谓采用是指"现场检测"
	Proville(内)	3	0	11～36	0	3	0	44～144	0	4 所高中的 44 名职业教育教师,与或 100 名分科的人员	1979 年春天会中断

? = 遗漏或不确定的资料

因此,运用此项技术的基本原则是:信任你"看似合理"的直觉,但不要和它们坠入爱河。还必须再运用其他技术去处理你最初的发现。

再者,还有一项也颇值得提醒的技术,就是去注意看某处是否缺乏看似合理性。假如你觉得某一结论,"就是不大对劲",那么就把它排除,这样可能会比较安全,但不能保证一定安全。有时候,与直觉不符的,或者令人迷惑的发现可能特别是有启发性,所以应允许它们的存在(在下一节的追踪惊异处,我们会再简要地说明这一问题)。

研究者分析资料,通常都是就研究实质内容来引出结论,不过在过程里也会就研究方法引出一些结论,此时也会用到"看似合理性"这项技术。例如:分析者决定调整表中两列的顺序、增加或删除一栏、将资料打散放入摘要表中或者将填入资料的原则予以改变。依据我们过去在这方面的经验,通常填入资料所依循的原则,依照你的直觉所看到的似乎合理性,一般都是颇为合理,并不需要你再费力去"验证"它们。当然有件事情是颇重要的,我们在前面各章也已多次说过——你应该把绘制最后定案表格时所作的相关决定,写在工作日志上,并且应在论文中说明这些决定。

习作建议 请概览表5.7,然后把看似合理的结论写下来;再用其他技术去检验你的结论。最后,将你的发现和本书的分析文字作一比较。在此,你若能用自己的资料练习一下,应该会很好,想想看:究竟什么东西是第一轮看似合理的发现? 你要怎样进一步去作检验?

聚 类

聚类大家一点都不陌生,因为日常生活中,我们就不断地把东西放入等级、类别与容器之中。例如:不会移动但会生长的东西,会被我们放在"植物"这一类别中;会移动,且会生育幼儿的东西,则被放入"动物"这一类别;会移动,有四轮,有一个燃烧石油的引擎,且能载人的东西,属于"汽车"这一类别。而多数的类目都还需要其他类目帮忙来定义,像"轮子"、"引擎"、"幼儿"等就是用来帮助下定义的类目。总之,如果要定义清楚,都还得借用其他类目。

虽然以上内容听起来在概念上多少有点抽象,但实际作聚类并不是那么困难。Tufte(1990)的话说得很好:

> 在这个信息膨胀的世界,我们之所以能够茁壮成长,实在是因为我们拥有不可思议的且随时备用的能力,让我们可以做出以下动作:选择、编辑校订、挑出一个、建构、强调、编组、配对、合并、调和、综合、聚焦、组织、浓缩、简化、归纳、选取、类目化、编目、分级、精炼、抽象、扫瞄、深究、理念化、分隔、区分、识别、筛选、分类、检查挑选、编组、分门别类、整合、混合、平均、过滤、归并、迅速翻阅、平整、切块、检阅、大致估计、群集、总计、提纲挈领、摘要、列为项目、复阅、稍加深究、草草翻阅、浏览、扫视、匆匆翻阅、略读、列出清单、仔细搜集、作提要、去芜存菁、鉴别优劣。(p.50)

当你瞄过这份有趣的清单时,你是不是已经开始去形成一些类目——有些东西似乎应归在一起？请你暂时不要读下一段,先试着练习作一聚类。

我们把前段那堆文字,存入一种字处理软件,几分钟之后,我们得到资料 10.1 这张丛集表。

通常下一步应该要去思考:如何称呼这些丛集？资料 10.1 的第一行,也许可称之为扫描或探索;第二行是排列或复阅;第三行是挑选,以此类推。也许你的丛集和命名和我们不太一样。但重点是:我们都拥有一个认知架构在心中,可以帮我们快速地分门别类。此例中,研究者心中有一个潜在的"顺序"架构,使他认为:在型塑意义的过程中,清单前面的丛集在时间上早于后面的丛集。

资料 10.1　信息处理之能力聚类

扫瞄(scan)、略读(skim)、深究(look into)、检查挑选(pick over)、检阅(inspect)、稍加深究(dip into)、草草翻阅(flip through)、浏览(browse)、扫视(glance into)、匆匆翻阅(leaf through)、仔细收集(glean)

列为项目(itemize)、列出项目清单(list)、复阅(review)

选择(select)、编辑校订(edit)、挑出一个(single out)、选取(choose)、节选(screen)、过滤(filter)、迅速翻阅(skip)

强调(highlight)、聚焦(focus)、切块(chunk)、分隔(isolate)

浓缩(condense)、简化(reduce)、归结(boil down)、抽绎(abstract)、摘要(summarize)、作提要(synopsize)、大致估计(approximate)

区分(discriminate)、识别(distinguish)、去芜存菁(winnow wheat from chaff)、鉴别优劣(separate the sheep from the goats)

合并(merge)、调和(harmonize)、综合(synthesize)、统整(integrate)、混合(blend)、平均(average)、平整(smooth)、归并(lump)

编组(group)、群集(cluster)、总计(aggregate)、配对(pair)

类目化(categorize)、分级(classify)、分类(sort)、分门别类(pigeonhole)

组织(organize)、编目(catalog)、提纲挈领(outline)、建构(structure)

精炼(refine)、理念化(idealize)

第 4 章第 2 节我们讨论编码时,已经指出:正如 LeCompte 与 Goetz(1983)所说的,质性分析者是在寻找"哪些东西彼此相像,哪些东西一起出现,而哪些东西则不然?"聚类所用的类目,可以是研究者预先选好的(如:有关学区的类目,可分为三项:都会、郊区、乡镇),也可以是从资料中浮现出来的(如:将学区分为"被控制的"、"被指示的"、"被鼓励的"、"被忽略的",这些是 Berman 与 Weiler 探究加州学校改革时(Degener,1983),他们所用的类目)。通常会如 Bulmer(1979)所说的:类目乃是由理论与资料的互动中,自然浮现出来 [1]。

---

[1] 传统哲学在此处指出一种可能会出现的棘手问题,所谓"类别化的悖论(paradox of categorization)"(Scheffler,1967,p.14):"如果思考玷污了观察,就会产生循环检验的问题;如果思考并未玷污观察,那就根本不需要检验了。"不过,即使有这样一个悖论,从实际来看,类别还是照样出现了,类别还是在某人的思考与一套资料间的互动里出现了。思考与资料相互影响着。请注意！将类别当作变量来处理(如:将变量的强度,分为由高到低的数个等级),这已是惯常的处理方式,其方法乃是现成可用的;而先前的理论通常也都包含类别。

聚类这种技术可以应用在各种层次的质性资料，包括：事件、动作的层次，个别行动者层次，过程层次，地点/区域层次，整个场所或整个个案层次。在所有情况里，为了要对现象作更佳的理解，我们都可以运用归类与概念化的方法，将具有相同主旨或特征的东西进行处理。以下是一些实例说明。

Lofland（1971）曾经引用 Davis（1959）的例子，Davis 研究的是那些想拿到较多小费的出租车司机，他将这种司机的动作分为以下几类：

- 找钱时漏接
- 告诉乘客一个厄运上身的故事
- 乱加服务费
- 如约快速抵达
- 表现出特别客气的样子

Hodson 也将行为分出几个丛集，请见资料 10.2。其中可知：各丛集不一定要互斥，其间是可以有重叠的。

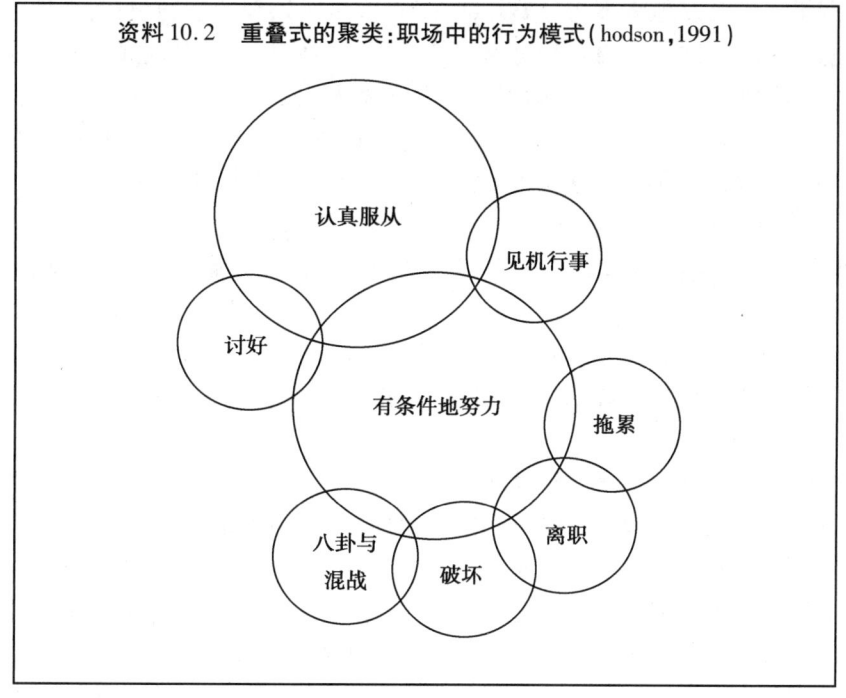

资料 10.2　重叠式的聚类：职场中的行为模式（hodson，1991）

也可以将聚类的焦点放在主要行动者，而将行动者作一分类。例如：我们曾经请老师描绘自己学校的图像，问他们学校里有哪些群体。他们将学校教师分为以下丛集："行将就木者"、"男教头"、"女教头"、"卫道士"（参见第 5 章第 2 节）。

也可以将过程作一聚类，我们曾研究改革执行后期对问题的应对方式（表7.8），依照过程分为：竭力达成、改善、除错、精炼、整合、调整与扩张。这些丛集在未成型前，都经过多次的精炼与修改。

另外还有一个实例，我们曾研究教师与行政人员的工作流动，其中很轻松地就将工作流动纳入以下几个类目里:调入、调出、晋升、调入后晋升、调出后晋升以及让位。

也可以对地点或现场进行聚类。例如,学校里人们互动的场所可分为:

- 正式教学场所(教室、体育馆)
- 非正式教学场所(图书馆、社团活动室)
- 正式的成人工作场所(会议室、办公室)
- 非正式的成人工作场所(教师午餐室、洗手间、走廊)
- 混合功能的场所(自助餐厅、游戏场)

最后,我们已经一再发现:地点其实是一复杂的东西,有时可以分为数个有意义的类别。如:资料7.6将12个学区个案,分为3个群组,划分的标准包括:所提供协助的程度、早期执行的顺利程度与后期状况的稳定程度。再者,第8章第6节我们运用因果网络将12所学校个案分为四种剧情:"事出有因剧情"、"机缘成真剧情"、"成功制胜剧情"以及"职业定型剧情"。

从前述实例可知:"聚类"是一个颇为普通的词汇,它是指以归纳法形成类目的过程,在此过程里人们反复地将事物分类并纳入类目,而所处理的事物包括:事件、行动者、过程、地点、场所。这些事物有些简单、有些复杂,事件与行动者就属于较低层次、较不复杂的东西,如果聚类这类的东西,多半依赖累积与比较(什么与什么彼此相像或彼此不像)。顺理成章地,这种聚类工作会与代码的建立与运用密切地交织在一起,聚类与编码这两种工作都可分为初级层次(即描述性编码与推理性编码,参见第4章第2节)与进阶层次(即模式编码,参见第4章第3节)。

如果研究者要对过程、场所或整个个案,进行聚类工作,所需花费的功夫就会复杂多了,牵涉范围也越来越广。这就好像说,要你把东西归为动物或植物,这是件相当简单的工作;但是如果你要聚类分类的是一堆有轮子的东西,包括:汽车、卡车、高尔夫球车、飞机、滑雪电缆车、打字机台、地板打蜡机等,此时要将东西归为有意义的丛集就不是那样简单了。

研究者在处理复杂层次的聚类分类时,所遭遇的最基本问题,就是这些事物的属性颇多,而这些属性又是此聚类动作所必须考虑的,这便增加了聚类工作的难度。要处理这一基本问题,有一种简单的方法可以运用。你可以画一张"个案×属性"矩阵表。属性列于横列,个案列于纵栏,这张表可以帮你看出整个大图像。让你看出来:哪一属性是关键,可以区分出各种不同类型的个案。然后你再重排横列的顺序,因此形成了个案的"群组"。而大多数的字处理软件,都可以很快地完成这个动作(请参考QCA程序,参见本书附录)。每一群组都共有一套关键的属性,请参阅 Miles, Farrar, Neufeld(1983)提供的一个实例。

从另一角度来看,聚类分类这一工作,也可以被视为是提升抽象层级的一种过程(参见将特殊整合为普遍)。图10.1是取自 Krippendorff(1980a)的研究,他请28人将300个广告诉求作一分类,这张树形图是用计算机软件做出的,人虽然无法作出如此细致的分类,不过基本原则都是一样的。

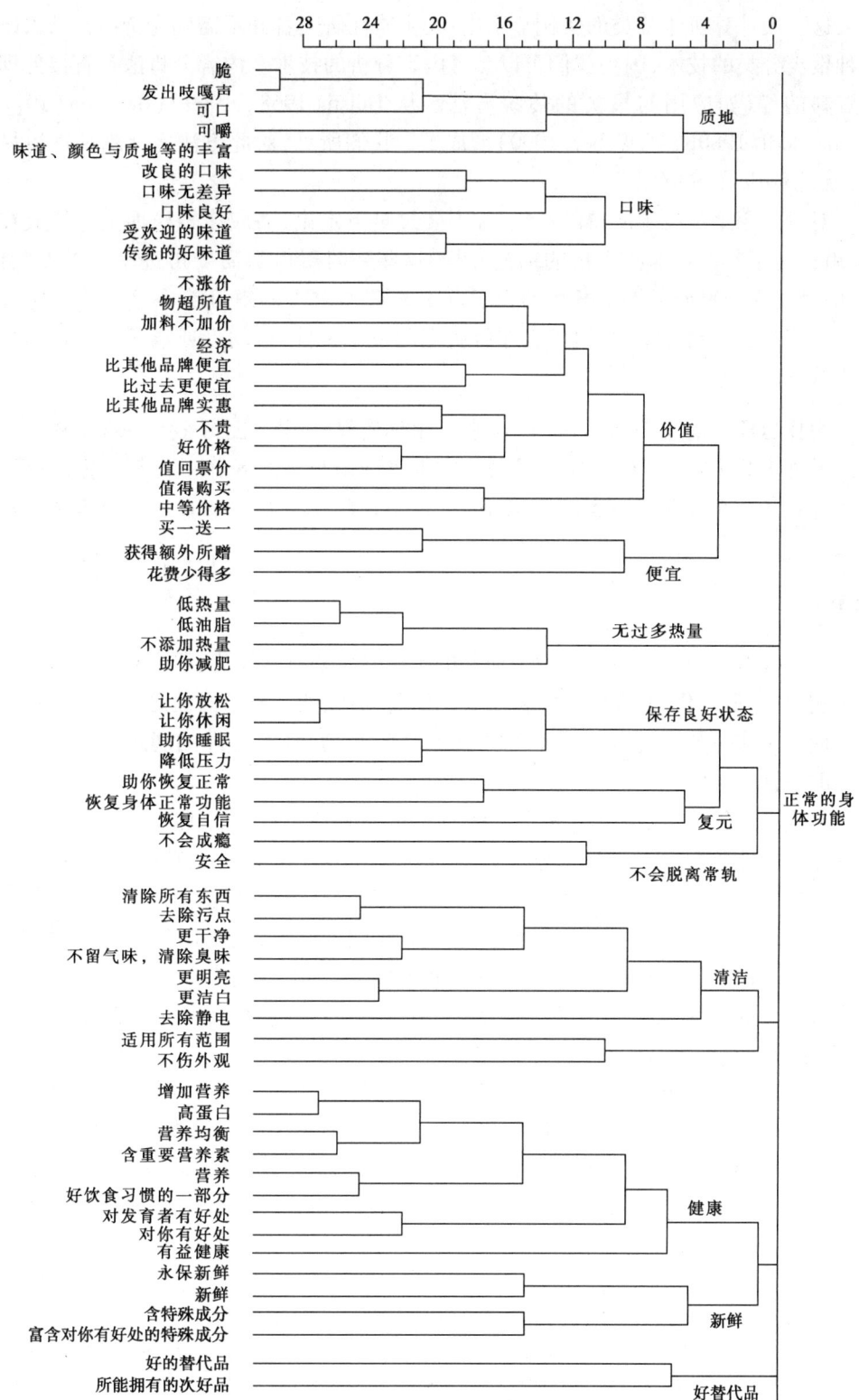

图 10.1　树状图：聚类法的实例说明(Krippendorff，1980a)

这一用计算机作分类的实例显示出:其实质性研究者并不需要完全由自己去研发这种聚类分类的技术,因为我们可以参考内容分析的技术。内容分析法是直接处理质性资料的编码、应用与聚类的传统方法。从 Holsti(1968,1969)、Berelson(1971)、Krippendorff(1980b)到 Weber(1990)形成了。我们所见,对此方法之文献整理得最好的,就是 Carley(1990)[1]。

对于运用聚类技术所得的丛集,你不要过早下定论,而应该轻松地把它们放在心里,就像运用其他技术所引出的结论一样,这些暂时所得都需要再进一步予以验证。例如:某外围个案或极端个案真的属于群集 A 吗? 放入群集 B 会不会更恰当? 你所选用的资料,是否真能完整地代表你所研究的整个事件、行动者或场所? 这是值得再小心验证的问题。

习作建议　前述 Tufte 的那个实例,如果你还没有用它来做练习,现在请做一下练习。另外表 5.7,也可以练习作聚类分类,再将结果与表 5.8 作一比较。你还可以找出表 8.6 各个案共有的主旨,将个案作一分类;再将结果与表 8.6 后的分析文字作一比较。

作譬喻

许多人对于研究持有一些似是而非的想法。例如有人认为:研究就是要将重点放在事实之上,尽力作如实的描述,甚至是精密的描述,然后再以谨慎之心进行诠释与意义方面的工作。如果说有些研究者的心灵贫乏、可悲,那么上述的观念必须要为此负很大的责任。

事实上,论文写作并不是只能作如实的描述,研究者常常需要运用譬喻(metaphor)的手法。换言之,譬喻是写作者普遍使用的著述工具,精确地说,譬喻是一种转义的工具。像上段文字本身就运用了许多譬喻(谨慎之心、精密的描述、贫乏与可悲)。而所谓作譬喻,乃是要就两件事物的相同处来作比较,而忽略掉其中的相异性[2]。Morgan(1980)指出:称呼一名拳击手是"拳击场上的老虎",这样说乃是要人们注意拳击手的勇猛、魅力与力量;但要忽略掉老虎的条纹皮毛、利齿与四爪。由此可见,作譬喻乃是一种"部分淬取"的工作。

作譬喻不只是为了表达,它在学术理论的发展历史里,已占有相当重要的地位,几乎是一项必须借用的工具。Lakoff(1987)指出:为了要帮助人们掌握抽象的概念,学者会运用譬喻,将该抽象概念用另一较为具体的概念来作比拟。Gertner & Grudin(1985)也告诉大家,心理学近九十年来的发展,是怎样由泛神论的(animistic)譬喻,走

1　想要进行聚类处理,另外还可运用许多量化方法,可参考 Aldenderfer & Blashfield(1984)所作的概述。也可参考 Trochim(1989a,1989b,1989c),了解如何将团体成员所提出的质性评述,运用量化法来产生概念图。

2　质性研究者也常常使用其他比喻的方法,如:讽喻法(由对立者的立场来陈述,有时是站在相矛盾的一方,有时是站在似是而非的立场)、提喻法(synecdoche)(将示例与更大的概念连接起来)、转喻法(metonymy)(以一部分或多部分代表全部,参见 Morgan,1983)。Noblit(1989)认为在进行诠释时,还可以广泛地使用其他多种文学的方式,包括:悲剧、喜剧、讽刺文学、闹剧与寓言等。

向系统式的(systemlike)譬喻的。

A. Miller(1986)表示:为了要厘清论点与解开谜题,物理科学大大倚重了譬喻的手法。Geertz(1983)将譬喻称为是一种推理的工具,他认为:过去的学者解释社会时,将社会比拟成一具"精巧的机器或准有机体",现在学者用的譬喻则是"严肃的游戏或街头剧"。

不只是学者在建立理论时会运用譬喻,一般人也都不断在使用譬喻的手法。被我们研究的人们,在为他们的经验形塑意义时,也在运用譬喻法;而身为研究者的我们,在检验资料时,也同样运用着譬喻法。因此,我们应该关心的问题并不在于:我们是否要运用譬喻,而是要觉察到我们是如何运用譬喻的;还有我们所研究的人们,他们是怎样运用譬喻的。

举例来看研究者怎样使用譬喻。假如你检验一份对母亲的访谈稿,她的子女刚刚成年离家,于是你想到用"空巢"这一譬喻来形容这名母亲。而事实上这一譬喻隐含了丰富的意义,它蕴含着一种养育观——子女成年刚离家时,会让家长痛苦。"空巢"一词也隐含着养育子女需要花费一段时间,子女才能成年自立。再者,可能其中也有一种假定——鸟巢并不是什么有价值的东西,它迟早会被人抛弃。不过你可能并无意表示:这个鸟巢还会再养一窝雏鸟,虽然大自然里真正的母鸟是会在幼鸟高飞后,再养一窝雏鸟的。

以上的例子告诉我们:譬喻的蕴涵是丰富且复杂的,这是一项很有用的特质。它可以使得该譬喻超越现有的相关理论,让研究者想想:是否有可能建立起一种新理论?以前例来说,原来旧有的相关概念包括"母亲的分离焦虑"与"独立社会化","空巢"一词比起"母亲的分离焦虑"有着更为丰富的意义,可带领我们思考得更为深远;而"独立社会化"一词则可能使人以为子女完成社会化之后,还会回到父母身边。因此,"空巢"一词超越了现有的社会化理论,可以建立起新的理论。

除了可能建立理论之外,譬喻还可以帮助分析者简化资料。它可以将若干的特定物全部放入一个概括。例如:"代罪羔羊"这一譬喻就指涉一个复杂的事实丛:团体规范、对歧异者的处置、社会仪式以及社会理性化(social rationalization)等。可别小看这一简化的功能。你想想看! 一个面对堆积如山的资料的质性研究者,如果有一件工具可以帮他将这座山快速地铲平,而又不至于阻断通往分析的条条大道,这名研究者会多么高兴!

譬喻还有一种功能,就是帮助我们和研究对象发现模式。在我们两人一起研究的那一项学校改革案里,就有一些这样的实例。有一位老师告诉我们:那间补救学习教室就像是一块"绿洲",因为它是一个可以让老师在某一时段里,将孩子送过来的地方;这位老师的用词让我们发现"绿洲"这一主旨,"绿洲"这个词便把原本各自独立的一些信息,全部组合在一块儿了;这些信息包括:这所学校颇为枯燥(像沙漠);学生到补救学习室可以休息,还可以得到滋养(学习);学习室里有丰沛的资源(就像绿洲里有丰沛的水源)等。另外,运用譬喻还可以将你所选的主旨定位在一个较大的脉络里。在"绿洲"这一实例里,所谓的大脉络便是那所学习枯燥且资源缺乏的学校。

　　此外,譬喻还可以帮助研究者暂时离开现场,从观察与对话里抽身出来,站在局外冷静地问自己:"现场究竟发生了什么?"作譬喻,不仅仅要求研究者对一现象进行描述与说明,研究者还需要站在较高的推论或分析层次去思考。我们说学习室像是个绿洲,并不是就它们具体的外观来作思考——学习室的外观并不像绿洲;当然在学习室里师生的举止,也一点都不像绿洲的椰枣树下坐着休息的贝都因人(Bedouin)。

　　譬喻或模拟最后的一种功能,是可以将研究发现连接到理论上。许多学者(Lakeoff & Johnson,1980;Miller & Fredericks,1988;Weick,1989)也都曾指出:譬喻式思考可以有效地将推理和想象连接在一起。继续以"绿洲"为例,这一譬喻可帮助研究者在进行想象时,同时也连接到理论层次的思考:一所机构为了要减轻某类人的角色压力,它会怎样去建立补救机制? 研究者也可以思考:一所机构是怎样对歧异份子进行教化与隔离的? 亦即譬喻可以使研究者将思考聚焦在"机构建立补救机制"或"机构对歧异者的处置"等问题上,这些都是理论层次的思考。

　　就理论层次的另一角度来看,譬喻也可以帮助研究者看出事实在概念层次上所具有的意义。此时的譬喻像是个中转站,帮你从经验事实走向概念层次;让你从特殊里爬出来,去思考根本的社会过程,而社会过程则可以为那些特殊赋予意义。有些田野工作者努力想为社会现象形塑意义,Glaser(1978)建议这类研究者,可以将譬喻式的动名词贴在该现象上(如:服务着、协议着、成为中)。研究者做此动作时,他的思考也就是由事实迈向过程,而这些过程也就能让研究者由最高的推论层次,去说明他所研究的现象[1]。

　　想要运用譬喻的人士,可参考以下建议:

1. 请对你或研究对象所用的譬喻,不断进行觉察,通常研究者对譬喻的挖掘都不够。为了获得隐含的意义,也为了进行更多外显的探究与检测,请深掘你的譬喻。

2. 研究者过早找到譬喻,是件危险的事。运用譬喻的恰当时机,大约在资料搜集到2/3时。如果过早运用譬喻,可能会有以下诸多的缺点:它可能会使田野工作转向,进而使得研究者作出仓促的判断,将意义强加在现象之上。过早的譬喻,也会使你草率地将所有东西和那个譬喻连在一起;如果那个譬喻听起来不错,其他人对此也有共鸣,这更会让你觉得自己慧根很高。于是,你很少再去四处查看了,而你却将该譬喻连接到充其量只具有遥远关系的一些事物上。因此,如果想用较大的一个词汇或涵括性的譬喻时,最好是搜集资料进行到 2/3 的时候,此时你手中已有相当丰富的资料,可据以引出结论了,而且你也还有一些时间可用来检测该意象(image)的可靠性。

3. 想要找到好譬喻,可以玩玩心智游戏。你可以问自己:"这里的动名词是什么?"或是问:"如果我只能用两个字去形容此一重要特征,我会怎么说?"这其中所用的方

1　此处对譬喻所作的讨论,其深度并不够,读者可参考 Lakoff(1987)对类别化的精彩分析。也可参考 Ortony (1979),Lakoff & Johnson(1980)与 Johnson(1981)。另外对于质性研究的涵义问题,Miller & Fredericks (1988),Noblit(1989)也都有精辟的见解;也可参考 Miller(1985)对社会政策思考中的譬喻所作的讨论。

法，就是由本意（denotative）走向涵义（connotative）。我们可以像分合法（synectics method）* 的使用者，到其他领域寻找譬喻，这是很有用的方向。你不要继续在社会领域或个人领域兜圈子，试试看生物、机械或空间领域，寻找更精彩的譬喻。

4. 以互动来激发譬喻也是不错的方法。为了刺激成员思考，研究团队可运用的方式有：增加输入的东西、从新视角引入观念、离开认知的窠臼（参见 Wicker，1985），以及将你们的环境转变成具有感染性的与游戏式的一种思考环境。

5. 你应该要知道何时停止由该譬喻榨取果汁。如果你的"绿洲"譬喻开始出现骆驼、骆驼客、市集，还有一个咆哮着的沙漠风暴，此时你会知道自己正在榨取果汁。只要还有果汁，你都可以继续榨；不过可不要过度使用譬喻。请记住！用一个譬喻作比较的任何两种东西，通常都会有所差异。

　　习作建议　由表5.7看看你想到什么譬喻。除了该研究者指出的譬喻外，可能还可以找到好几个。

　　请你和几位同事，运用单一个案的同一张解释性图表，像表6.1或表6.2，各自去寻找譬喻——这个譬喻能将你所见的东西组织起来；然后彼此比较。再用跨个案的图表，试做譬喻的练习，如：资料8.2、表8.6（请为表中的个案群组名称寻找譬喻）、图8.4、图8.5、图8.6和图8.7（你会用什么譬喻来突显各变量流的特色）。

清　点

　　本书第一版的部分读者以为我们主张：质的资料都应尽可能数量化。那匹死马（打个比方）不应该再被鞭打啦！有关我们对此问题的看法，请读者参阅本书第3章第1节，以及下面的说明。

　　质性研究里数字通常是被忽略的东西。简单地说，一般以为质性研究的特征就是：不由数量的角度来告诉我们基本的性质。但这其实是一种误会，质性研究在描述基本性质时，常常是由数量的角度出发的。

　　更明确地说，质性研究者在作质量判断时，背后隐藏着计算数量的动作。如前所述，质性研究者想要描述某现象时，最初的动作就是找出主旨或模式；而这一动作是怎样完成的呢？仔细找个实例来思考，你会发现：当我们找到一个主旨或模式时，其实是把两种东西先行抽离出来，（1）多次发生的事情，（2）持续以某方式出现的事情。当我们判断次数、判断持续与否时，其实是基于数量计算所做的估量。当我们提出一项概述时，乃事先聚类了一群特殊项目，并且认定（几乎是无意识的）该类特殊项目比其他特殊项目更为常见、更为重要、更有所关联，等等。所以，当我们说何者"重要"、"显

---

* 译者注：根据东吴大学教授王思峰的解释，"分合法"乃是由 William Gordon 提出的一种集体发明的方法。Gordon 先研究历史上创造型天才的创造经过，从中摘取出共同的相似点，作为基本的创造过程，然后请一组不同的专家应用他所发现的创造过程，去解决企业界交给该小组的发明问题。Gordon 的做法可被归纳成两种运作机制：一是化不相识为相识（使分者合）；二是化相识为不相识（使合者分）。（资料取自：cnet.creativity.edu.tw/modules/mydownloads/visit.php？lid = 58）

著"、"一再出现"时,有一部分乃是借用清点、比较与加权等动作所做出的估量[1]。

对质性研究者而言,以下两件事是相当重要的。第一,我们应该知道自己有时候的确是在做清点数量的动作;第二,我们应该知道何时的确需要处理频率问题,何时不需要[2]。

质性研究之所以要藉助于数字,有三项堂皇的理由。一是面对一大堆资料时,数字可以让研究者迅速地知道里面有些什么东西;二是数字可帮研究者验证一个预感或假设;三是数字可让研究者用分析方式来使自己保持坦荡,防御自身的偏见。

看出资料中的整体状况　数字比文字更简要、更可操作。藉由数字的分配情形,你可以更轻易地、更迅速地"看出"资料中的基本趋势。

研究者要"看出"资料里的整体趋势,一种轻松且便捷的方式,便是藉由频率累计的分布状况来看趋势;前已述及,比起文字来说,数字是更为简洁、更容易处理的东西。如:在那项学校改革研究中,我们想知道究竟教师为什么会采用新的改革措施,受访者遍及 12 个学区,每校数人,表面看起来有许多人采用了改革措施,但可能多多少少都是受到外力迫使,而不是出于自愿。为了看得更清晰,我们对受访者的回应,作了内容分析,最后作了总计,并且画出图 10.2。

理由/动机	提及的人次(人数 =56)
行政压力、规定	35
改善教室现状(新资源、比现状较佳)	16
新事物、挑战	10
社会性(通常是同侪影响)	9 *
设计研究方案的机会	5
专业成长	5
提供更好的工作条件	3
解决问题	2
提供额外的经费	1
合计	86

* 同一地点被 7 人次提及

图 10.2　采用者采用的原因

结果 62% 应答者提到压力与规定,而极少人提到想要解决问题,这与我们的直觉不同。另外,这些响应里似乎出现了一个基本的主题,就是"专业发展/能力增强",包括了:挑战、设计方案、专业成长等。此一清点的动作让我们获得诸多的发现:看出"专业发展"这一主题、评估"受制于规定"这一动机的重要性以及出于"问题解决"动

1　Hook(1953)认为质变乃是累积量变的结果。当数量变化超过某一限度时,就会出现转化——由程度的差异转变为种类的差异,如:天气、情绪、结构、关系等的改变,都是如此。

2　什么情况不应该作清点? Gherardi & Turner(1987)对此作了不错的讨论,他们认为以下 3 种情况不应作清点:一是所涉及的"单位"不能被研究者理所当然地当作标准化的单位。二是研究者想要将非标准化信息略过而不纳入清点,但是研究者却找不到规则,去判定何者属于非标准化的信息。三是研究者"不愿意宣称:各单位间的性质差异是不重要的"。

机的人次不多,这种种的发现都颇有帮助。我们看出整体的走向,得到一些新线索,且看出一些非预期的差异。这些发现对后续的非量化分析都很有帮助。即使只是作个案内的分析,这种清点的结果仍相当有价值。

验证一个假设 清点可以帮助研究者验证逐渐浮现的研究假设,表 8.5 是验证假设的最佳实例。该研究浮现了一个假设:"好的准备"是改革执行初期顺利的关键,因此研究者创造出且计算出一种所谓准备度的"指数",用它来与研究者所估计的平顺程度作一对照。结果显示:除极端情况之外,原初的假设并不成立。但是经由这样的计算,研究者看出究竟是哪些个案不符合,而且为何会是如此。之后,研究者就可以把这些数字放在一旁,而去追踪那些线索了[1]。

以分析的方式让你自己保持坦荡 清点也是帮助研究者保持坦荡的好方法,我们仍然以学校革新的那项研究来作说明。那项研究开始时,我们就预期到职业生涯问题是一个重要主旨。等搜集到更多主旨时,似乎越来越显示出:"学校革新"是教育人员职业生涯流动的一种工具,所谓的职业生涯流动,包括晋升、调入、让位或是调出("降级"理论上也是一种流动,但通常极少出现此类型)。为了让研究者心里坦荡,我们清点出职业生涯流动真正出现的数量,结果是 12 学区共出现 63 人次;然后再算出这些流动里究竟有多少源自于改革,结果是 83%。经此清点后,我们对自己的主张,安心多了,似乎只有 35% 的流动是往上晋升,这与我们当初的印象是不太一样的。

一般而言,质性研究者在某种程度上都会以洞视与直觉来工作(前已述及,自然科学家亦是),直觉有时确实是对的,但也可能出错,清点可以帮助我们避免草率地运用直觉。洞识出现时,它让我们觉得:事情都组合在一块儿了,我们会有一种"豁然开朗"的感觉,但问题是:可能是我们弄错了。一项文献分析发现:对于自己相信或依赖的事情,人们习惯于高估它们;对于与自己推理方向不合的资料,人们倾向于忽略或忘记它们;支持的示例与否定的示例相比较,人们更容易"看见"前者;即使研究人员也跟一般人一样,有以上同样的倾向(Nisbett & Ross,1980)。这意味着两种可能,一是人们会对不同信息做不同的加权,二是人们看见的并不是所有的资料,而是选择性地看见一部分资料。当然这些错误是可以避免的,如果处理质性资料时,能辅以清点这一方法,算出明确的数字,这应该是检测可能偏差的好方法,也可以藉此看见我们的洞视是多么地草率。

习作建议 请利用表 5.9、表 5.15 以及资料 5.7,看看你可以进行哪些清点,以帮助你的理解。另外,表 7.9、表 8.4 与表 8.6,都是未完全分析好的图表,如果做一清点工作,可能另有收获。表 7.16 也有许多内容未作分析,同样也可以运用清点来进行探究。

---

1 许多"主流的"质性研究者为了验证假设,都会定期运用清点的技术,例如 Denzin(1978)观察某一社会现象在某一行动者行为中所出现的情形,藉此了解所谓的"行为效度(behavioral validity)";如果该社会现象跨时间与跨地点出现的频率越高,则该行为效度也就越高。读者也可参考 R. B. Smith(1982)在这方面讨论的"清点式归纳(enumerative induction)"。

作对照/比较

比较是一种非常普通且古老的方法,它可上推至 Aristotle(将实验组与控制组作一对照比较,并不是 R. A. Fisher 发明的)。本书相关实例如下:

● 表 5.2 显示准备度这一变量,行政人员与教师采用者的准备度不同,行政人员很热心,但教师觉得困惑,这与他们的角色有关,因为行政人员要对执行施压,教师则必须实际执行工作。

● 也可以就个案来作比较,执行改革时,可以将产生很多负面结果的个案和产生很少负面结果的个案比较(表 7.13),显示出:高负面结果的个案也就是那类要求颇多的个案。另外,将外部发展的改革与内部发展的改革作一比较,显示出:最终两者对学生的影响,并无差异;这一发现与先前的预期是一致的。

● 资料 7.5 对照表,乃是就"采用者改变程度"来比较多个个案。显示"改变的广度"会影响采用者的改变程度。

● "预测项—结果矩阵表"乃是依照结果的高低来排列个案,并采用此工具来检验预测项可能产生的影响。范例中,我们比较多个个案执行平顺的程度,可显示出哪些预测项会在平顺个案出现,而不会在不平顺个案里出现(表 8.5,表 8.6)。

● 比较改革的早、中、晚期,其中工作流动的比率(表 7.16),显示了时间因素与方案发展所产生的影响;改革初期较多人员调入,晚期较多调出。

进行比较时,请参考以下建议:

1. 必须作出正确与有意义的比较。草率的比较是没有用的,研究者必须确定自己所作的比较是正确的,而且要从比较中找出意义。毕竟比较只是工具,为比较而比较毫无意义,最终的结果仍然是要找出意义,使人们从中得到感知。

2. 应辅以其他相关资料来作进一步的比较。初步比较的结果,应该再拿来与你所知道的其他相关信息比较,这些信息可能是你对所研究的角色、人物、团体、活动或个案之了解。

3. 当你要将一项比较呈现出来之前,请想想看:"究竟在所搜集到的资料上要有多么大的差异,我们才能够将其推论到现状上,断言现状出现明显的差异?"还要想想看:"我是怎样知道的?"之所以要思考此类问题,是因为质性研究者并不像量化研究那样,我们的比较并没有统计上的差异显著水平作为后盾,来帮我们作判断。因此,质性研究者在比较资料时,还应另行评估实际上的差异显著性问题。

习作建议　请对资料 7.5 与资料 8.2 作一比较。你由此比较得出了什么?

请由以下表格得出结论,并将结论写出来:表 5.2、表 5.9(内容非常丰富)、表 5.12、表 7.13、表 7.16、表 8.4、表 8.5(可作许多比较)、表 8.6 与表 8.9。然后再与本书各图表后面所呈现的分析文字,进行比较。

分解变量

George Berkeley 于 1752 年在《论美洲的植树技术与学习之前景》里写到："帝国正往西进之途迈进。"对 Berkeley 而言，大英帝国要走的方向是非常明显的。有时候许多事情要走的方向也同样明显，例如说：质性资料分析要走的方向，似乎应该是要努力去整合，亦即研究者能将各变量作越来越大的连接，且能找到越来越有力的层级去表达这种联结。

但事实上在研究过程中你也会感觉到：有时也有必要做区分的动作，甚至有时候你会觉得区分比整合更为重要。换言之，原来的一个变量，可能有必要分解为数个变量。

研究的许多阶段都适合分解变量。通常研究初期要进行概念化工作，此时就很值得做分解变量的动作。如表 5.2 检验矩阵表，把"准备度"这一个普通变量，分解为 10 个子变量或成分。

拟定编码计划时，也很适合采用分解变量的方法，如：第 4 章第 2 节，原来我们用了一个"组织改变"，后来分解为二：一是组织实践的改变，二是组织气氛的改变。我们所称的组织是指学校，这些学校为了顺利执行改革方案，而出现了一些调整，我们原本预计将这些调整编码为"组织改变"，等我们进行田野工作时，发现应该将"组织改变"分解为二，如人员配置、日程拟定、计划拟定、资源运用等属于"实践"层面；另外较为软性的归为"气氛"层面，包括规范、人际关系、权力、社交网络等。

设计表格格式时，也很适合采用分解法；分解可以帮助你看见差异，原本这些差异被混在一起或被隐藏起来。例如资料 6.2，分析者想要探究与解释：不同类型的协助对于老师所产生的影响。他很早就理解到应该要将"协助对教师产生的影响"，分解成短期影响与长期影响。所谓短期影响，就是采用改革教师受到协助时，立即产生的那些"状态"；而长期影响则是指在该协助下，采用者有能力做到或无能力做到的那些项目。

引出结论时，你常常会认为：有必要将某一变量分解。第 7 章第 2 节探究"改革采用者的感受与关注"这一议题，该分析者突然想到，这一议题其实分为两个层面：个人层面与机构层面，进而整理出表 7.7。个人关注是指：个人被浇冷水、工作累人以及与他人的摩擦等；机构关注是指：学区工作的优先级被改变、该方案的整体功能不佳以及该方案未来的延续性等。

有时画一张双变量矩阵，可以厘清是否需要将变量作分解。资料 7.3 可以显示分解是否有助于说明。该研究者一直在奋战：采用者的"实践稳定性"与该改革所在地的"延续性"之间究竟有着怎样的关系。研究者原先认为"采用者对延续的态度"应该是"延续性"的一项指标。想起来也颇为有理：一项稳定的改革应该会引发采用者更正面的态度；但实际上"态度"与"延续性"之间的关系却相当微弱：除了少数低稳定性的学区，人们对延续性持负面态度外，几乎全部的学区对延续性都是持正面态度。这一发现显示出应该将"延续性"这一变量分解为两部分，一是采用者对"延续"的态度，二是他们对"延续"可能性的评估。

该研究后来显示:增加一个变量的确是正确的,这样才更能说明实践稳定性与延续性之间的关系。因为这样不只注意到个人层面,还注意到机构层面的问题,如:学区支持度、人员调动性与资金困难度等。

总括以上说明可知:适合分解变量的时机有两类,一是研究初期,也就是概念化与编码阶段,这些都是为了要避免笼统地处理一个概念,或资料模糊不清。第二类的分解时机是:如果依照你原来的概念架构,你预期某变量应该和另一变量产生关系,但现在情况并非如此,此时你就该想想是不是应该将原变量分解。

最后,要提醒大家:分解变量本身并不具有价值,就像前述其他的技术一样,分解本身只是工具,切不可为了分解而分解。再者,分解不能过度,过度分割可能导致复杂化与原子化,无法获得事件与过程的一张完整图像。请不要忘记:分解变量的目的,应该是为了找到和谐的、完整的描述与解释。

习作建议 表 5.2 将准备度这一变量作了最大限度的分解,请将最右边一行的各变量重新组合,将它们整理成较少的变量(实际上你是将原本过度分解的变量,重新聚类)。

你可以将表 7.7 的变量再作怎样的分解?

请由你的研究选一个你喜欢的预测项或结果项,请一名同事想想可以怎样分解该变量;然后由你自己同样做做看,再作一比较。

将特殊统整成普遍

前面介绍过"聚类"这一技术,它是依据单一或多个纬度,把一些事物放在一堆。这一过程通常是依据直觉来进行的,相当于进行编码时的初级编码(第 4 章第 2 节)。

现在要介绍一种与聚类类似的技术,这很像第 4 章第 3 节所说的"主旨编码"。这种技术是要你思考:"我可以将这一特定事物当做哪类事物的例子? 这一特定事物是否属于更为基本的一个类别?"研究者这时就好像正在爬一段楼梯,他越往上爬具体性越低,抽象性越高。具体来看,他就是想把眼前的一个动作、事件、行动者或活动,纳入一个更抽象的、有所限定的类别。这一类别可能是搜集资料前就先界定好的,也可能是后来慢慢浮现的,亦即它是在你写备忘录的过程中已渐渐成型的(第 4 章第 4 节)。

Le Compte(1975)观察一间教室,发现以下事件可以聚类在一个丛集:

- 教师每次清理教室两下
- 学生每天下午必须清理自己的桌子以后,才能够回家
- 教师责骂学生时,总提及个人卫生
- 老师说:"来上学的小孩如果脏兮兮的,你就不可能像其他老师那样好好上课了。"

这些事件不只是一些与整洁有关的行为,Le Compte 注意到:学生对清洁问题的陈述与教师颇为一致。还有,上述项目大多(1)一再出现,(2)强调规范。她认为这些行为可以聚类在"整洁的规范"这一类别——这是一组师生共知的行为标准,涉及了行

为的恰当与不恰当。

扎根理论建立者之一 Glaser（1978）也运用聚类的技术，他在"持续比较法"中运用此技术，希望藉此找到"基本的社会过程"，研究者可以把一些特定行为（如：争吵、拒绝、提供、安慰等）纳入更为基本的类别。如：磋商中、协议中等。

在那项学校改革研究中，我们注意到教师和行政人员有一些特定的陈述，如：

- 如果你要偏离教学指引，请来问我一声，并告诉我你为何要这样做，以及你要怎样完成指引目标。
- 基本哲学就在这儿，不过此改革之采用是颇有弹性的，并不要求采用所有单元。
- 在这个方案里你会像个机器人……不过我知道：假如我要改变什么东西，我就一往直前，直接去做……我学会磨平棱角，也就默默去做吧！

我们认为这些可纳入行政回旋空间这一类别，这一变量是指：行政方面给予教师采纳或调整改革的空间大小。后来显示：这一变量对于解释"所出现的调整幅度"颇有帮助。

分析资料就是要提升资料的抽象层级，但是这一过程并不是机械式的推进，也不会自动发生。如果你注意到的是句中的一些词汇，如："指引目标"、"基本哲学"、"也就默默去做吧"，你也可以把上述三句话放入更为抽象的另一类别——"遵行目标"。不过该研究的分析者藉由许多其他陈述确信：行政上限制或允许"回旋空间"，这一问题乃是更重要的一项基本问题，比"遵行目标"这一主旨，更具有意义。

研究者将特殊纳入更基本的类别，他其实在进行一种概念性与理论性的活动（Glaser，1978），这一活动就是要在初级资料与更为基本的类目之间往返穿梭，逐渐演化与发展，直到该类目饱和，也就是新资料已经无法再增添该基本类目的意义了。

想要提升资料的抽象层级，可以选择的抽象类目无法胜数，是不是随意认定一个抽象层级都可以呢？请谨记在心：你所选择的抽象类目应该是一个有意义的类目，换言之，它应该是对你的研究领域有意义的一个概念；如果随便提升抽象的层级，并不会让你得到什么。举例来看，假定研究者在开学日看到一名老师在黑板上写上自己的名字，研究者可能把这一动作纳入"文字沟通"这一基本的类目，然后再放入"信息传播"这一较大的类目，再放入"人类行为"这一更大的类目。然而，这一系列的归类并无太大的意义。

习作建议 一位老师将自己的名字写在黑板上，你会把这一动作纳入哪一个更基本的类目呢？

怎样归类才会有意义呢？关键在于你应该依据研究的预设与目的，将上述动作有效地纳入类目，如你可以归到："预备的周到性"、"制定规范"、"开讲系统"、"再确认/焦虑降低"、"藉正统性来掌控"、"惯例常存"。当然你可能还会想到许多其他的类别。

至此，归类的原则应该越来越清晰了。研究者要作归类，不可能在真空中找到一些所谓"正确的"、"最佳的"类目，必定要在一个背景中去找合适的类目。而研究者所找的类目，必须清楚地与研究的概念架构与研究问题相连接。这一寻找的过程并非一蹴可及，常常必须一再地在这道抽象阶梯中往下走，去"找出指涉物"（正如 Korzybski，

1933 常常说的),也就是找到具体的示例,这一示例会告诉研究者:某一词组(例如:"惯例常存")是在何时出现的。

其他建议　请将表5.7的细格内容作一归纳(提示:不同性质的细格内容,或许可归入多个类目),然后再核对一下表5.8与其文字。另外,请将表8.2重组:你认为还可以将结果分为哪些类目?

找出因素

所谓"找出因素",源自于统计学里的因素分析,这一统计法是为了找出一组未直接观察的、数量较少的变量(通常是假定性的变量),而研究者乃以一大群测量过的变量来作其表征。这些第二级的变量(所谓的"因素"),可能大部分彼此都是不相关的,或者有些部分有其"共同性"、彼此有些交集。无论属于哪种状况,研究者都可运用它们来找出基本的主旨/主题,对于以统计法辨认出来的因素或因素群,予以命名。在质性研究里也有类似的方法,以下将予以介绍。

本节所介绍的诸多技术,主要在做两件事情:一是简化资料,二是找出模式。前述的聚类、作譬喻、提升抽象层级技术,全都是为了逼出模式。这类技术基本上就是要你问自己:"我有一大堆的资料在这儿,其中究竟哪些是有关联的?"当你找到一个模式代码时,其实你是假定了:某些看似不同的事实或语词,其实在做相同的事情,或根本就是相同的东西。而这些事情或东西就是我们所谓的"因素"。而这种产生因素的过程就是"找出因素",这里可能需要费些时间来解释。

Havelock, Cox, Huberma, Levinson(1983)研究大学与周围中小学的合作关系,研究人员在美国中西部找到一个成功的范例;研究者事前已将资料编码,"大学—特征"是其中一项代码,所以研究者可以很快地将相关文块找到,并罗列出来。以下是这所州立大学的一些特征:

- 服务是该大学的中心目标
- 与州级机构几乎无接触
- 小规模的服务方案
- 教师出版率低
- 少研究活动
- 对周围中小学有许多支持活动
- 对在职训练很关心
- 大学教师在小区会议中很活跃
- 以区域教师担任活动中的资源人士
- 该大学教师大多是该州人士
- 跨校的学术互动很少

习作建议　扫描该清单,看看后面有什么因素。

- 服务是该大学的中心目标:行动取向、顾客中心的
- 与州级机构几乎无接触:地方取向

- 小规模的服务方案:顾客中心的
- 教师出版率低:服务超过学术取向
- 少研究活动:服务超过学术取向
- 对周围中小学有许多支持活动:服务取向、地方取向
- 对在职训练很关心:地方取向(与区域内毕业生保持联系)
- 大学教师在小区会议中很活跃:服务取向、地方取向
- 以区域教师担任活动中的资源人士:行动取向、非学术取向
- 州内人士占大学教师的多数:地方取向
- 跨校的学术互动很少:地方取向、非学术取向

审视这些项目,有些主旨是一再出现的,包括行动取向、服务取向、顾客取向、非学术取向、地方取向。最后我们选择了一个双主旨——"地方取向—行动取向"。所有的项目都符合这个双主旨,完全没有勉强(a conceptual shoehorn)之处。这 11 种状况是我们由观察与访谈共同发现的,我们从这些状况里引出了一项基本的特征。

在探究大中小学合作问题的这一研究里,研究者另外注意到该州还有一个成功案例,这也是一所大型大学,它的特征却与前述大学不甚相同,相同之处是这所大学也是行动取向的,不过并不是地方取向的行动,而是以全州为服务对象,不止是服务大学所在的城镇地区而已;它与其他大学的互动较多,教师出版率也较高。比较前后两所大学,该研究团队想到:或许该研究里存在着一个两极化的因素——"地方取向 vs. 广布取向(cosmopolitanism)",而究竟倾向哪一极,要看行动取向的控制方向。在此,研究者运用多个案进行"第二层级的因素分析",这是对更高抽象层级的概念作因素分析。研究者必须找到更具涵括性的主旨或结构,用这些数量更少的主旨或结构去涵括更大量的资料。研究者在此层级要自问的是:"哪个因素在甲个案占的成分多,在乙个案占的成分少? 而甲乙两个案是否可以比较?"

接下来还要自问更为结果性的问题:"将各个案作这样的比较,是否让我们看见有意义的差异? 或者这样的比较其实只具有装饰作用,并未产生有意义的发现?"因此,我们所要找的因素,必须能够有所贡献,它必须帮助我们理解个案或其动因发展;而不应该只是一个空的大盒子,最后剥掉数个空盒子后,盒子里的东西根本就是不成型的一堆带子和一张卡片而已。

上述实例找到的因素是否良好? 我们找到的因素是"地方取向—广布取向"与"行动取向",用这两个因素很能够解释大学与中小学的合作是否成功——何以甲大学成功、丙大学不成功。因此可以说,我们找到了两个颇为有用的因素。

其他建议 请细读表 6.1 后面的那段文字实例。你能否由文字推论出一个因素?再细看资料 7.3 的第 4 栏,你能看出一个比此处所列的"影响因素"各具体项目更高层级的基本因素吗?

注意变量间的关系

有关变量间的关系这一主题,我们在第 2 章讨论研究设计的概念架构时,就已提

及了(第2章第1节),大多数的变量关系都可以简便地运用一组方块与箭头来说明;方块表示变量,箭头表示变量间的关系。等你在现场了解到那些变量实际上究竟是怎样互动的,此时很自然地,进一步的问题就是要回答:这些变量彼此间是怎样关联在一起的?

我们可以预想一下:变量A与B之间会有哪些关系? 假定变量A是一个会变化的东西,那么我们可以得出以下的数种关系:

1. A+,B+(A和B同时都高,或同时都低)

2. A+,B-(A高,同时B低;或A低,同时B高)

3. A↑,B↑(A增加,B增加)

4. A↑,B↓(A增加,B降低)

5. A↑,然后B↑(A先增加,B再增加)

6. A↑,然后B↑,然后A↑(A增加,B再增,然后A再增一些)

当然以上并未列出全部的变量关系。第一种关系是一种直接的关联:A和B同时都高(或都低)。如果你处理的变量是"全有或全无",那么你可以将第一种关系说成:"当A出现时,B也出现;或者两者均不出现。"

第二种关系是第一种关系的相反情况。第三种关系表示A与B在短时间内出现同一方向的发展;第四种关系是第三种关系的相反。而以上四种关系,都只表示有A、B各自的情况出现,不能说两者的变化是有所关联的。

第五种关系就有因果性了,A改变,然后B改变(其中隐藏着一个合理的想法:A"可能"引发了B的改变)。假定A是前晚酒醉,B是今晨头痛,这其中便有一假想的因果关系。不过大多数情况中,这两者其实是没什么关系的,例如:B是早晨头痛,A是先前公布了新的市政预算。(当然,如果头痛的是市长先生,这其中或许……)

再看第六种关系,这是一种相互影响、但不循环的关系:A改变,引起B改变,然后再引起A的改变。A与B彼此相关联的强度可能有大有小,关系可能很确定、强力且清晰;但也可能不确定、微弱、模糊。还有一重要的提醒应该特别注意,Davis(1985)表示:虽然有时关系是直接的,像前述六种关系就是如此;但有时关系也可能是间接的,亦即透过另一变量,经由"涟漪效应(ripple effect)"而产生影响。

此处所谈的基本分析技术,乃是要找出两个(或更多)变量间的关系类型(如果关系的确存在的话)。有件事情应该谨记在心:现在我们讨论的是变量、概念,已经不是特定的动作、行为了。

即使我们的研究是聚焦在特定的事件上,通常其中也都会牵涉一些潜在的或更为基本的变量。前晚喝酒,翌日宿醉,这两事件严格说来并非直接发生关系,其间还牵涉其他许许多多的因素,如:酒精含量、身体代谢酒精的能力、所喝的酒精量以及间隔的时间。我们同意Glaser(1978)所说的:研究者"是在作理论性的陈述,陈述有关概念间的关系;而并不是在对人们作描述性的陈述"。

如何得知变量间的关系呢?本书认为运用矩阵表来作资料展示,是一简便的探询方式:表格里呈现出两三个变量的资料,可以让我们作系统性的检验,并进一步引出结论。至于网络图，则可以让我们看见更复杂的结构，也更清晰地显示出时间的纬度。

让我们借用图表来探究变量关系吧！表 5.12 想找出教师"采用改革的初期态度"和他们将改革放置于"生活核心"的程度。将改革放在核心位置的那些老师，比起放在边缘位置的老师，前者是不是更欢迎改革呢？或者，当一项改革过分突出时，人们是不是会对改革更为反感呢？

扫瞄一下表 5.12，看看"核心程度"与"改革初期的态度"，我们的确可以看见一种关系，但似乎是一种并不紧密的关系。核心程度高的那些采用者，他们的初期态度倾向于中立或欢迎；只有一人不喜欢。这样看来似乎这些"中立"的老师会因初期的挂念，更将改革置于核心。

那些将改革置于中低核心程度的老师，后来产生怎样的结果呢？我们并不知道，因为欠缺这类的个案。而在行政人员部分，改革在其工作中的核心情况倒是出现了各种不同的程度，不过从搭配初期态度来看，似乎并无明显的模式出现。因此，"核心程度"与"改革初期的态度"究竟有无正相关？我们似乎只看见中等程度的支持。该分析者可能需要回到现场，找出一些低核心程度的老师，将图像填满。在等待此答案的同时，我们可以在表中为正向态度另寻其他可能的联结——例如看看"初期的正向态度"与"改革与教师的生涯关联性"是否有所关联。由表 5.12 看，"生涯关联性"出现的程度分布颇广，这其间的关系可能是较为清晰的，其中显示出：那些较无生涯关联性的教师（与行政人员），他们初期的态度倾向于中立或不喜欢；再看看生涯关联性较高的那类人员（如：K. Weeling 校长），他的态度后来变得更为正向了；而高生涯关联性的三位老师里，有两人的初期态度是正向的。

当人们看见两个变量时，往往倾向于由因果的角度去思考，这其中的危险在于：我们通常会遽下结论说 A"引起"了 B，而不是"A 出现高程度且 B 出现高程度"。本书有一些技术可以改变我们这种遽下结论的倾向（参见下一节），包括：检验相竞争的解释、排除虚假关系或运用极端样本。

你也可以请一位善质疑的同事，运用一种或多种技术来帮忙，这是很有用的方法。我们有一位朋友曾表示：有关社会情境的因果陈述，任何一项都应该马上反过来去思考一下，看看是不是更有道理些：

"这些学生迟到了，因为他们讨厌老师。"（讨厌导致反抗）

"这些学生讨厌老师，因为他们上学曾迟到。"（因为其他某些因素造成迟到，迟到导致讨厌老师——可能是老师对他们迟到所做的反应，造成了学生的反感）

这个例子听起来有点虚构，不过做一些这类反向思考的练习，的确是颇有用的。以我们那项学校改革研究为例，我们就曾经考虑过一个常见的说法："教师的工作承诺高，使他采用改革案时，更为努力。"然后我们再反过来想："因为教师努力执行改革案，这使得他的工作承诺提高了。"

由认知失调（cognitive dissonance）理论来看，后者在理论上还更有意义。而我们的确看见了几个这方面的实例——初期非常努力的老师，导致后来对改革的承诺更为提高了。

习作建议　请看表 8.5,对于"采用者投入"与"早期执行的平顺度"之间的关系,你有何结论?(提示:请运用表中助力[F]与阻力[B]以及相关的符号。)然后再看表 8.6,找出"平顺度"与"预测变量"之间的关系。

请运用图 7.7 这张点状图,就"行政压力"与"回旋空间"之间的关系来看,你可以引出什么结论? 资料 7.3 也是个不错的练习对象。

发现中介变量

分析过程里常常会出现以下状况:依照你在概念层次上的预期,某两个变量"应该"会有关系,然而你却发现两变量间只有"微温"的关系,或者两者的关系无法确定。另一种情况是:两变量的确有关系,但是却没有多大意义;分析者实在想不出两变量究竟为什么会有关系。

以上两种状况,研究者可以运用一种有用的方法去解惑,他可以在这张图像里找出其他的变量。有可能的确存在着一个第三变量,就是因为这第三变量 Q,混淆、压抑或增强了 A、B 两变量的关系。因此,如果研究者"控制"好 Q,A 与 B 的关系就会清楚了。

$$Q$$
$$A—?—B$$

另有一种可能,或许研究者所找到的这个第三变量,的确填补了一个逻辑链,在 A 与 B 之间做了媒介或联络:

$$A \longrightarrow Q \longrightarrow B$$

我们先举个例子来看看后面这一种情况。第 8 章第 5 节,我们曾提出一个发现:在资金雄厚的学校里改革所带来的改变,较资金少的学校要大(参见 Miles & Huberman, 1994, 第 8 章)。这一发现却留下很多疑惑并未解释。为什么资金雄厚的学校改革会"引发"较大规模的组织变革?

为解决此疑惑,分析者先依照个案排序方式,整理出一张表,把和组织变革可能有关的变量都找出来,包括:"环境压力"、"问题解决取向"、"有关执行的规定"、"行政支持",等等。原来的变量关系如图 10.3 所示,等研究者加上所找到的这些中介变量后,形成了图 10.4,这才能让我们的理解更符合实际。图 10.4 显示,在诸多变量形成的网络中,资金规模只不过是其中的一项。

资金规模────────────→组织变革的规模

图 10.3　双变量关系

我们可以在图 10.4 看见:较大的改革(1)会拥有较多资金(2),资金会使行政人员提供的支持增加,但是执行相关的规定(3)也会较多。组织变革(6)至少来自 3 个方面:一是方案执行本身的规定(3),二是行政的支持(4),三是执行获得成功的程度(5)。我们可以看出,行政支持是其中相当重要的中介变量。

我们在此例想要澄清一项似乎合理、但却不够清晰的关系,经过寻找中介变量、重新绘图后,结果果然清楚多了——如果你不嫌它太复杂的话。当然,你也可能找到比较简单的中介变量。再举一实例来看,我们发现:采用一项改革所承受的行政压力和

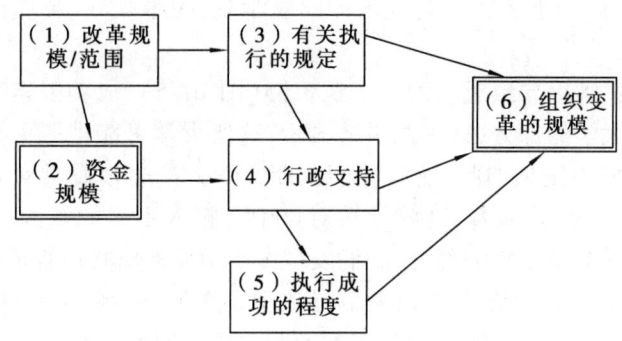

图10.4　双变量关系与中介变量

最后制度化与否是有所关联的。但我们对此有些疑惑，不知原因为何。后来我们才发现：那些有行政压力的个案，也就是那些产生组织变革的个案，这些个案后来也会支持将该改革制度化。也就是说，我们在"行政压力"和"制度化"之间，找到了一个可以连接两变量的中介变量——"组织变革"。

　　现在还有另一问题待处理，让我们简要地处理一下。若情况是：A 与 B 之间应该有密切的关系，但实际关系却不够密切。这时，我们仍然应该去寻找一系列候选的中介变量，然后去探究：究竟是不是它/它们混淆或压抑了 A 与 B 之间的关系。

　　习作建议　你可以运用表 8.5 练习找出中介变量，因为"准备度"与"早期执行的平顺度"之间的关系并不是十分清晰。在这张图像里是否还有些其他东西在产生作用呢？（在此情况下，该分析者回头去查看田野札记，找到了其他可能影响平顺度的 5 个变量；于是他另外画了一张个案取向的预测项—结果矩阵表，将这 5 个变量都纳入表格"表 8.6"。转眼间，情况变得非常清楚了，原来造成平顺/歧岖的主要因素在于改革的规模大小。即使人们的准备良好，但如果改革规模大、要求多，早期的执行仍会不平顺。）

　　找出中介变量最简单的方法就是检验、对照、比较多个示例，而这些示例都包含了那 2 个变量。我们前面举的实例是一项多个案研究，其实基本原则都是一样的，可以适用于多行动者、多场地或多事件等情况。

　　你也可以运用资料 7.5 来练习寻找中介变量（你可以先看资料 8.3，找出进行大规模改革的个案，就它们写些笔记）；另外，资料 8.3 已直接显示出一个中介变量；表 8.9 也可做练习（重点在"行政压力"对于"采用者实作改变"，所产生的直接关系）。

以证据建立一条逻辑链

　　我们已经谈过多种聚类的技术，包括：找出模式、作譬喻、聚类、将特殊整合为普遍。这些技术都可以帮助我们将零散的资料聚拢起来，变成一个更精简的整体，由分析方面来看，这个整体乃大于部分的总和。你究竟是怎样完成此工作的？有没有好用的探索方式，或有系统的方式可用？

　　在那项中小学与大学之间的合作案中，发现了一个极为成功的合作案例，那是一所"教师中心",它附属于一所乡村地区的州立学院,为半径60英里内的中小学提供各式进修活动。

我们为此个案画出导致成功的一个逻辑链(图10.5),成功因素来自大学与中小学两方面。先看大学的部分,这一逻辑链显示:这所大学可能把服务与校外活动视为核心要务(1),事实上正是如此,所以我们预期大学人员会很看重对教师中心有益的事(2)(事实的确如此)。接着,这就导致对该中心投入更多的资源(3),也就是提供人员与经费。再看各中小学的部分,我们发现中小学原来由其他管道获得的在职协助很少(5),也缺乏好的教学资源(6);所以导致中小学把从教师中心获得的协助,视为很大的好处(7)——如果该中心真的能够提供好的在职协助,以及好的教材。事实显示:大学投入高的资源,真的促成了这样的协助;该中心的有利条件增加了(4),该中心被使用的程度也增加了(8)。

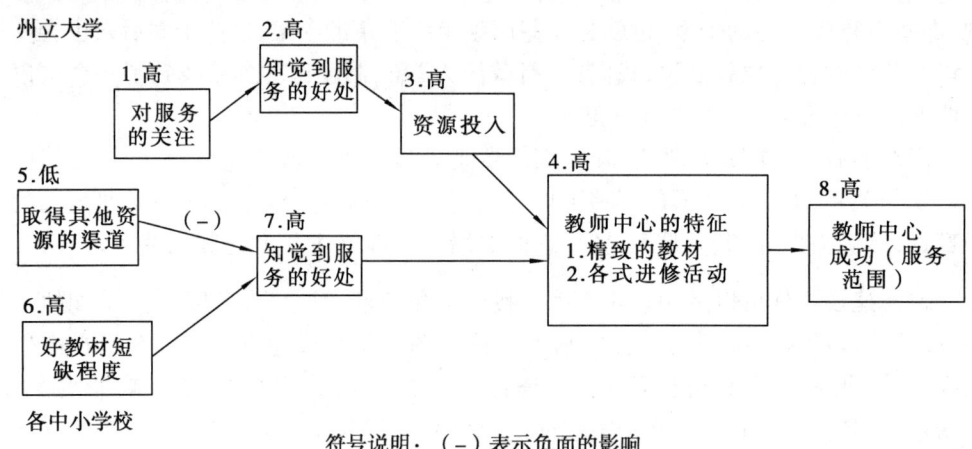

图 10.5　范例:支持一个观察结果的证据链

此图说明了如何建立一条证据链,其中应具备一些起码条件。这些条件包括:应该有若干名不同角色的报告人各自强调过这些因素,并且直接或间接地指出该因果联结(例如:某人表示"我们根本没有其他地方能帮我们获得新教材,所以这个教师中心看起来很不错呀"=5与7之间的联结)。你必须对图中逻辑上的预测及主张作一验证(如:实际投入的经费、其他资源的缺乏、实际进行的进修活动)。对立的证据也应该说明。

建立这种证据链和第6章第4节介绍的"因果网"建立方式,有何不同? 证据链的建立需要花更多工夫、要求更明确的方向。证据链中的每一步骤,都需要验证:它真的发生了吗? 依据逻辑预测,接下来会怎样? 接下来的情形真的出现在资料里了吗? 换言之,我们正在运用一连串的若—则技术:"假如那是真的,我们就会发现X。而我们真的发现了X,所以……"[1]。

---

[1]　这种逐步验证的方式很像Hempel的想法,他主张对研究假设进行确认,他所说的假设是一组句子,他要求每一个句子都应该直接以一个观察陈述予以确认(Fredericks & Miller,1988)。

再者，证据链里的关系必须要有意义；从"大学所知觉到的好处"到"资源投入"，这其间的关系必须要合乎逻辑。而且这一证据链必须完整；由前置变量到结果项，都应该没有漏洞。像图 10.5 中第 3 与第 4 之间的联结就不够明显，因为大学可能投入资源，但也可能发展出别种特色的教师中心。投入的资源并不会自动化为精致的教材，这一逻辑链中漏掉了某些东西，必须予以补齐。

要将这条证据的轨迹建立起来，并非一蹴可及，而是逐步完成的。其步骤大致如下：首先对主要因素产生初步的想法；然后，尝试将这些因素安排出逻辑关系；再用下一轮搜集到的资料，去测试前面所预测的关系；接着修改原想法，将其纳入新的解释图；最后，再用新的个案与示例来检测新解释。其实这类似于传统上分析性归纳（analytic induction）向来所用的程序，过去也被用来确认社会行为的充要条件（necessary and sufficient causes）。（参见 Lindesmith（1947，1968）对鸦片成瘾所做的有名研究；想对此方法了解更多，还可参见 Manning（1982）。）

建立证据链最有力之处，是它运用了两个紧扣在一起的循环圈。一个是"清点式归纳（enumerative induction）"，一个是"排除式归纳（eliminative induction）"。"清点式归纳"是指你搜集到各式各样的示例，而所有示例都走向同一方向；"排除式归纳"是指你用其他解释来测试你的研究假设，以及仔细寻找研究结论的适用范围。当研究者在做"逐渐聚焦（progressive focusing）"的工作时，就是所谓的"清点式归纳"。当研究者做"持续比较（constant comparison）"与"结构确认（structural corroboration）"的工作时，就是转换到更高一层的"排除式归纳"。许多行业都会运用"惯技"的逻辑，作为故障排除的方式，如：法医、汽车修理师、侦探、学校教师等；他们所用的惯技，就是来回使用"清点式归纳"与"排除式归纳"很好的实例。

建立证据链时，也可运用"决定树形图"（参见 Gladwin，1989 对此方法的介绍），因为画决定树时，着重的不是特定事件之间的逻辑顺序，而是各项决定之间的逻辑顺序。你也可参考 Strauss & Corbin（1990）的"追踪条件路径"。

习作建议　请看资料 8.3，该表排列了一连串与协助有关的变量，最后也列出了结果。请运用这些资料建立一条逻辑链，若你认为有需要，也可以在链中加上其他的变量。此处的问题是：你欠缺具体的资料，去考验链中的每一步。不过你可以在该表中任选一个案资料，对逻辑链作局部的考验；然后再用表里的另一个案复制。

你也可以运用表 5.1 及其相关文字来做练习。表 5.14 也可以练习看看。

创造概念上／理论上的一致性

当你要了解某人行为的意义时，你需要将一个零散的事实连接到其他零散的事实上，然后将之纳入一个具有规律性、综合性与更抽象的主旨。当然，这一主旨必须由研究者自己去找出来。本文前面所介绍的技术，是让我们由具体证据的层面，逐渐走向概念层面，以看出整个图像；换言之，我们所处理的不只是可见的东西，也包括不可见的东西。就像用推理之胶，将两个比邻的层级粘在一起。

接下来介绍的这一技术，就是要由譬喻和变量关系，走向结构；由结构走向理论。亦即将各种研究发现粘结在一起，进而超越该单一的研究命题，使我们能对所研究的现象,究竟是"如何"与"为何"产生,提出合理的解释。

还是借用我们的学校改革研究来作说明,该研究里我们发现一个现象:某些学区里的老师们热烈投入改革,同样这批老师也一致认定:改革对于学生阅读能力很有帮助,或者对改善学生对学校的态度很有帮助。有趣的是,白纸黑字的资料却显示:老师们所宣称的结果根本不存在,或者只得到很薄弱的支持。

以上所述是一些"事实"资料,我们乃是就此事实资料找出模式。对这些事实,田野的报告人可能表示同意——他们的确同意;但是他们并不会想到要把这些资料组合在一起,并且说出个所以然——这是我们研究者要做的事。不过我们所见的这一主旨,只限于某种程度之内;也就是说,在另外其他学区见到的是不一样的现象,其他学区是教师较低的投入、较不坚定的声称或较切合实际的声称。由此可见多个案研究的一大好处,它可以提供对比案例与变异案例。

让我们对所看见的上述"事实"找一模式吧!也许可称之为"共有的错觉",即大家有共识,但该共识却不符合实际。若用动名词作譬喻,也许可称为"群体思维"、"自我欺骗"、"希望的实现"。我们当然也可以画一个像图10.5的逻辑链,以确定在各学区出现的情况;但即使这样做,我们都仍然只限定在本研究里作思考;尚未与其他社会科学家进行有意义的对话。

现在该分析者应该要问:"其他学者有没有提出更大的结构,可以将这些事实组合在一起,类似我所做的这样?"基本上,可以去找一些动名词,就像前面提及的那些。"群体思维"显示的是集体行为这一方面,"自我欺骗"是指出一种个人的认知过程,"希望的实现"指出的则是一种动机方面的动力因素。

如果将以上现象称之为"对误判的集体遵从(group conformity)"(Asch,1951),是不是一个恰当的结构?不是,因为该词并未显示"工作者实际热心的投入"这一事实。

我们从认知社会心理学里找到一个词汇——付出的合理化(effort justification)(Festinger,1957),这应该是个较为恰当的结构。它是指:人们为了要让自己的付出具有正当性,所以会"看见"比实际更多的成果;此时人们会产生一种认知失调的状态,使得人们会学习喜欢那些让他们受苦的东西,把吃苦当吃补。

这一寻找的过程带我们走向何处?它首先告诉我们:我们的研究发现在概念上有一个类似物,它使我们的发现与观念看起来更具合理性,且在经验层次上它现在已经扎根于一个新的脉络了。它也可帮我们解释该主旨何以会发生。这个概念类似物也照亮了一个更大的议题(例如:在我们的研究现场和其他一般情境中,人们面对不确定时,会怎样去应对)。最后,这一结构还可以解释研究人员所见到的奇怪现象,例如:我们可以理解为何那群教师会对客观的标准(该测验分数)系统性地忽略,即使大家很容易就能取得这些分数资料。

此处我们正由底部往上爬,由田野走向概念。步骤如下:(1)确定零散的各个发现;(2)将各发现彼此相连;(3)为模式命名;(4)找出相符合的结构(这与Pierce"向外延伸"的过程颇像(Furman,1990):我们正在对所观察到的资料,做概念上的加法,以便能更广地应用)。

本书第2章第1节已提及,如果你的步骤想要由上而下,亦即先拟好概念架构,再去搜集资料,检测概念的效度,这是完全合理的做法,也往往是大家所期望采用的方法。不过此时你必须要保持开放,心里要有准备:预定的概念可能是不适用的,当你看到资料时,或许需要修改或扬弃原概念。概念若没有事实与之相对应,它只是空的概念;事实若没有了理论,它只是无意义的事实。

以质性资料建立理论,有关这一主题,我们见过讨论得最好的学者之一是Eisenhardt(1989a)。她强调跨个案寻找模式的重要性;方法是小心地将结构与你的资料相连,使结构更为严谨;为了这个结构,你也要到文献里去寻找支持你的发现之理论,此外也要去文献中寻找与结构相冲突的观点。

如何确定这套解释会比那套解释更好? Garfinkel(1981)对此提出了一些不错的建议(例如:好的解释通常会较具"结构性",不应该是过于局部的或琐碎的)。

习作建议 请扫瞄表 5.12 或表 5.14,看看你从中找到什么模式,然后想想你或同事的学科里有什么概念,可从更高层次来解释你的发现。

第 2 节 检测与验证发现的技术

我们前面先花了一些时间讨论形塑意义的技术,想由不同推论层次去提出与诠释研究发现,现在应该要处理效度问题了。质性分析也许会让人觉得发人深省、振奋人心、有名著架势——却可能是假的。研究者说了一个不错的故事,但却与资料不合。或者,经过同事的双重检验,却得到完全不同的发现。再或者,报告人的诠释和研究者的诠释不符。虽然现象学者或许在偷笑,因为根本没有一个单一的现实在那里,好让你"正确地"获得它;不过现象学者有时多多少少暗中仍会有一种感觉:研究结论似乎就是少了点儿什么。心理计量学者则站在另一个极端,他们怀疑非统计的研究是不是在用矛盾修饰法(oxymoron),只不过常常饥渴地寻找某些现场的特写资料,希望它能告诉大家某些恼人的数字"真正的"意思。

十年前我们两人(Huberman & Miles, 1983a)认为:对于质性研究的发现是否有效、方法是否有力,质性研究这个圈子并未形成一致的标准。但是现在这一情况已在改变,虽然变化很慢。下一节我们会回顾一下判断质性研究良莠的基本标准,本节我们要把焦点放在究竟采用什么方法,去测试与确认发现。我们要讨论一下 Katz(1983)提出的"4Rs",也就是代表性(representativeness)、反作用(reactivity)、信度(reliability)与可复制性(replicability)。

首先让我们从更长远的眼光来看这一问题。大多数的质性研究都是一个人在田野单独完成的,每个人就是一部研究的机器:界定问题、抽样、设计方法、搜集资料、简化资料、分析资料、诠释资料,一直到写出报告。

质性研究的质量让人不敢放心,原因很多,一是因为多半的研究都是一人独自完成的,他人无从了解研究是怎样进行的;但如果研究报告说明得够完整,仍可帮助外人一窥堂奥。偏偏究其事实,却与愿违,因为翻开质性研究的报告,多数的论文都只在努力描述发现了"什么",至于研究者是"如何"得到那些发现的,就很少了。再者,论文里有关田野资料的展示也很少,差不多都只在结论里出现一点儿。研究者究竟怎样从那500页的札记里,引出主要结论? 多数的论文都没有对分析程序做报告。所以读者并不知道要对这份论文,有多少信心。然而出现这一现象,并不能责怪研究人员。研究者并不是想故意保持神秘,而不说清楚;当然也不是研究人员太过愚笨,而没有能力说明白,主要还是缘于欠缺前例可循——质性研究过去在这一方面并未形成传统,以至于多数从业者都不知道在资料分析方面,究竟怎样在论文里向读者说明自己做了什么,以及是怎样做的。

如果我们去看些相关研究,就会发现这个问题还有其他方面的原因。"个人处理信息"的相关研究已有很长的历史(Dawes, 1971; Goldberg, 1970; Meehl, 1954, 1965),这些研究显示:人们的判断一直都较统计/精算判断不精确,即使是所谓的"专家",他的判断也可能会比一般人更为糟糕(Traft, 1955)。Oskamp(1965)发现:当专家搜集到越多正确的信息时,他对自己错误的判断,却越来越有信心,而并不去修改。(请想想看:那些出门在外的田野工作者,他们正在奋战——努力搜集着值得信任的资料,并且为这些资料形塑出意义。)

这些误判是怎样作成的? 让我们了解一下相关的研究。有关"人类究竟如何作因果归因"(Heider, 1944; Kelley, 1967, 1971),以及"如何形成判断"(Kahnemann & Tversky, 1972; Nisbett & Ross, 1980),这些方面都有相当丰富的文献。概括地说,普遍的发现是:多数人其实都是很差劲的科学家,作出的判断多半是有偏差的,主要依据的乃是他的先前信念[1]。多数人会由原本就是随机杂乱的资料一厢情愿地去寻找规律性,根据的也是不完整的资料,只看见自己想看的东西,而且过于依赖他人的判断——包括他人真实作出的判断、假定他人所作的判断(Gilovich, 1991)。大多数人并不会去追踪出现的频率、估计或然率、抽取具代表性的样本、作精确的推论或考虑其他的研究假设。而你呢? 在日常生活中你是否也是这样作判断呢?

研究人员何时会和一般人相似? 以及相似的程度如何? 过去的研究并未告诉我们。但据猜测,应该是常常有类似的行为。例如:Kahnemann 与 Tversky(1971)研究所谓"可即性探索法(availability heuristic)",也就是指"生动的"资料比起"平凡的"资料,更会被人注意、被人取用且更常常被用到。结果导致你会高估所得到的具体的、与当前的信息之重要性,也会高估它的发生频率。你会对自己经历过或目击到的戏剧化事件,形塑出更多意义;会比你在书上多次读到的东西,产生更多意义。现在让我们想想一个田野工作者:他目击一场危机或一场戏剧化的冲突,然后对此事件的重要性进行推论;另外他还可能对一些他不在场时出现的事情,作一些其他的推论,其中出现的误差可能会更大。

所以我们对质性研究有必要特别注意,应该知道资料分析中可能出现偏差的各种

1　相当引人注意的是,Christensen-Szalanski & Beach(1984)认为此处有所谓的"反击偏差"存在,这是指显示易错性的这些研究,在文献里被人过度引用了。

请参见 Sadler(1981),他以实证资料为基础进行完整的讨论,他提出了资料处理上的13种限制,其中包括了以下的问题:资料超过负荷、对第一印象过于坚持、未注意资料的不可信赖以及高估新奇的信息。你可以很轻松地由这篇文章整理出一张实用的清单,用来引导你的分析工作。

来源，这些偏差可能削弱甚至摧毁我们的研究发现。人类学的畅销教科书已经为我们指出了部分这类的偏差，也附带提出了一些避免之道，其中最常见的数项偏差包括：

1. 整体论的谬误（holistic fallacy）：诠释事件时，将它们看得比实际情况更具整体性与一致性，把社会生活里，许多松散零落的东西都剔除了。

2. 菁英偏差（elite bias）：高估了善于表达、消息灵通的、通常也是高社会地位的报告人所提供的信息；低估了不善表达的、低地位的报告人所提供的信息。

3. 变成当地人（going native）：丧失了研究者自己的观点或是"放入括号"的能力，融入了当地人的知觉与解释。

　　要了解上述偏差，若能多认识一下认知心理学，应该是颇有用的。认知心理学者找出人类作判断时依循的 3 种方式，正好与前述 3 项偏差相互呼应，这 3 种方式就是：代表性探索法（representativeness heuristic）、可即性探索法（availability heuristic）、估量探索法（weighting heuristic）。想多了解这方面的文献，我们建议读者参考 Nisbett and Ross（1980）与 Gilovich（1991）的著作。

　　以下讨论检测／确认研究发现时，仍要参考 Nisbett and Ross（1980），Gilovich（1991）等著作。本节所谈"确认"与"验证"这两个词汇，其意义比起过去我们一向所用的词汇所能达到的范围，要更为宽广些。不过我们主要的意图仍然在于：既然过去大家（包括我们自己与我们的读者）对质性研究发现的信心都普遍不足，要怎样做才能强化这方面的信心呢？就如 Lee（1991）所指出的，答案应该在于研究者对于 3 种理解层次所做的连接工作，第一层次的理解，蕴涵在我们的报告人所作的诠释及其意义里；第二层次的理解，蕴涵在我们研究者自己对前项意义所作的诠释里；第三层理解则蕴涵在我们所做的确认工作里——对于将资料与理论连接所作的确认。

　　本节将介绍 13 种技术，我们首先讨论的技术，是为了保证资料的基本质量；然后说明研究发现的检验技术，用的方法是为初期找到的模式，检查例外状况；最后对研究过程里逐渐浮现的解释，作更为挑剔的检查。

　　要评估资料的质量，可用的技术包括：检验代表性（1）、检验研究者效应（researcher effects）（亦即研究者如何影响个案，或相反）、横跨各资料来源与各方法作三角检测（triangulating）（3）。此外也可采用估量证据的质量（4），以决定哪些证据最值得信任。

　　探究"非模式化"的东西，可告诉我们很多东西。可用的技术包括：检验外围者的意义（5）、运用极端个案（6）、追踪惊异处（7）、寻找反面证据（negative evidence）（8）；这些都是检验关于某一"模式"的结论的技术，采用的方法是说明该模式不是什么。

　　要怎样真正检测研究者的解释？进行"若—则"测试（9）、排除虚假关系（10）、复制研究发现（11）、测试相竞争的解释（12），这些都是把我们漂亮的理论交给冷酷的事实去考验，或是和其他漂亮的理论去竞争。

　　最后，好的结论还应该得到报告人的肯定，我们可用的最后一项技术就是：请报告人给予反馈（13）。

检验代表性

我们从田野研究里得到一项"发现"时,会很快地假定它是"典型的",假定它是某一更普遍现象的一个示例。果真如此吗? 如果真是如此,它的代表性如何?(本书作者之一每次去接机,如果客人是第一次来美国,等他们碰面后,作者就会半嘲讽地问他:"你觉得美国如何?"对于美国整个国家的第一印象,通常都来自于一个样本——机场的喧闹、一个停车场和一段道路。)

"代表性探究法"是个体常常用来进行认知的一种方法,Tversky & Kahenman(1971)对此方法进行探究。他们发现人们运用此方法由特殊事物推衍至概括表述时,十分容易发生错误。人们会从眼前一两个具体、生动的示例,就假定树丛后面还有十多个示例——但是我们却未去验证是否真是如此,以及究竟有多少示例(通常实际上会比我们以为的少)。

基本上人们在提出一项概述后,会再用实例阐明它(比方说,我的朋友张三……),但如果要我们举出好几个示例,去阐释我们所提出的普遍通则,那可就相当困难了。让此问题变得更为复杂的是:一个寻找信息者或资料处理者,会比其他人更倾向于看见支持他原信念的示例,而看不见反面的示例,即使在负面示例出现得更为频繁的情况下,他仍会视而不见(参见 Edwards,1968)。

糟糕的情况还不止于此,Kahenman & Tversky(1972)还发现:数学心理学者从样本推论到母群时,也同样有可能出差错。那么,更何况大多数的田野工作者就像普罗米修思一样,天天都要独自一人重复做着抽样、观测与推论等所有的工作,这其中犯错的可能性当然会更大了。

田野工作者独自工作着,他并没有标准化的或被认定正确有效的方法可用,他要由特定示例进行概述,其中要冒许许多多犯错的风险。最常见的错误及其错误来源包括下列数项:

错误	错误来源
抽取非代表性的报告人	过于依赖易找到的报告人与菁英报告人
由非代表性事件或活动作概括	研究者未连续在现场;高估戏剧化的事件
由非代表性过程作概括	非代表性的报告人与事件;过于依赖似真性;碰巧出现相合的解释;整体论的偏差

让我们一一讨论这些常见的错误。第一项错误指出一个事实——你只能与找得到的人接触;有些人比起其他人,是比较不容易被研究者接触到的。这一问题本身便显示出某种具有特殊意义的事情;人的可即性是与其工作负担有所关联的,和他的合作意愿也有关系,或者和两者都有所关联。

人类学者早就常常提出警告:田野工作者有一种倾向,就是过度依赖能言善道、有洞察力、具吸引力和反应机智的报告人；这类人通常就是当地的精英。Dean，Eichorn，Dean(1967)讨论过这类主要报告人所具有的非典型的特质，他们的讨论相当不错，读者可以自行参考。

第二项错误是"由非代表性事件或活动作推论"，此乃源自于研究者并不是一直都待在现场；他必须推论当自己不在场时发生了什么。当他观察到一件戏剧化的事件（一项危机、一次争吵），自然出现的倾向，就假定这一事件是我不在场时酝酿出来的；或假定这一事件"象征"着某一更为普遍的主旨。这些想法似乎都颇有道理，但这些推论的基础绝对不够稳固。

最后一项错误"由非代表性过程作类推"，是指研究者会去寻找潜在的过程，以求解释自己的所见所闻。而研究者的类推，主要会依赖所抽样的人物、事件与活动，但假如这其中的抽样有瑕疵，那么他所作的解释就无法超越这些样本再作类推。

"似真性"是知识分子的鸦片。你如果发现：由资料中浮现出来的某一说法似乎颇为合理，而且也与该范围内其他的独立分析颇为相称，你就会锁定它，而且就此做更大范围的类推；这一动作也就是犯了 Edwards(1968)与其他学者所谓的"确认上的偏差(confirmability bias)"。

基层守卫：一些实例　　上述的误判牵涉选择性的抽样以及过度推论的问题，其中真正的关键在于：你带着第一层次的理解，渐渐不知不觉地陷入偏差之中，这第一层级的理解本来应该是为下一层理解打基础的，但你逐渐成为这浮现出的理解的俘虏。由认知的角度来说，就是你对自己过去近距离观察到的东西，已经没办法"后退"或"以批判眼光去作回顾"了。你只能由原有的眼界，去逐渐累积你的理解，从外部有效地引导出你的理解。

因此，如果你想要做到"后退"以及"批判性地回顾"，就必须得到其他人的协助；或者，必须建立起一个避免自欺的防御之道。我们已经对前种方式多有讨论（有批判力的朋友、同事、其他田野工作者或稽核者，都是你可以寻求协助的对象），至于第二种方式[1]，现在让我们说明一下。

我们曾探究大学与学区的合作，那项研究里，我们担心会犯以上所列的 3 种错误。原因是我们每一个研究员要负责若干所机构，这也就意味着每一机构的田野调查并不是连续的。虽然接受调查的人都说我们的抽样够广泛了，但我们仍然担心会不会系统性地错失了某些人士。

为了消除忧虑，我们采用了数层守卫，第一层守卫，是去寻找外围者（参见下述的第 5 项技术），为的是要检验原来那些受访者所具有的代表性。我们所用的第二层守卫，是请每一机构提供人员名册，再从每一机构里随机抽出 8 人接受我们的访谈。结果显示，我们原来的抽样真的出现了一些偏差。

再者，该研究里诸报告人经常提到某一类活动案，说它是大学主动资助的活动案中最常见的一种。我们开始怀疑：报告人是否弄错了——将出现频率与影响力两者弄

---

[1]　如何运用防卫之道来处理自我欺骗的问题，可参考 Becker et al.(1961)，这是一篇经典的、详细的与综括性的讨论。

混了？我们猜想:是不是因为那类活动对现状最有影响力,所以让他们对那类活动记忆最深？因此,我们找出前两年的刊物,从中找出活动日程,然后作内容分析。结果显示:由于报告人高估了某类活动,以至于误导了他们自己和我们研究人员。

上述第三项错误也出现在该研究里。那时候,大学与学区的代表们会定期举行政策委员会议。据我们观察,这些会议是由大学代表主控;大学代表比学区代表的发言频率高,发言时间也较长,而会议的决议也偏向大学代表的主张。于是我们找出了一项符合这些资料的模式:大学主控会议。

为了检验这项模式,我们做了更广的抽样,我们另外选择一些其他会议去观察,包括2种类型的会议,一类是较不正式的,而且不是由代表人员参与的会议;第二类是较正式的,但不像决策会议那样重要。这一观察真的很管用,它推翻了我们原先的研究假设。我们发现:在较不正式、不重要的会议里,决定权是由学区人员所掌控的。

我们基于这些经验,提出以下建议供你参考:首先请假定你的抽样是有选择性的;再假定你的研究结果是由弱代表性或无代表性的样本中推论出来的。你必须去证明自己是无辜的,否则你的研究就是有偏差的。为了去除此偏差,你可以扩大研究的范围。以下是你可采用的一些做法:

1. 增加个案的数量。
2. 刻意去寻找对照个案(contrasting cases)(负面个案(negative cases)、极端个案、对立个案(countervailing case))。
3. 将个案作系统性的分类(可运用分组法(参见资料7.1)),然后找出较贫乏的组别。
4. 从所研究的所有人与所有现象里,做随机抽样。

最后这两种增进代表性的做法,与实验研究者所用的"分层"与"随机化"等惯常做法是一样的,希望能增加内在效度。当然两者间仍有些差异,实验研究者乃是在研究初期就运用这些原则,目的在控制抽样与测量的偏差;质性研究者则是研究较后期才使用,目的乃在验证研究结果。这一做法可以让你将所有候选的人或事都纳入分层抽样与随机抽样,如此最重要的样本才有机会浮现出来。即使如此,你仍然有个负担——你必须拿出证据去证明:最后深思熟虑选出的模式的确是具有代表性的。

习作建议　在此我们建议你聚焦在自己的研究上,以它来做练习。你可以将前述的错误来源当做一张检验清单,想想你可以采取哪些具体的防御措施。请一位同事来帮你的忙。

检验研究者效应

"外来者"会影响"局内人";反之,"局内人"也会影响"外来者"。这一道理也适用于研究者,研究者一踏上局内人的土地,这一效应就随之降临。研究者的出现,给局内人创造了一种前所未有的社会行为,尤其是研究展开阶段更为明显。

而那种社会行为可能后来又反过头来,导致研究者观察的偏差与推论的偏差;以至于该情境原有的"自然"特质,受到研究者与当地人之间形成的人为效应(artificial effect)之影响,而被"搅得一团糟"(此词对此情况而言,倒是颇恰当的)。如果想要不搅乱它们，研究者就要让自己的行径像是光线穿过透镜厅一样。

所以此处涉及了两种可能的偏差来源：(A)研究者对个案的影响；(B)个案对研究者的影响。对于偏差 A，田野研究者比较不担心，因为通常研究者都会在现场花费足够的时间，让自己成为当地的一部分。但这也就更增长了偏差 B 的危险程度，换言之，研究者被吸纳成了当地人，对当地事件囫囵吞枣式地接受当地人的共识，或接受理所当然的说法[1]。

我们在此讨论的这些偏差，虽然出现在现场调查之中，但却会对资料分析产生深远的影响，无论是在资料搜集之中或之后，都会受到重大影响。一个已成为当地人的研究者，在分析资料阶段，他仍然会带着当地人的心态。而一个已经以不明方式对当地产生影响的研究者，即使在分析资料阶段，仍会不知不觉地因该影响而受害。

偏差 A 出现的情况非常多，让我们一一说明。如果研究者对他眼前的社会关系或制度关系，产生了威胁或干扰，意味着偏差 A 已出现了。当威胁或干扰产生时，当地人会想要弄清楚：这个人究竟是谁？他为何来这里？他搜集到的资料会被如何处理？当人们弄到答案以后，报告人往往就要扮演台面上的角色或某种特定角色了，而那些乃是给外来者观看的一种表现。（当然，报告人对于他们自己局内人，会有另一番面目，参见 Goffman，1959）

即使经过初步交锋，报告人通常还是会继续操弄自己的反应，他既要让研究者觉得自己可靠，同时也要维护好自己的利益。在有些研究者眼中（Douglas，1976），报告人和研究者之间的利益，基本上是相冲突的，研究者可能会看透当地的对抗、妥协、弱点与矛盾之核心，理解这些东西原本就构成了当地实情的大部分。但是当地人并不希望外来者了解得这么深入——有时也不想让其他当地人了解。所以如果研究者的兴趣是要精确地揭露这类信息，这一类的研究者就得假定：当地人想努力误导研究者；研究者应该采取一种较倾向于侦探的研究模式[2]。

田野研究走到最后阶段，研究者可能会被人觉得是个背叛者，无论他多用心规划或前后多么一致，仍然不容易避免出现这种尴尬。原因是研究者撰写的报告，把当地一些个人的事情公开出来，且任由当地人去承担后果[3]（第 11 章将深入讨论此议题）。

偏差 A 可能出现的方式，还不止于上述的这些情形。有些情况下，偏差 A 与偏差 B 可能协力产生一种人为效应，导致研究者与当地人之间产生复杂的关系。这也就是有名的"实验者"效应（experimenter effect），Rosenthal（1976）对此做过细腻的研究。

---

1 有关研究者对个案的影响，早期就有不错的讨论，请参见 Schwartz & Schwartz（1955）。想知道较近期的完整讨论，请参阅 LeCompte & Preissle（1993），他们另外讨论了研究者扮演倡议者所出现的问题、角色不对称问题、协同问题、跨越疆界问题与伦理问题。

2 有关研究出现的各种干扰、谎言与掩护行动，Douglas（1976）对这些行为作了精彩的分类与剖析（尤其参见 p. 55 – 82）。他引用了 John Leonard 一句很传神的话："我花了很长的时间才发现：最重要的一件事情就是要表现出很真诚的样子；一旦你学会怎样表现得真诚，你的功夫也就练成了。"（p.55）

也请参考 Mitchell（1991），他对研究者的角色作了分类，包括：素朴的同情（研究者像猎物）、素朴的无情（研究者像笑柄）、训练有素的同情（研究者像密友）、训练有素的无情（研究者像自欺的间谍）。

3 作家 Joan Didion 曾经写到："我是这样纤小、这样神经过敏、这样无伤害性，于是乎人们都忘了一个重点：写作者会让你进入故事里。"

我们的研究经验里也曾出现过几次这类的偏差。例如在我们那项学校改革研究中,有一机构原本接受过访谈,但后来表示想要退出,不再接受我们的访谈。因为某种不明因素,他们又取消了原本想打退堂鼓的想法。几天以后,我们就知道原因了,原来是他们认为:访谈者大老远去看他们,他们应该表现得更好一点。再者,这其中也有一种想法——他们希望不要受到公众的控告;因为他们担心研究者与看到论文的读者可能会告诉别人:这一机构表现得很烂。

偏差 A 还有许多出现的方式。比方说,报告人将研究者视为间谍、偷窥狂、害人精;或者以为研究者会妨碍当地人,以至于或明或暗地抵制研究者。经过数次访查与谈话后,当地人无法确定研究者究竟发现了多少,但他们可能会假定:研究者知道太多了——当然多半情况下这是一种错误的假定。这一想法进而会引起偏差 B:研究者会再三向当地人提出保证,或者采取一种侦探—对抗模式,而这两种策略都会影响到所搜集到的资料。

现在,假定你在现场的时间只有几个月、几周,甚至几天,你要怎样去处理这两种相关联的偏差呢? 以下是几项简短的建议,至于细节,请参考田野工作的相关文献(如:Adams & Preiss, 1960; Bogdan & Biklen, 1992; LeCompte et al., 1992; LeCompte & Preissle, with Tesch, 1993; Lofland & Lofland, 1984; Morse, 1989; Pelto & Pelto, 1978; Wax, 1971; Whyte, 1984)。

A. 避免研究者影响现场

- 尽量延长在现场的时间;花些时间闲逛,融入当地,放低身段,不要太显眼。
- 如果可能,请运用非干扰性的观测方式(McCall & Simmon, 1969; Webb et al., 1965)。
- 请确定当地人知道你的意图:你为何来此、你在研究什么、你如何搜集资料、资料会被如何使用。
- 考虑录用一个报告人——请他留意并告知你对当地造成的影响。
- 选择一个舒适的社交场所进行访谈,如:咖啡店、餐厅、报告人家中,不要用有威胁性的数字与你的异地风格,吓到报告人。
- 不要扩大潜在问题,在当地人生活中,你的出现与否,其实没那么重要。

B. 避免现场影响研究者

- 避免产生"菁英偏差",请将报告人分散于各阶层,包括低阶层者与非重点研究人士,如外围或前任人员。
- 避免成为当地人,请花些时间到外地走走,暂时离开访查地点(参见 Whyte, 1943 讨论"暂时离开")。
- 确定能纳入非主流观点人士与生活较不安逸者,可包括:政治异议人士、怪人、歧异人士、边缘人、孤立者。
- 不断由概念层次去做思考;将情感性或人际面的思考,转化为更为理论性的思考。

- 请考虑找一名报告人，请他为你提供背景与历史信息，以及你不在现场时的信息（这一做法的用意主要在减少偏差，而非提供信息）。
- 请运用多种方法进行三角检测；想要了解当地状况，不要过于依赖谈话或观察。
- 如果你觉得自己正在被人误导，请找出原因：为何某一报告人觉得必须要误导你，并请尽力追溯到源头。
- 不要不经意的透露出你知道了多少，以便暗中进行确认，究竟谁在误导你。
- 请把你的札记给同事看，通常旁观者可以更快地看出你在何处被误导或被同化，以及情况如何。
- 心中要牢记自己的研究问题；不要为了追踪表面上看似戏剧化或重大的事务，而游走过远。

　　如果我们把以上所有做法全部放在一起来看，可能有些部分是相互矛盾的，或者是顾此失彼的。例如：如果你只能待在现场几天，这时要求你离场后再回来做访谈，这就太花成本了。有时你原本想要利用某名报告人，结果反而被他利用了。

　　我们可以想象，侦测偏差与移除偏差是相当费时的工作。为了获知核心的解释因素，如果你拥有的时间越多，你可以摘除的掩饰层也就会越多，你也就越能避免偏差 A 与偏差 B。不过我们也要提醒读者，或许你待得越久，只是越发强化了偏差 B，且越来越看不出偏差 A（Whyte（1984）曾经引用一名研究者的话：研究开始时，我是个非参与的观察者，到了快结束时，我成了非观察的参与者）。因此，拥有较多的现场时间，未必一定能够避免更多的偏差，关键在于研究者的能力是否良好。

　　研究者应具备怎样的能力呢？本书前面已经提过，在此我们再强调一次：如果研究者能在研究情境中慎重行事、领悟事理，在概念上做普遍的思考，那么他就可能直捣个案的核心，可避免上述两种研究者偏差而取得优质的资料。有些研究者认为，为了得到有效的资料，他必须经年累月地待在现场，这种人其实是把时间问题与能力问题搞混了。

　　习作建议　本书原有的实例与图表，在此问题上派不上什么用场。你需要检查自己的研究，有没有偏差 A 与偏差 B，去寻求同事的反馈，然后找到你的防御之道。

三角检测

　　采取"三角检测"来确认研究发现，这一方式似乎已经成了一种护身符，有关这方面的著作也已经很多。让我们直捣这一方法的核心，三角检测法基本上认为：三角检测这种方法应该可以用来支持某一研究发现，方法就是：去求证各个单独的观测与该研究发现之间是否一致，或者至少不与该研究发现相冲突。

　　有关三角检测的问题，其实并不是这么简单，因此我们不想将问题简化。比如说，如果你的观测结果与研究发现相冲突，而你也只做了 2 次的观测，那么你就得为更进一步的问题伤脑筋了:究竟我要相信哪一个呢?[1]

首先让我们做一下简单的历史回顾,再看一下几个实例。Webb 等人(1965)似乎是最早提出"三角检测"这一词汇的人士,当时他们是指:欲确定研究发现的有效性,可以采用的方法是对一连串不完善的观测进行严格检查。但在此之前,就已经有许多类似的方法了。例如,心理测验发展阶段可以运用所谓的"同时效度(concurrent validity)",这是运用先前已证实有效的不同测验,来检测新发展出的测验题目(Campbell & Fiske,1959);另外,过去早已发展出"确证法"与"多重验证效度法(multiple validation procedure)",以确认田野研究的发现是否可靠(Becker,1958)。

历史学家 Barbara Tuchman(1981)曾经说过一段有趣的话:

> 我们可以预期:初级资料来源是有可能出现偏差的。想要修正它,可以去找找其他的资料来源……如果不同来源所谈的事件并不冲突,这表示已经有不同人从各个不同角度,去看待与记忆这一事件了……就像伊索预言里,狮子对人说:"人类杀死狮子的雕像已有许许多多,但如果雕刻师是狮子的话,雕出的像会完全不同的。"(p. 19)

三角检测法不只是学术界使用的一种技术,非学界人士也经常使用这一技术。我们可以将它们连接到所谓的惯技,也就是实务工作者常用的一种工作方式,像侦探、机械师等就是这类的工作者。比方说,某侦探汇集了指纹、毛发、不在场证明、目击者报告等,这些东西可能告诉他某一嫌犯比其他人更为可能;他所用的策略就是运用多重来源核对某一主旨。至于找出机械的毛病与胸腔疼痛的原因,方法其实也是类似的。各讯号可能均指出某一相同结论,且排除其他结论。这些惯技的使用显示出:运用不同检测方法是很重要的,因为它提供了重复验证的机会。

三角检测有哪些种类可供选用? 根据 Denzin(1978)古典的分类,他提及了 4 种,一是资料来源的三角检测,其中所谓的来源又可分为人员、时间与地点等。二是方法的三角检测,是指可运用观察、访谈与文件分析等方法。三是研究人员的三角检测,例如:聘用研究员 A 与 B2 人。四是理论方面的三角检测[2]。此外,我们还可以再加上一种资料形式的三角检测,例如:运用了质的文字、记录资料与量化资料。

如何就这些不同的类型来作选择运用呢? 关键在于找出几种互补的方式来运用,这几种方式可能各有偏差、各有优势,因此正好互补。Carney(1990)也建议研究者选择不同管控程度的资料来运用,从非管控的资料,到较受管控的资料都可选来运用。

---

1   对于三角检测,Miles 曾经指出:
     就"三角检测"这一词汇来看,它是从调查领域借用来的,它意味着:我们已知一个三角形有三项要素……现在有两个资料点,而我们所需要做的,就只要测量一致或不一致了……但是真正的三角检测其实还需要其他的信息,包括:由一名真正的第三者所提供的资料(我们应该已经知道,这第三者与其他两个资料来源的关系);一个更为基本的理论性解释,这一解释应该要能吸纳该明显的不一致性;还有其他资料能显示:这两个资料来源能够被信任的程度(人们认为该助理局长是个骗子;该调查项目是不可靠的等)(Miles,1982,pp. 125-126)。

2   Miller(1983)指出:由理论角度进行三角检测根本就是问题重重。如果两个不相容的理论预测出同样的结果,那么研究发现究竟是什么呢?

当研究者遇到新的资料来源时，他就可以将原来的发现拿来复制，检测一下该发现在一个应该再现的地方是否一样有其效用。

以某种意义而言，其实我们经常都面对三角检测的资料，无论我们是否运用此一词汇。Brown(1991)曾经引用 V. W. Turner 的话："也许经历过的生活、体验到的生活与诉说出来的生活，这三者间有相当的呼应，但是人类学家绝对不会假定这三者就是一样的，他们也不至于对三者的差异弄不清楚"(Bruner, 1984, p.7)。

我们来举几个实例。Stringfield & Teddlie(1991)曾经将学校人员的访谈、教室观察、学生成绩等资料，作一比较，结果发现颇为一致。Stringfield & Teddlie(1990)也曾将研究发现与另一项有关学校的研究(Huberman & Miles, 1984)作一比较。Warner(1991)曾经请小孩对于亲子关系的录像带作一记录，另外也将录制影带者自动作的评述记录下来，这对于诠释效度有很大的帮助。

我们能寄望从三角检测法得到什么呢？它可以让我们得到确证；更基本地，它可以让我们将原有的研究发现"用框架支撑起来"，让我们获得一种类似置信区间(confidence interval)的东西(Greene et al., 1989)。尽管我们或许只能由三角检测中得到"信度"这一资料，而并不能得到效度方面的信息，这是 Mathison(1988)所指出的。

三角检测法的优点还不止于此，它还有更多用处。假如不同来源显示了不一致的资料，或甚至根本相冲突的发现，这也是件好事。最大的好处在于：这会督促我们去寻找一套更复杂的解释，能将脉络考虑进去的一套解释(Jick, 1979)，并且有助于降低"不当的确切性(inappropriate certainty)"，这是 Mark 与 Shotland(1987)提及的。这样的结果会促使我们谨慎思考研究的发现，甚至完全另起炉灶，开启一段全新的思路(Rossman & Wilson, 1984)。

或许我们的基本论点应该是：质性研究中实际使用的三角检测，与生活中的用法并不是那样地相似。如果质性研究者脑筋清晰地去搜集资料，并对发现做双重的检验，其中运用了多重的资料来源与模式；那么他在资料搜集的过程中，就已经将大多数的验证工作纳入其中了。因此，三角检测其实主要就是一种获得研究发现的方法——采用不同方法，由不同来源，去观察或听取多重示例，使各个研究发现之间能取得一致；而这其中也运用了所谓的分析性归纳法。

习作练习 细细思量你的研究，及其初步研究发现。然后尝试一下 Neff(1987)的做法：依照各资料来源／方法／类型，将研究发现画成一张矩阵，看看各来源／方法／类型支持研究发现的情形如何，并且指出其中不一致与矛盾之处。

本章第 1 节介绍的作对照/比较技术，其中习作练习提及的各个图表，也很适合拿来此处做练习。

估量证据的品质

基本上任何一项初步的研究结论都奠基于某些资料。此处，或许我们应该采用某些历史学者所使用的词汇：抓住。真实世界里出现了一些事件，我们只"抓住"了一部分的记录，这些记录采用的是原始札记的形式，然后我们再从原始札记中萃取一部分，写成定稿的札记,我们将这些定稿札记称为"资料"。最后,为了要填入各式资料展示的图表,这些资料还要做进一步的浓缩、选择以及转化。

资料的质量并不是都是一样的,有一些资料会比另一些资料好。你很幸运,正好可以利用这一事实,来对研究发现作一完善地验证。如果你的结论所根据的资料,被大家认为是比较坚强的、有效的,那么你的结论也就会较为有力。坚强的资料在结论中可以受到更多的重视(受到加权);反之,根据弱资料或可疑的资料提出的结论,最轻微的情况是比较不会受到人们的重视;当然最好是能找到更强的资料去支持其他的结论,那么原先较弱的结论就可以被丢掉了。

基本上有许许多多的原因,可以说明为什么有些资料比其他的资料更强/更弱。本质上,这是效度问题(Dawson,1979;Kirk & Miller,1986);更具体地说,依据Maxwell(1992c)的讨论,这涉及"描述效度"与"诠释效度"。此处,我们无法详谈,不过我们会列出一份清单,分析者可用它来决定是否要对某些资料加权,而特别重视这类资料(也可参考下一节有关内在效度的讨论)。

第一,报告人的特质会影响所提供资料的质量,某些报告人提供的资料会"比较好"。这类报告人的特质可能是:善于表达,具反思性,喜欢向人诉说事件与过程。再者,这名报告人可能博学多闻,接近某事件、行动、过程或场地——而这些正是你所关心的焦点。例如,我们研究学校革新时,督学对预算的意见受到我们研究者较高的加权,而老师在这方面的意见则未受到较高的加权。

其次,资料质量也会受到资料搜集情境的强化或弱化。以下是一份不完整的清单(参见 Becker,1970;Bogdan & Taylor,1975;Sieber,1976):

较强的资料	较弱的资料
较后期或经多次接触后搜集的资料	较早期或进入现场时搜集的资料
亲自看见或听到的	二手的
所观察到的行为或活动	人们诉说的
值得信任的田野工作者	不值得信任的田野工作者
非正式场合得到的资料	官方或正式场合所获得的资料
调查对象单独与田野工作者在一起	调查对象与其他人或在团体中出现

上述强弱资料的差异其实并不是放诸四海而皆准的。比方说,假如你后来越来越受当地人的影响,那么你早期所得的资料反而是比较有力的。另外,有时候官方资料比非官方资料在某些议题上是更有用的,因为官方资料可告诉你官方主要的角色期望,而这些可能是他们在非正式访谈中否认的东西。不过基本上你还是可以循着上述的清单,做出你睿智的估量。

第三,如果田野工作者努力提高效度,也会使资料的质量提高。以下是一些可采取的做法:

检验研究者效应与偏差(本节第 2 项)

检验代表性(第 1 项)

获取报告人的反馈(第 13 项)

三角检测法（第 3 项）
寻找潜藏的动机
侦测欺瞒

其中最后两项在本节并未提及。Douglas（1976）认为：当地人通常都会有某些理由，会让他们去省略、选择或扭曲资料，无论当地人对该田野工作者有多少信任感，都会如此；当地人也可能会有某些理由，要去欺瞒田野工作者（更别说欺瞒他们自己了）。如果你遇到了 Douglas 所说的这种情形——对于某调查对象，或其资料有受骗感；而你也已采取行动，去确认该资料的效度，那么你对该资料的信心就比较有道理了。如果你对此问题有兴趣，想了解更多可采取的做法，可参考 Douglas（1976），以下是其中一部分的做法：

- 用已证实的事实来检验资料。
- 用其他报告来检验资料。
- 寻找"暗门"——了解暗中发生了什么事。
- 为了让调查对象说实话，可以和他分享你个人的资料。
- 透露一点你所知道的事，观察调查对象是否同意。
- 摘述某事务，请调查对象纠正。
- 说出可能的潜藏动机，观察调查对象的反应（否认或承认）。

这些试探法是否适用于所有研究呢？有些研究者可能不敢采用，因为他们可能会觉得这些做法太具有侵入性，侵入性会破坏当地人对研究者的"信任感"，而该研究之所以能够进行，主要依靠的就是这种信任感。对于这类型的研究，上述做法可能不宜采用。但是另外有些研究可能就颇适合采用这些方式，Douglas 即持此观点。他认为：有些类型的研究对象有充分理由要逃避他人并且／或者自我欺骗，例如：Douglas 曾研究按摩院客人、天体营常客以及在急诊室服勤的警察。这些场合的确较为独特，但我们认为：即使一些较普通的时机，也很适合采用上述做法，这些时机包括：研究者觉得有可疑处、研究者预料到会受阻、研究者想知道调查对象是否自我欺骗或者研究者希望调查对象能帮忙在这些项目上有所突破[1]。

有关估量资料质量，我们另加两项建议。第一，你在田野札记上写眉批或反思评注时，可以列出"资料质量"这一主题，并且定期追踪纪录，我们发现这是一项有用的做法，你可以参考资料 4.2 与资料 4.3 的格式去做；此外在写反思评注时，你还可以提醒自己：下次拜访时可以做哪些努力，以提升资料质量。

其次，在资料分析末期，请概述整体资料的质量。比方说，你的个案分析稿已经写到最后，你可以简述一下资料质量的概况，这是为你自己而写，也是为日后的读者而写。以下仍以我们的学校改革研究为例，下文节录自一项个案报告，这位研究者首先

---

[1]　有关"观察所得"资料与"所呈现"资料之间的差异问题，请参考 Van Maanen（1979），此一差异可能意味着研究对象努力维持或美化其形象。Van Maanen 还指出资料无效的两项原因，一是研究对象的无知，二是研究对象持一些理所当然的预设。

列出了 3 次拜访中的访谈次数(46),非正式访谈次数(24),观察次数(17)。

　　本研究所得资料可能有所偏差,行政人员与教育局相关人员每类人士作了 3 ～6 次的访谈;但对一般的方案实行者,所搜集的资料可能偏低了,至于那些周边人士以及漠不关心者的相关资料更少。因此,本研究的资料主要是方案主事者在运作方面所看见的进出情形,至于 Carson 各校日常生活的资料,也较为薄弱,实际上这些学校已将 IPA 方案纳入日常活动中,成为其特征之一了……

　　方案实施第一与第二年的回顾性资料,质量还不错,不过提供协助的资料较不理想。有关今年的执行情形,资料颇为完整,不过我发现高中似乎并未实际召开亲师座谈会。我只漏掉一名尚未谈话的主要报告人,即前任的 IPA 会长 Helena Rolland。我可能也应该访问 Mark Covington,他是典型的运动教练。除此之外,我的资料涵盖面还颇完整的……

　　虽然我的论文完稿时间略有延误,不过我写札记时少有拖延。札记中有些部分意义不明,也无法补充资料以改善,这类资料已标上记号,总计占有田野札记的 3%～5%。

我们对这段文字的看法是:该研究者自认为"少有拖延",这一信心表现显然有一点自欺。我们认为:若干可能遗漏的细节,日后应该用三角检测法予以弥补,并试着向原调查对象搜集相关资料。至于文中所提"漠不关心者",日后研究者在确认研究结论时,应该更加注意去探寻这类人士的看法。

　　习作建议　你可以运用前段所提较强与较弱资料的清单,仔细思考你现有研究的资料库,你可以填写一份资料报告单(资料 4.4 与资料 4.5),来检验资料的质量。

　　你还可以就较细微的方面去看,画出一张表格,对各类资料予以估量,画上加减号,表 8.5 的估量画记方式可供你参考。

检验外围者的意义

　　通常每一研究发现都会有其例外。一般研究者都倾向于把例外掩饰掉、忽略掉或是作一辩解后排除掉。不过,外围者其实是你的朋友(我们在此将所谓的例外或歧异个案,统称为外围者)。你可以充分利用外围者,来改善研究的发现。假如你细究那些例外,或细思分布图的末端,是可以检测且加强原初的研究发现的。这样做,不仅能检测研究发现可适用的普遍程度,而且可以帮你避免自作选择的偏差,进而帮你建立起一个更佳的解释。所以研究者不应将外围者视为麻烦物,或一味回避它们。

　　举例来看,在我们研究的学校改革案里,有一地区的教师把新措施视为神奇药方,预期它可治愈当地的弊端。虽然教师们发现:要达到顶尖成绩很不容易,但是最后该改革案竟然戏剧性地提升了学生阅读与作文成绩。教师们的士气相当高昂。

　　新改革方案果真具有"神奇疗效"吗?为了检测此初步发现,我们去访问两类外围人士,一是未实行新措施者;二是采用但未获成效者。经过一些思索,主要报告人想出了两类人士的问题关键。

　　经过对两类人士的访谈,果然颇有斩获。首先,我们发现不采用者的原因与采用者的原因,正好相反,也就是颇具一致性。其次,我们发现采用新措施却表示不满的人士,他们其实对满意人士所用的方法并不娴熟。现在,我们找到很好的证据,可以把技术的娴熟性和正向结果,连接起来。由此,我们原有的研究发现获得强化,而且我们也更为了解歧异个案为什么是歧异个案了。

所以情况更为明朗了:想要出现"神奇疗效",唯有将改革案中的新技术充分地发挥出来。另外,那些不满意者还告诉我们:其实不满者的人数远超过倡导人所承认的数量。

接着我们理解到:我们原本对满意者抽样所占的比例太高了;而且,当地行动者对事情提出了一份"理所当然"的故事版本,而我们竟然也就"陷溺"在那个版本。后来,我们对不满的采用者多作了一些访谈,于是对这所学校产生了另一份不尽相同、但更为细致的图像——这就是访谈外围者而获得的丰富收获。

通常实际上的外围者,要比你最初以为的数目多,你必须把他们找出来。他们既不会自动现身,通常你也不会自动想到要对他们抽样。总而言之,这类个案颇为麻烦——你不仅很难接触到或观察到他们,而且你精心建立起的一份具完整性的个案故事,也会被他们破坏。

你也应该记住:所谓的外围者不单单指人,也可能是不一致的个案,非典型的场所,独特的处置,或不寻常的事件。你必须把这些外围者找出来,并且去作一确认——想想看:在外围个案出现的东西,是否在较为主流的个案里就不出现;或者即使出现,但是会有些差异(参见本节第六项运用极端个案的讨论)。

再来看一个运用外围个案增加研究信心的例子,图 7.7 是这类的实例。图中显示 Astoria 是一个外围个案。绝大多数的个案进行改革都表现出高压力与低回旋空间,或低压力与高回旋空间。只有 Astoria 一处是高压力与高回旋空间。怎么会这样?研究者回头去看它的个案报告,发现该校的行政人员与老师曾经有过协调,当时行政人员向老师们表示改革一定要进行,但采用时可以有回旋空间。研究者还发现 Astoria 是该研究里唯一的教会学校,这意味着校方的权威不太会受到质疑。这一实例显示:细究外围个案,可以让我们更有信心,知道我们的主要发现是正确的。

有些方法可以帮你快速地找到外围者,你可以运用图表将个案排列好,那么外围者很容易就被你看出来了。你可以依据个案、角色、场所、事件或个人等方面来绘制图表,依某一顺序排列出来。如果你还在继续搜集资料,请先将你已有的资料用图表展示出来,并且找出外围者。如果你画的东西,都集中在某一区域,这表示没有明显的外围者,那么就得好好想想去哪儿可找到一些外围的人士、事件、场所,请继续追踪下去。在认知上要保持开放,最后也许原来的例外个案变成了典型个案,这也是你必须接受的一种结果。

习作练习 参见资料 7.5 与表 8.9 之中有关外围个案的分析,几乎都需要你另找图表外的其他资料,去了解此个案其他的方面。最佳练习方式,就是运用你自己研究中的图表,首先回顾主要发现;然后寻找外围个案,再思考其他的内涵;或者,再去搜集新资料,以进一步了解外围个案。

多数情况下,外围个案分析都可以加强你原初的结论,这也就是所谓的"例外证实规则"。但此处你要格外小心,不要硬掰,以为一定要做到增强原有的结论才好。有时候你需要做的是修改原有结论。总之,你应该保持开放的态度,要有心理准备:外围个案有可能正在告诉你一些有用且重要的东西,显示你的研究结论需要改变。

运用极端个案

我们刚说明过:如何运用外围个案来加强原初的结论。而其中有一种外围个案,被我们称为极端个案,这是一类很有用的个案,研究者可用它们来验证与确认结论。

此处我们借用 Sieber(1976)的实例来作说明。第一种极端个案是一种极端情境。Sieber 要大家假想一种情境,某项教育改革在该情境中失败了,我们来找出造成失败可能的前置因素。如果我们发现该情境有许多正向因素,例如:高改革动机、资源通路流畅并具备执行能力,但缺乏行政支持;那么可以下结论:我们已发现了造成失败的主要因素。这里所用的技术是:为了找出最为极端的个案,先"把所有其他变量均维持不变"——本来具有这些条件的个案,结果应该是成功的,但实际上却是失败的个案。请注意,寻找极端个案时,你必须具备概念上和/或经验上的知识,这样你才会知道什么变量应该/实际牵涉其中;你不可能在完全无知的情况下,寻找到极端个案。因为你不仅仅要寻找到具体的外围个案,而且还要在概念上界定出极端个案,并探寻这种个案是否真的存在。

上述 Sieber 的实例中,所找到的原因变量具有较高概念上的意蕴,但有些极端个案并没有这么高的概念意蕴。表 7.16 显示工作改变者之中绝大多数都源于学校改革。这位分析者想了解另外 17% 非源于改革、而是因其他理由改变的人。结果发现他们的改变源于学校骚动,以及个人原有的计划,这是两项较不具有概念意蕴的原因。

Sieber 认为极端个案的第二种类型是极端的个人,也就是有明显异常的个人。例如:假定你正在和一名极保守的行政人员谈话,过去的接触让你知道他的防卫性很强。你问他学校教师为什么不愿意尝试改革方案,他回答因为他本人不配合、不支持这些教师,这个回答颇具说服力,但其实你原本根本没料到这样一个行政人员会给你这样的一个答案。

你还可以采取其他方式获此效果:想想看,当地哪个人会因为肯定或否定某件事,而从中得到(失去)最多;然后找到此人,向他提出这个问题。如果你得到一个让你惊讶的答案,那么你就会更有信心了(例如:本来如果这个人否认某件事,可以维护他最多的利益;但他却肯定了该件事)。运用这种技术前,你应该对此人的一般立场与特异处有深入的了解。

换一个角度来看,这也是一种估量资料质量的方式(本节第四项),也就是说研究者特别看重极端个案提供的资料的方式。例如:如果你正在访谈某改革案中的几位热心成员,你应该特别重视他们对方案缺失所提的评论。再提醒一次,此时你不只是在扩大访谈抽样的范围,其实也正在为"极端"下定义;并对从该处得到的资料所具有之价值,予以评估。

习作建议　请以表 7.13 来做练习。请看中间结果与副作用这两栏,当你看过"高影响"个案与"低影响"个案后,如果有人提出:"中影响"个案出现较多中间结果,你对此主张有何看法？

再请看资料 7.3，请选出极端个案，也就是延续性较高的那些个案，并对这些个案出现较高延续性提出你的解释。然后，请运用延续性低的那些个案，检测一下你的解释。

追踪惊异处

惊异处往往比外围处具有更丰富的意义。当你觉得惊异时，这通常意味着出现了一些你预期之外的事情。你心中原本就有一种潜在的理论，可以解释所发生的事，例如"忙完办公室里一天的苦差事后，我走进家门"。大惊喜！你走进客厅，一屋子的朋友为你办了个半岁生日舞会（提早 6 个月）。于是，你笑了，喘口气，也许会想到他们的好心，也许还想到某些重要人物对你的背叛，他们竟然背着你串联好欺骗你……当然，他们有个好理由。可是，奇怪，他们怎么会在你毫不留意的情况下，采购好所有的东西呢？

就质性分析而言，舞会比较不重要，重要的是你的追溯反思和侦查活动。你应该想想，这一事件告诉你：你原来的预期是什么？潜藏的理论是什么？理所当然的预设是什么？还有，在重建理论方面，你现有的资料能引导你走到哪里？

以表 5.9 为例，分析者在表中惊讶地发现：校长并不是如预期中那样地接近改革行动，他实际上并不很了解改革。研究者去查札记，才发现：原来依照规定，校长不能去管理课程。这是追踪惊异处，使分析者注意到一个过去未注意到的规定。

再来看表 6.1，其中有不少证据显示：教师应该会坚持拥有教学自主性，但我们很惊讶地发现：该校教师出现更多与同事协同工作的情形，而不是更少，怎么会这样呢？我们首先仔细去查个案报告，验证一下：教师们是否借着在"管理咨询会"中的协同工作，获得了更多的权力与影响力。本来不应如此，但事实上却是如此。或许与他人共事，带来其他优点，教室效能也更佳。这样的衔接更佳，所以该校出现新的联结结构，反而使教师并不想维持个人的自主性；协同工作意味着获益，而非损失。这里对惊异处所做的追踪，使得被违反的理论浮现出来，证据推翻了这个旧有的理论，且让研究者注意到一个新现象，他可以就此建立新的理论。

总的来说，所谓"追踪惊异处"意味着研究者要做 3 件事情。第一，思考惊异处，让那个被违反的理论浮现出来。第二，思考如何修改它。第三，寻找证据去支持你的修改。你也可以由第三步走回第二步，用你的嗅觉找出该个案的新纬度，然后发展出新理论。

习作建议　请看看资料 8.2，其中有一惊异处：有些地方受到的协助不多，但是却表现出更高的信心与能力，而受到多协助的地方反而信心与能力较差。请细看表8.1，看看能否找出什么原因，可用来作解释。

表 8.5 显示：执行不顺的地方其实获得较多的持续协助。执行何以不是变得较为平顺？试试看此处是否能找到几种不同的解释。然后继续看表8.6，看看有哪些资料是与该分析者所作的结论相符合，或者能证明该结论。

寻找负面证据

寻找负面证据是件说易行难的事,因为人的自然倾向是去寻找通则。如果现在你手中已有一个结论,寻找负面证据的意思,就是去寻找"有无任何资料能够否决该结论?或者与该结论不一致的?"这与寻找外围者(第5项)和寻找相竞争的假设(第12项)有些类似,但更为极端;这等于是要你主动去否定你已认定是对的东西。Ely等人(1991)指出:负面证据是去反驳掉一种结构,而不只是修改它;外围证据通常只是修改一种结构。

人们认为Einstein曾经说过:"要证明我是对的,再多的证据都嫌不够;而要证明我是错的,只要随便一点证据就足够了。"在抽象层次上,的确就是如此,可是实际思考时,我们却反其道而行。我们提出的一个漂亮的理论,只要得到一点点证据,就足以让我们相信那是一个坚固的理论;我们绝不会热切地去面对一大堆冷酷的事实,用它们去摧毁掉我们的理论架构。

就像Glaser与Strauss(1967)指出的,"并没有现成的指引,告诉我们究竟要如何找负面的证据,以及花多久时间去找",因此永远无法清楚地显示你的努力已经"足够"了。Judd等人(1991, pp.310-314)曾举了一个很好的例子:Cressey(1953)的经典研究是探究盗用公款者,Cressey曾经5次修改他的研究假设,每次都不断寻找负面证据——运用先前的、新搜集的资料、甚至他人的研究资料,一直到不再有任何负面资料存在。Judd等人据此表示:"能让质性研究成为有条有理的研究的,并不是标准化的分析步骤,而是对负面个案进行分析。"

对于负面证据,Miller(无日期)提出提醒:"你应该特别谨慎地处理负面证据。"他的意思是说:他并不认为你应该很快地把原初的假设丢掉,或为了负面资料仓卒地修改原假设。Miller表示:虽然一个负面的证据就足以让我们重新考虑原假设,不过正反证据的比例如何,也应该纳入我们的考虑。

习作建议　要练习寻找负面证据,最简单的方式,就是请一位友善但挑剔的同事,帮你仔细看看你的结论,试着挑出你资料展示中的问题,并回头去札记里看看是否有负面的证据,足以有效推翻原结论。

如果你找到了这种证据,应该要好好庆祝一下,然后修改原来的结论,以期能把找到的证据纳入其中;如果你已经花了一半作分析的时间,还是找不到负面证据,那么就可以对原结论更有信心了。

此处,要提防一种"幻觉谬误"。也就是说,如果你找不到负面证据,绝对不能以这一结果当作一种证实的方式。请看以下对话:

问:你为什么每天要在手指上绑蓝彩带?

答:它可让大象不会跟着我。

问:可是这里并没有大象啊!

答:看到没?蓝彩带真的奏效了吧。

进行"若—则"测试

现在要介绍质性研究分析里十分倚重的一种方法——"若—则"测试。所谓"若—则"测试,以 Kaplan(1964)的词汇来说,也就是"'测试研究假设',……我们脑中的东西,可能就是该事物的真相,然后我们就安排好一个测试,以帮助我们确定原初的推测是否正确。"这种"若—则"测试和我们所说的一般研究假设有点儿差异,"若—则"测试针对的是一种焦点更明确的研究假设,而不是范围较广的研究假设,后者是用来指引整个研究方向的。

"若—则"测试其实并不是大家陌生的东西,传统上"若—则"测试的陈述方式,就是"若 p 则 q",这一陈述表达了我们所期望的关系。假定 p 是真的(这是一个重要条件),那么我们就要去探究 q 是否为真。如果 q 是真的,表示我们已拿到了一块好建材,为理解真相奠定了基础。我们希望为 p 与 q 的关系建立"通则",通则必须具有普遍性,可以连结到更大的一个理论上,而且通则在其他各种情况下也不应该是琐碎的。不过,现在我们知道的,比已探究的要更多;所以我们接下来要采取一些分析动作——也就是更多的"若—则"测试;并且将它们与相关的理论连结起来。

举例而言,我们在一项研究中,渐渐理解到:教育局人员绕过校长,努力推动学区中 3 所小学的改革。这一现象似乎颇重要,因为它可能重组了整个权力影响网。我们推测:如果是绕过校长们,那么校长可能对校内改革发生的细节,不会很了解。因此,我们请校长们告诉我们校内的改革状况。结果正如预期的,他们支吾其辞,说不出个所以然,即使在那所超小型学校里,校长本来可以轻易地掌握全校的。

以下是更多实例:

图表号次	假如——	那么——
表 5.9	课程主管与学科召集人共同负责课程业务。	课程主管与学科召集人之间对改革的看法会颇类似,会比教师的看法更为类似。
表 6.1	教师们参与经营团队。	教师们会表示自己对学校事物有较多影响力。
表 7.7	执行的阶段较为靠后。	人们对机构的关注会高于个人关注。
资料 7.2	该改革是当地发展出的。	采行者的改变比外部发展出的改革造成的改变,会来得更明显。
图 7.7	行政压力高。	给采用者的弹性会较大。
表 8.9 与图 8.2	教师增加了教学的基本能力。	教师对改革的态度会较正向。

你可能注意到了,上面有关"则"的陈述,采取的句型是未来式,这提醒我们必须去看看在札记里这个"则"是否已经出现了。

"若—则"测试的陈述句,是形成"命题"(参见第4章第4节)的一种方式。必须汇集许多"若"的句子,而且这些句子全部都要连结到一个重要的"则"的句子,这样才能作出预测(第6章第5节)。

习作建议　运用前段所列的图表,细看图表中引出结论的基础何在,亦即如果"则"的句子陈述为真,分析者根据的基础是什么。

我们还是建议以你自己的研究为材料,选择以下几方面,试用这种"若—则"技术,(a)你在哪些方面越来越觉得困惑或根本停滞不前了;(b)你在哪些方面有豁然开朗的感觉。请为这两方面写下几组"若—则"的句子,然后实际寻找证据去求证一番(参见本节第12项"相竞争的解释"技术)。

有许多计算机程序可帮你作此测试,如:Hyper RESEARCH,ATLAS/ti,QCA 与 AQUAD 等软件。

排除虚假关系

假定你已经运用多种巧妙方法,建立起变量 A 与变量 B 的关系;换言之,只要看到变量 A,就会看到变量 B,而且反之亦然。这时你可能正要松口气准备引出下一结论了,不过在做此动作前,我们建议你且慢!另有一动作值得你去做:请思考一下你引出的图像是以下的样子吗?　A→B

或者更正确的图相应该是

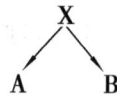

明确地说,A 与 B 之间其实有第三因素在发生作用,导致了 A 与 B 两者的出现。

有关变量间的虚假关系这一问题,其实是个古老的问题,统计学家已处理得颇完善了。我们可以沿用 Wallis 与 Roberts(1956)所举的不错例子,这是他们由《美国医学会期刊》(*Journal of the American Medical Association*)看到的研究。该期刊一篇文章的研究人员注意到:长途跋涉(平均85英哩)送来的小儿麻痹症病患,比附近送来的病患(平均7英哩),死亡率要更高,且更快速死亡(远距离者24小时内死亡者占50%;近距离者,只有20%)。该研究的结论是:"远距离者入院后较快且较高的死亡率,是因为在疾病危急阶段长途舟车劳顿造成的结果"(285页)。

Wallis 与 Roberts 认为上述结论可能有问题,他们指出可能有第三因素在影响 A(运送距离)与 B(死亡),而这第三因素就是发病时的严重程度。这项研究里的病人全部都是 Willard Parker 医院的病人,而这是一所以治疗传染病闻名的医院。一般而言,住在远处的病患只有在病情严重时,才可能被送入此医院;而如果那些住在远处的人,他们的病情缓和,只要就近就医就可以了。因此我们可画出图10.6这样的图。

图10.6之解释必须经过检查,研究者可以将病人再作分类,依据病人居住的远近以及病情的严重与否,将资料填入图10.7细格,然后检验一下原有的解释。

即使你作了再分析,且结果支持"病情严重程度"这一解释,你还是必须再作其他因素的排除分析,这也是 Wallis 与 Robert 坚定地指出的。或许,远距离病人犯病时的身体状况,原本就比较差;或许他们居住的地区正在流行一种致命的小儿麻痹症;也可能还有其他种种因素,研究人员都应去了解并找出证据去排除/证实它们。

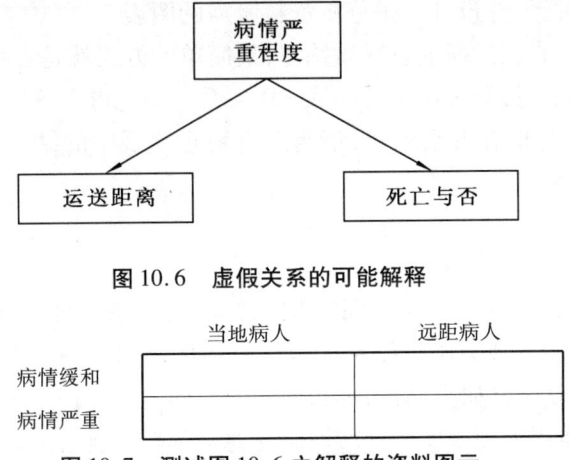

图10.6 虚假关系的可能解释

	当地病人	远距病人
病情缓和		
病情严重		

图10.7 测试图10.6之解释的资料图示

通常要把候选的第三变量寻找出来,并不容易,尤其是当原初的解释"言之成理"时,比方说,把"运送距离"与"死亡与否"连结起来,让人第一眼看来,就会觉得似乎颇为合理。而当初研究 Willard Parker 案例的人员也的确想到可能有第三变量存在,他们想到的是"原来犯病的时间长度",但结果显示两组病患的犯病时间并无差异。之后,他们就未再作探究了,他们没有想到:Willard Parker 医院本身也可能是这张解释图之中的一部分。如果他们能邀请 Wallis 与 Roberts 之类的人担任"友善的陌生人",帮忙他们做稽核的工作,那么他们的故事可能就会不一样了。

以上的例子不止对 Willard Parker 病例的研究者很有启示,对质性研究者也同样深具启示性。如果某两个变量看似有关,尤其是你认为它们是因果关系之时,请暂且稍等一下,好好想想是否有潜在的第三变量在同时影响着它们[1]。请找一名博学但是局外的同事帮忙寻找。然后画一张新的图表,让它帮助你清楚地看到这第三变量及其影响。

为了要找出第三变量,你必须运用比较细致的方式来完成这项程序,这可能的确花费你不少时间,不过当你由此得到一个重要发现时,会觉得这些时间花费得相当值得;这一重要发现可能是出乎人们意料之外的,也可能它正是许多实作的根基,将它找出来是十分值得的。

我们在第一节第 11 项曾介绍一种发现中介变量的技术,排除虚假关系和发现中介变量,两者的目的并不相同。发现中介变量时,研究者是想对一种不够强烈的关系,了解得更深入一些。而现在这种排除虚假关系的技术,则是要破除一种看似合理且坚强的关系。

习作建议 本节第 12 项技术将介绍寻找相竞争的解释,而目前这种排除虚假关

---

1 对虚假的因果关系,讨论得最好的是 Davis(1985)。他提醒我们,虚假的关系并不表示:AB 间的连结乃是一错误的陈述。很明显地,此处所说的虚假,只是就研究者认定的因果关系而言的。

系的技术,可以说是前者的一种特殊方式(参见第 12 项的第一部分)。如果你想小试身手,你可以就 Wallis 与 Roberts(1956)的例子,找找看是否还有什么其他方式,可以去除原有的虚假关系,并设计一张分析资料所需的图表。

如果想运用你自己的研究资料做练习,最简单的方式就是去找一名或多名友善的挑剔者,请他/他们来拆散你所偏爱的 A—B 关系。还记得个案分析会议(参见第 4 章第 5 节)吧! 如果你能在此会议里,请与会者对正浮现中的结论提出其他的诠释,一定会让你获益良多的。

复制一项发现

我们在说明第 3 项技术三角检测法时,曾提及:如果几种独立的来源都支持某些研究发现,那么这些发现会比较稳固;再者,如果你运用一种以上的"工具"去测量同一事物,而共同确认了某研究结论,那么此结论的效度也被提升了。

我们还是要重提那项事实——质性研究通常都是独自一人运用自定的方法,完成所有的观测工作;就是因为这一事实,许多防御措施都必须备妥。有一天你突然领悟到某项假设,它使得某个案产生重要的意义,你会想:这就是帮我杀出重围的答案了。这时,确认的证据几乎是戏剧性地由四面八方涌来。新的访谈、观察与文件资料似乎全是正面的证据,全部都组合起来了。负面证据没有出现或是很微弱,这真是个令人陶醉但却危险的时刻,通常这意味着你可能陷入一种"整体论的谬误":将社会生活中原本较零散的东西,放入过多合理性、完整性与意义性。如何对抗这一谬误呢?

一种对抗方式就是由复制的角度去作思考,过去常将复制视为是科学之基石。如果我能在一新情境中,或运用原资料库中的另一部分,复制出一份一样的发现,那么这就是一个可靠的发现了。如果还有别的研究者能复制一样的发现,那么就更好了[1]。

要进行复制,可采用多种方式。最初级的复制方式就是重新去搜集新资料,新资料可以来自新报告人、新场所或新事件。藉由对原初研究发现所具有的效度与普遍性的检测,你可以运用新资料来支持旧资料或限定旧资料。

再高一层的复制方式,可以让我们对所浮现的发现具有更多的信心;这一方式乃是运用原个案或资料库的另一部分,去检测所浮现的研究假设,前面我们提过的例子就属此方式(发现该学校改革绕过了校长,于是研究者便去问校长对新改革的了解)。表 8.8 与图 8.1 中另有一个例子,该分析者想检查一个有关问题应对行为的结论,他采用的方式是去细究该应对行为所产生的结果。

何以说这样的检测是较为严格的? 因为比起初级的复制法,这一检测较不容易渗入研究者的偏见。当然你也可以作更为严格的检测,就是作多重个案分析,由多个案的资料展示中找出一个模式,然后仔细检查所有个案,看看该模式是否重复出现。

如果你运用一个保留的个案去作复制,其严谨度就更高了。例如:我们在某项研

---

[1]　在所有领域,要将研究作系统性的复制,其实都颇少见。关键在于该研究基本上必须是能够被复制的——原先的研究设计要说明得够清晰,才能够再作一次。就像 Bergman(1989)指出的:一般研究对于"说明得够清晰"这一要求,通常都无法达到,即使在合成化学这样的领域,都是如此。

究里,想到了一个研究假设:一所大学如果对附近中小学的服务采取"地方取向
(localism)",会比采取"广布取向",更有成效。为了检测此假设,我们保留原样本中
的一所大学,先不作分析。我们对"地方取向"与"广布取向"作了界定(参见本书第9
章第1节);也说明了其他大学在此两变量上和其成效的关联情形;最后再分析那一
新个案(地方取向最强的个案),以判断我们的研究假设是否成立(后来证实该假设成
立,但在某些条件上需做限制)。有其他学者(参见 Stake & Easley, 1978;Yin, 1984)
也曾更细致地进行各种复制设计。

以下是几项简要的建议:

1. 跨个案研究应提早进行复制工作。如果你是作跨个案的研究,在搜集资料过程中,
就需要开始复制的程序,这是基本且重要的一道手续。从某一个案浮现出的模式,
必须要以其他个案来作检测。使模式浮现的方法很多,本书前面各章已介绍了许
多,包括:主旨编码、写备忘录、个案分析会议、暂时的个案摘要。总之,进行田野工
作时就要做好预备工作,这样才可能进行本段所介绍的复制,以及三角检测(参见
本节第三项)等程序。

2. 若未作准备,复制不可能进行。如果事前没有为复制作准备,复制是不可能进行的;
因为到时候你根本没有时间去搜集大量的资料。

3. 研究尾声时已不易进行复制。如果拖到田野工作尾声,也就是已到最后的分析与撰
写论文的阶段,才进行复制,那么工作将变得很困难,而且可能不够可靠。如果你想
以资料库的其他部分来检测假设,这其实是假定该有的资料都已经到手了,就等着
你去作检测。但通常该有的资料并不会都到齐,除非研究者已预期到要做这样的复
制工作,而且事前已明确要把有关资料都搜集到手。

习作建议 请运用表8.6或表8.7,或者资料7.4或资料8.6,来作复制练习。先
由表中某一个案找出一个看似合理的主旨,然后用表中其他个案检测,了解该主旨是
否重复出现。

请为你的研究未雨绸缪,在一个合理的初期就要为复制作准备。请试想以下情
况! 假定你的研究最后会有引人注目的结果,它对你的研究领域会有重大的启示。然
后,请一名友善的同事,对你的研究是否具有可复制性,进行一项快速的检验。这名同
事需要先花几小时回顾你的资料库与方法,请你想想:对这名同事而言,要完成复制工
作,有多么容易/困难?

检测相竞争的解释

你已经对研究现象作了谨慎的探究与精心的阐释,为了最为完善地解释该现象,
你是否想过还有其他相竞争的解释呢? 如果你能对此问题作一番思考,应该是一种不
错的自我训练,这样做也能使你对自己的解释不至过于傲慢。不过通常研究弄到最
后,你根本会忘记要这样做,因为你一直陷在研究的苦战里。搜集资料阶段,你心里想
着的是,从混乱的信息刺激中理出一点头绪,这往往就够你忙碌的了。接下来,你会急
着和浮现出来的解释结为一连理,所剩无几的时间要用来寻找证据去支撑浮现的解

释,根本不会去把那项解释拉下马来。等到要作资料分析了,又要检测其他相竞争的解释,其实为时已晚;因为想要好好检测其他解释所需用到的资料,根本就没到你手中。

如果要比较本节提及的结论确认的各种技术,"检测相竞争的假设"这种技术,可能是会让质性研究者首次出现羞愧之色的技术,因为现实情境不容质性研究者彻底地进行这种测试。Platt(1964)讨论"强力推论"时,曾经高度推崇这种考验相竞争的假设方法。Platt 由分子生物学之类的学科引出一些重点,可以彻底地进行这样的考验,得到严谨的发现。这种考验的步骤有四,(a)发展其他研究假设;(b)指出关键实验,研究者可藉此实验结果,排除一种或多种研究假设;(c)进行该关键实验;(d)不断重复以上 a、b、c 步骤,直到获得一项令人满意的研究结果。不过在大多数的社会情境中,我们不可能方便地进行这种严谨控制、利落行刑的一系列关键实验,虽然这些实验理论上可以把那些相竞争的研究所导出之模棱两可的发现一举除掉,但实际上很难去执行。或许,我们不应该对相竞争的解释的检验问题太过着急,因为我们的对手日后会很乐意替我们做这件事。(当然,他们做此检查时,和我们所作的此类检查相比,会得到不尽相同的结论。)

尽管如此,比起调查研究者与实验研究者,我们还是认为质性研究在寻找相竞争的解释方面,所花的心力比较彻底,而且并不很困难。一名称职的质性研究者在田野工作时,他会从引他注意的多种解释中去找出最为合理且有现实证据的一种,好为当地的事件作一解释。当然,你并不是只要丢掉其他所有解释,找到一种就好了,而是要找到一个最好的解释。Umberto Eco 的小说《玫瑰的名字》(*Le Nom dela Rose*),有一段主角 Guillaume 神父与配角 Adso 修士的对话,颇为类似这种状况:

Guillaume:我有很多的好假设,可以解释这一串凶杀事件,可是没有一项压倒性的事实,可以告诉我们哪一项假设是最好的……

Adso:那么你离答案一定很遥远啰?

Guillaume:其实很近,只不过我不知道哪个是答案而已。

Adso:那么你不是只有一个答案啰?

Guillaume:Adso,如果我只有一个答案,我就去巴黎大学教神学了。

Adso:那么在巴黎他们通常都有正确的答案啰?

Guillaume:并不是这样,不过他们对自己错误的答案太过自信了。

Adso:你呢? 你不会也犯错吧?

Guillaume:会呀! 常会犯错。不过我会假设很多种答案。我会想办法想出好多种答案,这样我才不会成为某一种特定错误的奴隶。

为了了解怎样测试相竞争的解释,请看图 7.7。研究人员未看到此图时,原本提出的第一个解释(亦即研究假设)是:采取改革时的高压力会伴随着较大的回旋空间,亦即压力与回旋空间呈正相关,压力越大回旋空间也会越大;这是行政人员在与采用改革者协商时所答应的。但是当该分析者将资料化为双向交叉表后,他得到了一个相竞争的假设:压力与回旋空间呈负相关。当初预期的协商的确存在,可是那是较后期才出现的;基本上这一相竞争的假设获得了支持。请注意:这一案例中,相竞争的假设并不是来自分析者的头脑,也不是另一"局外"同事提出来的,而是资料所显示出来的。

怎样"检测相竞争的解释"? 具体地说,这一技术是要你找出好几个可能的解释,把它们都暂且放在脑中,直到其中一项解释脱颖而出,因为它得到了较大量、较强力与较多种的资料支持。你要给每一项可能的解释一个好机会,从正面去看看每项解释:它是不是比你钟爱的解释更好? 你会不会犯了自己未曾觉察到的偏差? 你是不是需要再去搜集其他的新资料?

"检测相竞争的解释"这一检查工作应该在何时停止? 如果你太早就不考虑其他可能的解释,这就是偏见的前兆,这也就可能犯了心理测量学所说的"系统性的测量偏误"。因为你锁定了一种方法去建构该个案,选择性地扫视情境,寻求支持的证据。而对自己不相信的证据,你就忽略它、不记录下来,或是以"例外"去处理;于是,你对自己的原有假设就更有信心了[1]。

请注意! 虽然不应太早停止检测可能的解释,但是也不能太晚才停止。如果你太晚才关闭其他的解释,这可能使你对最后定案的解释所搜集的资料不够强,无法成为最好的解释。而且无用的资料会很多,因此你在做田野工作时,要相当快速的思考各种相竞争的解释;丢掉相竞争的解释之时机有二,一是你可以证明它们真的是不对的;二是你可以证明某解释真的比较好。如果可能,应该在田野调查还未进行大半前,就应该对相竞争的解释完成检测。这一原则也同样适用于田野工作结束后的资料分析。请尽早找出可能的解释,但不是没完没了地去找。

习作建议 请想想看! 一个研究者好不容易花了数周或数月的时间,才想出一个解释,你要他认真的再思考另一个解释,这样的要求真的是强人所难。也许你可以去现场之外另找一人,利用他的"旁观者清",请他提些想法,扮演一下黑脸。你可以找一名同事(最好是其他学科的),问他:"对此,我是这样想的;这是我为什么这样想的原因。对这件事,你能不能想出其他看待的方式? "我们也建议你采用 Platt(1964)的问题,你可以问自己:"什么可能推翻我的假设?"或"我的分析推翻了哪些假设?"

如果你紧紧锁定矛盾信息,也可能会大有斩获;所谓"矛盾信息",就是那些"并不相符"或仍然成谜的资料(技术:寻找反面证据、追踪惊异处)。此处,我们并不是要你用自己偏好的解释去反驳处理掉这些资料——这当然是件轻而易举之事。相反地,我们建议你去运用这些矛盾信息,问问自己:这些信息可能支持着哪些解释,然后进一步去检验这些解释。

还有一种小技巧也很管用,请在最后分析阶段,先测试"次好"的那项解释,看看

1　我们应该记住:解释并不会将一束特定的事实松解开来,而只是将一些心理建构物连结起来,那些特定物也就是靠着心理建构物而被集中在一起的。当人们表露或理解某些信息时,他们就会自动将其原因涵括进来,而不只是认识到那些特定物而已(Sherman & Titus,1982)。打消一个想法,意味着将这一想法所属的推理因果流,整个地松解开来。因此只要一点点相反的信息就可以威胁整个系统,这也就是为什么我们不喜欢去注意这类相反信息的原因———一般人和社会科学家都是如此——这也是为什么我们经常无法觉察到:我们正在将这些相反的信息排除在外的原因。

它的力道有多强，这个次好的解释，是你在田野工作末期所偏好的那个解释之外，最好的一个替代性解释。检验"次好的解释"，会比检验你假想中的那些解释更具有意义。

你如果想对相竞争的解释了解更多，可参见 Huck & Sandler（1979），其中还讨论了实际运作中的有趣问题。

报告人的反馈

要想确认研究结论，最合理的确证者之一，应该是你曾经访谈或观察过的那些人。无论如何，一个现场的行动者，如果他的警觉性强、观察力强，他对研究现象的了解是会超过研究者的（参见 Blumer，1909）。就此观点来看，当地的报告人可以担任判决者，帮忙评估一项研究的重要发现（Denzin，1978）。

将研究发现提供给报告人，这一做法颇受推崇，但目前并不是质性研究者的普遍做法。这一做法至少可上推至 1920 年代的 Malinowski，后来许多田野工作者都这样做，Bronfenbrenner（1976）认为：向报告人寻求反馈，可产生一种"现象论上的效度（phenomenological validity）"；而 Guba（1981）认为此做法可增强研究发现的"坚定性"，他所用的是社会学的词汇"成员检验（member checks）"。另有研究者（如：Stake，1976）认为：报告人反馈是一种准伦理——报告人有权知道研究者发现了什么。还有越来越多的研究者因为在进入现场前，现场人士就以反馈研究发现给他们，作为同意入场的一项条件，所以研究者最后会履行这项承诺。

本书第 6 章第 4、5 节曾介绍两种方法取得报告人的反馈。第一种方法是邀请报告人担任读者，先对研究摘要提出评论，然后评估一项因果网络的正确性，而那一因果网络含有一些高推论的研究发现。第二种取得反馈的方法，是研究者先假定自己的研究发现是正确的，并根据它预测进一步可能出现的发展；1 年之后将该预测寄给报告人，向他求证该预测是否正确。

反馈不止是在研究尾声进行，也可在资料搜集期间进行。当一项研究发现开始成型时，研究者可以请新报告人或主要报告人检验一下，我们常会称主要报告人为密友。如果找新报告人检验，通常会采用较间接的方式；而主要报告人往往都会被纳入研究的确认者（如：Becker，Geer，Hughes，Strauss，1961；Lofland，1984；Whyte，1943）。当然，此处可能会出现一个微妙的问题——反而造成偏差（参见第二项研究者效应）。因为研究过程中提供研究发现给报告人看，可能会使得报告人的行为或观点发生改变。

即使可能出现研究者效应，我们仍然看见一些研究相当早的就请求提供反馈。Melnick & Beaudry（1990）进行一项现象学取向的研究，他们访谈了一些教师，然后在第二次访谈时，就给受访者看誊录稿，稿上写了一些有关主题的眉批，以及追踪性的问题；双方就誊录稿分享了一些反思。Warner（1991）不仅请小孩录制成人与儿童互动的录像带，请小孩加上评注；而且还将录像带给孩子看，请孩子提供更多评注。哪类的研究适合早期要求报告人的反馈？越倾向文化主位的研究，早期的反馈就越有其功效——如果你手中已有录像带/音带这类清晰的、确定的产品可资利用，我们也建议你这么做。

等到完成最终的分析后，再寻求反馈，其中的优点很多。第一，你可以对一件事物知道得更多；而且你的理解之质量也会更好，比较不再是猜测性的，你已经拥有更多支持性的证据，可用来阐释某事物。第二，你可以在较高推论层次上寻求反馈，例如：关于主要因素、因果关系与诠释性的结论等方面。最后，你可以将期末反馈做得更为慎重，你可以把研究发现清晰地且系统地展现出来，请读者仔细地检查与评论。

第 6 章第 4、5 节已经谈过，有件事情很重要，就是读者是有能力对研究者给他看的材料做些连结工作的——理解这些材料，将它与所在地经验及知觉关联起来，也就是说，读者是真的可以做点什么事的（就资料引出结论，删除部分资料，并加上其他材料等）。因此，你反馈给读者的材料，其格式颇为重要。如果你寄去一份摘要、一份执行概要或是研究结论那一章，但是却未采用当地人的语言（研究者在现场最后会学到的），那么这样做其实价值并不高——如果你真的想要做确认工作的话。

这里有一些建议提供给你：

1. 事前规划才可能做到请报告人反馈。如果你要请报告人提供反馈，就需要详细规划——预留时间，将稿子转换为当地语言与格式，拨出时间，根据反馈的结果修改期中报告；如果你没有预作计划，可能后来就没办法去请研究对象提供反馈了。再强调一次，研究过程中会有太多东西抢占你的时间。

2. 图表资料有助于报告人的理解。请仔细想想要怎样作资料展示，图表有助于分析，图表也比单独的文字资料更能帮助报告人了解信息。他们能从图表中很容易就得到整体的了解，并看出各个部分是怎样组合在一起的。

3. 慎重处理推理层次的资料，然后再拿给报告人看。想由较宏观的推论层次提供资料给报告人（例如：有关主要因素与关系，以及因果的决定要素），这一步必须很慎重地做，必须真的是一一处理各部分后，整合出来的结果。如果不是这样整理出来的结果，报告人看见的资料过于笼统、抽象或非概括性，这会使他们不重视这一反馈工作；这样的报告，也可能让他们觉得这些资料是"这么的科学"，所以囫囵吞枣般地将整个宏观的发现读完。之所以出现这种行为，就如符号互动论（symbolic interactionism）颇有说服力的一个观点（参见 Blumer，1963）：人们乃是对情境有所反应，而不是直接对社会结构、机构或角色，有所反应；人们有可能理解后设情境语言（meta-situational language），但这些语言必须和情境直接关联起来才行。

此外，我们所研究的人们，他们也可能自行绘制生活现状的图像。他们画的图像可能和研究者绘制的有所不同，但如果我们能拿出我们画的图像，并且以体贴的方式反馈给报告人，这样做至少让报告人知道还有一种不一样的图像，也许双方都能由反馈中获得启发。

4. 请注意是否会产生反作用。将任何具体示例拿给报告人阅读之前，都请做好缜密的思考。你的报告会不会伤害了某人的自尊、工作机会或在组织中的地位？（我们两人之一，曾经将一份个案草稿拿给 5 名报告人看，结果 5 人之中有 4 人因为报告中提及的事件，而扬言提出诉讼——虽然所报告的事情确实是真的）。第 11 章将对反馈所牵涉的伦理问题，进行更多讨论。

5. 报告人的观点会改变,这是很正常的现象。不要期望报告人会一直都同意你的观点,或报告人之间会彼此同意对方的观点。如果他们一直都表示同意,这表示当地的状况可能比你以为的,出现更多冲突。人们普遍会对同一现象有前后相当不一致的知觉,诠释取向的学者认为这是很自然的现象,Denzin(1989b)就曾如此表示过,这派学者会认为"所有诠释都是未完成的、预备性的、不完整的"[1]。

　　如果报告人不同意报告中的观点,怎么办呢? 进行沟通是必要的。批判理论学者强调,研究者与被研究者之间应该进行不扭曲的沟通,他们重视这种沟通具有的"解放"意义;不过他们并未进一步表示:这种不扭曲的沟通要怎样进行。Miles, Calder, Hornstein, Callahan, & Schiavo(1966)曾经讨论有关量化资料的反馈问题,他们的讨论显示:反馈之后应该要持续努力去解决问题,反馈与努力解决问题,这两种行动之间的联结是颇重要的;但通常质性研究里看不到这样的表现。

　　究其实际,反馈经常并未产生成效,反而走入死胡同(King, Louth & Wasley, 1993),而且并未激发出进一步的反思,即使你是以协同方式来进行研究也是如此。何以报告人要否定田野研究者的结论或诠释呢? 让我们来看看原因! Guba 与 Lincoln(1981, pp. 110-111)所作的整理简洁精要,他们认为的原因有:报告人对那些资料并不熟悉;报告人并未理解那些资料(专有名词,讲述不清或难以理解);报告人认为报告有偏差;那些资料与报告人的基本价值观、信念或个人形象相冲突;资料危及报告人的利益;资料建构或组合的方式,和报告人的方式不一样。如此众多的理由,使得报告人会否定研究者的报告。

　　你可能以为:上述种种的反应是"报告人"才会有的独特反应,果真如此吗? 请来看看一群研究生的反应,Kurzman(1991)曾对研究生的作业进行探究,他将研究结果反馈给研究生,最后他以怀疑的态度提出结论:提供反馈是种不明智的举动,它无助于修正错误,无补于合作与增能,而且甚至可能引起研究者的自我设限。可见研究人员对反馈的反应不见得比一般报告人更为高明、更有智慧。

　　这其中蕴含的意义是反馈工作并不容易做。如果你记得下面这句话,可能是颇有帮助的:资料反馈不仅仅可让你从求反馈的动作里学到些东西,它更是一次好机会——可以让你对该研究个案了解得更深。

　　习作建议　我们还是建议你以自己的研究来练习"报告人反馈"这一技术。在研究初期就请想想:为了运用报告人反馈来确认研究结论,我可采取哪些方式? 你可以完全不找人做反馈,也可以在研究的早、中、晚期进行;采用的格式也可以有多种变化,例如:个案批评表、验证表或是预测表。好好斟酌每种做法的成本与效益。如果找到颇为可行的方式,就先找几位熟悉现场但非研究人员的同事,请他们暂时扮演一下报告人,试行一下你的反馈计划。

1　Denzin(1989b)指出:"就某种意义来说,诠释取向研究希望对研究对象的理解,更能够超过研究对象对本身的理解",Denzin 引用证据显示:研究者诠释所用的视野与方法比研究对象更为宽广。但是他下的结论是:"无论如何,对研究对象之生活所发展出来的诠释,都必须是该研究对象所能够理解的东西才行;如果不是这样的诠释,那么这些诠释是不会被接受的。"(p. 65)

第 3 节　研究结论的质量之标准

我们已经介绍了 26 种技术,可以用来引出与验证结论。你或其他人究竟怎样知道最后浮现的是好结论呢? 所谓的"好"其实有许许多多的定义:可能是真实的、有效的、可靠的、合理的、可确认的、可靠的、有用的、让人相信的、重大的、彰权益能的(以及其他你所加上的特征)。我们现在还不能说:好好运用这些技术就能得到好的结论。而就像 Firestone(1990)所说的:"研究是值得从事的冒险活动,其最主要的理由在于,我们拥有时间与能力去发展接近真相的东西,这些东西比起常识来说,具有更坚实的保证。"(p. 123)

我们在撰写此书时,调查了各领域的质性研究者,请问他们在资料分析方面,什么是他们关心的议题。其中基本的问题之一就是结论的质量,这一问题可以从"辩护"的角度来切入探讨,就像我们的一名被访人以下的意见所显示的:

> 怎样真正地去说服化约主义者/实证主义者? 让他们相信:自然取向研究/质性研究法并不会比他们的方法更有偏见、更不正确、更不精确。(出自一位休闲研究的专家)

由这一观点来看,由辩护角度来讨论结论质量的问题,是颇合理的。不过也有许多研究者指出:质性研究的质量问题,也应该由其本身的角度来探究,不能把讨论这问题只当作是进行辩护的手段。以下意见可显示这一类被访人的观点:

> 这可能是我们所有人的一道难题:你本身的判断必须由你的研究发现所具有的力道与重要性来决定。这一难题其实也就等于以下问题:究竟什么使得研究过程让人觉得是主观的。(公共健康研究者)

> 创造透镜来理解我的资料。未采用谨慎的程序,而想避免只看见自己想看的东西,这是件颇为困难的事情。(工业工程师)

> 假如用来判定"优良"的标准是个错误的期望;我们又怎能对脉络关联的、诠释分析的、诠释取向的这种研究,进行分享/传授/防卫? (哲学家)

本节将探究一些实用的标准,用来帮助我们所有人判断结论的质量。

此领域的战火已经蔓延,而且火势正旺。许多诠释取向者所采取的立场是:并没有所谓的"事物的事实"存在(Schwandt, 1990);他们延伸出来的主张是:要具体说明好的质性研究之标准,事实上是不可能的;就算努力这样做,某种程度上也只是专家本位的、排除性的以及无法响应质性研究所具有的本质——偶然的、脉络的、个人诠释的[1]。

然而有许多问题并不会因为上述主张就消失不见了。像论文的质量、值得信赖度、研究发现的真实性等问题,就是如此。我们可能都知道:"让它相安无事"是个不切实际的目标,我们应该要像 Wolcott(1990a)所建议的"不要让它相安无事"。假如有个记者报告你事情,却并未说出实情,只说:每个人诠释不同。对此你会不会气愤不已?假如有人对你施暴,法官却驳回不受理,只说:每个人诠释不同。你会不会对此气愤不已?

我们的观点是这样的,质性研究乃发生在真实的社会现实里,它对人们的生活会产生真实的影响;任何具体情境里究竟"发生了什么"(包括:人们的意见与诠释等),应该是有一种合理的观点存在的;而我们正好是对这些事情提出报告的人,我们所做的报告可能不错,也可能不好,但我们不应该认为我们的工作是不能被评价的。换言之,找出能被大家接受的标准,是一件值得努力的事(Howe & Eisenhart,1990;Williams,1986)。

我们在此不可能由认识论出发来讨论"判定好的标准"这一问题(若要做完整的了解,可参考 J. K. Smith,1990;Hammersley,1992)。我们仍然从较广泛的角度来谈此问题,站在"批判实在论(critical realism)"的传统来讨论 5 个主要的、有所重叠的议题,包括:质性论文的客观性/坚定性(objectivity/ confirmability)、信度/可靠性/可稽核性(reliability/dependability/auditability)、内在效度/确定性/真实性(internal validity/credibility/authenticity)、外在效度/可转移性/相适性(external validity/transferability/fittingness),以及应用性/采用/行动导向(utilization/application/action orientation)。(在此我们将两类词汇做了配对呈现,一是传统的词汇,二是被认为较具可行性的词汇,可用来评估自然取向研究的"值得信赖度"与"真实性"。参见 Guba & Lincoln,1981;Lincoln,1990;Lincoln & Guba,1985。)

以下每一小节我们都只对议题做基本的说明,并不想扯出所有相关的棘手问题(另有些仁人智士正在做此努力)。接着我们会以问题形式提出一些实用的指引,你可以将它们用于自己的研究,也可用于他人研究。就像 Marshall(1990)所提的清单一样,以下问题单并不是"规范"——要你严格采用的规范;这一清单乃是一连串的询问,当你深思"此研究的这一部分做得如何"之时,你可以提出这份清单上的询问,它可以让你获益良多。你无论在思考自己的研究或他人的研究时,都可以这样运用。另外,我们也将随着讨论引注一些有用的参考资料。

客观性 / 坚定性

现在要讨论客观性/坚定性。此处牵涉的议题,是研究应具有相当的中立性,且在一合理范围内,不受到未承认的研究者偏差之影响;最低限度,研究者应该表明已存在

---

[1] Peshkin(1993)对于"质性研究的良莠"曾写过精彩的文章,但他也只是将讨论范围限定在列出结果清单,包括描述、诠释、验证与评估等方面,他把这些当作是质性研究应具有的合理结果——他也并没有对相关的良莠问题作一讨论。

的无法避免的偏差。简言之，研究结论是否基于研究对象与情境而得，而不是基于研究者而得（Guba & Lincoln, 1981）？有人将此称为"外在信度"，强调的是一项研究由其他人复制的可能性（LeCompte & Goetz, 1982）。

相关问题　质性研究者对于客观性这一议题，可思考下列这组问题：

1. 研究者是否明白地且详细地说明该研究的一般方法与程序，亦即是否让读者觉得自己获得了一完整的图像，其中包括了"后台"信息在内？
2. 就该研究的某项研究结论而言，我们可否依循该研究所采用的方法去进行资料搜集、处理、浓缩/转化与展示？
3. 研究结论是否明白地与所浓缩/展示的资料相连结？
4. 研究者是否将研究方法与程序的详尽记录保存下来，供稽查追踪之用？
5. 研究者对自己的预设、价值观与偏差，是否尽可能去表明与觉察——包括对这些东西所产生的影响？
6. 研究者是否真的思考了其他相竞争的假设或结论？是在该研究的哪一部分？其他相竞争的结论是否有其合理性？
7. 研究资料是否保留，且可供其他人员再作分析？

信度/可靠性/可稽核性

这里要讨论的是信度/可靠性/可稽核性，所牵涉的议题就是研究步骤的一致性。由不同时间、不同研究者、不同方法来做，研究步骤是否具有合理的一致性？实际上，这就是"质量管理"的问题（Goetz & LeCompte, 1984；A. G. Smith & Robbins, 1984）。研究工作是否以合理的细心去执行了？

Kirk & Miller（1986）做了很有用的区分，所谓的"历时信度（diachronic reliability）"是指：经过一段时间后，前后观察的稳定性；而"同时信度（synchronic reliability）"是指同一时间所作各观察之间的稳定性；他们也指出"狂想信度（quixotic reliability）"的危险，狂想信度是指多名回应者都给了一个笼统的、同一战线的答案，但请记住：一支破温度计的信度是 100%，但却不是有效的。

相关问题　这方面要探寻哪些有用的问题呢？

1. 研究问题是否清晰？研究设计是否适合这些研究问题？
2. 研究者在该场地的角色与地位是否被明白说明了？
3. 研究发现是否能跨越各种资料来源（报告人、脉络、时间），而显示出有意义的类似性？
4. 基本范式与分析性结构是否被清楚说明了（信度一部分取决于和理论的连结性）？
5. 研究问题所提示的相关地点、时间、人物，研究者是否对这些范围整个都作了适当的资料搜集？
6. 假如该研究有多名田野工作者，他们所采用的资料搜集草案，是否彼此可作比较？
7. 编码是否作了检查？其间是否有适切的一致性？

8. 资料质量是否经过检查? 如:偏见、欺骗、报告人的博学程度。

9. 在各事件、地点与时间之中,多名观察者的报告是否有预期中的一致性?

10. 是否在适当时机安排了某种形式的同侪或同事复核?

内在效度/确定性/真实性

有关内在效度/确定性/真实性,其实所要处理的,就是最关键的问题——所谓的真实性。研究发现合理吗? 对研究对象或读者而言,研究发现确定吗? 对于我们看到的事情,我们是否作了真实的描绘?

效度本身并不是一个单一的概念;以古典的、测量导向的观点来看(Brewer & Hunter, 1989),效度就可以分为表面效度(face validity)、内容效度(content validity)、聚敛效度(convergent validity)、辨别效度(discriminant validity)与预测效度(predictive validity)。就我们的目的来看,Maxwell(1992b)的分析对我们比较有用,他认为质性研究之中的理解可分为4种:描述上的理解是指理解某情境发生了什么;诠释上的理解是理解事物对于当事人的意义;理论上的理解,是指对用来解释行动与意义的概念及其关系,有所理解;评估上的理解,是指对于行动与意义的价值判断,有所理解。Warner(1991)还提到了“自然效度”,是指所研究的事件与情境未受到研究者出现与行为的影响。

再者,有人研究诠释性研究(Connelly & Clandinin, 1990)中的叙述效度(validity of narratives),这些著作又提出了“明显性”、“逼真性”(Van Maanen, 1988)、“真实性”、“似真性”、“恰当性”等相关的概念。

我们也应注意到 Kvale(1989b)曾强调:效度是一个检验、提问与理论化的过程,而并不是一种策略——为了找出实在界的规律性,为了使研究结果符合“真实的世界”,而采用的一种方法。Kvale 把效度变成一个选择的问题,研究者要在相竞争的与可能错误的数种解释中,作一选择。

相关问题　可能有用的问题包括:

1. 描述详实的程度如何(Denzin, 1989b; Geertz, 1973)?

2. 报告合理吗? 对读者而言,是否有说服力或像是真的,能让读者感同身受吗?

3. 对于该区域脉络中各要素的结构与时间顺序,该报告是否让读者产生了一种整体感?

4. 以不同方法与资料来源,所作的三角检测,是否大致产生了一致的结论? 如果没有,研究者对此是否提出一个具有一贯性的解释?

5. 提出的资料是否与原初的或浮现的理论有良好的联结? 观测的结果是否反映了作用中的结构?

6. 研究发现是否具有内部一致性(Eisner, 1991)? 各概念是否具有系统性的关联(Strauss & Corbin, 1990)?

7. 用于确认命题与假设等的原则,是否明白说出来了(Miller,无日期)?

8. 是否找出了未确定的区域? (应该会有未确定的东西)

9. 是否寻找负面证据？是否找到？然后如何处理？

10. 是否真的考虑过相竞争的解释？然后如何处理？

11. 是否用资料库中的其他部分去复制出该研究发现？

12. 原初报告人是否认为研究结论是正确的？若不认为，研究者是否对此有一合理解释？

13. 该研究是否作过任何预测？预测是否正确？

外在效度 / 可转移性 / 相适性

这里要讨论的外在效度/可转移性/相适性，其实也就是要知道：研究发现是否有更广的意义。该研究发现可否转移至其他情境？该研究发现与其他情境"相合"吗（Lincoln & Guba, 1985）？该研究发现能类推到多大的范围？

Firestone（1993）将概括性分为 3 层次，一是由样本推论到母群，这一层次对质性研究较无意义；二是分析性的类推，即将资料与理论连结；三是由个案类推至个案（也请参见 Kennedy, 1979）。

Maxwell（1992c）也曾提及"理论效度（theoretical validity）"，是指对所描述的行动与所诠释的意义，作更为抽象的解释。这种解释也可被视为"内在"效度，但如果能超越该研究，将该解释和理论上的网络做一连结，则该解释的力量会更强。Maxwell 建议：研究者要想将此研究解释在理论上做连结，可以连结到原个案的其他未探究的资料上，也可以连结到其他个案上。

Schofield（1990）也作了有用的区分，他认为类推可以类推到 3 种对象，第一种是类推到其他真实的脉络中；第二种是类推到可能有类似社会过程的地方；第三种是类推至应该是显著的或理想的个案上。

这种类推并不是机械式的处理过程，Noblit & Hare（1988）在讨论后设民族志（meta-ethnography）时曾指出：类推比较像是将研究相似现象的两三项研究，做转译、反驳与综合的处理。这是一种谨慎的诠释，而不仅仅是"累加"起来而已。

相关问题 有用的问题包括：

1. 对于原初样本特征的描述是否完整，而能作其他样本适切的比较？

2. 报告中是否对于类推问题检查了可能的威胁？样本选择、所讨论的地点、历史与结构，是否也造成了影响？

3. 抽样在理论上的变异是否够大，能够使研究结论有较广的应用范围？

4. 研究者是否对于该研究的类推合理范围与界线，做了界定？

5. 研究发现中是否包括"详实的描述"，可以让读者评估：将该发现类推至自己的情境的可能性与适切性？

6. 是否有一批读者表示：该发现与他自己的经验一致？

7. 该发现是否与先前研究一致、有关或符合？

8. 结论所描述的过程与结果是否普遍，足以适用于其他情境——即使本质上并不相同的情境（Becker, 1990；Bogdan & Biklen, 1992）？

9. 该研究可以类推的理论,是否作了明白的表达?

10. 叙述的顺序(情节、历史、故事)是否处理得够清晰? 是否运用这一顺序发展出跨个案的理论(Abbott, 1992b)?

11. 报告是否提示了一些地点,可以供进一步完善该发现的检测?

12. 该发现是否曾藉其他研究复制,以评估该发现的力道? 若无,该复制工作是否容易进行?

应用性 / 采用 / 行动导向

此段要讨论的是应用性/采用/行动导向。即使一项研究发现具有效度,也能类推,我们仍然想要知道它对参与者(研究者与研究对象)与消费者(读者)而言,做了些什么? 我们实在无法避免"实用效度"这一问题(Kvale, 1989a);这是较传统的观点认为"好"研究应具备的。

人们会认为:评估与政策研究尤其应该引导出更有智慧的行动;不论是否确实如此,事实上人们的真实生活的确是受到这类研究的影响,而且这些研究也的确花费(或误用)了很多钱。正如 Patton(1990)所指出的:"一项评估报告的效度,终极的检测就是要看做决策者与使用该报告者的反应如何了。"(p.469)经理人员与顾问也常要依赖质性研究(Gummeson, 1991)。行动研究就是为了解决某处的问题而设计的,它经过了一道循环的过程:勘查、规划、行动、再勘查(Watkins, 1991)。批判理论学者(要作整体了解,请参阅 Carspecken & Apple, 1992; Popkewitz, 1990)则强调"解放式"研究的重要,希望能使人们觉察不公平的或压迫性的结构,并强化他们采取改革行动的能力。

Lincoln(1990)由更宽广的角度,去看好的质性研究。他认为应该:(1)提升理解与论述周全的层次;(2)研究之中与之后,加强参与者与利害相关人士的行动能力,使他们能代表自己和其在政治上的利益,去作协商。

这其中也有伦理问题——谁由质性研究中受惠,谁可能受害? (参见本书第11章);另外还有"评估效度"的问题(Maxwell, 1992b):这是针对行动或意义的价值性、合理性或良莠,去作判断。

相关问题 此处有哪些有意义的问题,值得探究? 我们列出的范围相当宽广:

1. 对于可能使用研究报告的人士而言,该报告在心智层次上与物理层次上,是不是他们可触及且可理解的? (请注意 Gummeson(1991)那句戏谑式的名言:"科学研究报告就应该是无聊的、难懂的。")

2. 对读者而言,研究发现是否刺激了他们"尚在酝酿中的假设",可以引导他们下一步的行动? (Donmoyer, 1990)

3. 所提供的可用知识是属于哪一层级? 范围可以从提升意识与发展洞见、自我理解,到更宽广的考虑:思考一种理论,方能引导行动或提出政策;也可以是区域层次的知识:提出改善性的建议或某行动的图像。

4. 该发现是否具有催化作用,能导致某些行动(Lincoln 1990)?

5. 所采取的行动真的有助于解决当地的问题吗？

6. 采用该结论的人是否真的体验到一种能力增加的感觉，觉得自己掌控生活的能力增强了(Lincoln & Guba，1990)？

7. 采用该结论的人是否学得或发展出新的能力？

8. 该报告是否明白地提出价值观本位(value—based)或伦理方面的关注？若没有，该论文是否涉及那些潜在的伦理问题，是该研究者未关注到的？

　　这些问题都只是指示棒，并不是规定。当研究者的分析技术更为熟练以后，这些问题会更为清晰。想使问题更为清晰，就要更为频繁地向自己提出这些问题，并试着回答它们。

　　在这么多标准的讨论中，我们已经约略提及了文件保管的重要性。文件的价值其实与邀请同侪进行"稽核追踪"有关，以下就来谈谈这一主题。

第 4 节　实作记录

问题剖析

　　就像其他研究一样，好的质性研究应该要小心保存记录，这一动作是为了与其他重要读者沟通。第一类重要读者就是研究者自己：分子生物学家、工业社会学家或是临床药检师等工作者，他们的笔记本都会记录下自己工作过程中的所做所为，保存下工作的轨迹，指示下一步改善的方向，并且也保证工作的成果是可以重复分析的。

　　第二类读者是研究报告的读者群，这些人需要知道研究者究竟做了些什么，以及怎样做的，藉此来评估该研究发现的确定性。另有些研究者在读别人的论文时会相当谨慎地作这类的判断，甚至对这类的问题关心得有点过分。还有一些读者，例如：当地报告人、决策者、管理人员以及一般大众等，他们通常会提出如下的一些问题："你究竟和谁谈过话？""你是怎么知道的？""你为何这样消极地看事情？"以及"你从哪里得到那些建议的？"

　　第三类读者属于第二类里的一小群人：其他研究者。这些人对于这些资料的再分析有兴趣，他们可能是想对几项研究进行后设分析或予以综合，也可能是想复制该研究发现，以期强化或反驳这一发现[1]。

　　对于后两类的读者，多数期刊都会要求实证研究的作者应该报告自己的研究程序，使之成为论文完整的一部分。所用格式通常广为研究者熟知，作者几乎像是将答案填在空格里，填入有关抽样、方法与资料分析的相关说明。对量化研究而言，说明这

---

[1] 对研究做法之记录会有兴趣的人，还有第四类，这类人较少被提及，他们是一些怀疑别人在研究中做假的研究者/研究机构。我们极少考虑质性研究里这类做假的问题，可能因为即使有人想做假，其获益也尚未大到值得去做；不过我们尚不至天真地以为：没有这类做假的研究者(想对此相关的文章有所了解，请参见 Teich & LaFollette，1992)。

些资料也同样是相当普遍的,就好像量化研究里应报告:平均数、标准差、临界值、关系系数以及各种的信度、效度等资料一样。

换言之,其实学术界已有一套惯例,实证研究可依据它来作记录并提出报告,且有一套相应的方法可用来验证该报告。不过这套工具似乎仍限于量化研究领域,质性研究者并没有替代的工具可以提供依靠。Lofland(1974, p. 101)说得好:"质性研究在某些方面的确相当独特,它的成员并没有什么公开的、共有的与规范的观念——究竟所做的东西是怎样出来的? 究竟所报告的东西应该怎样组织成型?"

表面去看,这是一件让人难以理解的事。虽然质性研究有丰富的描述,对于场所、人物、事件与过程都详细描绘,但对该研究者如何获取资料,通常都所言不多,而且几乎完全未提及结论是怎样引出的。

研究程序既然是如此晦暗不明,我们只有一些模糊的标准,用来判断结论的良莠,比方说:该研究的"似真性"、"一贯性"或是"令人置信的程度"——这些词汇虽具启发性,但追根究底却很空洞。研究者通常可以提出一份具有似真性的最终报告,经过精心编辑,以保证它具有一贯性。如果撰写成功,研究者就可以获得胜利,这一胜利乃是因为该论文具有无可否认性以及生动性。然而,本书前已述及,一份具有似真性与一贯性的报告,有可能具有严重的偏差;而生动性可能引导我们走进"可即性"的探究偏差,我们深陷其中,过度看重具体的或戏剧化的资料。

因此,我们质性研究出现了双盲的现象。质性研究无法被验证,因为研究者对方法论的交代不清楚;而我们不交代清楚,则是因为究竟该怎样交代方法论,尚无共识可资遵循。(我们也可以提出认识论上的理由,例如:质性研究是如此特定个人的、艺术的、私人的/诠释的行为,以至于根本没有其他人可以验证或复制它——但这也使得我们现在距离陆地如此遥远)。究竟该怎么办呢?

本书第 1 版出版后,我们已看见了讯号,知道该采取行动了。现在期刊里的质性研究论文,通常都会有专节说明所用的方法(虽然通常说得都还太抽象,不够具体)。也有些文章里,概述了方法专节里应该包括的内容。例如:Lofland & Lofland(1984)认为应说明:研究缘起与报告人的关系、个人感受、资料搜集、资料聚焦与分析以及回顾所学。Miller(无日期)建议应包括:研究问题/假设、所用方法、资料类型以及问题/假设究竟怎样被证明的。Pitman & Maxwell(1992)建议应该包括:说明资料库的内容与其产生的方式、类目发展所采用方法、编码系统以及资料展示。

现在也已经出现不少报告,完善地说明所用的方法,可以让读者仔细看见做了些什么(例如:讨论扎根理论取向的论文,参见 Chesler (1987);有关现象学取向的论文,参见 Melnick & Beaudry (1990)与 Fischer & Wertz(1975);讨论个案研究里,怎样对于田野工作进行第三者的稽核,参见 Merryfield(1990);讨论诠释学取向研究如何对资料分析过程进行记录,参见 Pearsol (1985);说明多个案研究里的分析实作,参见 Eisenhardt(1989b))。许多质性评估研究,尤其是多个案研究都会谨慎地记录下分析的过程(如:Kell, 1990)。

现在也有较多学者针对特定质性研究,公开发表评论与讨论。(如:Miller(无日期)讨论 5 篇近期的质性研究怎样进行结果的证明;本书第 6 章曾提及:Cusick 与

Everhart 曾对彼此的学校教育研究，撰文辩论，Noblit（1988））对这些辩论进行了分析；Miles & Huberman（1990）讨论 Barone（1990）与 Clark（1990）；而 Eisenhart & How（1992）则讨论 Holland & Eisenhardt（1990）对大学女生的研究。）

而且我们也看见有人对质性研究进行再分析：Reinharz（1993）引用了三篇研究资料，又详细提出另外 1 篇，并且主张要建立"质性资料银行"，类似 Murray Center at Radcliffe 这样的单位。

然而有关方法论的记录与报告问题，仍然有许多模糊不明处。对此我们需要更清晰的描述性资料，我们现在所得的这方面资料还不够；我们实在应该等到真正知道质性研究者进行研究时究竟做了哪些事情之后，再来处理方法论的规范问题。就像多年前 Mills（1959）指出的："有经验的思想家们借着对话交换彼此工作时真正使用的方式，我们只有藉由这种对话方式，才能获得方法与理论上有用的东西"（p. 195）。

这种对话里，我们需要知道许多东西。实际上该研究者采用了哪类质性设计？实际上作了怎样的抽样决定？（我们想到 Star & Strauss（1985）的绝妙语录："说出实情，无论多么尴尬。"）研究方法看来如何？研究者怎样知道观测是否正确？田野工作实际进行得如何（我们想到 Lofland & Lofland（1984）说的话："多数报告都只提及发生的第二糟糕的事情。"）？

还有更基本的问题：研究者是怎样将数百页的札记整理出最终报告的？资料是怎样聚类、简化、分解、展示、分析与诠释的？当我们对质性研究程序的清晰说明方式，还没有共识之际，我们彼此根本不可能明智地讨论上述问题——如果我们暂且把结论确立的共识问题放在一边不管的话[1]。

所以，我们必须开始写工作日志了，然后要相当清晰地描述我们的方法，这样才能让其他人理解它们、重建它们、让它们接受监督。

想要谨慎地完成这些工作，Guba（1981）与 Guba & Lincoln（1981）为我们提供了不错的导引地图。他们以会计稽核者来譬喻，这些人检查公司的账册，以确定相关账册是否都已完善地保存好，账册结算是否正确无误。稽查工作要做到这些，被稽查者就必须将收入、支出与转账等资料记录清楚。如果没有这样的"稽核轨迹"，根本不可能确知账册的保存是否可靠或确切。

"稽核"这一想法最早是由 Halpern（1983）讨论在研究上的实际运用，他也提出了一个个案研究；后来 Schwandt & Halpern（1988）更进一步地提出具体、实用的建议。

我们要再次提醒大家：为读者好好保存记录，其实第一个基本读者就是我们自己。就算根本没有读者要稽核我们，保存以下这些资料也能在整个研究过程里获益良多的，这些资料包括：研究者的笔记、方法日志（Walker, 1981）、"反思日志"（Carney, 1990），有关设计与相关想法的改变之记录、资料分析的大事纪（Mc Phee, 1990；Pearsol, 1985）和每日的日记（L. M. Smith, 1992a）。其次，这些记录可以帮助研究者

1　我们也应该提出一些研究作为证据，如：Hammond（1964）的《社会学者在工作》（*Sociologists at Work*），其中有精彩的个案报告；Lee et al.（1981）提出了方法论之报告；Firestone & Herriott（1983）对 5 个个案的比较；以及 Huberman & Miles（1983a）对于资料分析各步骤所做的报告。也可参考 Turner（1988）。Constas（1992）对于分析类别之发展，提出评估的方法，虽然这一努力是迈向正确方向的一步，但它必须应用在特定研究之中。

很容易地写出方法专节。一份像上述那样完整的记录,至今为止仍相当少见。"稽核"一词可能有点吓人,它意味着一位外来的、严格的、过分关心的专家;但其实此词要强调的观念是:你和亲近的同事能够定期在一起查阅记录,而且收获很大。

实例说明

对于分析实作应作哪些记录,我们将说明"完整版"与"适中版"。无论采取哪一取向,都应依据目的来决定。以我们的经验来看,撰写本书第1版时,我们也正在进行学校改革的那项研究,当时我们亟需知道种种方法的实际效用及其可靠性(对我们来说,其中有许多方法都是崭新的或刚发展出来的)。没有得到确切的答案,我们也不敢把它们介绍给其他人。

就这样经历了3年,对于"分析实作可用的记录表"这一问题,我们前前后后提出了7个版本(请注意:此处我们并不处理抽样、研究方法设计与田野工作等议题)。我们提出的记录图表必须符合下列数个标准:使用的方便性与快速性、容易改写为方法专节、对其他二手读者具有易接近性与涵括性并且具有可信性/确定性。

要设计这种记录表,必须要作一些取舍,比方说:要拥有涵括性与可信度,通常就必须要牺牲掉快速性,因为必须付出时间与细心。

我们将研发出来的第7版记录表公开出来(表10.2),它是将稍早版本简化而成,而且(你相信吗?)这一版本也做了更多的斟酌。我们将这张表放在此处,目的是希望读者从中得到启发。当然我们鼓励读者发展自己的记录法。将分析实作完善地记录下来,其中应具备的本质必须透过逐步归纳去发现。

我们将表10.2用在单一研究问题或议题中(项目1)。项目2乃是请研究者说明该分析是用来做什么的,并且指出该分析与其他分析之间的关系。项目3要求研究者作相当完整的说明(实际上就像撰写分析过程里的日志或日记),包括该分析所使用的资料组、所采取步骤、处理资料时用来作决定所依循的原则、分析所采用的做法、该分析所导出的初步结论以及总评注。所有这些东西都写在一个页面上,这可以方便该分析者将一步步的分析步骤写入工作日志,而且如果有复阅者,他也可以快速地掌握究竟作了些什么分析。

表10.2还请研究者将所有相关的图表文件等展示物(分析过程里所用到或发展出来的材料)都标示在表的左下方,这样可以让使用者方便地参阅相关材料。若有复阅者,这些资料更应该标示出来。

让我们从头到尾看一次表10.2,对它的用法作一解释与评论。(这张表实际上是印在11×17的纸上)项目1与2,是为即将进行的分析做一定向。通常一次分析填一张图表。当然研究会用到一连串的程序,但只要基本任务改变(如:原先是摘述资料的基本性质,现在改换为对一套预测项作精确的定义),就应该用一张新的图表。

你应该相当清晰地说明所用的资料组,这样才能让你、同事或读者可以在你的档案里找到它们。有些资料组应该填入左下方的线段上(参见下文)。

随着分析的进行,你就要在方法上所采取步骤栏逐一填入资料,如果事后再填,一定会遗漏很多。在空格里填入一些摘要性的词组,应该是颇容易的。以下范例是我们

表 10.2 质性资料分析的记录表

质性资料分析的记录表

M. B. Miles, A. M. Huberman
NIE G-81-0018
第 7 版
3/83

分析者：＿＿＿＿＿＿ 日期：＿＿＿＿＿ 表格编号：＿＿＿＿

1. 正在探究的研究主题：＿＿＿＿＿＿＿＿＿＿

2. 请具体说明，这项分析工作你要达成什么目标？（请加上一点背景说明与简要的理由；例如该项目标是探索性或确认性，并请与稍早的资料分析作一连接）

3. 所用分析程序之说明。请依工作顺序，填写此表单。资料分析过程里，请将各步骤记录下来，做成日志。若有需要，请加第二页表单。如果你的分析工作在实质上有了改变，就请填新的一张表单，并且再填一次前面两个项目。

所用的资料组 *	方法上所采步骤	作决定依据的原则 #	分析所采的做法（填入代号）			引出的结论	研究评注
	（为每项步骤编号，说明究竟做了什么，以及实际上是如何做的）@	（实际作分析时，所依循的原则）	为资料分析做准备	引出结论	确认结论	由这些特定的分析实作里所引出的结论有哪些；请简述之	对分析过程中的任何事情进行反思与评注

* 可适用于单一或多地点。可包括：札记草稿，札记，摘要，文件，图，矩阵表，表格，录音/影带，照片与其他（请指出）。

在准备资料时所采用的实际动作，这一清单可能也适用于引出结论/确认结论。

@ 请指出所有相关的文件与图表；每份资料请用一代号，简要说明，并标示所采方法之步骤的编号。
所用的笔记与表单：＿＿＿＿
暂时的文件与图表：＿＿＿＿
最终的文件与图表：＿＿＿＿
最终所写文本（节录）：＿＿＿＿

的研究中曾填入的资料:

- 复阅初始表格,将两地的资料填入。
- 试用一张列联表,由"方案类型"与"执行难易度"形成此表;试填数次后放弃。
- 复阅中介表,决定将 Lido, Astoria 与 Carson 归在一起。
- 看过整个因果网络图,再思考连结点,增删一些连结点,然后将因果网络图定案。
- 扫瞄表 8.4 与表 8.1,比较高协助与低协助的个案。
- 依据持续前进的步骤,撰写文本。

(此处用语相当专业,那是因为该表格的读者就是我们同研究团队的同事,他们相当熟悉这些方法。但如果是较为"陌生的"复阅者,通常就需要你填入较为完整的说明了。)

指出实际作决定所用的原则,是相当重要的,尤其是在为填入资料作"准备"之时。进行分析时就将这些原则明白地写下来,是很有用的做法。它可以减少错误,有助于自我校正。以下是一些实例:

- 如果某名报告人重复提到某主旨/主题,或是访谈时出现强烈的情绪,分析者就将该主旨/主题列为代码。
- 如果某地 3 名以上的报告人之中,至少有 1 名提到某意见,那么就将该意见填入图表;若该地采用者在 3 名以下,其中有 1 名提到某一意见,且无一人反对,那么就将该意见填入图表。
- "采用的平顺性"是由一名田野工作者从访谈里引出的概念,此概念在观察采用现状时也出现了。对于观察资料中出现的这一概念,给予较高的权重。
- 如果各方对于不同协助的评价不尽相同时,分析者会对更接近采用者的那种协助,给予较高的等级(例如:校长、教材、同侪对采用者提供的协助,会比校外咨询者提出的协助,得到较高等级)。
- 当有些采用者执行平顺,有些不顺之时,就标示为 +/- 。其他情形就依照典型反应,予以评定。
- 在因果网状图里,距离结果项在两步或两步以内的因素,就被界定为"近因"。如果该因素的确导向结果项,但相距超过两步以上,就被界定为"远因"。如果出现在该网络里的变量,脱离了该因果流,则被界定为"其他变量"。
- 如果在大多数高协助地区都出现某一"预测项",而且此预测项在 40% 以上的低协助地区都没有出现,那么就可将此"预测项"评定为"强度的"。
- 如果所有指标中有一半未出现在该个案,该个案就被标示为"高"个案;不到一半的指标未出现,就被标示为"中"个案。
- 如果对于实行时间,不同报告人的说法出现分歧时,较值得信赖的报告人是那些从一开始就在现场且主动参与者。

将作决定的原则明白表达出来,这不仅对于资料分析的准备工作非常重要,对于结论的引出与证明也很重要。读者通常会想知道:为什么对结果项来说,变量 A 比变量 B 的预测力要较强？还有，你是怎样验证或确认那一结论的？你作决定的原则可能武断，但是它们就是你采用的原则。

为了要将分析的做法记录下来，我们设计了一张代码清单（图 10.8），这张清单可以为分析者找到合适的记录用词，也可以提醒他想到还可以运用其他哪些做法。请注意！虽然我们将这些做法分为 3 大类，但是其中有许多做法可以同时归属于多个类别。例如："创造概念与理论上的一致性"目前被归属于"引出结论"类，但其实它也可以用于证明或检验结论。另外，"将资料纳入更高层级的变量下"可以用于为资料分析作准备，也可以视为引出结论的一种方式。

为资料分析作准备		**确认影响**	确定有方向性的影响
表列编码文块	将编好码的文块列表呈现	确定时间	确定时间上的顺序/时间上的关系
填矩阵表	填入矩阵表	推论	作推论
分类	分门别类	计算—推论	—以计算法
评等级/加权	将资料转化为等级/加权	演绎—推论	—以演绎法
提关键词	摘出片语，产生关键词	归纳—推论	—以归纳法（如：确定前置因素、共变数、结果项）
提升变项层级	将资料纳入更高层级的变项		
统加指数	以量尺测量，统计指数		
列表计算	列表计算	**确认结论**	
拆解变项	将一个变项拆为两变项	查代表性	检验代表性
分解	分解	查研究者效应	检验研究者效应
累计	累计	控制偏差	控制偏差（请指出）
		三角测量	三角测量法
		—来源—三角	—从不同资料来源进行
		—方法—三角	—从不同方法来进行
引出结论		—概念—三角	—从概念上来进行
看似真性	仅看出"似真性"		（不同理论）
提出主旨	看出一个完形、模式、主旨/主题	—研究者—三角	—从不同研究者
		估证据	估量证据
譬喻	产生一个譬喻	用外围个案	运用外围个案、例外
汇集	汇集	验极端状况	极端状况的验证
清点	清点次数	追惊异处	追踪惊异处
找趋势	找出主要趋势	其他证据	由其他处获得经验证据
作比较	系统化地作对比/比较	缺负面证据	未出现负面证据
找因素	找出因素	若—则检测	检测若—则关系
找变项关系	找出变量间的关系	查错误关系	检验因第三变项造成的错误关系
逻辑链	建立证据的逻辑链		
找干扰因素	找出干扰/连结的条件	复制	复制
概念一致性	创造概念/理论上的一致性	查其他解释	测试相竞争的解释
		报告人反馈	由报告人反馈获得确认

图 10.8　分析实作的代号清单

除了应了解图 10.8 里那些项目的意义之外,也请你注意:图里有许多项目其实也就是本章第 1、2 节所讨论的那些技术。因为目前对于分析实作,尚无共通的语言,常常都是采用各个领域五花八门的用语,因此我们试着找出对大多数研究者都有意义的词汇。总而言之,我们极度需要一套共通的语言,所以我们先用一套不完美的词汇开头,然后再慢慢地调整。

我们已经努力达成目标:将词汇界定清楚。我们的词汇里没有那种不具有实作意义的东西,例如:"洞见"、"放入括号"、"结构确定"、"训练有素的主观",因为这类词汇无法告诉我们究竟该怎样实作。以此为基础,其他研究者可能做得比我们更好。

表 10.2 倒数第二栏是要填入简要的具体结论;不需要填入细节,可以填入参照的分析文字即可。

最后一栏是请研究者对结论具有多少信心作一评论、反思、备注或宣泄任何有关的感受。这些内容有助于厘清前面各栏呈现的分析过程,其中所具有的意义。

我们不断地证实:指出或附加上所有相关文件与图表所在的位置,对于其他读者,是极其重要的。如果欠缺这些指示,不去看直接的资料,几乎不可能理解该分析的程序,也不可能写出最终的论文。进行稽核时,就是一直要看到最终出炉的论文,才算是追踪到了终点。

变　体

要找到比较简单的研究过程记录方式,几乎不可能。最简洁的做法,就是将每日研究所作的决定与活动,写成工作日志,另外再附上反思日记(Merryfield, 1990)与评注。

如果从较抽象的层面来思考,我们也可以将所作的分析活动描述为一系列转化的步骤。例如:Fischer & Wertz(1975)研究若干名刑案受害人的经验,一开始先作各个案概述,然后提出跨个案的"实例故事",接着提出跨个案的一个基本"浓缩本",然后再回头处理个案概述,将它们写成范例,最后再提出跨个案的一个解释架构(参见第 4 章第 9 节)。每一步骤都界定清楚,且逐一记录做法。参见本书第 4 章 Chesler(1987)对于"实境(in vivo)"编码所作的说明。

Pearsol(1985)也发展出一套"资料分析大事纪",比 Fischer & Wertz 的步骤更为详细些。听取录音资料时,Pearsol 记录为"将转誊稿写得更生动",另外还有"将所讨论的主题初步列出清单"、"将教师对方案所提结论予以分类"、"确认教师们共享的参考架构"——例如有关于"传统家庭价值观"的架构。

我们并未将 Eisenhardt(1989)的实作记录程序清楚呈现出来,但是她所写的"方法"节也很值得参考,其中包括了:基本设计、详述资料来源、资料分析步骤——如:撰写个案简述、"所作决定的记叙"、个案两两比较、命题发展与修改。

建　议

1. 你自己心里先要厘清:你究竟为什么要将各做法记录下来? 是为了修改吗? 为了你个人的学习吗? 为了从一位同事或诤友处得到反馈吗? 为了撰写方法章节吗? 为

了写一篇像我们这样讨论方法的文章吗？还是为了要进行真正的稽核工作？

2. 任何研究某种程度上都需要倚赖你对实作所作的这份记录。高风险的研究尤其需要你多加注意，例如：你这项研究耗资巨大，且是具有争议性的话题。再者，也请你千万记得！稽核总会涉及政治层面：这份论文是在为谁的利益服务？是为了达到什么目的？

3. 记录详实的程度取决于你的研究焦点。因为我们非常关心将分析步骤记录下来这一问题，所以我们发现：每项研究问题通常需经过 7～8 道程序，才能完成分析，每道程序都需要用一张记录表。如果研究目的较不属于微观性质，那就不必记录得太详细。

4. 如果采用我们提供的这种记录表逐步填入，时间会节省不少。第一，你实际进行分析时，先写下粗略的记录；然后将它们排出顺序；在表里填入实作步骤、所作决定、结论，形成工作日志；填入较多的细节，以求清晰；将所用的文件与图表之名称聚类整理，包括：表格、工作单、文件等。第二，等完成资料分析工作之后，请检查填入细格的内容，若有需要可作修改调整，并加上分析代码，然后填入更多反思性的文字。你正在进行分析时，并不适合写下完整的反思评注；因为你必须将所有力气花在分析工作里。

　　无论你是否要使用表 10.2，或是采用较简单的记录表，工作日志都是非常重要的。我们的格言是："如果记录表或原本工作图表上没有这个项目，你就是没做这项工作。"请不要将不当工作淡化处理，或事后诸葛地回头修饰记录。不要把不完整的记录表堆放着不管，那一定会损伤你的目标。请依据工作进度，进行记录。

5. 我们所列的那张代码清单，可以当作是一份线索，你可以从中找到你目前未用到但可考虑采用的技术或做法。如果你发现自己常写的代号总是同样的那几种，这时警旗可就升起来了；这意味着：你可能过于依赖少数几种方法了。

所需时间

　　将分析步骤记录下来，会耗费一些时间。有时候作这种记录很有趣，也很有用；有时候则未必如此。简言之，这要看你的目的何在，所作的记录可能功效很大，甚至根本就是非做不可的工作。

　　我们作这类记录的经验，差异很大；花费的时间主要是看所作分析的复杂程度。假设某项分析耗时 2 小时，若采用表 10.2 来作记录，通常约花 10 分钟写好工作日志，另花 15～20 分钟修改、写代码、写反思。如果分析工作较复杂（例如 4 或 5 小时的分析），写好工作日志约费时 20 分钟，写代码/反思约 30～40 分钟。总计起来，要完成我们这节所说的记录工作，约花费总分析时间的 20%。

　　不过请注意：作记录其实并不是为"某个人"而做的一件麻烦事。它其实是件好工具，你可以用它改善正在进行中的分析工作、提高后续分析的精确度并且强化你对最终结论的信心。至于朋友、同事、读者、复制者或稽核者等人给你的反馈，都只是附加的价值。如果经验更多，或发展出更精简的记录表，所花的时间可以更少一些，不过我们认为花费 20% 的分析时间来作记录，对提升研究质量来说是一项值得的投资。

已有一些计算机程序可以自动将某类的分析实作作成记录,例如:代码建立、寻找与检索以及命题检测。可用的程序包括:NUDIST,ATLAS/ti 与 QCA(参见本书附录)。请注意! 如果你的资料管理系统已经完全计算机化(表3.3),那么你的"稽核轨迹"也可以很轻松地保存起来。你的资料管理系统可能已经完善地涵括了许多基本的产物,如:编好码的资料、备忘录、图表、分析性的文字等[1]。

一位同事或稽核者检查这些记录表与相关文件要花多少时间? 我们的经验是他们要花费原初分析所用时间的 40% ~ 50%。基本上,我们是选择性地运用稽核;大约集中在资料分析的早期,只有那些需要你特别关心的部分,才会进行稽核工作。至于会对整个研究进行稽核者,乃是因为那是一项高利害关系的研究。例如:Merryfield(1990)当年要独自研究一所非洲的学校,作为她的博士论文;于是她与一名同事签约,定期稽核她的研究。这项决定本身就会使得研究者更谨慎地去设计他的研究。

结　语

要从所展示的资料里引出条理清晰的结论,并且证明该结论,这便意味着要采用一系列特定的技术。本章检查了 13 种技术,可以从所展示的资料里引出初步的结论,这些技术主要包括:形成主旨、进行对比、澄清关系以及建立一项具有完整性的理解。另外还有 13 项技术,可用来证明或验证初步的结论;这些技术主要包括:细究资料的质量、着重"不合主旨者"与例外者、进行严格的检测并搜集研究对象的反馈。

质性研究的"良莠"需要谨慎评估;我们提出一连串的问题,可供研究者与读者应用在任何研究里。最后,我们讨论怎样将分析步骤逐一记录下来,我们对此提出建议,主要是将此工作视为一种形成性的支持。

下一章我们将转向讨论伦理议题,着重的是与分析相关的伦理议题。

1　出乎意料的是:采用电脑处理量化资料,可能出现其他的问题,Freedland & Carney(1992)对此作了详细的说明,其中有许多问题反而是采用纸笔资料处理所不会发生的,例如:资料品质的管理、记录与资料保留等方面出现问题。例如:有些电脑程序并未将资料转化做成工作日志,使得观测所得的各个版本被混淆了;对于变量的记录可能很单薄;将多元资料组之中的一部分作了修改,资料组里其他相关部分却不会相应地自动修改好。

资料分析中的伦理议题

第 11 章

Ethical Issues in Analysis

本书讨论的是方法问题。我们一直把焦点锁定在作分析的各种方式,这可能掩盖一个重要问题:质性资料分析其实不只是一项技术层次的问题。我们不能只把焦点放在我们所产生的知识之质量上,以为这些知识就真的那么有价值。我们也应该思考自己行动的正当与否或错误与否,身为质性研究者,我们会和多种人士有所关联,这些人际关系中就牵涉行动的适切与否,而与研究者相关的人士包括了研究对象、研究团队以及研究的资助者。

每一个脑筋清醒的研究者都会考虑一些道德和伦理的问题:我的研究真的值得作吗? 研究对象真的了解自己要接受的研究吗? 我是否拿一套"天真无邪"的问题去利用研究对象? 研究对象的隐私权有哪些? 研究对象有权利看我的研究吗? 如果研究对象和他们的同事可以在报告中轻易地认出研究对象,那么匿名还有什么用呢? 如果可以认出研究对象,是否会造成伤害? 如果我的个案出现危险动作,我会怎样反应? 我的研究会造成谁受益、谁受害? 研究资料归谁拥有? 研究报告归谁拥有? 这些问题可以在质性研究的文献里找到许许多多有用的见证,这些文献里满是这类的句子:"我万万没有料到……","如果我早知道……","只怪我太晚才知道……",这告诉我们:我们实在有必要对自己的计划与作为所涉及的伦理问题,付出更多关注,就像Mirvis 与 Seashore(1982)所说的:"如果你轻视伦理问题,这种态度就是不道德的。"(p. 100)

第 1 节　本章架构

本章所能达到的目标是有限的,我们将概述质性研究中反复出现的一些伦理问题,这些问题均与资料分析有关;另外,本章还会为这些问题提出处理之道。我们不可能一开始就来处理这些问题,我们会选择一些相关问题直接切入,并尽可能提高大家对伦理问题的意识。其他人提出的一些有用的建议,我们也会提出来。

大多数的专业工作都有完善的伦理规约。"美国心理学学会(American Psychological Association,缩写 APA,1992)"十多年前就制定了伦理规约,他们的会员提供了许多案例作为参考。APA 的规约中包括许多参考纲要,从"从业者应备能力"到"费用与财务规划"、"抄袭"以及"与目前病患或客户间的亲密关系",都有完整规范;另外还搭配了一套详尽的程序,以供抗辩、宣判与制裁之用。"美国社会学学会(American Sociological Association, 1989)"、"美国教育研究学会(American Education Research Association, 1992)"也都订有类似的、但较简略的伦理规约。这类伦理规范主要是为其从业者的专业工作提供正当性,另外也对所属从业者的严重不道德行为,予以惩戒;一般而言,出现这类状况的成员极少,比例约为1%。不过,这些规范对于研究者在作日常伦理决定时,帮助并不大。

美国人类学学会(American Anthropological Association)(Cassell & Jacobs, 1987)曾经为其成员整理过一本伦理议题的手册,但至今仍没有一套定案的伦理参照纲要,可以供各学科的质性研究者使用。

何以如此呢? 理由有数项。就像 May(1987)指出的,后实证主义强调多重现实,且强调研究者的诠释,这种主张使得质性研究者对于伦理问题的处理,采取的是个人的与非系统的取向。再者,多数的质性研究也都强调特殊的区域脉络,以及"亲近研究对象"。质性研究的这些特质使得基本的伦理原则模糊了,研究者均采取"依情况而定"的处理方式。

质性研究之所以至今没有一套系统的伦理规约,另一原因是研究者通常完全无法预测田野工作及其分析,而且事实上这些的确是"依情况而定"的(Punch, 1986)。像概念焦点、研究问题、研究设计与抽样等问题,这些几乎都可能散布在整个研究过程里,因此传统研究所强调的"知情同意"或预做研究设计,这些几乎都不可能适用于质性研究。因此我们对 Howe Dougherty(1992)的发现并不会觉得惊讶,他们发现:学术机构里负责研究计划核准的单位,对于质性研究并没有多大意义。

然而,伦理问题一直都好像只是个潜伏的东西,藏身在我们实际研究作为的背后,而且一般而言,研究社群的圈内与圈外,对伦理议题都未予以普遍的关注。正如 May(1987)所做的结论,"如果我们研究社群内仍然不讨论伦理问题、不讨论我们所作的各种决定与行为;而且我们又不与圈外人沟通,教导他们我们所做的工作,最后我们(将会)忽略掉研究对象的权益,以及我们应负的责任"(p. 32)。

以下我们将检查伦理抉择背后的几种理论,然后再细究一连串具体的问题,这些都是质性研究里经常出现的,之后会探究这些伦理问题对于资料分析的含义;我们会探讨牵涉的一些冲突、两难与取舍;最后再提出一些基本建议。

第 2 节 伦理理论

具体的伦理问题其实或明或暗地涉及一些更大的理论,这些理论牵涉我们究竟怎样判定一项行动是正义的、正确的或恰当的。Deyhle, Hess & LeCompte(1992)提出 5 种基本理论。目的论(teleological theory):这种理论乃根据根本目的、善的本身,来对行为作判断(如:判断该研究产生的知识所具有的价值)。第二种理论是实用取向(utilitarian approach):此理论在判断行为时,依据的是行为产生的结果。换言之,也就是要思考:对该研究的各种相关者来说,成本与收益为何? 这些相关者包括研究者、研究对象与社会大众。第三种理论是所谓的道义观(deontological view),这是希望研究者能扩大范围去作考虑(如:依据 Kant 的范畴律令与实践律令,研究者应该问:(1)我会希望这种行为发生在每个人身上,包括我自己吗? (2)我是否将所遇见的每个人本身当作目的,而不是把他们当作是为我完成某样东西的工具。第四种理论是批判理论,此派对行为作判断所依据的原则是:该研究是否对研究对象提供了直接的益处? 以及/或者研究者是不是研究对象的辩护者? 第五种观点是约定观(covenantal view),行为判断的依据是研究者的行动是否与约定一致——这种约定乃是基于信任关系,由研究者与研究对象制定的。

Flinders(1992)提出关系伦理(relational ethics)的观念,强调的是依附、关怀与尊重等态度,而不只是所作的约定。他还为伦理方面的决定,添加了一个生态的观念作为基础,强调行动对于系统的影响,此系统乃是“在最宽广的可能脉络之中”一个完整的、互依的系统。无论是 Deyhle 等人或 Flinders 都强调:某一行动所具有的伦理意义,主要取决于该研究者所信奉的基本理论。表 11.1 录自 Flinders(1992),这张表对此有清楚的阐释。

表 11.1　**研究的伦理框架**(Flinders,1992)

	实用主义	道义观	关系观	生态观
邀请研究对象参与	1. 知情同意	1. 互惠	1. 合作	1. 文化上的敏锐
现场工作	2. 避免伤害	2. 避免无礼	2. 避免勉强	2. 避免疏离
撰写报告	3. 保密	3. 公正性	3. 肯定研究对象	3. 回应式的沟通

Flinders 表示,持实用观的研究者(通常也就是持传统“科学”立场者)认为在研究伦理方面应做到:经由“知情同意”的程序,请研究对象参与研究;在不伤害他人的原则下,进行田野工作;并将此实用观扩及报告,对研究对象予以保密。再者,持规范本位、道义观的研究者会做得更为彻底。他们认为:邀请研究对象加入,必须强调互惠(研究者与研究对象都有所得),田野工作必须避免无礼对待他人,而研究报告必须做

到公正、公平与诚信。

研究者若持关系观,会强调平等的协同关系;此时的研究者与研究对象是更为对等的关系。田野工作应该避免任何强迫,研究报告将研究对象界定成像"朋友"一样,报告是用来"肯定"、支持甚至赞颂研究对象的。

Flinders(1992)认为:生态观是强调整体的,此类研究者邀请研究对象时,会对当地"文化"的语言与意义更为注意。任何作为都应注意是否对整个相关生态造成错误或伤害,研究者以此来避免"疏离";撰写报告时,要考虑"自己要如何以负责的态度,将所知公诸于世",要小心语言所造成的潜在的、复杂的、刻板印象的影响。

理论家有时会提出一些基本"原则",供研究者作伦理方面的决定时参考。Sieber(1992, p. 18)曾提出一套完整、务实的原则,她提出:

- 福祉——尽量扩大好的结果,包括对科学、人文精神与个别的研究参与者,同时也要尽量降低非必要的伤害、风险或错误。
- 尊重——保护独立个体的自主性,以礼貌与尊重对待个人,他们都是具有人格的人,即使他们不具有自理的能力(如:婴儿、心智迟缓者、痴呆老人)。
- 正义——确保程序与行政作业是合理的、非剥削的、慎思的;顾及各个人与各群体之间,其成本与收益的公平分配。

House(1990a)也提出三项原则,只有一项与 Sieber 相似:

- 相互尊重——理解对方的目标与利益,不伤害对方的自尊,不以恩赐的态度对待对方。
- 非强制与非操纵——当研究与对方的利益相冲突时,不以强制、威胁或诱导方式使对方与自己合作。
- 支持民主的价值观与制度——献身平等与自由,努力对抗压迫与屈从。

我们可以看出这些原则其实和前述的基本伦理理论有联系,Sieber 倾向于道义论,又带有一些实用主义的色彩,House 基本上偏向关系观。他们都为我们提供了参考指引,不过如果真正要作出具体的抉择,我们还有段路要走。

第 3 节　具体的伦理问题

以下我们会列出一串主题,这些主题是质性研究进行前、中、后,通常要注意的。大致上依照研究顺序来排列。这其中有不少实例是引自 Mathison, Ross & Cornett(1993)编的案例选集,这本书无论就其观点或教学建议来看,都颇值得推荐。因为伦理抉择都是在案例中出现的,所以我们也建议读者读一些描述案例的书,如:Sieber(1982),L. M. Smith(1990, 1991),Burgess(1989),Marshall & Rossman(1989),以及 Whyte(1984)。

以下我们会简要列出议题,指出关键问题,提供小实例与书目,说明在资料分析方面的含义。撰写这些内容,其用意并不在提供参考指引,而是想提升读者的意识,让读者容易看见伦理问题,因为本书的读者最终或现在其实都是要作伦理方面抉择的。我们会了解到:每一伦理抉择,几乎都是在诸多好处之间或是诸多害处之间,作取舍、平衡与妥协。

该研究的价值性

这个问题听起来冠冕堂皇,不过它可不是个值得夸耀的问题。你应该想想:我精心构思的这个研究究竟值不值得做? 我的研究除了让我得到经费支持、得到出版的机会、有利于我的升迁之外,这项研究是否能以某种重要的方式对某领域产生贡献?

再者,这项研究是否和我重视的价值观相调和? 如果不调和,其间的差距有多大? "甘美乐计划(Project Camelot)"(Horowitz,1974)是一项明显引起争议的著名研究,这项计划请社会科学学者研究拉丁美洲的反叛变行动(说得更实际点儿,研究资金的提供者想知道:怎样可以镇压民众的叛变行动)。不过,即使一项表面上纯真的研究也可能明显地与你的观念相冲突,例如:有一项计划是要研究学校的中辍生,而你的观念认为:其实是坏学校把学生赶出了校园。

对资料分析的含义　　基本上,如果要做的研究对你而言,并无重大或实际的意义,那么你会像在阴暗的幽谷中进行研究,对研究设计与资料搜集都不会全心投入。你对初步的研究结论可能不会提出质疑,你也不太会以相竞争的假设去继续追踪分析。你的研究报告可能会写得"看起来不错",却不是正确的。

如果你的价值观和研究相冲突,而且这一问题又延续到整个研究过程里,那么这就可能会削弱且限制你的研究结论。如果你认为你的研究会被误用,你会不情愿投注所有心力在研究中。更糟糕的情况是,如果你存心让自己被人利用,那么你就会成为共谋者,且做出欺瞒之事。

所需能力

我(和研究伙伴)是否有能力完成一项好的研究? 因为研究者通常探究的事情,都是些自己并不十分了解该如何去做的事,无论你是研究新手或老手,都是如此。因此,你还要问自己:我是否已做好作研究的准备,准备被人指导、接受训练、与人协商? 你是否可以得到这些方面的帮助?

对资料分析的含义　　如果不承认(或未理解到)自己的能力不足,可能会造成资料分析上的某种缺失,如:设计粗糙(不够细致)、累积大量质量不良或未经分析的资料、时限接近时引出肤浅且仓促的结论。如果孤立的研究者无法向朋友、同事或老师求助时,上述情况也可能出现。通常研究生都知道自己经验不足,但有时就是无法获得老师的支持与协助;这是很糟糕的研究现实。

知情同意

你的研究对象是否获得充分的相关信息? 他们是在自由情况下——完全自愿且未受强迫,表示"同意"参与吗? 是否因为有某个阶层存在,才使得他们同意参与? 例如:子女、家长、老师、行政人员。

有些学者认为(如:Eisner,1991;Wax,1982):质性研究不可能做到真正知情同意,因为这种研究往往无法预测田野中的事件与研究者的行动,比方说去追踪某些重要的新线索。或者,真正进行研究时,原来的研究主题可能已大大改变了(Deyhle et al.,1992)。

然而,知情同意这一问题仍然存在,我们还是必须面对它。McQuillan 与 Muncey (1990)列出一串问题,他们建议学校在同意接受一项质性研究之前,应该要向研究者提出这些问题:

1. 该研究的重点何在? 研究问题为何? 该研究为何以及为谁而做?
2. 如何搜集资料?
3. 会邀请谁来参与该研究?
4. 该研究希望学校在研究中扮演怎样的角色?
5. 要怎样保护研究对象的隐密性?
6. 研究对象要协助资料分析吗?
7. 学校会得到什么样的反馈? 会以什么方式提出反馈? 在研究的什么阶段提出此反馈?

他们的这份清单还有一个标题"你可以说不",它鼓励学校进行协商,开始之时,以及研究进行中都可以协商,讨论学校认为不恰当的状况。

由此可见,研究者与研究对象之间的对话与不断协商是必要的(Erickson,1986;May,1987;L. M. Smith,1991),有关自愿性与知情同意等问题都可以讨论。Wax (1982)认为:其实互惠比知情同意更为重要。

上列清单具有很高的参考价值,不过它并未显示出某些潜在的优缺点,包括:研究对学校与研究者的潜在好处、风险与成本、谁拥有研究资料以及出版的掌控权。

对资料分析的含义　如果研究对象的同意并不坚定,这会使得所提供的资料质量堪虑。信任度不够时,研究对象会想要保护自己,或径自摆出一付高姿态。

如果研究对象对于后期资料分析的状况不够明了,也会伤害研究质量,且会危害相关人员的利益。如果你原本就计划做"成员查核",以便验证或强化研究结论,那么在研究进行中,你就应该清楚表达这一期望,并说明其做法,且做再厘清的动作。McTaggart(1991)有过一段这样的描述:这名研究者以为研究对象已经了解得够清楚了,他也将"研究程序的基本原则"写在书面上,包括谁可以否决或提出研究报告,也制订了有关公平性、相关性与正确性的标准,以及研究报告将如何公开。可是有一位关心这份报告的校长,他根本不理会这些书面的文字,他用解雇来作威胁,强迫一名老师撤回资料。

收益、投入与互惠

参与研究的各方能获得些什么? 他们在时间、精力和财物方面必须有哪些投入? 损益是否平衡?

研究者通常会因研究而获益；他们往往乐于研究，学习甚多；可能得到一个学位；所写的报告、文章与书籍不仅对"科学"有所贡献，而且为自己带来赏识、钦佩、新的补助，还有职业上的升迁。

研究对象得到一些不太一样的好处：他们受到倾听；可能得到顿悟或学习；他们的工作现状可能获得改善；他们参与的方案或措施可能因此而被加强；他们可能得到协助，可以对某种一再出现的问题采取有效的行动（在团队式的研究案里，这类获益通常分配得并不平均：精英、管理人士与主要的研究对象会比其他"劳力者"或位于外围的研究对象获益更多，像学生、教师之类的人员多半就是所谓的"劳力者"）。

然而报告发表时，很少研究者会与研究对象联名发表，研究对象通常不会因研究而出名。他们对研究的贡献并不会获得回报。McLaren（1991）称此状况为"民族志的吸血行径"。

成本问题以及谁付出成本，都是颇为重要的问题。研究者付出的时间获得了回报，虽然可能并不完全，他们可能获得了酬劳、晋级或通过学位论文。研究对象通常牺牲工作时间，甚至其他时间，但往往并未得到补偿。当地的机构可能也会因为参与研究而需要增加成本的负担，例如：安排老师代课。

对资料分析的含义　如果研究对象在乎损益不平衡的问题，这可能会影响研究者的进场机会，以及所得资料的质量。（研究对象能得到的报酬是如此微薄，如此不确定，而且通常延迟颇久，但他们却好心地不断和我们谈话，不断邀请我们参与他们的生活，此时，我们往往会非常地感动与惊讶。）

研究者满脑子思考，而多数研究对象脑子里则被行动占满了，他们关心的是：要怎样工作与生活得更好？我们可以好好想想：如果我们能够了解到分析工作所具有的深层意义，这样去从事分析工作时，我们的理解也会更为深入；而研究对象也会因此而获得更为公平的回报。

伤害与风险

这项研究会对人们造成什么伤害？出现这种伤害的可能性有多大？McCall 与 Simmons（1969）相信：质性研究里被人担心的伤害，往往真的会发生在某人身上。他们直率地提出质疑："这项研究会对谁造成伤害？伤害有多严重？"（p.276）

对研究对象的伤害有很多种，如：自尊受损、丢面子、威胁到自己的利益、工作或升迁、失去方案补助，乃至于被控告甚至被逮捕。质性研究报告中的资料永远没有什么是中性的，而且通常都有负面影响（如果想看一个极端的例子，可参考 Garfinkel（1981）的文章《Anne Frank 在阁楼里》（*Anne Frank is in the attic*），他讨论了"描述性"报告里的伦理问题，他假想在纳粹搜索队的时代里进行这种研究可能出现的状况）。

伤害常常是双方都要承受的。纽约时报记者有个不错的故事，他曾经问一个毒贩：你告诉我实情时，是不是真的觉得很自在？这个毒贩得意地回答："那当然啦！如果你写的东西让我不高兴，我就会宰了你！"如果一篇研究计划，被人觉得威胁到一项重大利益，研究者有时会因此受到胁迫，可能是被人要挟将受到控告，或经费将被撤除。

Sieber(1992)曾指出:每个人/机构易受伤害的程度其实是有差异的,如果我们能对此做些思考,是颇为重要的。比较容易受到伤害的人(与机构)包括"易曝光者、有知名度者与荷包大的人",还有资源不足者、自主性不足者、被污辱者、被削弱者以及习焉而不察的人、无法为自己说话的人、牵涉不法的人以及与研究对象很接近的人。

要质性研究者设定"停损点"是很困难的,甚至根本不可能。聪明的做法是:假定出现某些类型的伤害,比起其他伤害总要好一些,并且预先想办法降低可能性(例如,Erickson(1986)建议我们分辨一下:质性报告里哪些信息对人们来说算是/不算是"新鲜事",并且分辨人们可能会将它看作是正面或负面的;这样的分辨会很有意义,会让我们谨慎考虑所谓"坏信息"所带来的影响)。

对资料分析的含义　如果研究对象的损益不对等,你已预期到它会造成伤害,那么这也可能危及你的进场机会与资料质量。有些研究则可能出现即刻逼近的伤害,例如当你将研究报告提供给当地研究对象、资助者或基金会时,这种可能出现的伤害会造成有人向你施压,要你修改或删除结论,或是施压要你预先自我检查。

诚实与信任

我与研究对象的关系如何? 我说的是实话吗? 我和研究对象之间彼此信任吗?

大多数的质性研究者都不想在研究过程里说谎、使诈或窃取。但是在这个圈子里,违背承诺并不算稀奇的事。有些研究者已经承认自己在研究的性质方面,欺骗了研究对象。(如:Douglas(1976)提出的"侦查式社会研究"所采用的方式,还有某些"参与观察"研究。如:Humphrey(1970)做的同性恋研究,他在公厕外面假扮"同性恋偷窥者(Watch Queen)"的监视者。)而"侦查式评估(investigative evaluation)"(N. L. Smith,1992)的执行,虽然是为了绩效责任或是侦查不法,但这种方法也都可能采用欺瞒之道。

更为常见的情况是研究者不诚实,此一问题更为微妙。田野工作者其实所投射出来的就是一个"伪装者"(友善的倾听者,一心想成为局内人的人),为的是想要得到信息或进场的机会,或是能继续待在现场(Deyhle et al.,1992)。或者,就像Punch(1986)所说的:"在你获得研究对象的信任之前,是研究对象在操纵你;一旦研究对象信任你,就是你在操纵研究对象了"(p.72-73)。

从某种程度来说,像Van Maanen(1979)所说的,只要田野工作者想要"渗透到前线来",就一定会出现象征性的反抗:"就某种程度来看,人们是被哄骗、说服、催促、压迫、有时甚至受胁迫,而来为研究者提供信息的,因此研究对象也会想反过来伪装起来"(p.545)。

Van Maanen表示:研究对象的这些反抗,往往会引出研究者个人道德上的极限:最后研究者可能决定不要再对一个娇弱之物施压了,或者决定离开那个让人困窘的场景。然而,无论研究者对研究对象采取多么高压的方式或多么虚假,问题都不可能消失;研究者也不可能假装"我的关系是完全真诚的",就没有问题了。

对资料分析的含义　如果人们读到某篇报告,感觉研究人员背叛了他们,此时你几乎不可能要他们接受什么合理的解释,因为当"真相受到伤害"时(也许事实上并非如此),人们自然会出现防卫,而且他们会很生气自己受到误导。

此处还会对研究生态产生长远的影响。Punch(1986)曾讨论过一种"打后跑"的民族志研究;许多传统的研究者也曾提及"污染水源"的问题,他们都很关心未来研究者进入现场的通路问题,不只是正在进行中的这项研究,还有在该区域、类型或网络之中其他研究者所受到的影响。如果我们欺骗了研究对象,或未遵守承诺,尤其是得与失不成比例或根本已造成伤害,那么这些情况都可能使得后续研究出现问题。我们伤害的不只是我们的研究对象,同时也伤害了我们学界的同仁。

隐私、保密与匿名

一项研究会侵害或过于接近研究对象到何种程度(超过研究对象所愿意的范围)?资料将怎样被保护?所研究的个人与组织可辨识的程度如何?

Sieber(1992)对 3 个名词作了有用的分辨,一般研究常常会混淆三者:

隐私:是指控制他人接触到研究对象本人与相关资料之机会;建立起一条界线,使得受保护的信息不会流出研究团队,也可以使不想要的信息不会接收到。

保密:是指与个人或组织达成协议,究竟会用其资料做些什么(以及不会做些什么);协议中也可以把法律上的限制包括在其中。

匿名:是指研究报告里不含辨识身份的资料,亦即不要把某些信息置入报告,这些信息可能会显示哪些个人或组织提供了哪些资料。

就如 Sieber 指出的,隐私的问题通常是颇为隐晦不明的,且常被研究者误解;隐私问题之所以会浮现出来,通常都是在以下 3 种情况下,一是研究对象不愿意自己的言行被写入报告,而这一不愿意是研究者事前未预料到的;二是研究对象原先并未想表露某些话题,后来却过度倾吐;三是研究对象的私房话被其他人偷听到了。而有些隐私属于秘密;Mitchell(1991)曾讨论过秘密,他认为秘密有时对个人与团体具有重要的功能(主要功能在保护地位或通路,而这些地位与通路是可以获得资源的),读者可参考这一著作。一个热情过头的研究者很容易以轻视的态度处理秘密,研究对象也很容易被诱导做过多的吐露。

通常研究都会承诺保密与匿名,但有时是非常表面的承诺。例如:除非研究者非常清楚地解释一份反馈式的个案,否则人们是完全不会明了:对研究现场里会读到此个案的其他人而言,身为个案的人根本不是匿名的。再者,就像有一名愤怒的校长曾经告诉我们,"这个城市有 111 所中学,其中只有一个女校长,那就是我。"(结果我们在那篇报告里,把这所学校搬到别的城市,而且把那位校长的性别改变了。这样做是不是有损真相?是的,虽然那所学校的基本课题还保留了下来。那位女校长之所以关心匿名问题,是因为研究报告指出了学校的负面情况,而她不想因此而危害该校正在努力进行的改革行动。)[1]

对资料分析的含义　当你理解到你的研究对象的隐私受到威胁,你为了保护资料质量,必须采取一些新的分析行动(例如:以其他资料来源进行三角检测)。如果隐私真的被侵犯了,当你把报告拿给其他研究对象看,以寻求意见反馈时,那么此报告所产生的影响便会成为非常重要的问题;报告中的信息会不会与某个可辨识的个人连结起来?

成员查核可以验证或扩展诠释与结论,而且对匿名问题的处理也会很有帮助,如果你在进行成员查核时,先请最易受伤的研究对象作查核,然后再找一般人作查核,这样做最有效果;通常(但不是一直都如此)最易受伤者最能够认出"有问题"的信息,这些信息会暴露其身份,且进而威胁其利益。

如果你研究的是一复杂的场所,那么你在准备研究报告之前与之中,就应考虑身份辨识的问题。几乎只要是当地人,都可以说出(或者都会去假定)所描绘的人是谁。如果你已经对匿名作了承诺,为了要信守承诺,你可能需要做假;而且在写完报告之前,你必须藉助对话与协商,找出伪装之道。

Shulman(1990)进行了一项协同研究,其中所在地的研究参与者(也就是该案例的书写者),觉得在研究过程中自己的能力增强了(而对于需要受保护的感受降低了),这种感受使他们想要被别人认出来,而不必匿名。但是研究人员花了6个月的时间,去和学区(以及经费补助者)协商,讨论研究报告的内容,最后取得共识,将学生与学区的"恶言"与负面描述,略作伪装。

原始资料与分析要储存在哪里? 谁会接触到这些东西? 如果能就此明白地与研究对象达成共识,这样应可增加他们的信任感,进而可能有益于资料的质量。然而,法院通常并不会认为社会科学的研究资料具有法律上的特权,并不能免受法律的约束,亦即研究者与研究对象之间的沟通,并不等同于神父与忏悔者或是病房间的沟通(Douvanis & Brown,1992)。如果研究案例被牵涉到诉讼里,那么你的田野札记、录像/音带,以及其他资料都可能变为"非机密品"了。

介入与倡议

如果我在研究中看到别人受到伤害、不法或不当的行为,我该怎么办? 除了我自己的利益外,我可不可以为其他人的利益讲话? 如果可以,我要倡议什么人的利益呢?

举个生动的例子来看,Van Maanen(1983a)曾目击警察施暴,他将此写入札记。虽然他并未协助该警察,但他也没有反对或介入该暴行;他获得了一种"带内疚感的知识(guilty knowledge)"(这是 Fetterman 1984,1989 提出的词汇),他把这一知识私下

1　如果研究者在资料搜集与撰写报告时,运用了视觉媒体(包括照片与录像带),那么它所牵涉的隐私、保密与匿名问题,就完全不同了。此时,被研究的个人与群体仍然需要去关心自己被怎样地描述与报告,并且可以拒绝被侵犯隐私(如:拒绝让研究者使用某图片或影片);不过这也使得匿名不可能做到了,即使已将面部做了模糊化的处理。对此问题的讨论,我们读过最好的著作是 Gold (1989);他也指出:当研究者在作研究对象查验反馈时,视觉材料比文字资料更有可能造成伤害,因为视觉资料被人们觉得更具"限定性",尤其是当研究者未提供相关解释时。要怎样处理这类问题? Gold 提出了许多有用的建议可供参考。

保存着,以期能继续进入现场。因此他的不露声色保护了该警察,却没有对受害者提供支持。后来,警官控告一家报社,Van Maanen 拒绝为报社拿出他的札记,他选择要"维护该城巡官的最大利益"。

伦理方面的抉择并非都如此戏剧化,当我们看见冷漠失职的老师、不当的医疗行为、受虐的儿童的证据,此时无论你是否举报他们,其中都还是有伦理问题可讨论。研究者也会研究一些正在犯法的人,如:毒贩与瘾君子、不法集团首脑、藐视交通规则者、娼妓、老鸨与嫖客、暴力帮派、盗用公款者,其中也都会面临伦理抉择。对社会歧异分子进行更深入的了解,的确有其重要性,可是我们所摆出的一付中立、非谴责的态度,是否在某种程度上也宽恕了他们的行径?"对于研究对象的承诺,我们将其当作必须遵行的标准"(Klockars, 1979),在行为发生当时并不提出道德上的质疑,但如果与特定受害者和整个社会所受的伤害比较起来,这一目标是不是真的比较重要? 如果我们当时是接受正式的调查委托来进行研究,我们信守对研究对象的承诺,这种忠诚的态度不至于出什么问题;但如果并不是正式的委托研究,那么对承诺的信守,其适切性就很容易出现疑惑了。

对资料分析的含义　有一种情境一定会使研究者"弄脏双手",也就是你根本无法避免一定会亏待某一方,这种情境会让研究者相当痛苦,而无论你采取何种方式去解决问题,它都会使你的判断有所偏颇。假如你为了能继续进入现场,而决定不要吐露"带有内疚感的知识",这样做会让你有所偏颇,无论是你写的公开报告,或是你进行的概念化以及所提出的解释性理论,都会有所偏颇。例如:Van Maanen(1983a)看见警察施暴,他所选择的立场可能使他忽视了制度化的种族歧视所扮演的角色。

不过如果 Van Maanen 选择为受害人着想,并且将该施暴事件公诸于世,他很可能就丧失了再进入现场的机会(以及接近其他警察的机会),而且也无法探究到警察工作的灰色地带,包括令人泄气的方面,还有警察工作对权威人格者所具有的无限诱人的种种特质。

研究的诚信与质量

想想看:就某套合理的标准来看,我对研究的执行是不是谨慎、周密与正确?

这并不只是技术问题,如果我们提供的一套结论来自于草率的(甚或欺骗的)研究过程,而且还声称这套结论是确信的,这样做就是不诚实,对经费资助者、同事、指导者、研究对象,还有每一位读者以及相信此报告者,都是一种不诚实。

科学研究界赤裸裸的欺骗行为固然很少,但如果利益很高时,也可能会发生(例如高资金、首度发现、高官晋级)。如果你以为质性研究不可能造假,那可就太天真了;Guba & Lincoln(1981)指出:"一个不道德的个案作者可能会精心选择资料,他所选取的符合期望的每一笔资料,都可能是被创造出来的"(p. 378)。

Adler(1991)曾在一项行为科学研究的研讨会发表一篇报告,他提及一种更普遍的情况,就是所谓的"拙劣科学(poor science)",也就是资料记录草率;研究发现的说明不充分、有选择性或故意误导;对研究资料的公开或保留不心甘情愿;对利益冲突未予表露;以及引用资料不合规定。

对资料分析的含义　本书第 10 章承认评估质性研究的质量是困难的,而且也提出一系列的问题,可用来检验研究的良莠,包括每项研究 4 方面的表现:坚定性、可靠性、确信性,以及类推至其他情境的潜在可能性。

此处具体的含意是:如果你尚未思考自己研究的质量问题,那么你的心智所处的地基是不稳固的。这并不是指我们必须要做点儿什么来让我们挑剔的同仁"没话可说";而是牵涉一个更深层次的议题——我们应避免自我欺骗。必须先避免自欺的问题;我们才可能处理诚实面对读者的问题,包括我的研究之执行方式,以及我所担心的质量问题。如果我们在方法的思考上未做到如此的坦诚,那么我们就是在冒险,冒着风险在陈述"并非如此"的知识。

如果有欺瞒,真相终究会大白的,虽然也许是几十年以后,就像 Cyril Burt 所做的有名研究,他研究分开养育的双胞胎在智力上的相似性,最后被发现是假的。我们一定要警惕自己:不要欺骗自己。

研究资料与发现的拥有权

我的研究札记与分析归谁拥有,是我的? 我的单位的? 还是我的资助者的? 再者,一旦我写出报告后,报告的流通范围由谁来决定?

谈及保密要求时,都应该清楚表明究竟谁能够接触研究资料。多数研究者都认为自己的资料与分析是归属自己的,而且未经任何诉讼程序就以为:自己应为资料的保密负责;应该维护匿名性;如有其他人要对资料进行稽核、再分析、次级分析以及复制,自己也应该要负责提供资料。

不过问题并非如此简单。正如 Akeroyd(1991)细密的讨论中所提出的:虽然资料库计算机化之后,使得资料的检索与分析工作变得简单多了,但也产生许多严重的问题,例如:身份的辨识性、信息的误用、对研究对象的伤害以及资料的安全性等问题。如果个人资料涉及了隐私、机密、可辨识的身份以及资料保护等问题,多数欧洲国家如今都已立法严格规范这类资料的使用;而美国也可能会跟随他们的立法行动(无论如何,请大家注意:美国目前对于联邦资助的田野研究之资料,是容许其他人去接触的)。如果对个人资料立法限制其使用,Akeroyd 认为最严重的结果,是使得质性研究都无法进行了;她认为最轻微的状况是:"对于要使用到个人资料的社会研究者,必须受到个人资料法的限制与规范。"

研究报告的流通掌控也是一个重要议题。有许多的个案报告(如:McCutcheon,1990;McTaggart,1991;Shulman,1990)都曾指出:因为研究发现的某些部分,导致当地的研究对象或其单位,对研究报告的公开提出威胁,而且有些确实阻挡成功了。经费提供者也可能提出这样的要求,不准公开报告内容;1993 年的美国教育研究学会会议中,至少有两项政府资助的研究被禁止公开完整的报告:其中一项研究似乎是因为政府单位认为公开该研究发现是政治上不明智的举动;另一项研究则是因为政府单位的"内部复核尚未完成"。

对资料分析的含义　本书第 10 章鼓励大家多采用第三者稽核,通常是请同事对部分报告作非正式的稽核,这样可以改善结论的质量。但对研究对象也可能造成危险,你必须谨慎考虑:其他人可能怎样接触到你的资料库,以及怎样做才可能维护机密性与身份的不可辨识性。

以我们的经验来看,对研究者最大的打击莫过于知道某人、某团体或某组织要阻挡研究的公布,致使数月乃至数年的努力付诸东流。学术研究的自由乃是一项崇高的价值,就像工作升迁、认知与资金提供等,一样具有价值。研究受阻会使研究者十分困扰(我们有一位同事写了一份 60 页的报告,讨论一个学区是怎样查禁与漠视他的评估发现,写完后仍觉得愤愤不平)。你必须明了你的研究工作所处的政治处境,你必须小心翼翼不要让别人轻易否决掉你的努力,也要小心不要让人改掉你重要的研究发现——以此来交换给你出版的机会或后续的资金。

研究结果的使用与误用

我有无义务去协助我的研究发现被正确使用? 如果我的发现被误用或错用,我应该怎么办?

研究的目的很多,由描述,到评估、介入与评论(Soltis,1990),形成了一个连续体,这使得情况更为模糊了:我有权改变他人吗? 那是不是一种温和的专制呢? 我确信研究发现正确吗? 我要将自己的研究发现推广到何种程度? 我的研究发现或以该发现为基础的行动,会不会导致伤害? 将研究对象的意识解放后,是否欠缺足够的行动支持? 具体来看,我正在帮谁的忙?

如果我们的目的不只是报告,而想更进一步地行动——即使我们只是与他人一起行动,这样做仍会带着我们进入一个更广的伦理领域。Miles(1979a)曾研究组织发展里的"改革中介者"出现的伦理问题,他指出的问题有:"客户"与改革中介者价值观的一致性;过于夸张能力方面的要求;处方与诊断欠衔接;厘清哪些地方人士将获益;平衡个人与组织的优先级;选择介入的方式;采用高压、游说与操纵等手段;以及绩效责任等问题。多数质性研究者都不会研究这些问题,只略微点到而已。

即使大家不讨论,但正如 Everhart 所说的(转引自 May,1987)"所有田野工作都具有政治上的改革色彩,都可能带动改革",如果田野研究者对采用该研究发现的行动予以鼓励与支持,这就是直接的改革者,它不仅仅属于技术层次的期望(参见第 10 章第 3 节与第 12 章有关研究报告之使用),也涉及伦理上的高要求。

误用研究发现的例子并不罕见;Judd 等人(1991)曾指出几种类型,并举出几个实例。有人可能误解研究发现(蓄意地或无心地),用它来支持错误的政策(例如:采用黑人白人学生成绩差异的研究发现,来为种族隔离政策作辩护)。也有人虽然正确理解研究发现,但却将发现用在原研究者强烈反对的用途上(如:研究发现某新药可以降低受攻击者的反抗能力,军方就可能运用此新药去对付敌人)。有些研究的长远影响,对不同立场者可能不尽公平(如:反暴动的研究可能导致对暴政的起义行动加以压制)。

知识绝对不是权力。更正确地说,运用知识乃是要提升我们对权力关系的觉察(并且将我们自己卷入此权力关系),这一权力关系镶嵌在我们所研究的那一世界里。

对资料分析的含义 每项研究计划一开始,研究者最好就尽可能清楚表明:对于研究发现的运用情况,你是持何种态度(以及/或是你不希望研究发现运用在哪些方面)。如果你作过这样的厘清,不仅会让你仔细思考运用研究发现时的技术问题(参见第 12 章),也会让你注意其中的伦理议题。如果你的计划后来逐渐变成,或是突然变成一种"协助"取向的研究时,伦理方面才比较不至于成为你的盲点,受到他人的攻击。

清楚表明你对运用研究结果的态度,也有助于你定出界线,知道自己在概念方面要考虑的议题有哪些;它也能帮你聚焦,知道要搜集哪些资料,而不会以为自己只是要作"描述性"研究;再来,也有助于确认资料分析的策略。

第 4 节   冲突、两难与取舍

大多数人都会同意 Erickson(1986)说的"伦理上的责任与科学上的适切其实是一体的",不过一般研究经验里都充满了两难问题。你常常会面临两利相权的问题,如果你选择了一种好处,某种程度上就不要想得到另一好处。

例如,常见的一种冲突是:究竟要获取效度,还是避免伤害。本书作者之一曾研究过一所学校,学校的新校长地位不太稳,他定期咨询一位资深的前校长,学校有些教师就称这位资深校长是"校长的保姆"。等研究者把草稿拿给几位受访教师看,以寻求反馈时,他们说:"你不需要把这个写入报告",他们明白这样写会伤害校长的自尊,他们的想法没错。

但是当研究者删去此词汇时,读者就无法了解:教师们其实认为他们的校长是需要一个"保姆"的,而且也认为校长是一个不错的人,不应该被教师们伤害;而他们自己也不应该受到伤害,或许因此,教师们才要求研究者要跟他们站在同一战线,不要让校长知道教师的感觉。

前面我们已略微提及匿名性与能见性之间的两难(Shulman,1990);行动研究、协同研究以及在那些"提升意识"或"彰权益能"的努力行动之中,那些身为研究参与者的研究对象,很可能会希望因自己的付出而获得一些荣耀,希望被人们认定是一个探究者,是一个不需要研究者以匿名来保护的对象。

另一两难问题是科学知识与个人权利之间的取舍,一个不错的例子是 1932 年开始在 Tuskegee Institute 进行的梅毒病人研究,这项研究当然是极端的不人道与具有致命性。那项研究在科学上的目的是要理解梅毒长期的进程,这一目标理所当然地被视为是第一要务。因此该研究中的病人被搁置不给药,也没告诉他们盘尼西林(1943 年时)是有效的药品,可以服用。直到 1972 年,这项研究仍未终止,当时大多数的病患均已过逝。还有些研究比较不那么悲惨,这些研究者因为害怕不能进入现场(以及因此危及未来的科学探究),所以对出现伤害的某些情况未予以介入。

等到要运用研究结果时,会出现另一两难问题:究竟要超然地进行研究还是为当地人提供协助。进行任何研究,研究者都可以仅把自己定位为"理解者"——了解究竟发生了什么事,等田野工作完成、报告也提出后,在长久的未来里,研究者也只是不带感情地提供一些泛泛的"协助"。这种立场其实是排除了实质的协助,如果研究对象遭遇到问题,研究者并不提供具体的协助。当然另一方面你也可以选择去帮助他们,但这时你要冒的风险是可能被他们吸纳、可能"变成当地人",以及丧失掉你在心智上的中立性。

由另一角度去看,我们会发现另一两难问题:提供协助与保密之间的冲突。如果你发现有一名研究对象需要协助(比方说,一名无助的新老师正在痛苦挣扎),此时你对他伸出援手(或找人帮他),但原初的协定是:不会有任何人会接触到你的研究对象。你想不违反保密的协定,又要能提供协助给研究对象,通常是相当困难的。

还有一项两难,就是研究的自由与政治的利益之间的冲突。多数研究者都是先选择研究的自由,但等到研究发现受阻时,又将研究结果贱卖。然而请假想一种状况,如果现在立法者想要对一项全国重要方案重新授权,此时你正热心投入幼儿教育改革。假定你搜集到的资料(类似 1993 年的情况)显示该重要方案的成效堪虑,你如果想要让这"整个实情"稍稍缓和一点,你会不会说:这项发现只是局部的;或是只有方法上的瑕疵?

以上藉实例说明了一连串的两难问题,当然可能还有其他问题尚未列入。而且可能更常常出现的情况是多重两难问题在相互作用。质性研究报告里提及伦理两难时,常常出现"妥协"、"取舍"、"平衡"与"不愉快的选择"等字眼。如果伦理议题可以黑白分明、一刀两断地处理,如果可以完全以道义为基础去处理,那么我们的生活可就简单多了。我们必须不断思考与讨论这些道德两难,不断估量我们和研究对象怎样在选择此方或彼方。正如 Punch(1986)所说的:"研究中的道德实在太重要了,所以我们不能把它们交给道德家去处理"(p.73)。

第 5 节　建　议

觉察　请想想看! 一般而言,你在伦理上所站的位置何在:你在研究里要作日常选择时,你比较倾向于应用什么理论或架构? 你可以作一归纳推理:过去有哪些情况会让你不安、不知道究竟怎样做才是对的? 请归纳出这些状况。你也可以仔细想想你在哪些状况下觉得没问题,但别人却不这么认为。另外,你也可以找人讨论一些个案,Mathison 等人(1992)曾提供一些案例,你可以把自己的想法与他人作一比较。

预期　如果研究设计的初期就考虑,可以有益于前述大多数问题的处理。当然你也不要自我欺骗,以为那些难题可以预先解决掉,这当然是不可能的;不过预考虑至少可能让你日后避免出现麻烦,你可以把前述的议题当作一份清单,在脑中整个跑一遍。

先期协议　本书已讨论过研究初期与研究对象签定契约的问题(参见图 3.5),此处不想赘述。我们建议你在进入现场期间都要清晰地顾及该协议,并将协议写在纸上(包括制作成一本小折页,如果遇到跟协议中的研究对象并不熟悉的人们时,你可拿出来用)。

　　文件记录与反思　前面已对研究的文件记录提出过建议,现在还要再延伸一下。研究者的脑子里很容易就被资料搜集与分析的事情塞满了,直到很晚才会想起还有些潜在的、可能也是痛苦的伦理问题。你可以采取一些例行化的方法来预防,例如:定期撰写"伦理议题"的备忘录,定期举行团队会议,藉此让那些轻微的焦虑感浮现出来,这些焦虑后来常被证实为一种早期警讯。

　　第三者　伦理议题往往会被掩盖,被我们视为理所当然的预设、信念与价值观所掩盖,如果能邀请一位值得信赖的第三者加入,请他帮忙注意,这会很有帮助。这个人可提出被我们忽略的议题,提供不同的观点,帮忙将隐藏的预设浮现出来,担任研究对象的辩护者,如果研究对象与研究者之间出现难解的问题时,他也可以担任中间人(参见 King et al. , 1993)。读者也可参考 Bermant 与 Warwick(1978)的建议。

　　定期检验与再协商　任何质性研究通常在过程中都会出现一些转折,即使是心思最细密者也不可能完全预料到所有事情。早期的协议与工作进度几乎都需要更新。我们的经验显示:当研究者注意到反馈、成员查核等问题,以及撰写报告阶段时,通常都需要修改协议。如果在研究开始时,就让双方有心理准备是不错的,知道原本的协议可能需要再作协商,而且研究者与研究对象任何一方都可随时提议,进行"再检验"的商谈。

> **结　语**
>
> 　　本章检查了一般的伦理理论,以及一系列具体的伦理问题,包括各个阶段的问题,早期出现的问题有:研究的价值性、你自己的能力、知情同意、预期中的得与失;研究中期的问题有:伤害与风险、你与研究对象的关系、隐私/机密/匿名,以及介入与否等问题;研究后期的伦理问题包括:研究质量、资料拥有权与研究结果之运用。所有这些问题对于资料分析与结论的质量,都具有明确的含义。处理这些问题的有效方法包括:对伦理两难注意觉察、协商以及权衡取舍,而不是强调规则的应用。
>
> 　　下一章要讨论研究报告及其撰写方式。

第 1 节　基本问题

从事质性研究,并不仅仅是一项个人消遣活动。我们需要将研究成果向他人报告。但报告究竟要采用什么格式呢? 长久以来量化研究者熟悉的传统格式,很明显地太过简要,且太具约束性,他们的基本格式如下:

- 问题背景
- 概念架构
- 研究问题
- 研究方法
- 资料分析
- 研究结论
- 讨论

质性研究的确可以遵行此格式,不过此格式看来有点僵硬、有点压迫感。通常我们对质性报告还会有一些其他的期待。比方说,我们会希望报告里详细描述历史、脉络与主要行动者;而陈述问题背景时,也应该多一些细节。再者,我们还希望看见一种较具"循环性"的联结,将研究问题、方法、资料搜集与暂时分析等连结起来,因为每一分析都是开放性的,会跟随着新线索而调整走向。而且还有很多质性分析者并不是先提出一套概念架构,然后再展开分析,而是在分析过程里逐渐形成一套架构。质性资料还有些独特的优点,我们在第 1 章提过的特点:地方情景、整体取向、时序延伸、可分析因果、强调意义。而报告的格式必须要反映这些特点。

Zeller(1991)告诉我们:质性研究并不是要报告"资料",而是要报告"情节",也就是要说出:研究者与报告人在现场随着时间发展所发生的事情。通常这种报告并不是对事实准确无误的整理,而比较像汇集一本文集,研究者从中对手边资料予以精选、转化与诠释——研究者有时并未留下轨迹,好让别人知道他这一路上是沿着怎样的路径行走的(第10章第4节)。

Zeller进一步问到:质性研究是否不同于非幻想的小说? 质性研究和新新闻学(New Journalism)所做的生活切片式的个案研究,是否有别? 质性研究有没有一种独特的报告格式? 就我们前面各章来看,即使只是写成研究报告里的一段资料,各研究者的处理方式都可能有很大的差异;同样是现场观察的资料,有人写成诗(第5章第2节),有人写成精简短文(第4章第7节),或是一段情节、一则故事。科学论文与艺术创作间的界线似乎已经模糊;以前社会科学会采用科学论文的格式,而文艺作品则会用"比喻的"与"修辞的"手法。

质性研究论文的撰写可能是一块正在被开垦的最肥沃土壤,这里没有固定的格式,而资料分析与诠释的方法也越趋多元。我们身为质性资料的分析者,对于论文的格式几乎没有什么共享的规范。我们是否需要建立这种规范? 可能目前不需要,或许有人会认为未来也许需要。不过现在好好想想你在设计与撰写报告时,所面临的一些抉择,这倒是颇重要的事。

撰写者所面临的挑战包括两方面,一是把理论层次的简洁性与确定性,恰当地连结到所描述的众多社会事件上。二是要想办法找到科学研究与艺术创作在思考方式上的交接点,科学研究最常采用的是"命题式的思考(propositional thinking)",而艺术创作则采用"图像式的思考(figurative thinking)"。这就像好的资料分析,几乎都应结合"变量取向"与"个案取向"("变量取向"又被称为"类别化取向"与"词类取向";而"个案取向"又被称为"脉络化取向"与"故事取向"),而好的报告撰写也应该是结合两者的。

概　述

本书第10章第3节讨论质性研究的"良莠"时,我们并未提出一套固定的标准,现在讨论研究论文及其撰写,我们仍是如此,我们只会指出一系列抉择,这些抉择是你在研究论文期间会面临的。这些抉择包括:报告的读者是谁,以及你希望对他们产生的效果;报告要呈现的"声调"与文类、写作风格、格式与结构;以及将来运用此研究结果需做的事情。这串抉择清单适用于期末报告,当然也同样适用于期中报告。

我们主张:研究者应该尽早清晰地与慎重地进行上述抉择——期中报告的原初格式越早决定越好,期末报告的基本格式则约在研究进行一半前决定好。否则你会白做许多功。Wolcott(1990b)提出更为强烈的主张:"动手开始写报告,永远不会嫌太早……这是不是说:当你还未在田野展开冒险之前就可以打草稿? 是的!"(p.20)。此处的重点并不是要你去写欠缺资料的稿子,而是认为你应该尽早并持续去写,藉此来厘清自己的想法,你可在越来越丰富的资料累积过程里,沉淀出越来越清晰的想法。

也有些研究者的态度是比较随意的,采取不预先决定的方式。决定对于写作问题暂不作决定,这也是一种选择,但这可能会让你陷入一个不愉快的、无法预知的形势中。等你撰写期末报告时,其间的艰难会让你充分感受到。

本书一再强调,资料分析包括:对资料的选择、简化与转化;以系统的方式将资料展示出来;由浓缩的展示资料之中引出并证明结论。任何期中、期末报告或多或少都要经历这一分析的过程,并处理此过程所产生的成品。

本书前已述及:撰写报告与思考是分不开的,撰写与分析也是分不开的。更正确地说,撰写本身就是分析。我们把一句谚语改成这个样子:"如果我尚未看见自己写的东西,我怎么知道自己思考了些什么?"Atkinson(1991)也曾说过:"可能所有的研究动作都是经由撰写而向前推进的,这些动作包括对于类目、主旨与关系进行分析性的归纳;还有对意义进行阐释,以及对动作进行理解。……质性研究的撰写不只是一件重要且漫长的工作;撰写本身就内在于'分析'中、内在于理论中,并且内在于'研究发现中'"(p. 164)。

以下与撰写报告有关的一系列议题,是你由研究一开始就要面对的,无论你是否决定直接触及它们。

第 2 节　读者与成效

读者与作者　研究报告应该是为特定读者而写,为的是达到特定的效果。不过,"读者"一词会掩盖掉某些重要的、基本的问题。就如 Agar(1986)所说的:"民族志研究者、预期的读者以及被研究的族群,这些全都体现了那些限制(但并没有完全决定)民族志报告形式的传统。民族志既不是主观的,也不是客观的,它是经由第三者将主观与客观的两个世界诠释出来的"(p. 16)。Noblit(1989)也曾指出:民族志是对人们(研究对象)所作的情境诠释。

因此你其实没有办法精确地控制会有哪些读者,你也无法控制会对读者产生些什么影响。以 Erickson(1986)的话来说,读者是个协同分析人员,他因共鸣而体验着该研究情境,查证着证据,估量着作者的诠释与观点,并且注意其变化。Harris(1990)也有同样的观点:写作者开始时带着一种"内在的文本(interior text)",再将此化为草稿,成为一种"产出性的文本(generative text)",然后再写成一种公共文本(亦即真正的报告)。而 Harris 认为:读者乃是先由公共文本开始接触,然后化为个人"产出性的文本",再化为"内在文本"。

如果能适当厘清读者的类别,应该会颇有帮助。Richardson(1990)有一本讨论如何接触各类读者的书,她指出三类读者:学界人士、购书者与一般民众,她认为:"所有写作都是在编码,它是采取某种文体产生修辞的功能,写作也是在帮助读者明了下一步可以预期什么,因此事实上也在帮助作者,作者可以运用读者的思考、语言以及专门知识。"(p. 32)。

而 Schatzman 与 Strauss(1973)也曾谈到"读者魔咒(audience conjuring)":

> 如果写作者心里没有某些真实的读者或想象的读者,他几乎不可能写出或说出任何东西;因此任何说明必然都要根据它所设定的读者,来调整其内容。读者"告诉"你论文应包含的基本内容、该强调的重点,以及在传递基本事实与想法时,所需的抽象层级与复杂程度(p. 118)。

读者的类型

一般而言,你需要确定一下读者包括哪些类型,以下是一份可参考的清单:

当地的研究对象:提供资料者。

方案工作人员:以质性研究去评估一份方案时,工作人员就是这份方案的管理者以及/或决定者。

实务工作者:与被研究者从事同样工作的人,但其工作地点并不一样。

其他研究者:

你工作单位的同事。

博硕士论文的审查委员。

你学术"领域"的同侪。

决策者:行政单位人员、立法者、委任官员。

一般读者:该书的购买者。

社会大众:杂志与报纸的购买者。

成效的类型

当某类读者读取你的报告时,你希望发生什么事? 即使你无法真的预测或掌控住这些成效,但是如果先把你的意向想清楚,一定会对研究报告的最终形成和写作过程产生实质性影响。质性研究报告可以采取的基本立场有以下数种:

艺术的:

娱乐、休闲、引发感受

能产生共鸣的体会

科学的:

强调洞视、阐明、加深理解

对某主题的现有信息有所增加

扩展或修改现有概念、理论、解释

使读者相信该报告提出的真相与价值观

提倡某种研究方法

道德的:

厘清与深究道德的议题

解放、提升意识,将读者从他未曾理解到的压迫中解放出来

行动取向的:

能作出更好的决定,提供行动的指引

能显示出研究发现与当地问题之间的关联

增进读者的能力或权力,增强其掌控感

推动某特定行动

支持读者未来能运用研究发现

你看想达成的意图有多壮观！关键的问题是：你要对哪类的读者形成哪类的成效。如果你写的是学位论文，你的读者就是审查教授们（还有些次要的其他研究者），那么最重要的成效，就应该是在理论与方法论方面的表现，或许主要就是要使读者相信你的报告具有确定性。

如果你的读者是决策人员或购书者，你想得到的成效可能就有所不同了，可能是要阐明问题或是作道德上的澄清，或是想推动改革行动——就像 Kozol（1991）在《无理的不公平》（Savage Inequalities）一书中的明显意图，这本书对都市学校作了生动的描绘。

建　议

你可以画一张表，把你设定的读者类型与期望的效果填入。然后，你可能发现自己必须多写几篇报告。就像 Richardson（1990）那样，她研究单身女子与已婚男子的情爱，她写了期中、期末的学术论文、一本上市的书、几篇期刊文章、还有一篇专栏文章。

第 3 节　声调、文类与立场

我们要怎样向读者诉说？我们必须作许多抉择，但没有一套标准的语言，可以在一篇报告里表达出所有的声调、文类与取向。不过当我们读一篇研究报告时，几乎都可以立即侦测到全文弥漫的一种立场、气味与声调，这些东西界定出作者与读者之间的关系。

Van Maanen（1988）在他的《田野的故事》（*Tales of the Field*）这本佳作里，引用了许多自己与他人的实例，说明了论文所表现出来的数种"声调"：

写实取向者：提出一种直接的、就事论事的描绘，多半并不解说研究方法的问题。含有许多细节，看不见田野工作者，撰写者在诠释时像个"全知全能者"。

自白取向者：以田野工作者的观点来撰写，带有撰写者个人化的影响力。采取坦率的、可能犯错的描述方式，从中显露采用的研究方法。

印象主义者：采取个人化的、非理论性的说明方式，通常像是说故事，期望将真相实情与田野工作者连结起来，使得读者能再体验到该经验。

这 3 种取向的"声调"会深深地影响报告的内容，也影响报告能让人学到些什么。如：Van Maanen 指出："写实取向"的声调倾向于去除其他的诠释，并/或声称报告中的诠释乃直接来自于研究对象。"自白取向"的故事可能会过度聚焦在从事"虚幻民族志"的田野工作者身上，混淆了"所发生的事情"，而且这种取向可能导致完全不提研究方法。"印象主义"的报告则可能描绘了一个比混乱的现实要有序得多的世界。（此处我们只稍作说明，建议读者阅读《田野的故事》，你可以读到一位善于表达且有经验的研究者对撰写问题的反思。)[1]

有关论文声调的取向问题,其他学者所用的词汇和 Van Maanen 的用法不太一样。Richardson(1990)认为这是所谓"叙述立场"的问题,他将立场分为"全知取向"、"探索取向"与"受局限的社会学者"。Geertz(1980)讨论的是所谓的基本"文类"与其混合型。他讨论基本文类的方式,类似于找出"法律条文与案例"vs."个案与诠释"这样的对比,然后作一解说;而混合型是指:介于特定文类之间的类型,例如:"看起来像是文学批评的哲学研究……看似纯文学著作的科学讨论……由方程式与表格组成的历史研究……看来像是真实自白的记录图片……像是民族志的寓言"(p.165)。Geertz 的文章明白告诉我们:现在已经不能直接把原料架上的原始"文体"拿下来,不加思索地采用。

建　议

如果可能作选择,你对于自己的报告要采取的声调、文类与立场,应该要用心思考。要作出这类的决定,有时必须先读自己所写的第一轮草稿,然后,这些议题才会变得清晰。例如:我们在修订此书时,原来就预定要采取某种"声调"———一名导师的声调,他好心、博学、会犯错;也像一名值得信赖的向导,会带领读者进入一个熟悉的、有时也充满惊奇的领域。然而,本书第一轮的草稿却充塞着"该研究者"与"该分析者"这类的词语,这些材料势必需要改写,才能像是更直接地对读者说话,比方说像"你"这样的一个读者。

第4节　风　格

质性研究报告应不应该"写得很好"?这是毋庸置疑的。"清晰,有力,易读"是良好写作的古典标准,也同样适用于所有的写作。对质性研究者而言,Becker(1986)与Wolcott(1990b)的著作尤其有帮助。另外,Strunk & White(1979)与Zinsser(1976)对基本写作也提出了颇为经典的建议。我们所有写作的人都应该避免模糊不清,呃,嗯……清楚表达我们必须说的东西。

不过请稍等一下。此处可能会有些问题。质性报告是否可能写得很好,却是"错

---

[1]　Van Maanen(1988)另外也列出了故事的几种其他的"文类"与类型:

批判的:强调的是当地事件在较大的社会、政治或经济结构中所具有的意义。

形式的:系统化地运用归纳法与推论法去发展理论(如:符号学、会话分析(conversational analysis)、民间方法学。)

文学的:由作者形塑出一种戏剧性的、引起情绪反应的研究报告;较少参考过去的"理论"(如:Tom Wolfe,James McPhee,Norman Mailer,Truman Capote 等人被称为"新新闻取向者(New Journalists)")。

联合诉说(jointly told):由研究对象与田野工作者一起创造出报告,是一种"多声音"的报告。

Van Maanen 也提过进行应用研究时,所诉说的几种故事:一是"雇工"的故事,记述的议题乃他人之邀而写出来的。二是"临床"的故事,重点在一项改革方案,方案是由一名委托人所领衔的。三是"行动"的故事,田野工作者在故事里是一名改革的直接代理人。

误"的？当然可能,至少以本书第 10 章对"错误"所下的定义来看,是有可能的。是否会有一种报告借用有趣、细致与生动,来掩盖它在概念上的空洞？绝对可能。正如 Clough(1992)指出的,有种"素朴"的文笔有时会被人认为是好论文,认为它能够"将读者带进一种美好的怀旧情调,里面没有冲突与歧异";如果要看穿此种"素朴"文笔的论文,其实并不困难。总之,我们对此问题的看法是:论文的文笔要好,才可能会是好论文。

风格问题其实和声调的选择问题是有所关联的。传统的研究论文一直都是以拉丁文来撰写,而不是盎格鲁·萨克逊文;习惯以被动词取代主动词;采取客观立场来表述,而不是个人立场;以间接引述谈话取代直接引述。这一风格已有一段长远且并不很荣耀的历史。它只是为作者提供了一件"科学"的披风,却也使读者受到蒙蔽与疏离。

建 议

像所有作家一样,你需要一位值得信赖又具备优良编辑技巧的同事或是报告的预定读者,请他们对你相继完成的草稿,给予反馈和校订。如果你无法找到这样的帮手,也可运用 Becker 或 Zinsser 这些人的观点[1],作为你纸上的顾问。

第 5 节　格式与结构

混合型分析

先前我们曾经提过,现在我们还要再次强调:好的质性研究,乃至于好的报告,需要将两种世界观做交互式的结合。对这些世界观,不同学者所运用的词汇略有不同,通常可将它们作如下的排列:

变量导向	个案导向	(Ragin,1987)
类别化	脉络化	(Maxwell & Miller,1992)
分析性	综合性	(Werner & Schoepfle,1987b)
文化客位的	文化主位的	(Headland,Pike,& Harris,1990)
变异理论	过程理论	(Mohr,1982)

1　你也可参考 Zeller(1987)对写作所需的"技巧"之看法,Lincoln & Guba(1990)后来又作了延伸,这些技巧应包括许多特征:

功力与细致(是指论述的水准、精确性以及譬喻所具有的启示性)。

开创性(展现出新的理论、意义与问题)。

一种开放性(显示出是会有疑义的,可以再诠释的)。

独立性(能够在"现有"架构之外去运作;有证据显示研究期间是经历了心智上的"摔角")。

展现出你对写作在情感与心智方面都有所投入。

"勇敢"(能够跨越"安全"的界线;把你的自我放在这条线上)。

平等主义(对于报告人与回应者,尤其应该予以尊重)。

左侧的这些研究取向通常很容易采用矩阵表的形式来呈现资料,右侧的研究取向则适合采用网络图来整理资料。

Vitz(1990)对这两种观点提出看法,他认为传统的资料分析涉及命题性思考,是抽象推理的产物,会导引出形式方面的与理论性的诠释。至于图像取向的文类(例如叙述故事),则涉及较具体的、完形的思考;它们是一些故事,将原本事件的时间结构保留下来。

有关思考与表达的模式,近年的研究(Fuhrman & Wyer, 1988；Howard, 1991)已明白指出:人们从记忆中撷取信息的形式各有不同,其中最显著的两种模式就是词类式(paradigmatic)与故事式(narrative)。通常我们就是透过命题或故事将所思或所忆表达出来。我们要报告研究发现时,也可以运用这两种方式,它们比较容易引起注意力,比较好记,也比较能纳入读者先前的概念图。

顾名思义,一篇好的个案史必须能记录下随时间发展出的事件流。仔细地描述地点、人物与事件,这正是质性研究所能发挥的重要贡献之一,但这种描述也有其分析性及诠释性的目的:就是对事件产生影响的因素予以阐明,这些因素乃具有持续性、影响性与决定性。总之,我们主要的研究发现必定包含了主旨与结构,而这些乃源自于地点与人物的互动。

在我们两人的研究里,我们会整理出大事纪,随着资料分析会浮现出一些变量,我们也都会将它们和大事纪在概念上连接起来。例如,在分析中浮现出"家长对学校主管不信任"的主旨,它可能源自许多的"场景"、情节、公开的互动以及私下的会谈等——这些各有其清晰的前因与后果。以这段时间内所发生事情之意义和一贯性为基础,便浮现出上述的主旨。

说故事时,如果不借用变量,这段故事便无法充分告诉我们其中的意义与更广的重要性;如果探究变量,而未配合上故事,终究只是抽象的、欠缺说服力的——虽然在报告量化研究的结果时,变量可以解释某些呆板的规则;请记得那句大家熟知的评论:"在还没有看到回答者所表达的开放性资料之前,我是无法真正了解数字的。"

故事与变量之间可以找到最佳的平衡点吗? Lofland(1974)引用一个评论家的基本原则:事件、轶事趣闻、插曲情节等内容应该占 50% ～ 70%,概念性内容则可占 30% ～40%。这些数字或许有些武断,但如果一篇报告 95% 都是故事、只有 5% 是概念说明,我们一定是不会满意的;但如果比例反过来,95% 都是概念,只有 5% 的故事,这种报告可能会更糟糕。当然,正如 Atkinson(1991)指出的,"如果文章要被人觉得满意,分析架构与质性资料应该要'交互贯穿起来'"(p.169)。

呈现的方式

本书强调论文呈现时要有两种基本的东西:正文(包括各种程度的细节和组织物),另加上整理好的矩阵表或网络图。我们认为这两种东西很有用,可以帮我们由资料里引出一贯的意义,而且可以证明与加强结论。进而还可让研究者和读者进行清晰且良好的沟通。

不过其实也还有其他的呈现方式。质性研究报告可以是一首抒情诗吗(就像第 5

章第 2 节所举的例子那样)? 能用戏剧或喜剧的方式来表达吗? 可以是一首音乐作品吗? 技术上来看,这些问题的答案或许都是肯定的;但此时可能就很难运用第 10 章所提的"标准",去判断这些论文的好坏了。如果我们用小说的形式,来表达我们与研究对象共同产生的质性"小说",这会不会把真实对话与虚构对话之间的界线弄模糊了? (Geerlz, 1980; Van Maanen, 1979)例如:人类学家 Oscar Lewis(1961)的《桑契斯的孩子》(*Children of Sanchez*)就是这样的作品。这种研究报告基本上是"大于生活的";就如同所有的好小说一样,因为所描写的东西,比起绝大多数日常生活的现状,更为极端或更为"典型",这样才能使文中的各个人更容易引起读者的注意。然而,这个基础并不稳固,读者可以去看 Clifford(1988)所写的一本引经据典、又具启示性的报告,那是一篇 1920 年代一名教育研究者 Edyth Astrid Ferris 的故事。Clifford 在报告的结尾,才告诉大家 Ferris 其实是不存在的,她只是个历史的合成品。如果你是读者,一定会既生气又惊讶,作者竟然能够如此轻易地操纵你! 一致性、似真性以及引人注目,都不足以保证你写的质性报告是好的。就像电视里"真人真事改编的戏剧",它确实具有整体的一致性,但它却不是真实的——不同于大多数人对所发生之事,提出的各个版本。

　　这个例子让我们想到:报告其实可以不只是使用文字。本书所讨论的资料分析与呈现的方式只限于文字,但也有许多质性研究者采用绘画、摄影及录像的方式,来呈现研究结果。他们除了真实性的问题之外,另外还有各种议题要思考(Harper, 1989 与 Ball & Smith, 1992 对这种方法的讨论,是我所见过最好的)。

　　即使采用文字来呈现研究结果,质性研究者也会很有特色地使用许多文学的手法。通常研究背景的描述,可采用半图像的方式来表现(例如:"在一块肥沃溪谷的尽头,悬挂着一条黄色的瀑布,山谷低洼处有一个小农庄,还有一条小溪蜿蜒在这片冲积平原上")。重要的事件或互动,可以用精简短文的形式来呈现(例如:"这件事发生在靠近门诊入口处,当时心脏科医师、两名住院医师及几个病人都在听力范围内")。许多代码,尤其是模式代码,是采用譬喻的方式来表达(例如:"困兽之斗"),譬喻可以把大量的资料,综合在一个单一的比喻里。

　　在这个后现代主义思潮蠢动的时代,甚至有人主张所有社会科学的呈现方式基本上都是修辞学(Howard, 1991; Noblit, 1989; Richardson, 1990)。隐喻、讽刺、转喻,甚至还有喜剧、讽刺文学、悲剧、闹剧、寓言等,都是可使用的工具。机率估算、图表以及定理等,也可以称为是古典转义法的一些示例(转义是一种提喻法,就是以部分代表全体),这些示例也正意谓着强调"操控"这一譬喻。研究者负责"操作"主要的变量,并"管理"这组资料。但是质性研究报告比起"纯文学",有些部分要更多一些,有些部分则要少一些。我们研究者之所以会运用某个譬喻,乃是因为有确切的理由让我们相信那个譬喻;我们是真实情况的书写者,而不是虚构故事的叙说者(Whaley, 1991)。我们在论文中提出了主张,而那些主张的背后是有凭有据的。

另类结构、架构

　　质性报告要怎样组织起来? 就最基本的架构来看,大家是有些共识的,但若超出此层次之外,毫无疑问地,这一问题的答案是:根本没什么标准的论文组织方式。每一研究者都必须配合其研究所处的理论背景与所在地脉络,来打造自己论文的架构。

现在让我们对论文结构,先作一些基本的与具体的说明。Werner 与 Schoepfle (1987b)对大家的建议是:要将分析与综合连结起来,并且在"先有高峰"与"后有高峰"之间选择。这一建议产生的帮助并不很大。Bogdan & Biklen(1992)认为论文可分为三部分:绪论(包括背景与研究方法)、"核心"(讨论一个议题,提出一个主题,阐明一些问题)与研究结论。Lofland & Lofland(1984)建议的架构是:基本问题、资料概览、文献概览、"报告主体"(其中应将描述与分析作一平衡与穿插,另加上详细阐释)以及研究结论/含义。他们把实际的搜集与分析过程,归至"附注、前言或附录"。

R. Ginsberg(个人沟通,1993)建议论文可采用如下的架构:"什么"、"为什么"、"如何"、"分析"、"意义"。"什么"是说明此论文要做什么事;"为什么"是说明理论基础、概念架构等;"如何"是说明采用的研究方法;"分析"是说明研究发现,通常分为数章来写;"意义"则是呈现研究结论以及与理论的关联。

Judd 等人(1991)所谈不限于质性研究,他们建议论文架构可采取"沙漏式",开始是宽广的绪论,然后是较具体的问题定义与文献探讨,接着是更具体的研究方法与研究结果,最后再作较宽广的研究结论、讨论与启示。

Patton(1980)探究的是质性评估,他提出的架构是:目标/背景、研究方法、资料呈现、研究发现的确认/验证、研究结论与建议。可是 Patton 在 1990 年的修订版里,放弃了这种架构,他只针对 3 方面提了些建议,包括:要凸显"焦点";要平衡描述与诠释;要写一份实施摘要/研究摘述。

Lofland(1974)曾经实际检查过期刊主编们对二百篇以上的论文所作的评估,他的观点应该会更有帮助。他将论文的整体架构分为数种"风格",包括:"训诫型"(说教的)、"草案型"(让资料自己说话)、"章回小说型"(延续下去的故事)、"骑墙型"。他另外还提到以下几种类型:准"小说结构型"、"精致架构型"、"事件架构型"(着重概念与事件)、"穿插架构型"(将概念与事件作紧密的连结)。

我们似乎已经很明显地可以看出:报告的架构主要决定于研究问题、脉络以及读者,而不在于什么规范。因此还是让我们来看看几份具体的纲要吧!

本书图 4.13 是一张"预建个案"的纲要,那是探究都市中学改革的一项研究。请注意:那份纲要其实并没有显示该研究的基本研究问题,是因为那是多份子报告中的一份;不过这份纲要的标题以及相关的资料展示,还是由基本研究问题衍生出来的。后来研究人员请当地人员对那些个案报告(约 70~100 页)提供反馈意见,然后再全部概括为一本书,写给实务人员与研究人员看(Louis & Miles, 1990),原本的每份个案报告精简为 20~25 页,架构也精简成如下的形式:

1985 年这所学校的图像

脉络背景

改革方案

执行方案的故事

初步成效

后记(两年后)

为何会发生这些情况? 反思回顾

该书前半大多是变量导向的内容;先简述研究问题、文献探讨,然后概述所有个案,接下去是较详尽的个案故事。该书后半是以关键变量去作跨个案的检查,例如:"愿景建立"就是一个变量,然后再以精简短文来厘清这些变量。最后再加上对行动的启示,作为结论。附录则用来说明所采用的研究方法。

我们再来看另一个对比的架构,这是 Lieblich(1993)完成的一份生命故事的研究,探究一名由俄罗斯移民至以色列的年轻女子 Natasha:

第一篇:过渡期的生活

　　　　目前的情况

　　　　Natasha 在 Moldavia 的过去

　　　　过渡期的缘起:Natasha 在 Moldavia 的学生生活

　　　　起程与到达

第二篇:失去了什么?

　　　　父母的权威

　　　　朋友与社会网络

　　　　地位的丧失

　　　　清晰规范的丧失

　　　　自信的丧失

　　　　文化归属感的丧失

　　　　职业生涯之路的厘清

第三篇:变与不变

　　　　改变的第一个标志

　　　　建立新友谊

　　　　一个男朋友

　　　　新的职业生涯计划

　　　　新的性别期望

有关新获得的身份,我们能作些什么讨论?

Lieblich 一开始就简要说明了研究方法(6 个月内进行 2 次个别的开放式访谈),然后带着读者去看 Natasha 的故事,其中结合了现在与过去。第二篇是变量取向的,检查 Natasha 在过渡期所丧失的东西;以跨主旨方式呈现,借着摘录与精简短文来作说明。第三篇又回到现在,以事件与主旨两方面去寻找改变的指标。最后一篇摘出研究结论。

再来看第三个实例,这是一篇行动导向的评估研究(Saxl, Springer, Sauer, Sclan & Miles, 1990)。这项研究是帮助学校实行一项方案,以改进阅读与写作的教学法,报告是写给方案的管理人、资助人与执行者的。方案已实施 4 年了,所以利益相关人员需要一些研究信息，好帮助他们决定该方案未来的处理方式。

实施摘述

Ⅰ.绪论

方案简述

评估计划

研究方法

Ⅱ.方案所提供的服务：相关文件的摘要

Ⅲ.调查发现

Ⅳ.个案研究

A.城市中级学校

简述

学校背景

目标

提供的服务

在学校里方案开发者的支持

执行

成果

团体所遭遇的困难及其应对策略

基本能力改善计划：执行的质量与水平

班级实施

影响与能力的建立

综要

B.圆树林初级中学（次架构与前同）

C.联合预备中学（次架构与前同）

D.跨校综合摘要

Ⅴ.建议

该研究里18所学校的量化资料乃是依据一些重要变量来整理，例如："方案开发者的支持"与"执行"等。另外以故事叙述来呈现每一个案详细的资料，显示同一变量是怎样随时间发展的。

该报告的建议紧扣着10项研究发现，其中一项发现是"方案发展者对方案成功与否，仍居于关键角色。但至第5年以后，方案发展者可能会较少出现了"。对此发现的建议是："考虑如何将此方案发展者发挥之功能纳入此组织，并尝试于未来采用某些草根方式来发挥其功能。"然后，针对这类建议，再提出4～8项可能采取的行动（"为了在来年让方案发展者能发挥功能，可以要他们与其学校签订合约。"）

建　议

如果我们综览这些实例（并且考虑一下我们每年可能接触到的几十项质性研

究），我们可否对报告的架构提出一些基本原则？大致上是可以的。

1. 研究报告应告诉我们：该研究是关于什么的一种探究，或该研究是怎样成为关于某方面的一种探究。
2. 研究报告应清楚告知资料搜集现场所处的社会脉络与历史脉络。
3. 研究报告应告诉读者"该研究的探索史"（Erickson（1986）的用词），这样读者才能清晰地了解：谁如何做了什么。有关研究方法，不应只是纯说明，而应更为深入地解说：主要概念是怎样逐渐浮现的？哪些变量出现？哪些变量消失？哪些代码产生了重要的洞识？[1]
4. 一份好的研究报告应提供基本的资料，最好是采用浓缩的形式（精简短文、组织过的故事、照片或本书介绍的其他浓缩形式），这样读者自己就能引出可靠的结论了（不只是研究者可以引出结论而已）（没有资料的研究结论，根本就是一种矛盾修饰法）。
5. 最后研究者应该阐释其结论，并说明在该结论影响所及的观念世界与行动世界之中，这些结论所具有的较宽广的含义。这些基本原则带领我们又跨进第 10 章所探究的"良莠"问题的领域了[2]。

第 6 节　运用研究报告

无论研究报告写得多么精彩、推理多么完善、架构多么完整，我们都必须决定这份报告要怎样、由谁、对谁来推广，以及预期怎样采用它。这一问题又得回到读者与成效的议题上了，但应该会更有趣味些；到此为止，我们应该已明了一件事实：在你的报告校对完毕之时，你的工作还没有结束。

前面我们已经提及读者与成效的问题，现在我们还要费心地把他们作一细分，就像表 12.1 所做的那样。例如：你不能只概略地考虑"实务者"这类读者，还应该更为细致地区分为改革者与守门人。成效部分也应细分，而且推广与运用的层级也

---

[1] Punch（1986）对于以文件记录"全盘托出"某些细节这一问题，有很好的提醒。他建议论文中应该让读者知道以下各项目：
- 在现场进出所遭遇的问题。
- 该场所的微观政治状况，与你的研究所扮演的角色。
- 详述在田野工作里的冲突、模糊，以及较带有污秽的一些理解。

[2] 究竟怎样判断研究论文本身的"良莠"？我们看过的讨论中，Lincoln & Guba（1970）与 Zeller（1987）是其中最好的。以下是综合他们的规律：
- 共振：是指该报告与该研究者所属的范式之间的相符情况。
- 行文（说服力）：结构的统整性、连贯性、确实性、简洁性、清晰性、采用研究对象的语言。
- 整体安排：行动的流畅、说故事者的角色。
- 技巧：（参见本书第 429 页的脚注 1）。
- 增构益能：提升意识，增进掌控感，可付诸实施。
- 可应用性：生动地与我们的生活相连，具启示性，可转换迁移，会让我们再思考自己的心理状态。

可以细分,由最浅的知道该信息、接受基本信息,到理解,作出"采纳"的决定、执行,乃至于整合、列为例行活动等各层次。

表12.1　目标矩阵表:推广规划

推广与运用的层级	读 者 的 类 型			
	改革者:对改革具有特殊兴趣、能力、动机的人	关键人士:守门人、意见领袖	可能的读者大众	可能受影响的每一个人
知道				
接受基本信息				
理解				
接纳				
决定采用				
运用/执行				
统整				
列为例行活动				

推广与运用研究报告的做法有哪些? 我们来看看几个实例。King 等人(1993)写过一篇文章:Wasley 对学校的激进改革作了一份质性研究,研究者将报告反馈给教职员讨论,结果教职员出现强烈的负面反应,虽然学校人员与研究人员都参与了研究结果的后续运用,可是其成效只出现了一个波段,然后就往下滑了,已经没什么证据显示它会有提升的可能了。如果日后想真正采用该研究发现,似乎还有待努力。

Miles, Saxl & Lieberman(1988)研究的是:有效学校中的"改革中介者"所应具备的能力。虽然他们将研究结果写成论文与期刊文章,但他们也依据研究发现发展了一套训练教材。写完后,他们又建立了一所"中介"专业机构,来负责出版与营销该材料(Saxl, Miles & Lieberman, 1990),并主办一系列的"训练师培训"工作站,在全国与各区域举办活动,由当初的研究者来设计并负责这些工作坊。

Huberman & Gather-Thurler(1991)也曾有一篇相关的文章——研究人员先完成一份瑞典职业教育的研究,然后再由这批研究人员将研究结果予以推广。正式推广之前,Huberman 与 2 名顾问(Miles & R. Havelock)先为研究人员举行 2 周的培训,协助他们确认待推广之基本"信息",了解待沟通的读者,明了欲达到的"运用"层级,知道自己将藉用的中介机构与网络,以及怎样才能知道自己的策略是否有效。

进行那项培训工作期间,规划推广策略的研究人员采用表格的方式,界定出自己的目标,他们先设定出最低目标,在那些细格内打上星号,然后再找出其他可能完成的目标,并打上勾。

Glaser(1978)曾经提到:"对一个熟知内情的人而言,他并不需要你告诉他已经知道的事;他需要你告诉他如何掌控他所知道的东西,告诉他怎样加强掌控,并增进他对行动方面问题的理解。"(p.13)

有关知识运用的研究有数千篇(参见 Havelock et al., 1979),其中透露出来的信息是：对于 Glaser 所说的"熟知内情者"的需求，研究者所提供的东西远远超过"告诉"的层面。通常在互动的情境中，支持性的协助几乎总是非常关键的。一旦我们研究的目的超出自娱和阐明，那么质性研究中得来的知识就不是"自行实施（self-implementing）"的。通常研究成果的使用者都需要协助，需要与协助者进行直接的、持续的互动，如果原初的研究者无法亲自提供协助，那么就需要设置一个中介者来提供协助，有关这方面的问题，读者可参考 Saxl, Springer, et al. (1990) 的实例。

再以你现在正在读的这本书为例，如果你想将书中的想法用于平日的工作，那么你需要拥有直接的、互动的经验，例如：你在研究所选修了一门质性研究法的课程；或是你和同事正想运用质性研究法来进行一项研究计划；或者在一位顾问的协助下，你参与一项研究设计，想规划一项新企划案；或者你参与了一项质性资料分析的工作坊。如果你只是纯粹阅读此书，未配合上述的一些机会，而就想要改变自己的实作表现，这倒是颇为罕见的。

建　议

如果你并不想把研究成果的运用，交给其他人去做，而决定自己跨入此推广/运用领域，那么你就必须投入大量的心力。那是一种全新的工作、全新的企划。其中互动策略的细节必须详加规划与实践，通常需要耗时数月，甚至数年之久。好在你并不需要完全从头自行摸索；Glaser, Abelson & Garrison(1983)，Havelock(1973)与 Rothman(1980)的著作会对你很有帮助，他们对研究成果的推广与运用策略，已作了很好的讨论。

结　语

有关研究报告所牵涉的一系列抉择，本章已经把它们找出来了，研究者最好在研究中期就作好相关的决定。这些决定包括：具体指出你的读者群是谁，你希望对他们产生什么影响；厘清你的报告想表现出何种取向的"声调"；采用何种风格；规划好研究的架构，其中可采用各种表达模式，把"变量取向"与"故事取向"连结起来；你还要注意哪些策略有助于研究成果的运用。

下一章也就是最后一章，将为我们全部的旅程画上句点。

最后的陈述

Concluding Remarks

检查整个质性资料分析

本书根据分析质性资料时依序出现的主题来安排章节,我们已经检查过的主题依序是:研究设计、概念化、资料搜集、编码、各式资料展示,乃至于引出结论与提出报告。如果过于细致地研究这些主题,很容易落入见树不见林的境地,看不到整个生态系统。

图 13.1 取自我们所办理的工作坊,这张图把本书所探究的质性分析之各个方面,全部整合在一起,让大家藉此图看见全貌。这张图的功能类似于因果网络图,可帮助读者一步一步地走完全图,也可以整个由上而下地看见时间的脉络。

在图 13.1 的顶部,可以看见研究初期对概念架构的规划,包括抽样(含个案内与个案间)与研究方法的设计。等到抽样规划清楚后,就得寻找接触个案的通道,进而开始搜集资料了。

接下来就应该建立起一个明确的资料管理系统,这是整个研究过程都要用的系统,但需要随时调整。我们建议大家也要规划一个文书记录文件,好让研究者可以定期追踪资料分析的活动。

资料一开始搜集,几乎都会产生回溯的影响力,这不仅使得我们回头再思考抽样与研究方法的问题,更需要思考研究架构本身的问题。资料经过初步整理后,通常就要整理出各式的暂时摘要或概述,而这又会影响到抽样与所采取的方法,而且在概念方面,也会影响到研究架构与研究问题。

通常最初的编码架构乃受到研究问题的影响,不过随着不断的编码,编码架构会继续调整。此时暂时的资料分析对架构调整也会颇有贡献。如果研究者需要撰写期中报告,可在此时构想期中报告的格式,已完成的暂时摘要也可以纳入构想。

如果已整理出一套编好码的资料组(未必是完整的一套),那么下一步就可以进行个案内的分析了。首先,基本方向就是要建立描述性图表的格式,以便能解答研究问题。分析者要在图表中填入编好码的资料,并且由图表中引出描述性的结论,并且证明它。手中有了这些描述性的结论后,你就可以建立解释性的图表了,把编好码的

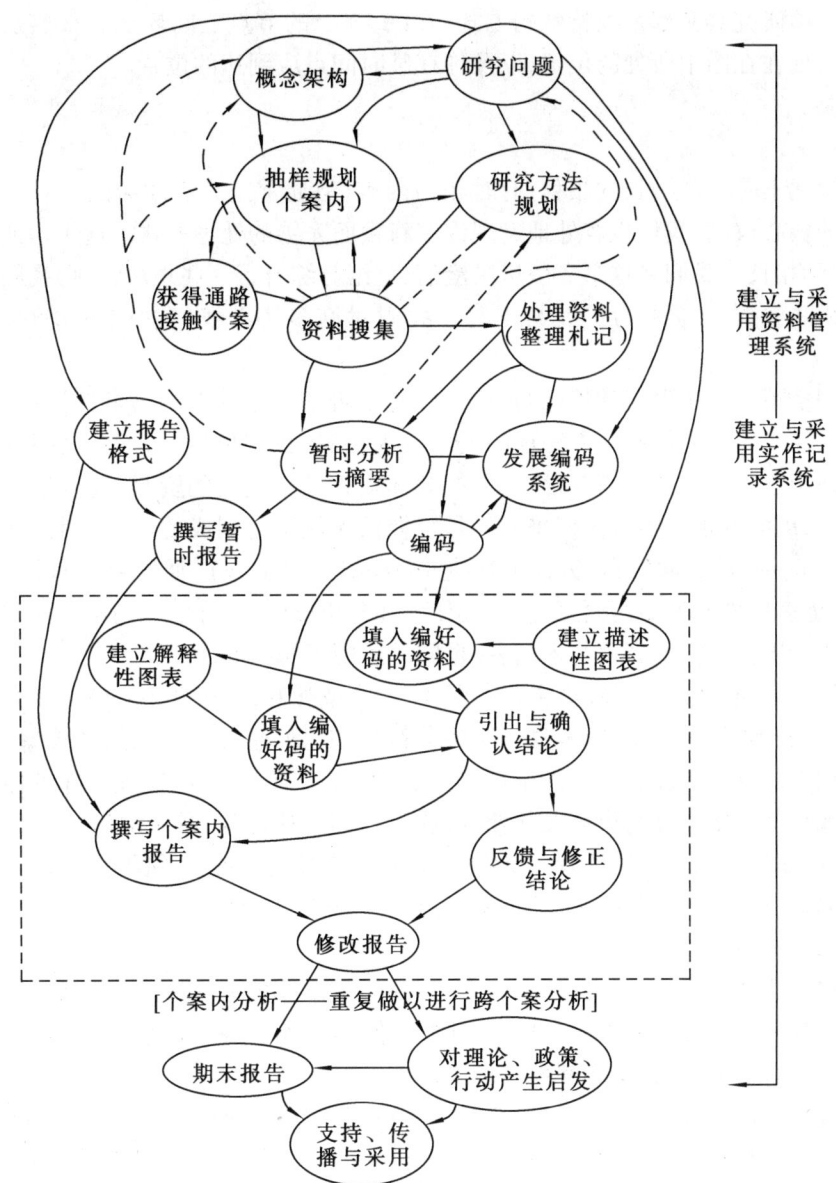

图13.1　质性资料分析过程概览图

资料填入其中,并由此图表引出解释性的结论。

描述性与解释性的结论,都应该再由反馈予以确认与修改。此时应该已经构想好某一场所的报告格式,通常是基于研究问题与暂时的研究结论,来构想这份报告。然后撰写该个案报告,接着依据研究对象的反馈修改此个案报告。

假如你的研究包括多个个案,那么你就要重复多个循环,来完成每一个案内的分析,然后再引出跨个案的结论。这些跨个案的结论与个案内的结论,全部都要放入期末报告;另外也应该包括结论对理论、政策与行动等方面的含义。另外,研究者也要依据读者的需求与研究的意图,对于研究发现的推广与运用,提供某种程度的支持。

每一项研究其实都是以特殊的方式,在图 13.1 的节点之间环绕。重点是你应该知道自己现在在图中所处的位置,以及你在某时间点应到达的位置。

反　思

撰写此书是一段漫长的旅程,有时相当困难,但通常是充满趣味的。对于质性资料分析的核心议题,我们也意外地发现许多新颖而完善的处理方式。这正印证了一句老话:教学相长。我们在这第 2 版里又澄清、重组与综合了一些想法,使得我们对质性资料分析法的思考也更为扩展与丰富。我们对许多协助我们的同事,表示由衷的感激。

我们撰写本书所设定的目标乃着重实用性,希望贴近读者的需求,尽量清晰地提供各种选择与建议。但有些方法论的说明较为抽象,我们尽量配合简要的实例,让读者看出使用步骤上的清晰与轻松。不过,等你真正处理真实的资料,与搜集和分析工作搏斗时,可能发现那些方法似乎并不是轻轻松松就可达到成效。"运用方面的研究(research-in-use)"比起"理论方面的研究(research-in-theory)"通常更为棘手,更难找出条理,更多例外情形。简而言之,直接作质性分析,就是让你熟练的不二法门——这不仅适用于质性研究的新手与入门者,也同样适用于聪明的老手!

我们认为:有些质性研究者会走入沼泽、迷宫或死巷,其实并不必然是研究者能力不足所致,原因可能出自资料本身。这些资料就如它们想要反映的那些现象一样,通常都是相当复杂、模糊的,有时甚至是完全矛盾的。从事质性研究,便意味着你要尽可能长久地与这些复杂性与模糊性共处,最后与它们达成协议,再采取澄清与加深理解的方式,把你的结论传递给读者。毫不令人意外,即使对于有经验的分析者而言,要对付与理解资料分析的这种机制,都是相当困难的;研究者常常会因而退却,而无法把这机制完全弄清楚。

说质性资料分析是一种技巧——它有它自己的规律,这一说法是正确的。其中有许多方式都可以让分析者做得"正确";精确、值得信赖、具有说服力、确切。不过,我们的确无法将这些方式,全部都预先指出来。

不过在对付这种不确定性的战争里,我们并不是奋战的孤军。其实实验研究者与相关研究者也都有挑战。他们会采用各种研究设计、各种工具,去研究同一问题;他们也有样本流失的问题;他们的研究工具也会出状况,有些个案的资料模棱两可,有些资料让人无法理解。当看见所产生的资料时,他们运用的是直觉式的跳跃思考。量化研究者遇到这些常见问题时,就学着采取对应之道,而并不是去寻找一种较理想的设计,也不会由概念角度去详加说明,但他们也就这样渐渐熟悉了自己的研究方法。他们并不是柏拉图主义者(Platonists),只不过是个资料分析方面的实用主义者(pragmatists),就像质性研究者一样。

我们发现:把分析步骤说清楚,可以让人不那么害怕,不那么不安,而且能容易掌握这些步骤。你并不需要延长社会化的时间,也不需要什么神秘的方法。质性分析的核心要件似乎就在于要具备一点创造力、有条有理、坚持不懈、在概念上有相当的敏感度以及认知上的弹性——你必须能够快速地放弃资料分析或转化资料的旧有方式,改换更有作为的方法(还有,你的朋友也可以提供一些协助……)。而以上这些特质没有一项会因为你修了一系列的"方法课程",就伴随而来。本书第 2 版仍然延续第 1 版的想法:要为研究者创造一本自助式的书籍,而不是铸造一套新奇、但却遥不可及的分析方法。

我们也不认为好的质性分析必须要有科班出身的条件(例如:长时间的民族志研究经验、科学逻辑的知识、厚实的认识论背景)。这些条件都是有用的工具,对于分析工作会很有帮助。但是如果欠缺这些条件,并不构成致命的缺点,至少在研究初期影响并不大;它反而可以帮你明了还需要了解些什么,才能完成好的资料分析。

质性研究者来自各领域,具有各种品味。当然会有同侪认为我们的观点是有偏见的,甚至可能觉得我们很自大。我们不想伪装起来,让人以为我们是不带意识形态的,或假装自己的偏见是最高贵的,或假装自己只是素朴的实用派——并不了解认识论相关的议题。不过就算我们关心这些议题,也于事无补。

有些人认为质性分析是一种直觉的、几乎无法沟通的行为,但我们坚持资料分析应该能够重复进行,而且我们认为研究者一定要慎重且彻底地弄清楚整个分析过程中每一步骤是怎么做的。

也有人认为严谨的因果解释应该要将文字化为数字,并依惯用的统计公式来处理这些数字。对此,我们也已讨论过:想要阐释地方的因果关系,质性分析是更优良、更有力的方法。

另有些人倾心于长篇的故事叙述,认为这才是唯一的理解之道。对此,我们也已表示过:采用有焦点的、有组织的图表展示,更能进行系统化的分析,并且强化大家对研究发现的信心。

还有些人相信:质性资料分析需要多年的训练与练习。对此,我们已经提供了一套详尽的有效方法,容易学习,适合练习,还可进一步适用于具体的研究计划——这些都是较好的研究方法所能发挥的功能。

有些同侪可能很喜欢我们这第 2 版,对此,我们也很高兴,但我们还希望大家给我们批评与指正,让我们的方法更为精炼,或让我们沉闷的方法更有活力。

建　议

本书从头到尾为各种方法提供详细的建议,在此我们还要再做一些最后的提醒,无论是哪一派别的质性研究者都可以从中受惠。

思考资料展示的问题　假如你手边已有一项研究问题或者你的资料库里有一道难解的问题,请好好想想:何种图表展示方式最能将相关的、转化好的资料组合在一块儿,并可以由此引出好的结论,且强化这些结论。

勇于创新　我们与许多人创造了许多有用的图表,这使我们相信:图表的世界是相当广袤的,就像其他的宇宙一样,都一直在扩张。

对于来回穿梭的过程要有心理准备　本书全册都在提倡一种分析模式:来回穿梭于几个步骤之间,由资料简化、资料展示、引出初步结论,以至于证明结论。一旦有新资料引入,就要发展出新的资料展示方式,研究结论也就要跟着调整与修改。这其中每一步骤都会回头影响到其他的步骤,这些影响对于后续的分析相当重要。

试着结构化,并保持怀疑的态度　本书不断强调一种结构取向,以便从质性资料里引出结论。我们心中的第一要务是要为那些想要在分析法方面有所斩获的人,研发出更系统化的方法,适用于各种认识论的研究者。当然结构化的程度增加,带来的风险也增加:眼界褊狭、过度自信、固执僵化、看不见浮现的事实,以及以正统自居等诸多的风险。1984年时,质性资料分析这一领域并不需要弄一套狭隘的规则,去吓唬研究生,去造成无尽的诡辩与争执;而现在仍然不需要这样的东西。质性分析这一领域更为需要的是耐心、努力把分析做得更好以及分享。

要对混合模式怀抱信心　本书努力强调混合模式的优点,避免对立、争执与极端化。量化研究与质性研究可以互补互惠。故事取向与变量取向的分析,必须互相交错。如果实在论、观念论与批判理论可以互取所长,而不是固步自封,那么三派都会更有长进。请想想混血儿的充沛活力吧!

保持自我觉察　我们自己的经验生动地告诉我们:清楚觉察分析的过程,其中的好处真是多。我们所注意的过程,从研究问题的选择到编码、绘制图表、填入资料、引出结论,乃至于证明结论。唯有经由如此清晰的觉察,才可能经常性地自我校正,而不只是在某些特定的阶段校正一下,而是随着各种方法重复与发展的过程,一直进行校正。本书提出了一些方法可有益于自我觉察,包括撰写实作记录的日志,以及更为根本的一种方法——寻找"净友",请他以建设性的方式,质疑你视为理所当然的方法,并提出其他选项。

分享方法论方面的学习　大多数的质性研究论文讨论方法的篇幅,仍然颇为单薄。直接讨论资料分析与方法的文章,也很欠缺。我们相信:想要精通质性分析方法的人,都应该与人分享自己由他处学到的东西。我们建议质性研究论文与著作应该更为注重方法论的讨论;如果有人在方法课程与工作坊里,成功地研发出详尽的分析方法,我们也很期待能看到这类的报告。我们将继续敦促大家尽更多的努力,希望能逐渐发展出更坚定的、更清晰的共识,即怎样由质性资料里引出有效的结论。

总而言之,我们希望越来越多质性研究者能彼此讨论,具体说明自己是怎么分析的,究竟学到了什么。或许我们质性研究者都有能力很生动且丰富地描述我们自己的工作,就像我们都有能力很生动且丰富地描述研究对象的内在与外在生活一样。我们至少应该为他们和我们自己,作出一样生动且丰富的描述,或许还应该更多一些。

为质性资料分析选择计算机程序

附录

Appendix:Choosing Computer Programs for Qualitative Data Analysis

概述与使用说明

本附录第 2 节开始概览计算机程序的类型与功能,包括解说程序可以为质性研究者做些什么。第 3 节提出建议,告诉你如何选择程序,根据你的计算机娴熟程度、资料类型以及你规划要进行的分析等因素来决定。

第 4、5 节各整理了一张表格,显示了 22 种程序的基本特征,另外也附上了每种程序的设计者,以及联络用的资料。

像这样的简述,是不可能把选用软件所需的所有信息都呈现出来的。要获知这些程序更多细节,请参考 Weitzman & Miles(1994)与 Tesch(1990)。另外,我们在第 6 节将此领域近年的书目罗列出来,尤其着重特定的程序。

质性分析软件是一快速变动的领域。我们可以想见:等这些程序被修改后,或是新程序上市后,本章相关的信息势必过时。不过有关选择软件的建议,应该仍然有用。无论如何,我们确信:新程序一定会不断出现,而且越来越能满足质性资料分析各方面的需求。

软件的种类与功能

基本类型

我们先说明最基本的类型。大多数的程序实际上都是这些基本类型的混合型,单一功能的程序并不受青睐,你应该注意某程序有哪些功能。不过在一开始,我们只指出几种基本类型(详见 Richards & Richards,1994)。先介绍 3 种"基本"程序,这些程序并不是专为质性研究设计的,接着再介绍 3 种专为质性研究设计的程序。

文字处理的程序 这类工具基本上是为产生与修改文字而设计的,因而便于田野札记的携带、转誊、写作或编辑,也便于写下备忘录,为编码与分析工作备妥档案,还可以用来撰写报告。在此我们不列出文字处理程序的名称了。

文字检索的程序　文字检索的程序（word retrievers）有 Metamorph，Sonar Professional，The Text Collector 与 Word Cruncher，其专长是搜寻包含某字汇、词组或你有兴趣的各式组合之示例所在的位置，你可搜寻一或数个档案。有些程序还具有内容分析的功能，例如计算出现的次数、展示出该字汇所在的上下文以及建立字汇清单与索引（将上下文所用的所有字词、词组整理成有系统的清单）。

文字库管理的程序　文字库管理程序（Text base managers）可以将文字整理得更系统化，便于搜寻与检索。例如：ask-Sam，Folio VIEWS，MAX，Orbis 与 ZyINDEX。其中有些程序处理的文字必须具备较高的结构化；另有些程序处理的文字则不限格式；有些程序还可以处理量化资料。基本上，它们的搜寻与检索功能，可以运用于以下各式的组合：字汇、词组、编好码的文段、备忘录或其他文件等（有些程序还可以让你参考外面存盘的文件、图片或录音/影带等资料）。

编码与检索的程序　编码与检索的程序（code-and-retrieve program）通常是由质性研究者发展出来的，它可以帮你将文字切割成文段或文块，将代码贴在上面，再将同一代码（或某几个代码）的所有文块全部找出并展示。ATLAS/ti，HyperQual，Kwalitan，MAX，NUDIST，QUALPRO，The Ethnograph 等，都是这类的程序。

建立理论的程序　建立理论的程序通常也是研究者发展出来的。它们通常都含有编码与检索功能，而且还可以将多个代码（也就是资料的类目）连结起来；发展出更高层级的类别；形成命题或主张，这些命题或主张意味着一种概念上的结构，乃是符合那些资料的一种结构；有些程序还可以测试这些命题，确认它们是否适用。通常这类程序乃依据一种规则系统或形式逻辑来组织。AQUAD，ATLAS/ti，HyperRESEARCH，NUDIST，QCA 都是这类的程序。

建立概念网络的程序　建立概念网络的程序（conceptual network builders）同样可以帮你建立与测试理论，不过乃是先建立一种系统化的网络图，来进行这项工作。你可以看见某一/些变量（亦即网络图里的结点）与其他变量，会以某特定关系连结在一起，这些特定的关系可能是"归属于"、"导致"、"某一种"。这种网络图并不是信手画出来的，而是一种真正的"语意网（semantic networks）"，此语意网根据的是你的资料、概念（通常是较高层次的代码）以及你认为其间的关系。ATLAS/ti，MECA，SemNet 都是这类的软件；另外，Inspiration 与 MetaDesign 还具有很强的绘图功能。

特殊功能：你要寻找什么

现在让我们来谈谈具有较特殊功能的程序。这类程序具有一套特殊功能，可以为质性研究者完成分析工作，它们通常也都具有以上所介绍的几种功能。以下我们只简要说明这类程序，你可以在本附录第4节的图表里看见它们在各指标上的表现。不过如果你希望作出较为明智的决定，就应该去问问这类程序的使用者、研发者或销售者；或参考 Weitzman & Miles（1994）所作的介绍。

编码　此类程序可以帮你切割资料（如：切成分开的字汇、词组、行、句、段或是不拘形式的文块），然后将代码或关键词贴在文块上。有些程序可以在窗口上以一个步骤来完成此编码；有些程序则要求你印出文本，来配合编码的进行。

　　贴代码的方式有以下数种：一/多代码贴一文块、一/多代码贴在多层次的诸文块上或一/多代码贴在相重叠的诸文块上。有多种程序可以帮你完成层级式或多层次编码（如："雨"这一代码的更高层级代码依序有"雨水"、"天气"、"气候"）；有些程序可以为代码很简便地完成"重新命名"与"复制"等工作（在前例里，假如你想增加"雪"这个代码，你可以告诉该程序，请它将"雪"包含在较高层级的代码；另外，你原本将"雪粉"、"雪粒"列为较低层级的代码，后来你决定将这些代码连结到"滑雪的条件"这一新代码，那么你可以运用程序很轻松地修改并更新原初的编码结果）。

　　有些程序还可以把"资料来源卷标"贴在资料上，这样日后你就可以看出所取用文块究竟来自何处（与谁、何时、哪次访谈等）。有些程序可以帮你整理代码清单，可能是一张一览表、一棵树形图或其他网状图。

　　备忘录/脚注　如果质性研究者能够对资料进行反思、标记、写备忘录，那么分析的深度一定倍增。有些程序可让你写眉批或脚注；有些程序能让你写延伸性的备忘录，以便深究资料的意义或代码。有些程序还可以让你对这些"二级"文字进行编码。这也就意味着：有些程序并无这类功能。

　　资料连结　质性研究者需要在不同的资料之间看出联结。这些资料可能是札记文字、代码、脚注、备忘录与"离线"资料（off—line data）（如：并未被你放在资料库里的录音带、文件，可是当有需要时又必须参考它），有些程序可以很轻松地将这些资料的联结建立起来，并记录下来。这类程序也可以横跨资料库里的各个部分，进行连结（如：将代码连结到备忘录上）。有些连结功能强的程序，还可以让你采用"超文件（hypertext）"模式，方便地浏览整个资料库。

　　搜寻与检索　大多数的程序都可以帮你搜寻资料，然后显示给你看，有些只能显示资料，有些还能附加上你要求看的示例。这其中的一项问题就是搜寻的速度。另一项需考虑的问题就是：该程序是否能够运用代码找到文段，或者能否找到文本里的字"串"（通常是指文本里自然地重复出现的字汇或词组）。有些程序不仅可以找到你要的字汇或词组，甚至还可以帮忙找到同义字。还有些程序可以进行"万用字符（wild-card）"搜寻，例如：你可以用"decisi＊"找到"decisive"、"decision"、"decision－making"等字汇。

　　现在来看搜寻功能是怎样进行的。许多程序都采用"布尔数学逻辑（Boolean）"（运用 AND，OR，AND NOT 等字汇，进行联集与交集等的资料搜寻）。这些指令结合上几何符号，可以形成非常精准的要求。有些程序可以帮你找到邻近某字符串的项目或某字符串之前/后的项目。有些程序可以在资料库的一个小范围内搜寻（如：只搜寻女性回应者、只搜寻二年级、只搜寻由女教师任教的班级）。

　　其他功能：一旦找到某文块，这一文块是怎样呈现给你的？是加上底纹吗？它附加了多长的前后文来呈现？你可以说出这段资料是来自何人、何时、何处吗？你可以直接连结到该段资料所在的位置吗？还有些程序会将搜寻到的所有资料全部汇集在另一个档案里,让你可以一目了然地看见它们。

还有一项功能也应了解:该程序是否会形成一份搜寻日志或记录,显示你曾经进行过的搜寻与取用工作;这样你就可以看出自己曾经做过哪些有用的工作,其中附有这一路上你所做的脚注与备忘录。

概念/理论上的发展　前面已经说过,程序可以帮忙澄清你的想法,途径有2,一种是经由逻辑取向的分析,另一种是建立语意网。如果要建立语意网,方式也有很多种,有些程序只能将网络上的结点赋予一个代号,有的可以在结点上贴上文字;至于连结起来所显示的关系,也有很多种类,有些程序显示的关系是单一的,有些是非特定的,也有些是多重的(如:"是其中一部分"、"导致了"、"跟随"、"归属于"等都是关系);有些程序可以显示你所指定的那种关系。还有些程序可以让你发展/检测"若—则"命题/假设。另外,有些程序可以帮你作跨个案的"结构"分析,帮你找出某类个案所具有的预测项的模式(这些个案都产生了同一结果,请参阅 Ragin, 1993)。

资料展示　多数程序都可以将资料处理的结果显示在银幕上,或寄给你(供你印出来或存在另一档案)。在银幕上显示时,有些是开多个窗口,让你选择;有些是将窗口缩小成一半。有些程序可以产生文字或数字资料,方便你填入表格;有些程序会呈现出资料网络图。如果该程序可以计算次数,它也可以将计算的结果,直接寄到一个统计程序。

编辑图表　有些程序可帮你建立或编辑网络图(网络图是以"连结线"将许多"结点"连结起来的东西)。结点可能是变量、代码或备忘文字、甚至可能是一大段文字。连结线可以是单向,也可以是双向;连结线可能有文字标示出意义。有些程序编辑图表的功能,具有较高的弹性,例如:移动一个结点时,相关的连结线也会移动。

其他考虑

我们已经把计算机程序可发挥的功能作过简述。当你了解某种程序时,还有些问题也会影响上述所有功能的发挥。

需考虑的一项问题就是所谓的弹性。你要了解:这种程序是不是只能完成它所预定的功能;是否可能让你不费太多力气,就能结合它的诸项特色,完成其他功能? 你是不是一定要依照固定的程序去运用此程序,可不可以修改、调整程序,撰写"巨指令(macros)",创造出新的例行程序?

第二项要考虑的问题就是使用者体贴性。这种程序容易学习吗? 等你学会以后,容易使用吗? 学习它所花费的时间与力气,跟所学的内容相比,是否合理? 学习的辅助资源是否良好:使用手册或其他文件、教学软件、辅助对话窗、电话提供技术支持? 想对这两项待考虑的问题有更深入的认识,你应该去问问其他使用者,并参考Weitzman & Miles (1994)。

如何选择软件：关键问题

"哪种软件是最好的？"这个问题没有简单的答案。要选到对你而言正确的软件，取决于你要完成的计算机工作之层级、你要完成的研究计划、还有你要进行的分析类型。仔细想想以下问题，将有助于你考虑某些特定程序的更细节处。

你是哪类型的计算机使用者

如果你是计算机使用的新手，我们建议你最好赶快去问问朋友，去选购一种文字处理程序，然后使用它；请了解你的计算机操作系统（是 MS-DOS 或是麦金塔系统），而且要能熟练地打出文章，并会灵活地在文章里游走，还会修改它。这些练习可以让你进入计算机功力的第一级。

也许你已经精通了好几种程序，可以轻松地运用你的计算机系统，并且清楚地知道：自己若要探索与学习新程序，该怎么做。如果你的计算机功力达到这些水平，那么你算是第二级功力。

如果你对计算机运作的输入与输出有主动的兴趣，而且可以轻松地修改、撰写巨程序，那么你的计算机功力已达第三级。（本文不谈第四级的"黑客"，这种人是靠计算机来生活与呼吸的。）

如果你的功力是第一级，请注意你想采用的程序对使用者的体贴程度。去找一个功力二级的朋友，最好他也是个质性研究者，请他解释该程序中你还弄不清楚的特征。了解此特征时，请将它和你的研究与对资料分析的规划，放在一起思考。这位朋友也可以作为你选用该程序的后盾，你在试用该程序时，请他从旁指点一下。

如果你的功力是第二级，那么可以参考 Weitzman & Miles（1994），阅读此书你应该不会有什么困难，让书中详细的解说，协助你去思考一些初步的决定。请务必确认：你感兴趣的程序是否与你的研究和分析需求相搭配，尤其是当该程序对使用者的要求很高时。请试着去找一些正在使用该程序的朋友。如果对该程序有任何疑问，你应该去请教功力二级或三级的朋友，最好他也是质性研究者。等你要安装或启用该程序时，就应该去向功力三级的朋友讨教。

如果你的计算机功力是第三级，那么你对了解程序的细节，应该不会有什么困难。不过不要因为该程序某项有趣的特征，就让你忘了重要的问题：你的研究是什么性质？你对资料分析所做的规划是哪一类？请务必记得要连带这些问题，一起来考虑程序的选用。

总而言之，无论是在选用程序之前，或使用程序初期，我们都非常强调朋友的重要。朋友对之前与之中的问题都能提供很多协助。如果你使用计算机时，靠自己独自摸索，或是借着手册与教学程序来学习，这样通常是颇为困难的。学习任何新事物都应该是一种互动的过程，此时朋友可以快速地、方便地提供支持、秘诀、新点子与技巧。朋友也不会让你觉得困窘，朋友之间是相互学习的。

无论你是 MS-DOS 或麦金塔计算机的使用者，最后还有一个重要的问题必须注意。虽然有不少计算机程序是两者通用的,但也有些程序只适用一种系统。如果你已经习惯于直觉式、点选按击、图像阅读与麦金塔式弹性学习型,那么如果要你按键打出指令,你可能会觉得不耐烦。如果该程序能够随时提供一份供点选的指令清单,这样对 MS-DOS 使用者应该是较为方便的。

资料库与研究计划是哪一类型

第二项基本问题,是有关于你的研究计划和资料库的性质。当你在检查程序的细微特征时,必须将这项基本问题,连同以下项目一起来考虑。

资料来源:单一或多重　你可能由多重来源搜集资料(如:你研究一个学生个案,而你会访谈数名老师、家长、朋友与该学生本人)。那么你就该看看该程序是否擅长作连结,比方说:它是否具有"超文件"的功能,它是否能够贴上"来源标签",让你方便地知道资料的出处。

单个案或多个案　如果你进行多个案研究,你可能会依据主旨或结构将诸个案分类;也许你只分析其中数个个案;或者你要作跨个案分析。这时,请注意该计算机软件是否能够仅选择资料库的一部分来分析,是否能够跨个案作结构分析或其他类型的分析。

资料格式固定或可修改　你要处理的资料之格式也需要好好考虑。有些研究资料是固定的,不能修改的。例如:官方文件、莎士比亚的戏剧与调查问卷的填答情形。而有些研究资料是需要不断调整的,例如:加上代码、评注、备忘录、更正等。有些程序可让你轻松地修改资料库;有些程序则很麻烦:修改工作会花费你很多时间与气力。另有些程序则完全不让你修改资料,除非你从头开始。

结构化或开放式　你的资料是结构严谨的,还是不限格式的?如果资料来自于标准化的问卷或访谈,就属于结构严谨的资料;如果你的资料来自于田野札记与参与观察,就属于不限格式的资料。通常高度结构化的资料在处理上比较轻松、快速,也较容易用计算机修改。

单一或多重的资料搜集方式　你的资料可能全部来自于访谈,也可能来自许多搜集方式,如:文件、观察、问卷、照片、录音带与录像带。有些程序可以简便地处理各种资料,有些程序则不能。所以还是要注意看看该程序是否具备良好的文件连结功能,也就是"超文件"的功能。

资料库的规模　计算机程序的资料库容量可以用多种方式表示,如:个案数、档案数、档案的大小以及总字符数。(粗略估计,单行间距的一页英文资料约占2 K,中文资料一页约为 2.7 K)。请先估计一下你的资料总量,然后加倍计算。大多数的程序容量都很大,不过你还是要检查一下。

你预期要作哪类型的分析

一般来说,软件的选用也受到你要作的分析之类型的影响。此处并不是指分析的细节,而是指你预期自己的分析要采用的取向。

解释取向或证明取向　你的研究是准备找一个方面做一深究,或是要验证你心中已有的特定假设? 如果是前者,你需要的程序应具有以下特征:可快速搜寻与检索资料,便于编码与修改,可绘制良好的图表。但如果你的研究是要验证假设,你需要的程序就应该长于建立理论。有些程序主要用于搜寻检索文字,它们检测理论的功能就相当有限了。

编码系统是预定式或发展式　你的研究所用的编码系统是预先规划好的? 或是逐渐发展的,亦即采取"不断比较法"形成编码系统(Strauss & Corbin, 1990)? 如果是后者,你需要的程序应该是:能够让你在显示器上直接编码,且/或自动编码;而不需要你在纸上编码;而且修码也要方便。此时若有"超文件"的功能,也会很有帮助。

编码是多重式或单一式　有些程序可以让你对同一段文字指定多个代码,包括较高层级的代码,并且将文块有所重叠地去编码。不过有些程序就不能做到这样,一段文块只能有一个代码。

分析过程是反复式或一次式　你有时间而且愿意不断地、多次地去分析资料吗? 或者因为能力与资源有限,你只能作一次的资料分析吗? 若是后者,你需要的程序应该具有以下特色:富弹性、便于重复分析资料、可以为你产生工作日志,记录下你的工作进程(这一步骤和你的分析记录是否可以修改,有关联)。

分析的精确程度　你的分析是着重特定的字汇吗? 或是以行为单位的文字? 或是不限格式的段落? 句? 段? 页? 整个档案? 你应该注意该程序能让你(或规定你/不准你)作怎样的分析。其弹性如何? 你能否自由决定看见多长的资料内容?

对资料所在脉络的重视程度　当程序将资料抽取出来供你检查时,你需要看见附近多长的资料? 你是否只需要看见该字汇或词组本身就可以了? 你是否需要看见前面与后面的数行/数句/数段? 你是否需要看见整个档案? 你看见的资料上是否需要附加上"来源卷标",显示资料的来源(例如:与 Brenda Keeler 第 2 次访谈,第 29 页,第 12 行)? 各种程序在这一功能上的差异很大。

对资料展示的想法　如果你可以在一个页面上看见组织好的与压缩过的资料,那么会对分析有很大的帮助。有些程序展示出来的资料是一份清单,有些是矩阵表,有些则是网络图或是阶层体系图。

单纯质性资料或质量兼具　如果你的研究有可能要处理数字资料,那么请注意该程序是否能计算,且/或是否可以将资料寄到其他专门处理数字资料的程序?

最后一点:请想想你是不是专门为现在这一研究选用程序? 或者还想要在未来数年里都运用此程序? 一般的字处理软件无关乎你未来要撰写些什么东西,因此,多数人都是选购一种字处理软件后就一直用它,一直用到某种更好的软件出现,而且让人想要去学这种新软件之时。可是质性分析程序比较倾向于为某些分析功能而设计的。如果要改换新程序,可是相当费时且花钱的事。请想好:你是否要为现在这一研究,选择一种最合用的程序? 或是另选一种程序,它能适用于你未来数年要作的各类研究?

程序的特色

表 A.1　程序的特色

	版数	作业系统	编码	搜寻与检索	资料库管理	写备忘录	资料连结	建立表格	建立网状图	建立理论	使用体贴度
AQUAD	[3.2]	D	■	◐	□	■		◐		■	√√
askSam	[5.1]	DW		●	■	□	■				√√
ATLAS/ti	[1.0e]	D	■	◐	□	■	■	○	●[a]	■	√√√
Folio Views	[3.0]	DW	■	◐	■	■	■				√√√
HyperQual[b]	[4.3]	Mc	■	○	■	■	■	○			√√
HyperRESEARCH	[1.5]	McW	■	◐	□	■	■			■	√√√
Inspiration	[4.0]	Mc		○		■			●		√√√
Kwalitan	[3.1]	D	■	◐	□	■	□			□	√√√
MAX[b]	[3.x]	D	■	○		■					√√
MECA	[1.0]	McDU				■			◐	■	√√
Meta Design	[4.0]	McW		○		□	■		●		√√
Metamorph[c]	[3.5]	McDUM		●[d]	□	□	■				√
	[4.0]	McWU	□	●[d]	□	□	■				√√
NUDIST	[2.3]	McWUM	■	●	□		□	◐		■	√
	[3.0]	Mc	■	●	□	■	●	●	◐	■	√√
Orbis[b,e]	[1.0]	DW	□	●	■	□	■	□			√√
QCA	[3.0]	D		○		□		◐		■	√
QUALPRO	[4.0]	D	■	●	□	□					√√√
SemNet	[1.0.2]	Mc		◐		■	■		●	■	√√
Sonar Professional	[8.4]	McW		●	□	■	□			□	√√
The Ethnograph	[4.0]	D	■	◐	□	■			○		√√
The Text Collector	[1.7]	D		●	□						√√√
WordCruncher	[4.5]	D		◐	□		■				√
	[Beta]	W		●	□	■	■				√√
ZyIndex	[5.0]	DW		●	□	■	■				√

■ ＝专为此目的设计的，就我们所知（效能可能有强有弱）
□ ＝不是专为此目的设计的，但可达到基本的水准
空白＝不具此功能

● ＝强　　　　√ ＝不体贴
◐ ＝中　　　√√ ＝相当体贴
○ ＝弱　　√√√ ＝非常体贴
空白＝缺

作业系统：Mc ＝麦金塔　　　D ＝ DOS；　　　U ＝ Unix；
　　　　　M ＝主机　　　　W ＝ Windows

[a]在绘图方面比 Inspiration 和 MetaDesign 能力稍弱，但可以从资料中产生网络图。

[b]未实际使用，以了解其性能；乃由说明文件详断其性能，故属推测性质。

[c]依据 3.5 版的使用经验，以及 4.0 版的试用版，故对 4.0 版的了解含有推测的成分。

[d]是用来检索原始文字，这是颇独特的。

[e]可以成为外加的模组，配合 XyWrite 4.0 或 NotaBene 4.0 等文字处理软件。此程序之评比包含文字处理的功能在内。

程序设计者与经销商

AQUAD: Günter Huber, University of Tübingen, Department of Pedagogical Psychology. Munzgasse 22-30, D72070 Tübingen. Germany Phone: 49-7071-292113. Fax: 49-7071-294954. E-mail: 100115. 230@ compuserve. com. *

askSam: P. O. Box 1 428, 119 S. Washington St. , Perrv, FL 32347. Phone: (800)800-1997; (904)584-6590. Fax: (904) 584-7481. Tech support: (904)584-6590.

ATLAS/ti: Thomas Muhr, Trautenaustr. 12, D10717 Berlin, Germany Phone and Fax: 49-30-861 1415. E-mail: muhr@ cs. tu-berlin. de *.

FolioVIEWS: Folio Corporation, 2155 N. Freedom Blvd. , Suite 150, Provo, UT84604. Phone(800)543-6546.

HyperQual: Raymond V. Padilla, 3327 N. Dakota, Chandler, AZ 85224. Phone(602)892-9173. *

HyperRESEARCH: Researchware, Inc. , 20 Soren St. , Randolph. MA 02368-1945. Phone: (617)961-3909.

Inspiration: Inspiration Software, Inc. , 2920 S. W. Dolph Ct. , Suite 3, Portland, OR 97219. Phone: (503)245-9011.

Kwalitan: Vincent Peters. Department of Research Methodology, Social Sciences Faculty, University of Nijmegen, Th. van Acquinostraat 4, 6525 GD Nijmegen, The Netherlands. Phone 31-80-612038. Fax: 31-80-612351. E-mail: U211384 @ HNYKUN11.

MAX : Udo Kuckartz, Free University of Berlin, Institute for Social and Adult Education, Arnimallee 12, D-14195 Berlin, Germany. Phone: 49-30-838 5539. Fax: 49-30-838 5889. *

MECA : Kathleen Carley, Department of Social and Decision Sciences, Carnegie Mellon University, Pittsburgh, PA 15568. Phone: (412)268-3225. E-mail: Kathleen. Carley% CENTRO. SOAR. CS. CMU. EDU@ Carnegie. Bitnet.

MetaDesign: Meta Software Corporation, 125 Cambridge Park Dr. , Cambridge, MA 02140. Phone: (617)576-6920. Fax: (617)661-2008.

Metamorph: Thunderstone Expansion Programs International, Inc. , 11115 Edgewater Dr. , Cleveland, OH 44102. Phone: (216)631-8544. Fax: (216)281-0828.

NUDIST: Tom and Lyn Richards, Oualitative Solutions and Research Pty Ltd. , 2 Research Drive, La Trobe University, Melbourne, Vic. 3083, Australia. Phone: 61-3-479-1311. Fax: 61-3-479-4441. E-mail: nudist@ latcsl. lat. oz. au.

Orbis : XYQuest, The Technology Group, Inc. , 36 S. Charles St. , Baltimore, MD 21201. Phone: (410) 576-2040. Fax: (410)576-1968.

QCA: Kriss Drass and Charles Ragin, Center for Urban Affairs and Policy Research, Northwestern University, Evanston, IL 60208. Phone: (708)491-8712. E-mail: kadrass@ nevada. edu; cragin@ nwu. edu.

QUALPRO: *Impulse* Development Company, 3491-11 Thomasville Rd. , Suite 202, Tallahassee FL 32308, or Bernard Blackman, 2504 Debden Ct. , Tallahassee, FL 32308-3035. Phone: (904)668-9865. Fax: (904)668-9866. *

SemNet: Dr. Joseph Faletti, SemNet Research Group, 1043 University Ave. , San Diego, CA 92103. Phone: (619) 594-4453.

Sonar Professional: Virginia Systems, Inc. , 5509 West Bay Ct. , Midlothian, VA23112. Phone: (804)739-3200.

The Ethnograph: Qualis Research Associates, P. O. Box 2070, Amherst, MA01004. Phone: (413)256-8835. E-mail: Qualis @ mcimail. com. *

The Text Collector: O' Neill Software, P. O. Box 26111, San Francisco, CA 94126. Phone: (415)398-2255.

WordCruncher: Johnston & Co. , 314 E. Carlyle Ave. , Alpine, UT 84004. Phone: (801)756-1111.

ZyINDEX: ZyLABCorporation, 100LexingtonDr. , Buffalo Grove, IL 60089. Phone: (800)544-6339; (708)459-8000. Fax: (708)459-8054.

* 标示是星号者,表示该程式也由 Qualitative Research Management 经销与赞助。该机构的地址是: 73425 Hilltop Rd. , Desert Hot Springs CA92240。电话是(619)329-7026。该机构也提供质性资料分析的咨询与培训等服务。

参考书目

Fielding, N. G. , & Lee, R. M. (1991). *Using computers in qualitative research.* London：Sage.

是一本文集，重点在讨论质性研究运用计算机时潜藏的各种议题。程序
Ethnograph 与 NUDIST 的设计人也为此书撰文。

Richards, T. , & Richards, L. (1994). Using computers in qualitative analysis. In N. Denzin & Y. Lincoln (Eds.),
Handbook of qualitative research. Thousand Oaks. CA：Sage.

完整概述各种程序及其结构，着重分析方面的议题。

Tesch, R. (1990). *Qualitative research：Analysis types and software tools.* New York：Falmer.

说明质性研究的类型，详述 6 种程序，包括：ETHNO, TAP, QUALPRO, The
Ethnograph, TEXTBASE ALPHA and HyperQual。

Tesch , R. (Ed.). (1991). Computers and qualitative data[Special issues, Parts 1 and 2]. *Qualitative Sociology*,*14*(3
& 4).

是一本期刊专辑，撰文者包括数种程序的设计人：HyperQual, ATLAS/ti,
HyperRESEARCH, NUDIST and AQUAD.

Weitzman, E. , & Miles, M. B. (1994). *Computer programs for qualitative data analysis.* Thousand Oaks, CA：Sage.

详述本书附录所介绍的 22 种程序。

Abbott, A. (1990). A primer on sequence methods. *Organization Science*, *1*(4), 375-392.

Abbott, A. (1992a). From causes to events: Notes on narrative positivism. *Sociological Methods and Research*, 20 (4), 428-455.

Abbott, A. (1992b). What do cases do? Some notes on activity in sociological analysis. In C. Ragin & H. Becker (Eds.), *What is a case? Exploring the foundations of social inquiry* (pp. 53-82). New York: Cambridge University Press.

Abramson, P. R. (1992). *A case for case studies: An immigrant's journal*. Newbury Park, CA: Sage.

Adams, R., & Preiss, J. (Eds.). (1960). *Human organization research*. Homewood, IL: Dorsey.

Adler, T. (1991, December). Outright fraud rare, but not poor science. *APA Monitor*, p. 11.

Agar, M. H. (1980). *The professional stranger: An informal introduction to ethnography*. New York: Academic Press.

Agar, M. H. (1986). *Speaking of ethnography* (Qualitative Research Methods Series, Vol. 2). Beverly Hills, CA: Sage.

Akeroyd, A. V. (1991). Personal information and qualitative research data: Some practical and ethical problems arising from data protection legislation. In N. G. Fielding & R. M. Lee (Eds.), *Using computers in qualitative research* (pp. 88-106). London: Sage.

Akmajian, A. (1990). *Linguistics: An introduction to language and communication*. Cambridge: MIT Press.

Aldenderfer, M. S., & Blashfield, R. K. (1984). *Cluster analysis* (Quantitative Applications in the Social Sciences Series, No. 44). Beverly Hills, CA: Sage.

Allison, P. D. (1984). *Event history analysis* (Quantitative Applications in the Social Sciences Series, No. 46). Beverly Hills, CA: Sage.

American Educational Research Association. (1992). Ethical standards of the American Educational Research Association. *Educational Researcher*, *21*(7), 23-26.

American Psychological Association (APA). (1992). Ethical principles of psychologists and code of conduct. *American Psychologist*, *47*(12), 1597-1628.

American Sociological Association. (1989). *Code of ethics*. Washington, DC: Author.

Antaki, C. (Ed.). (1988). *Analysing everyday explanation: A casebook of methods*. London: Sage.

Argyris, C., Putnam, R., & Smith, D. M. (1985). *Action science: Concepts, methods, and skills for research and intervention*. San Francisco: Jossey-Bass.

Asch, S. E. (1951). Effects of group pressure upon the modification and distortion of judgments. In H. Guetzkow (Ed.), *Groups, leadership, and men* (pp. 177-190). Pittsburgh: Carnegie Press.

Asher, H. B. (1983). *Causal modeling* (2nd ed.). Beverly Hills, CA: Sage.

Atkinson, P. (1991). Supervising the text. *Qualitative Studies in Education*, *4*(2), 161-174.

Atkinson, P. (1992). *Understanding ethnographic texts* (Qualitative Research Methods Series, Vol. 25). Newbury Park, CA: Sage.

Axelrod, R. (Ed.). (1976). *Structure of decision: The cognitive maps of political elites*. Princeton, NJ: Princeton University Press.

Bailey, K. D. (1982). *Methods of social research* (2nd ed.). New York: Free Press.

Ball, M. S., & Smith, G. W. H. (1992). *Analyzing visual data* (Qualitative Research Methods Series, Vol. 24). Newbury Park, CA: Sage.

Barker, R. G., & Wright, H. F. (1971). *Midwest and its children: The psychological ecology of an American town*. Hamden, CT: Archon.

Barone, T. (1990). Using the narrative text as an occasion for conspiracy. In E. W. Eisner & A. Peshkin (Eds.), *Qualitative inquiry in education: The continuing debate* (pp. 305-326). New York: Teachers College Press.

Bartlett, L. (1990). *The dialectic between theory and method in critical interpretive research*. St. Lucia, Queensland, Australia: University of Queensland, Department of Education.

Becker, H. S. (1958). Problems of inference and proof in participant observation. *American Sociological Review*, *23*, 652-660.

Becker, H. S. (1970). *Sociological Work*. Chicago: Aldine.

Becker, H. S. (1978). Do photographs tell the truth? *After Image*, *5*, 9-13.

Becker, H. S. (1986). *Writing for social scientists: How to finish your thesis, book, or article*. Chicago: University of Chicago Press.

Becker, H. S. (1990). Generalizing from case studies, In E. W. Eisner & A. Peshkin (Eds.), *Qualitative inquiry in education: The continuing debate* (pp. 233-242). New York: Teachers College Press.

Becker H. S., Geer, B., Hughes, E. C., & Strauss, A. L. (1961). *Boys in white*. Chicago: University of Chicago Press.

Becker, H. S., Gordon, A. C., & LeBailly, R. K. (1984). Field work with the computer: Criteria for assessing systems [Entire issues]. *Qualitative Sociology*, *7*(1-2).

Berelson, B. (1971). *Content analysis in communication research*. New York: Hafner.

Berg, B. L. (1989). *Qualitative research methods for the social* sciences. Boston:Allyn & Bacon.

Bergman, R. G. (1989). Irreproducibility in the scientific literature:How often do scientists tell the whole truth and nothing but the truth? *Ethical and Policy Perspectives on the Professions*,8(2),2-3.

Bermant,G. , & Warwick, D. P. (1978). The ethics of social intervention:Power,freedom,and accountability. In G. Bermant, H. C. Kelman,& D. P. Warwick(Eds.), *The ethics of social intervention*(pp. 377-418). Washington:Hemisphere.

Bernard, H. R. (1988). *Research methods in cultural anthropology*. Newbury Park,CA:Sage.

Bernard,H. R. (1991). About text management and computers. *Cultural Anthropology Methods Newsletter*,3(1),1-4,7,12.

Berry, W. D. (1984). *Nonrecursive causal models* (Quantitative Applications in the Social Sciences Series, No. 37). Beverly Hills,CA:Sage.

Bhaskar, R. (1978). *A realist theory of science*. Leeds:Leeds Books.

Bhaskar,R. (1989). *Reclaiming reality:A critical introduction to contemporary philosophy*. London:Verso.

Blalock. H. M. (1964). Causal inferences in nonexperimental research. Chapel Hill:University of North Carolina Press.

Blalock, H. M. (1971). *Causal models in the social sciences*. Chicago:Aldine.

Bliss, J. , Monk , M. , & Ogborn, J. (1983). *Qualitative data analysis for educational research:A guide to uses of systemic networks*. London:Croom Helm.

Blumer, H. (1962). Society as symbolic interaction. In A. M. Rose (Ed.), *Human behavior and social processes* (pp. 179-192). Boston:Houghton Mifflin.

Blumer, H. (1969). *Symbolic interactionism: Perspective and method*. Englewood Cliffs. NJ:Prentice-Hall.

Bogdan, R. , & Biklen, S. K. (1992). *Qualitative research for education:An introduction to theory and methods* (2nd ed.). Boston:Allyn & Bacon.

Bogdan,R. ,& Easterday,L. (n. d.). *What's in good field notes?* Syracuse,NY:Syracuse University,Center on Human Policy.

Bogdan,R. ,& Taylor, S. J. (1975). *Introduction to qualitative research methods*. New York:John Wiley.

Bollen,K. A. ,& Long, J. S. (1993). *Testing structural equation models*. Newbury Park,CA:Sage.

Borman, K. M. (1985, April). *What is qualitative analysis, and why it doesn't work*. Paper presented at the Annual Meeting of the American Educational Research Association,Chicago.

Borman,K. M. (1991). *The first "real" job:A study of young workers*. Albany,NY:State University of New York Press.

Brandt, R. M. (1981). *Studying behavior in natural settings*. Lanham,MD:University Press of America.

Brewer, J. , & Hunter, A. (1989). *Multimethod research:A synthesis of styles*(Sage Library of Social Research, Vol. 175). Newbury Park,CA:Sage.

Bronfenbrenner, U. (1976). The experimental ecology of education. *Teachers College Record*,78(2),157-178.

Brown,M. J. M. (1991). *Validity and the problem of reality:An issue of trust*. Paper presented at the American Educational Research Association Annual Meeting,Chicago.

Bruner, E. M. (1984). Introduction: The opening up of anthropology. In S. Plattner,& E. M. Bruner(Eds.), *Text ,play, and story:The construction and reconstruction of self and society* (pp. 1-16). Washington:American Ethnological Society.

Bruyn, S. (1966). *Human perspective in sociology*. Englewood Cliffs,NJ:Prentice-Hall.

Bryman, A. (1988). *Quantity and quality in social research*. London:Unwin Hyman.

Bulmer,M. (1979). Concepts in the analysis of qualitative data. *Sociological Review*,27(4),651-677.

Burgess,R. G. (Ed.). (1989). *The ethics of educational research*. New York:Falmer.

Campbell,D. T. (1966). Pattern matching as an essential in distal knowing. In K. Hammond (Ed.), *The psychology of Egon Brunswik*(pp. 81-106). New York:Holt, Rinehart.

Campbell,D. T. (1974, August-September). *Quantitative knowing in action research*. Kurt Lewin Award Address, Society for the Psychological Study of Social Issues. Presented at the Annual Meeting of the American Psychological Association, New Orleans.

Campbell,D. T. (1975). Degrees of freedom and the case study. *Comparative Political Studies*,8,178-193.

Campbell, D. T. (1979). "Degrees of freedom" and the case study. In T. D. Cook & C. S. Reichardt(Eds.), *Qualitative and quantitative mehods in evaluation research* (pp. 49-67). Beverly Hills,CA:Sage.

Campbell,D. T. (1986). Relabeling internal and external validity for applied social scientists. In W. M. K. Trochim (Ed.), *Advances in quasi-experimental design and analysis*(pp. 67-77) (New Directions for Program Evaluation, No. 31). San Francisco:Jossey-Bass.

Campbell, D. T. , & Fiske, D. (1959). Convergent and discriminant validation by the multitrait-multimethod matrix. *Psychological Bulletin*,56,81-105.

Caracelli, V. J. ,& Greene, J. C. (1993). Data analysis strategies for mixed-method evaluation designs. *Educational Evaluation and Policy Analysis*,15(2),195-208.

Carley, K. (1990). Content analysis. In R. E. Asher et al. (Eds.), *The encyclopedia of language and linguistics*. Elmsford,NY:Pergamon.

Carley, K. (1993). Coding choices for textual analysis:A comparison of content analysis and map analysis. *Sociological Methodology*,23,75-126.

Carney,T. F. (1990). *Collaborative inquiry methodology*. Windsor, Ontario,Canada:University of windsor,Division for Instructional Development.

Carspecken, P. F. , & Apple, M. (1992). Critical qualitative research:Theory, methodology, and practice. In M. LeCompte, W. Millroy,& J. Preissle(Eds.), *The handbook of qualitative research in education* (pp. 507-554). New York:Academic Press.

Cassell,J. ,& Jacobs,S. E. (1987). *Handbook on ethical issues in anthropology*. Washington, DC:American Anthropological Association.

Casti,J. L. (1992). *Searching for certainty: What scientists can know about the future*. New York:Morrow.

Champagne, A. B. , Klopfer, L. E. , Desena, A. T. , & Squires, D. A. (1981). Structural representation of students' knowledge before and after science instruction. *Journal of Research in Science Teaching*,18(2),97-111.

Chenail,R. J. (1991). *Medical discourse and systematic frames of comprehension*(Advances in Discourse Processes, Vol. XLII). Norwood,NJ:Ablex.

Chesler,M. (1987). *Professionals' views of the "dangers" of self-help groups* (CRSO Paper 345). Ann Arbor, MI: Center for Research on Social Organization.

Christensen-Szalanski, J. J. J. , & Beach, L. R. (1984). The citation bias:Fad and fashion in the judgment and decision literature. *American Psychologist*,39,75-78.

Clark,C. (1990). What you can learn from applesauce:A case of qualitative inquiry in use. In E. W. Eisner & A. Peshkin (Eds.), *Qualitative inquiry in education:The continuing debate* (pp. 327-338). New York:Teachers College Press.

Clauset, K. H. , Jr. (1989, March). *The dynamics of project implementation*. Paper presented at the Annual Meeting of the Comparative and International Education Society, Harvard Graduate School of Education,Cambridge,MA.

Clauset,K. H. ,Jr. ,& Gaynor, A. K. (1992). Educational policy analysis:An analysis of effective and ineffective schools using the system dynamics method. In R. L. Levine & H. E. Fitzgerald

(Eds.), *Analysis of dynamic psychological systems*: Vol. 2. *Methods and applications* (pp. 303-323). New York: Plenum.

Cleveland, W. S. (1985). *The elements of graphing data*. Belmont, CA: Wadsworth.

Clifford, G. J. (1988). The historical recovery of Edyth Astrid Ferris. *Educational Researcher*, *17*, 4-7.

Clough, P. T. (1992). *The end(s) of ethnography: From realism to social criticism*. Newbury Park, CA: Sage.

Connelly, F. M., & Clandinin, D. J. (1990). Stories of experience and narrative inquiry. *Educational Researcher*, *19*(4), 2-14.

Constas, M. A. (1992). Qualitative analysis as a public event: The documentation of category development procedures. *American Educational Research Journal*, *29*(2), 253-266.

Corbett, D., & Wilson, B. L. (1991). *Testing, reform, and rebellion*. Norwood, NJ: Ablex.

Counelis, J. S. (1991). Review of B. L. Berg, *Qualitative research methods for the social sciences*. *Qualitative Studies in Education*, *4*(3), 267-269.

Crandall, D. P., & Associates. (1983). *People, policies, and practices: Examining the chain of school improvement* (Vols. I-X). Andover, MA: Network.

Crane, J. G., & Angrosino, M. V. (1974). *Field projects in anthropology: A student handbook*. Morristown, NJ: General Learning.

Cressey, D. R. (1953). *Other people's money: A study in the social psychology of embezzlement*. New York: Free Press.

Cusick, P. (1985a). Review of *Reading, writing, and resistance*. *Anthropology and Education Quarterly*, *16*, 69-72.

Cusick, P. (1985b). Comment on the Everhart/Cusick reviews. *Anthropology and Education Quarterly*, *16*, 246-247.

Dalin, P., Ayano, T., Biazen, A., Jahan, M., Miles, M. B., & Rojas, C. (1992). *How schools improve: International report*. Oslo, Norway: IMTEC.

Davis, F. (1959). The cabdriver and his fare: Facets of a fleeting relationship. *American Journal of Sociology*, *65*, 158-165.

Davis, J. A. (1985). *The logic of causal order* (Quantitative Applications in the Social Sciences Series, Vol. 55). Beverly Hills. CA: Sage.

Dawes, R. (1971). A case study of graduate admissions: Applications of three principles of human decision-making. *American Psychologist*, *26*, 180-188.

Dawson, J. A. (1979, April). *Validity in qualitative inquiry*. Paper presented at the Annual Meeting of the American Educational Research Association, San Francisco.

Dawson, J. A. (1982, March). *Qualitative research findings: What do we do to improve and estimate their validity?* Paper presented at the Annual Meeting of the American Educational Research Association, New York.

Dean, J., Eichorn, R., & Dean, L. (1967). Observation and interviewing. In J. T. Doby (Ed.), *An introduction to social research* (pp. 284-286). New York: Meredith.

Degener, D. (Ed.). (1983). Improving school improvement: New study shows that most schools improve under SIP [Entire issue]. *Research and Educational Practice in the Far West*, February.

Denzin, N. K. (1978). *Sociological methods: A source book* (2nd ed.). New York: McGraw-Hill.

Denzin, N. K. (1983). Interpretive interactionism. In G. Morgan (Ed.), *Beyond method: Strategies for social research* (pp. 129-146). Beverly Hills, CA: Sage.

Denzin, N. K. (1989a). *Interpretive biography* (Qualitative Research Methods Series, Vol. 17). Newbury Park, CA: Sage.

Denzin, N. K. (1989b). *Interpretive interactionism* (Applied Social Research Methods Series, Vol. 16). Newbury Park, CA: Sage.

Denzin, N., & Lincoln, Y. S. (Eds.). (1994). *Handbook of qualitative research*. Thousand Oaks, CA: Sage.

Deyhle, D. L., Hess, G. A., Jr., & LeCompte, M. D. (1992). Approaching ethical issues for qualitative researchers in education. In M. D. LeCompte, W. Millroy, & J. Preissle (Eds.), *The handbook of qualitative research in education* (pp. 597-642). New York: Academic Press.

Dilthey, W. (1911/1977). *Descriptive psychology and historical understanding*. Translated by R. M. Zaner & K. L. Heiges. The Hague, Netherlands: Nijhoff.

Donmoyer, R. (1990). Generalizability and the single case study. In E. Eisner & A. Peshkin (Eds.), *Qualitative inquiry in education: The continuing debate* (pp. 175-200). New York: Teachers College Press.

Douglas, J. (1976). *Investigative social research*. Beverly Hills, CA: Sage.

Douvanis, C. J., & Brown, J. A. (1992, March). *Confidential and privileged communications: Legal and ethical concepts in research*. Paper presented at the Annual Conference of the Eastern Educational Research Association, Hilton Head, SC.

Draper, S. W. (1988). What's going on in everyday explanation? In C. Antaki (Ed.), *Analyzing everyday explanation: A casebook of methods* (pp. 15-31). Newbury Park, CA: Sage.

Dreitzel, H. P. (1970). Introduction: Patterns of communicative behavior. In H. Dreitzel (Ed.), *Recent sociology* (No. 2, pp. vii-xxii). London: Macmillan.

Duncker, K. (1945). On problem-solving [Entire issue]. *Psychological Monographs*, *58*(5).

Eco, U. (1982). *Le nom de la rose*. Paris: Ed. Grasset.

Eden, C., Jones, S., & Sims, D. (1983). *Messing about in problems: An informal structured approach to their identification and management*. Elmsford, NY: Pergamon.

Edwards, W. (1968). Conservatism in human information processing. In K. B. Kleinmuntz (Ed.), *Formal representation of human judgment* (pp. 17-52). New York: John Wiley.

Eisenhardt, K. M. (1989a). Building theories from case study research. *Academy of Management Review*, *14*(4), 532-550.

Eisenhardt, K. M. (1989b). Making fast strategic decisions in high-velocity environments. *Academy of Management Journal*, *32*(3), 543-576.

Eisenhart, M. A., & Howe, K. R. (1992). Validity in educational research. In M. D. LeCompte, W. L. Millroy, & J. Preissle (Eds.), *The handbook of qualitative research in education* (pp. 643-680). New York: Academic Press.

Eisner, E. W. (1991). *The enlightened eye: Qualitative inquiry and the enhancement of educational practice*. New York: Macmillan.

Ely, M., Anzul, M., Friedman, T., Garner, D., & Steinmetz, A. M. (1991). *Doing qualitative research: Circles within circles*. London: Falmer.

Erickson, F. (1977). Some approaches to inquiry in school-community ethnography. *Anthropology and Education Quarterly*, *8*(2), 58-69.

Erickson, F. (1986). Qualitative methods in research on teaching. In M. C. Wittrock (Ed.), *Handbook of research on teaching* (3rd ed., pp. 119-161). New York: Macmillan.

Erickson, F., & Wilson, J. (1982). *Sights and sounds of life in schools: A resource guide to film and videotape for research and education*. East Lansing: Michigan State University, College of Education, Institute for Research on Teaching.

Everhart, R. (1985a). Review of *The egalitarian ideal and the American high school*. *Anthropology and Education Quarterly*, *16*, 73-77.

Everhart, R. (1985b). Comment on the Everhart/Cusick reviews. *Anthropology and Education Quarterly*, *16*, 247-248.

Faulconer, J. E., & Williams, R. N. (1985). Temporality in human action: An alternative to positivism and historicism. *American Psychologist*, *40*(11), 1179-1188.

Faust, D. (1982). A needed component in prescriptions for science: Empirical knowledge of human cognitive limitations. *Knowledge: Creation, Diffusion, Utilization*, *3*, 555-570.

Festinger, L. (1957). *A theory of cognitive dissonance*. Evanston, IL: Row, Peterson.

Fetterman, D. M. (Ed.). (1984). *Ethnography in educational evaluation. Beverly Hills, CA : Sage.*

Fetterman, D. M. (1989). *Ethnography step by step*(Applied Social Research Methods Series, Vol. 17). Newbury Park, CA : Sage.

Fielding, N. G., & Fielding, J. L. (1986). *Linking data : The articulation of qualitative and quantitative methods in social research*(Qualitative Research Methods Series, Vol. 4). Beverly Hills, CA : Sage.

Fielding, N. G., & Lee, R. M. (1991). *Using computers in qualitative research.* London : Sage.

Firestone, W. A. (1987). Meaning in method : The rhetoric of quantitative and qualitative research. *Educational Researcher, 16* (7), 16-21.

Firestone, W. A. (1990). Accommodation : Toward a paradigm-praxis dialectic. In E. G. Guba (Ed.), *The paradigm dialog* (pp. 105-124). Newbury Park, CA : Sage.

Firestone, W. A. (1993). Alternative arguments for generalizing from data as applied to qualitative research. *Educational, Researcher, 22*(4), 16-23.

Firestone, W. A., & Herriott, R. E. (1983). The formalization of qualitative research : An adaptation of "soft" science to the policy world. *Evaluation Review, 7*, 437-466.

Fischer, C., & Wertz, F. (1975). Empirical phenomenological analyses of being criminally victimized. In A. Giorgi (Ed.), *Phenomenology and psychological research* (pp. 135-158). Pittsburgh : Duquesne University Press.

Flinders, D. J. (1992). In search of ethical guidance : Constructing a basis for dialogue. *Qualitative Studies in Education, 5*(2), 101-116.

Fornell, C. (Ed.). (1982). *A second generation of multivariate analysis.* New York : Praeger.

Forrester, J. W. (1973). *Principles of systems.* Cambridge, MA : WrightAllen.

Forrester, J. W. (1990). System dynamics as a foundation for pre-college education. In D. F. Anderson, G. P. Richardson, & J. D. Sterman (Eds.), *System Dynamics' 90, 1* (pp. 367-380). Chestnut Hill, MA : System Dynamics Society.

Fredericks, M., & Miller, S. (1988). Some notes on confirming hypotheses in qualitative research : An application. *Social Epistemology, 2*(4), 345-352.

Freedland, K. F., & Carney, R. M. (1992). Data management and accountability in behavioral and biomedical research. *American Psychologist, 47*(5), 640-645.

Freeman, D. (1983). *Margaret Mead and Samoa : The making and unmaking of an anthropological myth.* Cambridge, MA : Harvard University Press.

Freeman, J. W., Klein, G., Riedl, T., & Musa, J. (1991, April). *A knowledge elicitation technique for educational development : The critical decision method.* Paper presented at the Annual Meeting of the American Educational Research Association, Chicago.

Frick, T. W. (1990). Analysis of patterns in time : A method of recording and quantifying temporal relations in education. *American Educational Research Journal, 27*(1), 180-204.

Fuhrman, R., & Wyer, R. (1988). Event memory. *Journal of Personality and Social Psychology, 54*(3), 365-384.

Fullan, M. (1982). *The meaning of educational change.* New York : Teachers College Press.

Fullan, M., & Steigelbauer, S. (1991). *The new meaning of educational change.* New York : Teachers College Press.

Furman, G. C. (1990, April). *Abduction or induction? The semantics of data analysis in qualitative research.* Paper presented at the Annual Meeting of the American Educational Research Association, Boston.

Garfinkel, A. (1981). *Forms of explanation : Rethinking the questions in social theory.* New Haven, CT : Yale University Press.

Garfinkel, H. (1967). *Studies in ethnomethodology.* Englewood Cliffs, NJ : Prentice-Hall.

Gaynor, A. K., & Clauset, K. H., Jr. (1985, July). *Implementing and institutionalizing school improvement programs : A theoretical reformulation of the work of Huberman and Miles.* Paper presented at the International Conference of the Systems Dynamics Society, Key-stone, CO.

Geertz, C. (1973). Thick description : Toward an interpretive theory of culture. In C. Geertz, *The interpretation of cultures*(pp. 3-30). New York : Basic Books.

Geertz, C. (1980). Blurred genres : The refiguration of social thought. *American Scholar, 49*, 165-179.

Geertz, C. (1983). *Local knowledge : Further essays in interpretive anthropology.* New York : Basic Books.

Gertner, D., & Grudin, J. (1985). The evolution of mental metaphors in psychology : A 90-year retrospective. *American Psychologist, 40*(2), 181-192.

Gherardi, S., & Turner, B. A. (1987). Real men don't collect soft data. Quaderno 13, Dipartimento di Politica Sociale, Università di Trento.

Gibbons, J. D. (1992a). *Nonparametric measures of association* (Quantitative Applications in the Social Sciences Series, No. 91). Newbury Park, CA : Sage.

Gibbons, J. D. (1992b). *Nonparametric statistics* (Quantitative Applications in the Social Sciences Series, No. 90). Newbury Park, CA : Sage.

Gilgun, J. F. (1992). Hypothesis generation in social work research. *Journal of Social Service Research, 15*, 113-135.

Gilovich, T. (1991). *How we know what isn't so : The fallibility of human reason in everyday life.* New York : Free Press.

Ginsberg, R. (1990, April). *Ethnographic countertransference : Beneath bias and subjectivity in qualitative research.* Paper presented at the Annual Meeting of the American Educational Research Association, Boston.

Giorgi, A. (1975). Phenomenological method. In A. Giorgi(Ed.), *Phenomenology and psychological research* (pp. 3-17). Pittsburgh : Duquesne University Press.

Giorgi, A. (1986). Theoretical justification for the use of descriptions. In P. Ashworth, A. Giorgi, & A. de Konig(Eds.), *Qualitative research in psychology* (pp. 3-22). Pittsburgh : Duquesne University Press.

Gladwin, C. H. (1989). *Ethnographic decision tree modeling* (Qualitative Research Methods Series, Vol. 19). Newbury Park, CA : Sage.

Glaser, B. G., & Strauss, A. L. (1967). *The discovery of grounded theory : Strategies for qualitative research.* Chicago : Aldine.

Glaser, B. G. (1978). *Theoretical sensitivity : Advances in the methodology of grounded theory.* Mill Valley, CA : Sociology Press.

Glaser, B. G. (1992). *Emergence vs. forcing : Basics of grounded theory analysis.* Mill Valley, CA : Sociology Press.

Glaser, B. G., & Strauss, A. L. (1970). Discovery of substantive theory. In W. Filstead(Ed.), *Qualitative methodology*(pp. 288-297). Chicago : Rand McNally.

Glaser, E. M., Abelson, H. H., & Garrison, K. N. (1983). *Putting knowledge to use.* San Francisco : Jossey-Bass.

Glesne, C., & Peshkin, A. (1992). *Becoming a qualitative researcher : An introduction.* New York : Longman.

Goetz, J. P., & LeCompte, M. D. (1984). *Ethnography and qualitative design in educational research.* New York : Academic Press.

Goffman, E. (1959). *The presentation of self in everyday life.* Garden City, NY : Doubleday.

Gold, S. J. (1989). Ethical issues in visual fieldwork. In G. Blank et al. (Eds.), *New technology in sociology : Practical applications in research and work* (pp. 99-109). New Brunswick. NJ : Transaction Books.

Goldberg, L. (1970). Man versus model of man : A rationale, plus some evidence, for a method of improving on clinical inferences. *Psychological Bulletin*,*73*(4),422-432.

Goleman,D. (1992,May l2). Jurors hear evidence and turn it into stories. *New York Times*,pp. C1,C11.

Gouldner, A. (1958). Cosmopolitans and locals: Toward an analysis of latent social roles—Ⅱ. *Administrative Science Quarterly*,*2*,444-480.

Greene,J. C.,Caracelli,V. J.,& Graham,W. F. (1989). Toward a conceptual framework for mixed-method evaluation designs. *Educational Evaluation and Policy Analysis*,*11*(2),255-274.

Guba,E. G. (1978). *Toward a methodology of naturalistic inquiry in educational evaluation.* Los Angeles:University of California, Graduate School of Education. Center for the Study of Evaluation.

Guba, E. G. (1981). Criteria for assessing the trustworthiness of naturalistic inquiries. *Educational Communication and Technology Journal*,*29*,75-92.

Guba, E. G. (1990). Carrying on the dialog. In E. G. Guba (Ed.), *The paradigm dialog* (pp. 368-378). Newbury Park, CA:Sage.

Guba, E. G., & Lincoln, Y. S. (1981). *Effective evaluation: Improving the effectiveness of evaluation results through responsive and naturalistic approaches.* San Francisco:Jossey-Bass.

Guba, E. G., & Lincoln, Y. S. (1989). *Fourth generation evaluation.* Newbury Park,CA:Sage.

Gummeson, E. (1991). *Qualitative methods in management research.* Newbury Park,CA:Sage.

Hage,J. (1972). *Techniques and problems of theory construction in sociology.* New York:John Wiley.

Halpern,E. S. (1983,April). *Auditing naturalistic inquiries:Some preliminary applications. Part 1:Development of the process. Part 2: Case study application.* Paper presented at the Annual Meeting of the American Educational Research Association, Montreal.

Hammersley, M. (1992). Some reflections on ethnography and validity. *Qualitative Studies in Education*,*5*(3),195-204.

Hammond,P. E. (Ed.). (1964). *Sociologists at work.* New York: Basic Books.

Hanson, N. (1958). *Patterns of discovery.* Cambridge, UK: Cambridge University Press.

Harper,D. (1987). *Working knowledge:Skill and community in a small shop.* Chicago:University of Chicago Press.

Harper, D. (1989). Visual sociology: Expanding sociological vision. In G. Blank et al. (Eds.), *New technology in sociology: Practical applications in research and work* (pp. 81-97). New Brunswick,NJ:Transaction Books.

Harré,R.,& Madden,E. H. (1975). *Causal powers.* Oxford,UK: Basil Blackwell.

Harré,R., & Secord, P. F. (1973). *The explanation of social, behavior.* Totowa,NJ:Littlefield,Adams.

Harris,J. (1990). *Expressive discourse.* Dallas:Southern Methodist University Press.

Harrod,R. (1956). *Foundations of inductive logic.* New York: Macmillan.

Hartwig,F.,& Dearing, B. E. (1979). *Exploratory data analysis.* Beverly Hills,CA:Sage.

Havelock,R. G. (1973). *The change agent's guide to innovation.* Englewood Cliffs,NJ:Educational Technology.

Havelock, R. G., Cox, P., Huberman, A. M., & Levinson, N. (1983). *School-university collaboration supporting school, improvement* (Vol. 4). Washington, DC: American University, Knowledge Transfer Institute.

Havelock,R. G., Guskin, A., Frohman, M., Havelock,M., Hill, M., & Huber, J. (1979). *Planning for innovation through dissemination and utilization of knowledge.* Ann Arbor: University of Michigan,Institute of Social Research,Center for Research on Utilization of Scientific Knowledge.

Headland,T. N.,Pike,K. L.,& Harris, M. (1990). *Emics and etics:The insider/outsider debate.* (Frontiers of Anthropology Series,Vol. 7). Newbury Park,CA:Sage.

Heider,F. (1944). Social perception and phenomenal causality. *Psychological Review*,*51*,358-373.

Heritage, J. (1988). Explanations as accounts: A conversation analytic perspective. In C. Antaki (Ed.), *Analyzing everyday explanations:A casebook of methods* (pp. 127-144). Newbury Park,CA:Sage.

Herriott,R. E.,& Firestone, W. A. (1983). Multisite qualitative policy research: Optimizing description and generalizability. *Educational Researcher*,*12*(2),14-19.

Hill,A. B. (1965). The environment and disease:Association or causation? *Proceedings of the Royal Society of Medicine*,*58*, 295-300.

Hodson,R. (1991). The active worker:Compliance and autonomy at the workplace. *Journal of Contemporary Ethnography*,*20* (1),47-78.

Holland,B. (1992, October 27). Pavarotti lip-syncs, and the echoes are far-reaching. *New York Times*,p. C13.

Holland,D.,& Eisenhart, M. A. (1990). *Educated in romance: Women, achievement,and college culture.* Chicago:University of chicago Press.

Holsti,O. R. (1968). Content analysis. In G. Lindzey & E. Aronson (Eds.), *Handbook of social psychology: Vol. 2. Research methods* (2nd ed., pp. 596-692). Reading, MA: Addison-Wesley.

Holsti,O. R. (1969). *Content analysis for the social sciences and the humanities.* Reading,MA:Addison-Wesley.

Homans, G. C. (1949). The strategy of industrial sociology. *American Journal of Sociology*,*54*(4),330-337.

Hook,S. (1953). Dialectics in science and history. In H. Feigl & M. Brod-beck (Eds.), *Readings in the philosophy of science* (pp. 701-713). New York:Appleton.

Horowitz,I. (Ed.). (1974). *The rise and fall of Project Camelot: Studies in the relationship between social science and practical politics.* Cambridge:MIT Press.

House,E. R. (1990a). An ethics of qualitative field studies. In E. G. Guba (Ed.),*The paradigm dialog*(pp. 158-164). Newbury Park,CA:Sage.

House,E. R. (1990b). Methodology and justice. In K. A. Sirotnik (Ed.),*Evaluation and social justice:Issues in public education* (pp. 23-26) (New Directions for Program Evaluation,No. 45). San Francisco:Jossey-Bass.

House, E. R. (1991). Realism in research. *Educational Researcher*,*20*(6),2-9.

Howard,G. S. (1991). Culture tales:A narrative approach to thinking, cross-cultural psychology, and psychotherapy. *American Psychologist*,*46*(3),187-197.

Howe, K. R. (1985). Two dogmas of educational research. *Educational Researcher*,*14*(8),10-18.

Howe, K. R. (1988). Against the quantitative-qualitative incompatibility thesis or dogmas die hard. *Educational Researcher*,*17*(8),10-16.

Howe,K. R.,& Dougherty, K. (1992,April). *Ethics, IRBs, and the changing face of educational research.* Paper presented at the Annual Meeting of the American Educational Research Association,San Francisco.

Howe,K. R.,& Eisenhart, M. (1990). Standards for qualitative (and quantitative) research: A prolegomenon. *Educational Researcher*, *19*(4),2-9.

Huber,G.,& Marcelo Garcia, C. (1991). Computer assistance for testing hypotheses about qualitative data;The software package AQUAD 3. 0. *Qualitative Sociology*,*14*(4),325-347.

Huberman,A. M. (1978). *Evaluation of three objectives of an experimental primary school:Summary of outcomes.* Bern:Swiss Scientific Research Council.

Huberman, A. M. (1980). *A further replication study of autonomous and dependent behavior in unstructured learning environments.* Geneva: University of Geneva, Faculty of

Psychology and Education.

Huberman, A. M. (1981a). *School-university collaboration supporting school improvement: Vol. 1. The Midwestern state case.* Washington, DC: American University, Knowledge Transfer Institute.

Huberman, A. M. (1981b). Splendeurs, miseres et promesses de la recherche qualitative. *Education et Recherche*, *3*(3), 233-249.

Huberman, A. M. (1983). Recipes for busy kitchens: A situational analysis of everyday knowledge use in schools. *Knowledge: Creation, Diffusion, Utilization*, *4*(4), 478-510.

Huberman, A. M. (1986). *Engagements in educational change throughout the teaching career.* Geneva: University of Geneva, Faculty of Psychology and Education.

Huberman, A. M. (1989). The professional life cycle of teachers. *Teachers College Record*, *91*(1), 31-57.

Huberman, A. M. (1993). *The lives of teachers.* London: Cassell.

Huberman, A. M., & Gather-Thurler, M. (1991). *La mise en pratique de la recherche.* Bern: P. Lang.

Huberman, A. M., & Miles, M. B. (1983a). Drawing valid meaning from qualitative data: Some techniques of data reduction and display. *Quality and Quantity*, *17*, 281-339.

Huberman, A. M., & Miles, M. B. (1983b). *Innovation up close: A field study in 12 school settings.* Andover, MA: Network.

Huberman, A. M., & Miles, M. B. (1984). *Innovation up close: How school improvement works.* New York: Plenum.

Huberman, A. M., & Miles, M. B. (1985). Assessing local causality in qualitative research. In D. N. Berg & K. K. Smith (Eds.), *Exploring clinical methods for social research* (pp. 351-382). Beverly Hills, CA: Sage.

Huberman, A. M., & Miles, M. B. (1989). Some procedures for causal analysis of multiple-case data. *Qualitative Studies in Education*, *2*(1), 55-68.

Huck, S. W., & Sandler, H. M. (1979). *Rival hypotheses: "Minute mysteries" for the critical thinker.* New York: Harper & Row.

Humphreys, L. (1970). *Tearoom trade: Impersonal sex in public places.* Chicago: Aldine.

Jacob, E. (1987). Qualitative research traditions: A review. *Review of Educational Research*, *57*(1), 1-50.

Jaffrey, M. (1975). *An invitation to Indian cooking.* New York: Random House.

James, L. R., Mulaik, S. A., & Brett, J. M. (1982). *Causal analysis: Assumptions, models, and data.* Beverly Hills, CA: Sage.

Jick, T. D. (1979). Mixing qualitative and quantitative methods: Triangulation in action. *Administrative Science Quarterly*, *24*, 602-611.

Johnson, J. C. (1990). *Selecting ethnographic informants* (Qualitative Research Methods Series, Vol. 22). Newbury Park, CA: Sage.

Johnson, M. (Ed.). (1981). *Philosophical perspectives on metaphor.* Minneapolis: University of Minnesota Press.

Jones, J. (1982). *Bad blood.* New York: Free Press.

Josselson, R., & Lieblich, A. (Eds.). (1993). *The narrative study of lives.* Newbury Park, CA: Sage.

Judd, C., & Kenny, D. (1981). *Estimating the effects of social interventions.* Cambridge, UK: Cambridge University Press.

Judd, C. M., Smith, E. R., & Kidder, L. H. (1991). *Research methods in social relations* (6th ed.). New York: Harcourt Brace Jovanovich.

Kahneman, D., & Tversky, A. (1972). Subjective probability: A judgment of representativeness. *Cognitive Psychology*, *3*, 430-454.

Kaplan, A. (1964). *The conduct of inquiry.* Scranton, PA: Chandler.

Katz, J. (1983). A theory of qualitative methodology: The social system of analytic fieldwork. In R. M. Emerson (Ed.), *Contemporary field research* (pp. 127-148). Boston: Little, Brown.

Kell, D. G. (1990). *Multimethod approach to analyzing effects of computers on classroom teaching and learning.* Andover, MA: Author.

Kelley, H. H. (1967). Attribution theory in social psychology. In D. Levine(Ed.), *Nebraska Symposium on Motivation* (Vol. 15, pp. 192-238). Lincoln: University of Nebraska Press.

Kelley, H. H. (1971). Causal schemata and the attribution process. In E. E. Jones et al. (Eds.), *Attribution: Perceiving the causes of behavior* (pp. 151-174). Morristown, NJ: General Learning Press.

Kennedy, M. (1979). Generalizing from single case studies. *Evaluation Quarterly*, *3*, 661-678.

Khattri, N., & Miles, M. B. (1993). *Mapping restructuring: Final technical report.* New York: Center for Policy Research.

Kidder, T. (1985). *House.* Boston: Houghton Mifflin.

Kim, J. (1981). Causes as explanations: A critique. *Theory and Decision*, *13*, 293-309.

King, S., Louth, C., & Wasley, P. (1993, April). *Roses, retrievers, and research: Collaborative inquiry to foster better schools.* Address presented at the American Educational Research Association Annual Meeting, Atlanta.

Kirk, J., & Miller, M. L. (1986). *Reliability and validity in qualitative research* (Qualitative Research Methods Series. Vol. 1), Beverly Hills, CA: Sage.

Klockars, C. B. (1979). Dirty hands and deviant subjects. In C. B. Klockars & F. W. O' Connor(Eds.), *Deviance and decency: The ethics of research with human subjects* (pp. 261-282). Beverly Hills, CA: Sage.

Korzybski. A. H. (1933). *Science and sanity.* Clinton, CT: Colonial.

Kozol, J. (1991). *Savage inequalities: Children in America's schools.* New York: Crown.

Krathwohl, D. (1991). *Methods of educational and social science research: An integrated approach.* New York: Longman.

Krippendorff, K. (1980a). Clustering. In P. R. Monge & J. N. Capella (Eds.). *Multivariate techniques in human communication research* (pp. 259-308). New York: Academic Press.

Krippendorff, K. (1980b). *Content analysis: An introduction to its methodology.* Beverly Hills, CA: Sage.

Kruglanski, A. (1989). *Lay epistemics and human knowledge.* New York: Plenum.

Kurzman, C. (1991). Convincing sociologists: Values and interests in the sociology of knowledge. In M. Burawoy et al. (Eds.), *Ethnography unbound* (pp. 250-270). Berkeley: University of California Press.

Kuzel, A. J. (1992). Sampling in qualitative inquiry. In B. F. Crabtree & W. L. Miller(Eds.), *Doing qualitative research* (pp. 31-44) (Research Methods for Primary Care Series, Vol. 3). Newbury Park, CA: Sage.

Kvale, S. (1988). The 1000-page question. *Phenomenology and Pedagogy*, *6*(2), 90-106.

Kvale, S. (Ed.). (1989a). *Issues of validity in qualitative research.* Lund, Sweden: Studentlitteratur.

Kvale, S. (1989b). To validate is to question. In S. Kvale(Ed.), *Issues of validity in qualitative research* (pp. 73-92). Lund, Sweden: Studentlitteratur.

Lakoff, G. (1987). *Women, fire, and dangerous things: What categories reveal about the mind.* Chicago: University of Chicago Press.

Lakoif, G., & Johnson, M. (1980). *Metaphors we live by.* Chicago: University of Chicago Press.

Lazarsfeld, P. F., & Barton, A. H. (1972). Some principles of classification in social research. In P. F. Lazarsfeld, *Qualitative analysis: Historical and critical essays* (pp. 225-240). Boston: Allyn & Bacon.

Lazarsfeld, P. F., Pasanella, A. K., & Rosenberg, M. (1972). *Continuities in the language of social research.* New York: Free

Press.

Leary, W. E. (1988, November 15). Novel methods unlock witnesses' memories. *New York Times*, pp. C1, C15.

LeCompte, M. D. (1975). Institutional constraints on teacher styles and the development of student work norms (Doctoral dissertation, University of Chicago). *Dissertation Abstracts International*, 36, 43A.

LeCompte, M. D., & Goetz, J. P. (1982). Problems of reliability and validity in ethnographic research. *Review of Educational Research*, 52(1), 31-60.

LeCompte, M. D., & Goetz, J. P. (1983, April). *Playing with ideas: Analysis of qualitative data.* Paper presented at the Annual Meeting of the American Educational Research Association. Montreal.

LeCompte, M. D., Millroy, W. L., & Preissle, J. (1992). *The handbook of qualitative research in education.* New York: Academic Press.

LeCompte, M. D., & Preissle, J., with Tesch, R. (1993). *Ethnography and qualitative design in educational research* (2nd ed.). New York: Academic Press.

Lee, A. A. (1991). Integrating positivist and interpretive approaches to organizational research. *Organization Science*, 2 (4), 342-365.

Lee, D., Kessling, W., & Melaragno, R. (Eds.). (1981). *Parents and federal education programs: Vol. 7. Methodologies employed in the study of parental involvement.* Santa Monica, CA: System Development Corp.

Leinhardt, G. (1987). Development of an expert explanation: An analysis of a series of subtraction lessons. *Cognition and Instruction*, 4(4), 225-282.

Leithwood, K., Jantzi, D., & Dart, B. (1991, February). *How the school improvement strategies of transformational leaders foster teacher development.* Paper presented at the Sixth Annual Conference of the Department of Educational Administration and Centre for Leadership Development, OISE, Toronto.

Levine, H. G. (1985). Principles of data storage and retrieval for use in qualitative evaluations. *Educational Evaluation and Policy Analysis*, 7(2), 169-186.

Lewis, O. (1961). *Children of Sanchez: Autobiography of a Mexican family.* New York: Random House.

Lieblich, A. (1993). Looking at change: Natasha, 21: New immigrant from Russia to Israel. In R. Josselson & A. Lieblich (Eds.), *The narrative study of lives* (pp. 92-129). Newbury Park, CA: Sage.

Liebow, E. (1967). *Tally's corner: A study of Negro streetcorner men.* Boston: Little, Brown.

Lincoln, Y. S. (1990). The making of a constructivist. In E. G. Guba(Ed.), *The paradigm dialog* (pp. 67-87). Newbury Park, CA: Sage.

Lincoln, Y. S., & Guba, E. G. (1985). *Naturalistic inquiry.* Beverly Hills, CA: Sage.

Lincoln, Y. S., & Guba, E. G. (1990). Judging the quality of case study reports. *Qualitative Studies in Education*, 3(1), 53-59.

Lindee, M. S., Speaker, S. L., & Thackray, A. (1992). Conference report: Writing history while it happens. *Knowledge: Creation, Diffusion, Utilization*, 13(4), 479-486.

Lindesmith, A. (1947). *Opiate addiction.* Bloomington, IN: Principia.

Lindesmith, A. (1968). *Addiction and opiates.* Chicago: Aldine.

Lofland, J. (1971). *Analyzing social settings: A guide to qualitative observation and analysis.* Belmont, CA: Wadsworth.

Lofland, J. (1974). Styles of reporting qualitative field research. *American Sociologist*, 9, 101-111.

Lofland, J., & Lofland, L. H. (1984). *Analyzing social settings: A guide to qualitative observation and analysis* (2nd ed.). Belmont, CA: Wadsworth.

Lortie, D. C. (1975). *School teacher: A sociological study.* Chicago: University of Chicago Press.

Louis, K. S. (1982). Multisite/multimethod studies. *American Behavioral Scientist*, 26(1), 6-22.

Louis, K. S., & Miles, M. B. (1990). *Improving the urban high school: What works and why.* New York: Teachers College Press.

Madey, D. L. (1978). *Some benefits and costs of integrating qualitative and quantitative methods in program evaluation.* Durham, NC: NTS Research Corp.

Mailer, N. (1959). *Advertisements for myself.* New York: Signet.

Manicas, P. T., & Secord, P. F. (1982). Implications for psychology of the new philosophy of science. *American Psychologist*, 38, 390-413.

Manning, P. K. (1977). *Police work: The social organization of policing.* Cambridge: MIT Press.

Manning, P. K. (1982). Analytic induction. In R. B. Smith & P. K. Manning (Eds.), *Qualitative methods: A handbook of social science methods* (Vol. 2, pp. 273-302). Cambridge, MA: Ballinger.

Manning, P. K. (1987). *Semiotics and fieldwork.* Newbury Park, CA: Sage.

Mark, M. M., & Shotland, R. L. (Eds.). (1987). *Multiple methods in Program evaluation* (New Directions for Program Evaluation, No. 35). San Francisco: Jossey-Bass.

Markus, H. (1977). Self-schemata and processing information about the self. *Journal of Personality and Social Psychology*, 35 (2), 63-78.

Marshall, C. (1990). Goodness criteria: Are they Objective or judgment calls? In E. G. Guba (Ed.), *The paradigm dialog* (pp. 188-201). Newbury Park, CA: Sage.

Marshall, C., & Rossman, G. B. (1989). *Designing qualitative research.* Newbury Park, CA: Sage.

Martin, J. (1990). Deconstructing organizational taboos: The suppression of gender conflict in organizations. *Organization Science*, 1(4), 339-359.

Martin, P. Y., & Turner, B. A. (1986). Grounded theory and organizational research. *Journal of Applied Behavioral Science*, 22(2), 141-157.

Mathison, S. (1988). Why triangulate? *Educational Researcher*, 17 (2), 13-17.

Mathison, S., Ross, E. W., & Cornett, J. W. (1993). *A casebook for teaching about ethical issues in qualitative research.* Washington, DC: American Educational Research Association, Qualitative Research SIG.

Maxwell, J. A. (1984, November). *Using ethnography to identify causes.* Paper presented at the Annual Meeting of the American Anthropological Association, Denver.

Maxwell, J. A. (1992a). *The logic of qualitative research.* Unpublished manuscript. Cambridge, MA: Harvard University, Graduate School of Education.

Maxwell, J. A. (1992b, December). *A synthesis of similarity/ continuity distinctions.* Poster session presented at the Annual Meeting of the American Anthropological Association, San Francisco.

Maxwell, J. A. (1992c). Understanding and validity in qualitative research. *Harvard Educational Review*, 62(3), 279-300.

Maxwell, J. A. (n. d.). *Using qualitative research for causal explanation.* Unpublished manuscript. Cambridge, MA: Harvard University, Graduate School of Education.

Maxwell, J. A., Bashook, P. G., & Sandlow, L. J. (1986). Combining ethnographic and experimental methods in educational evaluation: A case study. In D. M. Fetterman & M. A. Pitman (Eds.), *Educational evaluation: Ethnography in theory, practice, and politics* (pp. 121-144). Beverly Hills, CA: Sage.

Maxwell, J. A., & Miller, B. A. (1992). *Categorization and contextualization as components of qualitative data analysis.* Unpublished manuscript. Cambridge, MA: Harvard University, Graduate School of Education.

May, W. T. (1987, April). *On the potential to be an unethical researcher of children.* Paper presented at the Annual Meeting of the American Educational Research Association, Washington, DC.

McCall, G. I. , & Simmons, J. L. (Eds.). (1969). *Issues in participant observation.* Reading, MA: Addison-Wesley.

McCutcheon, G. (1990, April). *Conflict about conflict: Between a rock and a hard place.* Paper presented at the Annual Meeting of the American Educational Research Association, Boston.

McEwan, H. , & Bull, B. (1991). The pedagogic nature of subject matter knowledge. *American Educational Research Journal, 28* (2),316-334.

McGrath, J. E. , & Brinberg, D. (1983). External validity and the research process: A comment on the Calder-Lynch dialogue. *Journal of Consumer Research, 10*(1),115-124.

McKeown, M. G. , & Beck, I. L. (1990). The assessment and characterization of young learners' knowledge of a topic in history. *American Educational Research Journal, 27* (4), 688-726.

McLaren, P. (1991). Field relations and the discourse of the other. In W. B. Shaffir & R. A. Stebbins (Eds.), *Experiencing fieldwork*(pp. 149-163). Newbury Park, CA: Sage.

McPhee, R. D. (1990). Alternate approaches to integrating longitudinal case studies. *Organization Science, 1*(4),393-405.

McQuillan, P. , & Muncey, D. (1990). *Protecting the interests of your school while promoting quality research: Some issues to consider when allowing research to be conducted in your school* (Working Paper#2, School Ethnography Project). Providence, RI: Brown University.

McTaggart, R. (1991). When democratic evaluation doesn't seem democratic. *Evaluation Practice, 12*(1),9-21.

Mead, M. (1928). *Coming of age in Samoa.* Magnolia, MA: Peter Smith.

Meehl, P. (1954). *Clinical versus statisticalprediction.* Minneapolis: University of Minnesota Press.

Meehl, P. (1965). Clinical versus statistical prediction. *Journal of Experimental Research in Personality, 63*(1),81-97.

Melnick, C. R. , & Beaudry, J. S. (1990, April). *A qualitative research perspective: Theory, practice, essence.* Paper presented at the Annual Meeting of the American Educational Research Association, Boston.

Merriam, S. B. (1988). *Case study research in education: A qualitative approach.* San Francisco: Jossey-Bass.

Merryfield, M. M. (1990). *Constructing scenes and dialogues to display findings in case study reporting.* Columbus: Ohio State University, College of Education.

Miles, M. B. (1979a). Ethical issues in OD intervention: Should we care? *OD Practitioner, 11*(3),1-10.

Miles, M. B. (1979b). Qualitative data as an attractive nuisance: The problem of analysis. *Administrative Science Quarterly, 24*, 590-601.

Miles, M. B. (1980). Innovation from the ground up: Dilemmas of planning and implementing new schools. *New York University Education Quarterly, 11*(2),2-9.

Miles, M. B. (1982). A mini-cross-site analysis. *American Behavioral Scientist, 26*(1),121-132.

Miles, M. B. (1986, April). *Improving the urban high school: Some preliminary news from five cases.* Paper presented at the Annual Meeting of the American Educational Research Association, San Francisco.

Miles, M. B. (1990). New methods for qualitative data collection and analysis: Vignettes and prestructured cases. *Qualitative Studies in Education, 3*(1),37-51.

Miles, M. B. (1992, April). *Forty years of change in schools: Some personal reflections.* Invited address, Division A, American Educational Research Association Annual Meeting, San Francisco.

Miles, M. B. , Calder, P. H. , Hornstein, H. A. , Callahan, D. M. , & Schiavo, R. S. (1966, August). *Data feedback and organizational change in a school system.* Paper presented at the American Sociological Association Meeting, Miami Beach.

Miles, M. B. , Farrar, E. , & Neufeld, B. (1983). *Review of effective schools programs: Vol, 2. The extent of adoption of effective schools programs.* Cambridge, MA: Huron Institute.

Miles, M. B. , & Huberman, A. M. (1980). *The realities of school improvement programs: Analysis of qualitative data.* Proposal to National Institute of Education (funded as NIE Grant G-81-0018).

Miles, M. B. , & Huberman, A. M. (1984). *Qualitative data analysis: A sourcebook of new methods.* Beverly Hills, CA: Sage.

Miles, M. B. , & Huberman, A. M. (1990). Animadversions and reflections on the uses of qualitative inquiry. In E. W. Eisner & A. Peshkin (Eds.), Qualitative inquiry in education: The continuing debate(pp. 339-357). New York: Teachers College Press.

Miles, M. B. , & Rosenblum, S. (1987). *Chester High School: Working against the odds.* New York: Center for Policy Research, Project on Improving the Urban High School.

Miles, M. B. , Saxl, E. R. , James, J. A. , & Lieberman, A. (1986). *New York City Teacher Centers Consortium evaluation report, 1985-1986.* New Yok: Center for Policy Research.

Miles, M. B. , Saxl, E. R. , & Lieberman, A. (1988). What skills do educational "change agents" need? An empirical view. *Curriculum Inquiry, 18*(2),157-193.

Miles, M. B. , Saxl, E. R. , & Robinson, J. J. (1987). *New York City Teacher Centers Consortium evaluation report, 1986-1987.* New York: Center for Policy Research.

Miles, M. B. , Sullivan, E. W. , Gold, B. A. , Taylor, B. L. , Sieber, S. D. , & Wilder, D. E. (1978). *Designing and starting innovative schools: A field study of social architecture in education* (Final report, NIE Grant G-74-0051. ED 170828-834). New York: Center for Policy Research.

Miller, A. (1986). *Imagery in scientific thought.* Cambridge: MIT Press.

Miller, S. I. (1982). Quality and quantity: Another view of analytic induction as a research technique. *Quality and Quantity, 16*, 281-295.

Miller, S. I. (1983). Some comments on the logic of triangulation. *International Journal of Experimental Research in Education, 20* (2),200-212.

Miller, S. I. (n. d.). *Qualitative research methods: A philosophical and practical inquiry* [prospectus for a monograph]. Chicago: Loyola University, School of Education.

Miller, S. I. , & Fredericks, M. (1988). Uses of metaphor: A qualitative case study. *Qualitative Studies in Education, 1*(3), 263-272.

Miller, S. I. , & Fredericks, M. (1991). Some notes on the nature of methodological indeterminacy. *Synthese, 88*,359-378.

Mills, C. W. (1959). On intellectual craftsmanship. In C. W. Mills, *The sociological imagination* (pp. 195-226). New York: Oxford University Press.

Mirvis, P. H. , & Seashore, S. E. (1982). Creating ethical relationships in organizational research. In J. E. Sieber(Ed.), *The ethics of social research: Vol. 1. Surveys and experiments*(pp. 79-104). New York: Springer-Verlag.

Mishler, E. G. (1979). Meaning in context: Is there any other kind? *Harvard Educational Review, 49*(1),1-19.

Mishler, E. G. (1986). *Research interviewing: Context and narrative.* Cambridge, MA: Harvard University Press.

Mishler, E. G. (1990). Validation in inquiry-guided research: The role of exemplars in narrative studies. *Harvard Educational Review, 60*(4),415-441.

Mitchell, R. G. , Jr. (1991). Secrecy and disclosure in fieldwork. In W. B. Shaffir & R. A. Stebbins (Eds.), *Experiencingfieldwork*(pp. 97-108). Newbury Park, CA: Sage.

Mohr, L. B. (1982). *Explaining organizational behavior.* San Francisco: Jossey-Bass.

Morgan, G. (1980). Paradigms, metaphors, and puzzle solving in organizational theory. *Administrative Science Quarterly*, 25(4), 605-622.

Morgan, G. (1983). More on metaphor: Why we cannot control tropes in administrative science. *Administrative Science Quarterly*, 28, 601-607.

Morine-Dershimer, G. (1991, April). *Tracing conceptual change in preservice teachers.* Paper presented at the Annual Meeting of the American Educational Research Association, Chicago.

Morse, J. M. (Ed.). (1989). *Qualitative nursing research: A contemporary dialogue.* Newbury Park, CA: Sage.

Morse, J. M., & Bottorff, J. L. (1992). The emotional experience of breast expression. In J. M. Morse (Ed.), *Qualitative health research* (pp. 319-332). Newbury Park, CA: Sage.

Mulhauser, F. (1975). Ethnography and policy-making: The case of education. *Human Organization*, 34, 311-315.

Nash, N., & Culbertson, J. (Eds.). (1977). *Linking processes in educational improvement: Concepts and applications.* Columbus, OH: University Council for Educational Administration.

Neff, B. E. (1987). *The impact of prescriptive planning models on preservice English teachers' thought and on the classroom environments they create.* Unpublished doctoral dissertation. Virginia Polytechnic Institute and State University, Blacksburg.

The Network, Inc. (1979). *Conceptual framework: A study of dissemination efforts supporting school improvement.* Andover, MA: Author.

Nisbett, R. E., & Ross, L. (1980). *Human inference: Strategies and shortcomings of social judgment.* Englewood Cliffs, NJ: Prentice-Hall.

Noblit, G. W. (1988, February). *A sense of interpretation.* Paper presented at the Ethnography in Education Research Forum, Philadelphia.

Noblit, G. W. (1989, April). *Ethnography as literature: The literary devices of qualitative research.* Paper presented at the Annual Meeting of the Southern Sociological Society, Norfolk, VA.

Noblit, G. W., & Hare, R. D. (1983, April). *Meta-ethnography: Issues in the synthesis and replication of qualitative research.* Paper presented at the Annual Meeting of the American Educational Research Association, Montreal.

Noblit, G. W., & Hare, R. D. (1988). *Meta-ethnography: Synthesizing qualitative studies* (Qualitative Research Methods Series, Vol. 11). Newbury Park, CA: Sage.

Novak, J. D., & Gowan, D. B. (1984). *Learning how to learn.* Cambridge, UK: Cambridge University Press.

Ogbu, J. (1981). School ethnography: A multilevel approach. *Anthropology and Education Quarterly*, 12(1), 1-24.

Oja, S., & Smulyan, L. (1989). *Collaborative action research: A developmental approach* (Social Research and Educational Studies Series, 7). London: Falmer.

Ortony, A. (Ed.). (1979). *Metaphor and thought.* Cambridge, UK: Cambridge University Press.

Oskamp, S. (1965). Overconfidence in case-study judgments. *Journal of Counseling Psychology*, 29(3), 261-265.

Owen, J., & Hartley, R. (1987). Federal intervention in the mid-1980s: Charting the influence of the Participation and Equity Program at the institutional level. *Australian Educational Researcher*, 15(2), 71-85.

Patton, M. Q. (1980). *Qualitative evaluation and research methods.* Beverly Hills, CA: Sage.

Patton, M. Q. (1990). *Qualitative evaluation and research methods* (2nd ed.). Newbury Park, CA: Sage.

Pearsol, J. A. (1985, April). *Controlling qualitative data: Understanding teachers' value perspectives on a sex equity education project.* Paper presented at the Annual Meeting of the American Educational Research Association, Chicago.

Pecheux, M. (1982). *Language, semantics, and ideology: Stating the obvious.* New York: Macmillan.

Pelto, P. J., & Pelto, G. H. (1975). Intra-cultural diversity: Some theoretical issues. *American Ethnologist*, 2, 1-18.

Pelto, P. J., & Pelto, G. H. (1978). *Anthropological research: The structure of inquiry* (2nd ed.). Cambridge, UK: Cambridge University Press.

Peshkin, A. (1993). The goodness of qualitative research. *Educational Researcher*, 22(2), 23-29.

Phillips, D. C. (1990). Postpositivistic science: Myths and realities. In E. G. Guba (Ed.), *The paradigm dialog* (pp. 31-45). Newbury Park, CA: Sage.

Pitman, M. A., & Maxwell, J. A. (1992). Qualitative approaches to evaluation: Models and methods. In M. D. LeCompte, W. L. Millroy, & J. Preissle (Eds.), *The handbook of qualitative research in education* (pp. 729-770). New York: Academic Press.

Platt, J. R. (1964). Strong inference. *Science*, 146, 347-353.

Poggie, J. J., Jr. (1972). Toward control in key informant data. *Human Organization*, 31, 23-30.

Polkinghorne, D. E. (1988). *Narrative knowing and the human sciences.* Albany: State University of New York Press.

Popkewitz, T. S. (1990). Whose future? Whose past? Notes on critical theory and methodology. In E. G. Guba (Ed.), *The paradigm dialog* (pp. 46-66). Newbury Park, CA: Sage.

Popper, K. (1968). *The logic of scientific discovery.* New York: Harper & Row.

Potter, J., & Wetherell, M. (1987). *Discourse and social psychology: Beyond attitudes and behavior.* Newbury Park, CA: Sage.

Preissle, J. (1991, January). *The choreography of design: A personal view of what design means in qualitative research.* Paper presented at Qualitative Research Conference, University of Georgia, Athens.

Punch, M. (1986). *The politics and ethics of fieldwork: Muddy boots and grubby hands* (Qualitative Research Methods Series, No. 3). Beverly Hills, CA: Sage.

Putnam, H. (1987). *Many faces of realism.* LaSalle, IL: Open Court.

Ragin, C. C. (1987). *The comparative method: Moving beyond qualitative and quantitative strategies.* Berkeley: University of California Press.

Ragin, C. C. (1993). Introduction to qualitative comparative analysis. In T. Janoski & A. Hicks (Eds.), *The comparative political economy of the welfare state* (pp. 299-319). New York: Cambridge University Press.

Ragin, C. C., & Becker, H. S. (1989). How the microcomputer is changing our analytic habits. In G. Blank et al. (Eds.), *New technology in sociology: Practical applications in research and work* (pp. 47-55). New Brunswick, NJ: Transaction Books.

Read, S. J., Druian, P. R., & Miller, L. C. (1989). The role of causal sequence in the meaning of actions. *British Journal of Social Psychology*, 28, 341-351.

Reichardt, C. S., & Cook, T. D. (1979). Beyond qualitative versus quantitative methods. In T. D. Cook & C. S. Reichardt (Eds.), *Quantitative methods in evaluation research* (pp. 7-32). Beverly Hills, CA: Sage.

Rein, M., & Schon, D. (1977). Problem setting in policy research. In C. Weiss (Ed.), *Using social policy research in public policy-making* (pp. 235-251). Lexington, MA: D. C. Heath.

Reinharz, S. (1993). Empty explanations for empty wombs: An illustration of a secondary analysis of qualitative data. In M. Schratz (Ed.), *Qualitative voices in educational research* (pp. 157-178). London: Falmer.

Reynolds, A., & Wineburg, S. S. (1990). *Qualitative queries about qualitative quandaries: Confessions of qualitative researchers in education.* Unpublished manuscript, Stanford University, CERAS, Stanford, CA.

Richards, T., & Richards, L. (1994). Using computers in

qualitative analysis. In N. Denzin & Y. Lincoln (Eds.), *Handbook of qualitative research*. Thousand Oaks, CA; Sage.

Richardson, L. (1990). *Writing strategies: Reaching diverse audiences* (Qualitative Research Methods Series, Vol. 21). Newbury Park, CA; Sage.

Richardson, L. (1992). The consequences of poetic representation; Writing the other, rewriting the self. In C. Ellis & M. G. Flaherty (Eds.), *Investigating subjectivity: Research on lived experience* (pp. 125-140). Newbury Park, CA; Sage.

Robson, C. (1993). *Real world research: A resource for social scientists and practitioners-researchers*. Oxford, UK, and Cambridge, MA; Blackwell.

Rosenberg, S. (1982). *Handbook of applied psycholinguistics*. Hillsdale, NJ; Lawrence Erlbaum.

Rosenthal, R. (1976). *Experimenter effects in behavioral research*. New York; Irvington.

Ross, L., & Lepper, M. R. (1980). The perseverance of beliefs: Empirical and normative considerations. In R. A. Shweder (Ed.), *Fallible judgment in behavioral research* (pp. 17-36). San Francisco; Jossey-Bass.

Rossman, G. B., & Wilson, B. L. (1984, April). Numbers and words: Combining quantitative and qualitative methods in a single largescale evaluation study. *Evaluation Review, 9* (5), 627-643.

Rossman, G. B., & Wilson, B. L. (1991). Numbers and words revisited: Being " shamelessly eclectic. " *Evaluation Review, 9* (5), 627-643.

Roth, S., & Cohen, L. J. (1986). Approach, avoidance, and coping with stress. *American Pychologist, 41*, 813-819.

Rothman, J. (1980). *Using research in organizations: A guide to successful application*. Beverly Hills, CA; Sage.

Runkel, P. J. (1990). *Casting nets and testing specimens: Two grand methods of psychology*. New York; Praeger.

Sadler, D. R. (1981). Intuitive data processing as a potential source of bias in naturalistic evaluations. *Educational Evaluation and Policy Analysis, 3*, 25-31.

Salomon, G. (1991). Transcending the qualitative-quantitative debate: The analytic and systemic approaches to educational research. *Educational Researcher, 20* (6), 10-18.

Sanjek, R. (Ed.). (1990). *Fieldnotes: The makings of anthropology*. Ithaca. NY; Cornell University Press.

Saxl, E. R., Miles, M. B., & Lieberman, A. (1985). *New York City Teacher Centers Consortium evaluation report, 1984-1985*. New York; Center for Policy Research.

Saxl, E. R., Miles, M. B., & Lieberman, A. (1990). *Assisting change in education: A training program for school improvement facilitators*. Washington, DC; Association for Supervision and Curriculum Development.

Saxl, E. R., Springer, C. M., Sauer, E., Sclan, E., & Miles, M. B. (1990). *Project Basics: Linking staff development and school improvement. The Project Basics Research and Evaluation Report, 1988-1989*. New York; Center for Policy Research.

Schatzman, L., & Strauss, A. L. (1973). *Field research*. Englewood Cliffs, NJ; Prentice-Hall.

Scheffler, I. (1967). *Science and subjectivity*. New York; Bobbs-Merrill.

Schensul, J. J., & Schensul, S. L. (1992). Collaborative research: Methods of inquiry for social change. In M. D. LeCompte, W. L. Millroy, & J. Preissle (Eds.), *The handbook of qualitative research in education* (pp. 161-200). New York; Academic Press.

Schillemans, L. et al. (n. d.). *Treating victims of incest*. Antwerp, Belgium; Flemish Institute for General Practice. and University of Antwerp, Department of Family Medicine.

Schofield, J. W. (1990). Increasing the generalizability of qualitative research. In E. Eisner & A. Peshkin (Eds.), *Qualitative inquiry in education: The continuing debate* (pp. 201-232). New York; Teachers College Press.

Schuman, H. (1982). Artifacts are in the mind of the beholder. *American Sociologist, 17*, 21-28.

Schusky, E. (1983). *Manual for kinship analysis* (2nd ed.). Lanham, MD; University Press of America.

Schwandt, T. A. (1989). The politics of verifying trustworthiness in evaluation auditing. *Evaluation Practice, 10* (4), 33-40.

Schwandt, T. A. (1990, April). *On judging trustworthiness in interpretivist methodologies*. Paper presented at the Annual Meeting of the American Educational Research Association, Boston.

Schwandt, T. A. (1990). Paths to inquiry in the social disciplines: Scientific, constructivist, and critical theory methodologies. In E. G. Guba (Ed.), *The paradigm dialog* (PP. 258-276). Newbury Park, CA; Sage.

Schwandt, T. A., & Halpern, E. S. (1988). *Linking auditing and metaevaluation: Enhancing quality in applied research* (Applied Social Research Methods Series, Vol. 11). Newbury Park, CA; Sage.

Schwartz, N., & Schwartz, C. (1955). Problems in participant observation. *American Journal of Sociology. 60*, 343-354.

Scriven, M. (1966). Causes, connections, and conditions in history. In W. H. Dray (Ed.), *Philosophical analysis and history* (pp. 240-254). New York; Harper & Row.

Scriven, M. (1974). Maximizing the power of causal investigations: The modus operandi method. In W. J. Popham (Ed.), *Evaluation in education: Current applications* (pp. 68-84). Berkeley, CA; McCutchan.

Seidman, I. E. (1991). *Interviewing as qualitative research. A guide for researchers in education and the social sciences*. New York; Teachers College Press.

Sherman, R., & Titus, W. (1982). Covariation information and cognitive processing: Effects of causal implications on memory. *Journal of Personality and Social Psychology, 42*, 989-1000.

Shulman, J. (1990). Now you see them, now you don't: Anonymity versus visibility in case studies of teachers. *Educational Researcher, 19* (6), 11-15.

Sieber, J. E. (Ed.). (1982). *Ethics of social research: Vol. 1. Surveys and experiments. Vol. 2. Field work, regulation, and publication*. New York; Springer-Verlag.

Sieber, J. E. (1992). *Planning ethically responsible research: A guide for students and internal review boards* (Applied Social Research Methods Series, Vol. 31). Newbury Park, CA; Sage.

Sieber, S. D. (1973). The integration of fieldwork and survey methods. *American Journal of Sociology, 78* (6), 1335-1359.

Sieber, S. D. (1976). *A synopsis and critique of guidelines for qualitative analysis contained in selected textbooks*. New York; Center for Policy Research, Project on Social Architecture in Education.

Sieber, S. D. (1981). *Fatal remedies: The ironies of social intervention*. New York; Plenum.

Silverstein, A. (1988). An Aristotelian resolution of the ideographic versus nomothetic tension. *American Psychologist, 43* (6), 425-430.

Smith, A. G., & Louis, K. S. (Eds.). (1982). Multimethod policy research: Issues and applications [Entire issue]. *American Behavioral Scientist, 26* (1).

Smith, A. G., & Robbins, A. E. (1982). Structured ethnography. *American Behavioral Scientist, 26*, 45-61.

Smith, A. G., & Robbins, A. E. (1984). Multimethod policy research: A case study of structure and flexibility. In D. M. Fetterman (Ed.), *Ethnography in educational evaluation* (pp. 115-132). Beverly Hills, CA; Sage.

Smith, J. K. (1983). Quantitative vs. qualitative research: An attempt to clarify the issue. *Educational Researcher, 12* (3), 6-13.

Smith, J. K. (1990). Alternative paradigms and the problem of criteria. In E. G. Guba (Ed.), *The paradigm dialog* (pp. 167-187). Newbury Park, CA; Sage.

Smith, J. K. , & Heshusius, L. (1986). Closing down the conversation: The end of the quantitative-qualitative debate among educational inquirers. *Educational Researcher*,15,4-12.

Smith, L. M. (1990). Ethics, field studies, and the paradigm crisis. In E. G. Guba (Ed.), *The paradigm dialog* (pp. 139-157). Newbury Park, CA: Sage.

Smith, L. M. (1991). Ethics in qualitative field research: An individual perspective. In E. W. Eisner & A. Peshkin (Eds.), *Qualitative inquiry in education : The continuing debate* (pp. 258-276). New York: Teachers College Press.

Smith, L. M. (1992a). *Doing ethnographic biography : A reflective practitioner at work during a spring in Cambridge.* St. Louis: Washington University.

Smith, L. M. (1992b). Ethnography. In M. C. Alkin (Ed.), *Encyclopedia of educational research*, *Volume 2* (6th ed. , PP. 458-462). New York: Macmillan.

Smith, L. M. , & Keith, P. (1971). *The anatomy of educational innovation.* New York: John Wiley.

Smith, N. L. (1987). Toward the justification of claims in evaluation research. *Evaluation and Program Planning*,10,209-314.

Smith, N. L. (1992). Varieties of investigative evaluation [Entire issue]. *New Directions for Program Evaluation*,56, Winter.

Smith, R. B. (1982). Enumerative induction: Quantification in symbolic interaction. In R. B. Smith & P. K. Manning (Eds.), *Qualitative methods : A handbook of social science methods* (Vol. 2, pp. 303-318). Cambridge, MA: Ballinger.

Smith, R. B. , & Manning, P. K. (1982). *Qualitative methods : A handbook of social science methods* (Vol. 2). Cambridge, MA: Ballinger.

Soltis, J. F. (1990). The ethics of qualitative research. In E. Eisner & A. Peshkin (Eds.), *Qualitative inquiry in education : The continuing debate* (pp. 247-257). New York: Teachers College Press.

Spradley, J. (1979). *The ethnographic interview.* New York: Holt, Rinehart & Winston.

Stake, R. (1976). *Evaluating educational programs : The need and the response.* Washington, DC: OECD Publications Center.

Stake, R. , & Easley, J. (Eds.). (1978). *Case studies in science education.* Urbana, IL: Center for Instructional Research and Curriculum Evalu-ation.

Star, S. L. , & Strauss, A. (1985). *Sampling in qualitative research.* San Francisco: Tremont Research Institute.

Stearns, M. S. , Greene, D. , David, J. L. , & Associates. (1980). *Local implementation of PL 94-142 : First year report of a longitudinal study* (SRI Project 7124). Menlo Park, CA: SRI International.

Stephenson, W. (1953). *The study of behavior.* Chicago: University of Chicago Press.

Stewart, D. W. , & Shamdasani, P N. (l990). *Focus groups : Theory and practice* (Applied Social Research Methods Series, Vol. 20). Newbury Park, CA: Sage.

Stiegelbauer, S. , Goldstein, M. , & Huling, L. L. (1982). Through the eye of the beholder: On the use of qualitative methods in data analysis (R & D Report 3137). Austin: University of Texas, R & D Center for Teacher Education.

Strauss, A. L. (1987). *Qualitative analysis tor social scientists.* Cambridge, UK: Cambridge University Press.

Strauss, A. L. (1988). Teaching qualitative research methods courses: A conversation with Anselm Strauss. *International Journal of Qualitative Studies in Education*,1(1),91-99.

Strauss, A. L. , & Corbin, J. (1990). *Basics of qualitative research : Grounded theory procedures and techniques.* Newbury Park, CA: Sage. Stringfield, S. , & Teddlie, C. (1990). School improvement efforts: Qualitative and quantitative data from four naturally occurring experiments in Phases Ⅲ and Ⅳ of the Louisiana School Effectiveness Study. *School Effectiveness and School Improvement*,1(2),139-161.

Stringfield, S. , & Teddlie, C. (1991). Observers as predictors of schools ' multiyear outlier status on achievement tests. *Elementary School Journal*,91(4),357-376.

Strunk, W. , Jr. , & White, E. B. (1979). *The elements of style* (3rd ed.). New York: Macmillan.

Taft, R. (1955). The ability to judge people. *Psychological Bulletin*,52(1),1-23.

Taylor, M. , MacLean, H. , Pallister, R. , & White, N. (1988). *Minimizing chronic illness effects* (Research proposal, National Health Research and Development Program, Health and Welfare Canada). Montreal and Hamilton: Concordia University and McMaster University.

Teich, A. H. , & LaFollette, M. (Eds). (1992). Understanding scientific misconduct: What do we know? [Special section]. *Knowledge : Creation, Diffusion, Utilization*,14(2),149-211.

Templin, P. A. (1982). Still photography in evaluation. In N. L. Smith (Ed.), *Communication strategies in evaluation* (pp. 121-175). Beverly Hills, CA: Sage.

Tesch, R. (1989). Computer software and qualitative analysis: A reassessment. In G. Blank et al. (Eds.), *New technology in sociology : Practical applications in research and work* (pp. 141-154). New Brunswick. NJ: Transaction Books.

Tesch, R. (1990). *Qualitative research : Analysis types and software tools.* New York: Falmer.

Tesch, R. (Ed.). (1991). Computers and qualitative data Ⅱ [Special issues, Parts 1 & 2]. *Qualitative Sociology*,14(3 & 4), Fall, Winter.

Thomas, J. (1993). *Doing critical ethnography* (Qualitative Research Methods Series, No. 26). Newbury Park, CA: Sage.

Trochim, W. M. K. (1989a). Concept mapping: Soft science or hard art? *Evaluation and Program Planning*,12,87-110.

Trochim, W. M. K. (1989b). *The concept system.* Ithaca, NY: Cornell University, Department of Human Services Studies.

Trochim, W. M. K. (1989c). An introduction to concept mapping for planning and evaluation. *Evaluation and Program Planning*, 12,1-6.

Tuchman, B. (1981). *Practicing history.* New York: Knopf.

Tufte, E. R. (1983). *The visual display of quantitative information.* Cheshire, CT: Graphics Press.

Tufte, E. R. (1986). Designing statistical presentations. *Social Science*,71(1),75-80.

Tufte, E. R. (1990). *Envisioning information.* Cheshire, CT: Graphics Press.

Tuma, N. (1982). Nonparametric and partially parametric approaches to event history analysis. In S. Leinhardt (Ed.), *Sociological methodology* (pp. 1-60). San Francisco: Jossey-Bass.

Turner, B. A. (1981). Some practical aspects of qualitative data analysis: One way of organizing the cognitive processes associated with the generation of grounded theory. *Quality and Quantity*,15(3),225-247.

Turner, B. A. (1988). Connoisseurship in the study of organizational culture. In A. Bryman (Ed.), *Doing research in organizations* (pp. 100-122). London: Routledge.

Turner, S. P. (1980). *Sociological explanation as translation.* New York: Cambridge University Press.

Tversky, A. , & Kahneman, D. (1971). The belief in the law of small numbers. *Psychological Bulletin*,76(2),105-110.

Van der Vegt, R. , & Knip, H. (1990). Implementing mandated change: The school as change contractor. *Curriculum Inquiry*,20 (2),183-203.

Van Dijk, T. A. (Ed.). (1985). *Handbook of discourse analysis* (Vol. 4). New York: Academic Press.

Van Maanen, J. (1979). The fact of fiction in organizational ethnography. *Administrative Science Quarterly*,24,539-611.

Van Maanen, J. (1983a). The moral fix: On the ethics of fieldwork. In R. M. Emerson(Ed.), *Contemporary field research* (pp. 269-287). Prospect Heights, IL: Waveland.

Van Maanen, J. (Ed.). (1983b). *Qualitative methodology*. Beverly Hills, CA: Sage.

Van Maanen, J. (1988). *Tales of the field: On writing ethnography*. Chicago: University of Chicago Press.

Van Manen, M. (1977). Linking ways of knowing with ways of being practical. *Curriculum Inquiry*, 6(3), 205-228.

Van Parijs, P. (1981). *Evolutionary explanation in the social sciences: An emerging paradigm*. Totowa, NJ: Rowman & Littlefield.

Vitz, P. C. (1990). The use of stories in moral development: New psychological reasons for an old education method. *American Psychologist*, 45(6), 709-720.

Wagner, J. (Ed.). (1979). *Images of information*. Beverly Hills, CA: Sage.

Wainer, H. (1982). *How to display data badly* (Program Statistics Research Technical Report No. 82-33). Princeton, NJ: Educational Testing Service.

Wainer, H. (1992). Understanding graphs and tables. *Educational Researcher*, 21(1), 14-23.

Walker, R. (1981). The conduct of educational case studies: Ethics, theory, and procedures. In W. B. Dockrell & D. Hamilton (Eds.), *Rethinking educational research*. London: Hodder & Stoughton.

Wallis, W. A., & Roberts, H. V. (1956). *Statistics: A new approach*. New York: Free Press.

Warner, w. (1991, February). *Improving interpretive validity of camerabased qualitative research*. Paper presented at the Qualitative Health Research Conference, Edmonton, Alberta.

Watkins, K. E. (1991, April). *Validity in action research*. Paper presented at the Annual Meeting of the American Educational Research Association, Chicago.

Wax, M. (1982). Research reciprocity rather than informed consent. In J. E. Sieber (Ed.), *Ethics of social research: Vol. 2. Fieldwork, regulation, and publication* (pp. 33-48). New York: Springer-Verlag.

Wax, R. (1971). *Doing fieldwork: Warnings and advice*. Chicago: University of Chicago Press.

Webb, E. J., Campbell, D. T., Schwartz, R. D., & Sechrest, L. (1965). *Unobtrusive measures*. Chicago: Rand McNally.

Webb, R. B., & Glesne, C. (1992). Teaching qualitative research. In M. D. LeCompte, W. L. Millroy, & J. Preissle (Eds.), *The handbook of qualitative research in education* (pp. 771-859). New York: Academic Press.

Weber, R. P. (1990). *Basic content analysis* (2nd ed.) (Quantitative Applications in the Social Sciences Series, Vol. 49). Newbury Park, CA: Sage.

Weick, K. (1979). *The social psychology of organizing*. Reading, MA: Addison-Wesley.

Weick, K. (1989). Theory construction as disciplined imagination. *Academy of Management Review*, 14(4), 516-531.

Weinstein, E. A., & Tamur, J. M. (1978). Meanings, purposes, and structural resources in social interaction. In J. G. Manis & B. N. Meltzer (Eds.), *Symbolic interaction* (3rd ed., PP. 138-140). Boston: Allyn & Bacon.

Weitzman, E. A., & Miles, M. B. (1993). *Computer-aided qualitative data analysis: A review of selected software*. New York: Center for Policy Research.

Weitzman, E., & Miles, M. B. (1994). *Computer programs for qualitative data analysis*. Thousand Oaks, CA: Sage.

Weller, S. C., & Romney, A. K. (1988). *Systematic data collection* (Qualitative Research Methods Series, No. 10). Newbury Park, CA: Sage.

Werner, O. (1992). How to record activities. *Cultural Anthropology Methods Newsletter*, 4(2), 1-3.

Werner, O., & Schoepfle, G. M. (1987a). *Systematic fieldwork: Vol. 1. Foundations of ethnography and interviewing*. Newbury Park, CA: Sage.

Werner, O., & Schoepfle, G. M. (1987b). *Systematic fieldwork: Vol. 2. Ethnographic analysis and data management*. Newbury Park, CA: Sage.

Whaley, T. R. (1991, April). *Narrative, fiction, and interpretation in the social sciences*. Paper presented at the American Educational Research Association Annual Meeting, Chicago.

Whyte, W. F. (1943). *Street corner society*. Chicago: University of Chicago Press.

Whyte, W. F. (1984). *Learning from the field: A guide from experience*. Beverly Hills, CA: Sage.

Whyte, W. F. (Ed.). (1991). *Participatory action research*. Newbury Park, CA: Sage.

Wicker, A. W. (1985). Getting out of our conceptual ruts: Strategies for expanding conceptual frameworks. *American Psychologist*, 40(10), 1094-1103.

Williams, D. D. (1986). Naturalistic evaluation: Potential conflicts between evaluation standards and criteria for conducting naturalistic inquiry. *Educational Evaluation and Policy Analysis*, 8(1), 87-99.

Wilson, J. V., & Bolland, J. M. (1992, January). *Modeling anomalies: A case for qualitative research*. Paper presented at the Conference on Oualitative Research in Education, Athens, GA.

Wolcott, H. F. (1973). *The man in the principal's office: An ethnography*. New York: Holt, Rinehart & Winston.

Wolcott, H. F. (1982). Differing styles of on-site research, or, "If it isn't ethnography, what is it?" *The Review Journal of Philosophy and Social Science*, 7(1 & 2), 154-169.

Wolcott, H. F. (1990a). On seeking—and rejecting—validity in qualitative research. In E. W. Eisner & A. Peshkin (Eds.), *Qualitative inquiry in education: The continuing debate* (pp. 121-152). New York: Teachers College Press.

Wolcott, H. F. (1990b). *Writing up qualitative research* (Qualitative Research Methods Series, Vol. 20). Newbury Park, CA: Sage.

Wolcott, H. F. (1992). Posturing in qualitative inquiry. In M. D. LeCompte, W. L. Millroy, & J. Preissle (Eds.), *The handbook of qualitative research in education* (pp. 3-52). New York: Academic Press.

Wolcott, H. F. (1994). *Transforming qualitative data: Description, analysis, interpretation*. Thousand Oaks, CA: Sage.

Wolfe, R. (1992). Data management. In M. C. Alkin (Ed.), *Encyclopedia of educational research*, Volume 1 (6th ed., pp. 293-299). New York: Macmillan.

Yin, R. K. (1984). *Case study research: Design and methods* (Applied Social Research Methods Series, Vol. 5). Beverly Hills, CA: Sage.

Yin, R. K. (1991). *Applications of case study research*. Washington, DC: Cosmos Corp.

Yngve, V. H. (1986). *Linguistics as a science*. Bloomington: Indiana University Press.

Zelditch, M. (1962). Some methodological problems of field studies. *American Journal of Sociology*, 67, 566-576.

Zeller, N. (1987). *A rhetoric for naturalistic inquiry*. Unpublished doctoral dissertation, Indiana University, Bloomington.

Zeller, N. (1991, April). *A new use for new journalism: Humanizing the case report*. Paper presented at the Annual Meeting of the American Educational Research Association, Chicago.

Zinsser, W. (1976). *On writing well*. New York: Harper & Row.